中國國家圖書館編

國家圖書館藏敦煌遺書

第一百十九册　北敦一四〇二四號——北敦一四〇四六號

北京圖書館出版社

圖書在版編目(CIP)數據

國家圖書館藏敦煌遺書·第一百十九册/中國國家圖書館編;任繼愈主編. —北京:北京圖書館出版社,2009.12

ISBN 978-7-5013-3681-4

Ⅰ.國… Ⅱ.①中…②任… Ⅲ.敦煌學—文獻 Ⅳ.K870.6

中國版本圖書館 CIP 數據核字(2009)第 111683 號

書　名 國家圖書館藏敦煌遺書·第一百十九册
著　者 中國國家圖書館編　任繼愈主編
責任編輯 徐　蜀　孫　彦
封面設計 李　璀

出　版 北京圖書館出版社　(100034　北京西城區文津街 7 號)
發　行 010-66139745　66151313　66175620　66126153
66174391(傳真)　66126156(門市部)
E-mail btsfxb@nlc.gov.cn(郵購)
Website www.nlcpress.com → 投稿中心
經　銷 新華書店
印　刷 北京文津閣印務有限責任公司

開　本 八開
印　張 57.5
版　次 2009 年 12 月第 1 版第 1 次印刷
印　數 1-250 册(套)

書　號 ISBN 978-7-5013-3681-4/K·1644
定　價 990.00 圓

編輯委員會

主　編　任繼愈

常務副主編　方廣錩

副主編　李際寧　張志清

編委（按姓氏筆畫排列）　王克芬　王姿怡　吳玉梅　周春華　陳　穎　黄　霞（常務）　黄　建　程佳羽　劉玉芬

出版委員會

主　任　詹福瑞

副主任　陳　力

委　員（按姓氏筆畫排列）　李　健　姜　紅　郭又陵　徐　蜀　孫　彥

攝製人員（按姓氏筆畫排列）

于向洋　王富生　王遂新　谷韶軍　張　軍　張紅兵　張　陽　曹　宏　郭春紅　楊　勇　嚴　平

原件修整人員（按姓氏筆畫排列）

朱振彬　杜偉生　李　英　胡玉清　胡秀菊　張　平　劉建明

目錄

北敦一四〇二四號　大智度論卷五五……一
北敦一四〇二五號　瑜伽師地論卷一……一八
北敦一四〇二六號　瑜伽師地論卷四……二七
北敦一四〇二七號　瑜伽師地論卷九……三八
北敦一四〇二八號　瑜伽師地論卷一〇……四九
北敦一四〇二九號　瑜伽師地論卷一三……五九
北敦一四〇三〇號　瑜伽師地論卷一四……七四
北敦一四〇三一號　瑜伽師地論卷二八……八二
北敦一四〇三二號　瑜伽師地論卷三一……八八
北敦一四〇三三號　瑜伽師地論卷四三……一〇〇
北敦一四〇三四號　瑜伽師地論卷五六……一〇八
北敦一四〇三五號　瑜伽師地論卷五九……一一六
北敦一四〇三六號一　瑜伽師地論卷五一分門記……一二三

北敦一四〇三六號二　瑜伽師地論卷五二分門記……一三二
北敦一四〇三七號一　瑜伽師地論卷五三分門記……一四一
北敦一四〇三七號二　瑜伽師地論卷五四分門記……一五〇
北敦一四〇三八號　四分律（異卷）卷四二……一五五
北敦一四〇三九號　四分僧戒本……一七一
北敦一四〇四〇號　四分律比丘戒本……一八九
北敦一四〇四一號　四分律略頌……一九九
北敦一四〇四二號　四分律删繁補闕行事鈔卷上……二一二
北敦一四〇四三號　四分律删繁補闕行事鈔卷中……二四六
北敦一四〇四四號　四分律删繁補闕行事鈔卷中……三一二
北敦一四〇四五號　四分律删繁補闕行事鈔卷下……三六四
北敦一四〇四六號　四分戒本疏卷一……四一一
著録凡例……一
條記目録……三
新舊編號對照表……一一

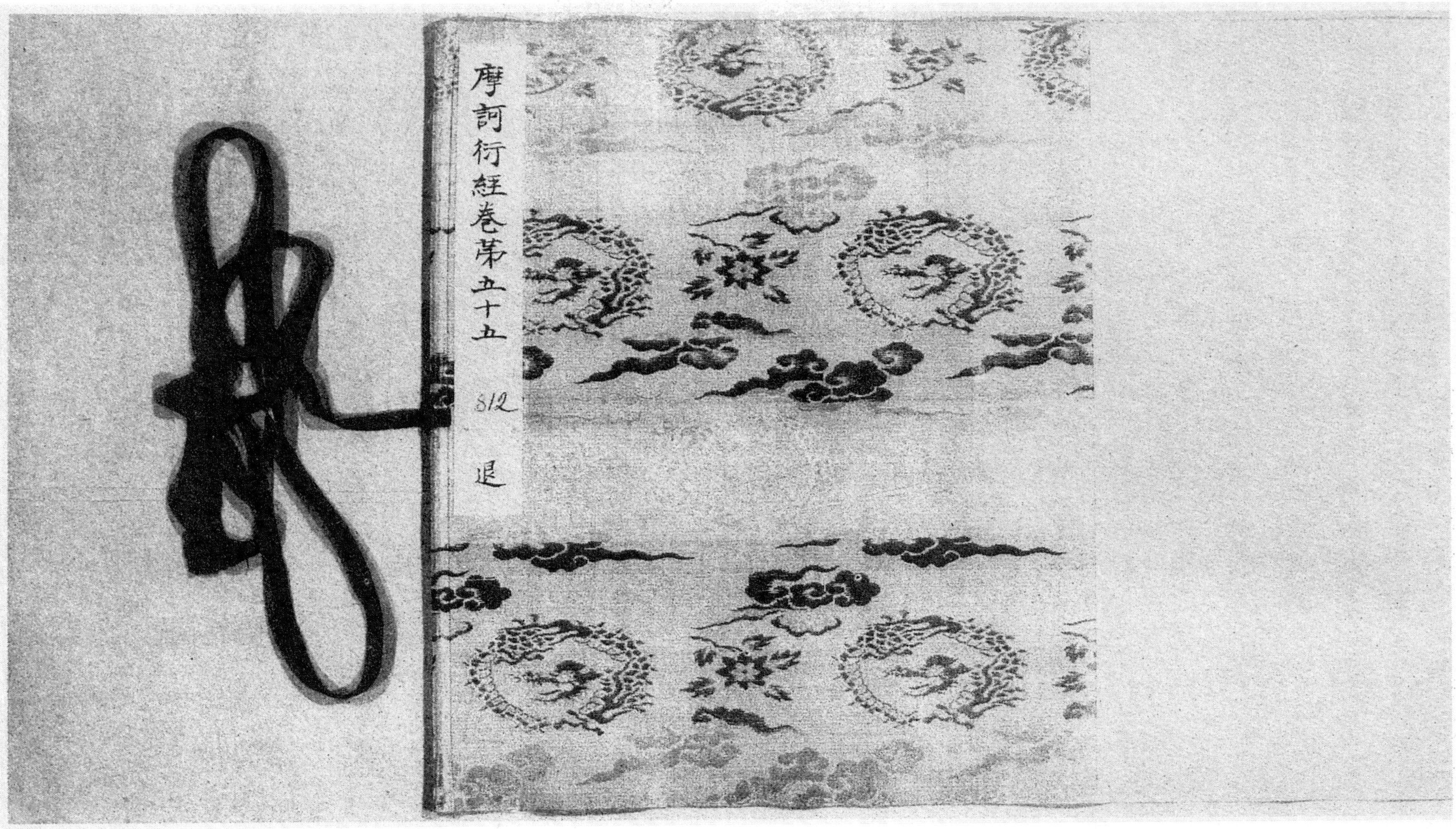

BD14024 號背　現代護首　（1–1）

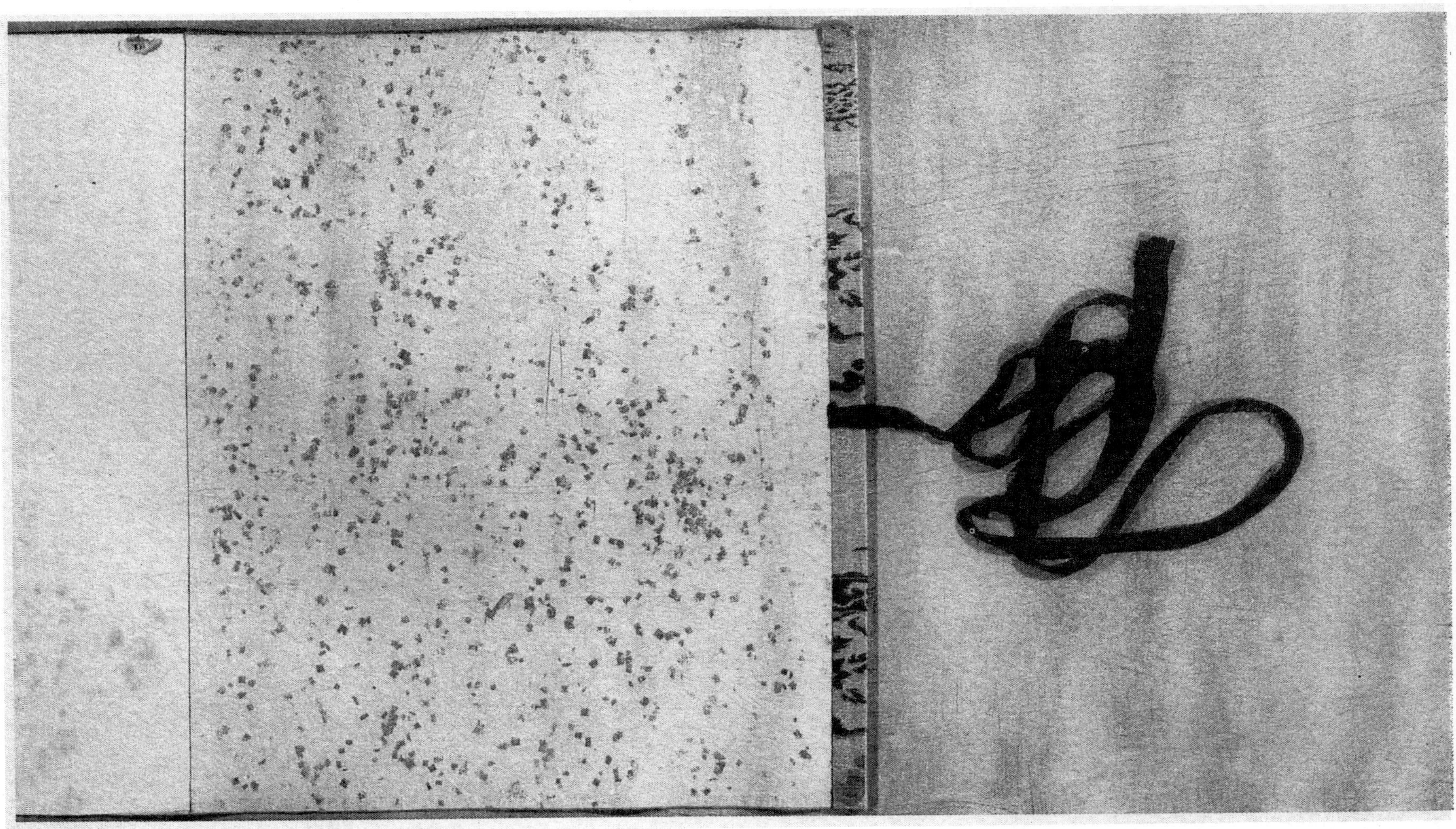

BD14024 號　大智度論卷五五　（33–1）

大智度第廿七品釋論　卷第五十五
尒時諸天子心念應用何等人聽須菩提所
說須菩提知諸天子心所念語諸天子言如
幻化人聽法我應用如是人何以故如是人
无聞无聽无知无證故諸天子語須菩提是
衆生如幻如化聽法者亦如化飛如是如是
諸天子衆生如幻聽法者亦如幻衆生如化
聽法者亦如化諸天子我如幻如夢衆生乃

BD14024 號　大智度論卷五五

（33–2）

无聞无聽无知无證故諸天子語須菩提是
衆生如幻如化聽法者亦如化飛如是如是
諸天子衆生如幻聽法者亦如幻衆生如化
聽法者亦如化諸天子我如幻如夢衆生乃
至知者見者亦如幻如夢諸天子色如幻如
夢受想行識如幻如夢眼乃至意觸因緣生
受如幻如夢內空乃至无法有法空檀波羅
蜜乃至般若波羅蜜如幻如夢諸天子四念
處乃至十八不共法如幻如夢須陁洹如幻
如夢斯陁含果阿那含果阿羅漢果辟支佛
道如幻如夢諸天子佛道如幻如夢尒時諸
天子問須菩提汝說佛道如幻如夢說涅槃
亦復如幻如夢耶須菩提語諸天子我說佛
道如幻如夢我說涅槃亦如幻如夢若當有
法勝於涅槃者我說亦復如幻如夢何以故
諸天子是幻夢涅槃不二不別問曰上以說
如幻如夢无說者无聽者今何以復問應用
何等人隨須菩提意聽者答曰諸天子先言
須菩提所說不可解此中須菩提說幻化人
喻今諸天子更作是念何等人聽与須菩提
所說相應能信受行得道果須菩提答如幻
化人聽者即与我說法相應問曰是化人无
心心數法不能聽受何用說法答曰非即使
幻化人聽但欲令行者於諸法用心无所著
如幻化人无聞亦无證无生如幻如夢聽法
亦如幻如夢衆生者說法者聽法者是受法
人須菩提言不但說法者聽法者如幻如夢

BD14024 號　大智度論卷五五

（33–3）

化人聽者即与我說法相應問曰是化人无
心心數法不能聽受何用說法答曰非即使
幻化人聽但欲令行者於諸法用心无所着
如幻化人无聞亦无證无生如幻如夢聽法
亦如幻如夢衆生者說法者聽法者是受法
人須菩提言不但說法者聽法者如幻如夢
乃至知者見者皆如幻如夢色亦如幻如夢
乃至涅槃如幻如夢即是所說法如幻如夢
一切衆生中佛為第一一切諸法中涅槃為第
一聞是二事如幻如夢心則驚疑佛及涅槃最
妙云何如幻如夢以是故更重問其事佛及
涅槃審如幻如夢耶須菩提將无誤說我
等將无謬聽是以更重問須菩提語諸天子
我說佛及涅槃亦自如幻如夢是二法雖妙
皆從虛妄法出故空所以者何從虛妄法故
有涅槃從福德智慧故有佛是二法屬因緣
无定實如念佛念法義中說須菩提作是念
般若波羅蜜力假令有法勝涅槃者能如幻
何况涅槃何以故涅槃一切憂愁苦畢竟滅
以是故无有法勝涅槃者問曰若无法勝涅
槃者何以故說若有法勝涅槃亦須如幻答
曰譬喻法或以實事或時假設隨因緣故說如
佛言若令樹木解我所說者我亦說言得須
陁洹但樹木无因緣可解佛為解悟人意故
引此喻耳涅槃是一切法中究竟无上法如衆
水万流大海為上諸山之中須弥山為上一切
法中虛空為上涅槃亦如是无有老病死苦

佛言若令樹木解我所說者我亦說言得須
陁洹但樹木无因緣可解佛為解悟人意故
引此喻耳涅槃是一切法中究竟无上法如衆
水万流大海為上諸山之中須弥山為上一切
法中虛空為上涅槃亦如是无有老病死苦
无有耶見貪恚等諸衰无有愛別離苦无怨
憎會苦无所求不得故无常虛誑敗壞變異
等一切皆无以要言之涅槃是一切苦盡畢
竟常樂十方諸佛菩薩弟子衆所歸處安隱
常樂无過是者不為魔王魔人所破如阿毗
曇中說有上法者一切有為法及虛空不知
緣盡无上法者知緣盡所謂涅槃是故知无
法勝涅槃者須菩提美般若波羅蜜力大故
言若有善法勝涅槃者是亦如幻譬大熱鐵
丸以着𦫼起毛上直燒下過熱勢无礙但更
无可燒者般若波羅蜜智慧破一切有法乃
至涅槃直過无导智力不滅直更无法可破
是故言設有法勝涅槃智慧力亦能破尒時
慧命舍利弗摩訶目揵連摩訶拘絺羅摩訶
迦旃延富樓那弥多羅尼子摩訶迦葉及无
數千菩薩問須菩提般若波羅蜜如是甚深
難見難解難知寂滅微妙誰當受者尒時阿
難語諸大弟子及諸菩薩阿鞞䟦致菩薩摩
訶薩能受是甚深難見難解知寂滅微妙般
若波羅蜜正見成就人漏盡阿羅漢所願已
[illegible]

數千菩薩問須菩提般若波羅蜜如是甚深
難見難解難知寂滅微妙誰當受者尒時阿
難語諸大弟子及諸菩薩阿鞞跋致菩薩摩
訶薩能受是甚深難見難解知寂滅微妙般
若波羅蜜正見成就人漏盡阿羅漢所願已
滿之能受復次善男子善女人多見佛於諸
佛所多供養種善根親近善知識有利根是
人能受不言是法非法須菩提言不以空分
別色不以色分別空受想行識亦如是不以
无相无作分別色不以色分別无相无作受
想行識亦如是不以无生无滅寂滅離分別
色不以色分別无生无滅寂滅離受想行識
亦如是眼乃至意觸因緣生受亦如是檀波
羅蜜乃至般若波羅蜜内空乃至无法有法
空四念處乃至十八不共法一切三昧門一切
諸陁羅尼門須陁洹乃至阿羅漢辟支佛
佛一切智不以空分別一切智不以一切智
分別空不以空分別一切種智不以一切種智
分別空无相无作无生无滅寂滅離亦如
是須菩提語諸天子言是般若波羅蜜甚深
誰能受者是般若波羅蜜中无法可示无法
可說若无法可示无法可說受人亦不可得
尒時舍利弗語須菩提言般若波羅蜜中廣
說三乘之教及攝取菩薩之法從初發意地
乃至十地檀波羅蜜乃至般若波羅蜜四念
處乃至八聖道分佛十力乃至十八不共法護

BD14024 號　大智度論卷五五

(33–6)

尒時舍利弗語須菩提言般若波羅蜜中廣
說三乘之教及攝取菩薩之法從初發意地
乃至十地檀波羅蜜乃至般若波羅蜜四念
處乃至八聖道分佛十力乃至十八不共法護
持菩薩之教菩薩摩訶薩如是行般若波
羅蜜常化生不失神通遊諸佛國具足善根
隨其所欲供養諸佛即得如願從諸佛所聽
受法教至薩婆若初不斷絶未曾離三昧時
當得捷疾辯利不盡辯不可斷辯隨應辯
義辯一切世間最上辯須菩提言如是如是
如舍利弗言般若波羅蜜廣說三乘之教及
護持菩薩之教乃至菩薩摩訶薩得一切世
間最上辯不可得故我乃至知者見者不可
得色受想行識檀波羅蜜乃至般若波羅蜜
不可得内空乃至无法有法空不可得四念
處乃至八聖道分佛十力乃至一切種智亦
不可得故舍利弗語須菩提何因緣故般若
波羅蜜中廣說三乘而不可得何因緣故般
若波羅蜜中護持菩薩何因緣故菩薩摩訶
薩得捷疾辯乃至一切世間最上辯不可得
故須菩提語舍利弗言以内空故般若波羅
蜜廣說三乘不可得外空乃至无法有法空
故廣說三乘不可得内空故護持菩薩乃至
一切世間最上辯不可得故外空乃至无法有
法空護持菩薩乃至一切世間最上辯不可

BD14024 號　大智度論卷五五

(33–7)

故廣說三乘不可得內空故護持菩薩乃至
一切世間冣上辯不可得故外空乃至无法有
法空護持菩薩乃至一切世間冣上辯不可
得故釋曰是時諸天弟子舍利弗等語須菩
提是般若波羅蜜法甚深難解以諸法无定
相故爲甚深諸思惟觀行滅故難見亦不可
著般若波羅蜜故名難解難知滅三毒及諸
戲論故名寂滅得是智慧妙味故常得滿足
更无所求餘一切智慧皆麁澁可樂故言微
妙諸大弟子作是言般若波羅蜜智慧甚深
世間人智慧淺薄但貪著福德果報而不樂
循福德著有則情勇破有則心怯本所聞習
耶見經書堅著不捨如是人常樂世樂以是
故言誰能信受甚深般若波羅蜜若无信受
何用說爲阿難助荅有四種人能信受是故
大德須菩提所說必有信受不空說也一者
阿鞞跋致菩薩摩訶薩知一切法不生不滅
不取相无所著故是則難受二者漏盡阿羅
漢漏盡故无所著得无爲冣上法所願已滿
更无所求故當行空无作三昧隨順般若波
羅蜜故則能信受三者三種學人正見成就
漏雖未都盡四信力故亦能信受四者有菩
薩雖未得阿鞞跋致福德利根智慧清淨常
隨善知識是亦能信受信受相不言是法非
佛菩薩大弟子所說雖聞般若波羅蜜諸法

漏雖未都盡四信力故亦能信受四者有菩
薩雖未得阿鞞跋致福德利根智慧清淨常
隨善知識是亦能信受信受相不言是法非
佛菩薩大弟子所說雖聞般若波羅蜜諸法
皆畢竟空不以受先法故而言非法問曰自
上以來阿難都无言論今何以代須菩提荅
荅曰阿難是第三轉法輪將能爲大衆師是
世尊近侍雖得初道以漏未盡故雖有多聞
智慧自以於空智慧中未能善巧若說空法
自未入故皆是他事是故无言或時說諸有
事則能問能荅如後品中問佛言世尊何以
但讚嘆般若波羅蜜不讚五波羅蜜此中間
人誰能信是深般若波羅蜜者非是空事故
阿難便荅須菩提常樂說空事不喜說有又
以阿難是時樂說心生是故聽荅阿難煩惱
未盡故智慧力鈍然信力猛利故於甚深般
若波羅蜜中能如法問荅問曰般若波羅蜜
无所有无一定法云何四種人信受不言非
法荅曰令須菩提此中自說因緣不以空分
別色色即是空空是色以是故般若波羅蜜
无所失无所破若无所破則无過罪是故不
言非法空即是般若波羅蜜不以空智慧故
破色令空亦不以破色因緣故有空空即是
色色即是空故般若波羅蜜中破諸戲論有
如是功德故无不信受无相无作无生无滅
寂滅遠離亦如是乃至一切種智皆應廣說

言非法空即是般若波羅蜜不以空智慧故
破色令空亦不以破色因緣故有空空即是
色色即是空故般若波羅蜜中破諸戲論有
如是功德故无不信受无相无作无生无滅
寂滅遠離亦如是乃至一切種智皆應廣說
問曰諸大弟子問是義須菩提何以為答諸
天子答曰諸天子已得阿羅漢但自為疑
故問利益事少諸天子發心為菩薩利益深
故為說復次雖為諸天子說即是答諸弟子
上說諸法空今說深般若波羅蜜中眾生畢
竟空以是故般若波羅蜜中无有說者何況
有聽受者若能如是解諸法空心无所著則
能信受尒時須菩提說深般若波羅蜜舍利
弗讚嘆助成其事般若波羅蜜非但以空故
可受亦廣說有三乘三乘義如先說攝取菩
薩者以般若波羅蜜利益諸菩薩令得增長
復次攝者是般若波羅蜜中有十地令菩薩
從一地至一地乃至第十地十地義從六波
羅蜜乃至一切種智義如先說化生者說般
若波羅蜜於一切法无㝵故得捷疾辯有人
雖能捷疾鈍根故不能深入以能深入故利
是利辯說諸法實相无邊无盡故名樂說无
盡般若中无諸戲論故无能問難斷絕者名
不可斷辯斷法愛故隨眾生所應而為說法
名隨應辯說趣涅槃利益之事故名義辯說
一切世間第一之事所謂大乘是名世間最

盡般若中无諸戲論故无能問難斷絕者名
不可斷辯斷法愛故隨眾生所應而為說法
名隨應辯說趣涅槃利益之事故名義辯說
一切世間第一之事所謂大乘是名世間最
上辯須菩提然其間言如是如是舍利弗作
是念須菩提常樂說空何以故受我所說般
若波羅蜜廣說三乘之教應當更有因緣須
菩提答般若波羅蜜雖廣說三乘法非有无
相皆以十八空和合故說攝取菩薩七種辯
亦如是以空智慧故

大智度卌八品釋論

尒時釋提桓因及三千大千世界中四天王
天乃至阿迦尼吒天諸天是念慧命須菩提
為雨法雨我等寧化作華散佛菩薩摩訶薩
比丘僧須菩提及般若波羅蜜上釋提桓因
及三千大千世界中諸天化作華散佛菩薩
摩訶薩比丘僧及須菩提上亦供養般若波
羅蜜是時三千大千世界華悉周遍於虛空
中化成華臺端嚴殊妙須菩提心念是天子
所散華天上未曾見如是華比是華是化華
非樹生華是諸天子所散華從心樹生非樹
生釋提桓因知須菩提心念語須菩提言大
德是華非生華亦非意樹生須菩提語釋提
桓因言憍尸迦汝言是華非生華亦非意樹
生憍尸迦是若非生法不名為華釋提桓因
語須菩提言大德但是華不生色亦不生受

德是華非生華亦非意樹生須菩提語釋提
桓因言憍尸迦汝言是華非生華亦非意樹
生憍尸迦是若非生法不名為華釋提桓因
語須菩提言大德但是華不生色亦不生受
想行識亦不生須菩提言憍尸迦非但是華
不生色亦不生若不生是不名為色受想行
識亦不生若不生是不名為識六入六識六觸
六觸因緣生諸受亦如是檀波羅蜜不生若
不生是不名檀波羅蜜乃至般若波羅蜜不
生若不生是不名般若波羅蜜內空不生若
不生是不名內空乃至无法有法空不生若
不生是不名无法有法空四念處不生若不
生是不名四念處乃至十八不共法不生若
不生是不名十八不共法乃至一切種智不生
若不生是不名一切種智釋提桓因及諸天
聞須菩提所說般若波羅蜜義一切法盡是
實相无所分別雖說空於諸法无所破亦不
失諸行業果報聲聞人於佛前能說是甚深
法故釋提桓因等甚歡喜作是念須菩提所
說法无㝵无鄣譬如時雨如有國土溉灌種
蒔及種種用水常苦不足若時雨普降无不
沾洽无不如願小乘法亦如是初種種讚嘆
布施持戒禪定无常等諸觀有量有限未後
說涅槃此中須菩提所明從初發心乃至佛
道雖說諸法實相无所分別譬如大雨遍滿
閻浮提无所不潤又如地先雖有穀子无雨

BD14024號　大智度論卷五五　（33–12）

布施持戒禪定无常等諸觀有量有限未後
說涅槃此中須菩提所明從初發心乃至佛
道雖說諸法實相无所分別譬如大雨遍滿
閻浮提无所不潤又如地先雖有穀子无雨
則不生行者亦如是雖有因緣不得法雨發
心者退未發心者住若得法雨發心者增長
未發者發以是故說如法雨復次譬如惡風
塵土諸熱毒氣等得雨即消滅法雨亦如是
惡覺觀塵土三不善毒耶見惡風耶師惡虫
及諸惡知識等得般若波羅蜜法雨則皆除
滅人蒙時雨故供養天諸天聞法雨大利益
欲供養故作是念我等寧可作華散佛諸大
菩薩比丘僧及須菩提上亦供養般若波羅
蜜以須菩提善說般若敬之重故別名供養
是般若波羅蜜多說諸法空又上欲得如化
人聽法隨其相故以化華供養復次諸天當
歡喜時使攝心供養不容選取故即作化華
散佛須菩提諸菩薩比丘僧及般若波羅蜜
華散佛上是供養佛寶散諸菩薩須菩提及
般若波羅蜜是供養法寶散諸比丘僧是供
養僧寶作是念已隨意變化供養三寶大福
德成就故心生所欲皆得如意不從他求問
曰華臺端嚴為是誰力答曰是諸天力諸天
福德自在故小能為大有人言是佛神力佛
以此般若波羅蜜有大功德回時少而果報

BD14024號　大智度論卷五五　（33–13）

德成就故心生所欲皆得如意不從他求問
曰華臺端嚴為是誰力答曰是諸天力諸天
福德自在故小能為大有人言是佛神力佛
以此般若波羅蜜有大功德用時少而果報
甚大成就佛道是現此奇特須菩提即時分
別知寶華釋提桓因知須菩提覺是華語
須菩提言大德是華非生華非生華者言是化
无生空无所出須菩提是般若波羅蜜諸法
无生空寂故以无生華供養意樹者諸天隨
意所念則得以要言之天樹隨所欲應念則
至故言意樹釋提桓因難須菩提故言是華
无生何以言是華不從意樹生須菩提及質
言若不生何以名華不生法中无所分別所
謂是華是非華是時釋提桓因心伏而問但
是華无生諸法亦无生須菩提答非但是華
不生色亦不生何以故若一切法空則一切
法皆空若行者於一切法中了了決定知空
則一切法中皆亦明了若五衆不生則非五
衆相乃至一切種智亦如是五衆從因緣和
合生无有定性但有假名假名實相者所謂
五衆如法性實際須菩提所說不違此理何
以故聖人知名字是俗諦實相是第一義諦
有所說者隨凡夫人第一義諦中无彼此亦无
諦乃至一切種智亦如是衆生空乃至知者
見者空故須陁洹但有假名乃至佛亦如是
尒時釋提桓因作是念慧命須菩提其智甚
深不壞假名而說諸法相佛知釋提桓因心

BD14024號　大智度論卷五五　（33–14）

諦乃至一切種智亦如是衆生空乃至知者
見者空故須陁洹但有假名乃至佛亦如是
尒時釋提桓因作是念慧命須菩提其智甚
深不壞假名而說諸法相佛知釋提桓因心
所念語釋提桓因言如是如是憍尸迦須菩
提其智甚深不壞假名而說諸法相釋提桓
因白佛言大德須菩提云何不壞假名而說
諸法相佛告釋提桓因色但假名須菩提亦
不壞假名而說諸法相受想行識但假名須
菩提亦不壞假名而說諸法相所以者何是
諸法相无壞不壞故須菩提所說亦无壞不
壞眼乃至意觸因緣生諸受亦是檀波羅蜜
乃至般若波羅蜜內空乃至无法有法空四
念處乃至十八不共法亦如是須陁洹果乃
至阿羅漢果辟支佛道菩薩道佛道一切智
一切種智亦如是須陁洹乃至阿羅漢辟支佛
佛是但假名須菩提不壞假名而說諸法相
何以故是諸法相无壞不壞故須菩提所說
亦无壞不壞如是憍尸迦須菩提不壞假名
而說諸法相須菩提釋提桓因如是如是憍
尸迦如佛所說諸法但假名菩薩摩訶薩當
作是知諸法但假名應是學般若波羅蜜憍
尸迦菩薩摩訶薩作如是學為不學色不學
受想行識何以故不見色當可學者不見受
想行識當可學者菩薩摩訶薩如是學為不
學檀波羅蜜何以故不見檀波羅蜜當可學

BD14024號　大智度論卷五五　（33–15）

受想行識何以故不見色當可學者不見受
想行識當可學者菩薩摩訶薩如是學為不
學檀波羅蜜何以故不見檀波羅蜜當可學
者乃至不學般若波羅蜜何以故不見般若
波羅蜜當可學者如是學為不學內空乃至
无法有法空何以故不見內空乃至无法有
法空當可學者如是學為不學四念處乃至
十八不共法何以故不見四念處乃至十八不
共法當可學者如是學為不學須陁洹果乃
至一切種智何以故不見須陁洹果乃至一
切種智當可學者
尒時釋提桓因語須菩提言薩菩摩訶薩何
因緣故不見色乃至不見一切種智須菩提
言色空乃至一切種智一切種智空憍尸迦色
空不學色空乃至一切種智空不學一切種
智空憍尸迦若如是不學空是名學空以不
二故是菩薩摩訶薩學色空以不二故乃至
學一切種智空不二故若學色空不二故乃
至學一切種智空不二故是菩薩摩訶薩能
學般若波羅蜜不二故乃至能學般若波羅
蜜不二故能學四念處不二故乃至能學十
八不共法不二故能學須陁洹果不二故乃
至能學一切種智不二故是菩薩能學无量
无邊阿僧祇佛法若能學无量无邊阿僧祇
佛法是菩薩不為色增學不為色減學乃至
不為一切種智增學不為一切種智減學若

BD14024號　大智度論卷五五

(33–16)

八不共法不二故能學須陁洹果不二故乃
至能學一切種智不二故是菩薩能學无量
无邊阿僧祇佛法若能學无量无邊阿僧祇
佛法是菩薩不為色增學不為色減學乃至
不為一切種智增學不為一切種智減學若
不為色增減學乃至不為一切種智增減學
菩薩不為色受學不為色滅學〻不為受想
行識受學〻不為滅學乃至一切種智〻不
為受學〻不為滅學舍利弗語須菩提菩薩
摩訶薩如是學不為受色學不為滅色學乃
至一切種智〻不為受學〻不為滅學須菩提
言菩薩摩訶薩若如是學不為受色學不為
滅色學乃至一切種〻不為受學〻不為滅
學須菩提何因緣故菩薩摩訶薩不為受色
學不為滅色學乃至一切種智〻不為受學
〻不為滅學須菩提言是色不可受〻无受
色者乃至一切種智不可受〻无受者內
外空故如是舍利弗菩薩摩訶薩一切法不
受故乃至一切種智是時舍利弗語須菩提
言菩薩摩訶薩如是能學般若波羅蜜能到
一切種智耶須菩提言菩薩摩訶薩如是學
般若波羅蜜能到一切種智一切法不受故舍
利弗語須菩提若菩薩摩訶薩於一切法不
受不滅學者菩薩摩訶薩云何能到一切種
智須菩提言菩薩摩訶薩行般若波羅蜜不
見色生不見色滅不見色受不見色不見受

BD14024號　大智度論卷五五

(33–17)

般若波羅蜜能到一切種智一切法不受故舍
利弗語須菩提菩薩摩訶薩於一切法不
受不滅學者菩薩摩訶薩云何能到一切種
智須菩提言菩薩摩訶薩行般若波羅蜜不
見色生不見色滅不見色受不見色不見受
不見色垢不見色淨不見色增不見色減何
以故舍利弗性色空故受想行識々不見生
々不見滅々不見受々不見不受々不見垢
々不見淨々不見增々不見減何以故識々
性空故乃至一切種智々々不見生々不見滅
々不見受々不見不受々不見垢々不見淨
々不見增々不見減何以故一切種智一切種
智性空故如是舍利弗菩薩摩訶薩為一切法
不生不滅不受不捨不垢不淨不合不散不
增不減故學般若波羅蜜能到一切種智无
所學无所到故釋提桓因歡喜言須菩提其
智甚深不壞假名而說諸法相尒時佛讚須
菩提言如是如是如釋所言問曰佛何故讚
須菩提答曰示師不自高弟子承順師法故
有人言師所說弟子不受弟子所說師不聽
如凡夫人處衆說法時破一切語不受以佛
无吾我心故讚須菩提言如是如是復次佛
以大悲欲令衆生信受須菩提所說故讚言
甚智甚深菩薩智一切假名則應般若波羅
蜜學所以者何一切法但有假名皆隨順般
若波羅蜜畢竟空相故如是學不學色者假

无吾我心故讚須菩提言如是如是復次佛
以大悲欲令衆生信受須菩提所說故讚言
甚智甚深菩薩智一切假名則應般若波羅
蜜學所以者何一切法但有假名皆隨順般
若波羅蜜畢竟空相故如是學不學色者假
名法中无有定色若无色者云何學色何以
故菩薩以五眼求色而不見是色若我若无
我等相乃至一切種智々々如是何以故不見
色者答言色中色相空不可淂故不可淂故
不可見即是自相空乃至一切種智々々如是
復次不學色者是色空即是自空不能學色
空以諸法行於他相不行自故譬如人乘馬
非馬乘馬問曰若如是不學一切云何學一
切智答曰是中說若能於諸法空中无所著
是為真學色空若著空者破是諸法而不破
空若人破色而不著空是則色与空不二不
別是為能學色空不淂故不見乃至一切種智
々如是无量无邊阿僧祇佛法是讚一切種智
上一切種是菩薩心中有量有限在佛心中
則无量无限以是故上雖說學佛法今更別
說若能如是學正行菩薩道不增減色學增
者若但見四大及造色和合成身者則不生
著以於是身中起男女好醜長短相謂為定
實生深著心是為增若破色使定心著是空
是為滅乃至一切種智々々如是不受不滅者
空故不受業果因緣相續故不滅是中須菩

着以於是身中起男女好醜長短相謂為定
實生深著心是為增著破色使定心着是空
是為滅乃至一切種智亦如是不受不滅着
空故不受業果因緣相續故不滅是中須菩
提自說因緣色受者不可得故不受又以色
內空故不受以色中內外空空故不滅問曰
應以十八空空諸法此中何以但說內外空
荅曰受色者无故說內外空色不可受故名
內外空是內外空則攝一切法空乃至一切
種智亦如是菩薩能如是學則出生一切種
智一切種智是无鄣㝵相菩薩觀一切法如
虛空无鄣㝵則是學一切種智因果相似故
舍利弗作是念菩薩法應當滅一切煩惱應
當受一切諸善法今不受不滅學云何出至薩
婆若作是念已問須菩提須菩提荅言破一切
法生相故不生破一切法无常相故不滅觀一切
法種種過罪故受觀一切法種種利益故不
捨一切法性常清淨故不諸一切法能生著心故
不淨一切法雖是有作无作起滅入出来往等
而不多不少不增不減譬如大海衆流歸之
不增火珠煎之不減諸法亦如是法性常住
故一切法自性不可得故能如是學則出至薩
婆若不見學相不見出相不見菩薩相不見
般若波羅蜜相此略說故但說无出爾時釋
提桓因語舍利弗菩薩摩訶薩般若波羅蜜
當於何處求舍利弗言菩薩摩訶薩般若波
羅蜜當於須菩提品中……

般若波羅蜜相此略說故但說无出爾時釋
提桓因語舍利弗菩薩摩訶薩般若波羅蜜
當於何處求舍利弗言菩薩摩訶薩般若波
羅蜜當於須菩提品中求釋提桓因語須菩
提是汝神力為使舍利弗言菩薩摩訶薩般
若波羅蜜當於須菩提品中求須菩提語釋
提桓因言非我神力釋提桓因語須菩提
是誰神力須菩提言是佛神力釋提桓因言一切
法皆无受處何以言是佛神力離无受處相
如來不可得離如來亦不可得須菩提語釋
提桓因言如是如是憍尸迦離无受處如來
不可得離如來亦不可得无受處相中如來
不可得如中如來不可得色如中如來不可
得如來如中色如不可得色法相中如來法
相不可得如來法相中色法相不可得受想
行識法中乃至一切種智亦如是憍尸迦如
來色如中不合不散受想行識如中不合不
散如來離色如不合不散離受想行識如不
合不散乃至一切種智亦如是如來色法相中
不合不散受想行識法相中不合不散乃至
一切種智亦如是憍尸迦如是等一切法中
不合不散是佛神力用无所受法故如憍尸
迦言菩薩摩訶薩般若波羅蜜當於何處求
憍尸迦不應色中求般若波羅蜜亦不應離
色求般若波羅蜜不應受想行識中求亦不
應離受想行識求何以故是般若波羅蜜色
是想行識是一切法皆不合不散无色……

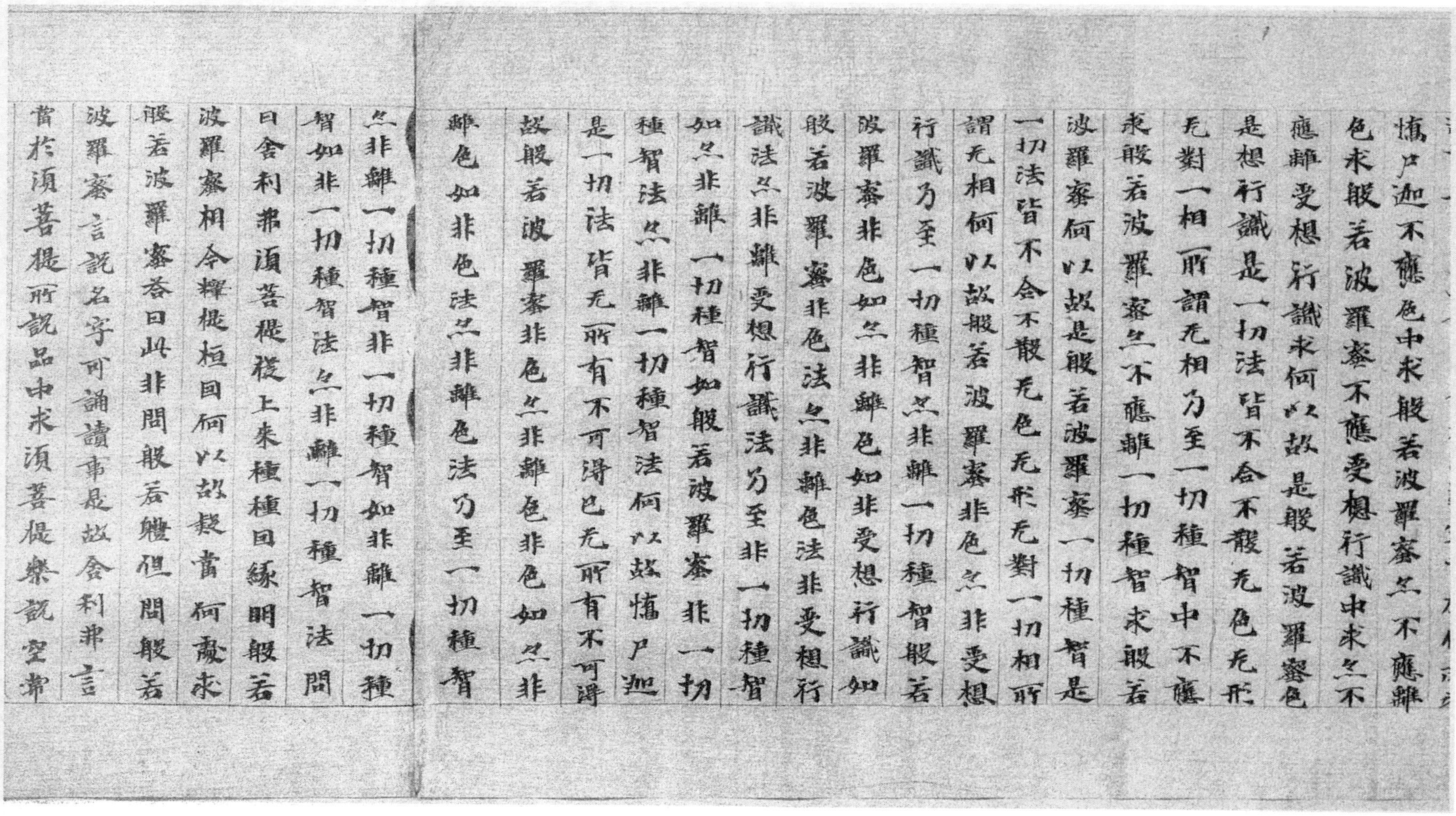
憍尸迦不應色中求般若波羅蜜々不應離
色求般若波羅蜜不應受想行識中求々不
應離受想行識求何以故是般若波羅蜜色
是想行識是一切法皆不合不散无色无形
无對一相所謂无相乃至一切種智中不應
求般若波羅蜜々不應離一切種智求般若
波羅蜜何以故是般若波羅蜜一切種智是
一切法皆不合不散无色无形无對一切相所
謂无相何以故般若波羅蜜非色々非受想
行識乃至一切種智々非離一切種智般若
波羅蜜非色如々非離色如非受想行識如
般若波羅蜜非色法々非離色法非受想行
識法々非離受想行識法乃至非一切種智
如々非離一切種智如般若波羅蜜非一切
種智法々非離一切種智法何以故憍尸迦
是一切法皆无所有不可得已无所有不可得
故般若波羅蜜非色々非離色非色如々非
離色如非色法々非離色法乃至一切種智
々非離一切種智非一切種智如非離一切種
智如非一切種智法々非離一切種智法問
曰舍利弗須菩提從上來種種因緣明般若
波羅蜜相今釋提桓因何以故疑當何處求
般若波羅蜜答曰此非問般若體但問般若
波羅蜜言說名字可誦讀事是故舍利弗言
當於須菩提所說品中求須菩提樂說空常

BD14024號　大智度論卷五五　（33–22）

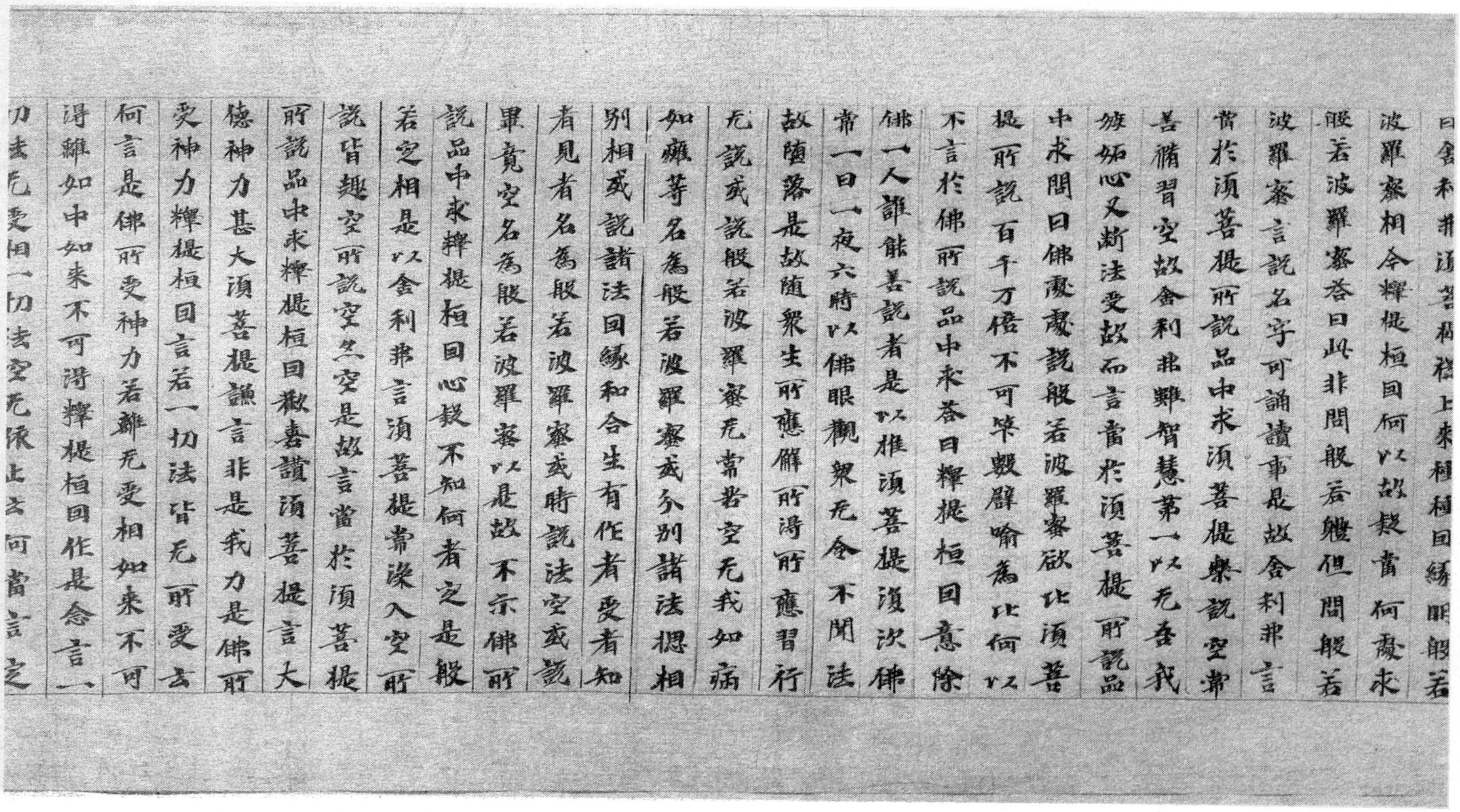
曰舍利弗須菩提從上來種種因緣明般若
波羅蜜相今釋提桓因何以故疑當何處求
般若波羅蜜答曰此非問般若體但問般若
波羅蜜言說名字可誦讀事是故舍利弗言
當於須菩提所說品中求須菩提樂說空常
善脩習空故舍利弗雖智慧第一以无吾我
嫉妬心又斷法愛故而言當於須菩提所說品
中求問曰佛處處說般若波羅蜜欲比須菩
提所說百千万倍不可筭數譬喻為比何以
不言於佛所說品中求答曰釋提桓因意除
佛一人誰能善說者是以推須菩提復次佛
常一日一夜六時以佛眼觀眾生无令不聞法
故隨落是故隨眾生所應解所得所應習行
无說或說般若波羅蜜无常苦空无我如病
如癰等名為般若波羅蜜或分別諸法揔相
別相或說諸法因緣和合生有作者受者知
者見者名為般若波羅蜜或時說法空或說
畢竟空名為般若波羅蜜以是故不示佛所
說品中求釋提桓因心疑不知何者之是般
若空之相是以舍利弗言須菩提常深入空所
說皆趣空所說空々空是故言當於須菩提
所說品中求釋提桓因歡喜讚須菩提言大
德神力甚大須菩提謙言非是我力是佛所
受神力釋提桓因言若一切法皆无所受云
何言是佛所受神力若離无受相如來不可
得離如中如來不可得釋提桓因作是念言一
切法无受相一切法空无依止云何當言之

BD14024號　大智度論卷五五　（33–23）

德神力甚大須菩提謙言非是我力是佛所
受神力釋提桓因言若一切法皆无所受云
何言是佛所受神力若離无受相如來不可
得離如中如來不可得釋提桓因作是念言一
切法无受相一切法空无依止云何當言定
有如來若无如來云何有所受神力又復離无
受相如來亦不可得今離甚如如如不可得
問曰无受相与如有何等異荅曰諸法實
相亦名无受亦名如諸法不可著故受名諸
戲論不能破壞故名為如今如來空中不可
得離空亦不可得須菩提然其言如是如是
今須菩提廣說其事无受相如相中如來不
可得者或以佛名名為如來或以衆生名字
名為如來如先世來後世亦如來去是名如
來亦名如去如十四置難中說死後如去者
為有為无亦有亦无亦非有非无佛名如來
者如定光佛等行六波羅蜜得成佛道釋迦
文佛亦如是故名如來如定光佛等知諸法如
從中來故名如來釋迦牟尼佛亦如是來故名
如來如定光佛等知諸法如從如中來故名如
來釋迦文佛亦如是來故名如來此二種如來
中此間說是佛如來因解如來无所有一切衆
生一切法皆如亦无所有无受及如來義如先
說今當更略說无受相如來相皆空无所有
无受相如相无定性故无如來有人言諸法
實相二種說一者諸法相畢竟空是實二者

生一切法皆如亦无所有无受及如來義如先
說今當更略說无受相如來相皆空无所有
无受相如相无定性故无如來有人言諸法
實相二種說一者諸法相畢竟空是實二者
有人言畢竟空可示可說故非實如涅槃相不
可示不可說是名為實於此二事畢竟空中
如來不可得破畢竟空實相中如來亦不可
得畢竟空即是无受相破畢竟空實相即是
如從已下廣說二義於五衆乃至一切種智
如來不可得如來不可得故云何當有如來
神力如來不可得如上說是五衆非如來五
衆不在如來中如來不在五衆中如來亦不
有五衆五衆生滅无常苦空无我相故非是
如來若是如來者如來亦應是滅復次五衆
是五法如來是一云何五法作一若五即是一
一亦應即是五若尒者世間法出世間法一切
亂壞如是種種因緣故五衆非如來若離五
衆有如來者應无見无知无識亦不覺苦樂
所以者何知覺等是五衆法故問曰如來用
眼耳智慧等能知見者有識亦不覺苦樂何
各荅曰能見是眼非是如來若如來非見相
用眼能見者未取眼時云何知用是眼亦可
用耳見問曰如來用智智慧分別能知眼是
能見餘不能見是以用眼不取餘根荅曰知
亦如眼過知是五衆非是如來若用知知眼
復何用事能知此知問曰如來用知知眼以眼

用耳見聞曰如来用智智慧分別能知眼是
能見餘不能見是以用眼不取餘根荅曰知
然如眼過知是五衆非是如来若用知知眼
復何用事能知此知問曰如来用知知眼以眼
知色若欲知如来以何淂知若以如来知如
来是則无窮荅曰知相知中住如来若知即是
知相若是知相則是无常若无常者則无後
世復次離五衆有如来者如来應是常如虛
空相不應變異受樂然應无縛无解有如是
等過罪破異故五衆不在如来如来不在五
衆然非如来有五衆問曰應以五衆回緣故
有如来若无五衆則无如来荅曰若以五衆
回緣有如来者則如来无自性若无自性何
淂從他性生於五衆中五種求如来不可淂
是故无如来但以戲論故說有如来以斷戲
論故无如来如来是不生不滅法云何當以
戲論求如来若以戲論求如来者則不見如
来若當都无如来則隨耶見是故若以有无
戲論求如来是則不然如来相即是一切法相一
切法相即是如来如来相即是畢竟空相畢竟
空相即是一切法相問曰此中何以但說二事
言五衆如中无如来如来如中无五衆如荅
曰此是略說說二則五事都攝復次廿種我
見雖一切凡夫人有不能一時起令是會中
或此二事以是故但說二事如五衆乃至一切
種智然如是五衆法相乃至一切種智法相
然如是五衆如即是法相問曰若如即是法相

曰此是略說說二則五事都攝復次廿種我
見雖一切凡夫人有不能一時起令是會中
或此二事以是故但說二事如五衆乃至一切
種智然如是五衆法相乃至一切種智法相
然如是五衆如即是法相問曰著如即是法相
何以重說荅曰行者即到五衆如心驚法何以
畢竟空无所有是故說五衆法相自尒如人觸
火燒手則无蘊心以其火相自尒故若人執燒
之見忽然而怨以其熱火燒故如来五衆如中
五衆法相中不合不散者除五衆如无如来
即是一相所謂无相所以者何一法无合无散故
二法故有合有散離五衆法相然无合无散所
以者何離五衆法相如来不可淂故如来如
法相五衆如法相无二別故言離五衆如五衆
法相然不合不散乃至一切種智然如是能如
是知諸法知法相不合不散故有是神力當於何
處求者上来回佛神力說般若相今宜說云何求
般若論者言五衆虛誑无常本无今有已有還
无如幻如夢般若波羅蜜是諸佛寶智慧云
何當於五衆中求辟如求種種寶華必於大海
寶山中求不應在溝瀆臭穢求離五衆則无生
无滅无作无起无有法相是中云何可求復次
五衆般若波羅蜜不一不異不合不散无色无形
无對一相所謂无相問曰般若波羅蜜是智慧
數法故可應无色无形无對五衆中色衆云何
當說无形无對荅曰聖人以慧眼觀諸法平等
皆空一相所謂无相以是故色衆无形无對復

无對一相所謂无相問曰般若波羅蜜是智慧
數法故可應无色无形无對五衆中色衆云何
當說无形无對荅曰聖人以慧眼觀諸法平等
皆空一相所謂无相以是故色衆无形无對復
次凡夫人所見色非實種種如先破復次有
因緣般若波羅蜜即不是如凡夫人所見五
衆破凡夫人所見五衆故即是般若波羅蜜
故言不雜乃至一切種智亦如是如相法相相
如先說釋提桓因語須菩提是摩訶波羅蜜
是菩薩摩訶薩般若波羅蜜无量波羅蜜无邊波
羅蜜是菩薩摩訶薩般若波羅蜜諸須陀洹須
陀洹果從是波羅蜜中學成乃至諸阿羅漢
阿羅漢果辟支佛辟支佛道諸菩薩摩訶薩
皆從是般若波羅蜜學成成就衆生淨佛世界
得阿耨多羅三藐三菩提皆是學成須菩提語
釋提桓因言如是如是憍尸迦是摩訶波羅
蜜是菩薩摩訶薩般若波羅蜜无量波羅蜜
是无邊波羅蜜是菩薩摩訶薩般若波羅蜜
從是中學成須陀洹果乃至阿羅漢果辟支
佛道諸菩薩摩訶薩從是般若波羅蜜中學
成成就衆生淨佛世界得阿耨多羅三藐三
菩提已得今得憍尸迦色大故般若波羅蜜亦
大何以故是色前際不可得後際不可得中際
不可得受想行識大故般若波羅蜜亦大何以
故受想行識前際不可得後際不可得中際不
可得乃至一切種智亦如是以是因緣故憍尸
迦是摩訶波羅蜜是菩薩摩訶薩般若波羅

BD14024 號　大智度論卷五五　（33–28）

大何以故是色前際不可得後際不可得中際
不可得受想行識大故般若波羅蜜亦大何以
故受想行識前際不可得後際不可得中際不
可得乃至一切種智亦如是以是因緣故憍尸
迦是摩訶波羅蜜是菩薩摩訶薩般若波羅
蜜憍尸迦色无量故般若波羅蜜无量不可得
故憍尸迦辟如虛空无量不可得故色亦如是
量不可得虛空无量故般若波羅蜜无量受想
行識乃至一切種智无量故般若波羅蜜无量何
以故一切種智无量不可得辟如虛空量不可得
一切種智亦如是量不可得虛空无量故一切種
智无量一切種智无量故般若波羅蜜无量以
是因緣故是菩薩摩訶薩般若波羅蜜无量
憍尸迦色无邊故諸菩薩摩訶薩般若波羅
蜜无邊何以故憍尸迦色前際不可得後際
不可得中際不可得受想行識无邊故般若
波羅蜜无邊何以故受想行識前際後際中
際皆不可得故乃至一切種智无邊故般若
波羅蜜无邊何以故一切種智前後中際不
可得故以是因緣故憍尸迦是般若波羅蜜
无邊色无邊乃至一切種智无邊復次憍尸
迦緣无邊故般若波羅蜜无邊須菩提言緣
一切无邊法故般若波羅蜜无邊云何緣一切
无邊故般若波羅蜜无邊須菩提言緣无
法性故般若波羅蜜无邊復次憍尸迦緣无
邊如故般若波羅蜜无邊釋提桓因言云何
緣无邊如故般若波羅蜜无邊須菩提言如

BD14024 號　大智度論卷五五　（33–29）

一切无邊法故般若波羅蜜无邊云何緣一切
无邊故般若波羅蜜无邊須菩提言緣无
法性故般若波羅蜜无邊復次憍尸迦緣无
邊如故般若波羅蜜无邊釋提桓因言云何
緣无邊如故般若波羅蜜无邊須菩提言如
无邊故緣亦无邊緣无邊故如亦无邊以是
因緣故諸菩薩摩訶薩般若波羅蜜无邊復
次憍尸迦衆生无邊故般若波羅蜜无邊釋
提桓因問須菩提云何衆生无邊故般若波
羅蜜无邊須菩提言於汝意云何何等法名
衆生釋提桓因言无有法名衆生假名故為
衆生是名字本无有法亦无所趣強為作名
憍尸迦於汝意云何是般若波羅蜜中說衆
生有實不釋提桓因言无也憍尸迦若般若
波羅蜜不實說衆生无邊亦不可得憍尸迦
於汝意云何恒沙劫壽說衆生衆生名字頗
有衆生法有生有滅不釋提桓因言不也何
以故衆生從本以來常清淨故以是因緣故
憍尸迦衆生无邊故當知般若波羅蜜亦无
邊問曰釋提桓因是須陁洹人云何能問深
般若波羅蜜荅曰如須菩提是具足阿羅漢
以利益菩薩憐愍衆生故問菩薩所行事釋
提桓因雖聲聞人是諸天主有利智慧憐愍
衆生故問般若波羅蜜亦如是復次有人言
三千大千世界中有百億釋提桓因中阿含
中說釋提桓因得須陁洹者異今釋提桓因今
釋提桓因是大菩薩憐愍衆生故三種讚

BD14024號　大智度論卷五五　（33–30）

提桓因雖聲聞人是諸天主有利智慧憐愍
衆生故問般若波羅蜜亦如是復次有人言
三千大千世界中有百億釋提桓因中阿含
中說釋提桓因得須陁洹者異今釋提桓因今
釋提桓因是大菩薩憐愍衆生故三種讚
般若所謂摩訶波羅蜜无量波羅蜜无邊波
羅蜜是般若波羅蜜中學成聖道故須菩提
述釋提桓因讚而廣解其讚言以五衆大故
般若波羅蜜大五衆大者所謂三際不可得
故亦以无量无邊故言大破是无量无邊五
衆將一切衆生入餘涅槃中故般若波羅蜜大乃
至一切種智亦如是无量者亦奈但以虛空辟
喻為異有法雖大不必无量是故不得以虛
空為喻如須弥山王於諸山中雖大而有量所
謂八万四千由旬无邊者以五衆廣无量
故言无邊亦以五衆有邊則有始有始則有終
即是无因无緣墮斷滅等種種過故復次五
衆三世中不可得故言无邊緣无邊者所謂
一切四緣因緣生一切有為法次第緣過去現
在心心數法緣緣增上緣一切法是四種緣一
切處一切時皆有故說緣緣无邊緣无邊故般
若波羅蜜无邊復次緣无邊者四緣法虛誑无
實畢竟空故无邊復次緣如法性實際无邊故
般若波羅蜜无邊如法性實際是自然无為相
无量无邊五衆无邊是觀力故強作无邊復次
衆生无邊者以衆多故无量阿僧秖三世十方

BD14024號　大智度論卷五五　（33–31）

一切四緣因緣生一切有爲法次第緣過去現
在心心數法緣緣增上緣一切法是四種緣一
切處一切時皆有故說緣緣无邊故般
若波羅蜜无邊復次緣无邊者四緣法盡誑无
實畢竟空故无邊復次緣如法性實際无邊故
般若波羅蜜无邊如法性實際是自然无爲相
无量无邊五衆无邊是觀力故雖作无邊復次
衆生无邊者以衆多故无量阿僧祇三世十方
衆生无人能知數故言无邊復次是中說衆生
空故言无邊但爲作名只无所趣者以衆生
无有定法可趣向故如水定有所趣而衆生
名无實衆生可趣於汝意云何般若波羅蜜
中頗說實有衆生不不也大德若衆生實无
云何有邊譬如諸佛是一切實語人中第一於
无量恒河沙劫壽說衆生名字是衆生法不以
說故有生有滅何況餘人顛倒虛誑少時說
生我心故當有衆生是衆生不以入般若波
羅蜜中故言无從本以來常清淨无所有有
无著戲論滅故是以說衆生无邊故般若波
羅蜜无邊問曰无邊中何以故廣說而大及
无量何以略說荅曰以衆以衆生因緣故一
切凡夫起諸煩惱於五衆中作諸耶行難破
故是以廣說若破衆生相餘一切易破

摩訶衍經卷第五十五

BD14024號　大智度論卷五五　　（33–32）

名无實衆生可趣於汝意云何般若波羅蜜
中頗說實有衆生不不也大德若衆生實无
云何有邊譬如諸佛是一切實語人中第一於
无量恒河沙劫壽說衆生名字是衆生法不以
說故有生有滅何況餘人顛倒虛誑少時說
生我心故當有衆生是衆生不以入般若波
羅蜜中故言无從本以來常清淨无所有有
无著戲論滅故是以說衆生无邊故般若波
羅蜜无邊問曰无邊中何以故廣說而大及
无量何以略說荅曰以衆以衆生因緣故一
切凡夫起諸煩惱於五衆中作諸耶行難破
故是以廣說若破衆生相餘一切易破

摩訶衍經卷第五十五

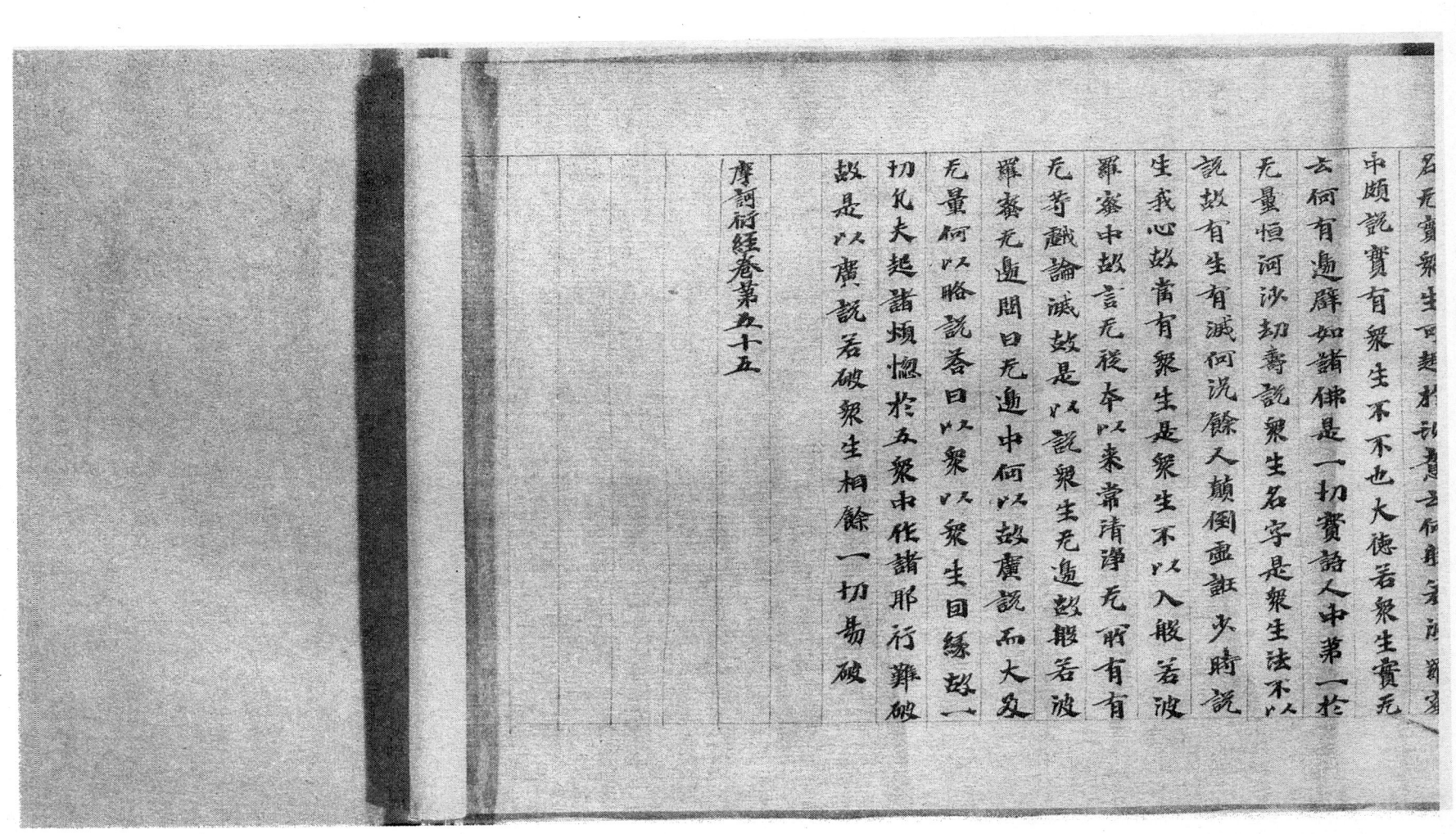

BD14024號　大智度論卷五五　　（33–33）

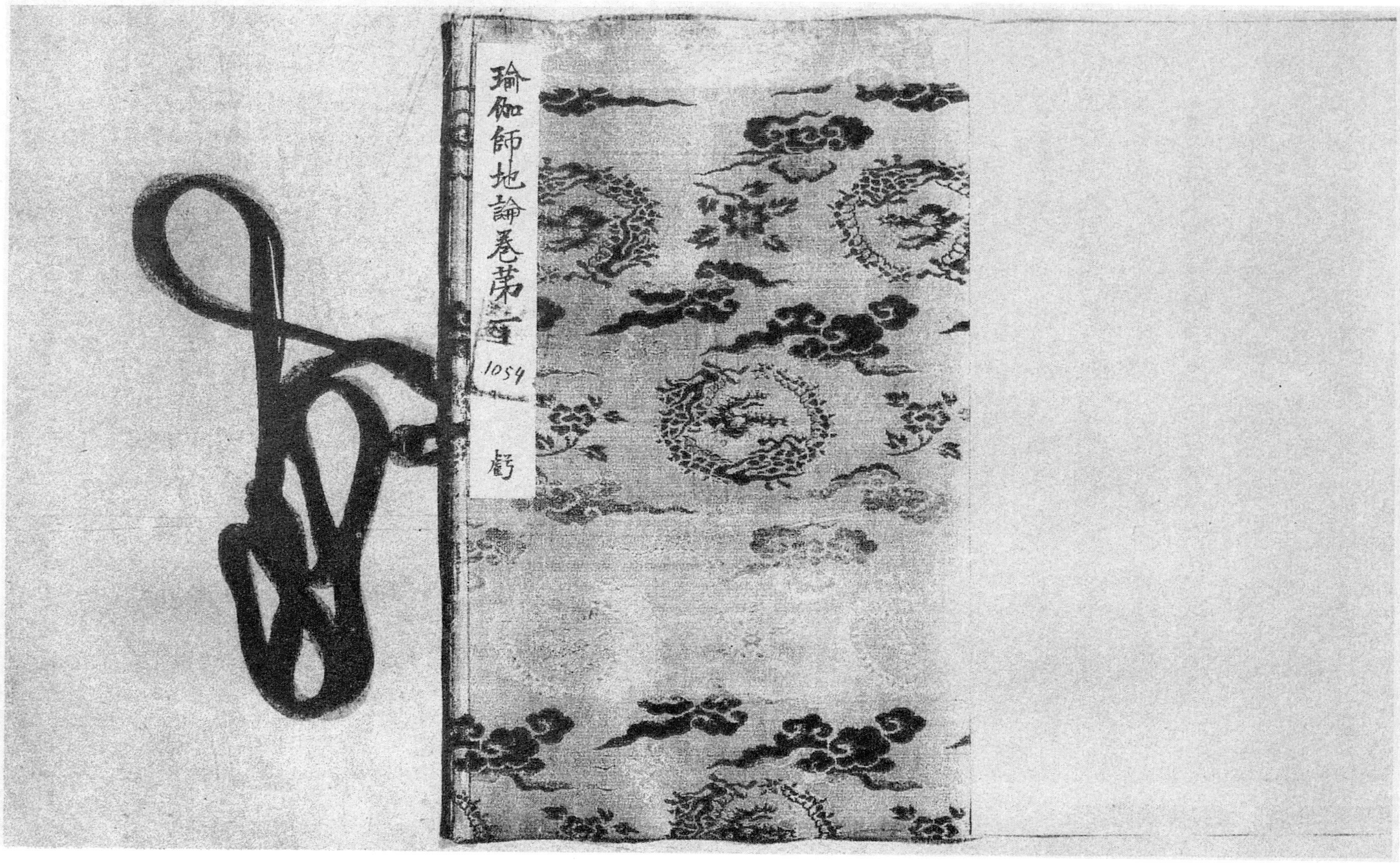

BD14025 號背　現代護首　　　　（1–1）

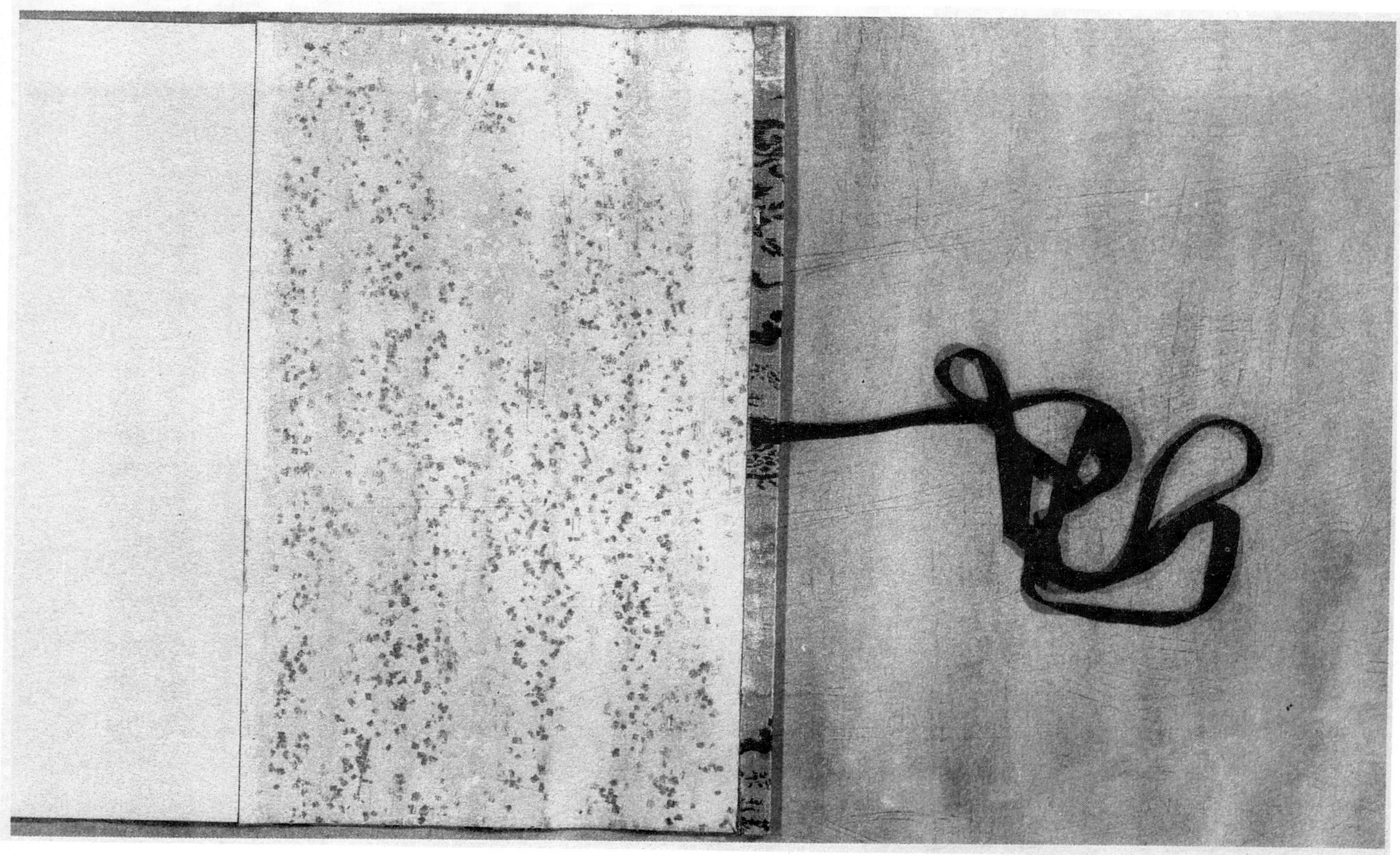

BD14025 號　瑜伽師地論卷一　　　　（18–1）

瑜伽師地論卷第一　弥勒菩薩說　[illegible]奉詔譯
本地分中五識相應地第一之一
云何瑜伽師地。謂十七地。何等十七。嗢柁
南曰
五識相應意　有心伺等三　三摩地俱非　有心無心地
聞思脩所立　如是具三乘　有依及无依　是名十七地
一者五識身相應地。二者意地。三者有尋有
伺地。四者无尋唯伺地。五者无尋无伺地。六
者三摩呬多地。七者非三摩呬多地。八者有
心地。九者无心地。十者聞所成地。十一者思
所成地。十二者脩所成地。十三者聲聞地。十
四者獨覺地。十五者菩薩地。十六者有餘依
地。十七者无餘依地。如是略說十七名為瑜
伽師地
云何五識身相應地。謂五識身自性。彼所
依。彼所緣。彼助伴。彼作業。以要言之名五識

BD14025號　瑜伽師地論卷一　（18–2）

四者獨覺地。十五者菩薩地。十六者有餘依
地。十七者无餘依地。如是略說十七名為瑜
伽師地
云何五識身相應地。謂五識身自性。彼所
依。彼所緣。彼助伴。彼作業。以要言之名五識
身相應之地
何等名為五識之身。謂眼識及耳鼻舌身
識。云何眼識自性。謂依於眼各了別色
云何眼識所依。所謂眼是俱生依。意是无
間依。一切種子能取於身異熟所攝阿頼
耶識名種子依。此亦略攝為二種依。一謂有
色。二謂非色。此中眼是有色。餘是非色。云何
名眼。謂四大種而為其因眼識所依清淨之色。
不可表示有對等性。何名為意。謂眼識前餘過
諸識。倚名一切種子之識。謂依宿習戲論之
樂以為其因而能成就一切種子異熟之識
云何眼識所緣。謂可表色有對等性。此亦多種
惣略言之顯色形色及有表色。云何顯色。云
所謂青黃赤白光影明闇雲煙塵霧空一顯
色。云何形色。所謂長短方圓麁細若正不正及
以高下。云何表色。所謂取捨屈申住立眠卧行
來諸如是等。復次云何顯色。謂似其色眼識
境界。云何形色。謂增威色了別長等所有諸
相。云何表色。謂增威色生已謝滅為相違因所生
方所令不復起彼餘方所或无障礙或有障礙
近遠而起。即彼方所无有轉變能生起者名為
有表。此中顯色者。多明顯現異名所攝形色者。

BD14025號　瑜伽師地論卷一　（18–3）

境界云何形色謂增盛色了別長等所有諸
相云何表色謂增盛色生已謝滅為相違因所生
方所令不復起彼餘方所或无障礙或有障礙
近遠而起即彼方所无有轉變能生起者名為
有表此中顯色者多明顯現異名所攝形色者
即是增盛長短諸聚異名所攝有表
色者即是作業能作行行動遍動等異名所
攝一切顯形有表諸色眼之所行眼之境界眼識
所行眼識境界眼識所緣意識所行意識境
界意識所緣異名所攝又即謂彼是好顯色是
惡顯色中容而住顯現之色
云何助伴與彼俱起想應心所一切諸法所謂
作意觸受想思餘心所法與其眼識俱生相
應者依一所緣有衆多故俱時起者一一而生
一切皆從自種定生有其相應所緣種相及
有所依
云何作業此有六種一最初具緣自境了別是
彼業故二了自相故三了現在故四了一剎
那故又有二種隨意識轉一隨染汙善而能
隨轉及能隨其起業而轉二悉能攝受愛
不愛果故成六業
云何耳識謂依於耳各了別聲云何所依是耳
是俱生依意是无間依一切種子阿賴耶識
是種子依何者是耳謂四大種而為其因
耳識所依清淨之色不可表示有對異性轉轉
意種同前所說
云何所緣謂多種聲不可表示有對礙性所
謂螺貝聲大鼓聲瓦鼓聲作儛聲歌唱聲

是種子依何者是耳謂四大種而為其因
耳識所依清淨之色不可表示有對異性轉轉
意種同前所說
云何所緣謂多種聲不可表示有對礙性所
謂螺貝聲大鼓聲瓦鼓聲作儛聲歌唱聲
伎樂聲俳大聲女人聲男子聲風聲樹聲
分明不分明有義无義下及中上江河聲
諷誦聲宣說聲論義決擇聲與此想應則有
其若因受大種若因不受大種若因受不受大種此
中衆初以內為緣第二以外為緣第三內外為緣
彼為可意若不可意若俱相違此中意聲
聲韻定句語音表句異名所攝耳之所行耳
之境界耳識所行耳識境界耳識所緣意識
所行意識境界意識所緣異名所攝助伴作業
當知如其眼識所說
云何鼻識謂依於鼻各了別香云何所依鼻是
俱生依意是无間依一切種子阿賴耶識
是種子依云何為鼻謂四大種而為其因鼻
識所依不可表示有對礙性轉意及種同如
前說
云何所緣為多種香不可表示有對礙性謂可
意好香惡香及平等香所謂根香堅實之香
葉香花香及菓香等衆多諸香此中香意所
意遍意諸如是等異名所攝鼻之所行鼻之境
界鼻識所行鼻識境界鼻識所緣意識所行
意識境界意識所緣亦異名所攝助伴作業同
如前說
云何舌識謂依於舌各了別味云何所依舌是

齅漏齅說如是等異名所攝鼻之所行鼻境
界鼻識所行鼻識境界鼻識所緣意識所行
意識境界意識所緣亦異名所攝助伴作業同
如前說
云何舌識謂依於舌各了別味云何所依舌是
俱生依意是无間依一切種子阿賴耶識是
種子依云何為舌謂四大種而為其因舌識所
依清淨之色不可表示有對礙性辯意及種
同如前說
云何所緣謂多種味不可表示有對礙性彼謂
苦醋辛淡鹹甘之味若可意若不可意若等
捨處所嘗之性此中味嘗咽食飲舐嗜嗽受用諸
如是等異名所攝舌之所行舌之境界舌識所
行舌識境界舌識所緣意識所行意識境界
意識所緣亦異名所攝助伴作業同如前說
云何身識謂依於身各了別觸云何所依身
是俱生依意是无間依一切種子阿賴耶
識是種子依云何為身謂四大種而為其因
身識所依清淨之色不可表示有對礙性
辯意及種同如前說
云何所緣謂多所觸不可表示有對礙性所
謂地水火風輕性重性滑性澀性寒冷飢渴
飽力羸劣病老死癢悶跳跌疲息黏勇
與此相應眾多所觸此則是其觸時安樂
觸時受苦等捨之處所應觸性此中所觸
觸及應觸澀潤動煖諸如是等異名所攝身
之所行身之境界身識所行身識境界身識
所緣意識所行意識境界意識所緣亦異

BD14025 號　瑜伽師地論卷一　（18–6）

觸時受苦等捨之處所應觸性此中所觸
觸及應觸澀潤動煖諸如是等異名所攝身
之所行身之境界身識所行身識境界身識
所緣意識所行意識境界意識所緣亦異
名攝助伴作業同如前說
此中眼雖不損色亦現前生彼作意若不現前
從彼所生眼識不起如是眼亦不損色亦現前
生彼作意現在前時從彼所生眼識方起耳鼻
舌身餘識亦同眼識觀此中眼識生起之時
隨近率尋求決定之三心次第可得此中第一
是眼識性餘即是意識之性決定心後方起
染淨當如是觀尒時彼之等流眼識方起善惡
非由自己分別而彼意於餘未散乱來意識
眼識二俱為其或善或染如眼識生乃至身
識應知亦然此中所依猶如往餘他方國土所
乘騎者當如是觀五識之身所有助伴如同
行伴所緣之境如所作義所作業者如自功
用依有異門彼所依者如所住舍應如是觀
所緣境者如所受用彼所緣者如奴婢等所
作業者如其勤進
瑜伽師地論本地分中意地第二之一
云何意地此亦應觀有其五種所謂自性所
依所緣助伴作業云何自性心意及識云何名
心具一切種為所依事為依事住亦能取受
異熟所攝阿賴耶識云何名意謂六識身
已滅落謝及染汙意與四煩惱无明我見我慢
愛相常共相應云何名識謂了所緣親近住

BD14025 號　瑜伽師地論卷一　（18–7）

心具一切種為所依事為依事任亦能執受
異熟所攝阿賴耶識云何名意謂六識身
已滅落識及染汙意與四煩惱无明我見我慢
愛相常共相應云何名識謂了所緣親近住
性云何所依意是無間依一切種子阿賴耶識
是種子依同如前說云何所緣謂一切法是此
所緣所謂獨一受蘊想蘊行蘊一切無為不可
表示無對色六處種子
云何助伴所謂作意觸受想思欲及勝解
念三摩地慧信慚愧无貪无嗔及以无癡
懃進輕安不放逸捨并其不害貪嗔无明慢
見及疑忿恨覆惱嫉慳誑諂憍害无慚无愧
惛沉掉舉不信懈怠放逸妄念散乱不正知惡
作睡眠尋及於伺如是與彼心所有法俱生相應
名為助伴於一切緣或多俱起或一一生從其
自種決定而生具有相應有諸行相有諸所
緣有諸所依
云何作業謂能了別自他境緣是第一業又
能了別自相共相又能了別過去未來及以
現在又能了別剎那相續又能轉隨轉善及不善
一切諸法一切諸業又能攝持餘諸識身所有愛
果及不愛果從此因生而能發起諸等流故
復次與餘識身於一切時於一切種有別作業
者所謂別所緣故能思所緣故能惱亂故能顛
狂故能睡眠故能覺悟故能悶絕故能於悶絕
得醒悟故能起身語業故能離欲故能於離
欲有退失故能斷諸善根故而能相續諸善根
故能捨壽故能受生故

BD14025號　瑜伽師地論卷一　（18–8）

者所謂別所緣故能思所緣故能惱亂故能顛
狂故能睡眠故能覺悟故能悶絕故能於悶絕
得醒悟故能起身語業故能離欲故能於離
欲有退失故能斷諸善根故而能相續諸善根
故能捨壽故能受生故
云何分別所緣謂七分別而能分別何等為七一者
有相二非有相三任運而轉四能尋求五能各
分別六有染汙七非有染汙分別云何有相分
別謂先所更所有諸義而根熟故巧於言說
云何非有相分別所謂隨順先所更義分別
未來及諸幼童不善言說所有分別云何任
運而轉謂於近境以境緣力任運而轉云
何尋求謂於諸法遍能尋求觀察分別云
何能各分別謂遍尋求觀察安立各各分別
所有分別云何有染汙謂於過去具有諸見於
其未來具有喜樂於其現在增上貪著或與
欲覺恚覺害覺或與八煩惱諸隨煩惱相
應分別云何非有染汙謂善无記出離分
別无恚分別无害分別或與信等善法相
應所有分別或於威儀所起巧所起或從
化化所有分別齊此於緣而能分別
云何能思所緣謂如理所引非如理所引非
如理非不如理所引思量云何如理所引所謂不以
四種顛倒无常計常所有顛倒而於苦計樂顛
倒於其不淨計淨顛倒於其无我計我顛倒於
其无法而不增益於實有法言施等无以其邪
見而不損減或法住智了如實法亦能遍知

BD14025號　瑜伽師地論卷一　（18–9）

云何能思所緣謂如理所引非如理所引非
如理非不如理所引思量云何如理所引所謂不以
四種顛倒无常計常所有顛倒而於苦計樂顛
倒於其不淨計淨顛倒於其无我計我顛倒於
其无法而不增益於實有法言說等无以其邪
見而不損減或法住智了如實法亦能遍知
或出世間極清淨智如實了知諸法法性是名
為如理所引翻此應知非如理所引云何為
非如理所引非不如理所引依无記慧思量
諸法是故名為能思所緣
云何而能惛醉所謂自性身體羸劣或於
飲酒而不串習飲噉利酒或復過度而飲酒
故能令惛醉
云何能作顛狂所謂先業所引故果不平等
故或驚怖故觸末摩故界多所擾亂故
云何能令睡眠謂自本性身羸劣故因之過
失故飲食過分故闇相作意故放捨一切諸
作業故串習睡眠故或他所作所謂摩其身
或咒或藥或他威力令睡眠故令其睡眠
云何而能覺悟謂睡增感不忍彼纏或於所
作於彼計心而眠睡故或他所作能令覺悟
云何能作悶絕所謂風黃而擾亂故或傷損故
或極太漏所謂大便而多瀉故或多瀝血或多
漏瀉極勇作故能令悶絕
云何從於悶絕而能醒悟謂離悶絕諸纏繞
故能令醒悟
云何能起身語業所謂如身語業所依之智於
先行故從彼生欲故從彼勤進故從彼勤進

BD14025 號　瑜伽師地論卷一　（18–10）

云何從於悶絕而能醒悟謂離悶絕諸纏繞
故能令醒悟
云何能起身語業所謂如身語業所依之智於
先行故從彼生欲故從彼勤進故從彼勤進
先行身業及以語業隨順之風而生起故
云何能令離欲謂與離欲隨順諸根而成熟
故從於他所而得隨順善教授故彼之障礙
悉遠捨故真實而脩無倒作意故能離欲
云何離欲能作退失所謂本性諸根鈍故於
善法品創初而入於彼行相及興猶相不作意
故取受妄住退失法故煩惱覆故惡友所攝故
云何斷諸善根謂根猛利具大惡念增上行故
而得與彼隨順伴故謂彼邪見諸纏深厚究竟
趣故於一切惡增上而作而无愧悔故斷善根
此中種子亦是善根无貪等法亦是善根與脩
善根而相違故相續而住斷其善根及拔種子
故斷善根
云何而能相續善根所謂本性諸根利故見
其善友親感伴黨於諸福事勤脩習故往
善士所聽妙法故若有疑生決定觀察故續善
根云何捨壽所謂壽量有齊限故若有善心
死若有不善心死若有无記心死當知有其壽
盡福盡不捨險難時與非時亦有死者云何壽
盡謂如一類所引壽量無餘盡故而捨壽者此
則名為時至而死云何福盡謂如一類无其資
具而捨壽者云何不捨險難薄伽梵說而
壽未盡有捨壽者有其九因及有九緣云
何為九所謂不節量而食故食不淨宜食故未

BD14025 號　瑜伽師地論卷一　（18–11）

盡謂如一類所引壽量無餘盡故而捨壽者此
則名為時至而死云何福盡謂如一類无其資
具而捨壽者云何不捨險難謂薄伽梵說而
壽未盡有捨壽者有其九因及有九緣云
何為九所謂不節量而食故食不相宜食故未
消積聚不除遣故已熟不放出故不習近諸藥
故不知串習未串習故非時而行故不脩梵行故
此則名為非時而死
云何具善心死謂如有一捨壽之時先所習近
一切善法或自憶念或他令憶當尒之時於
彼心中信等善法所習行者乃至麁想未滅
已來而當生起細想行時善心即退住无記
心彼於尒時先所串習所有諸善不能增進餘亦
不能令憶念故云何具不善心死謂如有一捨壽
之時先所串習諸不善法或自憶念或他令憶
當尒之時於彼心中貪等諸不善法所習行者
乃至麁想未滅已來而生起者一切同前善位所
說此中具善心死者安樂死而捨壽故臨終之時
於彼身中猛利之受而不生起具不善心而
捨壽者當以苦死而捨壽故臨終之時於彼
身中猛利苦受而當生起其具善心捨壽之者
覩色无有錯亂具不善心捨壽之者覩色則
有錯亂云何具无記心捨壽謂或脩善及不善
法或都不脩自亦不憶他亦不復令憶念故
亦非善心非染心者捨壽之時安樂捨壽亦不
捨壽諸苦捨壽亦不捨壽
復次若有脩善及不善法補特伽羅捨壽之者

BD14025 號　瑜伽師地論卷一

（18–12）

法或都不脩自亦不憶他亦不復令憶念故
亦非善心非染心者捨壽之時安樂捨壽亦不
捨壽諸苦捨壽亦不捨壽
復次若有脩善及不善法補特伽羅捨壽之者
先所串習善不善法或自憶念或他令憶
當尒之時彼於何者而多串習彼想有力彼於
彼而趣向之餘皆忘失又復於二等串習者於何
家初或自憶念或他令憶於彼不退餘悉不
轉彼當尒時由二種因一樂戲論因二善不善諸
業因故先業所引所有諸果彼受用已捨壽
之時作惡業者先作不善所感不愛果之業
相悉皆現前謂猶如夢衆多惡色於彼顯現彼
薄伽梵依此說言若造諸惡不善之業而積
集者尒時於彼猶如晡時諸山山峯所有諸影
臨增上臨覩現前臨當知彼補特伽羅如從
於明趣向闇室今現於此脩善法者如從於闇
入其明室觀此之者是其善業所感果報今現
別者臨捨壽時於彼如夢諸不愛色及不可
意種種諸相悉皆現前若有造作大不善者
由見彼諸不善相故從身汗流從毛孔中諸毛皆
竪掉手足等失大小便於空捫摸眼精翻轉口
流涎唾如是等法皆悉顯若造中者於彼有現有
不現故具足不現一切物悉臨終之時乃至其
想未朦昧來久遠串習著我之心而遍生起
從此已後將謂我无愛樂其身此則是彼中有
成就所依之因尒時預流及一來人著我雖生
彼預流人及一來者於彼著我慧㕛擇故悉

BD14025 號　瑜伽師地論卷一

（18–13）

想未瞭眛未久遠串習著我之心而遍生起
從此已後將謂我无愛樂其身由此則是彼中有
成就所依之因尒時預流及一来人著我雖生
彼預流人及一来者於彼著我慧决擇故慧
遠捨之而不貪取譬如壯士與劣對敵屈伏
劣力此中道理應如是觀不還之人尒時著我
悉不復起斷末摩者除地獄趣及諸天趣餘
諸生處一切皆有此有二種一極猛利二則輕微
作惡業者皆悉猛利脩善業者即便輕微
北俱盧洲一切輕微從於色界捨壽之者諸根
具足而捨壽之從於欲界捨壽之者亦有諸
根具足捨壽亦有諸根闕少捨壽清淨解脫
諸捨壽者名柔捨壽諸非清淨及非解脫捨
壽之者名非柔捨壽是故且初作惡業者捨
壽之時從身上分識捨身故彼身上分已變
為冷彼乃至心漸次而捨脩善業者從身下分
識捨身故彼身下分已變為冷彼乃至心漸次
捨故是故應知識從心捨尒時一切身分皆冷彼
生貪身樂宿戲論因所熏故善惡業因之所
熏故由此二因无間從於自己種子中有一時无間
滅生如秤高下彼中有者諸根圓滿惡作業
者彼之中有猶如黑褐夜之黑闇脩善業者
如白褐段夜之月明彼是清淨天眼境界識不住
故尒時於身先貪著者彼皆不起貪境戲論
悉皆現起當生何處似彼形體中有而生未取
生處已來彼眼猶如天眼无礙未取生處已來彼
所欲往如具神通无有障礙彼眼能見與自同分

故尒時於身先貪著者彼皆不起貪境戲論
悉皆現起當生何處似彼形體中有而生未取
生處已來彼眼猶如天眼无礙未取生處已來彼
所欲往如具神通无有障礙彼眼能見與自同分
有有情彼之生處及自生處作惡業者彼眼下
明倒首而往若生天者而趣於上生人趣者直趣
向之彼中有者未得生緣已來極遠不過七日
而住若得緣時无有决定又若不得更捨其身
七日而住不得生緣住七七日過是已後定得生緣
彼七日捨壽者或成就本或復得其不同分者
謂或餘業所作轉變令彼中有種轉變故此
異門者生在死有生有二間名中間有隨香
而行以香增威名乾闥婆於彼趣向意所處
故名為意生以身趣向非所緣趣能成生故亦
名成就又此中有除生无色處應如是觀若作
惡業謂或殺羊養鷄養猪如是等任非
律儀者彼已積集生於地獄惡不善業故
於生處猶如其夢自能見如是有情之類如是
諸業積羊等故於先串習喜樂之處於彼馳
走於生處色生瞋恚故彼中有滅生有得成彼
從於此捨壽之時先死有中亂所見色亦當生起
生滅之理同如前觀彼於彼處以化而生六
處具足彼作是思我今與此共相喜樂纏情受
行亦學工巧起心之時彼於彼處倒受種種業
之苦惱亦爾極熱猛利之纏若不如是无
如是見彼當於彼趣向欲心尚不應有何況
有往是故不往而无有生如地獄如似地獄餓鬼

行亦學工巧起心之時彼於彼處倒受種種
之苦惱亦觸極熱猛利之觸若不如是无
如是見彼當於彼趣向欲心尚不應有何況
有往是故不往而无有生如其地獄如似地獄類鬼
趣等處所生者亦如是觀若生傍生鬼趣及人欲行
色行餘天處者於彼生處能見自同分喜樂有
情之類然後同前於彼生處生樂欲心到彼處
已生瞋心故捨壽受生亦同前觀其母安泰月
相具足父母貪著共相和合食香近住三處現
前无三障礙謂生處過種子過失業之過失
得入母胎云何生處過謂風所壞或黃所壞
或痰所壞中似麥形或似烏麻門似車形或
似螺貝其少許相及有偏異或具諸過及具稠
濁諸如是等當知是其生處過失云何種子
過或父精流而母不出或母精流其父不出或
二俱不出或母爛壞或父爛壞或二俱壞諸如是
等應知是名種子過失云何業過或父或母或二
俱不集有子之業或彼有情不作不集其父母
業或彼父母造作積集餘子之業或彼有情造作
積集餘有自在名稱父母之業或父有自在名稱母諸如是等當知是
彼業之過失若无彼過三處現前彼乃得入於任中有
欲見同分有情戲樂往生處尒時於彼父
母精血生顛倒見彼顛倒者謂見父母二俱眠
宿尒時彼處雖無父母二俱眠宿以顛倒慧能
如是見如見幻作見眠宿故彼於彼處而生貪
著若樂作女彼貪男子樂欲眠宿若樂作男
彼貪於女樂欲眠宿尒時到彼應為女者於女
離欲為男子者於男離欲生是相故唯見其

母精血生顛倒見彼顛倒者謂見父母二俱眠
宿尒時彼處雖無父母二俱眠宿以顛倒慧能
如是見如見幻作見眠宿故彼於彼處而生貪
著若樂作女彼貪男子樂欲眠宿若樂作男
彼貪於女樂欲眠宿尒時到彼應為女者於女
離欲為男子者於男離欲生是相故唯見其
男或復女人如是如是於彼方所而作加行如是
如是或彼男子或復女人彼餘身分現見之者
悉滅不現唯見男女若女人刑或男子刑而
現在前彼於此彼生瞋恚故捨壽受生應知
如前若是薄福生卑族故捨壽入胎當尒之時彼
聞閙聲及見入於蘆荻稠林如是等相悉來
現前若是脩其善業之者生貴族故彼聞
寂靜美妙音聲及見入於宮殿等處如是諸
相悉來現前彼二父母受極樂時末後當流
出於濁精其次二俱決定流出二滴精血彼二
滴精及與血母胎藏中共相和合譬如煎乳凝已
處凝和合住故彼處尒時一切種子異熟所攝執取
受身阿賴耶識轉入其中云何而入與彼精血
和合緣者俱轉入故倒顛緣中有滅謝既滅
謝已同一時分一切種識彼之力故更生餘根
根細大種與彼精血相應和合餘根生起於彼
分俱識轉依者名為續生此則是其羯邏藍時
彼羯邏藍根之大種與其身根同時俱起諸
根所依所有大種與根大種及其身根俱時
生起然後諸根彼之大種而為因故眼等諸
根漸次成就彼根大種為其因故亦漸成

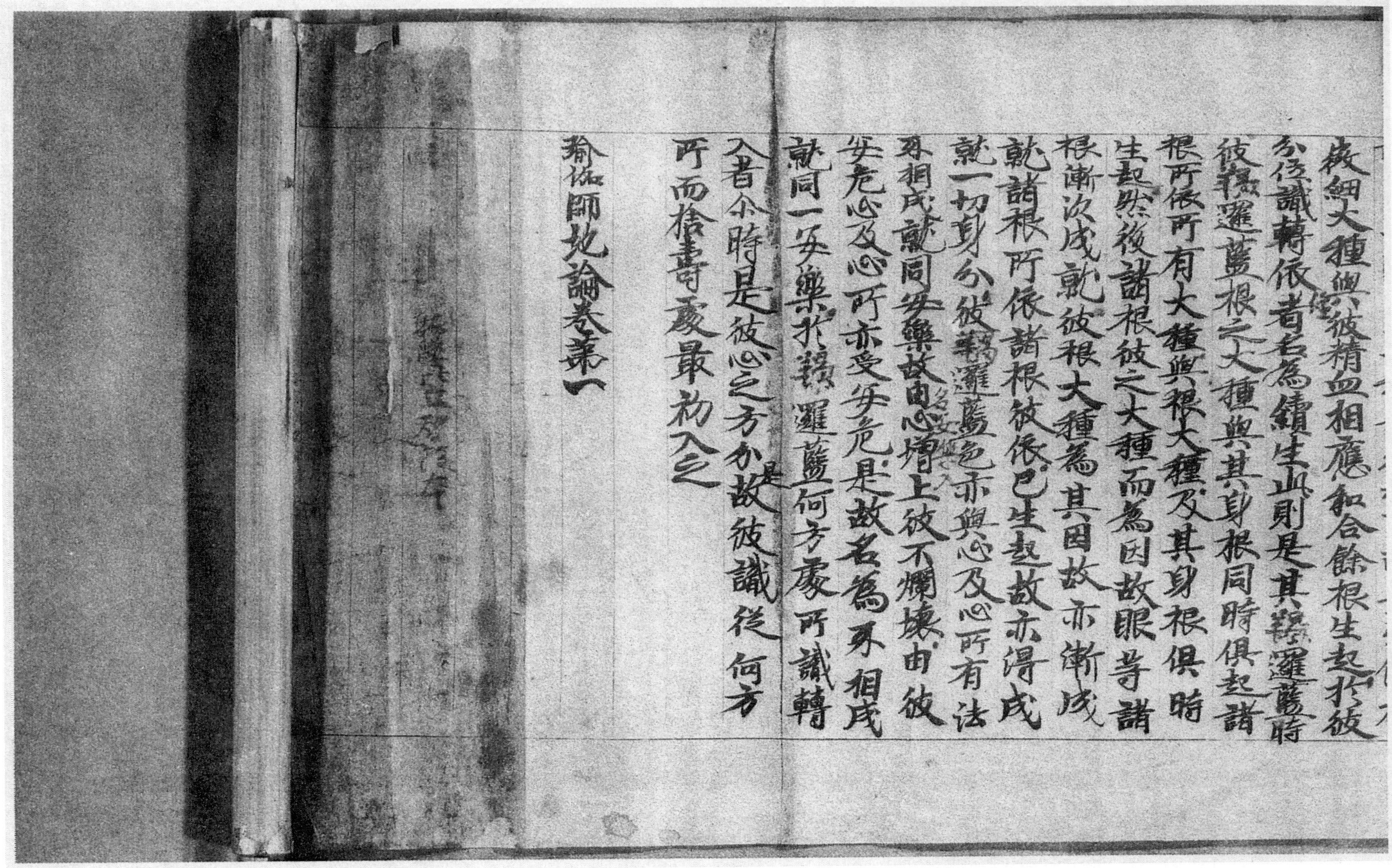

疾細大種與彼精血相應和合餘根生起於彼
分位識轉依者名為續生此則是其羯羅藍時
彼羯羅藍根之大種與其身根同時俱起諸
根所依所有大種與根大種及其身根俱時
生起然後諸根彼之大種而為因故眼等諸
根漸次成就彼根大種為其因故亦漸成
就諸根所依諸根彼依已生起故亦得成
就一切身分彼羯羅藍色亦與心及心所有法
互相成就同安樂故由心增上彼不爛壞由彼
安危心及心所亦受安危是故名為互相成
就同一安樂於羯羅藍何方處所識轉
入者爾時是彼心之方分故彼識從何方
所而捨壽處最初入之
瑜伽師地論卷第一

BD14025號　瑜伽師地論卷一　（18–18）

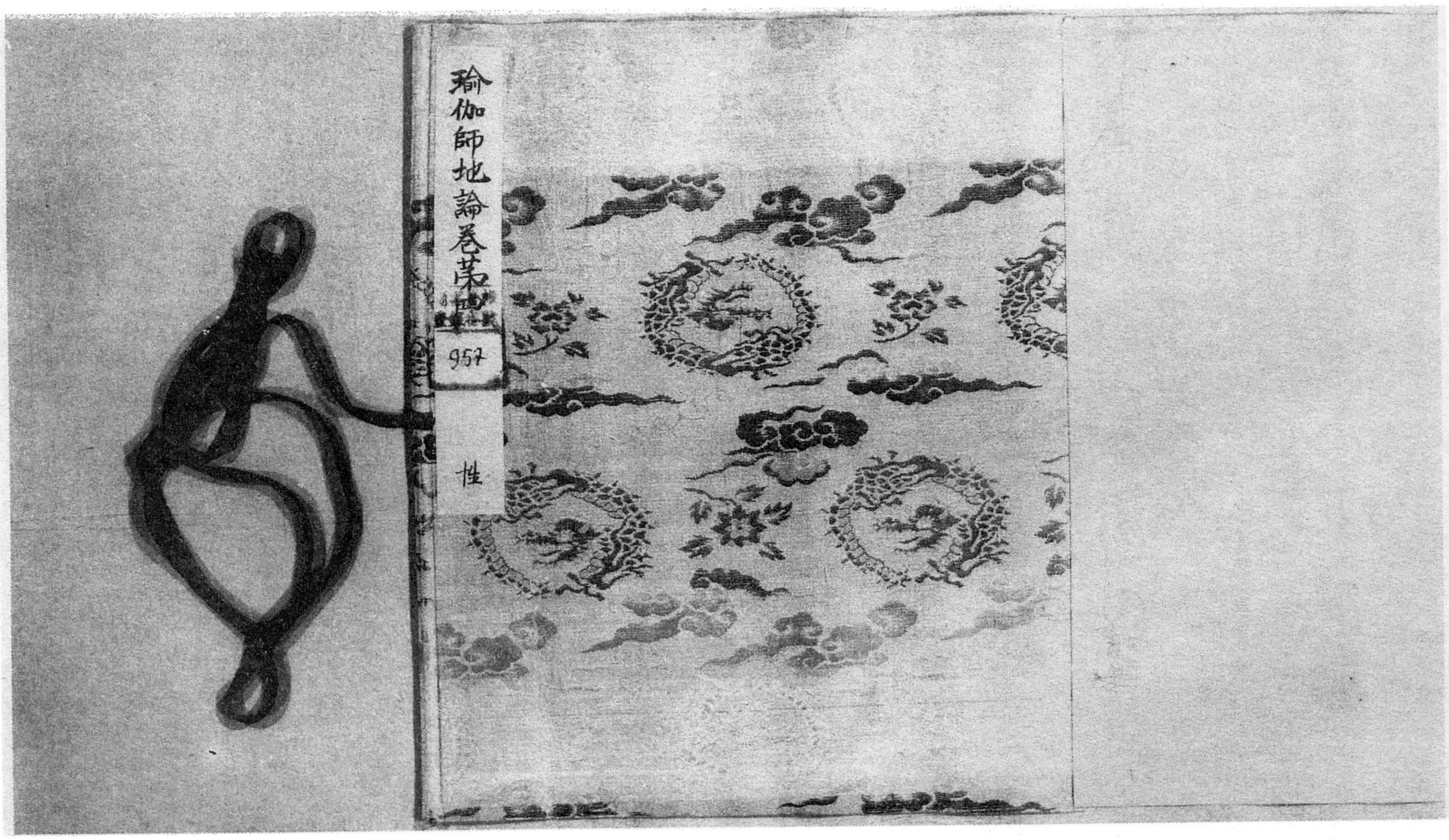

BD14026號背　現代護首　（1–1）

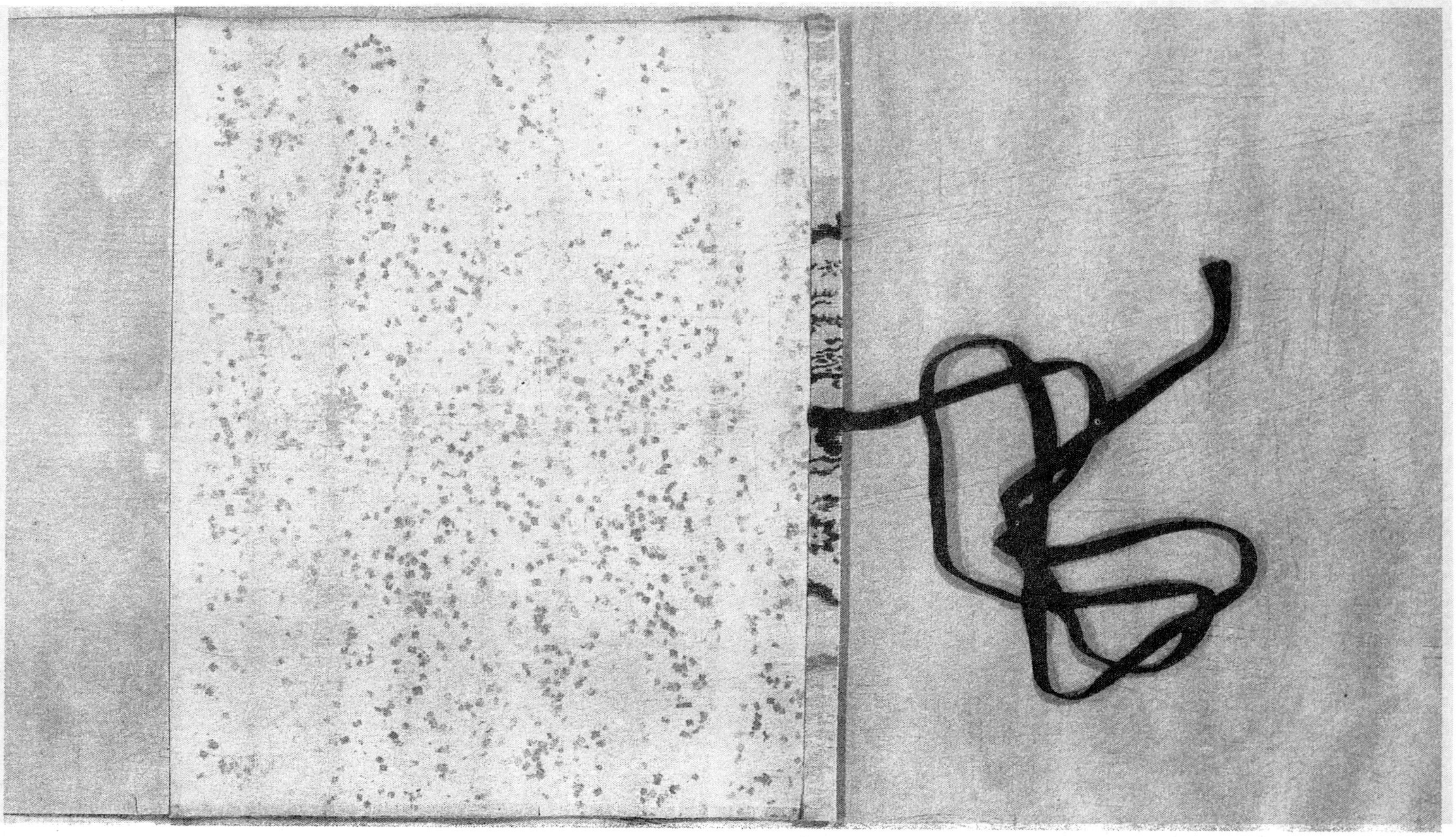

BD14026 號　瑜伽師地論卷四　（20–1）

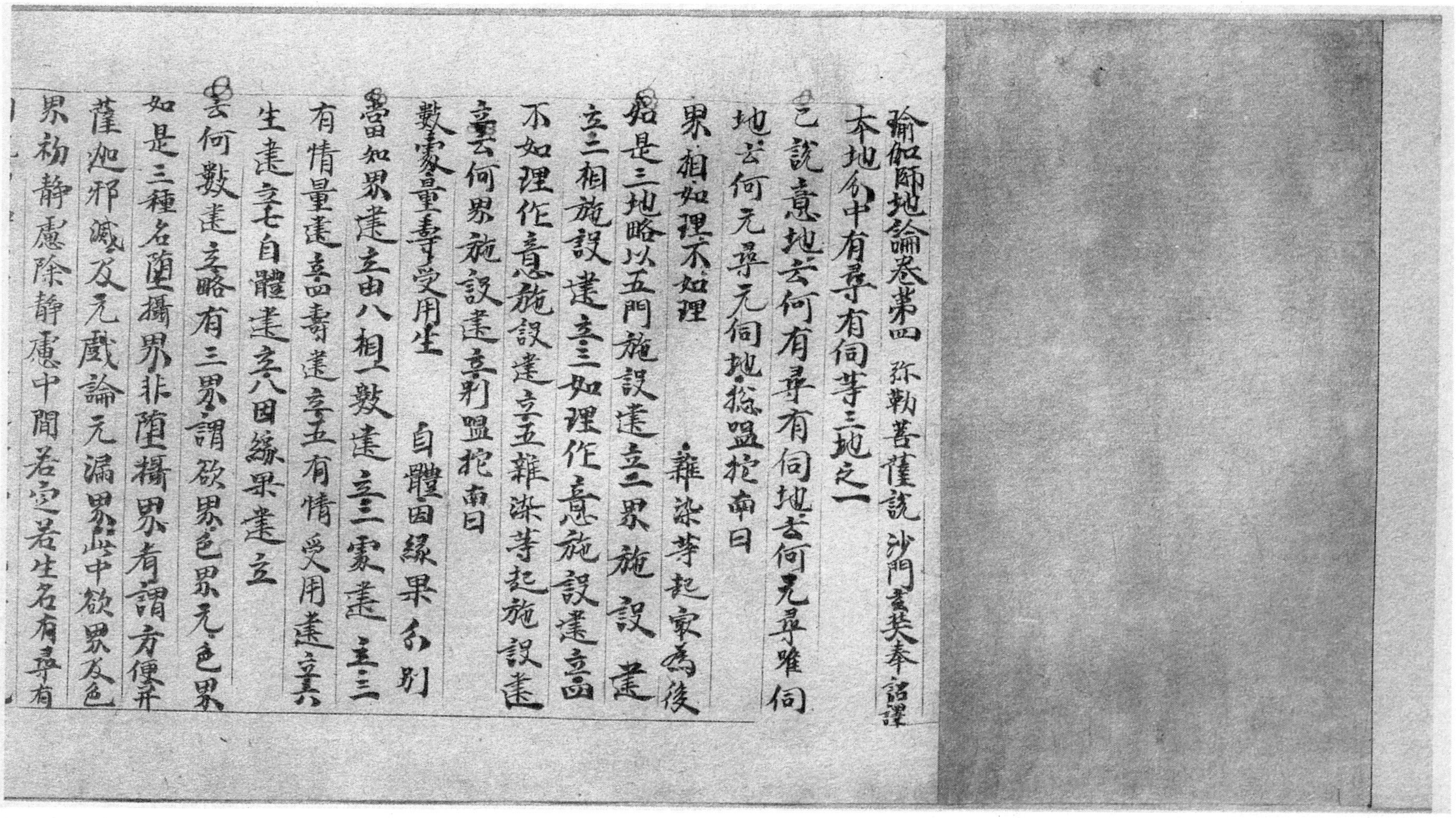

瑜伽師地論卷第四　弥勒菩薩說　沙門玄奘奉詔譯
本地分中有尋有伺等三地之一
已說意地云何有尋有伺地云何无尋唯伺
地云何无尋无伺地嗢拕南曰
界相如理不如理　雜染等起最為後
若略說此三地以五門施設建立一界施設建
立二相施設建立三如理作意施設建立四
不如理作意施設建立五雜染等起施設建
立云何界施設建立嗢拕南曰
數處量壽受用生　自體因緣果分別
當知界建立由八相一數建立二處建立三
有情量建立四壽建立五有情受用建立六
生建立七自體建立八因緣果建立
云何數建立略有三界謂欲界色界无色界
如是三種名墮攝界非墮攝界者謂方便并
薩迦耶滅及无戲論无漏界此中欲界及色
界初靜慮除靜慮中間若定若生名有尋有

BD14026 號　瑜伽師地論卷四　（20–2）

云何數建立略有三界謂欲界色界无色界
如是三種名墮攝界非墮攝界者謂方便并
薩迦耶滅及无戲論无漏界此中欲界及色
界初静慮除静慮中間若定若生名有尋有
伺地即静慮中間若定若生名无尋唯伺地
隨一有情由脩此故得爲大梵從第二静慮
餘有色界及无色界全名无尋无伺地此中
由離尋伺欲道理故説名无尋无伺地不由
不現行故所以者何未離欲界欲者由教導
作意差別故於一時間亦有无尋无伺意現
行已離尋伺欲者亦有尋伺現行如出彼定
及生彼者若无漏界有爲定所攝初静慮
亦名有尋有伺地依尋伺處諸緣真如爲境入
此定故不由分別現行故餘如前説
處所建立者於欲界中有三十六處謂八大
那落迦何等爲八一等活二黑繩三衆合四
號叫五大號叫六燒熱七極燒熱八无間此
諸大那落迦處廣十千踰繕那此外復有八
寒那落迦處何等爲八一皰那落迦二皰裂那
那落迦三歇哳詀那落迦四郝郝凡那落迦
五虎虎凡那落迦六青蓮那落迦七紅蓮那
落迦八大紅蓮那落迦從此下三万二千踰繕
那至等活那落迦從此復四千踰繕那
有餘那落迦如是大那落迦處初寒那落
迦處亦尒從此復二千踰繕那有餘那落迦應知
又有餓鬼處所又有非天處所傍生即
與人天同處故不別建立復有四大洲如前説

BD14026 號　瑜伽師地論卷四　（20–3）

那至等活那落迦從此復四千踰繕那
有餘那落迦如是大那落迦處初寒那落
迦處亦尒從此復二千踰繕那有餘那落迦應知
又有餓鬼處所又有非天處所傍生即
與人天同處故不別建立復有四大洲如前説
復有八中洲又欲界天有六處一四大王衆
天二三十三天三時分天四知足天五樂
化天六他化自在天復有摩羅天宫即他化
自在天攝然處所高勝復有獨一那落迦近
邊那落迦即大那落迦及寒那落迦以近邊
故不別立處又於人中亦有一分獨一那落
迦可得如尊者取緣豆子説我見諸有情燒
然極燒然遍極燒然總一燒然聚如是等三
十六處總名欲界
復次色界有十八處謂梵衆天梵前益天大
梵天此三由耎中上品熏脩初静慮故少光
天无量光天極淨光天此三由耎中上品熏
脩第二静慮故少淨天无量淨天遍淨天此
三由耎中上品熏脩第三静慮故无雲天福
生天廣果天此三由耎中上品熏脩第四静慮
故无想天即廣果攝无別處所復有諸聖
住止不共五淨宫地謂无熱善現善見
及色究竟由耎中上上勝上極品雜熏脩第
四静慮故復有超過淨宫大自在住處有十
地菩薩由極熏脩第十地故得生其中
復次无色界有四處所或无處所
有情量建立者謂贍部洲人身不定或時

BD14026 號　瑜伽師地論卷四　（20–4）

又色究竟由具中上勝上極品熏修若
四靜慮故復有超過淨宮大自在住處有十
地菩薩由極熏修第十地故得生其中
復次无色界有四處所或无處所
有情量建立者謂贍部洲人身不定或時
高大或時卑小然隨自肘三肘半量東毗提
訶身量決定亦隨自肘三肘半量身又高大
如東毗提訶如是西瞿陁尼北拘盧洲身量
亦尒轉復高大四大王眾天身量如拘盧舍
四分之一三十三天身量復增一足帝釋身
量半拘盧舍時分天量亦半拘盧舍此上
一切欲界天身量當知漸漸各增一足梵
眾天身量半踰繕那梵前益天身量一踰繕
那大梵天身量一踰繕那半少光天身量二
踰繕那此上一切餘天身量各漸倍增除无
雲天應知彼天減三踰繕那又大那落迦身
量不定若作及增長極重惡不善業者彼感
身形其量廣大餘則不尒如大那落迦如是
寒那落迦獨一那落迦近邊那落迦傍生餓
鬼亦尒諸非天身量大小如三十三天　當知
无色界无有色故无有身量
壽建立者謂贍部洲人壽量不定彼人以三
十日夜為一月十二月為一歲或於一時壽
无量歲或於一時壽八万歲或於時壽量
漸減乃至十歲東毗提訶人壽量決定二百
五十歲西瞿陁尼人壽量決定五百歲北拘
盧洲人壽量決定千歲又人間五十歲是四

BD14026 號　瑜伽師地論卷四

（20–5）

无量歲或於一時壽八万歲或於時壽量
漸減乃至十歲東毗提訶人壽量決定二百
五十歲西瞿陁尼人壽量決定五百歲北拘
盧洲人壽量決定千歲又人間五十歲是四
大王眾天一日一夜以此日夜三十日夜為
一月十二月為一歲彼諸天眾壽量五百歲
人間百歲是三十三天一日一夜以此日夜
如前說彼諸天眾壽量千歲如是所餘乃至
他化自在天日夜及壽量各增前一倍又四
大王眾天滿足壽量是等活大那落迦一日
一夜即以此三十日夜為一月十二月為一歲
彼大那落迦壽五百歲以四大王眾天壽量
成等活大那落迦壽量如是以三十三天壽
量成黑繩大那落迦壽量以時分天壽量成
眾合大那落迦壽量以知足天壽量成號叫
大那落迦壽量以樂化天壽量成大號叫大
那落迦壽量以他化自在天壽量成燒熱大
那落迦壽量應知亦尒極燒熱大那落迦有
情壽半中劫无間大那落迦有情壽一中劫
非天壽量如三十三天傍生餓鬼壽量不定
又寒那落迦於大那落迦次第相望壽量近
半應知又近邊那落迦獨一那落迦受生有
情壽量不定梵眾天壽二十中劫一劫梵前
益天壽四十中劫一劫大梵天壽六十中劫一劫
少光天壽八十中劫二劫自此以上餘色界天
壽量相望各漸倍增唯除无雲當知

BD14026 號　瑜伽師地論卷四

（20–6）

情壽量不定梵衆天壽二十中劫一劫梵前
益天壽四十中劫一劫大梵天壽六十中劫一劫
少光天壽八十中劫二劫自此以上餘色界天
壽量相望各漸倍增唯除无雲當知
彼天壽減三劫空无邊處壽二万劫識无邊
處壽四万劫无所有處壽六万劫非想非非
想處壽八万劫除北拘盧洲餘一切處悉有
中夭又人鬼傍生趣有餘滓身夭及那落迦
與識俱沒无餘滓身
受用建立者略有三種謂受用苦樂受用飲
食受用婬欲受用苦樂者謂那落迦有情多
分受用極治罰苦傍生有情多分受用相食
噉苦餓鬼有情多分用極飢渴苦人趣有
情多分受用匱之追求種種之苦天趣有情
多分受用衰惱墜沒之苦又於等活大那落
迦中多受如是極治罰苦謂彼有情多共聚
集業增上生種種苦具次第而起更相殘害
悶絕躃地次虛空中有大聲發唱如是言此
諸有情可還等活可還等活次彼有情欻然
復起復由如前所說苦具更相殘害由此因
緣長時受苦乃至先世所造一切惡不善業
未盡未出故此那落名為等活又於黑繩
大那落迦中多受如是治罰重苦謂彼有情
多分為彼所攝獄卒以黑繩拼之或為四方
或為八方或為種種圖畫文像彼既拼已隨
其處所若鑿若斲若研若剜由如是等種

BD14026 號　瑜伽師地論卷四　（20–7）

大那落迦中多受如是治罰重苦謂彼有情
多分為彼所攝獄卒以黑繩拼之或為四方
或為八方或為種種圖畫文像彼既拼已隨
其處所若鑿若斲若研若剜由如是等種
種因緣長時受苦乃至先世所造一切惡不善
業未盡未出故此那落迦名為黑繩又於衆
合大那落迦中多受如是治罰重苦謂彼有
情或時展轉聚集和合爾時便有彼攝獄卒
驅逼令入兩鐵羺頭大山之間彼既入已兩
山迫之既被迫已一切門中血便流注如兩
鐵羺頭如是兩鐵羺頭兩鐵馬頭兩鐵象頭
兩鐵師子頭兩鐵虎頭亦尒復令和合置大鐵
槽中便即壓之如壓甘蔗既被壓已血便流
注復和合已有大鐵山從上而墮令彼　有
情躃在鐵地若所若剌或擣或裂既被研剌
及擣裂已血便流注由此因緣長時受苦乃
至先世所作一切惡不善業未盡未出故此
那落迦名為衆合又於號叫大那落迦中多
受如是治罰重苦謂彼有情尋求舍宅便入
大鐵室中彼纔入已即便火起由此燒然若
極燒然遍極然既被燒已苦痛逼切發聲
號叫由此因緣長時受苦乃至先世所造一
切惡不善業未盡未出故此那落迦名為號
叫又於大號叫大那落迦中所受苦物與此
差別謂彼室宅其如胎藏故此那落迦名
大號叫又於燒熱大那落迦中多受如是治罰
[illegible]

BD14026 號　瑜伽師地論卷四　（20–8）

號叫由此因緣長時受苦乃至先世所造一
切惡不善業未盡未出故此那落迦名為號
叫又於大號叫大那落迦中所受苦惱與此
差別謂彼室宅其如胎藏故此那落迦名
大號叫又於燒熱大那落迦中多受如是治罰
重苦謂彼所攝獄卒以諸有情置无量踰繕
那熱極熱遍極燒然大鐵鏊上左右轉之表
裏燒薄又如炙魚以大鐵串從下貫之徹頂
而出反覆炙之令彼有情諸根毛孔及以口
中悉皆焰起復以有情置熱極熱遍極燒然
大鐵地上或仰或覆以熱極熱遍極燒然大
鐵椎棒或打或築遍打遍築令如肉摶由此
因緣長時受苦乃至先世所造一切惡不善
業未盡未出故此那落迦名為燒熱又於極
燒熱大那落迦中所受苦惱與此差別謂以
三支大熱鐵串從下貫之徹其兩髆及頂而
出由此因緣眼耳鼻口及諸毛孔猛焰流出
又以熱極熱遍極燒然大銅鐵鍱遍裹其
身又復倒擲置熱極熱遍極燒然彌滿灰水大
鐵鑊中而煎煮之其湯涌沸令此有情隨湯
飄轉或出或沒令其血肉及以皮脈悉皆銷
爛唯骨瑣在尋復漉之置鐵地上令其皮肉
及以血脈復生如故還置鑊中餘如燒熱大
那落迦說由此因緣長時受苦乃至先世所
造一切惡不善業未盡未出故此那落迦名
極燒熱
又於无間大那落迦中彼諸有情恒受如是

BD14026 號　瑜伽師地論卷四

（20–9）

那落迦說由此因緣長時受苦乃至先世所
造一切惡不善業未盡未出故此那落迦名
極燒熱
又於无間大那落迦中彼諸有情恒受如是
極治罰苦謂從東方多百踰繕那燒然極燒
然遍極燒然大鐵地上有猛熾火騰焰而來
刺彼有情穿皮入肉斷筋破骨復徹其髓
燒如脂燭如是舉身皆成猛焰如從東方南西
北方亦復如是由此因緣彼諸有情與猛焰
和雜唯見火聚從四方來火焰和雜无有間
隙所受苦痛亦无間隙唯聞苦逼號叫之聲
知有眾生又以鐵箕盛滿燒然極燒然遍極
燒然猛焰鐵炭而簸揃之復置熱鐵地上令
登大熱鐵山上而復下下而復上從其口中
拔出其舌以百鐵釘釘而張之令无皺襵如
張牛皮復更仰臥熱鐵地上以熱鐵鉗鉗口
令開以燒然極燒然遍極燒然大熱鐵丸置
其口中即燒其口及以咽喉徹於府藏從下
而出又以洋銅而灌其口燒喉及口徹於府
藏從下流出所餘苦惱如極熱說由此因緣
長時受苦乃至先世所造一切惡不善業未
盡未出故此那落迦名為无間多是造作无
間之業來生是中此但略說麁顯苦具非於
如是大那落迦中所餘種種眾多苦具而不
可得又於近邊諸那落迦中有情之類受用
如是治罰重苦謂彼一切諸大那落迦皆有

BD14026 號　瑜伽師地論卷四

（20–10）

盡未出故此那落迦名為无間多是造作无
間之業來生是中此但略說麁顯苦具非於
如是大那落迦中所餘種種衆多苦具而不
可得又於近邊諸那落迦中有情之類受用
如是治罰重苦謂彼一切諸大那落迦皆有
四方四岸四門鐵墻圍遶從其四方四門出
已其一一門外有四出園謂煻煨齊膝彼諸
有情出求舍宅遊行至此下足之時皮肉及
血並即消爛舉足還生次此煻煨无間即有
死屍糞泥此諸有情為求舍宅從彼出已漸
漸遊行陷入其中首足俱沒又屍糞泥內多
諸虫名孃矩吒穿皮入肉斷筋破骨取髓而
食次屍糞泥无間有利刀劒仰刃為路彼諸
有情為求舍宅從彼出已遊行至此下足之
時皮肉筋血悉皆消爛舉足之時還復如故
次刀劒刃路无間有刃葉林彼諸有情為求
舍宅從彼出已往趣彼陰纔坐其下微風遂
起刃葉墮落斫截其身一切支節便即躃地
有黑䮾狗摣掣脊脂而噉食之從此刃葉林
无間有鐵設拉末梨林彼諸有情為求舍宅
便來趣之遂登其上當登之時一切刺鋒悉
迴向下欲下之時一切刺鋒復迴向上由此
因緣貫刺其身遍諸支節尒時便有鐵觜
大烏上彼頭上或上其髆探啄眼精而噉食之
從鐵設拉末梨林无間有廣大河沸熱灰水
弥滿其中彼諸有情尋求舍宅從彼出已來
墮此中猶如以豆置之大鑊然猛熾火而煎

BD14026 號　瑜伽師地論卷四　（20–11）

因緣貫刺其身遍諸支節尒時便有鐵觜
大烏上彼頭上或上其髆探啄眼精而噉食之
從鐵設拉末梨林无間有廣大河沸熱灰水
弥滿其中彼諸有情尋求舍宅從彼出已來
墮此中猶如以豆置之大鑊然猛熾火而煎
煮之隨湯騰湧周旋迴復於河兩岸有諸獄
卒手執索及以大網行列而住遮彼有情不
令得出或以索羂或以細網復置廣大熱
鐵地上仰彼有情而問之言汝等今者欲何
所須如是答言我等今者竟无覺知然為種
種飢苦所逼時彼獄卒即以鐵鉗鉗口令開
便以極熱燒然鐵丸置其口中餘如前說若
彼答言我今唯為渴苦所逼尒時獄卒便即
洋銅以灌其口由是因緣長時受苦乃至先
世所造一切能感那落迦惡不善業未盡未
出此中若刀劒刃路若刃葉林若鐵設拉末
梨林總之為一故有四園又於寒那落迦受
生有情多受如是極重寒苦謂皰那落迦中
受生有情即為彼地極重廣大寒觸所觸一
切身分悉皆卷縮猶如瘡皰故此那落迦名
皰那落迦皰裂那落迦與此差別猶如皰潰
膿血流出其瘡卷皺故此那落迦名為皰裂
又噭哳詀郝郝凡虎虎凡此三那落迦由彼
有情苦音差別以立其名青蓮那落迦由
彼地極重廣大寒觸所觸一切身分悉皆青
瘀皮膚破裂或五或六故此那落迦名曰青
蓮紅蓮那落迦與此差別過此青已色變紅
赤[illegible]

BD14026 號　瑜伽師地論卷四　（20–12）

有情苦音差別以立其名青蓮那落迦中由
彼地極重廣大寒觸所觸一切身分悉皆青
瘀皮膚破裂或五或六故此那落迦名曰青
蓮紅蓮那落迦與此差別過此青已色變紅
赤皮膚分裂或十或多故此那落迦名曰紅
蓮大紅蓮那落迦與此差別謂彼身分極大
紅赤皮膚分裂或百或多故此那落迦名大
紅蓮又於一那落迦中受生有情各於自身
由業所感多受如是種種大苦如吉祥問採
菉豆子經中廣說故此那落迦名為獨一
又傍生趣更相殘害如羸弱者為諸強力之
所殺害由此因緣受種種苦以不自在他所
驅馳多被鞭撻與彼人天為資生具由此因
緣具受種種極重苦惱
又餓鬼趣略有三種一者由外障礙飲食二
者由內障礙飲食三者飲食无有障礙云何
由外障礙飲食謂彼有情由習上品慳故生
鬼趣中常與飢渴相應皮肉血脉皆悉枯槁
猶如火炭頭髮蓬亂其面黯黑脣口乾焦常
以其舌舐略口面飢渴章惶處處馳走所到
泉池為餘有情手執刀杖及以羂索行列守
護令不得趣或強趣之便見其泉變成膿
血自不欲飲如是等鬼是名由外障礙飲食
云何由內障礙飲食謂彼有情口或如針口
或如炬或復頸癭其腹寬大由此因緣縱得
飲食无他障礙自然不能若噉若飲如是等
鬼是名由內障礙飲食

血自不欲飲如是等鬼是名由外障礙飲食
云何由內障礙飲食謂彼有情口或如針口
或如炬或復頸癭其腹寬大由此因緣縱得
飲食无他障礙自然不能若噉若飲如是等
鬼是名由內障礙飲食
云何飲食无有障礙謂有餓鬼名猛焰鬘隨
所飲噉皆被燒然由此因緣飢渴大苦未嘗
暫息
復有餓鬼名食糞穢或有一分食糞飲溺或
有一分唯能飲噉極可厭惡生熟臭穢縱得
香美而不能食有一分自割身肉而噉食
之縱得餘食竟不能噉如是等鬼名飲食
无有障礙
又人趣中受生有情多受如是匱乏之苦所
謂俱生飢渴匱乏之苦所欲不果匱乏之苦麁踈
飲食匱乏之苦逼切追求攝受等匱乏之苦時
節變異若寒若熱匱乏之苦无有舍宅覆鄣所
作淋漏匱乏之苦黑闇等障所作事業皆悉休廢
匱乏之苦又受變壞老病死苦由那落迦中謂
死為樂故於彼趣不立為苦
又天趣中无解支節苦而有死墮苦如經中
說有諸天子將欲沒時五相先現一衣无垢
染有垢染現二鬘舊不萎今乃萎頓三兩腋
汗流四身便臭穢五天及天子不樂本坐時
彼天子偃臥林間所有綵女與餘天子共為
遊戲彼既見已由此因緣生大憂苦復受陵
蔑怯懍之苦所以者何由有廣大福聚成就

染有垢染現二鬘舊不萎今乃萎顇三兩腋
汗流四身便臭穢五天子不樂本坐時
彼天子偃臥林間所有綵女與餘天子共為
遊戲彼既見已由此因緣生大憂苦復受陵
蔑悚慄之苦所以者何由有廣大福聚成就
及廣大五欲天子生時所餘薄福諸舊天子
見已惶怖由此因緣受大憂苦及受所截破
壞驅擯殘害之苦所以者何由天與非天
共戰諍時天與非天手相違拒即執四仗所
謂金銀頗胝琉璃共相戰鬪尒時諸天及與
非天或斷支節或破其身或復致死若傷身
斷節續還如故若斷其首即便殞沒天與
非天多有他勝然天多勝力勢強故然其彼
二若為他勝即退入自宮己之同類竟不慰問由
此因緣便懷憂慼若天得勝便入非天宮中
為悅其女起此違諍若非天得勝即入天宮
為求四種蘇陁味故共相戰諍又諸非天當
知天趣所攝然由意志多懷諂幻誑多故
不如諸天為淨法器由此因緣有時經中說
為別趣實是天類由不受行諸天法故說為
非天復有強力天子纔一發憤諸劣天子便
被驅擯出其自宮是故諸天受三種苦謂死
墮苦陵蔑苦所截破壞殘害驅擯苦又色无
色界有情无有如是等苦由彼有情非苦受
器故然由麁重苦故說彼有苦有煩惱有
障故於死及住不自在故又无遍界中一切
麁重諸苦永斷是故唯此是勝義樂當知
餘一切是苦又於四種那落迦中无有樂受

墮苦陵蔑苦所截破壞殘害驅擯苦又色无
色界有情无有如是等苦由彼有情非苦受
器故然由麁重苦故說彼有苦有煩惱有
障故於死及住不自在故又无遍界中一切
麁重諸苦永斷是故唯此是勝義樂當知
餘一切是苦又於四種那落迦中无有樂受
如那落迦中三種餓鬼中亦尒諸大力鬼傍
生人中有外門所生資具樂可得然為眾苦
之所相雜又人趣中轉輪王樂最勝微妙由
彼輪王出現世時有成就七寶自然出現故
說彼王具足七寶何等為七所謂輪寶象寶
馬寶末尼珠寶女寶主藏臣寶主兵臣寶
尒時輪寶等現其相云何七寶現相如經廣
說若彼輪王王四洲者一切小王望風順化各
自白言其城邑聚落天之所有唯願大王垂
恩教勅我等皆當為天僕隸尒時輪王便即
勅令汝等諸王各於自境以理將化當以如
法勿以非法又復汝等於國於家勿行非法
行勿行不平等行若彼輪王王三洲者先遣
使往然後從化若彼輪王王二洲者興師現
威後乃從化若彼輪王王一洲者便自往彼
奮戈揮刃然後從化
復次諸天受其廣大天之富樂形色殊妙多
諸適悅於自宮中而得久住其身內外皆悉
清潔无有臭穢又人身內多有不淨所謂塵
垢筋骨脾腎心肝彼皆无有又彼諸天有四
種宮殿所謂金銀頗胝琉璃所成種種文綵

復次諸天受其廣大天之富樂形色殊妙多
諸適悅於自宮中而得久住其身內外皆悉
清潔无有臭穢又人身內多有不淨所謂塵
垢筋骨脾腎心肝彼皆无有又彼諸天有四
種宮殿所謂金銀頗胝琉璃所成種種文綵
綺飾莊嚴種種臺閣種種樓觀種種層級
種種窓牖種種羅網皆可愛樂種種末尼以為
綺細周帀放光共相照曜復有食樹從其
樹裏出四食味名曰蘇陁所謂青黃赤白復
有飲樹從此流出甘美之飲復有乘樹從此
出生種種妙乘所謂車輅輦輿等復有衣樹從
此出生種種妙衣其衣細耎妙色鮮潔雜綵
間飾復有莊嚴具樹從此出生種種微妙莊
嚴之具所謂末尼臂印耳璫環釧及以手足
綺飾之具如是等類諸莊嚴具皆以種種妙
末尼寶而間飾之復有熏香樹從此出生
種種塗香種種熏香種種花鬘復有大集會
樹最勝微妙其根深固五十踰繕那其身高
挺百踰繕那枝條及葉遍覆八十踰繕那雜
花開發其香順風熏百踰繕那逆風熏五十
踰繕那於此樹下三十三天雨四月中以天
妙五欲共相娛樂復有歌笑舞樂樹從此出
生歌笑舞等種種樂器又有資具之樹從此
出生種種資具所謂食飲之具坐臥之具如
是等類種種資具又彼諸天欲受用時隨欲
隨業應其所須來現手中
又諸非天隨其所應受用種種宮殿富樂應
知又北拘盧洲有如是相樹名曰如意彼諸

出生種種資具所謂食飲之具坐臥之具如
是等類種種資具又彼諸天欲受用時隨欲
隨業應其所須來現手中
又諸非天隨其所應受用種種宮殿富樂應
知又北拘盧洲有如是相樹名曰如意彼諸
人衆所欲資具從樹而取不由思惟隨其所
須自然在手復有粇稻不種而穫无有我所
又彼有情竟无繫屬決定趣勝進又天帝釋有
善勝殿於諸殿中最為殊勝仍於其處有百
樓觀一一樓觀有百臺閣一一臺閣有七房
室一一房室有七天女一一天女有七侍女
又彼諸天所有地界平正如掌竟无高下
履躡之時便生安樂下足之時陷便呈勝舉足
之時隨足還起於一切時自然而有曼陁羅
花遍布其上時有微風吹去萎花復引新者
又彼天宮四面各有大街其形殊妙軌式可
觀清淨端嚴度量齊整復於四面有四門
覩模宏壯色相希奇觀之无厭實為殊絶
多有異類妙色藥叉常所守護復於四面有
四園苑一名繢車二名麁澀三名和雜四名喜林
其四園外有四勝地色相殊妙形狀可觀端
嚴无比其宮東北隅有天會處名曰善法
諸天入中思惟稱量觀察妙義近此園側有
如是石其色黃白形質殊妙其相可觀嚴
麗无比又彼天身自然光曜闇相若現乃知晝
去夜來方便於天妙五欲遊戲之中嬾惰
睡眠異類之鳥不復和鳴由此等相以表晝

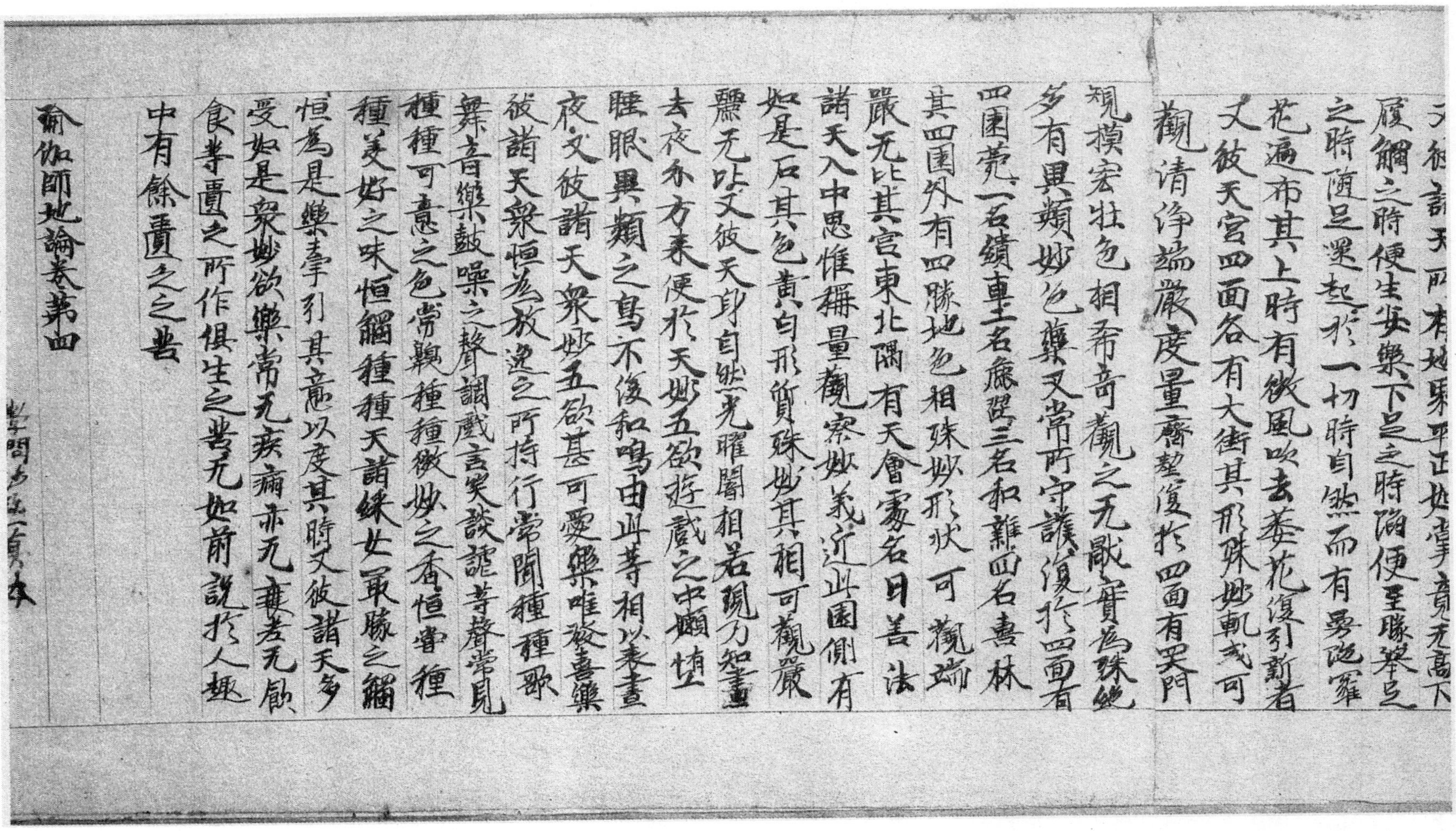

天彼諸天所有地界平正如掌竟无高下
履觸之時便生安樂下足之時隨便至膝舉足之
之時隨足還起於一切時自然而有曼陁羅
花遍布其上時有微風吹去萎花復引新者
又彼天宮四面各有大街其形殊妙軌式可
觀清淨端嚴度量齊整復於四面有四門
規模宏壯色相希奇觀之无猒實為殊絶
多有異類妙色雜鳥又常所守護復於四面有
四園苑一名繢車二名麁澀三名和雜四名喜林
其四園外有四勝地色相殊妙形狀可觀端
嚴无比其宮東北隅有天會處名日善法
諸天入中思惟稱量觀察妙義近此園側有
如是石其色黃白形質殊妙其相可觀嚴
麗无比又彼天身自然光曜闇相若現乃知晝
去夜分方來便於天妙五欲遊戲之中嬾墯
睡眠異類之鳥不復和鳴由此等相以表晝
夜又彼諸天眾妙五欲甚可愛樂唯發喜樂
彼諸天眾恒為放逸之所持行常聞種種歌
舞音樂鼓譟之聲調戲言笑談謔等聲常見
種種可意之色常齅種種微妙之香恒嘗種
種美妙之味恒觸種種天諸綵女最勝之觸
恒為是樂牽引其意以度其時又彼諸天多
受如是眾妙欲樂常无疾病亦无衰老无飢
食等匱之所作俱生之苦无如前說於人趣
中有餘匱乏之苦

瑜伽師地論卷第四

學問沙弥一真本

BD14026號　瑜伽師地論卷四　（20–19）

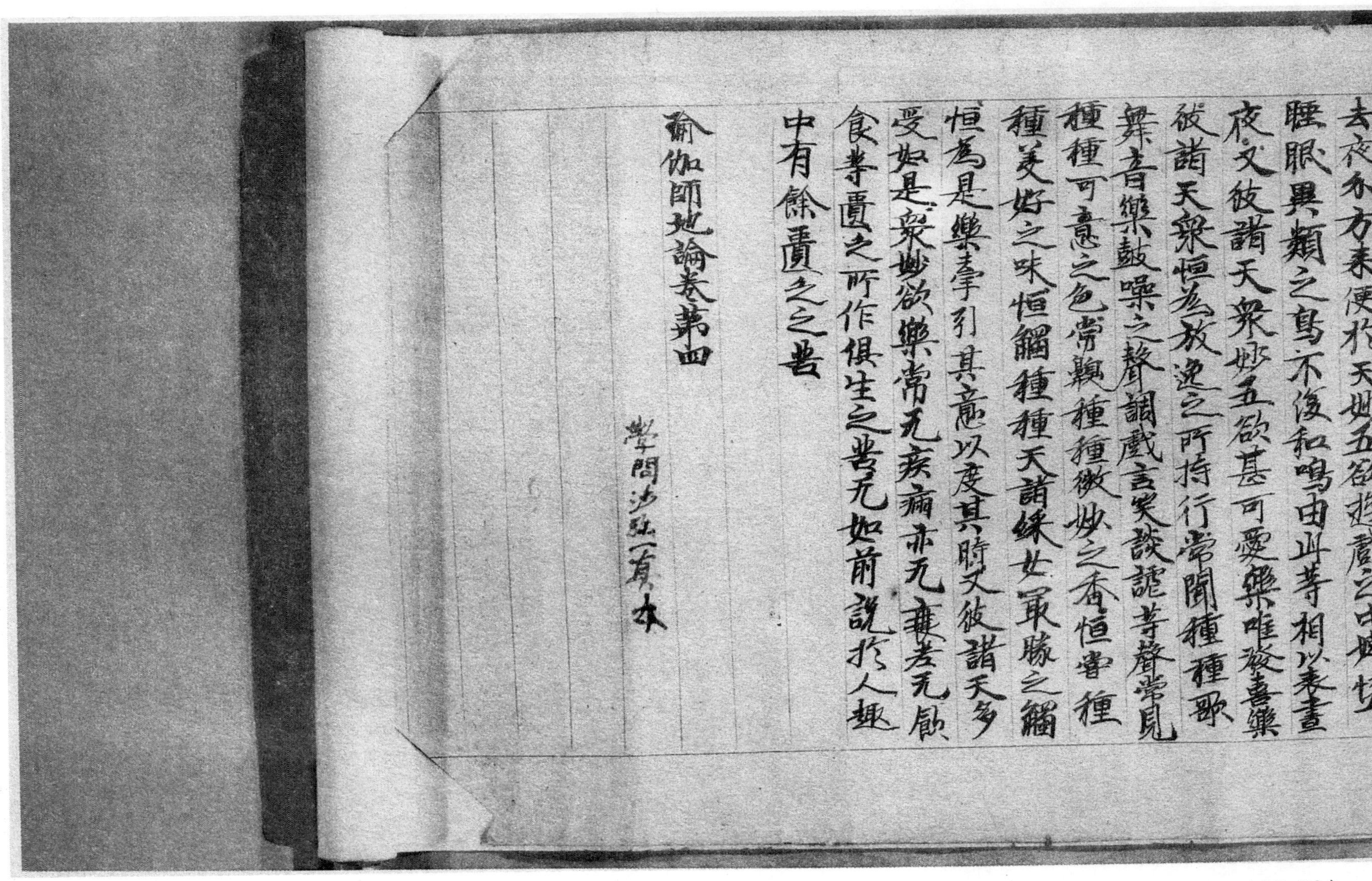

去夜分方來便於天妙五欲遊戲之中嬾墯
睡眠異類之鳥不復和鳴由此等相以表晝
夜又彼諸天眾妙五欲甚可愛樂唯發喜樂
彼諸天眾恒為放逸之所持行常聞種種歌
舞音樂鼓譟之聲調戲言笑談謔等聲常見
種種可意之色常齅種種微妙之香恒嘗種
種美妙之味恒觸種種天諸綵女最勝之觸
恒為是樂牽引其意以度其時又彼諸天多
受如是眾妙欲樂常无疾病亦无衰老无飢
食等匱之所作俱生之苦无如前說於人趣
中有餘匱乏之苦

瑜伽師地論卷第四

學問沙弥一真本

BD14026號　瑜伽師地論卷四　（20–20）

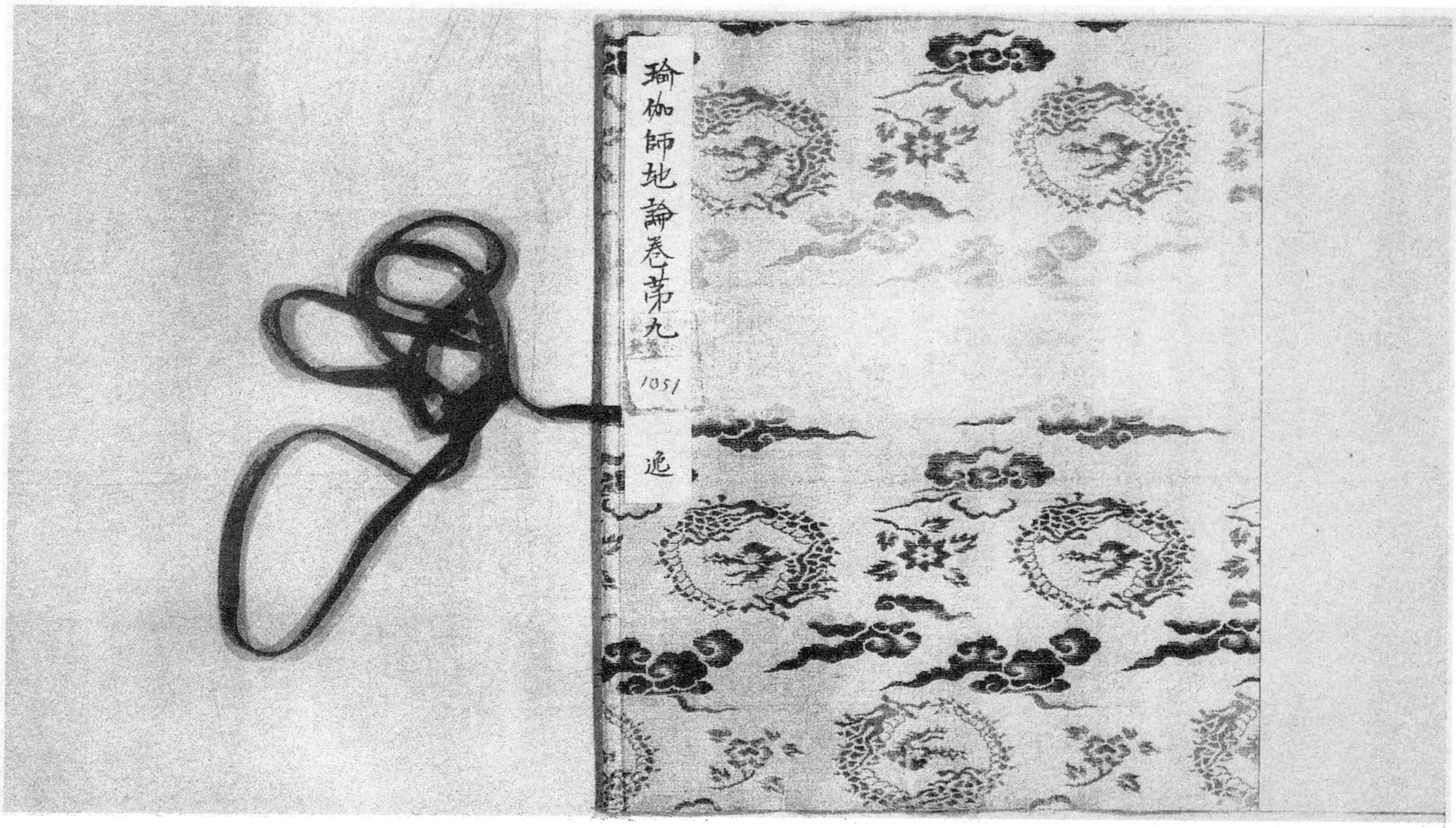

BD14027 號背　現代護首

（1–1）

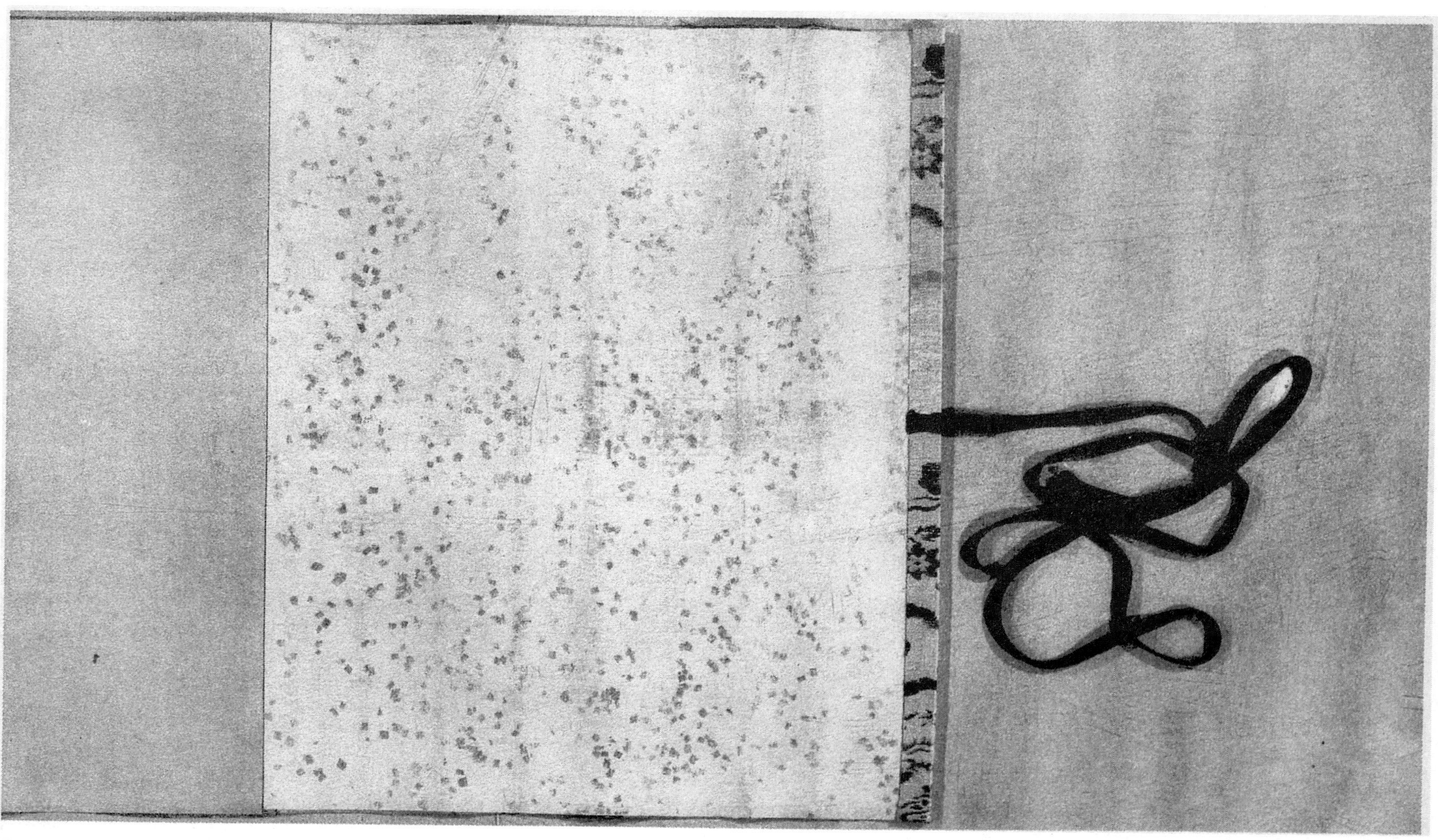

BD14027 號　瑜伽師地論卷九

（21–1）

瑜伽師地論卷第九　彌勒菩薩說　沙門玄奘奉　詔譯
本地分中有尋伺等三地之六
復次業門云何此略有二種一與果門二損
益門與果門者有五種應知一與異熟果二
與等流果三與增上果四與現法果五與他
增上果異熟果者謂於殺生親近脩習多
脩習故於那落迦中受異熟果如於殺生
是於餘不善業道亦尒是名與異熟果與等
流果者謂若從彼出來生此人同分中壽
量短促資財匱乏妻不貞良多遭誹謗親
友乖離聞違意聲言不威肅增猛利貪增猛
利瞋增猛利癡是名與等流果與增上果者謂
由親近脩習多脩習諸不善業增上力故所
感外分光澤尠少果不充實果多朽敗果多
衰敗果多零落果不甘美果不恒常果不充
足果不便宜受无果實當知善業與此相違

BD14027號　瑜伽師地論卷九　（21–2）

由親近脩習多脩習諸不善業增上力故所
感外分光澤尠少果不充實果多朽敗果多
衰敗果多零落果不甘美果不恒常果不充
足果不便宜受无果實當知善業與此相違
與現法果者有二因緣善不善業與現法果
一由欲解故二由事故應知欲解復有八種一有
顧欲解二无顧欲解三損惱欲解四慈悲
欲解五憎害欲解六淨信欲解七棄恩欲解
八知恩欲解有顧欲解造不善業受現法果
者謂如有一由增上欲解顧戀其身顧戀
財物顧戀諸有造不善業无顧欲解所造善
業受現法果者謂如有一以增上欲解不顧
其身不顧財物不顧諸有造作善業損惱
損惱欲解造不善業受現法果者謂如有一於
他有情補特伽羅以增上品損惱欲解造不
善業慈悲欲解所造善業受現法果者謂如
如有一於他有情補特伽羅以增上品慈悲欲
解造作善業憎害欲解造不善業受現法
果者謂如有一於佛法僧及隨一種尊重處事
以增上品憎害欲解造不善業淨信欲解
所造善業受現法果者謂如有一於佛法僧
等以增上品淨信欲解造作善業棄恩欲解
造不善業受現法果者謂如有一於父母所
及隨一種恩造之處以增上品背恩欲解欺誑
欲解酷暴欲解造不善業知恩欲解所造
善業受現法果者謂如有一於父母等以增上
品知恩欲解報恩欲解所作善業由事故者
若不善業於五无間及彼同分中亦有受現

BD14027號　瑜伽師地論卷九　（21–3）

及隨一種恩造之處以增上品背恩欲解欺誑
欲解酷暴欲解造不善業知恩欲解所造
善業受現法果者謂如有一於父母等以增上
品知恩欲解報恩欲解所作善業由事故者
若不善業於五无間及彼同分中亦有受現
法果者五无間業者一害母二害父三害阿羅
漢四破僧五於如來所惡心出血无間業
同分者謂如有一於阿羅漢尼及於母所行
穢染行打辱後有菩薩或於天廟衢路市肆
立殺羊法流行不絕或於寄託得攝委重親
友同心者舊等所損害欺誑或於有苦貧窮
困乏无依无怙為作歸依施无畏已後返加
害或復逼惱或劫奪僧門或破壞靈廟如是
等業名无間同分若諸善業由事重故受現
法果者謂如有一毋无正信勸進開化安置
建立於具信中如无正信於具信中如是犯
戒於具戒中慳吝於具捨中惡慧於具慧中
亦亦如毋父亦尒或於起慈定者供養承事
如於起慈定者如是於起无諍定滅盡定預
流果阿羅漢果供養承事亦尒又親於佛所
供養承事如於佛所如是於學无學僧所亦
尒若即於此尊重事中與上相違由損害因
緣起不善業受現法果與他增上果者謂亦
由受現法果業猶如如來所住國邑必无疾
疫災橫等起佛神力故无量衆生无疾无疫
无有災橫得安樂住如佛世尊如是轉輪聖
王及及住慈定菩薩亦尒若諸菩薩以大悲
心觀察一切貧窮困苦業天所惱衆生施

BD14027號　瑜伽師地論卷九　（21–4）

由受現法果業猶如如來所住國邑必无疾
疫災橫等起佛神力故无量衆生无疾无疫
无有災橫得安樂住如佛世尊如是轉輪聖
王及及住慈定菩薩亦尒若諸菩薩以大悲
心觀察一切貧窮困苦業天所惱衆生施以
飲食財穀庫藏皆令充足由此因緣彼諸衆
生得安樂住如是等類是他增上所生現法
受業應知
損益門者謂於諸有情依十不善業道建立
八損害門何等為八一顯害衆生二損害財
物三損害妻妾四虛偽友證損害五損害朋
伴六顯說過失損害七引發放逸損害八引
發怖畏損害與此相違依十善業道建立八
利益門應知
業增上云何謂極利極重業當知此業由六
種相一加行故二串習故三自性故四事故
五所治一類故六所治損害故加行故者謂
如有一由極猛利貪瞋癡纏及極猛利无貪
无瞋无癡加行發起諸業串習故者謂如有
一於長夜中親近修習多修習不善業自
性故者謂於綺語麁惡語為大重罪於麁惡
語離間語為大重罪於離間語妄語為大
重罪於妄語欲邪行為大重罪於欲邪行不與取為大重罪於不與取
殺生為大重罪於貪欲瞋恚為大重罪於瞋
恚邪見為大重罪又於施性戒性无罪為勝
於戒性脩性无罪為勝於聞性思性无罪為
勝如是等事故者謂如有一於佛法僧及隨
一種尊重處事為損為益名重事業所治一

BD14027號　瑜伽師地論卷九　（21–5）

恚邪見為大重罪又於施性戒性无罪為勝
於戒性脩性无罪為勝於聞性思性无罪為
勝如是等事故者謂如有一於佛法僧及隨
一種尊重處所為損為益名重事業所治一
類故者謂如有二一向受行諸不善業乃至
壽盡无一時善所治損害故者謂如有一斷
所對治諸不善業令諸善業離欲清淨
業顛倒云何此有三種應知一作用顛倒二
執受顛倒三喜樂顛倒作用顛倒者謂如有
一於餘眾生思欲殺害誤害餘者當知此中
雖有殺生无殺生罪然有殺生種類殺生相
似同分罪生若不誤殺其餘眾生然於非情
加刀杖已謂我殺生當知此中无有殺生无
殺生罪然有殺生種類殺生相似同分罪生
如殺生業道如是不與取等一切業道隨其
所應作用顛倒應知執受顛倒者謂如有一
起如是見立如是論无施无愛乃至廣說一
切邪見彼作是執畢竟无有能殺所殺若不
與取乃至綺語亦无施與受齋修福受學
雖由此因緣无罪无福文如有一起如是見
立如是論若有眾生憎梵憎天憎婆羅門若
彼憎惡唯應殺害彼因緣唯福无罪文於
彼所起不與取乃至綺語唯獲福德无有非
福喜樂顛倒者謂如有一不善業道現前行
時如遊戲法攝為喜樂
業差別云何謂有作業有不作業有增長業
有不增長業有故思業有不故思業如是定
異熟業不定異熟業異熟已熟業異熟未熟

時如遊戲法攝為喜樂
業差別云何謂有作業有不作業有增長業
有不增長業有故思業有不故思業如是定
異熟業不定異熟業異熟已熟業異熟未熟
業善業不善業无記業律儀所攝業不律儀
所攝業非律儀非不律儀所攝業施性業戒
性業脩性業福業非福業不動業順樂受業
順苦受業順不苦不樂受業順現法受業順
生受業順後受業過去業未來業現在業欲
繫業色繫業无色繫業學業无學業非學
非无學業見所斷業脩所斷業无斷業黑黑
異熟業白白異熟業黑白黑白異熟業非黑
非白无異熟業能盡諸業曲業穢業濁業清
淨業寂靜業作業者謂若思業若思已所起身
業語業不作業者謂不思業若不思已不起
身業語業增長業者謂除十種業何等為
十一夢所作業二无知所作業三无故思所作業
四不利不數所作業五狂亂所作業六失
念所作業七非樂欲所作業八自性无記業
九悔所損業十對治所損業除此十種所餘
諸業名為增長不增長業者謂即所說十種
業故思業者謂故思已若作若增長不
故思業者謂非故思所作業順定受業者謂
故思已若作若增長業順不定受業者謂故
思已作而不增長業異熟已熟業者謂已與
果業異熟未熟業者謂未與果業善業者謂
无貪无瞋无癡為因緣業不善業者謂貪瞋
癡為因緣業无記業者謂非无貪无瞋无癡

故思已若作若增長業順不定受業者謂故
思已作而不增長業異熟已熟業者謂已與
果業異熟未熟業者謂未與果業善業者謂
无貪无瞋无癡為因緣業不善業者謂貪瞋
癡為因緣業无記業者謂非无貪无瞋无癡
為因緣亦非貪瞋癡為因緣業律儀所攝業
者謂或别解脫律儀所攝業或靜慮等至果
斷律儀所攝或无漏律儀所攝業不律儀所
攝業者謂十二種不律儀類所攝諸業何等
十二不律儀類一屠羊二販雞三販猪四捕
鳥五罝兔六盗賊七魁膾八守獄九讒刺十
斷獄十一縛象十二呪龍非律儀非不律儀所
攝業者謂除三種律儀業及不律儀類業
所餘一切善不善无記業施性業者謂若因
緣若等起若依處若自性彼因緣者謂以无
貪无瞋无癡為因緣彼等起者謂无貪无瞋
无癡俱行能捨所施物能起身語業思彼依
處者謂以所施物及受者為依處彼自性者
謂思所起能捨所施物身業語業如施性業
如是戒性業脩性業隨其所應應知此中戒
性業因緣等起如前自性者謂律儀所攝身
語業等依處處者謂有情非有情數物脩性因
緣者謂三摩地因緣即无貪无瞋无癡等起
者謂彼俱行引發之思自性者謂三摩地依
處者謂十方无量无樂等有情界又具施戒
脩者所有相貌應知一切如餘處說福業者
謂感善趣異熟及順五趣受善業非福業者
謂感惡趣異熟及順五趣受不善業不動業

BD14027 號　瑜伽師地論卷九

(21-8)

處者謂十方无量无樂等有情界又具施戒
脩者所有相貌應知一切如餘處說福業者
謂感善趣異熟及順五趣受善業非福業者
謂感惡趣異熟及順五趣受不善業不動業
者謂感色无色界異熟及順色无色受善
業順樂受業者謂福業及順三靜慮受不動
業順苦受業者謂非福業順不苦不樂受業
者謂能感一切處阿賴耶識異熟業及第四
靜慮以上不動業順現法受業者謂能感現
法果業順生受業者謂能感无間生果業順
後受業者謂能感彼後生果業過去業者謂
住習氣位或已與果或未與果業未來業者
謂未生未滅業現在業者謂已造已思未謝
滅業欲繫業者謂能感欲界異熟隨欲界業
色繫業者謂能感色界異熟隨色界業无色
繫業者謂能感无色界異熟隨无色界業學
業者謂若異生若非異生學相續中所有善
業无學業者謂无學相續中所有善業非學
非无學業者謂除前二餘相續中所有善不
善无記業見所斷業者謂受惡趣不善等業
脩所斷業者謂受善趣善不善无記業无斷
業者謂世出世諸无漏業黑黑異熟業者謂
非福業白白異熟業者謂不動業黑白黑白異
熟業者謂福有不善業為惡對故由約未
斷非福業時所有福業而遠立故非黑非白
无異熟業能盡諸業者謂出世間諸无漏業
是前三業斷對治故曲業者謂諸外道善不善
業穢業者謂即曲業亦名穢業亦名濁業謂

BD14027 號　瑜伽師地論卷九

(21-9)

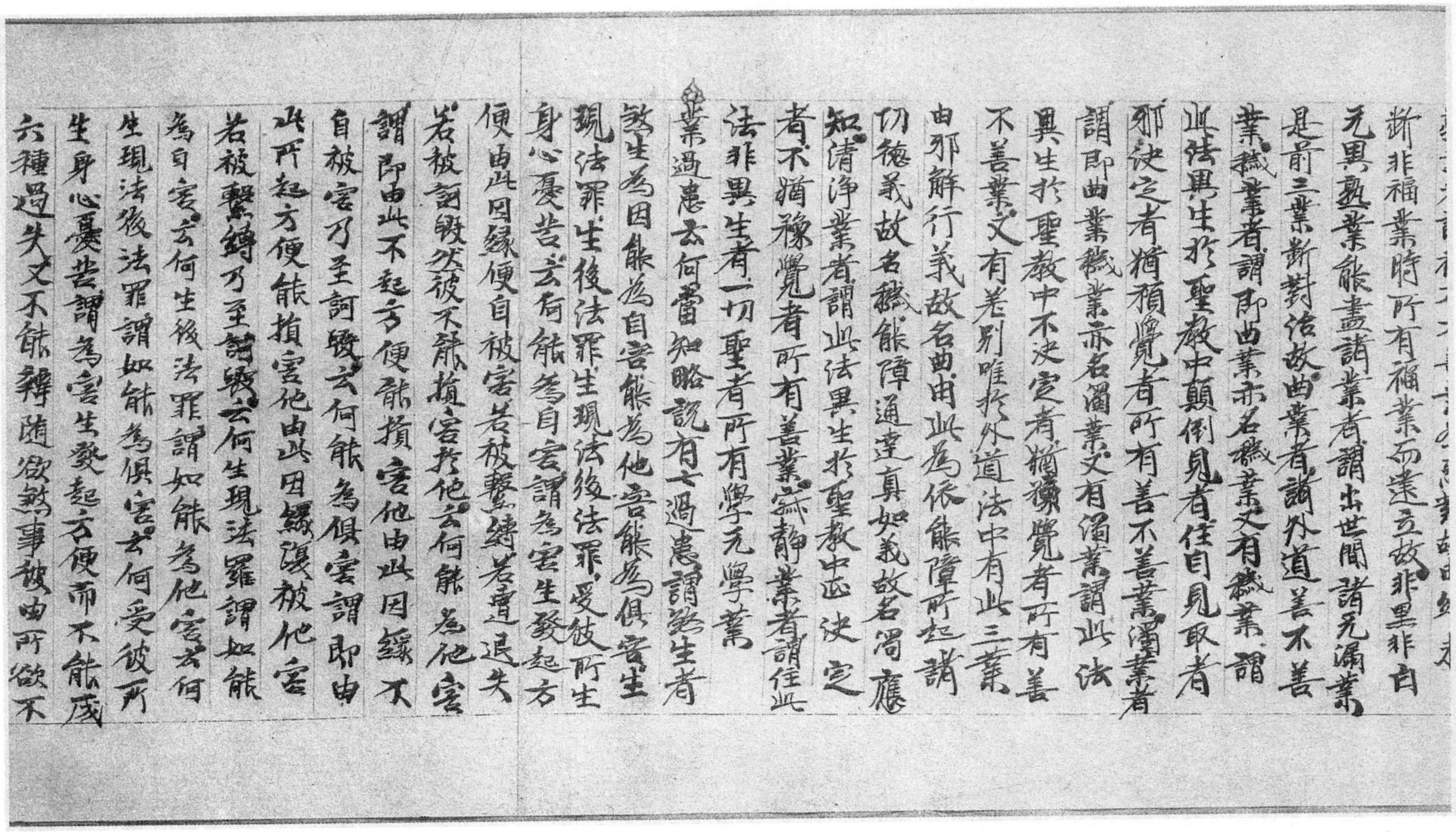

斷非福業時所有福業而遠立故非黑非白
无異熟業能盡諸業者謂出世間諸无漏業
是前三業斷對治故曲業者謂外道善不善
業穢業者謂即曲業亦名穢業又有穢業謂
此法異生於聖教中顛倒見者住自見取者
邪決定者猶預覺者所有善不善業濁業者
謂即曲業穢業亦名濁業又有濁業謂此法
異生於聖教中不決定者猶豫覺者所有善
不善業又有差別唯於外道法中有此三業
由邪解行義故名曲由此為依能障所起諸
功德義故名穢能障通達真如義故名濁應
知清淨業者謂此法異生於聖教中正決定
者不猶豫覺者所有善業寂靜業者謂住此
法非異生者一切聖者所有學无學業
業過患云何當知略說有七過患謂煞生者
煞生為因能為自害能為他害能為俱害生
現法罪生後法罪生現法後法罪受彼所生
身心憂苦云何能為自害謂為害生發起方
便由此因緣便自被害若被繫縛若遭退失
若被訶毀然彼不能損害於他云何能為他害
謂即由此不起方便能損害他由此因緣不
自被害乃至訶毀云何能為俱害謂即由
此所起方便能損害他由此因緣復被他害
若被繫縛乃至訶毀云何生現法罪謂如能
為自害云何生後法罪謂如能為他害云何
生現法後法罪謂如能為俱害云何受彼所
生身心憂苦謂為害生發起方便而不能成
六種過失又不能稱隨欲煞事故由所欲不

BD14027號　瑜伽師地論卷九

（21–10）

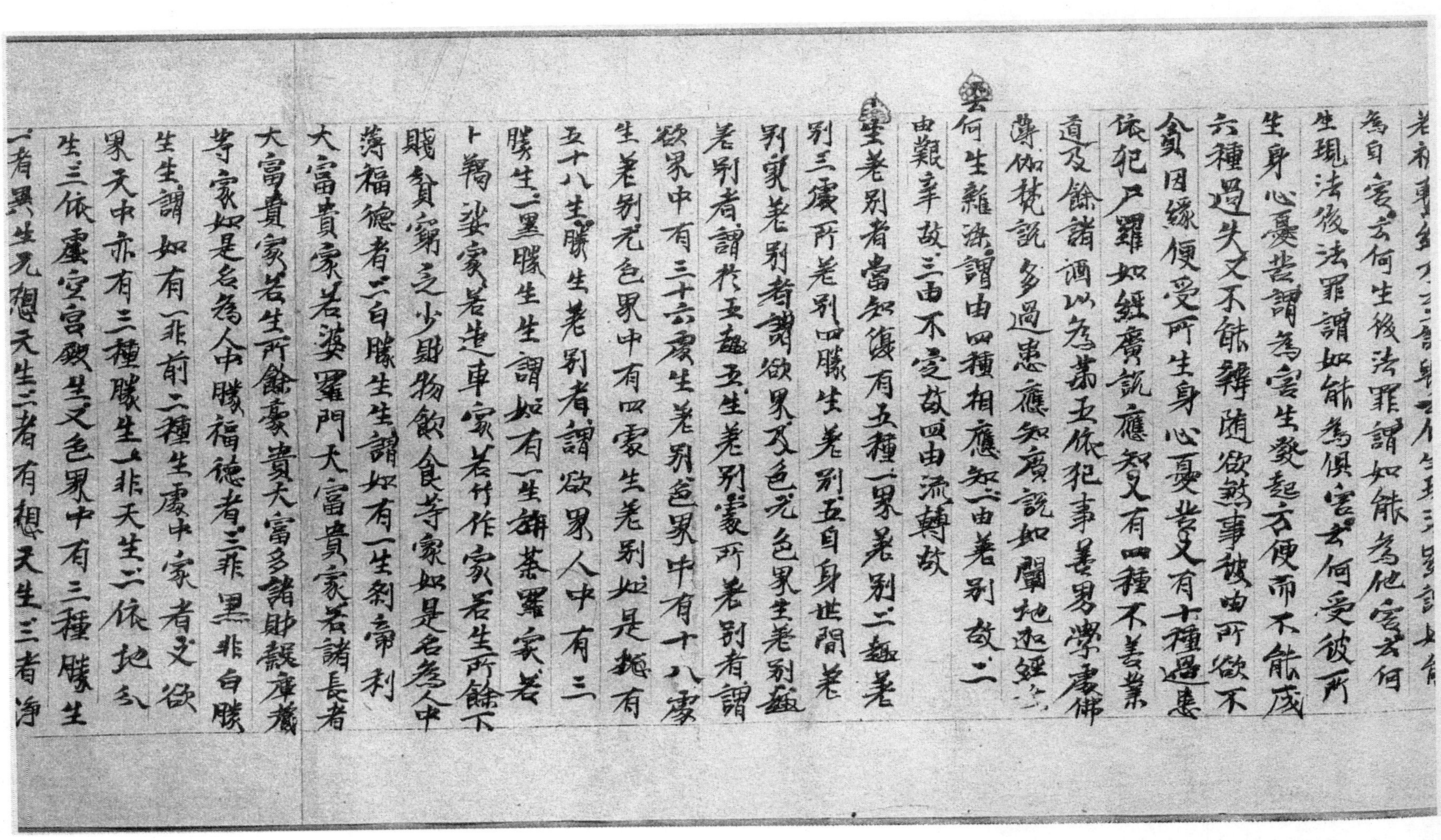

為自害云何生後法罪謂如能為他害云何
生現法後法罪謂如能為俱害云何受彼所
生身心憂苦謂為害生發起方便而不能成
六種過失又不能稱隨欲煞事故由所欲不
會因緣便受所生身心憂苦又有十種過患
依犯尸羅如經廣說應知又有四種不善業
道及餘諸酒以為第五依犯事善男學處佛
薄伽梵說多過患應知廣說如闡地迦經云云
云何生雜染謂由四種相應知一由差別故二
由艱辛故三由不定故四由流轉故
差別者當知復有五種一界差別二趣差
別三處所差別四勝生差別五自身世間差
別界差別者謂欲界及色无色界生差別趣
差別者謂於五趣五生差別處所差別者謂
欲界中有三十六處生差別色界中有十八處
生差別无色界中有四處生差別如是總有
五十八生勝生差別者謂欲界人中有三
勝生一黑勝生生謂如有一生旃荼羅家若
卜羯娑家若造車家若竹作家若生所餘下
賤貧窮乏少財物飲食等家如是名為人中
薄福德者二白勝生生謂如有一生剎帝利
大富貴家若婆羅門大富貴家若諸長者
大富貴家若生所餘豪貴大富多諸財穀庫藏
等家如是名為人中勝福德者三非黑非白勝
生生謂如有一非前二種生處中家者又欲
界天中亦有三種勝生一非天生二依地生
生三依虛空宮殿生又色界中有三種勝生
一者異生无想天生二者有想天生三者淨

BD14027號　瑜伽師地論卷九

（21–11）

生生謂如有一非前二種生處中家者又欲
界天中亦有三種勝生一非天生二依地分
生三依虛空宮殿生又色界中有三種勝生
一者異生無想天生二者有想天生三者淨
居天生又無色界中有三勝生一無量想天
生二無所有想天生三非想非非想天生自
身世間差別者謂於十方無量世界中有
無量有情無量生差別應知
生艱辛者如薄伽梵說汝等長時馳騁生死
身血流注過四大海所以者何汝等長夜或魚
馬駝驢牛羊雞鹿等眾同分中汝等於彼
多被斫截身諸支分令汝身血極多流注如
於魚等眾同分中人中亦爾又復汝等於長
夜中喪失無量父母兄弟姊妹親屬又復喪
失種種財寶諸資生具令汝涕淚極多流注
如前血量如是當知所飲母乳其
量亦爾如是等類生艱辛苦無量差別應知
○生不定者如薄伽梵說假使取於大地所有
一切草木根莖枝葉等截為細籌如四指量
計算汝等長夜展轉所經父母如是眾生曾
為我母我亦長夜曾為彼母如是眾生曾為
我父我亦長夜曾為彼父如是算計四指量
籌速可窮盡而我不說汝等長夜所經父
母其量邊際又復說言汝等有情自所觀察
長夜展轉成就薄一掬重憂苦令得究竟安等
當知我亦曾受如是大苦如苦樂亦爾又復說
言我觀大地無少處所可得汝等長夜於此
處所未曾經受無量生死又復說言我觀世

BD14027 號　瑜伽師地論卷九

（21–12）

母其量邊際又復說言汝等有情自所觀察
長夜展轉成就薄一掬重憂苦令得究竟安等
當知我亦曾受如是大苦如苦樂亦爾又復說
言我觀大地無少處所可得汝等長夜於此
處所未曾經受無量生死又復說言我觀世
間有情不易可得長夜流轉不為汝等若母
若父兄弟姊妹若軌範師若親教師若餘尊
重若等尊重又如說言若一補特伽羅於一
劫中所受身骨假使有人為其積集不爛壞
者其聚量高王舍城側廣博脇山
○云何生流轉謂身所有緣起當知此即說
為流轉云何緣起嗢拕南曰
體門義差別　次第難釋詞　緣性分別緣　攝諸經為後
○云何緣起體若略說由三種相建立緣起謂
從前際中際生從中際後際生中際生已若
趣流轉若趣清淨究竟云何從前際中際生
中際生已復趣流轉謂如有一不了前際無
明所攝無明為緣於福非福及與不動身語
意業若作若增長由此隨業識乃至命終流
轉不絕能為後有相續識因此識將生果時
由內外貪愛正現在前以為助伴從彼前際
既捨命已於現在世自體得生在母中以因
識為緣相續果識前後次第而生乃至羯
羅藍等位差別而轉於母胎中相續果識與
名色俱乃至衰老漸漸增長命時感生受業
名色與異熟果又此異熟識即依名色而轉
由必依託六依轉故是故經言名色緣識俱
有依根曰色等無間滅依根曰名隨其所應

BD14027 號　瑜伽師地論卷九

（21–13）

名色俱乃至衰老漸漸增長今時感生受業
名已與異熟果又此異熟識即依名色而轉
由必依託六依轉故是故經言名色緣識俱
有依根曰色等无間滅依根曰名隨其所應
為六識所依依上彼故乃至命終諸識流轉
又五色根若根所依大種若根處所若彼能
生大種曰色所餘曰名由識執受諸根隨相
續法方得流轉故此二種依心於識相續不
斷由此道理於現在世識緣名色名色緣
識猶如束蘆乃至命終相依而轉如是名為
前際中際諸行緣起生中際生已流轉不絕
當知此中依胎生者說流轉次第若卵生濕
生者除處胎餘如前說若於有色有情聚
中謂欲色界受化生者諸根決定圓滿而生
與前差別若於无色界以名為依及色種子
為依識得生起以識為依名及色種子轉從
此種子色雖斷絕後更得生與前差別又由
福業生欲界人天由非福業生諸惡趣由不
動業生色无色界云何不生由不生故趣清
淨究竟云何從中際後際諸行緣起生謂中
際已生補特伽羅受二種先業果謂受內異
熟果及境界所生受增上果此補特伽羅或
聞非正法故或先串習故於二果愚由愚內
異熟果故於後有生苦不知實知由迷後有
後際无明增上力故如前於諸行若作若增
長由此新所作業故說此識名隨業識即於
現法中說无明為緣故行生行為緣故識生
此識於現法中名為因識

BD14027號　瑜伽師地論卷九

(21–14)

異熟果故於後有生苦不知實知由迷後有
後際无明增上力故如前於諸行若作若增
長由此新所作業故說此識名隨業識即於
現法中說无明為緣故行生行為緣故識生
此識於現法中名為因識能攝受後生果識
故又能依一切識說名六識身又即此識是
後有名色種子之所隨逐乃至觸種子是後
有受種子之所隨逐如是總名於中際中後
有引因應知由此能引識乃至受一期身故
由先異熟愚引後有已又由第二境界所生受
果愚故起緣境界受愛由此愛故或發欲
求或發有求或執欲取或執見戒及我語
取由此愛取和合資潤令前引因轉名為有
即是後有生因所攝從此无間命既終已隨
先引因所引識等受熏為後此諸行生或漸
或頓如是於現法中无明觸所生受為緣故
愛愛為緣故取取緣故有有為緣故生生
為緣故老病死等諸苦差別或於生處次第
現前或復種子隨逐應知如是於中際中无
明緣行等受緣愛等為因緣故後際諸行生
復有先集資糧於現法中從他聞音及於二
果諸行若於彼因彼滅彼起滅行如理作意
由此如理作意為緣正見得生從此次第得
學无學清淨智見此智見无明及愛永斷
无餘由此斷故於彼所緣不如實知无明觸
所生受亦復永斷由此斷故永離无明於現
法中證慧解脫若於无明觸所生受相應心
中所有貪愛即於此心得離繫故貪愛永斷

BD14027號　瑜伽師地論卷九

(21–15)

无餘由此斷故於彼所緣不如實知无明觸
所生受亦復永斷由此斷故永離无明於現
法中證慧解脫若於无明觸所生受相應心
中所有貪愛即於此心得離繫故貪愛永滅
於現法中證心解脫設彼无明不永斷者依
於識等愛取為後所有諸行後際應生異
明滅故更不復起得无生法是故說言无明
滅故行滅次第乃至異熟生觸滅故異熟生
受滅於現法中无明觸滅无明觸滅无明觸
滅故无明觸所生受滅无明觸所生受滅故
愛滅愛滅故如前得无生由法此故說取等
惱寂為後諸行永滅如是於現法中諸行不
法涅槃彼於命時唯餘清淨識緣名色名色
緣識乃至有識身在恒受離繫受非有繫
受此有識身乃至先業所引壽量恒相續住若
壽量盡便捨識所持身此命根後所有命根
无餘永滅更不重熟又復此識與一切受 任
運滅故所餘因緣先已滅故不復相續永滅
无餘是名无餘依涅槃界究竟寂靜處亦
名趣求涅槃者於世尊所梵行已立究竟涅槃
如是已說由三種相建立緣起謂從前際中
際生從中際後際生又於中際若流轉若清
淨是名緣起體性
緣起門云何謂依八門緣起流轉一内識生
門二外稼成熟門三有情世間死生門四器
世間成壞門五食任持門六自所作業增上
勢力受用隨業所得愛非愛果門七威勢門
八清淨門緣起義云何謂離有情義是緣起

緣起門云何謂依八門緣起流轉一内識生
門二外稼成熟門三有情世間死生門四器
世間成壞門五食任持門六自所作業增上
勢力受用隨業所得愛非愛果門七威勢門
八清淨門緣起義云何謂離有情義是緣起
義於離有情復无常義是緣起義於无常
復暫住義是緣起義於暫住復依他義是緣
起義於依他離作用義是緣起義於離作用
復因果相續不斷義是緣起義於因果相續不
斷復因果相似轉義是緣起義於因果相似
轉復自業所作義是緣起義問為顯何義建
立緣起邪荅為顯因緣所攝染汙清淨義故
緣起義別云何謂於前際无知等如經廣說
於前際无知云何謂於過去謂行起不如理
分別謂我於過去為曾有邪為曾无邪曾何
體性曾何種類所有无知於後際无知云何
謂於未來謂行起不如理分別謂我於未來
為當有邪為當无邪當何體性當何種類
所有无知於前後際无知云何謂於内起不如
理猶豫謂何等是我我為何等今此有情從
何所來於此沒已當往何所所有无知於内
无知云何謂於各別諸行起不如理作意謂
之為我所有无知於外无知云何謂於外非
有情數謂行起不如理作意謂為我所所有
无知於内外无知云何謂於他相續諸行起
不如理分別謂怨親中所有无知於業无知
云何謂於諸業起不如理分別謂有作者所
有无知於異熟无知云何謂於異熟果所攝
諸行起不如理分別謂有受者所有无知於

无知於内外无知云何謂於他相續諸行起
不如理分別謂怨親中所有无知於業无知
云何謂於諸業起不如理分別謂有作者所
有无知於異熟无知云何謂於異熟果所攝
諸行起不如理分別謂有受者所有无知於
業異熟无知云何謂於業及果起不如理分
別所有无知於佛无知云何謂於佛菩提或
不思惟或邪思惟或由放逸或由疑或由
毀謗所有无知於法无知云何謂於正法善
說性或不思惟或邪思惟或由放逸或由疑
惑或由毀謗所有无知於僧无知云何謂於
僧正行或不思惟或邪思惟或由放逸或由
疑惑或由毀謗所有无知於苦无知云何謂
於苦是苦性或不思惟或邪思惟或由放逸
或由疑惑或由毀謗所有无知如於苦當知
於集滅道无知亦尒於因无知云何謂起不
如理分別或計无因或計自在世性士夫中
間等不平等因所有无知如於因无知於從
因所生諸行亦尒又彼无罪故名善有罪故
名不善有利益故名應脩習无利益故名不
應脩習黑故名有罪白故名无罪雜故名有
分於六觸處如實通達无知云何謂增上慢
者於所證中顛倒思惟所有无知如是略說十
九種无知
復有七種无知一世愚二事愚三移轉愚四
最勝愚五真實愚六染淨愚七增上慢愚前
十九无知今七无知相攝云何謂初三无知攝
初一次三无知攝第二次三无知攝第三次

BD14027號　瑜伽師地論卷九　（21–18）

復有七種无知一世愚二事愚三移轉愚四
最勝愚五真實愚六染淨愚七增上慢愚前
十九无知今七无知相攝云何謂初三无知攝
初一次三无知攝第二次三无知攝第三次
三无知攝第四次四无知攝第五次六无
知攝第六後一无知攝第七
復有五種愚一義愚二見愚三放逸愚四真
實義愚五增上慢愚前十九愚今五種愚相
攝云何謂見愚攝前六又於因所生法无知
放逸愚攝於業異熟俱无知真實義愚
攝於佛等乃至道諦无知增上慢愚攝最後无
知當知義愚通攝一切
復次无知无見无有現觀黑闇愚癡及无明
闇如是六種无明差別隨前所說七无知事
次第應知於後二无知事總合為一起此最
无明黑闇復有差別謂聞思脩所成三慧所
治差別如其次第說前三種即此所治下中
上品差別說後三種如是所治差別故自性差
別故建立六種差別應知
身行云何謂身業若欲界若色界在下名福
非福在上名不動語行云何謂語業餘如前
應知意行云何謂意業若在欲界名福非福
在上二界唯名不動
眼識云何謂於當來依止眼根了別色境識
所有福非福不動行所熏發種子識及彼種
子所生果識如眼識如是乃至意識應知亦
尒由所依及境界所起了別差別應知此於
欲界具足六種色界唯四无色界唯一

BD14027號　瑜伽師地論卷九　（21–19）

眼識云何謂[illegible]色境謂
所有福非福不動行所熏發種子識及彼種
子所生果識如眼識如是乃至意識應知亦
尒由所依及境界所起了別差別應知此於
欲界具足六種色界唯四无色界唯一
受蘊云何謂一切領納種類想蘊云何謂一
切了像種類行蘊云何謂一切心所造作意
業種類識蘊云何謂一切了別種類如是謂
蘊皆通三界四大種云何謂地水火風界此
皆通二界
四大種所造色云何謂十色處及法處所攝色
欲界具十及法處所攝假色色界有八及法
處所攝色然非一切此亦二種謂識種子所
攝愛種子名色及彼所生果名色
眼處云何謂眼識所依淨色由此於色已見
現見當見如眼處如是乃至意處隨其所應
二種謂名色種子所攝愛種子六處及彼所生
果六處五在欲色界第六通三界
眼觸云何謂三和所生能取境界淨妙等義
如是餘觸各別境說相應知此復二種謂六處
種子所攝愛種子觸及彼所生果觸欲界
具六色界四无色界一
樂受云何謂順樂諸根境界為緣所生適悅受
受所攝苦受云何謂順苦二為緣所生非適
悅受受所攝不苦不樂受云何謂順不苦不
樂二為緣所生非適悅非不適悅憂受所攝
欲界三色界二第四靜慮以上乃至非想非
非想處唯有第三不苦不樂此亦二種種謂觸
種子所攝愛種子受及彼所生果受

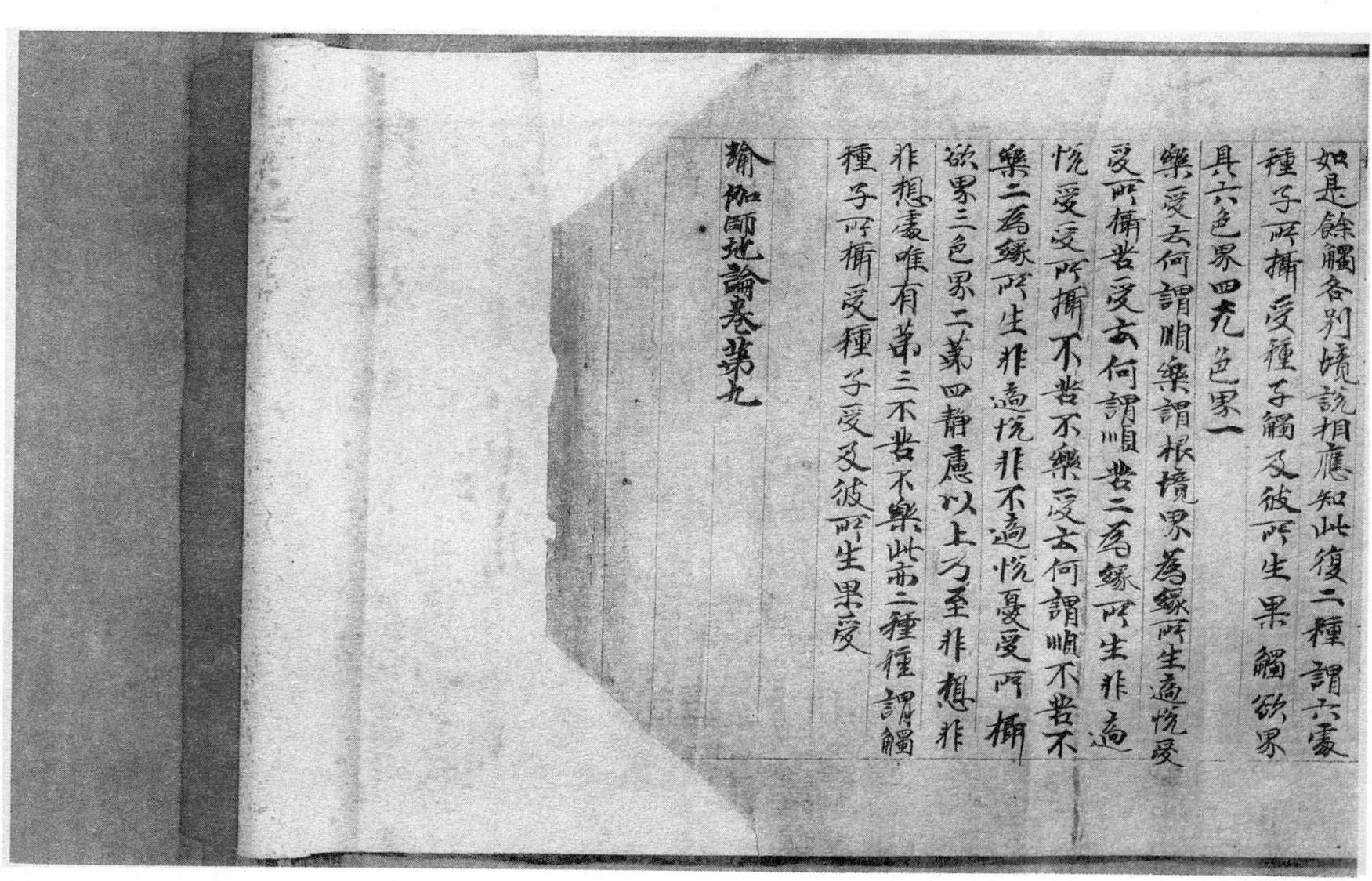

BD14027 號　瑜伽師地論卷九　（21–20）

[illegible]
如是餘觸各別境說相應知此復二種謂六處
種子所攝愛種子觸及彼所生果觸欲界
具六色界四无色界一
樂受云何謂順樂諸根境界為緣所生適悅受
受所攝苦受云何謂順苦二為緣所生非適
悅受受所攝不苦不樂受云何謂順不苦不
樂二為緣所生非適悅非不適悅憂受所攝
欲界三色界二第四靜慮以上乃至非想非
非想處唯有第三不苦不樂此亦二種種謂觸
種子所攝愛種子受及彼所生果受

瑜伽師地論卷第九

BD14027 號　瑜伽師地論卷九　（21–21）

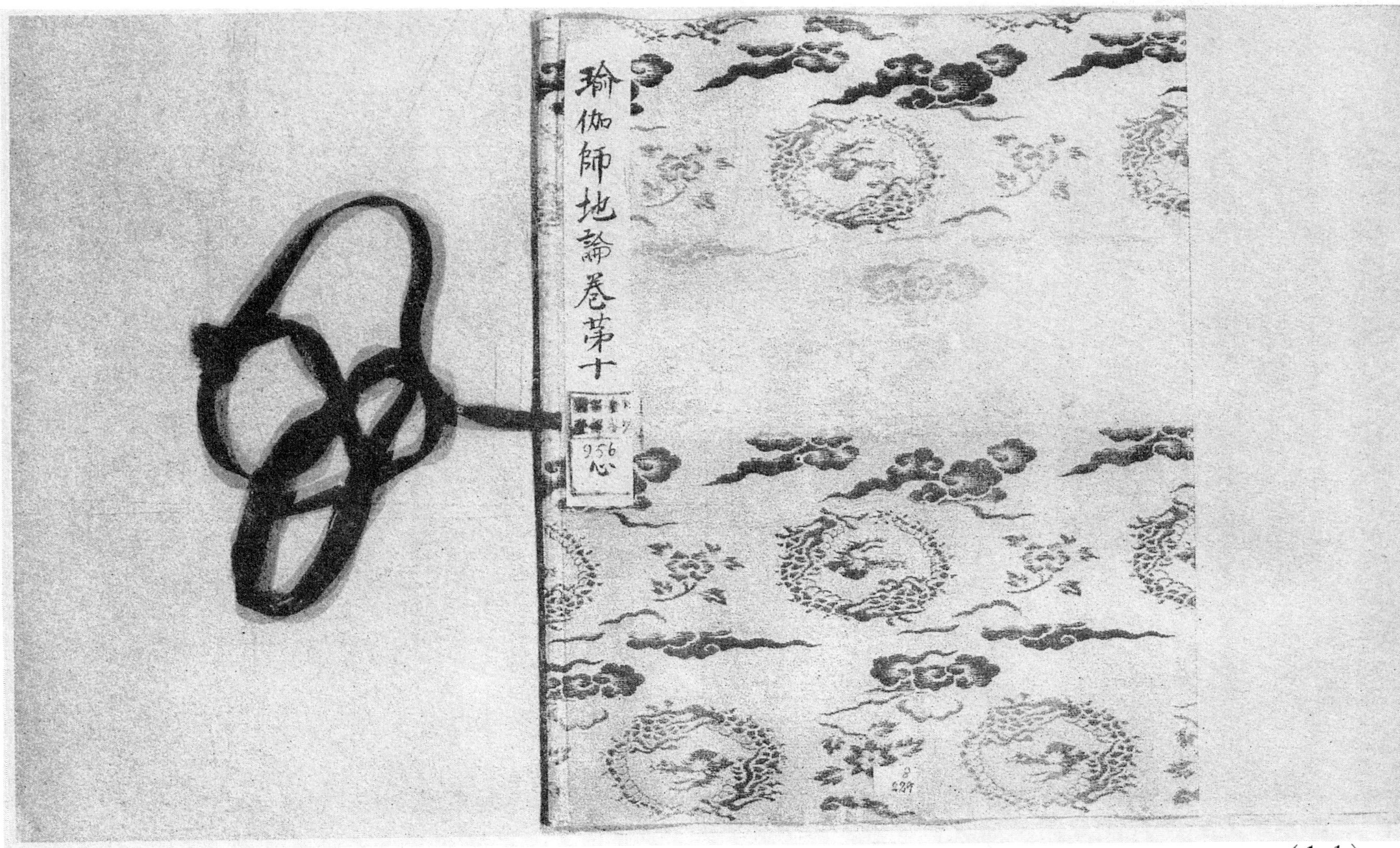

BD14028號背　現代護首　（1–1）

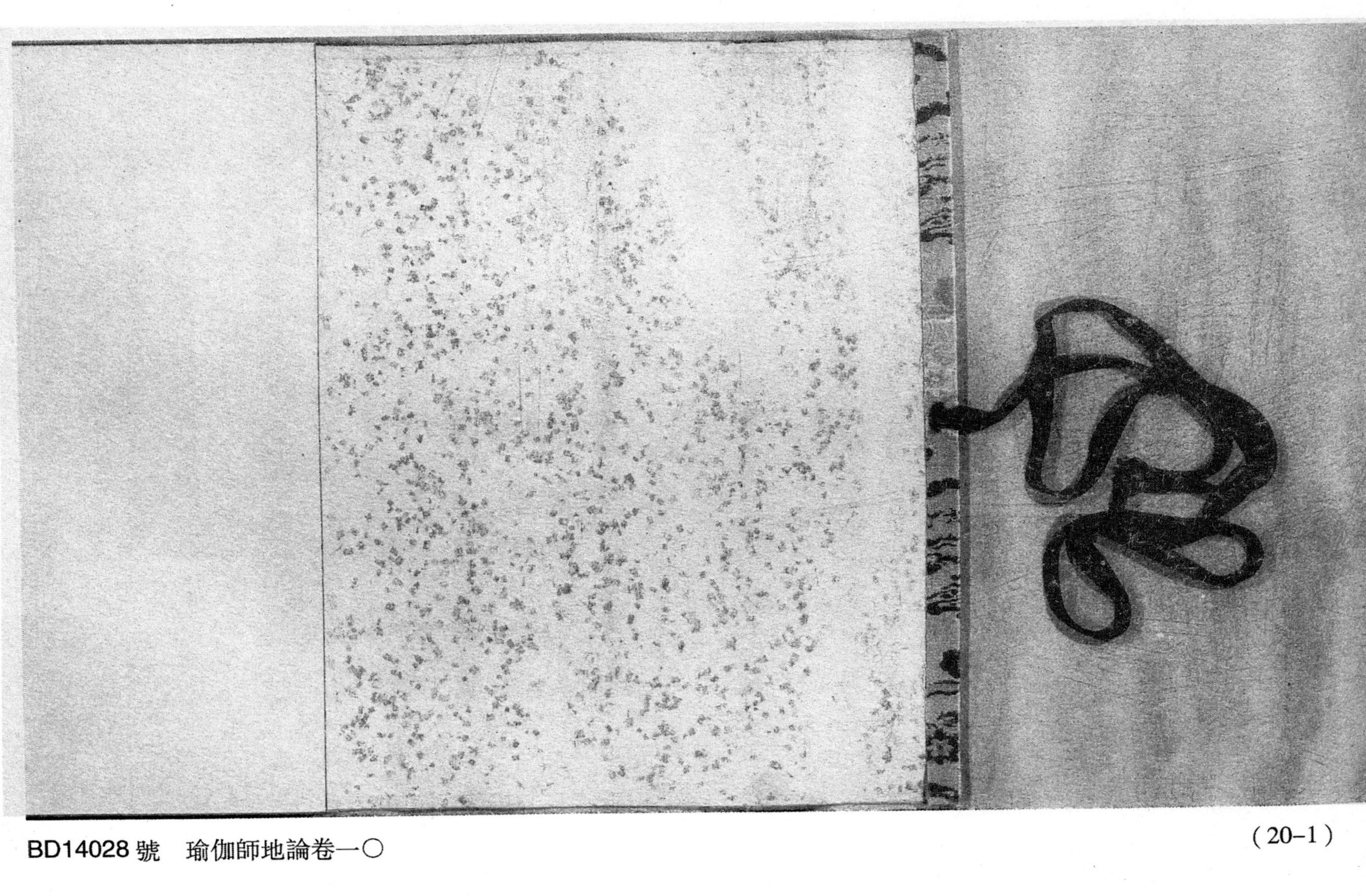

BD14028號　瑜伽師地論卷一〇　（20–1）

瑜伽師地論卷第十　彌勒菩薩說
本地分中有尋有伺等三地之七
云何欲愛謂依欲行諸行未於欲行諸行所有
染汙而能成就欲界諸苦云何色愛謂依色
行諸行未於色行諸行所有染汙而能成
就色界諸苦云何無色愛謂依無色行諸
行未於無色行諸行所有染汙而能成就無

BD14028號　瑜伽師地論卷一〇　（20-2）

染汙而能成就欲界諸苦云何色愛謂依色
行諸行未於色行諸行所有染汙而能成
就色界諸苦云何無色愛謂依無色行諸
行未於無色行諸行所有染汙而能成就無
色界苦
云何欲取謂欲貪諸欲云何見取謂除身見欲
貪餘見云何戒禁取謂欲貪著戒禁取云
何我論取謂欲貪著所有身見初能成就唯
欲界苦餘能成就三界諸苦
云何欲有謂欲行中所有過去世有業有死有
中有生有地獄傍生鬼趣及天人趣之有名
為欲有此亦過去所作行及諸煩惱所攝所
引云何色有謂除地獄傍生鬼趣人有餘是
色有麁如是觀云何無色有謂除中有餘有所
攝是無色有當如是觀地獄傍生鬼趣天人業
及中有此七之有依何建立由三建立二是
能引有一是能得有五是受用果有
云何生謂於胎卵生處衆初成就云何處生謂
於彼處身體成就未出生者云何出生謂
彼出云何成就謂出生已所有生長云何為
生謂於濕生化生生處頓生出者云何得
蘊謂此生處及分位中五取蘊生云何得界
謂即彼蘊因緣所攝云何得處謂即彼蘊
餘緣所攝云何成就蘊謂即彼蘊日日之中飲
食長養云何生命根謂即彼蘊餘壽分住生
之總義云何謂生自住何處何生因緣而攝
資養所成俱生長養如是名為此中總義
云何燎處謂身羸劣行步澄隆云何賤白謂

BD14028號　瑜伽師地論卷一〇　（20-3）

於彼生處於彼諸中能引異身以為緣故是無間
緣。有能成就界力緣故滅已經久為能引緣。有言何能
為生三種緣俱生緣者以種子義而能薰故無間者
由彼轉故為隣生緣滅已經久成彼果故為能引
緣。如有為其生緣生與老死為其緣者亦如是觀
者以二種遠近上首義者謂取攝業同如前說遍攝
義者業及識等乃至於受成種子者取所攝愛遠
近於有應如是觀。從於諸行乃至老死此諸有義
漸次為緣唯此盡耶。更復有餘。此諸一切第二
業者各各於境隨應所轉應如是觀。無明
唯作諸行之緣更無餘義作其緣耶。無明者
至於老死亦為其餘以緣近故唯說行緣。諸
餘義等亦應如是隨理應觀。後後諸義不與
前前諸義以為其緣。何以故。謂捨下故。於上
之捨發勤精進已捨彼故能捨於下。不為
捨上以捨下故。是故當知彼為彼緣。何故說言
此有故彼有。從不捨緣彼餘生故。何故說言（此生故彼生。從无始轉緣彼餘生故。何故說言）
有生故老死。生生緣故名老死。無明至行亦
說此理。從無作者緣彼餘生故。何故說言有生
故老死。生生緣老死。不說於餘。如是無明乃
至於行亦說此理。自相續中其有緣故。從
自相續彼餘生故。無明緣所生之法悉是行
耶。但是諸行亦悉從於無明生耶。雖是諸
行亦有非從無明緣生。謂諸無漏無覆無記所
有身語及意諸行亦有無明緣生非是諸行。除
行所攝一切有義所餘諸義亦有從無明緣生
亦是諸行謂身語意及意行謂福非福
及不動行。除此所餘是第四句。是如分別以

BD14028號　瑜伽師地論卷一〇

（20–12）

行亦有非從[illegible]
有身語及意諸行亦有無明緣生非是諸行除
行所攝一切有義所餘諸義亦有從無明緣生
亦是諸行謂身語意及意行謂福非福
及不動行除此所餘是第四句是如分別以
為四句從行緣生亦是識緣生耶設識緣生者
亦是行緣生耶亦有從行緣生非識緣者謂除於識
所餘有義亦有是識非行緣生者謂諸無漏無
覆無記除異熟生亦是識亦行緣生者謂後有種
子及於果識除此所餘是第四句以此道理從於觸緣
乃至於受亦分別四句隨所應觀從於受緣所生之者
一切是愛耶彼一切愛從受緣生耶此亦分別四句
是愛非受緣生者貪上解脫依於善愛而捨於愛
從受緣生非是愛者謂依明觸所生之受所餘諸生
及餘有義從受緣生亦是愛者謂染污愛從於
無明觸所生受緣所生性除此所餘是第四句從
愛緣生一切是取耶彼一切取悉愛緣生耶此中觀於
後句所有諸取一切悉是愛緣生故亦有從於愛
緣生非是取者謂除於取所餘有義及依善愛發勤
進等生諸善法從取緣生彼諸一切悉是有耶彼
一切有悉取緣生耶所有一切諸有皆取緣生亦有
取緣生非是有者謂除於有所餘有義從有緣生
彼悉一切是其生耶一切諸生悉有緣生耶所有一切諸
生悉緣生亦有從有緣生非是生者謂除於生有
義後邊所謂老死從生緣生彼一切是老死耶一切老
死悉從生緣生耶所有一切老死悉生緣生亦有從生
緣生非老死者謂愁歎憂苦會愛別離所欲匱乏
從彼所生愁歎苦憂惱於此有義之中幾是能
為近見所攝道之障礙首耶謂無明從彼所生

BD14028號　瑜伽師地論卷一〇

（20–13）

淨

死憂悲從生緣生耶所有一切老死憂悲生緣生亦有從生
緣生非老死者謂病死僧會愛別離所破遺之
從彼所生愁歎苦憂惱於此有支之中幾是能
為正見所攝道之障礙首耶謂無明從彼所生
意惡之諸行有之一分能為障礙如正見正思惟正
勤亦爾於其正語正業正命身行語行有支
一分能為障礙於其正念正定餘支能為障
礙應如是觀有支之中幾是一向定雜染品
幾是清淨品四是一向定雜染品所餘一切
是清淨品生於惡趣餘無暇處者是雜染
品生於非無暇天及人中者是清淨品應如
是觀所餘支亦於此二品隨理當觀無何
無明諸行不生何無明滅諸行滅耶現行纏縛
現行所起隨眠三種未中所住無明滅故無明
則滅此滅故彼滅有時從彼行滅無何諸行
而識不起何行滅故識亦滅耶若諸行於自
相續作已滅能治未生復次有行時身語行生
是故當知彼有彼有由彼之緣而識生起彼
無彼無後彼一切滅而識得滅無何識故名色
不生何識滅故名色滅耶若無種子識果識
不生此二滅故彼二名色亦復得滅如識名色
如是餘支乃至於受隨理應觀如無明緣行受
緣取取緣有亦如是觀如行緣識有緣生亦
同彼觀如識緣名色等生緣老死亦復如
是無何受故而愛不生何受滅故愛得滅
耶如行緣識此之道理亦同彼觀所說緣起
八種門中幾是十二緣起支所顯幾非顯耶三

BD14028 號　瑜伽師地論卷一〇　(20–14)

如是餘支乃至於受隨理應觀如無明緣行受
緣取取緣有亦如是觀如行緣識有緣生亦
同彼觀如識緣名色等生緣老死亦復如
是無何受故而愛不生何受滅故愛得滅
耶如行緣識此之道理亦同彼觀所說緣起
八種門中幾是十二緣起支所顯幾非顯耶三
門是彼所顯二是一分所顯一是全支所顯餘是非
所顯謂生門自所作業門是一分所顯有情世間流轉
門是全分所顯不知緣起當觀有幾過失有五謂我
見過能生過者邊相應諸見過如過去是相應如是
未來邊相應及過去後邊諸相應中橫執勝住過有取
及煩惱過此生不證涅槃是第五過若能了知當觀有
幾勝利翻前五種即是勝利應如是觀此十二支中幾
支是實物有答謂九種幾非實物有謂所餘幾是
一物體謂五幾是多物體謂所餘幾是所知障因謂
幾是能成苦謂五幾是苦之堅謂五幾是苦之性
謂二幾是因事所顯幾是果事所顯幾是因果相
雜事所顯謂前六種謂從無明乃至於觸及愛取
有是因事顯最後二者是過事顯受是相雜顯
故是其果二俱從於觸緣生故說為相雜諸
能為後生觸之緣故是其因此生愛為其緣
支之中幾是能成愛不愛境果諸支之中幾
是能成身之果耶謂前六者能成前果後三者
能成後果二能成就彼二俱果幾是樂受相應
謂除二支所餘幾苦受相應謂即彼性及留一
支幾與非苦非樂受相應此亦如樂受觀幾
非受相應謂一即當支諸支之中幾憂苦
稱謂樂受相應非受相應支中彼之一分幾苦苦稱

BD14028 號　瑜伽師地論卷一〇　(20–15)

謂除二處所餘觸者受相應謂即彼住及留一
處幾與非苦非樂受相應此亦如樂受　觀幾
非受相應謂一即留處諸處之中幾變　苦
攝謂樂受相應非受相應處中彼之一分幾苦苦攝
謂苦受相應非受相應處中彼之一分幾行苦
攝謂變苦及苦苦所攝者此即是行苦攝有
行苦攝非彼二苦攝謂非苦非樂相應及非
受相應彼處一並一切生處及等至中以現行理
一切處可得耶答不可得無想所有滅盡等至
無想等至中諸有色可得諸非色不可得生
無色中諸非色可得諸有色不可得依於諸
處得離處耶答當爾之時於一分而得遠離非
於一切處而得遠離依於上地諸處從於下地得
遠離故諸處之中幾是染污幾非染污三是染
污餘為二種非染污者善無記差別故二種別
異應知如是觀幾與欲相應謂一切全集幾與色
相應謂一切一分云何於彼而觀於老謂諸行故
朽如與色相應無色相應亦同彼說幾有學
盡捴非幾無學盡捴非幾非學非無學謂一
切善有漏處非是學耶以轉攝故而不應理有學
所有有漏善法以與轉不相應故從明緣生故應
說預流斷彼幾種一切一分非全分故如預流一來
亦爾應說不還斷其幾處欲行一切色無色行
則無決定當說阿羅漢斷其幾處一切三界行彼
故契經中說幾種緣起住耶以要言之略說六
種一說順流二說逆流三說一分處四說全分處
五說黑品六說白品若諸契經中薄伽梵說緣起
甚深云何知彼是甚深耶謂依無常義苦義

BD14028 號　瑜伽師地論卷一〇　(20–16)

彼契經中說幾種緣起住耶以要言之略說六
種一說順流二說逆流三說一分處四說全分處
五說黑品六說白品若諸契經中薄伽梵說緣起
甚深云何知彼是甚深耶謂依無常義苦義
空義無我義十種應觀緣起義甚深此中依無常義
一從自種生亦假他緣二從他緣生亦假自種
三從於自種及他緣生種子緣中為生彼故無有
動轉亦無作者四種子緣中無有動轉亦無作者
於彼二中亦無其自性力用五無始以來諸處各具
有轉性相亦一剎那中新新相轉六為諸緣起
一剎那中住運壞滅亦現住相此中依苦義諸處
亦是一味苦相亦現三種此中依於空義諸處
亦是無有有情及其依者亦是離苦能現
與彼未離之性此中依無我義諸處亦是無
有自在及無我相能現我相第一義中雖是不
可說性然以言說顯彼性故以幾種智當了
緣起以法住智及真實二智云何了知法住
智耶如薄伽梵所立所說應如是知云何了彼
真實智耶如見根本諸有學人見甚深義
應如是知云緣起緣性亦非我作亦非他作如
來出現若不出現此法性法住法界是本住性
此中何是法性何是法住何是法界無始時來
共所稱說者名為法性如所稱說彼以理句
及與諸字安立之者名為法住彼住之曰是彼
法性是故名界如經說言若無生者誰於何處
而得受生或於一切處一切種而無生者何故生
緣而有老死此中何故自性為性緣耶依果生
種子故作是說生種子者謂是識等乃至於

BD14028 號　瑜伽師地論卷一〇　(20–17)

法性是故名界如經說言若無生者誰於何處
而得受生或於一切處一切種而无生者何故生
緣而有老死此中何故自性爲性緣耶依界生
種子故作是說生種子者謂是識等乃至於
受所有諸支是故彼亦以義能生若有此時
後彼成果於此說名有緣生也所餘諸支
如是說者亦當如是隨理應觀不說一切支耶
相爲緣何故建立名色與識耳爲緣耶名色
者此生之中以爲識緣識者於後生中爲名色
緣故如是於母胎中續生之時耳爲緣故以
識爲緣於母胎中精血之色爲所執受與
羯羅藍共相和雜從彼名色緣生之識於
彼得所依故何故菩薩觀黑品時而從於識
意得退還非餘支耶謂彼二種耳爲緣故如識
緣名色如是觀於名色緣識當尒之時彼意
從識而得退還於彼餘支不退還故此中於
彼見耳爲緣說故退還於黑品中名色非
是於後有識爲退還因計餘是故何故說支
亦非自作亦非他作非二俱作亦非從於無因
而生耶无生者緣中无動轉故緣有用故緣起
性中何者是苦何者能攝苦之萌芽
何是苦樹无明行緣識等乃至於受如似萌
謂從愛等乃至受緣有如似守護應如是
觀老死者如似苦樹當如是觀於諸支中
幾如燈樹從識至受於諸支中幾如其油
謂无明行愛及取有於諸支中幾如大火謂
生老死何故說於黑品緣起名爲增長究

觀老死者如似苦樹當如是觀於諸支中
幾如燈樹從識至受於諸支中幾如其油
謂无明行愛及取有於諸支中幾如大火謂
生老死何故說於黑品緣起名爲增長究
竟能成唯苦聚果故一切支分能變爲緣
其餘支分隨餘支分而轉趣故何故說於白
品緣起名爲損減捨後後故悪能損減亦能損
減一切諸支唯苦蘊因故於諸支中幾是有
因法耶所謂初七於諸支中幾是異因苦耶
謂餘五支於諸支中幾滅名爲遍盡所顯所
謂三於諸支中幾滅名爲緣盡所顯即彼
三種能與餘支而作緣故於諸支中幾滅
名爲愛盡所顯所謂一種捨諸煩惱蘊滅之
時即於此處一切諸愛悉皆无餘何故依於
緣起緣性建立七十七種智耶爲說有因雜
染智之義故於自相續中說於自作雜染義
故前際之中說於諸支无始義故於前際中
說於諸支雜染分位義故於後際中說於諸
支雜染還滅分位義故說於非支所攝有漏
之慧所知義故由此因緣一一支中各有七故
成七十七智應知如是觀何故建立四十四智
一一支中四聖諦理而觀察故成四十四此中聲
欲界之中以欲行身若能修於上地眼耳彼能
見於下地及自地色亦聞其聲際三界行意
根彼身現前能證若生色界及无色界者
除於下地一切欲界現前能證爲欲斷除
三種雜染謂煩惱雜染業雜染生雜染故
應知有其六種現觀謂思現觀信現觀戒現觀

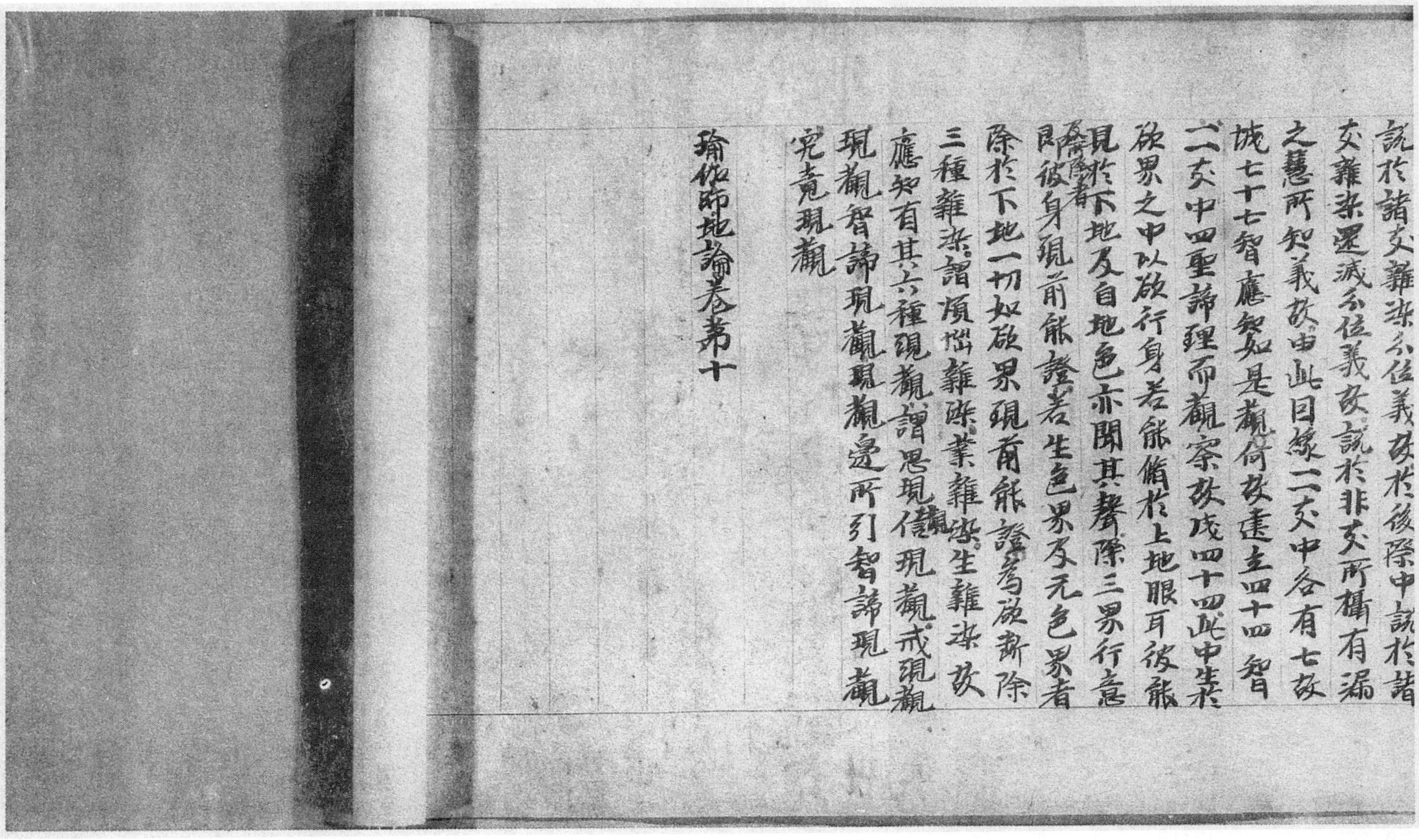

BD14028 號　瑜伽師地論卷一〇　（20–20）

BD14029 號背　現代護首　（1–1）

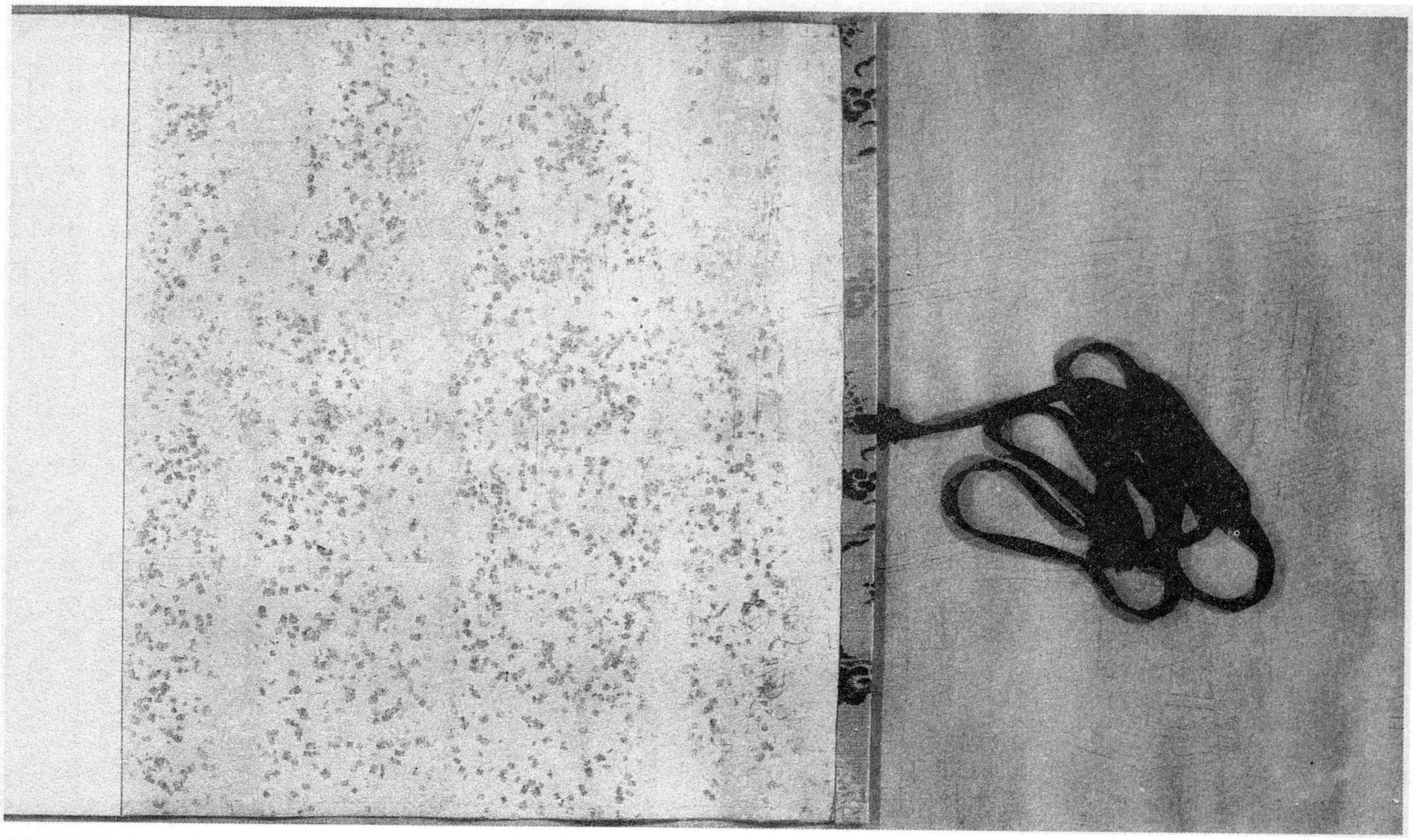

BD14029 號　瑜伽師地論卷一三

（28–1）

瑜伽師地論卷第十三　彌勒菩薩說　沙門玄奘奉　詔譯
本地分中三摩呬多地第六之三
復次如世尊言汝等苾芻當樂空閑勤修觀
行內心安住正奢摩他者謂能遠離臥具貪
著或處空閑或坐樹下繫念現前乃至廣說
名樂空閑當知此言顯身遠離若能於內九
種住心如是名為內心安住正奢摩他當知
此言顯心遠離若樂處空閑便能引發內心
安住正奢摩他若內心安住正奢摩他便能
引發毗鉢舍那若於毗鉢舍那善修習已即
能引發於諸法中如實覺了
復次如世尊言汝等苾芻於三摩地當勤修
習無量常委安住正念者謂先總標於三摩

BD14029 號　瑜伽師地論卷一三

（28–2）

引發毗鉢舍那若於毗鉢舍那善修習已即
能引發於諸法中如實覺了
復次如世尊言汝等苾芻於三摩地當勤修
習无量常委安住正念者謂先總摽於三摩
地勤修習已復以三事別顯修相无量者謂
四无量常委者謂常有所作及委悉所作故
名常委安住正念者顯於四住念安住其心
何故說此三種修相謂依二種圓滿故一者
世間圓滿二者出世圓滿修无量故便能引
發世間圓滿修正念故便能引發出世圓滿
常委修故於此二種速得通達由此因緣處
中說是故但說三種修相又无量者顯奢
摩他道住正念者顯毗鉢舍那道常委者顯
此二種速趣證道又无量者顯趣福德行住
正念者顯趣涅槃行常委者顯趣二種速圓滿
行先於奢摩他善修習已後與毗鉢舍那方
得俱行修此二種三摩地故如實覺了所知
境界
復次如世尊言修靜慮者或有等持善巧非
等至善巧廣說如經嗢柁南頌云何等持
善巧謂於空等三三摩地得善巧故云何非
等至善巧謂於勝處遍處滅盡等至不善
巧故云何等至善巧非等持善巧謂於十種
遍處等至及无想等至若入若出俱得善巧
非於三三摩地云何俱善巧謂於彼二俱善
巧故云何俱不善巧謂於彼二俱不善巧故
如是於先所說等持等至中隨其所應當若
建立又說等持善巧非等至善巧者謂於等

BD14029號　瑜伽師地論卷一三　（28-3）

遍處等至及无想等至若入若出俱得善巧
非於三三摩地云何俱善巧謂於彼二俱善
巧故云何俱不善巧謂於彼二俱不善巧故
如是於先所說等持等至中隨其所應當若
建立又說等持善巧非等至善巧者謂於等
持名句文身善知差別非於能入等至諸
行狀相差別云何等至善巧非等持善巧謂
如有一善能入隨一等持諸行狀相亦能現
入而不善知此三摩地名句文身差別之相
亦不能知我已得入如如是等持差別有
諸菩薩雖能得入若百若千諸三摩地而不
了知彼三摩地名句文身亦不能知我已得
入如是如是等持差別乃至未從諸佛所聞
及於已得等一究竟諸菩薩所而得聽聞或
自證得等一究竟云何為住謂善取能入者
三摩地諸行狀相善取彼故隨其所欲能住
於定於三摩地无復退失如是善住於定者
不退失二俱名住云何為出謂如有一於能
入定諸行狀相不復思惟於不定地分別體
相所攝受地不同類法作意思惟出三摩地
或隨所作因故或定所作因故或期所作因
故而出於定隨所作者謂脩治衣鉢等諸所
作業定所作者謂飲食便利承事師長等
諸所作善期所作者謂如有一先立期契或
許為他當有所作或復為欲轉入餘定由此
因緣出三摩地何等為行謂如所緣作種種
行所謂入行麤行靜行病行癰行箭行

BD14029號　瑜伽師地論卷一三　（28-4）

諸所作善期所作者謂如有一先立期契或
許為他當有所作或復為欲轉入餘定由此
因緣出三摩地何等為行謂如所緣作種種
行相入於定謂麁行靜行病行癰行箭行
无常等行若於彼彼三摩地中所有諸行何
等為狀謂於諸定臨欲入時便有此定相狀
先起由此狀故彼彼自了知我於如是如是相
定不久當入或復正入彼教授師由此狀故
亦了知彼不久當入如是如是相定何等為
相謂二種相一所緣相二因緣相所緣相者謂
分別體由緣此故能入諸定因緣相者謂
定資糧由此因緣能入諸定謂隨順定教誡
教授積集諸定所行資糧脩俱行欲猒患有
心於亂不亂審諦了知及不為他之所逼惱
或人所作或非人所作或音聲所作或功用
所作云何調善謂若三摩地猶為有行之所
拘執如水被持或為法性之所拘執不靜不
妙非安隱道亦非證得心一趣性此三摩地
不名調善不隨所樂安隱而住與此相違應
為調善云何猶為有行拘執謂由損減俱行
思故制伏外緣持心於定又此作意要由功用
方能運轉不令內心於外流散故作是說
如水被持云何法性之所拘執謂觀下地為
麁法性觀於上地為靜法性寂靜微妙得安
隱道及能證得心一趣性如五聖智三摩地
中已略解釋云何所行謂三摩地所行境界
由所得定過此已上不能知故如初靜慮不

BD14029號　瑜伽師地論卷一三

（28–5）

如水被持云何法性之所拘執謂觀下地為
麁法性觀於上地為靜法性寂靜微妙得安
隱道及能證得心一趣性如五聖智三摩地
中已略解釋云何所行謂三摩地所行境界
由所得定過此已上不能知故如初靜慮不
能觀見第二靜慮如是根廣數取趣變亦
不能知云何引發謂能略攝廣文句義及練
成辦諸勝功德云何等愛謂慚愧愛敬信正
思惟正念正知根護戒護及无悔樂為本
復由隨樂故心便得定與此相違名不等愛
云何等愛亦不等愛謂如有一於慚愧等
少分成就少不成就謂具慚愧而无愛敬
乃至廣說云何為增謂所得定轉復增長
云何為減謂所得定還復退失何方便
謂趣彼二道又止舉捨當知如前止等相中
已具分別
復次如分別靜慮經言有靜慮者即於興等
謂之為衰乃至廣說此中四轉當知二時
顛倒謂於三摩地若退隨時若勝進時趣退道
及退俱名為衰趣勝進道及勝進俱名為興云何應
知於三摩地退時顛倒彼謂我今退失離生喜樂我今退
失勝三摩地謂靜慮者勤脩習故心趣寂靜隨
捨行故從初靜慮入於第二靜慮近分然於
此事不善了知於此位中初靜慮地喜樂已
過第二靜慮地中所有喜樂猶未能得便作
是念我今退失離生喜樂遂還從彼退攝其
心當知如是脩靜慮者其心顛倒云何應知
於三摩地退時顛倒謂如有一得初靜慮為

BD14029號　瑜伽師地論卷一三

（28–6）

近

過第二靜慮地中所有喜樂而未能得便作
是念我今退失離生喜樂還從彼退彌其
心當知如是修靜慮者其心顛倒云何應知
於三摩地退時顛倒謂如有一得初靜慮為
涅槃故積集資糧彼於涅槃已得所修資
糧圓滿由此因緣或由功用或復任運起如
是想作意現前由如是想作意故諸色中
乃至識中了知如病乃至無我由如是想作意
故從此無間因世間定所生喜樂不復現行
便作是念我今退失定生利益及所依止遂
還從彼退彌其心如是當知修靜慮者於三
摩地退失顛倒云何當知於三摩地退失無
倒謂如有一得初靜慮便生喜足不求上進
唯起愛味由起如是欲俱行想作意故遂
便退失欲界定彼於此義能了是義由
此因緣當知無倒又由所得靜慮定故自
舉毀他謂我所得此靜慮定非餘能得由
起如此欲俱行想作意故所有善緣轉增
轉羸便從定退彼於此義能了是義又以所
得靜慮諸定顯示於他為諸國王及王臣
等當供養我從定起已尋思此事由如是
欲俱行想作意故所有善緣轉增轉羸餘
如前說如是當知修靜慮者於三摩地退失
無倒第二無倒翻初無倒應知其相此二無
倒亦於二時應知其相由依如是倒無倒處
安立四轉
復次如分別四檢行定經中由四種相檢行

BD14029號　瑜伽師地論卷一三　（28–7）

無倒第二無倒翻初無倒應知其相此二無
倒亦於二時應知其相由依如是倒無倒處
安立四轉
復次如分別四檢行定經中由四種相檢行
一切三摩地等謂此等持是順退分乃至此
是順決擇分云何檢行謂此是劣分此是勝
分此殊勝分此最勝分如其次第此復云
何謂修定者從初靜慮還退出已於諸靜慮
不復樂入亦不思惟此行狀相然欲俱行
諸想作意數數現前如先所說從彼起已隨
念愛味當於爾時修靜慮者應自檢行我三
摩地今成退分又修定者從初靜慮還退出
已得聞隨順此定教法謂初靜慮諸行狀相
慇懃懇到善取其相令所得定堅住不忘
如是隨念順定法故成順住分當於爾時應
自檢行我三摩地已成住分我三摩地已
得安住非退非進非起決擇又靜慮者從初
靜慮還退出已得聞隨順第二靜慮教授
之法既得聞已第二靜慮道俱行諸想作意
數數現前當於爾時應自檢行我三摩地
已成殊勝非退非住唯是勝進非起決擇又
修定者從初靜慮還退出已聞苦諦等相
相應教法既得聞已苦諦等俱行諸想作
意順決擇分數數現前於爾時當自檢行
我三摩地已成最勝非退非住亦非勝進
然趣決擇
復次如經言有眼有色乃至有意有法而

BD14029號　瑜伽師地論卷一三　（28–8）

意順決擇令數數現前於於尒時當自撿行
我三摩地已度眾勝非退非住亦非勝進
然趣決擇
復次如經言有眼有色乃至有意有法而
諸苾蒭於此諸法若實若有都不領受尚
不受想何況无想此復云何謂諸苾蒭於
初靜慮具足安住由此因緣厭壞眼色乃至
意法由厭壞故感勢勝奪遂於眼中无有眼
想然有其想乃至於法无有法想然有其想
云何有想謂於眼等住意思惟是苦是集
或是病等彼於諸法不受自相如是乃至无
所有處此中正說无偏住意云何名為不受
无想謂不思惟一切相故於盡滅中思惟寂
靜此中意說離諸相名為无想又說安
住滅盡定者一切諸想皆不生起
復次如經中說四種趣道云何宴坐於諸法
中思惟簡擇謂有苾蒭先已證得初靜慮等
而未見諦由聽正法及多聞故而能宴坐依
三摩地於苦等諦發起現觀如是行者依
增上心脩增上慧又有苾蒭如實知苦乃至知
道而未證得初靜慮等彼便宴坐思惟諸法
如是行者依增上慧脩增上心第三行者名
為俱得奢摩他毗鉢舍那雙雜轉故第四行
者先已證得初靜慮等未聽正法未習多聞
後從大師或餘尊所聞見諦法或復得聞斷
餘結法由此得入真諦現觀或復證得阿羅
漢果彼既證得出離所引大喜喜悅由緣彼
伏諸掉舉心復還宴坐如是坐已安心住於

剡

BD14029 號　瑜伽師地論卷一三　（28–9）

者先已證得初靜慮等未聽正法未習多聞
後從大師或餘尊所聞見諦法或復得聞斷
餘結法由此得入真諦現觀或復證得阿羅
漢果彼既證得出離所引大喜喜悅由緣彼
伏諸掉舉心復還宴坐如是坐已安心住於
靜慮等至最初趣道引見道故第二第三引
脩道故第四趣道為俱引故
復次如經中說有四淨勝為求清淨此最為
勝故名淨勝云何為淨云何為勝謂所得所證
所引戒等若圓滿若攝受是名為淨發勤
精進未滿令滿是名為勝云何尸羅圓滿攝
受謂若有一雖住具戒亦能守護別解脫律
儀而於軌則及所行中未能具足未於小罪
深見怖畏此於尸羅未名圓滿若於一切皆
悉滿足乃名圓滿如是名為尸羅圓滿若於
長時串脩習故便於根門善守而住廣說乃
至即於尸羅攝成自體自性安住如是名為
尸羅攝受云何三摩地圓滿謂若已得加行
究竟果或第四靜慮乃名圓滿於此下位皆
未圓滿云何三摩地攝受謂彼所得三摩地
善修時清淨又三摩地不為有行之所拘執
乃至廣說云何見圓滿謂聞他音及如理作
意故正見得生由此正見雖能知苦乃至知
道若未如實猶不得名正見圓滿若能於彼
如實了知尒時方名正見圓滿云何見攝受
謂於後時諸漏永盡乃至廣說云何解脫圓
滿謂若由有學智見解脫貪等未名圓滿
若由无學智見得解脫者乃名圓滿云何解

剡

BD14029 號　瑜伽師地論卷一三　（28–10）

如實了知介時方名正見圓滿云何見攝受
謂於後時諸漏永盡乃至廣說云何解脫圓
滿謂若由有學智見解脫貪等未名圓滿
若由无學智見得解脫者乃名圓滿云何解
脫攝受謂若行若住常不退失現法樂住如
是名為解脫攝受
復次如經言心清淨行苾芻於時時間應正
作意思惟五相乃至廣說方便勤脩增上心
者乃得名為心清淨行諸惡不善欲等尋思
及親里等所有尋思皆於此行能為障礙略
有三種補特伽羅由耎中上尋思行者有
差別故初由正思惟所餘相故令彼尋思不
復現行第二由見尋思深過患故或復不
念不思惟故令彼尋思不復現行云何不
念又不思惟由善於內安心等故第三補
特伽羅非初即能令彼一切皆不現行要當
方便令尋思行漸漸歇薄乘既息已漸當
制伏若猶未能於尋思路尋思所緣深生
猒怖當以猒患俱行之心多思惟力於彼尋
思俱行之心調練制伏如是三種補特伽羅
分為五種
復次漉塵經中佛世尊言當如陶練生金之
法陶練其心乃至廣說如是等義云何應如
謂陶練生金略有三種一除垢陶練二攝受
陶練三調柔陶練除垢陶練者謂從金姓中
漸漸除去麁中細垢乃至唯有淨金沙在攝
受陶練者謂即於彼鄭重銷煑調柔陶練

BD14029 號　瑜伽師地論卷一三　（28–11）

謂陶練生金略有三種一除垢陶練二攝受
陶練三調柔陶練除垢陶練者謂從金姓中
漸漸除去麁中細垢乃至唯有淨金沙在攝
受陶練者謂即於彼鄭重銷煑調柔陶練
者謂銷煑已更細練治瑕隙等穢如金姓內所
有生金種姓位中心淨行者當知亦介謂堪
能證般涅槃者闕從何位名心淨行者答從
得淨信求出家位此於家及出家位有麁
中細三種垢穢其在家者由二為障不令出
家一不善業謂常樂安處身語惡行二邪惡
見謂撥无世間真阿羅漢正行至此於已
得淨信信前能為障礙欲等尋思障出家者
令其不能心生喜樂親等尋思障喜樂者
令其不能恒脩善法由斷彼故恒脩善法速
得圓滿純淨之心有尋有伺如淨金沙是名
為心除垢陶練猶如生金仍未銷煑若有復
能止息尋思乃至具足安住第四靜慮是名
為心攝受陶練由能攝受无尋无伺三摩地
故猶如生金已被銷煑若三摩地不為有行
之所拘執乃至廣說是名為心調柔陶練於
神通法隨其所欲能轉變故如彼生金已細
練治瑕隙等穢
復次如經言應於三相作意思惟乃至廣說
應時時間作意思惟奢摩他等者謂之相不
應一向為欲對治沉掉等故若於止舉未串
習者唯一向脩是沉掉相如此脩者當知住
在方便道位若時時間思惟捨相如是在於

BD14029 號　瑜伽師地論卷一三　（28–12）

應時時間作意思惟奢摩他等差別之相不
應一向為欲對治沉掉等故若於止舉未串
習者唯一向修是沉掉相如此修者當知住
在方便道位若時時間思惟捨相如是在於
成滿道位亦由於此一向修故於緣起法及
聖諦中不思擇故心不正定不盡諸漏於諸
諦中若未現觀不能現觀或已現觀不得漏
盡初之二種是三摩地能成辦道第三一種
依三摩地盡諸漏道是名略顯此中要義於
時時間作意思惟遍一切故
復次有四正法攝持聖教何等為四一者遠
離二者修習三者修果四者於聖教中無有
乖諍遠離者謂山林樹下空閑靜室修習者
謂住於彼勤修二法謂奢摩他毘鉢舍那云
何已習奢摩他依毘鉢舍那而得解脫謂如
有一先已得初靜慮乃至第四靜慮彼即依
此三摩地故如實知苦乃至知道彼即依此
毘鉢舍那於見所斷諸煩惱中心得解脫云
何已習毘鉢舍那依奢摩他心得解脫謂如
有一如實知苦乃至知道彼依如是增上慧
故發生靜慮即由如是奢摩他故於修所斷
諸煩惱中心得解脫如是修習奢摩他毘鉢
舍那已於諸界而得解脫見道所斷諸
行斷故名為斷界修道所斷諸行斷故名離
欲界一切有執皆永滅故名為滅界是名修
果於聖教中無乖諍者所謂大師及諸弟子
若義若句若文於文句義平等潤洽平相隨

舍那已於諸界而得解脫見道所斷諸
行斷故名為斷界修道所斷諸行斷故名離
欲界一切有執皆永滅故名為滅界是名修
果於聖教中無乖諍者所謂大師及諸弟子
若義若句若文於文句義平等潤洽平相隨
順非如異道論說見解種種非一差別不同
第一句者所謂前句若以此句問於初一即
以此句而問第二設於初一依蘊而問復於
第二依餘問者便不得名與第一句平等潤
洽平相隨順

本地分中非三摩呬多地第七

已說三摩呬多地云何非三摩呬多地當知此
地相略有十二種或有自性不定故名非定
地謂五識身或有闕輕安故名非定地謂欲
界繫諸心心法彼心心法雖復亦有心一境性
然無輕安含潤轉故不名為定或有不發
趣故名非定地謂受欲者於諸欲中深生躭
著而常受用或有極散亂故名非定地謂初
修定者於妙五欲心隨流散或有太略聚故名
非定地謂初修定者於內略心惛睡所蔽或
有未證得故名非定地謂初修定者雖無
散亂及以略聚嬈惱其心然猶未得諸作意
故諸心心法不名為定或有未圓滿故名非
定之地謂雖得作意然未證得加行究竟及彼
果故不名為定或有雜染汙故名非定地謂
雖證得加行究竟果作意然為種種愛味等
惑染汙其心或有不自在故名非定地謂雖
已得加行究竟果作意其心而無煩惱染

定之地謂雖得作意然未證得加行究竟及欲
果故不名為定或有離染汙故名非定地謂
雖證得加行究竟果作意然為種種愛味等
惑染汙其心或有不自在故名非定地謂雖
已得加行究竟果作意其心亦无煩惱染
汙然於入住出諸定相中未得自在未隨
所欲便澀艱難或有不清淨故名非定地謂
雖自在隨其所欲无澀无難然唯修得世
間定故未能永害煩惱隨眠諸心心法未
名為定或有起故名非定地謂所得定雖不
退失然出定故不名為定或有退故名非定
地謂退失所得三摩地故不名為定

本地分中有心无心二地第八第九

已說非三摩呬多地云何有心地云何无心地
謂此二地俱由五門應知其相一地施設建
立門二心亂不亂建立門三生不生建立門
四分位建立門五第一義建立門
地施設建立者謂五識身相應地意地有尋
有伺地无尋唯伺地此四一向是有心地无尋
无伺地中除无想定并无想生及滅盡定
所餘一向是有心地若无想定若无想生及
滅盡定是无心地
心亂不亂建立者謂四顛倒顛倒其心名為
亂心若四顛倒不顛倒心名不亂心此中亂
心亦名无心狂失壞故如世間見心狂亂者
便言此人是无心人由狂亂心失本性故於
此門中諸倒亂心名无心地若不亂心名有

心亂不亂建立者謂四顛倒顛倒其心名為
亂心若四顛倒不顛倒心名不亂心此中亂
心亦名无心狂失壞故如世間見心狂亂者
便言此人是无心人由狂亂心失本性故於
此門中諸倒亂心名无心地若不亂心名有
心地
生不生建立者謂八因緣故其心或生或復不
生謂根破壞故境不現前故闕作意故未得
故相違故已斷故已滅故已生故心不得生
由此相違諸因緣故心乃得生此中若具生
因緣故心便得生名有心地若遇不生心因
緣故心則不生名无心地
分位建立者謂除六位當知所餘名有心地
何等為六謂无心睡眠位无心悶絶位无想
定位无想生位滅盡定位及无餘依涅槃界
位如是六位名无心地
第一義建立者謂唯无餘依涅槃界中是无
心地何以故於此界中阿賴耶識亦永滅故
所餘諸位轉識滅故名无心地阿賴耶識未
永滅盡於第一義非无心地

本地分中聞所成地第十之一

已說有心无心地云何聞所成地謂若略說
於五明處名句文身无量差別覺慧為先聽
聞領受讀誦憶念又於依止名身句身文身
義中无倒解了如是名聞所成地何等名
五明處謂內明處醫方明處因明處聲明
處工業明處
云何內明處當知略說由四種相一由事施

[illegible]
義中无倒解了如是名聞所成地何等名
五明處謂內明處醫方明處因明處聲明
處工業明處
云何內明處當知略說由四種相一由事施
設建立相二由想差別施設建立相三由攝
聖教義相四由佛教所應知處相
云何事施設建立相謂三種事總攝一切諸
佛言教一素怛纜事二毗柰耶事三摩怛履
迦事如是三事攝事分中當廣分別
云何想差別施設建立相嗢柁南曰
句迷惑戲論　住真實淨妙　寂靜性道理　假施設現觀
云何句謂內六處无量境界无量方所无量
時分復有三界謂欲界色界无色界又有三
界謂小千世界中千世界三千大千世界復
有四衆謂在家衆出家衆鄔波索迦衆非
人衆復有三受謂苦受樂受不苦不樂受復有
三世謂過去世未來世現在世復有三寶謂
佛寶法寶僧寶復有三法謂善法不善法无
記法復有三雜染謂煩惱雜染業雜染生雜
染復有四聖諦謂苦聖諦集聖諦滅聖諦道
聖諦復有九次第等至謂初靜慮等至乃至
滅想受等至復有三十七菩提分法謂四念
住四正勝四神足五根五力七覺支八聖道支
復有四沙門果謂預流果一來果不還果最
勝阿羅漢果復有衆多勝妙功德謂无量解
脫勝處遍處无諍願智无礙解六神通等復
有方廣大乘五事謂相名分別真如正智復

住四正勝四神足五根五力七覺支八聖道支
復有四沙門果謂預流果一來果不還果最
勝阿羅漢果復有衆多勝妙功德謂无量解
脫勝處遍處无諍願智无礙解六神通等復
有方廣大乘五事謂相名分別真如正智復
有二空性謂補特伽羅空性及法空性復有
二无我性謂補特伽羅无我性及法无我性
復有遠離二邊處中觀行謂離增益邊離
損減邊復有四種真實謂世間所成真實道理
所成真實煩惱障淨智所行真實所知障淨
智所行真實復有四尋思謂名尋思事尋思
自性假立尋思差別假立尋思復有四如實
遍智謂名尋思所引如實遍智事尋思所引
如實遍智自性假立尋思所引如實遍智差
別假立尋思所引如實遍智復有三種自性
謂遍計所執自性依他起自性圓成實自性
復有三无性性謂相无性性生无性性勝義
无性性復有五相大菩提謂自性故功能故
方便故轉故還故復有五種大乘一種子二趣
入三次第四正行五正行果最初發心悲愍
有情波羅蜜多攝衆生事自他相續成熟
復有五无量想謂有情界无量想世界无量想
法界无量想所調伏界无量想調伏方便界无
量想復有真實義隨至謂於一切无量法中
遍隨至真如及於彼智復有不思議威德勝
解无障礙智三十二大士夫相八十種隨好相
四種一切相清淨十力四无所畏三念住
三不護大悲无忘失法永害習氣一切相妙

處隨至真如及於彼智復有不思議威德勝
解无障礙智三十二大士夫相八十種隨形相
四種一切相清淨十力四无所畏三念住
三不護大悲无忘失法拔除習氣一切相妙
智等如是諸句略唯二句謂聲聞乘中所說
句及大乘中所說句
云何迷惑謂四顛倒一於无常計常顛倒二於
苦計樂顛倒三於不淨計淨顛倒四无我
計我顛倒
云何戲論謂一切煩惱及雜煩惱諸蘊
云何住謂四識住或七識住
云何真實謂真如及四聖諦
云何淨謂三淨清淨性一自體清淨性二境界
清淨性三分位清淨性
云何妙謂佛法僧寶名最微妙菡最弟一施
設中故
云何寂靜謂從善法欲乃至一切菩提分法
及所得果皆名寂靜
云何性謂諸法體相若自相若共相若假立
相若因相若果相等
云何道理謂諸緣起及四道理
云何假施設謂於唯法假立補特伽羅及於
唯相假立諸法
云何現觀謂六現觀如有尋有伺地已說復
次嗢柁南曰
方所及分別 作執持增減 實言所覺上 遠離轉藏護
云何方所謂色蘊

BD14029號　瑜伽師地論卷一三　（28–19）

云何現觀謂六現觀如有尋有伺地已說復
次嗢柁南曰
方所及分別 作執持增減 實言所覺上 遠離轉藏護
云何方所謂色蘊
云何住謂受蘊
云何分別謂想蘊
云何作謂行蘊
云何執持謂識蘊
云何增謂有二種一煩惱增二業增如增有
二種當知減亦尒
云何實謂无明及疑
云何言謂諸如來十二分教說名為言
云何所覺謂彼言音所詮之義名為所覺
云何上謂四沙門果
云何遠離謂五種遠離一惡行遠離二欲遠
離三資具遠離四憒鬧遠離五煩惱遠離
云何轉謂三界五趣
云何藏護謂追戀過去希慕未來耽著現
在
復次嗢柁南曰
思擇與現行 睡眠及相屬 諸相攝相應 說任持次第
云何思擇謂一行順前句順後句四句无事
句復有有色法无色法有見法无見法有對
法无對法有漏法无漏法有為法无為法有
諍法无諍法有味著法无味著法依耽嗜
法依出離法世間法出世間法有繫屬法不繫
屬法內法外法麤法細法劣法勝法遠法近

BD14029號　瑜伽師地論卷一三　（28–20）

復有有色法无色法有見法无見法有對
法无對法有漏法无漏法有為法无為法有
諍法无諍法有味著法无味著法依耽著
法依出離法世間法出世間法有繫屬法不繫
屬法內法外法麁法細法劣法勝法遠法近
法有所緣法无所緣法相應法不相應法有
行法无行法有依法无依法因法非因法果
法非果法異熟法非異熟法有因法非有因
法有果法非有果法有異熟法非有異熟法
有執受法无執受法大種造法非大種造法
同分法彼同分法有上法无上法又有過去
法未來法現在法善法不善法无記法欲繫
法色繫法无色繫法學法无學法非學非无
學法見所斷法脩所斷法无斷法又有四緣
謂因緣等无間緣所緣緣增上緣 又有四依
一法是依非補特伽羅二義是依非文三了
義經是依非不了義四智是依非識又有四
无量法四念住法四正斷法四神足法五根
法五力法七覺支法八支聖道法四行跡法
四法跡法奢摩他法毗鉢舍那法增上戒法
增上心法增上慧法解脫法勝處法遍處法
如是等法无量无邊應當思擇
云何現行謂諸煩惱纏
云何睡眠謂諸煩惱隨眠
云何相屬謂內六處於一身中當知展轉互
相繫屬又若此法能引彼法當知此彼互相
繫屬又諸根境當知能取所取互相繫屬
云何攝謂十六種攝一界攝二相攝三種類

BD14029號　瑜伽師地論卷一三　（28–21）

云何睡眠謂諸煩惱隨眠
云何相屬謂內六處於一身中當知展轉互
相繫屬又若此法能引彼法當知此彼互相
繫屬又諸根境當知能取所取互相繫屬
云何攝謂十六種攝一界攝二相攝三種類
攝四分位攝五不相離攝六時攝七方攝八
一分攝九具分攝十勝義攝十一蘊攝十二
界攝十三處攝十四緣起攝十五處非處攝
十六根攝
云何相應當知此相略有五種一與他性相
應非自性二於他性中與不相違者相應非相
違三於不相違中下中上品與下中上品自
相應非餘品四於下中上品中同時相應
非異時五於同時中同地相應非異地
云何說謂四種言說一見言說二聞言說三
覺言說四知言說
云何任持謂四食
一段食二觸食三意思食四識食
云何次第謂六種次第一流轉次第二成所
作次第三宣說次第四生起次第五現觀次
第六等至次第
復次嗢柁南曰
所作及所緣　亦瑜伽止觀　作意與教授　德菩提聖教
云何所作謂八種所作一滅依止二轉依止
三遍知所緣四喜樂所緣五得果六離欲七
轉根八引發神通
云何所緣謂四種所緣一遍滿所緣二淨行
所緣三善巧所緣四淨煩惱所緣
云何瑜伽謂或四種或九種四種瑜伽者一

BD14029號　瑜伽師地論卷一三　（28–22）

九

三遍知所緣四喜樂所緣五得果六離欲七
轉根八引發神通
云何所緣謂四種所緣一遍滿所緣二淨行
所緣三善巧所緣四淨煩惱所緣
云何瑜伽謂或四種或九種四種瑜伽者一
信二欲三精進四方便九種瑜伽者一世間
信二欲三精進四方便九種瑜伽者一世間
道二出世道三方便道四無間道五解脫道
六勝進道七耎品道八中品道九上品道
云何止謂九種住心
云何觀謂或三觀或四行觀或六事差別
所緣觀三事觀者一有相觀二尋求觀三伺
察觀四行觀者謂於諸法中簡擇行觀極
簡擇行觀遍尋思行觀遍伺察行觀六事
差別所緣觀者一義所緣觀二事所緣觀三
相所緣觀四品所緣觀五時所緣觀六道理
所緣觀
云何作意謂七種作意了相等如前說
云何教授謂五種教授一教教授二證教授
三次第教授四無倒教授五神變教授
云何德謂無量解脫等如句中已說
云何菩提謂三種菩提一聲聞菩提二獨覺
菩提三阿耨多羅三藐三菩提
云何聖教謂授以歸依制立學處施設說聽
逮之師徒施論戒論生天之論訶欲愛味示
欲過失顯說雜染及清淨法教道出離及與
遠離稱讚功德及至廣說無量無邊清淨

BD14029號　瑜伽師地論卷一三　（28–23）

云何聖教謂授以歸依制立學處施設說聽
逮之師徒施論戒論生天之論訶欲愛味示
欲過失顯說雜染及清淨法教道出離及與
遠離稱讚功德及至廣說無量無邊清淨
品法
云何攝聖教義相此中有能修習法謂於
諸善法專志所作相續所方便勤修有所修
習法謂所有諸善法有有過患法謂應遍知
法有有染汙法謂應不著制伏初應斷法
有障礙法謂違逆現觀究竟法有隨順法謂
隨順現觀究竟法有真如所攝法謂應覺悟法
有勝德所攝法謂所應引發法有隨順世間
法謂應習應斷及斷已現行法有得究竟法
謂究竟自義所應證法
云何佛教所應知處相當知此中一切有情
住有三種謂因別住盡壽住善法可愛生展
轉住初由食增上力第二由命行增上力第
三由於諸善法不放逸增上力於諸不善無
記法中亦有相似不放逸法如於煞生等事
及威儀工巧等中審諦而作然於善法不放逸
者於現法中乃至能得般涅槃故於後法中往
善趣故多有所作
復次依有情世間及器世間有二種法能攝
一切諸藏論事謂能取法及彼所依所取之
法
又諸世間略有二種離染根本能引無義無
利雜染謂於真實無正解行及彼為先希求

BD14029號　瑜伽師地論卷一三　（28–24）

……言論諸事謂能取法及彼所依所取之
法
又諸世間略有二種雜染根本能引无義无
利雜染謂於真實无正解行及彼為先希求
无義
又正法外若諸沙門若婆羅門略有二種雜
染根本謂薩迦耶見增上力故推求我常推
求我斷
又諸有情略有二種衆苦根本謂於有為法
喜愛俱行所有期願及非理所引猒離俱行
所有期願
又有二種師及弟子教授教誡相違之法謂
諸弟子不能堪忍教誨語言及師倒見習行
邪行與此相違當知即是白品二法
又有二法甚能違越世出世間正行境界謂
於自非法增上所生不可愛果无有顧慮於
所作罪无有羞恥及於現法他所譏嫌衰退
等事无有顧慮於所作罪无有羞恥與此相
違當知即是白品二法
又有二種无倒建立能令行者少用功力任
於梵行終不虛捐一正立學處若有違越便
獲大罪若不違越便生大福二正立出離令
違越者速復出離
又有二法能令作者得自他利一居遠離者
心常安定現法樂住二居憒內者有來求法
時為說能令正法相續久住
又有二法能令有情內正作意外聞他音二
因緣故於現法中入諦現觀或令當來諸根

BD14029號　瑜伽師地論卷一三　（28–25）

遠

心常安定現法樂住二居憒內者有來求法
時為說能令正法相續久住
又有二法能令有情內正作意外聞他音二
因緣故於現法中入諦現觀或令當來諸根
成熟一於因所生法正通達因二於如來所
說所有甚深相似甚深空相應經一切緣性
及諸緣起隨順作意數數思惟
又有二法能令根熟補特伽羅速證通慧一
於教授教誡遠離諂誑二猒離為先身語意
行離諸調戲
又有二法令居一處同梵行者展轉皆得安
樂而住一者堪忍他所逼惱二者自不逼惱
於他
又有二法令居一處同梵行者未生違諍遮
令不生其已生者速令止息无鬪无訟无諍
无競一者展轉平等慈心二者平等受用財
法
又有二法速令心住得三摩地清淨梵行一
者憶持遠所作所說增上力故若有所犯
如法悔除若无所犯便生歡喜晝夜隨學常
无懈廢二者於身語意一切事業能正了知
增上力故於諸過失終无違犯由此因緣亦
无憂悔隨生歡喜廣說乃至解脫智見
又有二法能超衆苦謂能超越諸惡趣苦及能超越
生死大苦一者深見現法當來諸過患故遠
惡行二者心常安定精勤修習菩提分法
又有二法能令修斷居遠離者得安樂住一者於

BD14029號　瑜伽師地論卷一三　（28–26）

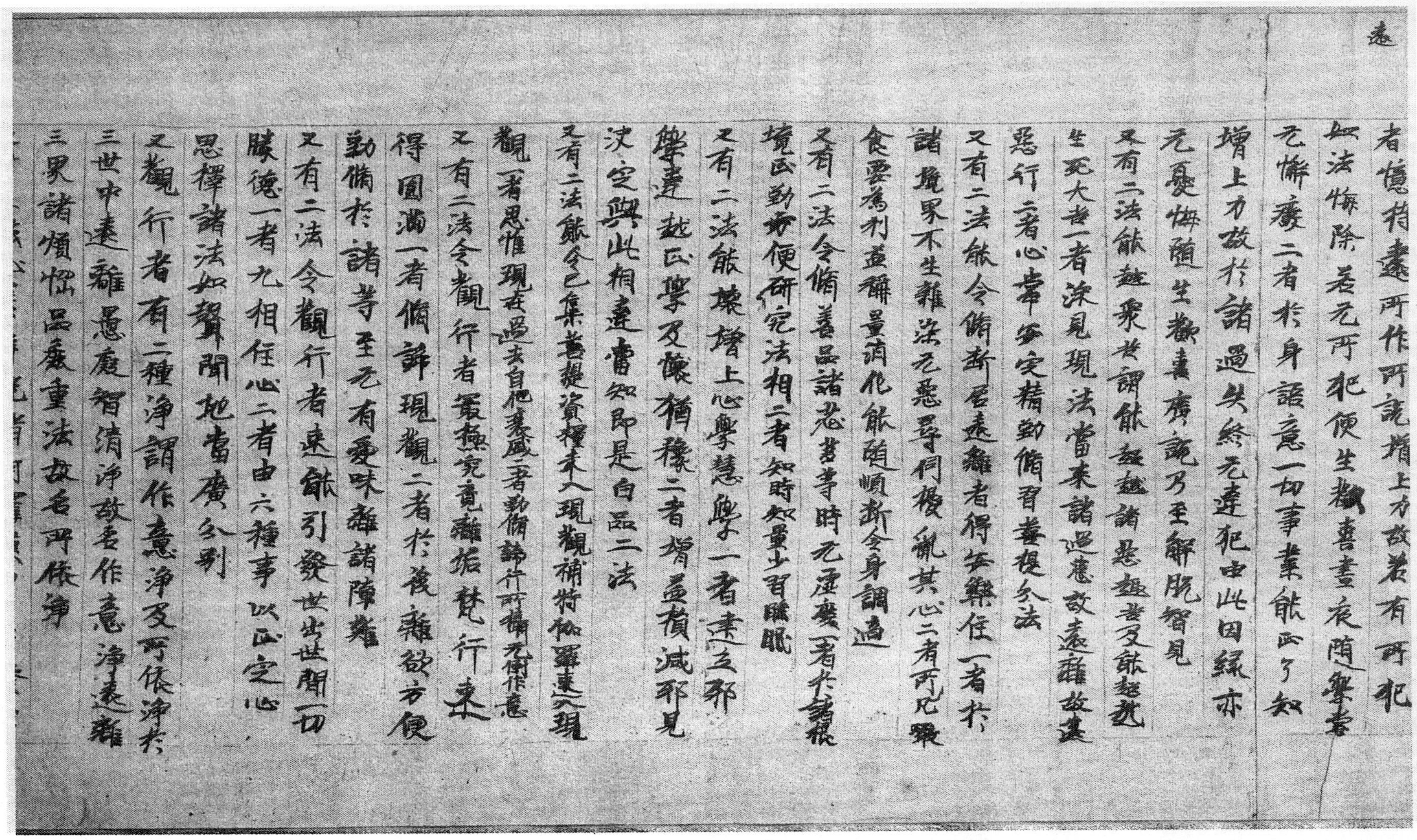

遠
者憶持遠所作所說增上力故若有所犯
如法悔除若无所犯便生歡喜晝夜隨學善
无懈癈二者於身語意一切事業能正了知
增上力故於諸過失終无違犯由此因緣亦
无憂悔隨生歡喜廣說乃至解脫智見
又有二法能越衆苦謂能越諸惡趣苦及能越
生死大苦一者深見現法當來諸過患故遠離
惡行二者心常安定精勤修習菩提分法
又有二法能令修斷居遠離者得安樂住一者於
諸境界不生雜染无惡尋伺擾亂其心二者所咒飲
食要為利益稱量消化能隨順斷令身調適
又有二法令修善品諸忘失事時无虛度一者於諸根
境正勤方便研究法相二者如時如量少習睡眠
又有二法能堪增上心學慧學一者遠立邪
學遠越正學及餘猶豫二者增益損減邪見
決定與此相違當知即是白品二法
又有二法能令已集菩提資糧未入現觀補特伽羅速入現
觀一者思惟現在過去自他衰盛二者勤修諦行所攝无倒作意
又有二法令觀行者最極究竟離垢梵行來
得圓滿一者修諦現觀二者於後離欲方便
勤修於諸等至无有愛味離諸障難
又有二法令觀行者速能引發世出世間一切
勝德一者九相住心二者由六種事以正定心
思擇諸法如聲聞地當廣分別
又觀行者有二種淨謂作意淨及所依淨於
三世中遠離愚癡智清淨故名作意淨遠離
三界諸煩惱品麁重法故名所依淨

BD14029 號　瑜伽師地論卷一三　（28–27）

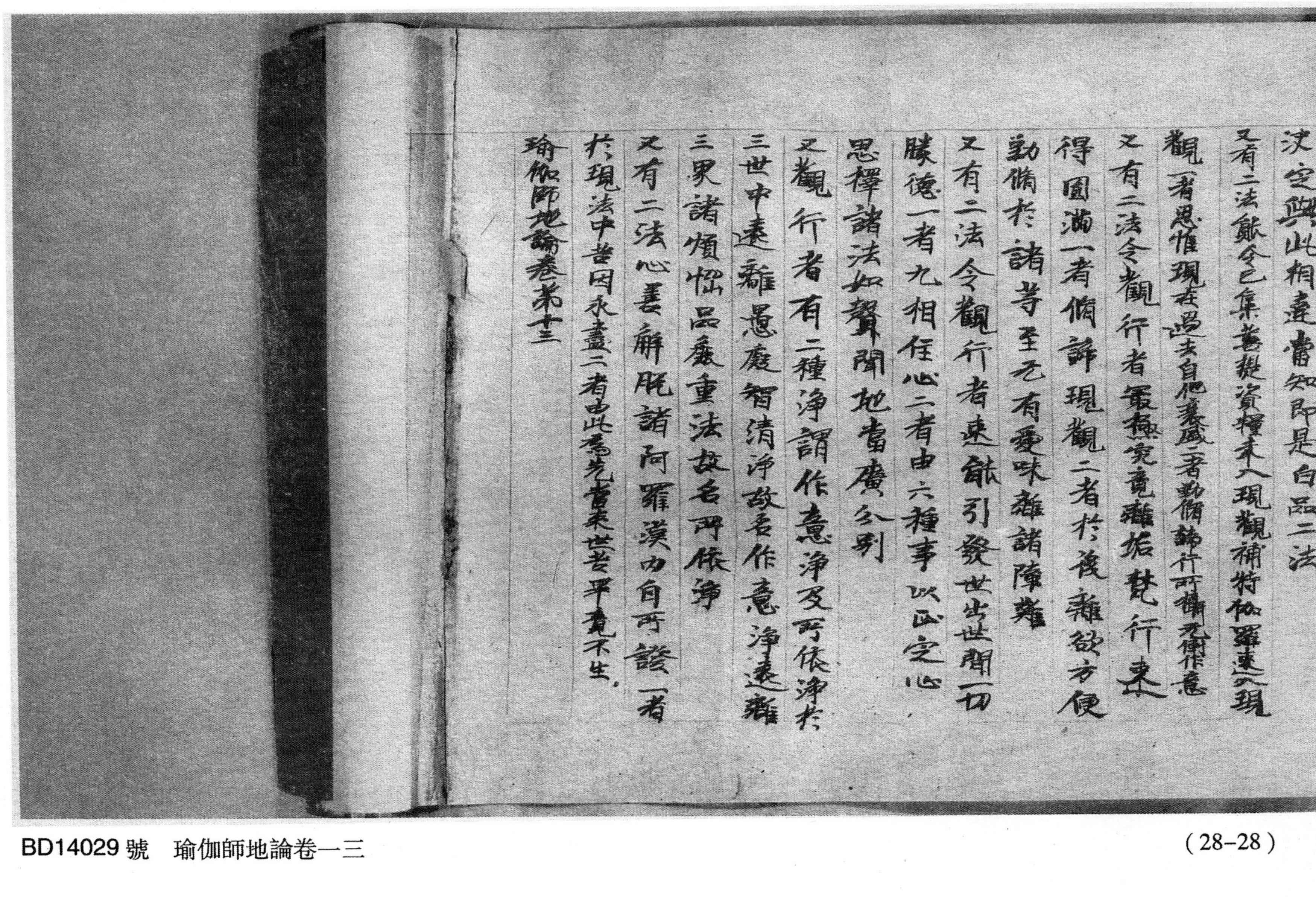

決定與此相違當知即是白品二法
又有二法能令已集菩提資糧未入現觀補特伽羅速入現
觀一者思惟現在過去自他衰盛二者勤修諦行所攝无倒作意
又有二法令觀行者最極究竟離垢梵行來
得圓滿一者修諦現觀二者於後離欲方便
勤修於諸等至无有愛味離諸障難
又有二法令觀行者速能引發世出世間一切
勝德一者九相住心二者由六種事以正定心
思擇諸法如聲聞地當廣分別
又觀行者有二種淨謂作意淨及所依淨於
三世中遠離愚癡智清淨故名作意淨遠離
三界諸煩惱品麁重法故名所依淨
又有二法心善解脫諸阿羅漢內自所證一者
於現法中苦因永盡二者由此為先當來世苦畢竟不生
瑜伽師地論卷第十三

BD14029 號　瑜伽師地論卷一三　（28–28）

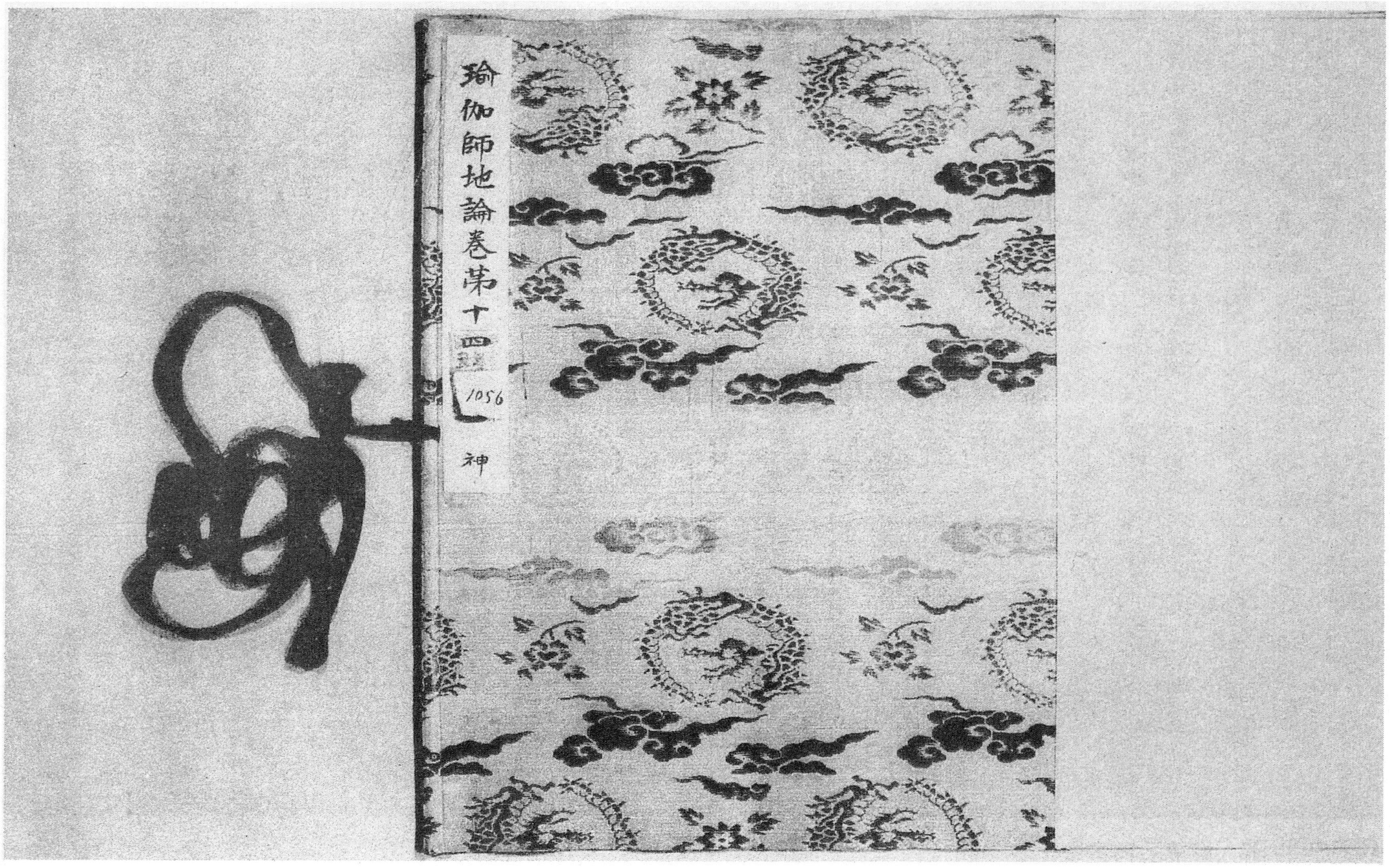

BD14030 號背　現代護首　　（1–1）

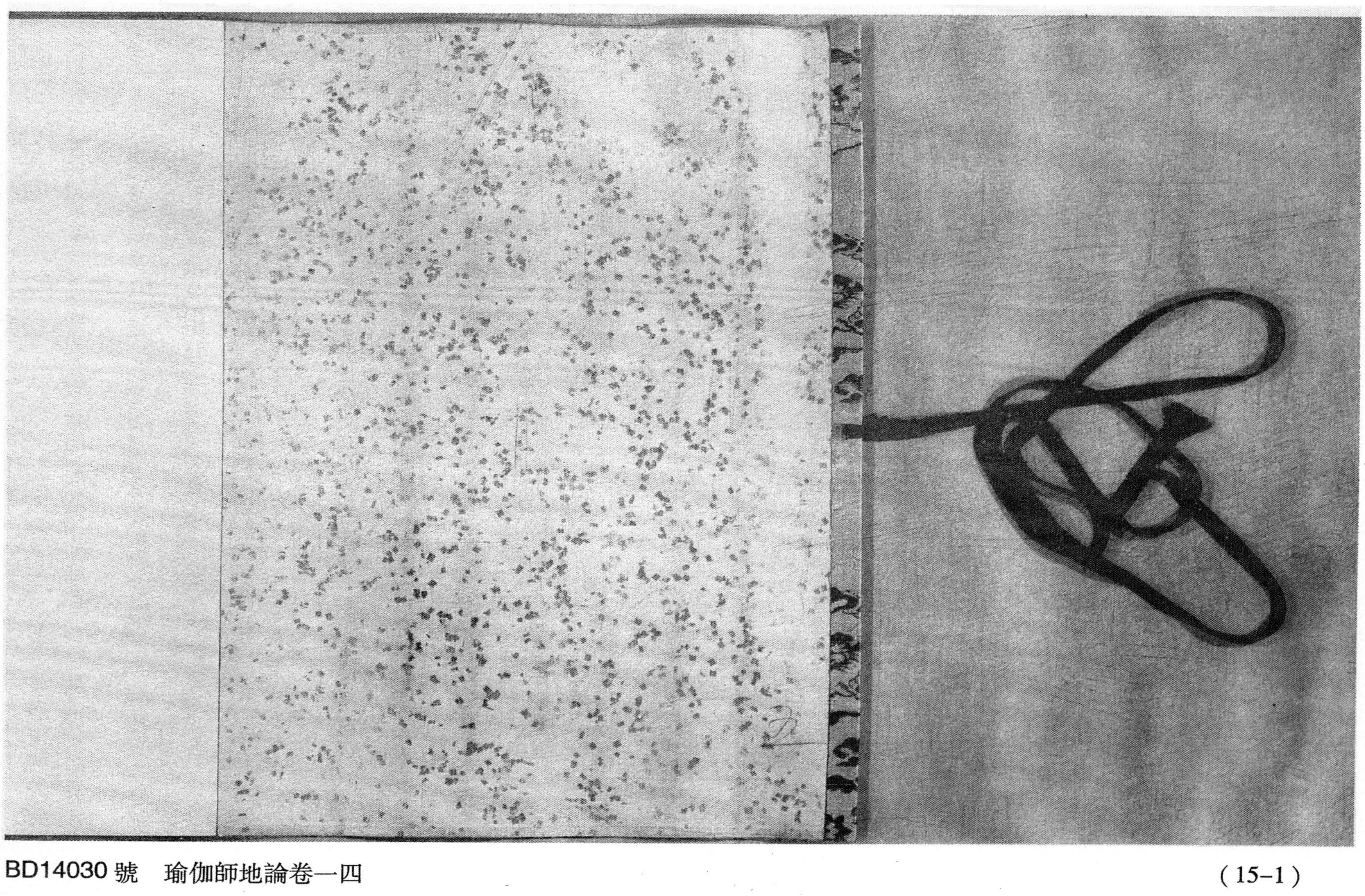

BD14030 號　瑜伽師地論卷一四　　（15–1）

瑜伽師地論卷第十四

本地分中聞所成地第十之二　彌勒菩薩說　三藏法師玄奘奉　詔譯

已說二種佛教所應知處次說三種謂依十相三門三種及與三根於諸有情
發起邪行能令有情墮諸惡趣言十相者謂壞生命財物妻妾若壞實義
善友讚美所為事業若意三瀆謂執取他財欲為已有欲令他遭所不愛
事誹謗真實所有惡見言三門者一作業毀壞門二善集毀壞門三方便
毀壞門於十相中前之七種作業毀壞其次二種善集毀壞最後一種方便
毀壞所謂惡見由惡見故善恥慚悲離諸惡行悉皆毀壞无有善恥无有慚
悲處處造衆惡言三種者一身所作二語所作三意所作言三根者一為自饒益
相二為損害他相三於他顛倒相謂於非法而作法想於不應作作應作想
堅執現行　復有三法能令有情不護諸根一於依止中邪法種子二於諸境界惡
不正相三於私隱處不正思惟如是三種當知即是貪瞋恚及與害品依四

BD14030號　瑜伽師地論卷一四　（15-2）

毀壞所謂惡見由惡見故善恥慚悲離諸惡行悉皆毀壞无有善恥无有慚
悲處處造衆惡言三種者一身所作二語所作三意所作言三根者一為自饒益
相二為損害他相三於他顛倒相謂於非法而作法想於不應作作應作想
堅執現行　復有三法能令有情不護諸根一於依止中邪法種子二於諸境界惡
不正相三於私隱處不正思惟如是三種當知即是貪瞋恚及與害品依四
處所發生三種不正尋思謂於自己利等四種白品法處為欲雜得或為不
失生欲尋思於能攺怨中二品有情處所生恚尋思於親友品有情處所生害
尋思所以者何若親友品或時違犯於彼不生全斷滅欲唯有輕微苦楚方便
訓罰之欲與此相違所有白品如應當知略有四種內法種子遍攝一切諸法
種子一世間種子二出世種子三不清淨種子四清淨種子世間種子者謂
欲色无色界繫諸行種子出世種子者謂能證三乘及三乘果八聖道等
清淨種子不清淨種子者謂欲界繫諸行種子清淨種子復有二種一世間
淨二出世間淨色无色繫諸行種子名世間淨能證三乘及三乘果八聖道
等所有種子名出世淨　復有三種從因所生有漏法因若於此中不如正理
修方便者能生諸苦若能如理修方便者於苦於因能知能斷謂於欲界繫
法深污希求於色无色界繫法亦尔又二種諸煩惱趣令諸有情流轉生死謂
於勝欲發意希求名初煩惱趣於色无色界勝自體中發意希求名第二煩
惱趣於邪解脫發意希求名第三煩惱趣又有三種諸有情類欲為根本住
業方便一為得勝欲二為得勝自體三為證解脫道又有三種有情類於三界
中攝受自體諸行威勢一牽引威勢二能得威勢三成滿威勢牽引威勢者
謂能引之業能得威勢者謂健達縛正現在前成滿威勢者謂住於此受淨
不淨諸業異熟又有三種无明蘊諸有情類住无明者由此因緣能生三世自體
差別謂於過去世前際等无知能生現在自體於現在世前際等无知能生未來
自體於未來世前際等无知即於未來能生後後當來自體又有三種未究竟
聖共諸異生生死失患若有於欲深厭怖者當速斷除三種媱逸修習觀法還
勝方便一无病衰退二少年衰退三壽命衰退其有智者應觀未來如是
三事定當隨逐又有三種有情之類貪瞋癡縛所依處所身分差別能急
繫縛諸有情類閉在大苦生死牢獄一能饒益二能損害三者平等二種
俱離又有三處所生諸苦遍攝有情所有衆苦一合會所生苦二乖離所生
苦三平等相續苦初由損害和合故第二由饒益變壞故第三於一切位
相續而轉麤重所攝諸行所生唯衆賢聖覺之為苦非諸異生又有三種
心高舉法違害欲求沙門果證修方便者貪流果支能障沙門令不得證

BD14030號　瑜伽師地論卷一四　（15-3）

俱雜又有三處所生諸苦遍攝有情所有衆苦一合會所生苦二乖離所生
苦三平等相續苦初由損害位和合故第二由饒益位變壞故第三於一切位
相續而轉麁重所攝諸行所生唯衆賢聖覺之為苦非諸異生又有三種
心高舉法邊密故求沙門果證脩方便者預流果支能障沙門令不得證
一者以已校量於他謂我為勝心生高舉二者以已校量於他謂我相似心生高
舉三者以已校量於他謂我為劣心生高舉　復有三種種子當知能生一
切諸行一已與果二未與果三果已現前又有三種諸行言說所依處所謂去來
今又有三相能攝一切色法自相謂顯形作用妄立眼識所取之色於自處所障
礙餘色行住妄立根色若一切境界色當知一切總有十色及定地色若得淨定
為引變化脩方便者所有諸色當知是内化心境界亦是未滿變化心界又
有三種為諸煩惱所隨逐心一諸異生心二未滿學心三已滿學心又有三種聽聞
法者一於法於義不能受持二雖能領受不能住持三能受能持又有三法
是脩行者觀身語意无常性觀趣入上首一者入出息二者尋伺三者想
思又有三種尊勝應受敬養一年齒增上二族姓增上三功德增上又有三種
住定不定因一是定因二不定因一惡趣定因謂无間業二善趣涅槃定因謂无漏
有為法三不定因謂所餘法又有三法為令聖教得久住故展轉眾罪一
者現見身語現行違犯學處二從他聞三以餘相比度了知又諸如來自說其
足三不護德為顯外道諸師内懷衆惡自稱一切智者實非一切智又欲令
彼於如來所發起真實一切智信　復有三種邪執所生大火所起有情燒
惱一貪愛燒惱二愁憂燒惱三顛倒燒惱又有三大為化衆福邪事外大瞻部
有情亦无虚誑所應事大雖實非大假立大名一者父母二者妻子三者真
實應供福田又有三種為諸樂故增上生者所說真實增上生道一者布
施得大財富二者持戒得往善趣三者脩定遠離苦受得生一向无有惱害
樂世界中又有三種諸受欲者方中勝欲觀待諸欲所生樂故一多用功力依
緣諸欲謂現前住所有諸欲二少用功力依心諸欲謂樂化天所有諸欲三極
少功力依心諸欲謂他化天所有諸欲又有三種起過諸欲方中勝樂一有尋
伺喜二无尋伺喜三離喜之樂又有三種覺悟所知能令三乘出離衆苦一從
他聞音種類二内正思惟種類三長時脩習正觀種類又有三種覺悟所知
一者具縛二不具縛三全无縛又有三種所應作事脩觀行者由此三事增
上力故脩習信等一切善法一者永斷見道所斷諸煩惱已證預流果二者永
斷脩道所斷諸煩惱已漸次證得一來不還阿羅漢果三者證得阿羅漢

BD14030 號　瑜伽師地論卷一四　（15–4）

他聞音種類二内正思惟種類三長時脩習正觀種類又有三種覺悟所知
一者具縛二不具縛三全无縛又有三種所應作事脩觀行者由此三事增
上力故脩習信等一切善法一者永斷見道所斷諸煩惱已證預流果二者永
斷脩道所斷諸煩惱已漸次證得一來不還阿羅漢果三者證得阿羅漢
已現法樂住又由三分能了一切所知境界增上力故建立三眼一者肉眼能照
顯露无有障礙有見諸色二者天眼能照顯露不顯露有障无障有見
諸色三者慧眼照一切種若色非色所有諸法又有三法能害現行煩惱纏縛
一者信順善友二者不與在家出家諸衆雜住三者内正作意覺悟所知真
實道理　復有三種正教誡方便能展轉證後後所證及得涅槃一於尸羅正
教誡方便二於心住正教誡方便三於覺悟所知真實道理正教誡方便如正
教誡方便有三種當知數習正教誡方便亦爾又於正教誡方便現脩習時
由三種法得安隱住一者空无願无相滅盡等至二者四靜慮三者四无量
又略有三種心一境性能令證得如實智見一於意言中種種差別所緣行
相二意言无間種種差別所緣行相三起度意意言專注一境无種種无差別
所緣行相又有三處能善攝受於惡邪處妄計尊勝及處中庸所化有
情引入聖教一現已所有最勝神通二於他所有染淨諸行記心開許三言說
妙法正教正誡又有三淨為欲斷除染淨外道以外事水暫除外垢自謂已得
第一清淨所起邪謗故建立此三第一義淨不淨處生趣越因故又有三種牟尼
為欲斷除持牟尼戒諸外道等暫息語言自謂已得真實寂靜所起邪執
故又為顯說无倒牟尼故建立三種真實牟尼即是聖所愛戒所攝身語
二業及无漏心又有三法能令處遠離者斷除現行不正尋思謂由他所誹毀
所誹毀退失大利增上力故所起恨懸及與愛敬又依道及道果當知有三種最
勝无上謂无常智苦智无我智樂速通等四種行跡一切世間出世間有學无
學時解脫不動心解脫最勝无上脩觀行者先得其智由此智故為斷煩惱
次脩行跡脩行跡已心得解脫又有三明當知為顯於前後中際斷常二邊邪
執現法涅槃愚癡沙門婆羅門无明住故建立三明　已說三種佛教所應知
處次說四種謂有四法能攝一切所知文智謂身及聞思脩增上念住以為依
止緣身境慧如身及緣身境慧當知受心法及緣受心法境慧亦爾復有
差別謂四種縛一執取縛二領受縛三了別縛四執著縛當知心於身由執取
縛所縛於受由領受縛所縛於色等境界相由了別縛所縛即於所說身等
由貪瞋等大小煩惱執著縛所縛對治如是四種縛故建立四念住又有四種
欲勤為先觀察過患及興對治以為依止能斷現行諸不善法及斷彼纏能

BD14030 號　瑜伽師地論卷一四　（15–5）

善別謂四種縛一執取縛二領受縛三了別縛四執著縛當知心於身由執取
縛所縛於受由內領受縛縛於色等境界相由了別縛所縛即於所說身等
由貪瞋等大小煩惱執着縛所縛對治如是四種縛故立四念住又有四種
欲勤為先觀察過患及興對治以為依止能斷現行諸不善法及斷彼隨眠能
得善法及能增長又有四種為欲住心為得勝定修方便者心住如意能生
長門一乘出離故二受持讀誦悔過精進三能取賢善定相之心四住空閑處
觀察諸法又有四種心定心住一有尋有伺有喜心住二无尋唯伺有喜心住三无
尋无伺離喜心住四捨念清淨起應一切苦樂心住又有四種所知真實染汙
清淨二品別故建立四種若能了知善了知者能斷見修所斷一切煩惱一染
汙品果真實二彼品因真實三清淨品果真實四彼品因真實又有四
種想為先戲論縛一於小欲中想為先戲論縛二於大邑中想為先戲論
縛三於无量空識无邊處想為先戲論縛四於无所有處想為先戲論縛
又有四法於諸有情對治恚害不樂欲貪善修習時能生大福能趣離欲一
慈二悲三喜四捨又有四法超過色界令彼速至謂空處識處无所有處非想
非非想處又有四種為令解脫速得圓滿勤修行者聖解脫欲勝任持法為
斷四愛增上力故謂為衣服飲食卧具有所求无作无亂時无虛度對修方
便心離散亂樂斷煩惱樂修正道又有四種修習道果諸煩惱斷一見所斷煩
惱斷二修所斷下分結上中品斷三即此无餘斷四上分結无餘斷 ○復有四種
證預流支能令行者於佛聖教及善趣中畢竟不動謂於大師所真覺所生
无動心淨如於大師所當知於所證法及為證法修證行者所亦爾如是三種
名心清淨第四一種名色清淨聖所愛戒所攝故前之三種令於聖教无有動
搖最後一種令於善趣无有動搖又有四種證預流支一於說法師及教授者
能善承事无所違犯二无倒聽聞師所說法及教授法三於所聞法能正思惟
及善通達四彼辯所修又有四智攝一切智一唯无漏於諸法中能現見智二
一向无漏於諸法中非現見智三一向有漏或如理所引或不如理所引或非如
理非不如理所引世間智四通有漏无漏他差別智又有四種於轉還品真實
能取智能盡諸漏一轉品果真實智二轉品因真實智三還品果真實智
四還品因真實智又有四法能令信者為斷煩惱修正方便一相續殷重
作用精進二正知行念三奢摩他四毗鉢舍那又有四種能通達法能盡上
漏所依足迹謂為得聖道修有漏慧既得道已數諸煩惱及數諸事无餘
永斷諸煩惱事如所得道轉更修習又有四法展轉相應有行有緣和合而
轉謂一緣轉謂受想行識又有四難能令已入佛聖教者愛樂聖教一者命

BD14030 號　瑜伽師地論卷一四　（15–6）

能取智能盡諸漏一轉品果真實智二轉品因真實智三還品果真實智
四還品因真實智又有四法能令信者為斷煩惱修正方便一相續殷重
作用精進二正知行念三奢摩他四毗鉢舍那又有四種能通達法能盡上
漏所依足迹謂為得聖道修有漏慧既得道已數諸煩惱及數諸事无餘
永斷諸煩惱事如所得道轉更修習又有四法展轉相應有行有緣和合而
轉謂一緣轉謂受想行識又有四難能令已入佛聖教者愛樂聖教一者命
難二者力難三者心煩惱難四者正方便難又有四種能得正見无倒義行
所依處所由前三種行時清淨由後一種住時清淨謂守根門者於諸境界
不順不違為守根門念增上力正智而行住遠離者心无染汙專注一緣又由
四行當知能證明及解脫由念眼慧能證於明又由身故能證不動及時
解脫 ○復有四法能為廣大種種差別諸所造色生起依止一者堅性二者
溼性三者煖性四者輕等動性又有四法能持已生諸有情類令得久住及
能攝益尋求有者攝事於中當廣分別又有四種於生死中諸識流轉所
依足迹謂於諸色見已趣向由貪愛故取為所緣所依境界俱有遠
主如於諸色於受想行當知亦介又諸惡苦願應現法身命為依止故而
於衣服飲食卧具生希求愛願應後法身命為依止故而於後有生希求
愛恩於涅槃為依止故而於无有生希求愛如是略有四種希求之愛謂衣
服愛飲食愛卧具愛有无有愛又有四法能令有情現行造作所不應作
謂隨順可愛事違逆不可愛事怖畏強敵其心顛倒愚於現法及後法
果又有四種請問記論能斷所疑能悟未悟又能任持勝決擇力謂於
法實相應一向記於諸有情業果異熟應分別記於隱密說非一向門應
詰問記於不如理應當置記於此問中云何名記謂記彼問言佛世尊於斯不
記又有四種惠捨或清淨或不清淨三種清淨謂唯自身戒見具足或復
唯他戒見具足或自及他戒見具足一不清淨謂自及他戒見二種俱不
具足其清淨者當生善趣資產豐饒不清淨者當生惡趣資產无
遺又有四種攝眾方便能正攝化一切大眾一饒益方便二攝受方便三引
導方便四修治方便又有四種後業所生諸有情類於彼彼趣生依止門一
由業及卵鷇二由業及胎膜三由業及濕汙四唯由業又彼彼處受生有情
有四種死一者由自故死謂於戲忘意忿天中而受生者二由他故死謂於
羯羅藍頞部曇閉尸鍵南母腹中者三俱由故死謂在欲界所餘有
情四俱不由故死謂色无色界有頂為後所有有情 ○復有四清淨道一
非一切用根圓滿亦非善樂圓滿二一切用根圓滿非善樂圓滿三善樂圓

BD14030 號　瑜伽師地論卷一四　（15–7）

由業及卵㲉二由業及胎膜三由業及濕汗四唯由業又彼彼處受生有情
有四種死一者由自故死謂於戲忘意忿天中而受生者二由他故死謂於
羯羅藍頞部曇閉尸鍵南母腹中者三俱由故死謂在欲界所餘有
情四俱不由故死謂色无色界有頂為後所有有情　復有四清淨道一
非切用根圓滿亦非善樂圓滿二切用根圓滿非善樂圓滿三善樂圓
滿非切用根圓滿四切用根圓滿亦善樂圓滿又有四清淨道一者惡說法及毗柰耶二向善說法及毗柰耶三資
糧道四清淨道此中最初謂如有一於外道見及別无義苦切行中心不愛
樂亦不忍可第二謂如有一於蘊界處緣起處非處等諸善巧中愛樂
忍可又能堪忍寒熱等苦第三謂淨尸羅守根門等諸善資糧所攝
正法第四謂奢摩他毗鉢舍那斷諸煩惱現法樂住又有四種學增上
心方便謂未離欲者為得不還果或不還果依未至定求現法樂住又
為令他斷諸惡法及往善趣又為自己斷諸煩惱得勝決擇又有二業
相差別謂轉所攝業差別有三還所攝業總立一種當知初業一向能
感不可愛果惡趣異熟第二業一向能感可愛樂果色无色界異熟第
三業能感愛非愛果欲界天人異熟第四業能斷前三業又有四種諸
有情類增上勤務一樂而非利益二利益而非樂三亦樂亦利益四非樂
非利益又有四門起諸煩惱能令有情興生等苦和合不離一染著諸欲
門二染著色无色等至門三外道諸見門四住此法中未得眼者无智門
又脩聖道令此四門所生衆苦速得離繫如能令有情與苦和合能令
順流取後有業難可解脫當知亦尒　復有四種補特伽羅當知應攝
一切補特伽羅一者異生二者未離欲有學三者已離欲有學四者超薩迦
邪一切无學又有四種補特伽羅一自住律儀不能為他宣說正法二自不住
律儀而能為他宣說正法三俱能作四俱不能作又有四種補特伽羅一族
姓卑下現行白法二族姓尊高現行惡法三族姓卑下現行惡法四族姓尊
高現行白法此中最初現法有苦非於後法第二後法有苦非於現法第三
二世俱苦第四二世俱樂又有四種補特伽羅一以苦自任不任於他而生非福謂
受外道自苦戒者二以苦任他不任於自而生非福謂隨有一不律儀者三苦
俱任而生非福謂諸國王及祠祀主馬祠祀等四不以苦任於自他而生大福
謂住靜慮者及離諸惡補特伽羅又略有四種語失一不實二乖離三毀德
四无義與此相違當知即是四種語德又略有四種非聖妄語謂於見不見
覩倒而說於聞不聞於覺不覺於知不知當知亦尒與此相違當知即是

BD14030號　瑜伽師地論卷一四

（15-8）

俱任而生非福謂諸國王及祠祀主馬祠祀等四不以苦任於自他而生大福
謂住靜慮者及離諸惡補特伽羅又略有四種語失一不實二乖離三毀德
四无義與此相違當知即是四種語德又略有四種非聖妄語謂於見不見
覩倒而說於聞不聞於覺不覺於知不知當知亦尒與此相違當知即是
賢聖諦語　已說四種佛教所應知處次說五種謂有五種諸欲貪品麁
重隨逐流轉離染所攝行聚一所依所緣自性行聚二能領納自性行聚
三能分別言說分位取諸法相自性行聚四能作用自性行聚五能了別
自性行聚此五相違當知即是離欲貪品麁重還滅清淨所攝自性行
聚又有五種受用欲者所愛境界諸染欲者常所追求常所受用謂諸欲
者但正觀察謂色聲香味觸當知此中依所追求所尋思所染著事有
四種愛樂謂未來所愛樂事即所追求過去所愛樂事即所尋思現在
所愛樂事即所染著此復二種一所愛樂事二從彼所生所愛樂受又有
五種有情所得愛非愛業果異熟自體謂天人那落迦傍生鬼趣又有五
種失利養因行亦是得涅槃因行謂若於是處受用利養若從彼得若
所得物若所為得若如是得於此諸處心生耽著又有五法令脩行者先毀
淨戒多聞後斷正觀善軛謂於諸中心生愛染於能覺發憶念教授
教誡者所心生瞋恚未受尸羅令其不受雖先受得後令棄捨或便穿
缺耽著嬉戲恒不寂靜染汙追悔常懷疑或於所聞法不能領受雖初領
受尋即忘失雖不忘失不證決定又有二種下分謂見道是脩道下分欲界
疑依第二下分說貪欲瞋恚又有二種上分謂色界及无色界依此二種上分
說五上分結或有无差別結謂色貪无色貪或有有差別結謂愛上靜
慮者掉慢上靜慮者无明上靜慮者无明又為五種不信敬所執持
者心不調柔不能生長諸善根本謂於大師所說正法增上戒學增上心學
增上慧學正覺發者正教授者正教誡者同梵行所无有信敬又有五種
為斷煩惱正精進障一者耽著等至及生二者耽著利養恭敬三者執
返四者惡慧五者其心下劣或增上慢　復有不能堪忍補特伽羅於他
怨敵所起五種邪行謂不堪忍者於他怨敵先起瞋心怨爆意樂於彼親
友樂欲破壞常欲令彼發生憂苦處住一切不饒益事壞自所受清淨尸
羅由身語意多行惡行由此五種惡邪行故能感後世還來此中三種等流
過患一種現法等流過患一種後法異熟過患謂次生中多諸怨敵親友乖

BD14030號　瑜伽師地論卷一四

（15-9）

逸四者惡慧五者其心下劣或增上慢 復有不能堪忍補特伽羅於他
怨敵所起五種邪行謂不堪忍者於他怨敵先起瞋心怨嫌意樂於彼親
友乘破壞常欲令彼發生憂苦廣作一切不饒益事壞自所受清淨尸
羅由身語意多行惡行由此五種惡邪行故能感後世還來此中三種等流
過患一種現法等流過患一種後法異熟過患謂於生中多諸怨敵親友乖
離由他發起種種憂苦不可愛事恒現在前臨命終時多生憂悔命終
已後顛墜惡趣與此相違能堪忍者於他怨敵發起五種正行由此所感勝利
差別如應當知又有五法能生現法後法一切憂苦一親屬滅亡二所有財
寶非理喪失三疾病緣身此三能生現法憂苦四毀犯尸羅五毀謗一切諸
惡邪見此二能生後法憂苦與此相違五法當知能生現法後法所有善
樂又阿羅漢雖現追求供身財物亦常受用而能超度三邪追求二邪受
用謂能超過樂生倚蓋妄語所引三邪追求亦能超過妻畜積二邪受用
又修斷者成就五法隨其所欲於諸善品方便修行亦能速證究竟通慧
一者於所修斷極利樂欲如教奉行二者於自所有如實發露三者身力
康強四者相續無間修方便中其心勇銳五者成就通達正舉捨相時分智
慧又有五種能圓滿解脫厭離所對治法謂於諸法中有三種過以為依
止起三顛倒三種過者一時節過二分位過三自性過三顛倒者一於無常
計常顛倒二者於苦計樂顛倒三於無我計我顛倒及觀求利養希望
壽命為治如是五所治法起五取相謂於諸行取無常相亦取苦相於諸法
中取無我相於飲食中取違逆相於其命根取中夭相又有五種修定修習
二勝行者正心解脫生長之門定勝行者因聞依諦聖言論故正解法義
如因聽聞因廣大音讀誦經典因為他人開闡妙義在空閑處審諦思
惟正解法義當知亦爾智勝行者於上品亂貪欲對治無倒思惟又有
五種修觀行者意樂方便悉皆具足謂於涅槃菩提起極利信解名意
樂具足無間殷重修習正智而行奢摩他毗鉢舍那名方便具足又有五
法令諸有情受愛非愛業果異熟煩惱身心具攝衆苦謂苦樂憂喜捨
又由成就如前所說意樂方便悉皆具足不退轉故令觀行者堪能速證
聖諦現觀亦善安住諸勝善品又有五種離欲界欲未盡餘結學生差
別一住中有便能究竟得般涅槃二於初靜慮初受生已得般涅槃三受生
已後少用功力聖道現前得般涅槃四多用功力聖道現前得般涅槃五或
色界邊除乃至色究竟得般涅槃或無色界邊除乃至有頂方能究竟

又由成就如前所說意樂方便悉皆具足不退轉故令觀行者堪能速證
聖諦現觀亦善安住諸勝善品又有五種離欲界欲未盡餘結學生差
別一住中有便能究竟得般涅槃二於初靜慮初受生已得般涅槃三受生
已後少用功力聖道現前得般涅槃四多用功力聖道現前得般涅槃五或
色界邊除乃至色究竟得般涅槃或無色界邊除乃至有頂方能究竟
得般涅槃又有五種雜修第四靜慮果得不還者生地差別一下品靜慮果生
地二中品靜慮果生地三上品靜慮果生地四上勝品靜慮果生地五上極品靜
慮果生地又有五種修觀行者觀察作意能令三界煩惱永斷究竟決定
謂雖深厚隨念分別思惟欲相於諸欲中仍不趣入任運捨心於離欲相專
念思惟離欲便能任運其心趣入如於欲離欲相如是於恚無恚相害無害相色
等至生相無色等至生相及涅槃相當知亦爾 已說五種佛教所應知處
次說六種謂依六相宣說八種有情事差別為令隨在我及有情命者見
等衆生趣入無我故謂我所依事差別境界事差別自性事差別受用因事
差別受用事差別隨說事差別住用事差別希望事差別於如是等
事差別中未善純熟修觀行者便謂有我依眼等根於色等境由觸
及受種種受用有如是名如是種如是姓如是食等於自於他隨起言說
造作一切法非法行於可愛事希望和合久住增益於非愛事希望不合不住
損減若於如是事差別中已善純熟修觀行者爾時妄計皆不得生又於
實學有六輕蔑能令善法或未得退或已得退捨佛聖教乃至微信亦
皆退失謂於佛法僧寶增上戒學增上心學增上慧學由惡友故於增上
心慧令得邪僻教誡教授由惡語故令無所得彼由邪僻及無所得故退失
一切所有善法與此相違當知即是白品六法又有諸心與不如理作意俱行
於色等境有六種貪所依處平等分位如貪所依處平等分位如是瞋
所依處不平等分位癡所依處非平等非不平等分位當知亦爾又有六種
常極清淨轉自所依第一究竟無間無缺無有漏汙平等平等住謂若行
若住於眼所識色乃至意所識法中恒平等住又有六法是諸色根及所依
處隨其所應之所依止無有障礙引導安養於彼彼生自在而轉謂四大
種空界識界如是識界能於現在積集任持福非福業能引當來愛非
愛果亦能執持識所依止五種色根及所依處令不爛壞又由現法後後所望
識自在力令諸有情於善不善無記業中差別而轉 復有三處諸修
行者難可超越一者超越欲貪恚害不樂所攝下界二者超越一切行相現

處隨其所應之所依止无有障礙引導安養於彼彼生自在而轉謂四大
種色界識界如是識界能於現在積集任持福非福業能引當來愛非
愛果亦能執持識所依止五種色根及所依處令不爛壞又由現法後後所生
識自在力令諸有情於善不善无記業中差別而轉　復有三處諸脩
行者難可超越一者超越欲貪恚害不樂所攝下界二者超越一切行相現
行三者超越有頂超越此三難超越處當知由六種无上對治四无量是初對
治无相心三摩地是第二對治我慢永盡是第三對治永害如是所對治復
諸三摩地皆悉成滿善脩對治故害所對治令彼決定不復現行已斷我
慢者終不爲彼我爲究竟竟爲不究竟如是疑惑纏擾其心當知有疑
惑者必不離我慢若離我慢必无疑惑又有六種諍根本處一展轉相違
作不如意二處藏諸惡三等類中矛受利養執爲已有四於衣服等更相
歎訴五違越學處六於法於義顛倒執著又有六法能斷如是諍根本
處慈心所發身語意業能斷初二同受利養能斷三四同趣尸羅能斷第
五同趣正見能斷第六又有六法能攝一切諸脩行者威德究竟謂神境天耳
宿住他心生死智通能攝威德漏盡智通能攝究竟又於聖諦未得現觀
補特伽羅略有六種能障諦現觀法謂如前說三種愚癡增上力故起三
顛倒覬求利養希望壽命此中差別者於順惡見惡聞惡說惡分別處
法中喜樂惡見惡聞惡說惡分別事如是喜樂於未得聖諦現觀異生心
中能漂動極爲障礙非於聖者是故說此在明分中非在解脫成熟分
中對治如是能障礙法當知即是六種正取相謂如前說五種取相及一切當
不可集取相又有二種具足隨念六行差別能令心沒諸脩行者正樂甚令
生歡喜謂歸依具足隨念有三種行證具足隨念有三種行於佛法僧隨念
之行名歸依隨念於趣涅槃行趣資財行趣生天行隨念之行名證隨念
又有六法於善說法毗柰耶中立爲无上不与一切諸外道共謂見大師聞正
法得淨信隨學一切所有學處於大師所起隨念行謂佛世尊是正等覺
者能說一切法乃至廣說又於大師以身語行承事供養又有六法能令爲
盡貪愛脩觀行者決定證知我於今者猶有貪愛非无貪愛謂於色境乃至
法境繫屬其心又六因緣故應知諸業是實可依非種家姓是實可依謂
下方種姓補特伽羅亦生不善往於惡趣亦生善業往於善趣亦於現法
能般涅槃貴勝種姓三種亦尒　已說六種佛教所應知處次說七種謂有
七法能於諸諦如實覺了圓滿解脫謂毗鉢舍那品有三一擇法二精進三

BD14030號　瑜伽師地論卷一四　（15–12）

盡貪愛脩觀行者決定證知我於今者猶有貪愛非无貪愛謂於色境乃至
法境繫屬其心又六因緣故應知諸業是實可依非種家姓是實可依謂
下方種姓補特伽羅亦生不善往於惡趣亦生善業往於善趣亦於現法
能般涅槃貴勝種姓三種亦尒　已說六種佛教所應知處次說七種謂有
七法能於諸諦如實覺了圓滿解脫謂毗鉢舍那品有三一擇法二精進三
喜奢摩他品亦有三一安二三摩地三捨念通二品又由根故果故解脫故建
立七種補特伽羅於向道中依鈍根利根故建立隨信隨法行於果道中
即此二種名信解見到定障解脫非煩惱障解脫故建立身證煩惱
障解脫非定障解脫故建立慧解脫定障煩惱障俱解脫故建立俱分
解脫又三因緣七種行故令脩行者心得内定心正一緣謂趣入安住攝受因
緣若世間正見了知有施興等行又此爲依了知居家迫迮居家塵染等
行出離所引正思惟名趣入因緣既趣入已受持正語正業正命名安住因緣
於趣入因緣及安住因緣後方便作意隨行中所有正精進正念名攝受因
緣又諸世間集求財者爲得集故雖集積集一切凡財而未能得七種聖
財所生之樂謂興信俱行清淨之樂生於善趣所起之樂顧自妙好不行諸
惡无有追悔所生之樂顧他誹毀不行諸惡无有追悔所生之樂於法於義
正解俱行所生之樂後世資財无所匱乏所生之樂於勝義諦如實覺悟所
生之樂諸如是等无量无邊无罪之樂集求積集世間財者皆所未得唯
得現法資財无遺所生有罪妄想之樂又有七種魔感品力一增嫉聖教
二現行能往惡趣惡行三樂習不顧自妙好障法四樂習不顧他毀障法五於善
不善有罪无罪若劣若勝若黑若白及廣分別緣起法中不能解了六墜墮
猶心積集衆具七智慧眠劣愚癡增廣若能降伏如是七種魔感品
力當知即是聖法律中信等七力又有七種第一義法涅槃所對治法能
令正法衰退隱沒如是七法三衰損攝謂受用衰損增上意樂衰損方
便衰損於衣服等集求妙好集欲多求欲及所起種種受用名受用衰損
於道及道果涅槃心不信解名增上意樂衰損懈怠失念心亂惡慧名方
便衰損受用衰損是貪不善根品增上意樂方便衰損是癡不善根品
類与此相違當知即是白品七法又有七種第一義法涅槃品法能令正法无退
失住一聞所成慧二思所成慧三脩所成慧四不爲惡緣侵損依止五正求財法
六无增上慢七於可供養不可供養補特伽羅能善簡擇此可供養此非
可供養此中由聞慧故於未了義能正解了由思慧故於未善決定義能
善思惟由脩慧故斷諸煩惱由无惡緣侵損依止故堪能脩斷正求財法

BD14030號　瑜伽師地論卷一四　（15–13）

顛与此相違當知即是白品七法又有七種第一義法涅槃品法能令正法无退
久住一聞所成慧二思所成慧三脩所成慧四不爲惡緣侵損依止五正求財法
六无增上慢七於可供養不可供養補特伽羅能善簡擇此可供養此不
可供養此中由聞慧故於未了義能正解了由思慧故於未善決定義能
善思惟由脩慧故斷諸煩惱由无惡緣侵損依止故堪能脩斷正求財法
故速證通慧无增上慢故於下品所證不生喜足能善簡擇補特伽羅故
於諸世智大福者等不樂親近亦不供養唯樂親近供養少欲者等又有
七種諸有情類受生處所於彼處所受生有情諸識現前相續而住於三
界中唯除惡趣无想有情及非想非非想處由惡趣中極可厭故不立識住
无想有情一向轉識不現行故不立識住非想非非想處行與不行不決定
故不立識住身異類故名種種身想異類故名種種想當知與此相違名
一種身一種想梵世已下身形異類所生身形種種色相有差別故於梵世中
初受生時彼諸梵衆咸作是念我等皆是大梵所生尒時梵王亦作是念
是諸梵衆皆吾所生如是彼想非有異類第二靜慮已上一切諸天身光等
照故名一種身光音天衆先後生者由觀梵世猛焰燒然尒時便有怖不
怖想是故於彼有異類想又諸有情有七種麁重遍攝一切煩惱品麁重
謂下界貪瞋品麁重中界妙界貪品麁重下中妙界慢无明見疑品麁重
又於外道惡說法律中當知有七種過失謂解過失行過失依止過失思惟過
失功用過失增上心過失增上慧過失彼諸外道雖少於法聽聞受持而常隨
順四顛倒故凡興言論專爲毀他兇眊徽難爲勝利故其所生解皆有過
失所受禁戒邪活邪命所攝受故不能令自得出離故亦有過失所事師友
唯能宣說顛倒道故亦有過失所有思惟邪求出離損壞心故亦有過失
所有功用離方便故亦有過失彼增上心妄念愛勝及與无明疑上靜慮之
所攝故亦有過失彼增上慧六十二見所損壞故亦有過失與此相違當知善
說法律中亦有七種无過失事又有七法令諸苾芻所起違犯諍事止息餘如
攝事分中當說當知此中有七種違犯諍事一開悟現前犯諍事二開悟憶念
犯諍事三開諸不自在犯諍事四尋思犯諍事五尋牌犯諍事六自發犯諍事七无憶違
立七聚處所本罪諍事
瑜伽師地論卷第十四

BD14030 號　瑜伽師地論卷一四　（15–14）

順四顛倒故凡興言論專爲毀他兇眊徽難爲勝利故其所生解皆有過
失所受禁戒邪活邪命所攝受故不能令自得出離故亦有過失所事師友
唯能宣說顛倒道故亦有過失所有思惟邪求出離損壞心故亦有過失
所有功用離方便故亦有過失彼增上心妄念愛勝及與无明疑上靜慮之
所攝故亦有過失彼增上慧六十二見所損壞故亦有過失與此相違當知善
說法律中亦有七種无過失事又有七法令諸苾芻所起違犯諍事止息餘如
攝事分中當說當知此中有七種違犯諍事一開悟現前犯諍事二開悟憶念
犯諍事三開諸不自在犯諍事四尋思犯諍事五尋牌犯諍事六自發犯諍事七无憶違
立七聚處所本罪諍事
瑜伽師地論卷第十四

BD14030 號　瑜伽師地論卷一四　（15–15）

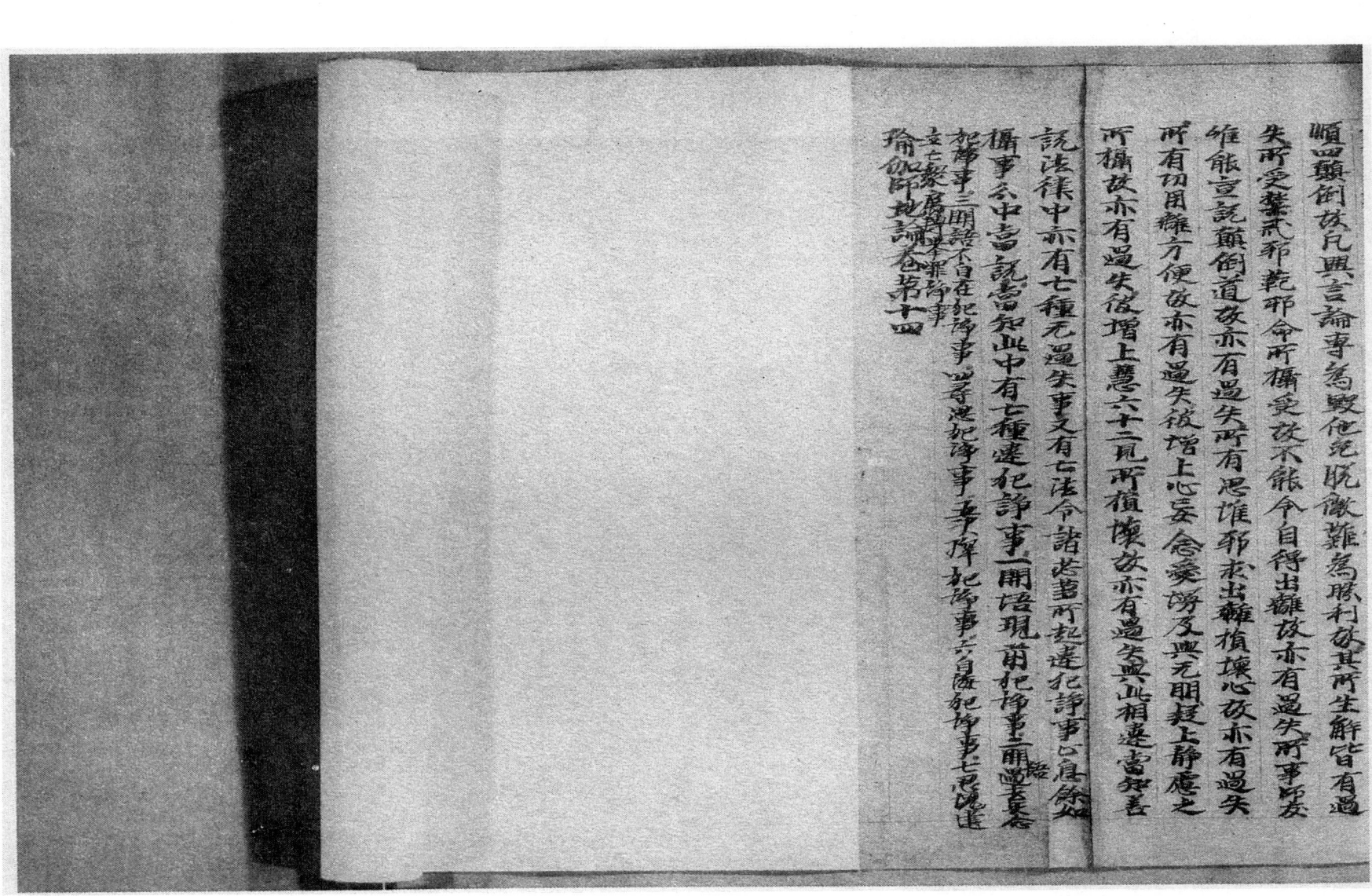

BD14031 號背　現代護首　　（1–1）

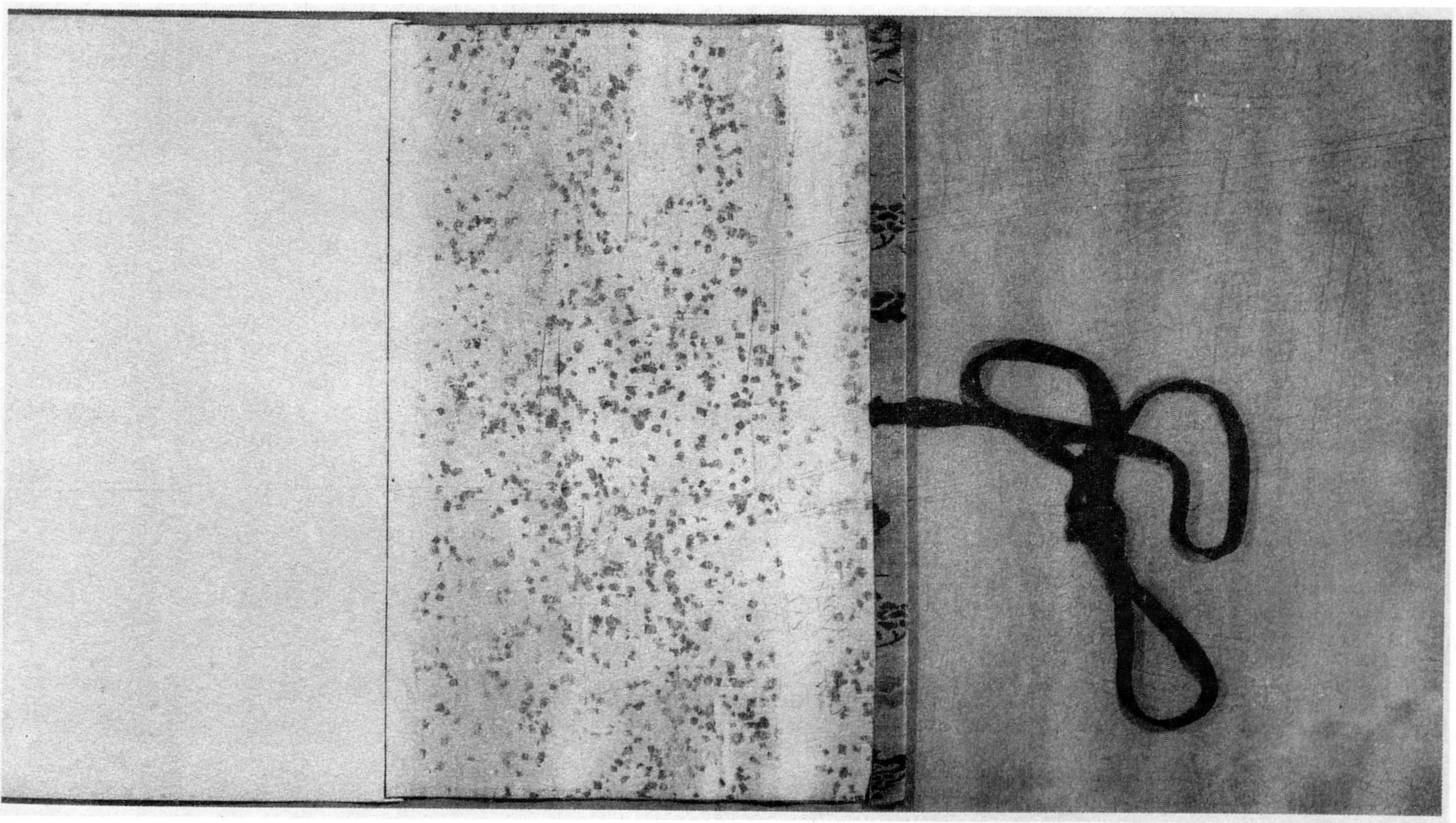
BD14031 號　瑜伽師地論卷二八　　（12–1）

云何菩提分脩謂於卅七菩提分法 親近
精集若脩若習若多脩習是名菩提分脩
何等名為三十七種菩提分法謂四念住四
正斷四神足五根五力七覺支八支聖道
念住者一身念住二受念住三心念住四法
念住四正斷者一於已生惡不善法為令
斷故生欲策勵發動精進策心持心正
斷二於未生惡不善法為不生故生欲策
勵發勤精進策心持心正斷三於未生善法
為令生故生欲策勵發勤精進策心持心正
斷四於已生善法為欲令住令不忘失令脩
圓滿令倍脩習令其增長令其廣大生欲策
勵發勤精進策心持心正斷四神足者一
欲三摩地斷行成就神足二勤三摩地斷行成
就神足三心三摩地斷行成就神足四觀

BD14031號　瑜伽師地論卷二八　（12–2）

勵發勤精進策心持心正斷三於未生善法
為令生故生欲策勵發勤精進策心持心正
斷四於已生善法為欲令住令不忘失令脩
圓滿令倍脩習令其增長令其廣大生欲策
勵發勤精進策心持心正斷四神足者一
欲三摩地斷行成就神足二勤三摩地斷行成
就神足三心三摩地斷行成就神足四觀
三摩地斷行成就神足五根者一信根二
精進根三念根四定根五慧根五力者一
信力二精進力三念力四定力五慧力七覺
支者一念等覺支二擇法等覺支三精
進等覺支四喜等覺支五安等覺支六定
等覺支七捨等覺支八支聖道者一正
見二正思惟三正語四正業五正命六正
精進七正念八正定
今於此中云何為身云何於身住循身觀
云何為念云何念住略說身相有卅五謂由
身外身根所攝身非所攝身有情數身
非有情數身麤重俱行身輕安俱行身
能造身所造身名身色身那洛迦身傍
生身祖父國身人身天身有識身无識身
中身表身變異身不變異身女身男身半
釋迦身親友身非親友身中庸身劣身
中身妙身幼身少身老身如是名為身相
差別住循身觀略有三種謂依身增上聞
思脩慧由此慧故於一切身一切相正觀察
正推求隨觀隨覺念謂依身增上受持正

BD14031號　瑜伽師地論卷二八　（12–3）

釋迦身親友身非親友身中庸身劣身
中身妙身劣身老身如是名為身相
差別住循身觀略有三種謂依身增上聞
思脩慧由此慧故於一切身一切相正觀察
正推求隨觀隨覺念謂依身增上受持正
法思惟法義脩習作證於文於義脩作
證中心无忘失若審思惟我於正法為正
受持為不尒邪於彼彼義慧善了達為不
尒邪善能觸證彼彼解脫為不尒邪如是
審諦安住其念名為念住又為守護念為
於境无染為安住所緣名為念住為守護念
者謂如說言先守護念若常委念為於境
无染者謂如說言念守護心行平等住不取
其相不取隨好廣說乃至守護意根脩意
根律儀為安住所緣者謂如說言於四所緣
安住其念謂於遍滿所緣淨行所緣善巧所
緣淨惑所緣由此三相善住其念故名念住云
何為受謂樂受苦受不苦不樂受樂身受苦
身受不苦不樂身受如說身受心受亦尒樂
有愛味受苦有愛味受不苦不樂有愛味受
无愛味受依耽嗜受當知亦尒樂依出離受
苦依出離受不苦不樂依出離受如是總有
廿一受或九種受云何為心謂有貪心離
貪心有瞋心離瞋心有癡心離癡心略心散
心下心舉心掉心不掉心寂靜心不寂靜心
定心不定心善脩心不善脩心善解脫心不

苦依出離受不苦不樂依出離受如是總有
廿一受或九種受云何為心謂有貪心離
貪心有瞋心離瞋心有癡心離癡心略心散
心下心舉心掉心不掉心寂靜心不寂靜心
定心不定心善脩心不善脩心善解脫心不
善解脫心如是總有廿種心云何為法謂若
貪貪斷杰邪法若瞋瞋斷杰邪法若癡癡斷
杰邪法若略若散法若下若舉法若掉不
掉法若寂靜不寂靜法若定不定法若善
脩不善脩法若善解脫不善解脫法如是
當知違立黑品白品染品淨品廿種法又樂
受者謂順樂受觸為緣所生平等受受所攝
是名樂受此若五識相應名身受若意識
相應名心受如順樂受觸如是順苦受觸順
不苦不樂受觸為緣所生不平等受受所
攝非平等非不平等受受所攝是名苦受
不苦不樂受此若五識相應名身受若意識
相應名心受如是諸受若隨順涅槃隨順決
擇畢竟出離畢竟離垢畢竟能令梵行圓
滿名无愛味受若墮於界名有愛味受若色
无色界繫若隨順離欲名依出離受若欲界
繫若不順離欲名依耽嗜受又有貪心者謂
於可愛所緣境事貪纏所纏離貪心者謂即
遠離如是貪纏有瞋心者謂於可憎所緣境
事瞋纏所纏離瞋心者謂即遠離如是瞋
纏癡心者謂於可愚所緣境事癡纏所纏離

繫若不順離欲名依躭嗜又有貪心者謂
於可愛所緣境事貪纏所纏離貪心者謂即
遠離如是貪纏有瞋心者謂於可憎所緣境
事瞋纏所纏離瞋心者謂即遠離如是瞋
纏有癡心者謂於可愚所緣境事癡纏所纏離
癡心者謂即遠離如是癡纏如是六心當知
皆是行時所起三煩惱品及此三品對治差
別略心者謂由止行於內所緣繫縛其心散
心者謂於外五妙欲隨順流散下心者謂
惛沉睡眠俱行舉心者謂於淨妙所緣明
了顯現掉心者謂太舉故掉纏所掉不掉
心者謂於舉時及於略時得平等捨寂靜
心者謂從諸蓋已得解脫不寂靜心者謂
從諸蓋未得解脫定心者謂從諸蓋得解
脫已復能證入根本靜慮不定心者謂未
能入善脩心者謂於此定長時串習得隨所
欲得无艱難得无梗澀速能證入不善脩
心者與此相違應知其相善解脫心者謂
從一切究竟解脫不善解脫心者謂不從
一切不究竟解脫如是十四種心當知皆是
時所起依淨蓋地住時所起有八種心謂
從略心散心乃至寂靜不寂靜心依淨煩惱
地住時所起有六種心謂定心不定心乃至
善解脫不善解脫心又於內有蓋能自了知
我有諸蓋於內无蓋能自了知我无諸蓋
如彼諸蓋未生而生亦能了知如彼諸蓋生
已散滅亦能了知於眼有結乃至於意有結

BD14031號　瑜伽師地論卷二八　（12-6）

從略心散心乃至寂靜不寂靜心依淨煩惱
地住時所起有六種心謂定心不定心乃至
善解脫不善解脫心又於內有蓋能自了知
我有諸蓋於內无蓋能自了知我无諸蓋
如彼諸蓋未生而生亦能了知如彼諸蓋生
已散滅亦能了知於眼有結乃至於意有結
能自了知我有眼結乃至我有意結於眼
无結乃至於意无結能自了知我眼无結
至我意无結如彼眼結乃至意結未生而生
亦能了知如彼諸結生已散滅亦能了知於
內有念等覺支能自了知我有念等覺支
於內无念等覺支能自了知我无念等覺
支如念等覺支未生而生亦能了知如生
已住不忘脩滿倍復脩習增長廣大亦能
了知如念等覺支如是擇法精進喜安
定捨等覺支當知亦尒善能如是如實
遍知諸雜染法自性因緣過患對治是為
法念住體如說於身住循身觀念及念住
如是於受於心於法隨其所應當知亦尒
云何於內身等住循身等觀云何於外身
等住循身等觀云何於內外身等住循身
等觀謂若緣內自有情數身色為境住循
身觀是名於內身住循身觀若緣外非有
情數色為境住循身觀是名於外身住循
身觀若緣外他有情數身色為境住循
身觀是名於內外身住循身觀若緣依內
自有情數身色所生受心法為境住循三觀

BD14031號　瑜伽師地論卷二八　（12-7）

等觀謂若緣內自有情數身色爲境任循
身觀是名於內身任循身觀若緣外非有
情數色爲境任循身觀是名於外身任循
身觀若緣外他有情數身色爲境 任循
身觀是名於內外身任循身觀若緣依內
自有情數身色所生受心法爲境任循三觀
是名於內受心法任循受心法觀若緣依外
非有情數色所生受心法爲境任循 三觀
是名於外受心法任循受心法觀若緣依外
他有情數身色所生受心法爲境任循三
觀是名於內外受心法任循受心法觀復有
善別謂若緣根所攝有執有受色爲境是
名於內身任循身觀若緣非根所攝无執
无受色爲境是名於外身任循身 觀若
緣非根所攝有執有受色爲境是名 於內
外身任循身觀如是若緣依前三色 所生
受心法爲境隨其所應當知即是任循三觀
復有善別謂若緣自內定地輕安俱行色爲
境是名於內身任循身觀若緣自內不定
地麁重俱行色爲境是名於外身任循身
觀若緣他輕安俱行麁重俱行色爲境是
名於內外身任循身觀如是若緣依前三色
所生受心法爲境隨其所應當知即是任
循三觀復有善別謂若緣內能造大種色
爲增是名於內身任循身觀若緣外能造
大種色爲增是名於外身任循身觀若緣依
能造大種色所生根境所攝造色爲境是

所生受心法爲境隨其所應當知即是任
循三觀復有善別謂若緣內能造大種色
爲增是名於內身任循身觀若緣外能造
大種色爲增是名於外身任循身觀若緣依
能造大種色所生根境所攝造色爲境是
名於內外身任循身觀如是若緣依前三
色所生受心法爲境隨其所應當知即是
任循三觀復有善別謂若緣有識身內色
爲境是名於內身任循身觀若緣无識身
有情數青瘀等位色爲境是名於外身任
循身觀若緣无識身色於過去時有識性
有識身色於未來時无識性相似法性平
等法性爲境是名於內外身任循身觀如
是若緣依前三色所生受心法爲境隨其
所應當知即是任循三觀復有善別謂若
緣自中身髮毛爪齒等相爲境是名 於
內身任循身觀若緣他中身髮毛爪齒等
相爲境是名於外身任循身觀若緣內表
身變異不變異青瘀等於及緣外表身
異不變異青瘀等相相似法性平等法性爲
境是名於內外身任循身觀如是若緣依
前三色所生受心法爲境隨其所應當知
即是任循三觀如是等類身受心法諸差
別門當知多種今於此中且顯少分 諸
門善別又爲對治四顛倒故世尊建立四
種念住謂爲對治於不淨中計淨顛倒立
[illegible]身念住中宣說不淨

前三色所生受心法為境隨其所
即是住循三觀如是等類身受心法諸差
別門當知多種今於此中且顯少分 諸
門差別又為對治四顛倒故世尊建立四
種念住謂為對治於不淨中計淨顛倒立
身念住以佛世尊於循身念住中宣說不淨
相應四憶念路善能於此多分思惟便於不
淨斷淨顛倒為欲對治於諸苦中計樂顛倒
立受念住以於諸受住循受觀如實了 知
諸所有受皆悉是苦便於諸苦斷樂顛倒為
欲對治於無常中計常顛倒立心念住以能了
知有貪心等種種差別經歷彼彼日夜剎那
瞚息須臾非一眾多種種品類心性滅性 便
於無常斷常顛倒為欲對治於無我中計我
顛倒立法念住由彼先來有有我見等 諸
煩惱故無我見等諸善法故於諸蘊中生
起我見以於諸法住循法觀如實了知所計
諸蘊自相共相便於無我斷我顛倒復有差
別謂諸世間多於諸蘊唯有蘊性唯有法性
不如實知橫計有我依止於身由依身故受
用苦樂受苦樂者由諸法非法有染有淨為欲
除遣我所依事愚故立身念住為欲除遣我
所領受事愚故立受念住為欲除遣於心意識
執我愚者我事愚故立心念住為欲除遣所
執我心能染淨事愚故立法念住復有差別
謂若依此造作諸業若為此故造作諸業 若
造業者若由此故造作諸業總為顯示如是

BD14031 號　瑜伽師地論卷二八　（12–10）

顛倒立法念住由彼先來有有我見等 諸
煩惱故無我見等諸善法故於諸蘊中生
起我見以於諸法住循法觀如實了知所計
諸蘊自相共相便於無我斷我顛倒復有差
別謂諸世間多於諸蘊唯有蘊性唯有法性
不如實知橫計有我依止於身由依身故受
用苦樂受苦樂者由諸法非法有染有淨為欲
除遣我所依事愚故立身念住為欲除遣我
所領受事愚故立受念住為欲除遣於心意識
執我愚者我事愚故立心念住為欲除遣所
執我心能染淨事愚故立法念住復有差別
謂若依此造作諸業若為此故造作諸業 若
造業者若由此故造作諸業總為顯示如是
一切立四念住當知此中依心於身造作 諸
業為求受故造作諸業心能造業由善不善
法能造諸業復有差別謂若依此有 染有
淨若為此故起染起淨若染淨者若由此
故成染成淨總為顯示如是一切立四念住
當知此中依心於身有染有淨為求受故
起染起淨心染淨者由諸法故成染成淨
念住何義答若於此住念若由此住念皆名
念住於此住念者謂所緣念住由此住念者
謂若慧若念攝持於定是自性念住所餘相
應諸心心法是相雜念住又由身受心法增上
所生善有漏無漏道皆名念住此復三種一
聞所成二思所成三脩所成聞思所成唯是
有漏脩所成者通有漏無漏

BD14031 號　瑜伽師地論卷二八　（12–11）

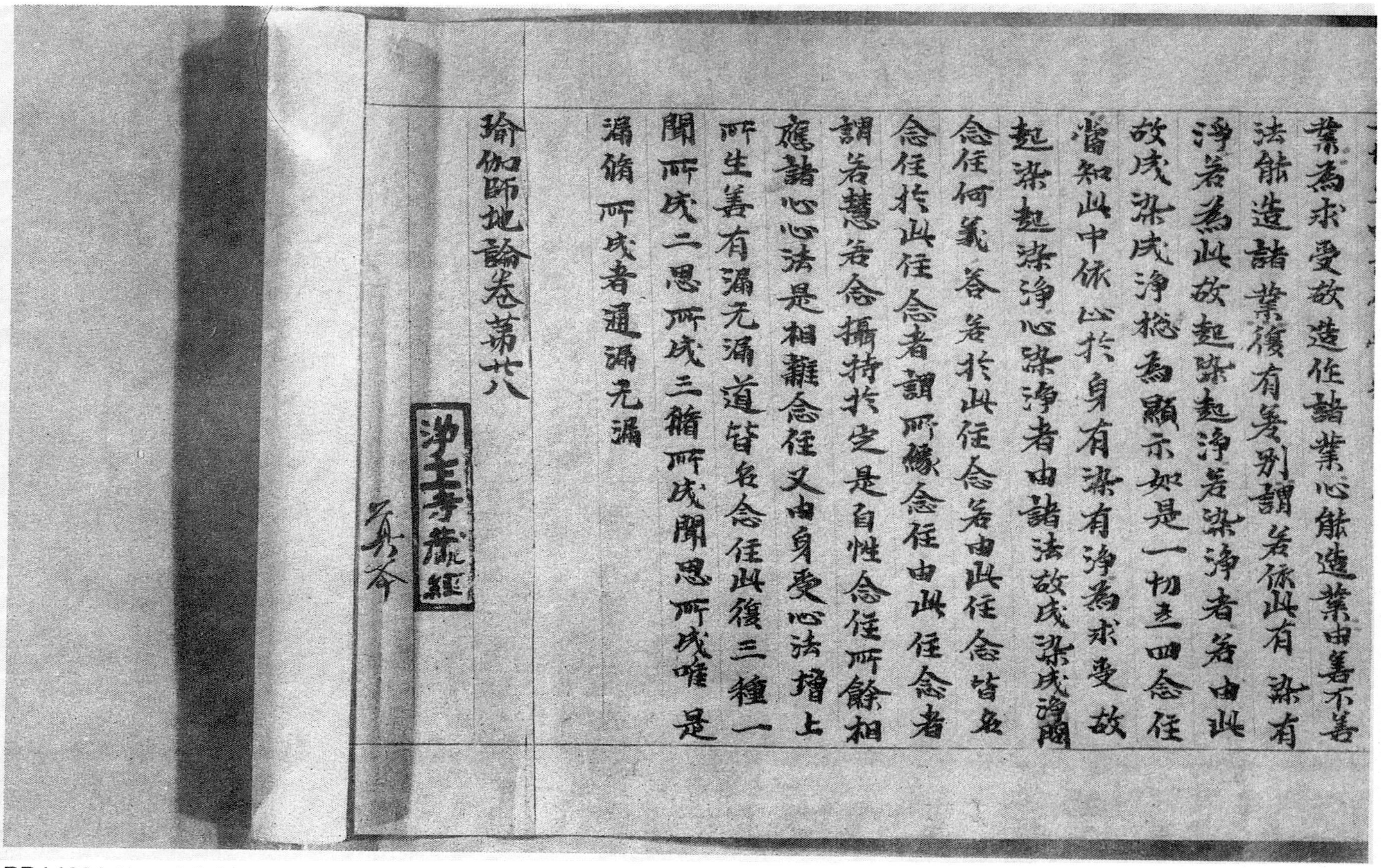

BD14031 號　瑜伽師地論卷二八　　　　（12–12）

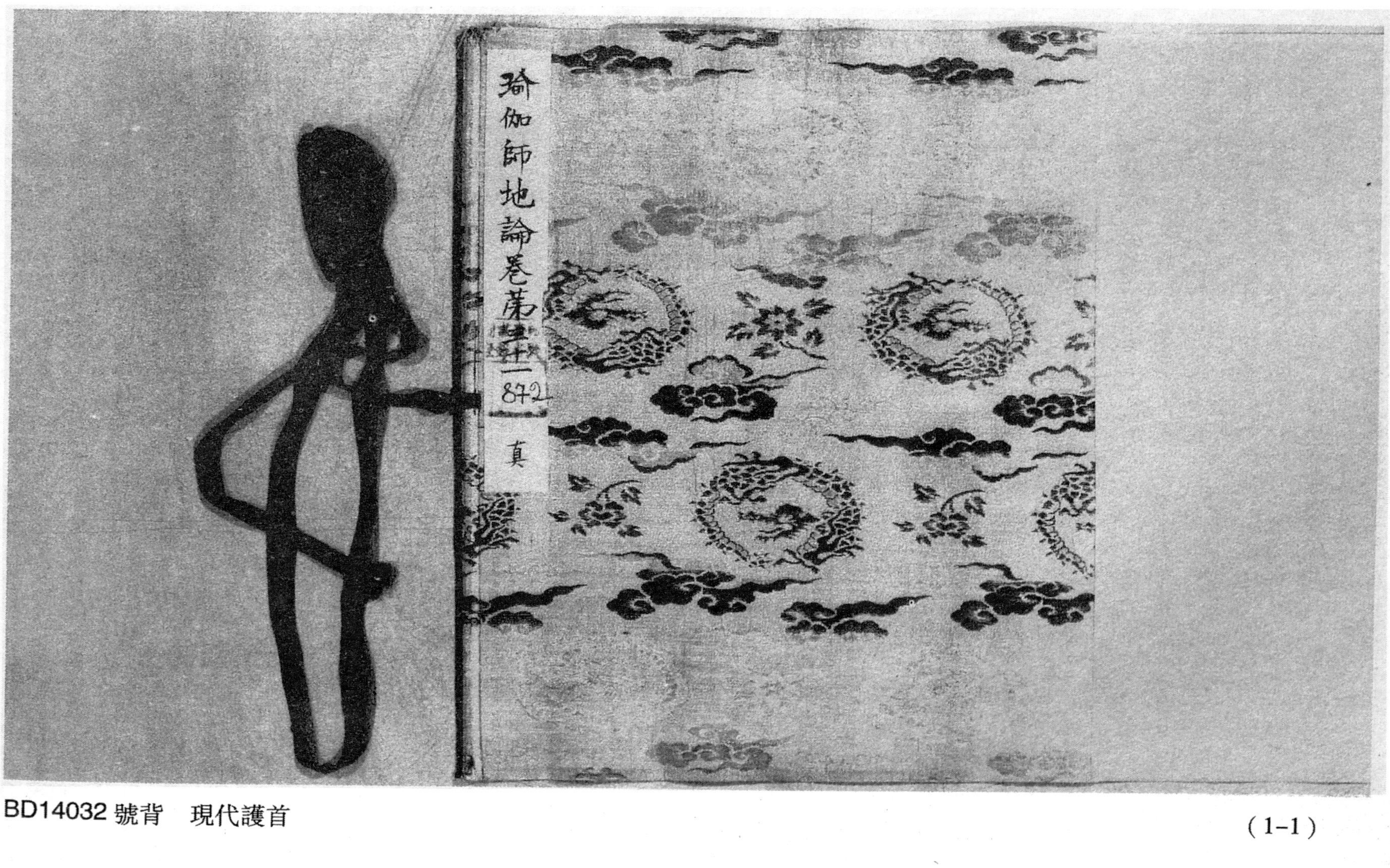

BD14032 號背　現代護首　　　　（1–1）

BD14032 號　瑜伽師地論卷三一　　（23–1）

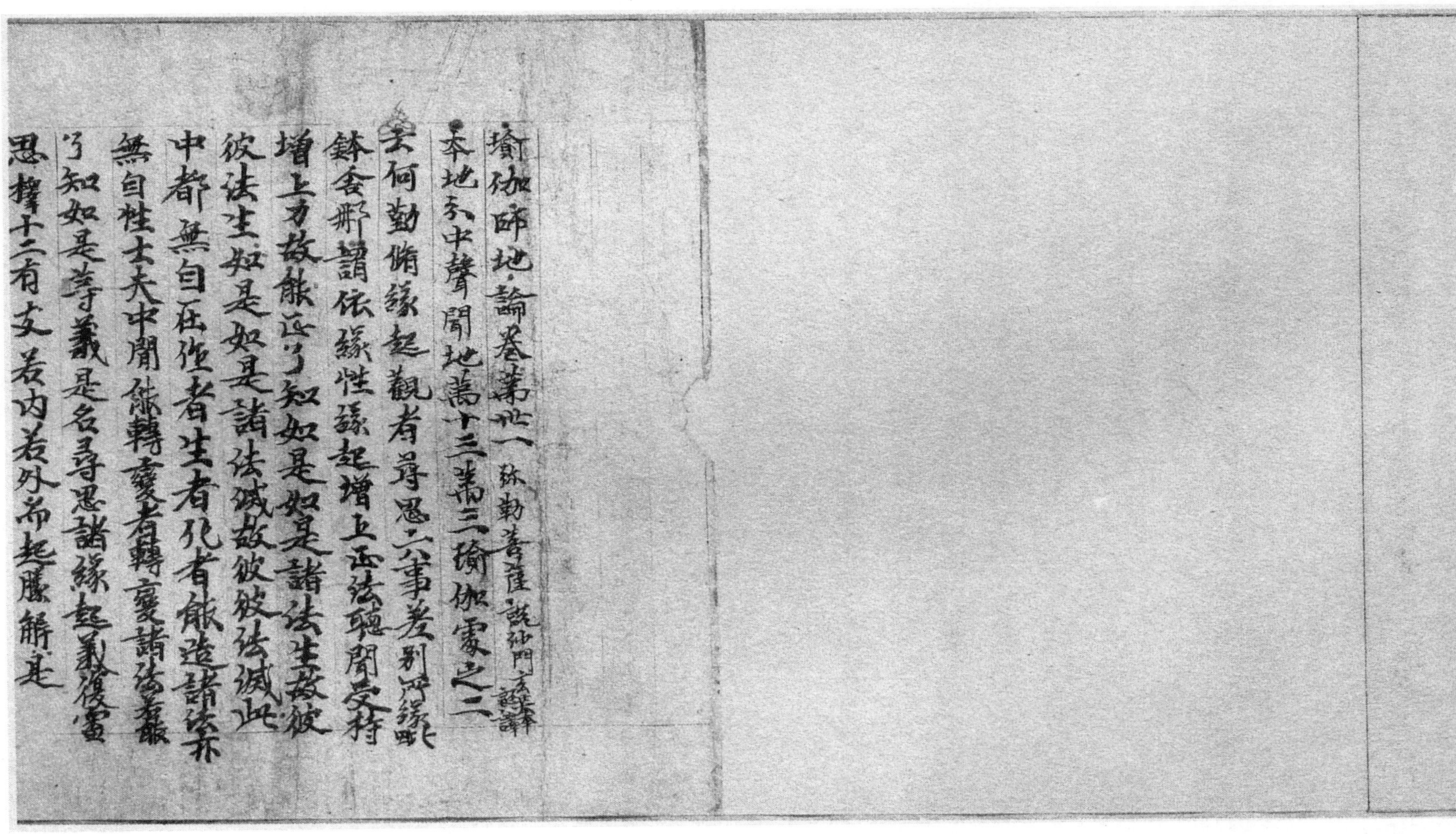

瑜伽師地論卷第卅一　彌勒菩薩說　沙門玄奘奉詔譯
本地分中聲聞地第十三第二瑜伽處之二
云何勤脩緣起觀者尋思六事差別所緣毗
鉢舍那謂依緣性緣起增上正法聽聞受持
增上力故能正了知如是如是諸法生故彼
彼法生如是如是諸法滅故彼彼法滅此
中都無自在作者生者死者能造諸法亦
無自性士夫中間能轉變者轉變諸法者顯
了知如是等義是名尋思諸緣起義復當
思擇十二有支若內若外希起勝解是

BD14032 號　瑜伽師地論卷三一　　（23–2）

彼法生如是如是諸法滅故彼彼法滅此
中都無自在作者生者化者能造諸法亦
無自性士夫中間隨轉變者轉變諸法若能
了知如是等義是名尋思諸緣起義復審
思擇十二有支若內若外希起勝解是
名尋思諸緣起事復審思擇无明支等前
際无知後際无知如是廣說如別分別緣起
支中是名尋思緣起自相復審思擇如是
一切緣生〃諸行无不皆是本无今有有已
散滅是故前後皆是无常皆有生老病死
法故其性是苦不自在故中間士夫不可得
故性空无我是名尋思緣起共相復審思
擇我若於彼无常苦空无我諸行如實道
理發生迷惑便為顛倒黑品所攝廣說如前
若不迷惑便无顛倒白品所攝廣說如前
是名尋思諸緣起品復審思擇於過去世
所得自體无正常性如是已住於現在世所
得自體无正常性如是今住於未來世所
得自體无正常性如是當住是名尋思諸緣
起時復審思擇唯有諸業及異熟果其中主
宰都不可得所謂作者及與受者唯有於假
假相建立謂於无明緣行乃至生緣老死中
發起假相施設言論說為作者及與受者有
如是名如是種如是性如是飲食如是領受
若苦若樂如是長壽如是久住如是極於
壽量邊際又於此中有二種果及二種因二
種果者一自體果二受用境界果二種因者

BD14032 號　瑜伽師地論卷三一

（23–3）

假相建立謂於无明緣行乃至生緣老死中
發起假相施設言論說為作者及與受者有
如是名如是種如是性如是飲食如是領受
若苦若樂如是長壽如是久住如是極於
壽量邊際又於此中有二種果及二種因二
種果者一自體果二受用境界果二種因者
一牽引因二生起因自體果者謂於今世
諸異熟生六處等法受用境界果者謂
愛非愛業增上所起六觸所生諸受牽引因
者謂於二果發起愚癡愚癡為先生福非
福及不動行行能攝受後有之識令生有
牙謂能攝受識種子故令其展轉攝受
有名色種子六處種子觸受種子為令當來
生支觀所攝識名色六處觸受次第生故
令先攝受彼法種子如是一切名牽引因
生起因者謂若領受諸无明觸所生受時
由境界愛生後有愛及能攝受愛品癡品
所有諸取由此勢力由此切能潤業種子令
其能與諸異熟果如是一切名生起因
此二因增上力故便為三苦之所隨逐招集一
切純大苦蘊如是名依觀待道理尋思緣起
所有道理復審思擇於是緣性緣起觀中若
脩善習善多脩習能斷愚癡又審思擇是
道理有至教量有內現證有比度法亦有成
立法性等義如是名依作用道理證成道理
法爾道理尋思緣起所有道理是名勤脩緣
起觀者尋思六事差別所緣毗鉢舍那

BD14032 號　瑜伽師地論卷三一

（23–4）

[illegible]
脩善習善多脩習能斷愚癡又當思擇覺
道理有至教量有內現證有比度法亦有成
立法性等義如是名依作用道理證成道理
法尒道理尋思緣起所有道理是名勤脩緣
起觀者尋思六事差別所緣毗鉢舍那
云何勤脩界差別觀者尋思六事差別所
緣毗鉢舍那謂依界差別增上正法聽聞受
持增上力故能正解了一切界義謂種姓
義及種子義因義性義是其界義如是名為
尋思界義又正尋思地等六界內外差別發
起勝解如是名為尋思界事又正尋思地為
堅相乃至風為輕動相識為了別相空界為
虛空相遍滿色相無障礙相是名尋思諸
界自相又正尋思此一切界以要言之皆
是无常乃至无我是名尋思諸界共相又
正尋思於一念相界差別性不了知者由界
差別所念成身發起高慢便為顛倒黑品所
攝廣說如前與上相違便无顛倒白品所攝
廣說如前如是名為尋思界品又正尋思去
來今世六界為緣得入母胎如是名為尋思
界時又正尋思如草木等衆緣和合圍繞虛
空數名為舍如是六界為所依故止筋骨血肉
衆緣和合圍繞虛空假想等想施設言論數
名為身復由宿世諸業煩惱及自種子以為
因緣如是名依觀待道理尋思諸界差別
道理又正尋思若於如是界差別觀善脩善習
[illegible]

BD14032號　瑜伽師地論卷三一　（23–5）

衆緣和合圍繞虛空假想等想施設言論數
名為身復由宿世諸業煩惱及自種子以為
因緣如是名依觀待道理尋思諸界差別
道理又正尋思若於如是界差別觀善脩善習
善多脩習能斷憍慢又正尋思如是道理有
至教量有內證智有比度法有成立法性難
思法住安住法性以是名依作用道理證成
道理法尒道理尋思諸界差別道理是名勤
脩界差別觀者尋思六事差別所緣毗鉢舍
那
云何勤脩阿那波那念者尋思六事差別所
緣毗鉢舍那謂依入出息念增上正法聽聞
受持增上力故能正了知於入出息所緣境
界繫心了達无忘明記是阿那波那念義如
是名為尋思其義又正尋思入息出息在內
可得繫屬身故外處攝故內外差別如是名
為尋思其事又正尋思入息有二出息有
二若風入內名為入息若風出外名為出息
復正了知如是為長入息出息如是為短入
息出息如是息遍一切身分是名尋思諸息
自相又正尋思入息滅已有出息生出息滅
已有入息生入出息轉繫屬命根及有識身
此入出息及所依止皆是无常是名尋思諸
息共相又正尋思若於如是入息出息不住
正念為惡尋思擾亂其心便為顛倒黑品所
攝是有諍法廣說如前與上相違便无顛倒
白品所攝是无諍法廣說如前如是名為尋

BD14032號　瑜伽師地論卷三一　（23–6）

此入出息及所依止皆是无常是名尋思諸
息若相又正尋思若於如是入息出息不住
正念為惡尋思擾亂其心便為顛倒黑品所
攝是有諍法廣說如前與上相違便无顛倒
白品所攝是无諍法廣說如前如是名為尋
思其品又正尋思去來今世入出息轉繫屬
身心身心繫屬入息出息如是名為尋思其
時又正尋思此中都无持入息者持出息者
入息出息繫屬於彼唯於從因從緣所生諸
行發起假想施設言論說有能持入出息者
如是名依觀待道理尋思其理又正尋思若
於如是入出息念善修善習善多修習能斷
尋思又正尋思如是道理有至教量有內證
智有比度法有成立法性難思法性安住法
性不應思議不應分別唯應信解如是名依
作用道理證成道理法尒道理尋思其理是
名勤修阿那波那念者尋思六事差別所緣
毗鉢舍那
如是依止淨行所緣尋思六事差別觀已數
數於內令心寂靜數數復於如所尋思以勝
觀行審諦伺察彼由奢摩他為依止故令毗
鉢舍那速得清淨復由毗鉢舍那為依止故
令奢摩他增長廣大若依止善巧所緣及淨
惑所緣尋思六事差別所緣毗鉢舍那於其
自處我後當說
復次此中有九種白品所攝加行與此相違

令奢摩他增長廣大若依止善巧所緣及淨
惑所緣尋思六事差別所緣毗鉢舍那於其
自處我後當說
復次此中有九種白品所攝加行與此相違
當知即是九種黑品所攝加行云何名為白
品所攝九種加行一相應加行二串習加行三
无倒加行四不緩加行五應時加行六解了加行
七无猒足加行八不捨軛加行九正加行由此九
種白品所攝加行故能令其心速疾得定令
三摩地轉更升進又由此故於所應往地及
隨所應得速疾能往能得无有艱遲黑品所
攝九種加行不能令心速疾得定不令三摩
地轉更升進又由此故於所應往地及隨所
應得極大艱遲不能速疾往趣獲得云何名
為相應加行謂若貪行者應於不淨安住其
心若瞋行者應於慈愍安住其心若癡行者
應於緣起安住其心若憍慢行者應於界差
別安住其心若尋思行者應於阿那波那念安
住其心若等分行者或薄塵行者應隨所樂攀緣
一境安住其心勤修加行如是名為相應加行
云何名為串習加行謂於奢摩他毗鉢舍那已曾
數習乃至少分非於一切种初脩業所以者何初
脩業者雖於相應所緣境界勤脩加行而有諸
蓋數數現行身心麤重由是因緣不能令心速
疾得定如是名為串習加行云何名為不緩
緩
加行謂无間方便殷重方便勤脩觀行若從

益數數現行身心麁重由是因緣不能令心速
疾得定如是名為串習加行云何名為不緩
加行謂无間方便殷重方便勤修觀行若從
定出或為乞食或為恭敬承事師長或為瞻
病或為隨順修和敬業或為所餘如是等類
諸所作事而心於彼所作事業不全隨順不全
趣向不全臨入唯有速疾令事究竟還復精
勤宴坐寂靜修諸觀行若有苾芻苾芻尼鄔
波索迦刹帝利婆羅門等種種異衆共相會
遇雖久雜處現相語議而不相續無立言論
唯樂遠離勤修觀行又能如是勇猛精進
謂我於今定當趣證所應證得不應慢緩何
以故我有多種橫死因緣所謂身中或風或
熱或淡發動或所飲食不正消化住在身中
成宿食病或為於外蛇蝎蚰蜒百足等類諸
惡毒蟲之所蜇螫或復為人非人類等之所
驚恐因斯夭沒於如是等諸橫死處恒常思
惟修无常想住不放逸由住如是不放逸故
恒自思惟我之壽命儻得更經七日六日五
日四日三日二日一日一時半時須臾或半須臾或
經食頃或從入息至於出息或從出息至於入
息乃至存活經尒所時於佛聖教精勤作意
修習瑜伽齊尒所時於佛聖教我當決定多
有所作如是名為不緩加行云何名為无到
加行謂如善達修瑜伽行諸瑜伽師之所開
悟即如是學於法於義不顛倒取无有我慢
亦不妄住自所見取无邪僻執於尊教誨終

BD14032 號　瑜伽師地論卷三一

（23–9）

修習瑜伽齊尒所時於佛聖教我當決定多
有所作如是名為不緩加行云何名為无到
加行謂如善達修瑜伽行諸瑜伽師之所開
悟即如是學於法於義不顛倒取无有我慢
亦不妄住自所見取无邪僻執於尊教誨終
不輕毀如是名為无倒加行云何名為應時加
行謂於時時間修習止相於時時間修習舉
相於時時間修習捨相又能如實了知其止
相止時了知其觀相觀時了知其舉相舉
時了知其捨相捨時云何為止謂九相
心住能令其心无相无分別寂靜極寂靜等
住寂止純一无雜故名為止云何止相謂有
二種一所緣相二因緣相所緣相者謂奢摩
他品所知事同分影像是名所緣相由此所
緣令心寂靜因緣相者謂依奢摩他所熏習
心為令後時奢摩他定皆清淨故修習瑜伽
毗鉢舍那所有加行是名因緣相云何止時
謂心掉舉時或恐掉舉時是修止時又依毗
鉢舍那所熏習心為諸尋思之所擾惱及諸
事業所擾惱時是修止時云何為觀謂四行
三門六事差別所緣觀行云何觀相謂有二
種一所緣相二因緣相所緣相者謂毗鉢舍
那品所知事同分影像由此所緣令慧觀察
因緣相者謂依毗鉢舍那所熏習心為令後
時毗鉢舍那皆清淨故修習內心奢摩他定
所有加行云何觀時謂心沉沒時或恐沉沒
時是修觀時又依奢摩他所熏習心先應於

BD14032 號　瑜伽師地論卷三一

（23–10）

那品所知事同分影像由此所緣令慧觀察
由緣相者謂依毘鉢舍那所熏習心為令後
時毘鉢舍那皆清淨故修習內心奢摩他定
所有加行云何觀相謂心沈沒時或恐沈沒
時是修觀相又依奢摩他所熏習心先應於
彼所知事境如實覺了故於爾時是修觀時
云何為舉謂由隨取一種淨妙所緣境界顯
示勸導慶慰其心云何舉相謂由淨妙所緣
境界策勵其心及彼隨順發勤精進云何舉
時謂心沈下時或恐沈下時是修舉時云何
為捨謂於所緣心無染汙心平等性於止觀
品調柔正直任運轉性及調柔心有堪能性
令心隨與任運作用云何捨相謂由所緣令
心上捨及於所緣不發所有太過精進云何
捨時謂於奢摩他毘鉢舍那品所有掉舉心
已解脫是修捨時如是名為應時加行云何
名為解了加行謂於如是所說諸相善取善
了善取了已欲入定時即便能入欲住定時
即便能住欲起定時即便能起或時棄捨諸三
摩地所行影像作意思惟諸不定地所有本
性所緣境界如是名為解了加行云何名為無
猒足加行謂於善法無有猒足修斷無猒於展
轉上展轉勝處多住希求不唯獲得少少靜定
便於中路而生退屈於餘所作常有佳求如是
名為無猒足加行云何名為不捨軛加行謂於初
所受學處無穿無缺雖見少年顏容端正可愛

轉上展轉勝處多住希求不唯獲得少少靜定
便於中路而生退屈於餘所作常有佳求如是
名為無猒足加行云何名為不捨軛加行謂於初
所受學處無穿無缺雖見少年顏容端正可愛
母邑而不取相不取隨好於食平等勤修覺寤
少事少業少諸散亂於久所作久所說等能
自隨憶令他隨憶如是等法說名不捨軛加
行由此諸法能正隨順心一境性不捨其軛
令心不散不令其心馳流外境不令其心內
不調柔如是名為不捨軛加行云何名正加
行謂於所緣數數起勝解數數正除遣是名正
加行如有勤修不淨觀者於諸不淨作意
思惟諸不淨相由隨相行毘鉢舍那而起作
意於所緣境數數除遣數數現前其正
除遣復有五種一內攝其心故二不念作意
故三於餘作意故四對治作意故五無相
界作意故當知此中由九相心住毘鉢舍那
而為上首故名內攝其心由於最初皆一
切相無亂安住故名不念作意由緣餘定
地境思惟餘定地故名於餘作意由思惟不
淨對治於淨乃至思惟阿那波那念對治尋
思思惟虛空界對治諸色故名對治作意
由於一切相不作意思惟於無相界作意思惟
名無於相界作意雖遍安立一切所緣正除遣
相極有五種然此義中正意唯取內攝其心
不念作意初修業者始修業時最初令不

出於一切相不作意思惟於无相界作意思惟彼
若无於相界作意雖適无立一切所緣而除遣
相極有五種然此義中正意唯取內攝其心
不念作意初脩業者始脩業時最初令不
於所緣境繫縛其心或於不淨或復餘處
唯作是念我心云何得无散亂无相无分別
寂靜極寂靜无轉无動无所希望離諸作用
於內適悅如是精勤於所生起一切外相无
所思惟不念作意即由如是不念作意除遣
所緣彼於其中脩習瑜伽攝受適悅復行有
相有分別不淨等境云何而行謂由隨相行
隨尋思行隨伺察行毗鉢舍那行彼境界而
非一向精勤脩習毗鉢舍那還捨觀相復於所
緣思惟止行由是因緣彼於尒時於所緣境
不捨不取由於所緣止行轉故不名為捨即
於所緣不作相故无分別故不名為取即由
如是內攝其心除遣所緣又於其中不取觀
相故於緣无亂取止行故而復緣其所知事
相若於所緣唯數數勝解不數除遣即不令彼
所有勝解後後明淨究竟而轉不能往趣
至現觀所知境事由數勝解數除遣故後後
勝解展轉明淨究竟而轉亦能往趣乃至現
觀所知境事譬如世間畫師弟子初習畫業
先從師所受所學樣諦觀諦觀作彼形相
已作已尋即除毀既除毀已尋復更作如如
除毀數數更作如是如是後後形相轉明轉

觀所知境事譬如世間畫師弟子初習畫業
先從師所受所學樣諦觀諦觀作彼形相
已作已尋即除毀既除毀已尋復更作如如
除毀數數更作如是如是後後形相轉明轉
淨究竟顯現如是正學經歷多時共推許
為大畫師或隨師數若不數除所作形相即
於其上數數重畫便於形相永无明淨究竟
顯現此中道理當知亦尒若於此境數勝解
已更於此境復正除遣非於此境正除遣已
更於此境復趣勝解於狹小境起勝解已即
於狹小而正除遣廣大无量當知亦尒於狹
小境正除遣已或於狹小復起勝解或於廣
大復起勝解或於无量復起勝解於其廣大
及於无量當知亦尒若諸色法所有相貌影
像顯現當知是處變化相似諸无色法假名
為先如所領受增上力故影像顯現是一
切名正加行究是九種白加品行於奢摩他
毗鉢舍那當知隨順與是相違九種加行於
奢摩他毗鉢舍那當知違逆究是黑品白品差
別違逆加行有十八種如是名為心一境性
云何淨障謂即如是正脩加行諸瑜伽師由
四因緣能令其心淨除諸障何等為四一遍
知自性故二遍知因緣故三遍知過患故四
脩習對治故云何遍知諸障自性謂能遍知
障有四種一怯弱障二蓋覆障三尋思障四
自舉障怯弱障者謂於出離及於遠離勤脩

四因緣能令其心淨除諸障何等爲四一遍
知自性故二遍知因緣故三遍知過患故四
脩習對治故云何遍知諸障自性謂能遍知
障有四種一怯弱障二蓋覆障三尋思障四
自舉障怯弱障者謂於出離及於遠離勤脩
行時所有染汙思慕不樂希望憂惱蓋覆障
者謂貪欲等五蓋尋思障者謂欲尋思等諸染
汙尋思自舉障者謂於少分下劣智見安隱
住中而自高舉謂我能得餘則不尒 乃至
廣說如前應知是名遍知諸障自性云何
遍知諸障因緣謂能遍知初怯弱障有六
因緣一由先業增上力故或由疾病所擾
惱故其身羸劣二太過加行三不脩加行四
初脩加行五煩惱熾盛六於遠離猶未串習
遍知蓋覆尋思自舉障因緣者謂於隨順蓋
覆尋思及自舉障處所法中非理作意多分
串習是名蓋覆尋思自舉障之因緣若不
作意思惟不淨而於淨相作意思惟是名
中非理作意若不作意思惟慈愍而於瞋
相作意思惟是名此中非理作意若不作意
思惟明相而於闇相作意思惟是名此中非
理作意若不作意思惟奢摩他相而於親屬
國土不死尋思曾更觀娛戲笑承奉等事諸
惡尋思作意思惟是名此中非理作意若不作
意思惟緣性緣起而於三世諸行計我我所不
如理想作意思惟是名此中非理作意云何

BD14032 號　瑜伽師地論卷三一　　(23-15)

理作意若不作意思惟奢摩他相而於親屬
國土不死尋思曾更觀娛戲笑承奉等事諸
惡尋思作意思惟是名此中非理作意若不作
意思惟緣性緣起而於三世諸行計我我所不
如理想作意思惟是名此中非理作意云何
遍知諸障過患謂遍了知此障有故於其四
種未證不證已證退失敗壞瑜伽所有加行
有染汙住有苦惱住自毀毀他身壞命終生
諸惡趣是名遍知諸障過患云何名爲脩習
對治謂諸怯弱障用隨念以爲對治由隨念
作意慶悅其心令諸怯弱已生除遣未生不
生其身羸劣太過加行初脩加行用於精進
平等通達以爲對治不脩加行用恭敬聽聞
勤加請問以爲對治煩惱熾盛用不淨等所
緣加行以爲對治若未串習即用如是思擇
方便以爲對治謂我昔於遠離不串習故今於
脩習遠離生起怯弱我若於今不習遠離
於當來世定復如是故我今者應正思擇
於其遠離捨不喜樂脩習喜樂餘蓋覆
等非理作意用彼相違如理作意以爲對治
應知是名脩習對治又遍了知諸障自性
是能障礙是能染汙是黑品攝是應遠離
能遍了知如是諸障遠離因緣方可遠離故
應尋求諸障因緣能遍了知於應遠離不
遠離者有何過患故應尋求諸障過患既遠
離已更復尋思如是諸障云何未來世當得不

BD14032 號　瑜伽師地論卷三一　　(23-16)

能遍了知如是諸障遠離因緣方可遠離故
應尋求諸障因緣能遍了知於應遠離不
遠離者有何過患故應尋求諸障過患既遠
離已更復尋思如是諸障云何來世當得不
生故應尋求修習對治由是因緣能令其心
淨除諸障
當知此中由隨順教有眾多故毗鉢舍那亦
有眾多毗鉢舍那有眾多故令奢摩他亦有
眾多又復即此毗鉢舍那由所知境無邊際
故當知其量亦無邊際謂由三門及六種事
二無邊品類差別悟入道理遍諸行者如
如毗鉢舍那串習清淨增上力故增長廣大
如是如是能生身心所有輕安奢摩他品當
知亦得增長廣大如如身心獲得輕安如是如
是於其所緣心一境性轉得增長如如於心一
境性轉復增長如是如是轉復獲得身心輕
安心一境性身心輕安如是二法展轉相依
展轉相屬身心輕安心一境性如是二法若
得轉依方乃究竟得轉依故於所知事現量
智生問齊何當言究竟獲得不淨觀耶乃至
齊何當言究竟獲得阿那波那念耶答以要
言之修觀行者於不淨觀正加行中親近修
習多修習故若行若住雖有種種境界現
前雖復觀察所有眾相而任自性不由加行
多分不淨行相顯現非諸淨相由於不淨善
修習故於能隨順貪欲纏處法心不趣入心
不愛樂心不信解無住於捨厭逆當於

BD14032號　瑜伽師地論卷三一　（23–17）

習多修習故若行若住雖有種種境界現
前雖復觀察所有眾相而任自性不由加行
多分不淨行相顯現非諸淨相由於不淨善
修習故於能隨順貪欲纏處法心不趣入心
不愛樂心不信解無住於捨厭逆當於
爾時修觀行者應自了知我今已得不淨觀
我今已得所修果齊此名為於不淨觀已得
究竟與此相違當知名為未得究竟如不
淨觀如是慈愍緣性緣起界差別阿那波
那念當知亦爾於中差別者謂多分慈心行
相顯現非瞋恚相於能隨順瞋恚纏處法
心不趣入乃至廣說多分無常苦空無我
行相顯現非彼常樂身見俱行愚癡行想
於能隨順愚癡纏處法心不趣入乃至廣
說多分種種界性非一界性身聚差別相
想顯現非身聚想想於能隨順憍慢纏處法
心不趣入乃至廣說多分內寂靜想奢摩
他想顯現非戲論想於能隨順尋思纏處
法心不趣入乃至廣說問齊何當言奢摩
他毗鉢舍那二種和合平等俱轉由此說
名雙運轉道答若有獲得九相心住中第九
相心住謂三摩呬多彼用如是圓滿三摩地
為所依止於法觀中修增上慧彼於爾時由
法觀故任運轉道無功用轉不由加行毗鉢
舍那清淨鮮白隨奢摩他調柔攝受如奢
摩他道攝受而轉齊此名為奢摩他毗鉢舍
那二種和合平等俱轉由此名為奢摩他

BD14032號　瑜伽師地論卷三一　（23–18）

為所依止於法觀中脩增上慧彼於尒時由
法觀故任運轉道无功用轉不由加行毗鉢
舍那清淨鮮白隨奢摩他調柔攝受如奢
摩他道攝受而轉齊此名為奢摩他毗鉢舍
那二種和合平等俱轉由此名為奢摩他
毗鉢舍那雙運轉道中嗢拕南曰
相尋思伺察　隨行有三門　義事相品時　理六尋差別
初相應加行　次串習无緩　无顛倒應時　解了无猒足
不棄捨善軛　最後正加行　是九應當知　有二處差別
知自性因緣　見彼諸過患　正脩習對治　令障得清淨
云何脩作意謂初脩業者始脩業時於如是
所安立並遍相中由一境性及淨諸障離邪
加行學正加行彼應最初作如是念我今為
證心一境性及斷善樂當勤脩習四種作意
何等為四一調練心作意二滋潤心作意三
生輕安作意四淨智見作意云何調練心作
意謂由此作意於可猒患法令心猒離是名
調練心作意云何滋潤心作意謂由此作意
於可欣尚法令心欣樂是名滋潤心作意云
何生輕安作意謂由此作意於時時間於可
猒法令心猒離於時時間於可欣法令心欣
樂已安住內寂靜无相无分別中一境念轉
由是因緣對治一切身心麤重能令一切身
心適悅生起一切身心輕安是名生輕安作意
云何淨智見作意謂由此作意於時時間即
用如是內心寂靜為所依止由內靜心數數

BD14032 號　瑜伽師地論卷三一　（23–19）

由是因緣對治一切身心麤重能令一切身
心適悅生起一切身心輕安是名生輕安作意
云何淨智見作意謂由此作意於時時間即
用如是內心寂靜為所依止由內靜心數數
加行於法觀中脩增上慧是名淨智見作意
彼脩行者於時時間於可猒法令心猒離如
是於漏及漏處法能令其心生熱等熱生猒
等猒何等名為可猒患處略有四種可猒患
處謂自衰損及他衰損現在會遇正現前時
如理作意數數思惟故成可猒處若自興盛及
他興盛過去盡滅離變壞時如理作意數數思
惟故成可猒處即彼行者於時時間於可欣
法令心欣樂如是於彼生欣樂故能令其心
熱成津潤融適澄淨何等名為可欣尚處略
有三種可欣尚處一者三寶二者學處清淨
尸羅清淨三者於自所證差別深生信解心
无怯弱云何隨念三寶令心欣樂謂作是
念我今善得如是大利謂蒙如來應正等覺
為我大師我今善得如是大利謂善說法毗
柰耶中我得出家我今善得如是大利謂我
與諸具戒具德忍辱柔和成賢善法同梵行
者共為法侶我今當得賢善命終賢善殞沒
當得賢善趣於後世如是名為隨念三寶令
心欣樂云何隨念學處清淨尸羅清淨令心
欣樂謂作是念我今善得如是大利謂於如來
應正等覺大師善說法毗柰耶善脩正行

BD14032 號　瑜伽師地論卷三一　（23–20）

當得賢善[illegible]
心欣樂云何隨念學處清淨尸羅清淨令心
欣樂謂作是念我今善得如是大利謂於如來
應正等覺大師善說法毗奈耶善修正行
聲聞眾中我得與彼同梵行者同戒同學同
修從身語意業同其所見同所受用如是
名為隨念學處清淨尸羅清淨令心欣樂謂
无悔為先發生歡喜云何於自所證差別深
生信解心无怯弱處令心欣樂謂作是念我
今有力有所堪能尸羅清淨堪為法器得與
如是同梵行者同清淨戒得與有知正至善
士同其所見我有堪能精勤修習如是正行
於現法中能得未得能觸未觸能證未證由
是令心生大歡喜如是名為於自所證差別
深生信解心无怯弱處令心欣樂又由前後
勇猛精進已得安住所證差別由隨念此復
於後時所證差別深生信解令心欣樂是名
異門發修行者於可欣法調練其心於能隨
順諸漏處法令心不向違逆棄背離攝而住
欣法悅潤其心於出於離所生諸法有親愛
故令心趣向附著喜樂和合而住如是彼心
由厭由欣二種行相皆諸黑品向諸白品易
脫而轉其心如是皆諸黑品由調練心作意
故向諸白品由滋潤心作意故於時時間依
奢摩他內攝持心由生輕安作意故於時時
閒於法思擇最極思擇周遍尋思周遍伺察
由淨智見作意故如是彼心於時時間為奢

BD14032號　瑜伽師地論卷三一　（23–21）

遠

順諸漏處法令心不向違逆棄背離攝而住
欣法悅潤其心於出於離所生諸法有親愛
故令心趣向附著喜樂和合而住如是彼心
由厭由欣二種行相皆諸黑品向諸白品易
脫而轉其心如是皆諸黑品由調練心作意
故向諸白品由滋潤心作意故於時時間依
奢摩他內攝持心由生輕安作意故於時時
閒於法思擇最極思擇周遍尋思周遍伺察
由淨智見作意故如是彼心於時時間為奢
摩他毗鉢舍那之所攝受堪能與彼一切行
相一切功德作攝受因經摩彼彼日夜刹那
臘縛須臾速得昇進譬如黠慧鍛金
銀師或彼弟子於時時間燒練金銀令
其棄捨一切垢穢於時時間投清冷水令
於彼彼莊嚴具業有所堪任調柔隨順於
是黠慧鍛金銀師或彼弟子以其相似妙
工巧智善了知已用作業具隨其所樂莊
嚴具中種種轉變如是勤修瑜伽行者為
令其心棄背貪等一切垢穢及令棄背除行
憂惱於可厭法深生厭離為令趣向所有清
淨善品喜樂於可欣法發生欣樂於是行者
隨於彼彼欲自安立或奢摩他品或毗鉢舍
那品即於彼彼能善親附能善和合无轉无
動隨其所樂種種義中如所信解皆能成
辦

瑜伽師地論卷第卅一

BD14032號　瑜伽師地論卷三一　（23–22）

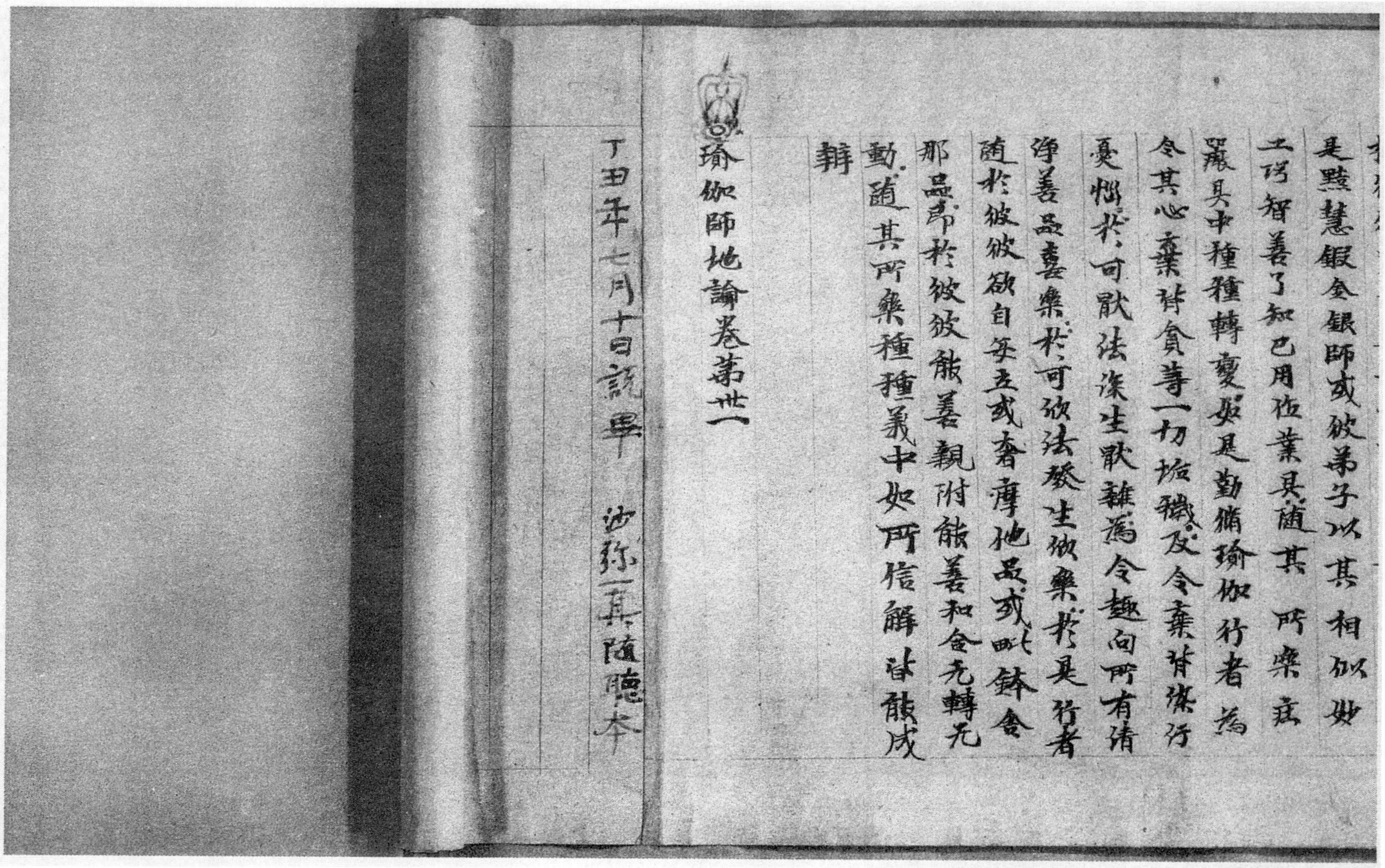

BD14032 號　瑜伽師地論卷三一　（23–23）

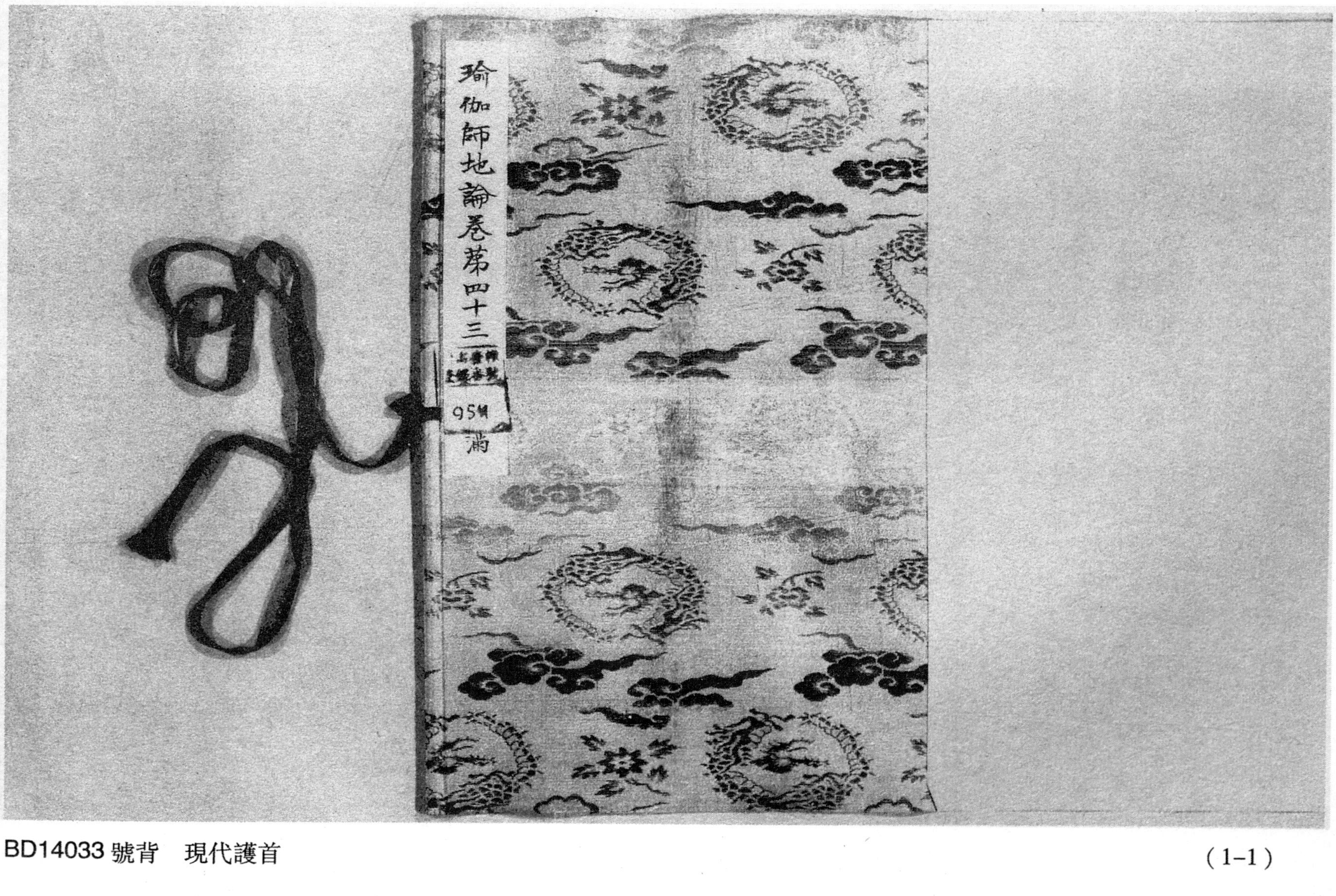

BD14033 號背　現代護首　（1–1）

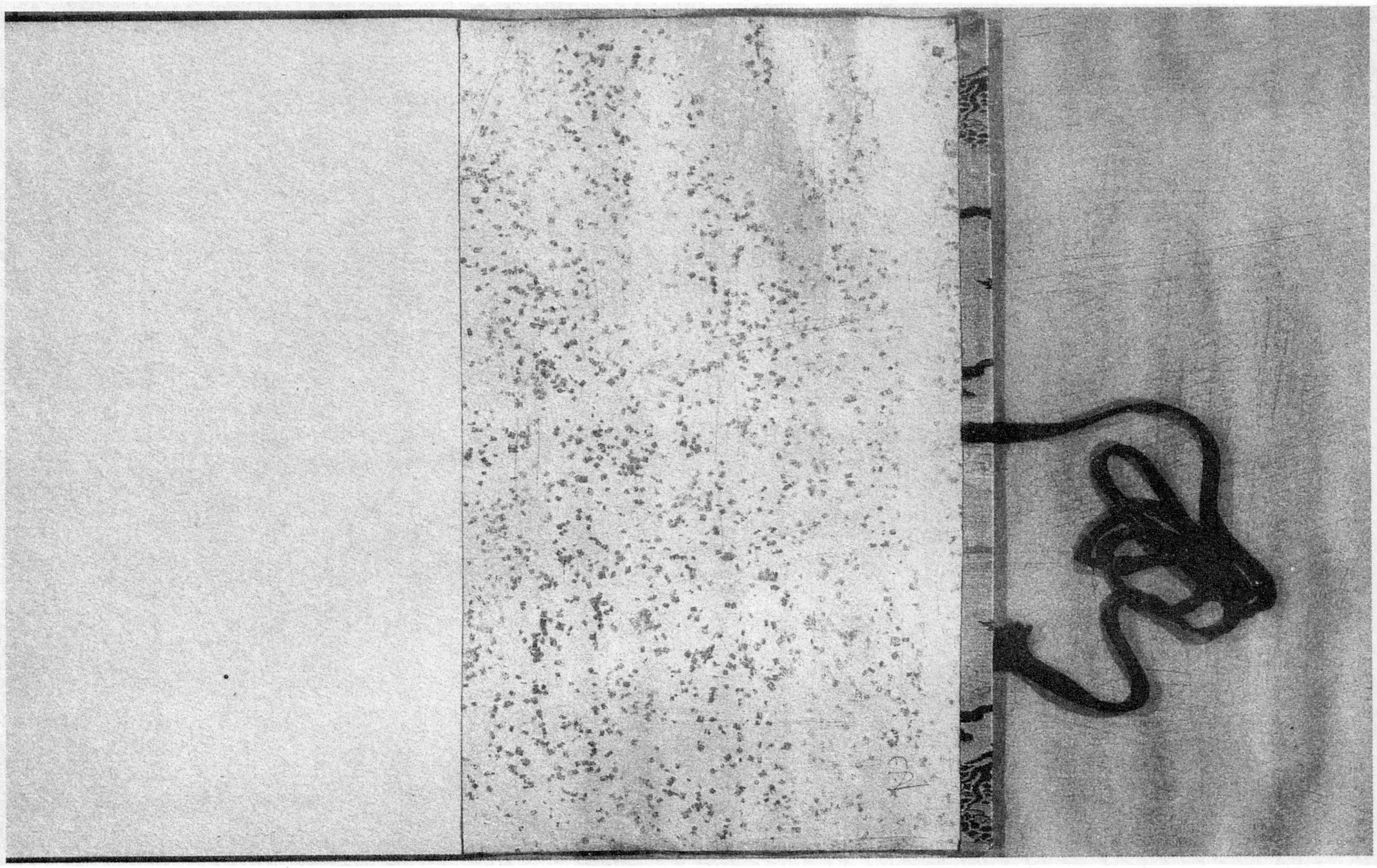

BD14033 號　瑜伽師地論卷四三　　（15–1）

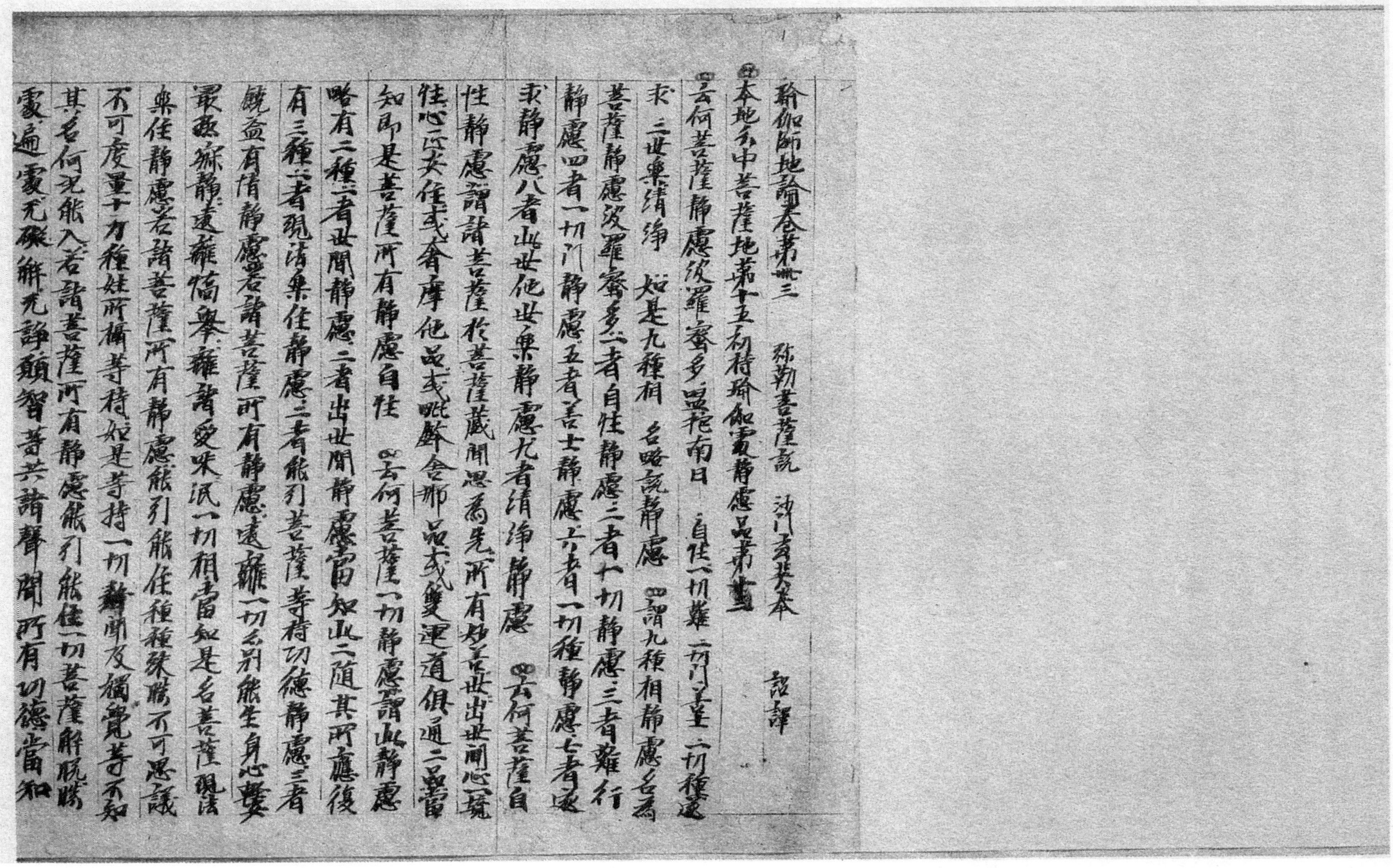
瑜伽師地論卷第卌三　彌勒菩薩說　沙門玄奘奉　詔譯
本地分中菩薩地第十五初持瑜伽處靜慮品第十三
云何菩薩靜慮波羅蜜多　嗢拕南曰　自性一切難　一切門善士　一切種遂
求　二世樂清淨　如是九種相　名略說靜慮　謂九種相靜慮名為
菩薩靜慮波羅蜜多一者自性靜慮二者一切靜慮三者難行
靜慮四者一切門靜慮五者善士靜慮六者一切種靜慮七者遂
求靜慮八者此世他世樂靜慮九者清淨靜慮　云何菩薩自
性靜慮謂諸菩薩於菩薩藏聞思為先所有妙善世出世間心一境
性心正安住或奢摩他品或毗鉢舍那品或雙運道俱通二品當
知即是菩薩所有靜慮自性　云何菩薩一切靜慮謂此靜慮
略有二種一者世間靜慮二者出世間靜慮當知此二隨其所應復
有三種一者現法樂住靜慮二者能引菩薩等持功德靜慮三者
饒益有情靜慮若諸菩薩所有靜慮遠離一切分別能生身心輕安
最極寂靜遠離憍舉離諸愛味泯一切相當知是名菩薩現法
樂住靜慮若諸菩薩所有靜慮能引能住種種殊勝不可思議
不可度量十力種姓所攝等持如是等持一切聲聞及獨覺等不知
其名何况能入若諸菩薩所有靜慮能引能住一切菩薩解脫勝
處遍處无礙解无諍願智等共諸聲聞所有功德當知

BD14033 號　瑜伽師地論卷四三　　（15–2）

饒益有情靜慮若諸菩薩所有靜慮遠離一切分別能生身心輕
冣極寂靜遠離憍舉離諸愛味泯一切相當知是名菩薩現法
樂住靜慮若諸菩薩所有靜慮能引能住種種殊勝不可思議
不可度量十力種姓所攝等持如是等持一切聲聞及獨覺等不知
其名何況能入若諸菩薩所有靜慮能引能住一切菩薩解脫勝
處遍處无礙解无諍願智等共諸聲聞所有功德當知
是名能引菩薩等持功德靜慮菩薩饒益有情靜慮有
十一種如前應知謂諸菩薩依止靜慮於諸有情能引義利彼
彼事業與作助伴其有苦者能為除苦於諸有情能
如理說於有恩者知恩知惠現前酬報於諸怖畏能為救
護於喪失處能解愁憂於有匱乏施與資財於諸大衆
善能匡御於諸有情善隨心轉於實有德讚美令喜於諸
有過能正調伏為物現通恐怖引攝是一切總名菩薩一切
靜慮此外无有若過若增　云何菩薩難行靜慮謂諸靜慮略有三種
若諸菩薩已能安住廣大殊勝極善成熟多所引發諸靜慮
住隨自欲樂捨彼冣勝諸靜慮樂愍有情故等觀无量利
有情事為諸有情義利成熟故意思擇還生欲界當知是
名菩薩第一難行靜慮若諸菩薩依止靜慮能發種種无量
无數不可思議超過一切聲聞獨覺所行境界菩薩等持當
知是名菩薩第二難行靜慮若諸菩薩依止靜慮速證无上正等
菩提當知是名菩薩第三難行靜慮　云何菩薩一切門靜
慮謂此靜慮略有四種一者有尋有伺靜慮二者喜俱行靜慮三者樂
俱行靜慮四者捨俱行靜慮　云何菩薩善士靜慮謂此靜慮
謂此靜慮略有五種一者无愛味靜慮二者慈俱行靜慮三者悲
俱行靜慮四者喜俱行靜慮五者捨俱行靜慮
云何菩薩一切種靜慮謂此靜慮六種七種總十三種言六種者
一者善靜慮二者无記變化靜慮三者奢摩他品靜慮四者
毗鉢舍那品靜慮五者於自他利正審思惟靜慮六者能引神
通威力功德靜慮言七種者一者名緣靜慮二者義緣靜慮
三者止相緣靜慮四者舉相緣靜慮五者捨相緣靜慮六者
現法樂住靜慮七者能饒益他靜慮如是十三種名為菩薩

云何菩薩一切種靜慮謂此靜慮六種七種總十三種言六種者
一者善靜慮二者无記變化靜慮三者奢摩他品靜慮四者
毗鉢舍那品靜慮五者於自他利正審思惟靜慮六者能引神
通威力功德靜慮言七種者一者名緣靜慮二者義緣靜慮
三者止相緣靜慮四者舉相緣靜慮五者捨相緣靜慮六者
現法樂住靜慮七者能饒益他靜慮如是十三種名為菩薩
一切種靜慮　云何菩薩遂求靜慮謂此靜慮略有八種一者
於諸毒藥霜雹毒熱鬼所魅等種種災患能息能成呪術
所依靜慮二者於果牙違所生衆病能除靜慮三者於諸飢
饉大災旱等現在前時興致甘雨靜慮四者於其種種人非人住
所惱怖畏能正救濟靜慮五者於之飲食隨在曠野諸有情類能
施飲食靜慮六者於之財位所化有情能施種種財位靜慮七者於
於十方界放逸有情能正諫誨靜慮八者於諸有情隨所生起所
應作事能正營作靜慮　云何菩薩此世他世樂靜慮謂此靜
慮略有九種一者神通變現調伏有情靜慮二者記說變現調
伏有情靜慮三者教誡變現調伏有情靜慮四者於造惡者示
現惡趣靜慮五者於失辯者能施辯才靜慮六者於失念者
能施正念靜慮七者制造建立无顛倒論微妙讚頌摩怛理迦能令
正法久住靜慮八者於諸世間工巧業處能引義利饒益有情種種
書算測度數印牀座傘蓋如是等類種種差別資生衆具能隨造
作靜慮九者於生惡趣所化有情為放暫時息彼衆苦放大光明
照靜慮　云何菩薩清淨靜慮謂此靜慮略有十種一者由世間
淨離諸愛味清淨靜慮二者由出世淨无有染行清淨靜慮三者
由加行淨清淨靜慮四者由得根本淨清淨靜慮五者由根本勝進淨
清淨靜慮六者由入住出自在淨清淨靜慮七者捨靜慮已後還證
入自在淨清淨靜慮八者神通變現自在淨清淨靜慮九者離一
切見趣淨清淨靜慮十者一切煩惱所知障淨清淨靜慮　如是靜
慮无量无邊能得菩薩大菩提果菩薩依此圓滿靜慮波羅蜜
多能於无上正等菩提速疾已證當證今證
本地分中菩薩地第十五初持瑜伽處慧品第十四　云何菩薩慧波羅
蜜多嗢柁南曰　自性一切難　一切門善士　一切種遂求　二世樂清淨　如是九

切見趣淨清淨靜慮十者一切煩惱所知障淨清淨靜慮　如是靜
慮无量无邊能得菩薩大菩提果菩薩依此圓滿靜慮波羅蜜
多能於无上正等菩提速疾已證當證今證
本地分中菩薩地第十五初持瑜伽處慧品第十四　云何菩薩慧波羅
蜜多嗢拕南曰　自性一切難　一切門善士　一切種遂求　二世樂清淨　如是九
種相　是名略說慧　謂九種相慧名為菩薩慧波羅蜜多一者自性
慧二者一切慧三者難行慧四者一切門慧五者善士慧六者一切種慧七者
遂求慧八者此世他世樂慧九者清淨慧　云何菩薩自性慧謂能悟
入一切所知及已悟入一切所知簡擇諸法普緣一切五明處轉一內明處二因明
處三醫方明處四聲明處五工業明處當知即是菩薩一切慧之自
性　云何菩薩一切慧當知此慧略有二種一者世間慧二者出世間
慧此二略說復有三種一能於所知真實隨覺通達慧二能於五
明處及三聚中決定善巧慧三能作一切有情義利慧若諸菩薩於離
言說法无我性或於真諦將欲覺悟或於真諦正覺悟時或於真
諦覺悟已後所有妙慧最勝寂靜明了現前无有分別離諸戲論
於一切法悟平等性入大總相究達一切所知邊際遠離增益損減二邊順
入中道是名菩薩能於所知真實隨覺通達慧若諸菩薩於五明
處決定善巧處說如前力種姓品應知其相及於三聚中決定善巧
謂於能引義利法聚能引非義利法聚能引非義非利法聚
皆如實知於是八處所有妙慧善巧攝受能速圓滿廣大无上妙智資
粮速證无上正等菩提能作一切有情義利慧有十一種如前應知即於彼
住所有妙慧當知是名饒益有情慧　云何菩薩難行慧當知此慧
略三種　若諸菩薩能知甚深法无我智是名第一難行慧若諸
菩薩能了有情調伏方便智是名第二難行慧若諸菩薩了知一
切所知境界无障礙智是名第三難行慧　云何菩薩一切門
慧當知此慧略有四種謂於聞藏及菩薩藏所有勝妙聞所成
慧思所成慧於能思擇菩薩所應住處隨轉中及菩薩所不應
住處止息中思擇力所攝慧及修習力所攝三摩呬多地无量慧
云何菩薩善士慧當知此慧略有五種一聽聞正法所集成慧二內正
作意俱行慧三自他利行方便俱行慧四於諸法法住法安立无

BD14033號　瑜伽師地論卷四三　　（15–5）

慧當知此慧略有四種謂於聞藏及菩薩藏所有勝妙聞所成
慧思所成慧於能思擇菩薩所應住處隨轉中及菩薩所不應
住處止息中思擇力所攝慧及修習力所攝三摩呬多地无量慧
云何菩薩善士慧當知此慧略有五種一聽聞正法所集成慧二內正
作意俱行慧三自他利行方便俱行慧四於諸法法住法安立无
顛倒中善決定慧五拔煩惱慧復有異門一廣細慧悟入所知如所
有性故二周備慧悟入所知盡所有性故三俱生慧宿習資粮所
集成故四具教慧能於諸佛已入大地諸菩薩衆所聞法義具受
持故五具證慧從淨意樂地乃至到究竟見地所攝受故
云何菩薩一切種慧當知此慧六種七種總十三種六種慧者謂於諸
諦善智集智滅智道智於究竟位盡智无生智是名六慧七種
慧者謂法智類智世俗智神通智相智十力前行智四道理中正道
理智　云何菩薩遂求慧當知此慧略有八種一依法異門智所謂菩
薩法无礙慧二依法相智所謂菩薩義无礙慧三依法釋詞智所謂
菩薩釋詞无礙慧四依法品類句差別智所謂菩薩辯才无礙慧
五菩薩一切摧伏他論慧六菩薩一切成立自論慧七菩薩一切正訓
為家屬家產慧八菩薩一切善解種種王正世務慧　云何菩薩
此世他世樂慧當知此慧略有九種謂諸菩薩於內明處能善明淨
安住慧於醫方明處因明處聲明處世工業明處能善明淨非安住慧
一切菩薩即用如是於五明處善明淨慧以為依止於他愚癡被惑法
稍難修正行所化有情如其次第示現教導讚勵慶慰慧
云何菩薩清淨慧當知此慧略有十種於真實義有二種慧謂由
盡所有性及如所有性取真實義及於流轉義有二種慧謂取正因
果及於執受義有二種慧謂顛倒不顛倒如實了知故於方便義
有二種慧謂一切所應作所不應作如實了知故於究竟義有二種
慧謂雜染故清淨如實了知清淨故如是菩薩十義
十種差別淨慧當知是名最勝淨慧　如是菩薩無善決定无量
妙慧能證菩薩大菩提果菩薩依此能圓滿慧波羅蜜多速證
无上正等菩提　復次如是六種波羅蜜多世尊彼彼素怛纜中處
處散說今於此中攝在一處略說應智謂佛所說素怛纜中所有

BD14033號　瑜伽師地論卷四三　　（15–6）

十種善朋淨慧當知是名最勝淨慧 如是菩薩於善決定无量
妙慧能證菩薩大菩提果菩薩依此能圓滿慧波羅蜜多速證
无上正等菩提 復次如是六種波羅蜜多世尊彼彼素怛纜中處
處散說今於此中摠在一處略說應知謂佛所說素怛纜中所有
波羅蜜多乃至慧波羅蜜多或標或釋彼皆於此或自性施廣說
乃至或清淨施極入攝受知其所應皆當了知是所餘如所宣說
或乃至慧極入攝受知其所應亦當了知又諸如來為菩薩時所行一切菩
薩行中所有无量本生相應難行苦行當知一切與施相應依止於施如
說其施如是或忍或精進靜慮慧相應依止忍精進靜慮慧當知亦尒
或唯依施廣說乃至或唯依慧或二雜依二或雜依三或雜依四或雜
依五或雜依一切六波羅蜜多皆應了知 如是六種波羅蜜多菩
薩為證无上正等菩提果故精勤修集是大自法說名大自法海是一切有
情一切種類圓滿之因名為湧施大寶泉池又即如是所集无量福智資
糧更无餘果可共相稱唯除无上正等菩提
本地分中菩薩地第十五初持瑜伽處攝事品第十五 云何菩薩四種攝事
嗢柁南曰 自性一切難 一切門善士 一切種遂求 二世樂清淨 如是九種相
名略說攝事 謂九種相攝事名為菩薩四種攝事一者自性攝
事二者一切攝事三者難行攝事四者一切門攝事五者善士攝事六者
一切種攝事七者遂求攝事八者此世他世樂攝事九者清淨攝事
云何菩薩自性愛語謂諸菩薩於諸有情常樂宣說悅可意語
諦語法語引攝義語當知是名略說菩薩愛語自性
云何菩薩一切愛語謂此愛語略有三種一者菩薩設慰喻語由此
語故菩薩恒時對諸有情遠離顰蹙先發善言舒顏平視含咲為
先或問安隱吉祥或問諸界調適或問晝夜怡樂或命前進善
來以是等相慰問有情隨世儀轉順都人性二者菩薩設慶悅語由
此語故菩薩若見有情妻子眷屬財穀具所昌盛而不自知知應
覺悟以申慶悅或知信戒聞捨慧增亦復慶悅三者菩薩設勝益
語由此語故菩薩宣說一切種德圓滿法教相應之語利益安樂一切
有情恒常現前以勝益語而為饒益是名菩薩一切愛語善別應契
何略說知是菩薩一切愛語當知此語略為二種一隨世儀軌語二順

來以是等相慰問有情隨世儀轉順都人性二者菩薩設慶悅語由
此語故菩薩若見有情妻子眷屬財穀具所昌盛而不自知知應
覺悟以申慶悅或知信戒聞捨慧增亦復慶悅三者菩薩設勝益
語由此語故菩薩宣說一切種德圓滿法教相應之語利益安樂一切
有情恒常現前以勝益語而為饒益是名菩薩一切愛語善別應契
何略說知是菩薩一切愛語當知此語略為二種一隨世儀軌語二順
正法教語若慰喻語若慶悅語當知是名隨世儀軌語若勝益
語當知是名順正法教語
云何菩薩難行愛語當知此語略有三種若諸菩薩於能殺
害怨家惡友以善淨心无穢濁心思擇為說若慰喻語若慶
悅語若勝益語當知是名菩薩第一難行愛語若諸菩薩於
其上品愚癡鈍根諸有情所心无懈倦思擇為說種種法教攝受
疲勞如理如法如善稱取當知是名菩薩第二難行愛語若諸菩
薩於其諂誑欺罔親教軌範尊長真實福田行邪惡行諸有情所
无嫌恨心无恚惱心思擇為說若慰喻語若慶悅語若勝益語當知
是名菩薩第三難行愛語 云何菩薩一切門愛語當知此語略
有四種一欲斷諸蓋向善趣者為說先時所應住法二遠離諸蓋心調
善者為說增進四聖諦等相應正法三在家出家多放逸者无倒諫
誨方便令其出離放逸行住不放逸行四於諸法中多疑惑者為令
當來離疑惑故為說正法論義決擇 云何菩薩善士愛語當
知此語略有五種謂諸菩薩為所化生能說如來及諸菩薩有因緣
法有出離法有所依法有勇決法有神變法若所說法得處有
因斷生樂處是故此法名有因緣若所說法於所愛樂有毀犯者施
設還淨是故此法名有出離若所說法四依所攝施設无倒法律正行是
故此法名有所依若所說法能正顯示出一切苦不退還行是故此法名有
勇決若所說法住三神變一切所說終不唐捐是故此法名有神變
云何菩薩一切種愛語當知此語略有六種七種摠十三種言六種者一於應
聽法開聽愛語二於應斷法遮斷愛語三開示諸法法門愛語四開示无
倒法相愛語五開示无倒訓釋諸法言詞愛語六開示无倒法句差別
差別愛語言七種者一慰喻愛語二慶悅愛語三於他有情一切資具
希欲中一切所作以正事業希望中當為愛語四於懈怠障修勸示愛語

勇決若所說法住三摩呬多一切所說終不虛棄是故此法名有稱愛
云何菩薩一切種愛語當知此語六種七種總十三種言六種者一於應
聽法聞聽愛語二於應斷法斷愛語三開示諸法法門愛語四開示无
倒法相愛語五開示无倒訓釋諸法言詞愛語六開示无倒法句品類
差別愛語言七種者一慰喻愛語二慶悅愛語三於他有情一切資具多
希欲中一切所作及以正事少希欲中廣說愛語四安慰種種驚怖愛語
五如理宣說所稱愛語六為欲令他出不善處安住善處正見開庭
衆可愛語七請他有力饒益愛語如是菩薩十三種語當知名為一切
種愛語 云何菩薩遂求愛語當知此語略有八種謂諸菩薩依四
淨語起八聖語是名菩薩遂求愛語四淨語者謂離妄語及以離間
麁惡綺語八聖語者謂見言見聞言聞覺言覺知言知不見言不見
不聞言不聞不覺言不覺不知言不知 云何菩薩此世他世樂愛語
當知此語略有九種一說正法斷親屬難愁憂愛語二說正法斷
財位難愁憂愛語三說正法斷无病難愁憂愛語四說正法斷淨
戒難衆苦愛語五說正法斷正見難衆苦愛語六說正法讚美淨
戒圓滿愛語七說正法讚美正見圓滿愛語八說正法讚美軌則
圓滿愛語九說正法讚美正命圓滿愛語 云何菩薩清淨愛
語當知此語有二十種謂二十相宣說正法應知前力種姓品
說 云何菩薩利行謂此利行應知如愛語應知其相於利行中餘差別義
我今當說謂諸菩薩由一切品差別愛語隨說彼彼趣義利行饒
益有情故名利行 云何菩薩自性利行謂諸菩薩由彼愛語為
諸有情示現正理隨其所應於諸所樂隨義利行法隨法行如是行
中安住慈心无愛染心勸導調伏安處建立是名略說利行自性 云何
菩薩一切利行當知此行略有二種一未成熟有情能成熟利行二已成熟有
情令解脫利行復由三門一於現法利勸導利行二於後法利
勸導利行三於現法後法利勸導利行於現法利勸導利行者謂正
勸導以法聚集守護增長財位當知是名於現法利勸導利行
由此能令從他獲得廣大名稱及現法樂由資具樂攝受妻僕於後法
利勸導利行者謂正勸導棄捨財位清淨出家受乞求行以自存活
當知是名於後法利勸導利行由此能令決定獲得後法安樂不必
獲得現法安樂於現法後法利勸導利行者謂正勸導令在家者或

BD14033號　瑜伽師地論卷四三　（15–9）

勸導利行三於現法後法利勸導利行於現法利勸導利行者謂正
勸導以法聚集守護增長財位當知是名於現法利勸導利行
由此能令從他獲得廣大名稱及現法樂由資具樂攝受妻僕於後法
利勸導利行者謂正勸導棄捨財位清淨出家受乞求行以自存活
當知是名於後法利勸導利行由此能令決定獲得後法安樂不必
獲得現法安樂於現法後法利勸導利行者謂正勸導令在家者或
出家者漸次修行趣向離欲當知是名於現法後法利勸導利行由
此能令於現法中得身輕安得心輕安安樂而住於後法中或生淨天或
无餘依涅槃界中而般涅槃 云何菩薩難行利行當知此行
有三種若諸菩薩於先未行勝善根因諸有情所能行利行
是名第一難行利行何以故彼諸有情難勸導故若諸菩薩
於有善因現前耽着廣大財位衆具圓滿諸有情所能行利行
是名第二難行利行何以故彼於廣大極放逸迹極放逸處耽
着轉故若諸菩薩於諸外道遵着本異道邪見邪行諸有
情所能行利行是名第三難行利行何以故彼於自宗愚癡執
故於正法律憎背故 云何菩薩一切門利行當知此行略
有四種謂諸菩薩不信有情於信圓滿殷勤勸導乃至建立犯
戒有情於戒圓滿殷勤勸導乃至建立惡慧有情於慧圓滿
殷勤勸導乃至建立慳悋有情於捨圓滿殷勤勸導乃至
建立 云何善士利行當知此行略有五種謂諸菩薩於
真實義勸導有情於應時宜勸導有情於能引攝勝妙義利勸
導有情於諸有情柔軟勸導於諸有情慈心勸導 云何菩薩一切
種利行當知此行六種七種總十三種云何六種謂諸菩薩若有情應
攝受者正攝受之若諸有情應調伏者正調伏之若諸有情憎背
聖教除其恚惱若諸有情處中住者令入聖教若諸有情已入聖教
正於三乘令其成熟若諸有情已成熟者令得解脫云何七種謂諸菩薩
安處一分所化有情於善資糧守護長養所謂或依下乘出離或復
依於大乘出離如令所化於善資糧守護長養如是或於遠離或於
一境性或於清淨諸障或於修習作意正安處之若有聲聞獨覺種
姓即於聲聞獨覺乘中而正安處若有如來種姓有情即於无上正
等菩提最上乘中而正安處 云何菩薩遂求利行當知此行略有

BD14033號　瑜伽師地論卷四三　（15–10）

安處一分所化有情於善資糧守護長養所謂或依下乘出離或復
依於大乘出離如令所化於善資糧守護長養如是或於遠離或於心
一境性或於清淨諸障或於脩習作意正安處之者有聲聞獨覺種
姓即於聲聞獨覺乘中而正安處若有如來種姓有情即於无上正
等菩提最上乘中而正安處　云何菩薩遂求利行當知此行略有
八種謂諸菩薩見諸有情於應慚處為无慚纏之所纏逼方便開
解令離彼纏如无慚纏如是見有於應愧處為无愧纏之所纏逼若
惛沈纏若睡眠纏若掉舉纏若惡作纏若嫉纏慳纏之所纏逼方便開
解令離彼纏　云何菩薩此世他世樂利行當知此行略有九種謂諸
菩薩於他有情依淨身業勸令遠離一切殺生勸令遠離諸不與取勸
令遠離諸欲邪行勸令遠離一切窣羅若迷麗耶末陀放逸處酒
依淨語業勸令遠離一切妄語勸令遠離諸離間語勸令遠離諸麁
惡語勸令遠離一切綺語依淨意業勸令遠離一切貪欲瞋恚邪見
云何菩薩清淨利行當知此行略有十種謂諸菩薩於諸有情依外清
淨有五利行依內清淨有五利行云何菩薩於諸有情依外清淨有五利
行一无罪利行二不轉利行三漸次利行四遍行利行五如應利行云何諸
菩薩於諸有情雜惡行者先惡行者有罪行者雜染行者於諸善中
能正安處是名菩薩於諸有情无罪利行又諸菩薩於諸有情不於非
解脫非定清淨處求為真解脫求為定清淨者即於其中能正
勸導是名菩薩於諸有情不轉利行又諸菩薩於諸有情先
審觀察知幼慧者為說淺法隨轉麁近教授教誡知中慧
者為說中法隨轉處中教授教誡知廣慧者為說深法隨
轉幽微授教誡令其漸次脩集善品是名菩薩於諸有情漸次
利行又諸菩薩於諸四姓乃至天人一切有情隨力隨能行義利
行求利樂者即於其中隨類勸導是名菩薩於諸有情遍
行利行又諸菩薩於諸有情若於自義諸善法品隨下中上
切能差別可勸導者及由方便切能差別可勸導者隨其所
應於彼如彼方便勸導是名菩薩於諸有情如應利行是名菩
薩於諸有情如應利行是名菩薩於諸有情依外清淨五種利
行是名菩薩於諸有情依外清淨五種利行云何菩薩於諸有情

BD14033號　瑜伽師地論卷四三

(15-11)

行利行又諸菩薩於諸有情若於自義諸善法品隨下中上
切能差別可勸導者及由方便切能差別可勸導者隨其所
應於彼如彼方便勸導是名菩薩於諸有情如應利行是名菩
薩於諸有情如應利行是名菩薩於諸有情依外清淨五種利
行是名菩薩於諸有情依外清淨五種利行云何菩薩於諸有情
依內清淨五種利行謂諸菩薩於諸有情趣廣大悲意樂現
前而行利行又諸菩薩於諸有情所作義利雖受一切大苦劬
勞而心无倦深生歡喜為諸有情而行利行又諸菩薩於諸有
情所作義利雖受一切大苦劬勞而心无倦深生歡喜為諸有
情而行利行又諸菩薩雖現安處最勝第一圓滿財位而自謙下
如奴如僕亦如孝子旃荼羅子其心卑屈離憍慢及離我執
於諸有情而行利行又諸菩薩於諸有情心无愛染无有虛
偽真實哀憐而行利行又諸菩薩於諸有情生起畢竟无復
復退轉慈愍之心而行利行是名菩薩於諸有情依內清淨五
種利行如是依於內外清淨各五利行總有十種是名菩薩清
利行　云何菩薩同事謂諸菩薩若於是義若於是善根勸他
受學即於此義於善根或等或增自現受學如是菩薩無他事
同故名同事所化有情知此菩薩所脩同事便於自己受學善根
堅固決定无有退轉何以故彼作是思菩薩勸我所受學者定能
為我利益安樂由此菩薩所授我者即於其中自現行故无有知
无利益安樂自現行者非諸菩薩如是同事勸導有情他得語言
汝自於善不能受學云何以善教勸勸導數數教授教誡於他汝
應從他教勸諫受教授教誡　有諸菩薩是他同事而不自顯
與他同事有諸菩薩非他同事而自顯現與他同事有諸菩薩
是他同事亦自顯現與他同事有諸菩薩非他同事亦不自顯與
他同事第一句者謂有菩薩與諸菩薩功德威力背志平等於菩
薩道自謂為師功德威力與等菩薩隱自善故而不顯己功德威
力第二句者謂諸菩薩見有下劣信解有情於其深處心生怖
畏便正思擇為彼方便化導彼故自現己身與其同法所謂不
於旃荼羅類乃至狗類彼作饒益彼除其惡彼調彼化故思於彼

BD14033號　瑜伽師地論卷四三

(15-12)

薩道自謂為師功德威力無等菩薩隱自善故而不顯己功德威
力第二句者謂諸菩薩見有下劣信解有情於甚深處心生怖
畏便正思擇為彼方便化導彼故自現己身與其同法所謂不
於旃荼羅等乃至首陁為作饒益為除災患為調伏化故現於彼
旃荼羅等同分中生第三句者謂諸菩薩見所化者所受善根猶
可擾動為令堅住現與同事或善或增第四句者謂諸菩薩自行
最勝尊貴增他事 ◎如是已說多種施戒廣說乃至最後同事其中所
有波羅蜜多名能自成熟一切佛法所有攝事能成熟他一切有情當
知略說菩薩一切善法作業 ◎又如前說多種施戒廣說乃至最後
同事如是眾多助菩提分无量善法由三因緣應知現行由二因緣應
知最勝由三因緣應知清淨謂由身語意三因緣故應知現行欲諸
善法由廣大故无雜染故應知最勝亦名无上亦名不共當知此中有
情无別故事无別故時无別故名為廣大有情无別者謂諸菩薩普
於一切有情處所普為一切法界有情脩行如是施等善根非為己
事无別者謂諸菩薩普於一切及一切種施等善根精勤受學時无別
者謂諸菩薩恒常无間不離加行不捨善軛若晝若夜現法後法
所由此因施等善根常行无替當知此中由四種相成无雜染謂諸菩
薩懷歡喜心脩諸善法由是因緣无悔无憂无有憂悔又諸菩薩不積
惱他不善見趣不離惡行脩行施等无量善根又諸菩薩不重遠離於
其施等无量善法唯見功德唯見真實唯見寂靜救善決定不從他
緣非餘引奪而正受學又諸菩薩不因所脩施等善法希異熟果或
轉輪王或天帝釋或魔或梵亦不於他希求反報无所依止不依一
切利養恭敬世俗名譽乃至不依養活身命由如是相淨勸善俱无
不平等救重无依脩行施等廣說乃至同利為後无量善法名无雜
染由熾然故无動轉故善清淨故應知清淨若諸菩薩已入清淨意
樂地者一切善根熾然无動言熾然者謂此菩薩意樂淨故一切善法
不由思擇熾盛現前言无動者謂此菩薩意樂淨故隨所獲得隨所
積集所有善法皆无退轉於當來世能无退減如是菩薩隨所發起
彼彼日夜隨所過度彼彼自身所有善法如朋分月唯增无減若諸

BD14033號　瑜伽師地論卷四三

（15–13）

樂地者一切善根熾然无動言熾然者謂此菩薩意樂淨故一切善法
不由思擇熾盛現前言无動者謂此菩薩意樂淨故隨所獲得隨所
積集所有善法皆无退轉於當來世能无退減如是菩薩隨所發起
彼彼日夜隨所過度彼彼自身所有善法如朋分月唯增无減若諸
善住到究竟地或繫屬一生最後有者所有善法名善清淨此上更
无菩薩地稱勝淨法故如是施等同事為後无量善法三因緣故應
知現行二因緣故應知最勝三因緣故應知清淨
◎此中所有一切施一切戒廣說乃至一切同事若多脩習若善清淨若
具圓滿能感无上正等菩提金剛堅固身正法久住果此中所有難
行施難行戒廣說乃至難行同事若多脩習若善清淨若具圓
滿能感如來成就无等希奇法果此中所有一切門施一切門戒
廣說乃至一切門同事若多脩習若善清淨若具圓滿能感如來一切
最勝有情天人所供養果此中所有善士施善士戒廣說乃至善士同
事若多脩習若善清淨若具圓滿能感如來於諸有情无足二足四足
多足有色无色有想无想及以非想非非想處於此一切有情類中最尊勝
果此中所有一切種施一切種戒廣說乃至一切種同事若多脩習若善清
淨若具圓滿能感如來无量殊勝福德所攝三十有二大丈夫相八十隨好莊
嚴身果此中所有遂求施遂求戒廣說乃至遂求同事若多脩習若善
清淨若具圓滿能感如來坐菩提座一切魔怨不能惱亂不傾動果
此中所有此世他世樂施此世他世樂戒廣說乃至此世他世樂同事若
多脩習若善清淨若具圓滿能感如來最勝靜慮解脫等持等至
樂果此中所有清淨施清淨戒廣說乃至清淨同事若多脩習若善清
淨若具圓滿能感如來四一切種清淨果謂所依淨所緣淨心淨智淨
亦感如來三不護十力四无所畏三念住一切共佛法最清淨果略是菩薩施
等善法能感无上到究竟果當知亦感生死流轉隨順菩薩行所餘无
量无邊可愛无罪勝果

瑜伽師地論卷第卌三

BD14033號　瑜伽師地論卷四三

（15–14）

BD14033 號　瑜伽師地論卷四三　　（15–15）

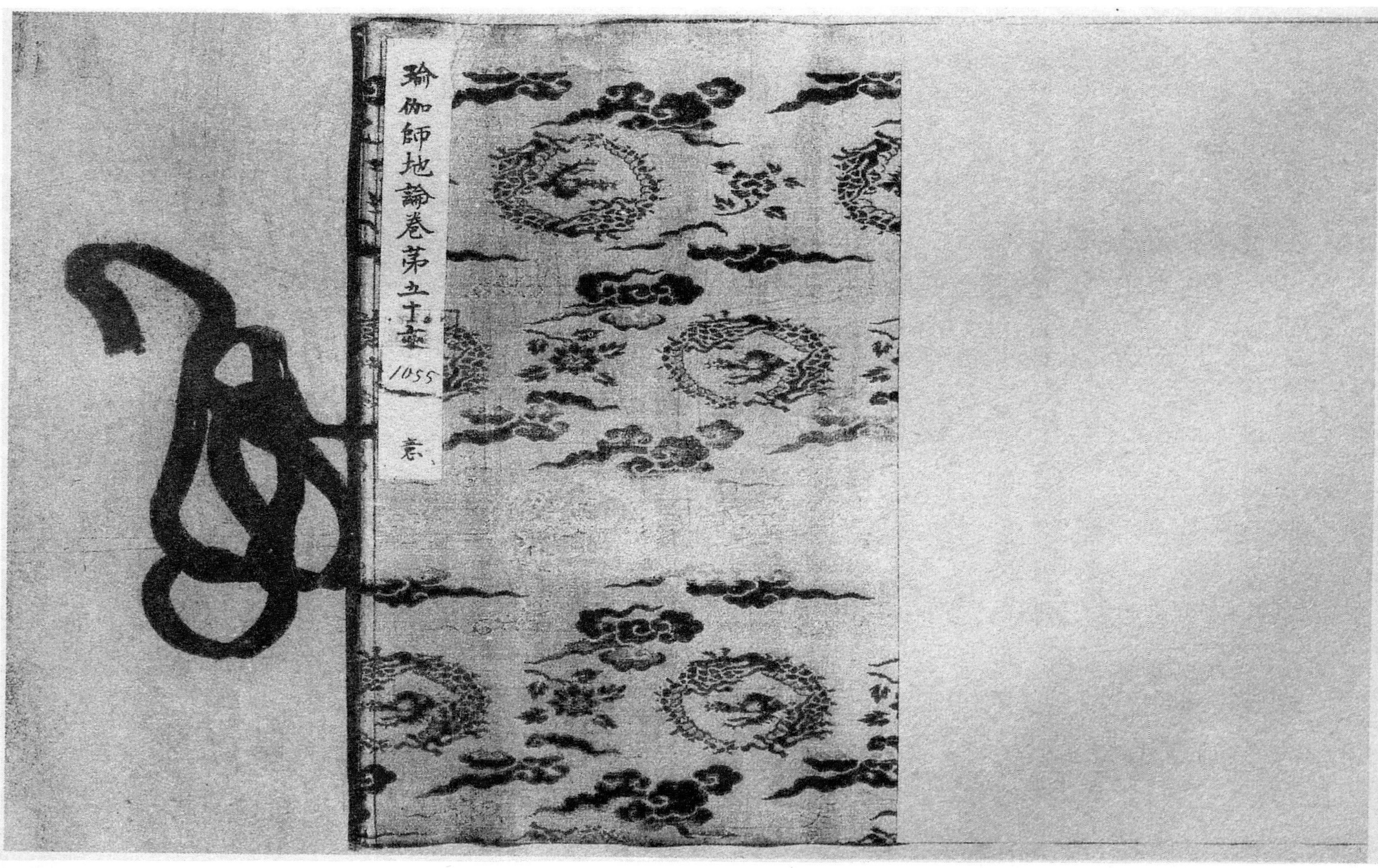

BD14034 號背　現代護首　　（1–1）

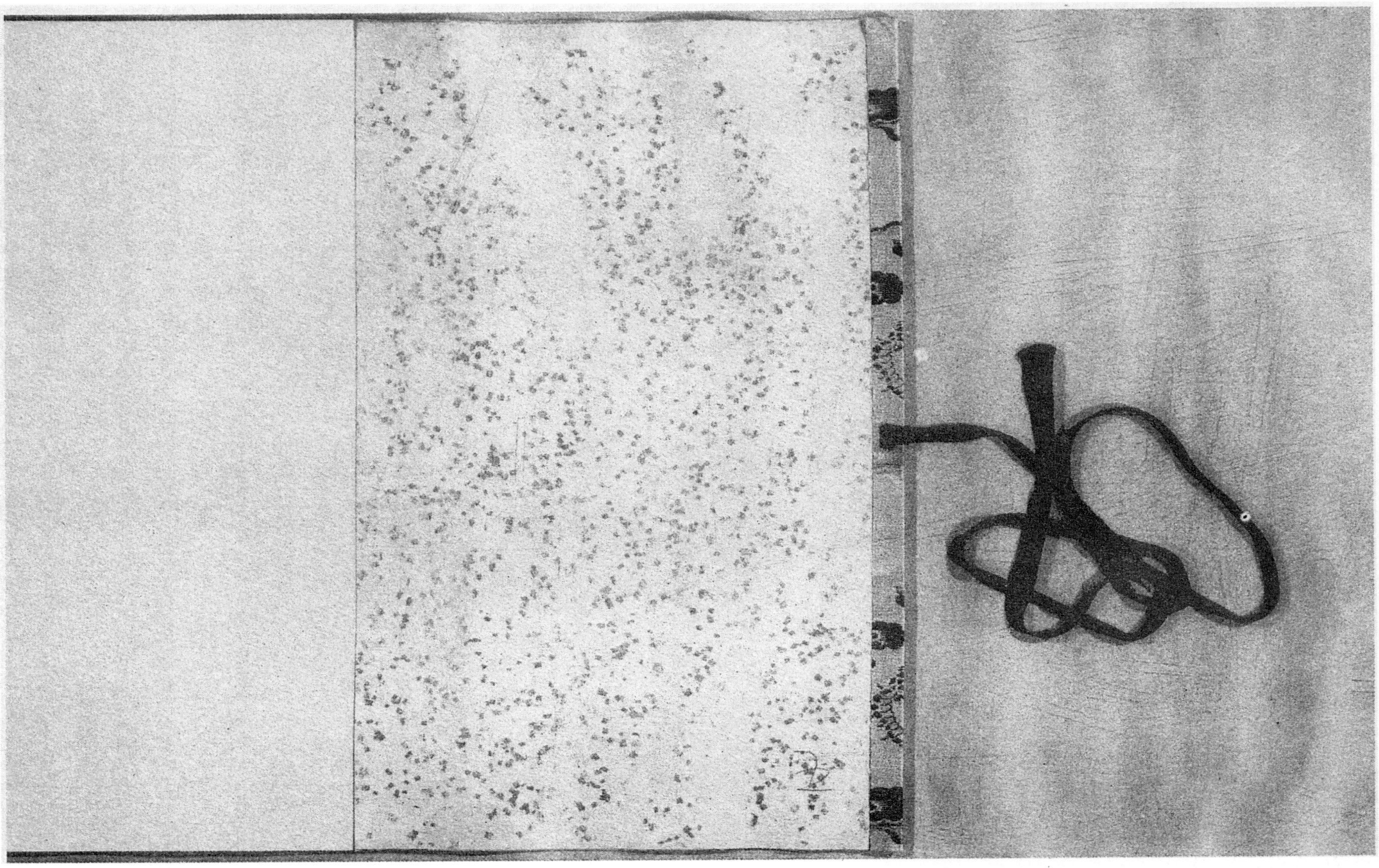

BD14034 號　瑜伽師地論卷五六　（14–1）

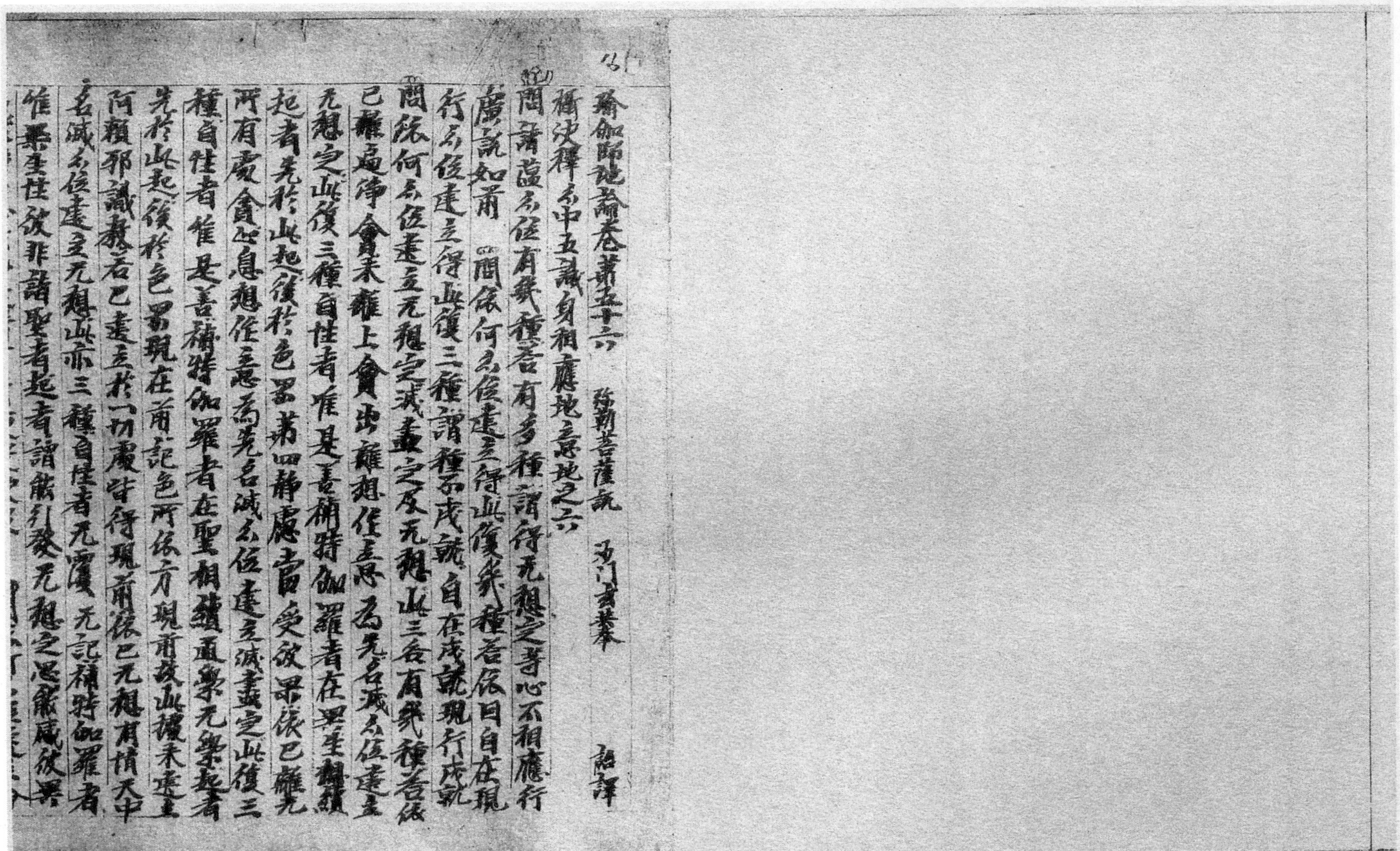
瑜伽師地論卷第五十六　彌勒菩薩說　沙門玄奘奉　詔譯
攝決擇分中五識身相應地意地之六
問諸蘊分位有幾種答有多種謂得无想定等心不相應行
廣說如前　問依何分位建立得此復幾種答依自在現
行分位建立得此復三種謂種子成就自在成就現行成就
問依何分位建立无想定滅盡定及无想此三各有幾種答依
已離遍淨貪未離上貪出離想作意為先名滅分位建立
无想定此復三種自性者唯是善補特伽羅者在異生相續
起者先於此起後於色界第四靜慮當受彼果依已離无
所有處貪止息想作意為先名滅分位建立滅盡定此復三
種自性者唯是善補特伽羅者在聖相續通學无學起者
先於此起後於色界現在前託色所依方現前故此據未建立
阿賴耶識教若已建立於一切處皆得現前依已无想有情天中
名滅分位建立无想此亦三種自性者无覆无記補特伽羅者
唯異生性彼非諸聖者起者謂能引發无想定思能感彼異

BD14034 號　瑜伽師地論卷五六　（14–2）

種自性者[illegible]在聖[illegible]
先於此起後於色界現在前記色所依方現前故此據未建立
阿賴耶識教若已建立於一切處皆得現前依已无想有情天中
名滅亦建立无想此亦三種自性者无覆无記攝時伽羅者
唯異生性依非諸聖者起者謂能引發无想之思能感彼異
熟果後想生已是諸有情便從彼沒　⊙問依何分位建立命
根此復幾種答依業所引異熟住時決定分位建立命根此復
三種謂定不定故愛非愛故歲劫數等所安立故　⊙問依何分
位建立衆同分此復幾種答依諸有情相似分位立衆同分此
復三種所謂種類同分自性同分工巧業處養命同分　⊙問依何
分位建立生此復幾種答依現在分位建立生此復三種所謂剎
那生相續生分位生　問依何分位建立老此復幾種答依前後
分建立老此復三種謂異性老轉變老受用老　問依何分位建
立住此復幾種答即依生分位建立住此復三種謂剎那住
相續住立制住　⊙問依何分位建立无常此復幾種答依生已
壞滅分位建立无常此復三種謂壞滅无常轉變无常別離
无常　⊙問依何分位建立名身此復幾種答依假言說分位建
立名身此復三種謂假設名身實物名身世所共了不了名身
如名身句身文身當知亦尒此中差別者謂標句釋句差別所攝
字所攝　⊙問依何分位建立異生性此復幾種答依未生起
一切出世聖法分位建立異生性此復三種謂欲界繫色界
繫无色界繫　⊙問依何分位建立流轉此復幾種答依因果
相續分位建立流轉此復三種謂剎那展轉流轉生展轉
流轉染汙清淨展轉流轉　問依何分位建立定異此復幾
種答依法別相分位建立定異此復三種謂相定異因定異果
定異　問依何分位建立相應此復幾種答依因果相稱分
位建立相應此復三種謂和合相應方便相應稱可道理所
作相應　問依何分位建立勢速此復幾種答依迅疾流轉分位
建立勢速此復三種謂諸行勢速士用勢速神通勢速　問依
何分位建立次第此復幾種答依一一行流轉分位建立次第此
復三種謂剎那流轉次第內身流轉次第成立所作流轉次
第　問依何分位建立時此復幾種答依行相續不斷分位建立
時此復三種謂去來今　問依何分位建立方此復幾種答依所
攝受諸色分位建立方此復三種謂上下傍　問依何分位建立
數此復幾種答依諸量表了分位建立數此復三種謂一數二數

BD14034號　瑜伽師地論卷五六　（14–3）

何分位建立次第此復幾種答依一一行流轉分位建立次第此
復三種謂剎那流轉次第內身流轉次第成立所作流轉次
第　問依何分位建立時此復幾種答依行相續不斷分位建立
時此復三種謂去來今　問依何分位建立方此復幾種答依所
攝受諸色分位建立方此復三種謂上下傍　問依何分位建立
數此復幾種答依諸量表了分位建立數此復三種謂一數二數
多數　問依何分位建立和合此復幾種答依所作支无闕分位
建立和合此復三種謂集會和合義和合圓滿和合　問依何
分位建立不和合此復幾種答與相和合違應知不和合若分
位若差別　⊙問於諸蘊中何義幾蘊是有色即以此性還
說此性色自性義是有色義一蘊是有色問何義幾蘊是有
見答眼所行義一蘊一分是有見問何義幾蘊是有對答展轉
相觸礙處所義及處大義是有對義處大義者當知遠離三
種微細此三微細如前應知一蘊一分是有對問何義幾蘊是有
漏答麁重所隨非欲對治煩惱所生義一切一分是有漏復有有漏
義謂若是處煩惱能生四種過失是有漏義何等名為四種
過失一不寂靜過失二內外變異過失三發起惡行過失四攝受
因過失當知初過失纏現行所作第二過失諸煩惱事隨逐煩
惱所作第三過失煩惱因緣所作第四過失引發後有所作問何
義幾蘊是有為答從因已生及應生義一切是有為問何義幾
蘊是有諍答多隨瞋恚自在轉義一切一分是諍問何義幾
蘊是有愛味答多隨愛見自在轉義一切一分是有愛味問何
義幾蘊是依耽嗜答多隨欲貪自在轉義一切一分是依耽嗜
問何義幾蘊是世間答藏論依義一切一分是世間問何義幾
蘊是墮界答三界所攝世間義一切一分是墮界　問何義幾蘊
是過去答已受用因果義一切是過去問何義幾蘊是未來答未受
用因果義一切是未來問何義幾蘊是現在答已受用因義及未
受用果義一切是現在問何義幾蘊是內答二處所攝彼義一蘊
一分四蘊全是內問何義幾蘊是外答內相違義一蘊一分是外問
何義幾蘊是麁答不光潔積聚相增長義一切一分是麁問何
義幾蘊是細答麁相違義一切一分是細問何義幾蘊是劣答无
常苦不淨染行義一切一分是劣問何義幾蘊是妙答劣相違義
一切一分是妙問何義幾蘊是遠答處所未來時方隔越義一切一

BD14034號　瑜伽師地論卷五六　（14–4）

一切四蘊全是內問何義幾蘊是外若內相違義一蘊一分是外問
何義幾蘊是麁若不光潔積聚相增長義一切一分是麁問何
義幾蘊是細若麁相違義一切一分是細問何義幾蘊是劣若无
常苦不淨染汙義一切一分是劣問何義幾蘊是妙若劣相違義
一切一分是妙問何義幾蘊是遠若處所去來時方隔越義一切一
分是遠問何義幾蘊是近若遠相違義一切一分是近問何義幾
蘊是欲界繫若於此間生未得對治或得已出三時現行義一切一
分是欲界繫問何義幾蘊是色界繫若已得色界繫對治若
入彼定或復生彼未得上對治或得已出三時現行義一切一分是
色界繫問何義幾蘊是无色界繫若已得无色界繫對治若
入彼定或復生彼未得上對治或得已出三時現行義一切一分是无
色界繫復有差別謂輕安俱三摩地及彼眷屬并彼果法所
不攝義是欲界繫屬色煩惱與彼相違所攝義是色界繫
離色煩惱彼所攝義當知是无色界繫 問何義幾蘊是
善若能感當來樂果報義及煩惱苦永斷對治義一切一分是善
問何義幾蘊是不善若能感當來苦果報義及能發起諸惡
行義一切一分是不善問何義幾蘊是无記若彼俱相違義一切
一分是无記復有差別謂離過失義及功德對治隨順義
是善與此相違義是不善彼俱相違義是无記問何義幾
蘊是學若學方便善義一切一分是學問何義幾蘊是无學若
學究竟善義一切一分是无學問何義幾蘊是非學非无學若
離前二種所有善染汙无記法義一切一分是非學非无學
問何義幾蘊是見所斷若見所斷現觀智諦現觀所應斷義一切一分
是見所斷問何義幾蘊是脩所斷若得見迹後現觀脩道所斷義
一切一分是脩所斷問何義幾蘊是无斷若一切染汙永斷對治義及
已斷義一切一分是无斷 問何義幾蘊是无色等義如前所說色
等相違義當知是无色等義如是等類應當分別諸蘊差別
問如說積聚義是蘊義何等名為積聚義邪若種種所品
體義更互和雜轉義一類總略義增益積減義是積聚義
問何緣色蘊說名為色若於彼彼方所種殖增長義及變礙
義故名為色此變礙義復有二種一手等所觸便變壞義二
方處差別種種相義 問何緣四无色蘊總說名名若順趣種

BD14034 號　瑜伽師地論卷五六 (14–5)

等相違義當知是无色等義如是等類應當分別諸蘊差別
問如說積聚義是蘊義何等名為積聚義邪若種種所品
體義更互和雜轉義一類總略義增益積減義是積聚義
問何緣色蘊說名為色若於彼彼方所種殖增長義及變礙
義故名為色此變礙義復有二種一手等所觸便變壞義二
方處差別種種相義 問何緣四无色蘊總說名名若順趣種
種所緣境義依言說名分種種所緣境義故說為名 問諸蘊
誰所攝為何義故建立蘊邪若自性所攝非他性為遍了知種種
自類是故建立 問諸法誰相應為何義故建立相應若他性相
應非自性為遍了知依自性清淨心有染不染法若增若減是故
建立 有一沙門若婆羅門發令名中唯心實有非諸心所此不
應理何以故其說諸蘊有五種性不成就故又若彼計名性
別故有五性者名性別計亦有過失何以故是諸名性麁轉相
望住用差別若有若无皆成失若言有者由相異故便應
有異實物體性若言无者計名性別別為唐損又不應謂
如六識身名性差別何以故由六識身所依所緣有差別故
是諸名性一處可得故不應理若謂轉變亦不應理何以故
於有色物可轉變故得有名性前後差別非於无色有如乳酪
生蘇等異又心自緣无差別故行別名性不應道理於一剎那
心不可得差別因緣令彼名性而有差別是故如計名性差
別不應道理又違教故雖心實有不應道理違何等教謂如
經言貪瞋癡等惱染其心不解脫問此中何所相違若唯
有心二不俱有是即貪等應不依識若汝復謂以識為先亦
不應理无差別過前已說故又復經言與觸俱生受想思等
又餘經說如是諸法恒共和合非不和合不可說言如是諸法
而可分析令別殊異又佛世尊為破成立此和合義說燈明
喻是故不可離彼俱生而說和合又復經言如是六界說名
士夫依密意說故无過失問此中有何密意答唯依顯說色
動心所最勝所依當知是名此經密意復有違彼聖教可得
何等聖教謂世尊言乳酪生蘇三辭喻故或有處所唯四大
種以之為我或有處所有色意意生或有處所无色想生如是
經意唯大種或唯有心唯有想邪是故當知如是等經皆
有密意故名所攝四无色蘊心與心所更互相應道理成就中
嗢柁南曰 五種性不成 名性差別失 因緣无別故 與聖教相違

BD14034 號　瑜伽師地論卷五六 (14–6)

依聖教謂世尊言乳酪生蘇三辟崙故或有處所廣四大
種以之為我或有處所有色意生或有處所无色想生如是
經言意豈唯大種或唯有心唯有想耶是故當知如是等經皆
有密意故名所稱四无色蘊心與心所更互相應道理成就中
嗢拕南曰　五種性不成　亦復墮過失　因緣无別故　與聖教相違
如是已決擇蘊事善巧界事善巧今當決擇問何等是眼界
答若眼未斷或復斷已命根稱受始眼界乃至意識界及
法界一分當知亦介問何等是色界答若色相增上所生若彼
於此為增上是名色界如色界乃至觸界當知亦介
問此十八界幾是實有幾假有答實有者或十七或十二六為一故
一為六故此約世俗安立道理　問若有眼亦眼界耶設有眼界
亦眼耶答應作四句或有眼非眼界謂阿羅漢最後眼是名
初句或有眼界非眼謂生有色界若眼未生或生已失或不得
眼或眼无間滅若諸異生生无色界是第二句或有眼亦眼界
謂除介所相是第三句或有无眼亦无眼界謂阿羅漢眼已
失壞或不生眼若生无色界或於无餘依涅槃界已般涅槃
是第四句如眼界一切內界隨其所應當知亦介身界應
不別謂无身未不生身者餘隨所應當具宣說於四句
界隨其所應亦當具說若聲者聲界心宣聲時當言俱
有若不宣聲當言隨所餘界唯界非聲問此十八界幾
是同分幾彼同分答若有識眼界名為同分所餘眼界名
彼同分如眼界乃至身界亦介唯根所攝內諸界中思量
同分及彼同分非於色等外諸界中當知法界諸有所緣
如心界說諸无所緣如色等說　問幾界合而能取幾界不
合能取答六合能取四不合能取五及一分非能取一界若
合不合二俱能取問幾唯所取非能取幾亦所取亦能取
耶答一切皆可取謂五及一少分唯所取十二及一少分亦是能
取問幾由助伴故能取幾獨能取耶答十及一少分由助伴
故能取一及一少分獨能取　問幾唯欲界繫答四問幾唯
色界繫答无問幾唯无色界繫答亦无問幾唯欲色界
繫答十問幾唯色无色界繫答无問幾通三界繫答三
問幾執受幾非執受答五執受五非執受所餘一分非
執受何以故以離於彼餘能執受執受於彼不可得故
云何種種界謂即十八界展轉異相云何非一界謂即彼諸

BD14034號　瑜伽師地論卷五六

（14–7）

繫答十問幾唯色无色界繫答无問幾通三界繫答三
問幾執受幾非執受答五執受五非執受所餘一分非
執受何以故以離於彼餘能執受執受於彼不可得故
云何種種界謂即十八界展轉異相云何非一界謂即彼諸
界无量有情種種差別所依住性云何无量界謂於彼十二名
无量界如佛世尊於惡叉聚喻中說我於諸界終不宣說界
有邊際　嗢拕南曰　何等實有性　四句與同分　取界執受非
種種等非一　問何等是界義答因義種子義本性義種姓義
微細義任持義是界義　問以何義故但蘊處宣亦說名界
答由彼能持若不生義或持身眼等運動用義　問為顯何義建
立界耶答為顯因緣義顯根境受用義　問此十八界由誰分別答若
略說當知由六種一法界謂眼等法有眼等界二淨界謂住種姓補
特伽羅所有諸界三本性界謂即如所說十八界无始時來於後後生
其性成就四住種姓不住種姓補特伽羅无始時來涅槃非涅槃法
其性成就五熏習界謂即此諸界淨不淨法先所熏習於生死中得勝勢
生涅槃因性五已與果界謂即此諸界感果已滅六未與果界謂即此
諸界未感得果或滅未滅如是略說諸界有六種若廣說者其數无量
問此十八界幾有色幾无色乃至幾无斷耶答如前所說相應隨順建立
問如說眼見諸色乃至意了諸法此為眼等是見者乃至是了者耶為彼
識耶答約勝義道理非是眼等亦非彼識何以故諸法自性衆緣生故剎
那滅故无作用故約世俗道理眼等最勝故可於彼立見者等何以
故若有眼等諸根識便定生无所缺減或有識流非眼等根若
缺若闕俱可得故此中實義唯於見等說見者等　問此六
界幾種次第宣說何等答略有二種一三種次第宣說
因緣二六種次第宣說因緣云何三種次第宣說因緣謂所依境
界俱依差別故所以者何由識與根同一處義故說名依境界是
所緣義故亦名依云何六種次第宣說因緣謂彼所行衆多差
別數數行先說眼等是初因緣又隨世間語事轉故說彼次第
由諸世間先互相見次相慰問次設飲食次過晝夜分現前歎
設種種可愛妙好臥具氍蓐被枕觸習得樂是第二因緣又善果
差別為依止故次第宣說是第三因緣又嚴飾差別所稱受故
次第宣說謂受嚴者必以英鑷鑷等先莊眉眼次以耳璫耳輪
等莊嚴其耳非於餘根如是嚴飾是第四因緣又依作業飲食

BD14034號　瑜伽師地論卷五六

（14–8）

設種種勝妙財具氈褥被枕觸習侍衛是第二因緣又善樂
善別為依止故汝等宣說是第三因緣又嚴飾善別所稱愛故
汝等宣說諸受蘊者必以安繕那等先莊眉眼次以耳璫耳環
等莊嚴其耳非於餘根如是嚴飾是第四因緣又依作業處食
習處等事汝等宣說由諸衆生皆先依止身語二業若淨不淨
方便勤求次食段食既飽解已習近諸處是第五因緣又由作業
差別稱受故汝等宣說所以者何由眼能見種種諸色往還无
失威儀不亂記識他身曾見不見及怨親中了悟方所宣示於他
起相宣說觀衆舞樂角力戲等廣受種種世間喜樂長養依
身如等類有无量種眼界作業由耳能聞種種音聲因此了悟善
說惡說種種義理起諸言論因聞種種微妙樂音廣受種種世間喜
樂長養依身如是等類耳界作業皆前嗅者鼻界能嗅種種
諸香尋香而往受諸喜樂長養依身如是等類鼻界作業方
前嗅者舌界能嘗種種諸味受諸喜樂長養依身如是等類舌
界作業方前嗅者身界能觸種種所觸受諸喜樂雖能長養依
身然欲樂具或於一時復為損害如是等類身界作業最為殊
勝是名第六汝等宣說因緣於此眼等六種因緣差別中意處遍
行故最後宣說為稱如是汝等因緣中　嗢拕南曰　衆多順世俗
喜樂與莊嚴　習二種作業　故汝等宣說　⊙復次此十八界當知能攝
一切經中所說界　問生色界者已於境界而得離欲何緣復生
鼻舌兩界若為合所依身端嚴故又色界中於此二種未離欲
故　問生第二靜慮或生上地若有尋有伺眼等識現在前者
何此地无尋无伺若不現前若何於欲有色諸根而能領受彼
他境界若由有尋有伺諸識種子隨逐无尋无伺三摩地故從
彼起已此得現前又此起已識現行時復為无尋无伺三摩地
種子之所隨逐是故此地非是一向无尋无伺由彼有情於諸尋伺
以住離欲而離欲故彼地雖名无尋无伺此復現行亦无過失
問何緣眼界耳界鼻界各生二名非餘者為令依止得端嚴故
問眼耳鼻三識生時為依二為當言一耶當言二耶若當言唯一
何以故若彼一名无障不壞識明了生若彼有障或復失壞識不
明了生故識非色故无有如色由方所別成二名義　問眼與眼識
若是因果云何俱有若俱有者云何得成因果兩性答識依眼生
非如種子因果道理何以故眼與眼識非心因唯建立因是故此二

BD14034 號　瑜伽師地論卷五六　(14–9)

何以故若彼一名无障不壞識明了生若彼有障或復失壞識不
明了生故識非色故无有如色由方所別成二名義　問眼與眼識
若是因果云何俱有若俱有者云何得成因果兩性答識依眼生
非如種子因果道理何以故眼與眼識非心因唯建立因是故此二
俱時而有猶如燈焰光明道理如眼與眼識耳鼻舌身
與彼諸識當知亦尒若異此者雖有自種无所依故眼等諸識
應不得生　問若於欲界或生或長當言眼界決定轉耶答
此非一向如眼界耳鼻舌界及彼識界當知亦尒身界決定轉
如是身識界意界法界意識界色聲香味觸界亦尒
問若於色界或生或長當言眼界決定轉耶答決定轉如眼界
如是耳鼻舌身界眼耳身識界亦尒除香味界及彼識界
餘一切界亦決定轉於无色界或生或長除意界法界意識
界餘定不轉唯除自在所緣諸色當知三界於彼定轉
界事善巧如蘊善巧亦應宣說嗢拕南頌如界善巧處事善
巧嗢拕南頌當知亦尒　云何眼處謂若眼已得不捨於无間滅
非斷滅法如眼處餘處自性當知亦尒　問處觸處何差別答
處如前說觸處者謂與觸俱或能无間引發諸觸隨順於觸所
有諸處　問若眼亦處耶設處亦眼耶答若有眼非處謂若眼
已得不捨然是无間斷滅之法有處非眼謂所餘處住處相有亦眼
亦處謂若眼已得不捨亦非无間斷滅之法有非眼非處謂若
眼不得或得已捨及餘耳等不住處相　問若處亦觸處耶設觸處
亦耶答諸觸處必是處有處非觸處謂眼等不與觸合亦復
不能引无間觸然非无間斷滅之法若於色界或生或長所有鼻
舌生无想有情天中所有諸根於一切時當知必定非處　問處名何
義為顯何義建立處耶答諸心心生長門義緣方便義和合住
義所依止義君住處義是名處義為顯亦等无間所緣增上
三種緣義故建立處廣分別處及汝等隨其所應如界當知
又世尊言有八勝處廣說如經如是十遍處又有四處謂空无邊
處等又有二處謂无想處非想非非想處如是等法處名說者
所如說想隨其所應當知皆在十二處攝又處依止如界應知
復次云何名緣生法謂无主宰无有作者无有受者无自作用
不得自在從因而生託衆緣轉本无而有有已散滅唯法所顯唯
法能潤唯法所潤墮在相續如是等相名緣生法當知此中因
名緣起果名緣生此无明隨眠不斷有故發无明纏有此无明生

BD14034 號　瑜伽師地論卷五六　(14–10)

所如說想隨其所應當知皆在十二處攝又處依止如界應知
復次云何名緣生法謂无主宰无有作者无有受者无自作用
不得自在從因而生託衆緣轉本无而有有已散滅唯法所顯唯
法能潤唯法所潤墮在相續如是等相名緣生法當知此中因
名緣起果名緣生此无明隨眠不斷有故彼无明纏有此无明纏
生故彼諸行纏如是諸行種子不斷故諸行得生諸生故得
有識轉如是所餘諸緣起支流轉道理如其所應當知亦尒
當知有生及老死支是假有法所餘有支是實有法　　復由五相
建立緣起差別何等爲五一衆苦引因依處二衆苦生因依處
三衆苦引因四衆苦生因五衆苦生起衆苦引因依處者謂於
現法中名色爲緣六處生起不斷不知此爲所緣及依處故
一切愚夫於內自體愚癡生起是名无明无明緣故次後諸行
乃至後時有觸緣受此中六處名无明等引因依處衆苦生因依
處者謂諸愚夫觸爲緣故於現法中諸受生起此爲依處於
外境界發起諸受由受爲緣次後有取取爲緣故次復有有如
是愛等三種生因用觸緣受爲所依處衆苦引因者謂无明
緣行乃至觸緣受現法中識爲福非福及不動業之所熏習
後後種子之所隨逐能引當來餘身識等生老死苦是故說此
爲彼引因衆苦生因者謂受緣愛愛緣取取緣有是名當來衆
苦生因即先所作業爲煩惱攝受未來世生將現前故當知名有
衆苦生起者謂有緣生生緣老死如名爲衆苦生起即識名色
六處觸受先種子住隨所依時曾得衆苦引因之名今已與果
名生老死復得苦名　　復次當知无明智所對治别有心法覆蔽
爲性非唯明无亦非邪知何以故若彼无明唯明无者應不可立爲
中上品由无性法都无爲中上品異故又不可立无明隨眠與纏差
别由无性法於一切時其相相似現行隨縛不可建立又異生心善
除无記於一切處常離慧眼若此无性是无明者應一切心皆成染汙
又无性法非有爲攝非无爲攝既非有爲无爲所攝不能爲染亦
不爲淨又於離明心相續中應一切時不得起又不應說无明爲彼
明得生起所以者何无有无法而可滅故若唯邪智是无明者爲
除慧明所攝諸智餘一切智皆邪智邪爲唯染汙邪執性智是
邪智邪爲諸煩惱相應邪智是邪智邪若言初智是邪智者
一切異生相續中智應邪智若善若无記此不應道理若唯染

BD14034 號　瑜伽師地論卷五六　（14-11）

明得生起所以者何无有无法而可滅故若唯邪智是无明者爲
除慧明所攝諸智餘一切智皆邪智邪爲唯染汙邪執性智是
邪智邪爲諸煩惱相應邪智是邪智邪若言初智是邪智者
一切異生相續中智應邪智若善若无記此不應道理若唯染
汙邪執性智是邪智者唯應五見薩迦耶等名染性智此中如實
不了行相是名无明由有如實不了行故邪執事相是名爲見
謂薩迦耶見由无明力執我我所如是餘見各於自事邪執行
轉然彼諸見不離愚癡由癡與見行相各別是故此五染汙性智
名爲无明不應道理又若无明與諸見相无差別者世尊不應
隨眠中於无明外立見隨眠又佛世尊曾无一處於諸見上亦无
明名若諸煩惱相應邪智是无明者薩迦耶等五種邪見智
爲自性无二智體俱有相應是則諸見應與无明常不相應
又若貪等煩惱力故令相應智成愚癡性即應貪等增上力
故得有愚癡非癡增上癡爲尊首故有貪等一切煩惱又應可
說如餘煩惱相應之慧由相應故得成染汙非彼自性非愚癡體
可成癡性又如諸餘煩惱相應非煩惱性諸心心法是故當知别有
无明是心法性與心相應　　如世尊言行有三種謂身行語行意
行當知此中入出息風名爲身行風爲尊首身業轉故身所作
業亦身行由愚癡者先起隨順身業風已然後方起染汙身業
如入出息能起身業故名身行如是尋伺與諸語業俱名語行
愛想與意業俱名意行如是一切總說身行語意行　　諸有
隨生何果何地當知有支即此所攝復次十二支中二業所攝謂行
及有三煩惱攝謂无明愛取當知所餘皆事所攝又二業中初
是引業所攝謂行後是生業所攝謂有三煩惱中一能發起引業
謂无明二能發起生業謂愛取餘事所攝支中二是未來苦支所
攝謂生老死五是未來苦因所攝謂現法中從行緣識乃至觸
緣受即五支亦是現在苦支所攝由世因今得生起果異熟攝
謂識名色六處觸受又現在果所攝五支及未來果所攝二支
總名果所攝緣起當知餘支是因所攝緣起　　復次无知略於五
處爲能生因一能生起二能生愛三能生非處信四能生見五能生
增上慢於前際等所有无知是能生起謂如是疑我於過去爲
曾有邪爲曾无邪如是等疑於三世轉如經廣說過去名前際
未來名後際現在名前後待過去是後際待未來世是前際
故若疑過去當知此疑前際无知所生若疑未來當知此疑後際

BD14034 號　瑜伽師地論卷五六　（14-12）

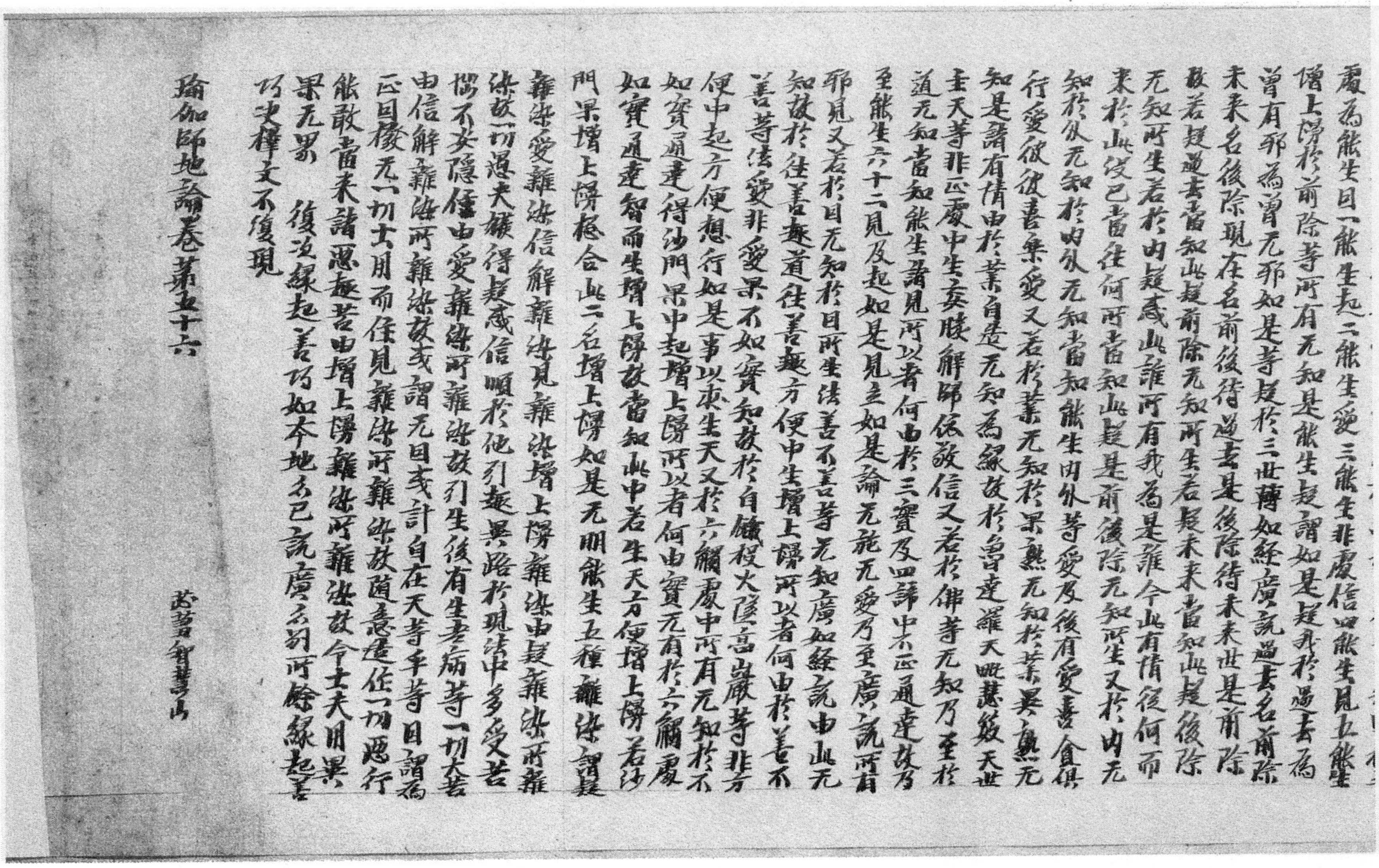

處為能生因一能生起二能生愛三能生非處信四能生見五能生
增上慢於前際等所有无知是能生疑謂如是疑我於過去為
曾有耶為曾无耶如是等疑於三世轉如經廣說過去名前際
未來名後際現在名前後際待過去是後際待未來世是前際
故若疑過去當知此疑前際无知所生若疑未來當知此疑後際
无知所生若於內疑惑此誰所有我為是誰今此有情從何而
來於此沒已當往何所當知此疑是前後際无知所生又於內无
知於外无知於內外无知當知能生內外等愛及後有愛喜貪俱
行愛彼彼喜樂愛又若於業无知於果熟无知於業異熟无
知是諸有情由於業自在无知為緣故於魯達羅天毗瑟笯天世
主天等非正處中生妄勝解歸依敬信又若於佛等无知乃至於
道无知當知能生諸見所以者何由於三寶及四諦中不正通達故乃
至能生六十二見及起如是見立如是論无施无愛乃至廣說所有
邪見又若於因无知於因所生法善不善等无知廣如經說由此无
知故於往善趣道往善趣方便中生增上慢所以者何由於善不
善等法愛非愛果不如實知故於自餓投火墜高巖等非方
便中起方便想行如是事以求生天又於六觸處中所有无知於不
如實通達得沙門果中起增上慢所以者何由實无有於六觸處
如實通達智而生增上慢故當知此中若生天方便增上慢若沙
門果增上慢總合此二名增上慢如是无明能生五種雜染謂疑
雜染愛雜染信解雜染見雜染增上慢雜染由疑雜染所雜
染故一切過去及得疑惑信順於他引趣異路於現法中多受苦
惱不安隱住由愛雜染所雜染故引生後有生老病等一切大苦
由信解雜染所雜染故或謂无因或計自在天等年等因謂為
正因橃无一切士用而住見雜染所雜染故隨意造作一切惡行
能感當來諸惡趣苦由增上慢雜染所雜染故令士夫用果
果无果　復次緣起善巧如本地分已說廣分別所餘緣起善
巧抉擇文不復現

瑜伽師地論卷第五十六

苾芻智慧山

BD14034號　瑜伽師地論卷五六　（14–13）

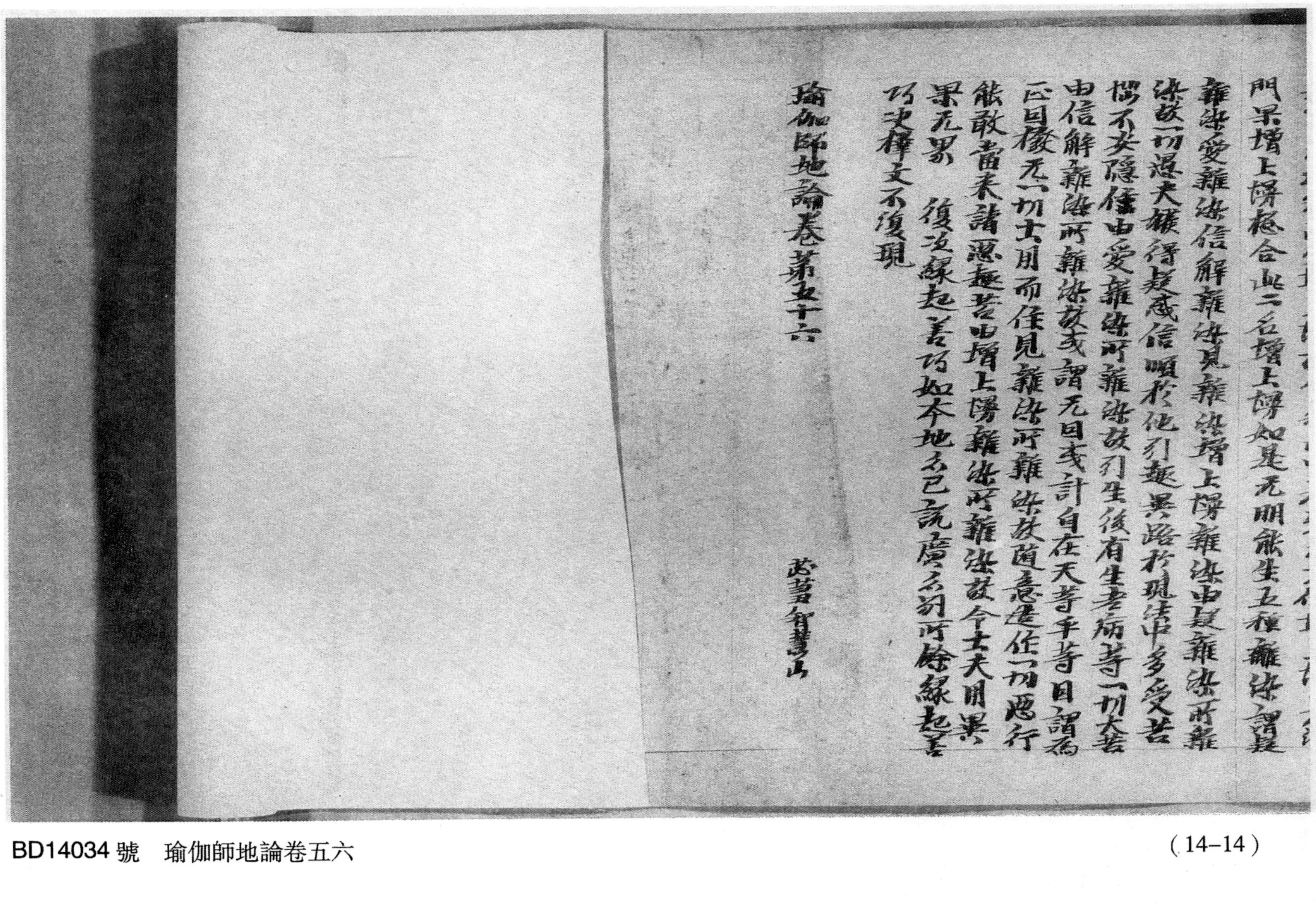

門果增上慢總合此二名增上慢如是无明能生五種雜染謂疑
雜染愛雜染信解雜染見雜染增上慢雜染由疑雜染所雜
染故一切過去及得疑惑信順於他引趣異路於現法中多受苦
惱不安隱住由愛雜染所雜染故引生後有生老病等一切大苦
由信解雜染所雜染故或謂无因或計自在天等年等因謂為
正因橃无一切士用而住見雜染所雜染故隨意造作一切惡行
能感當來諸惡趣苦由增上慢雜染所雜染故令士夫用果
果无果　復次緣起善巧如本地分已說廣分別所餘緣起善
巧抉擇文不復現

瑜伽師地論卷第五十六

苾芻智慧山

BD14034號　瑜伽師地論卷五六　（14–14）

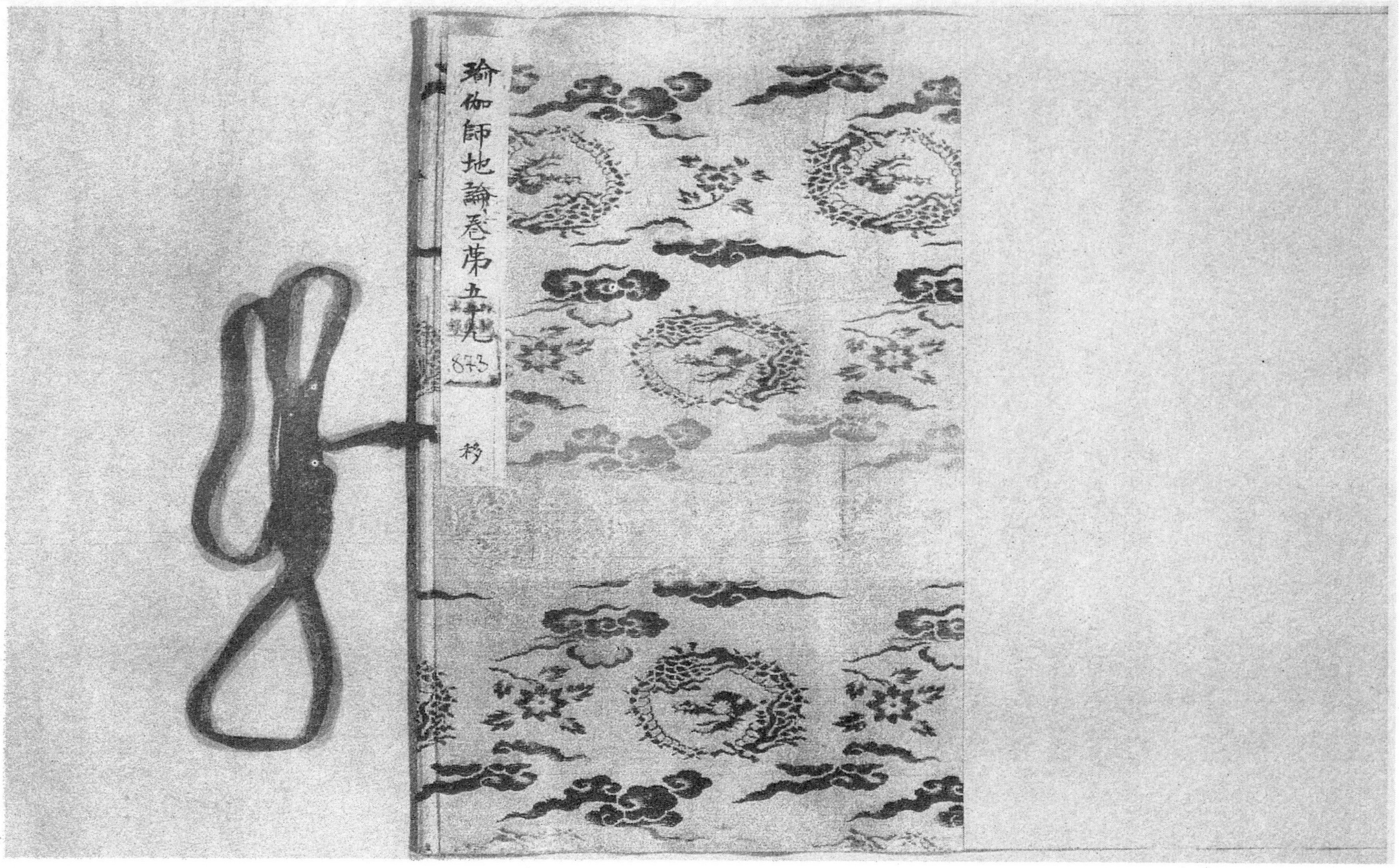

BD14035 號背　現代護首　　（1–1）

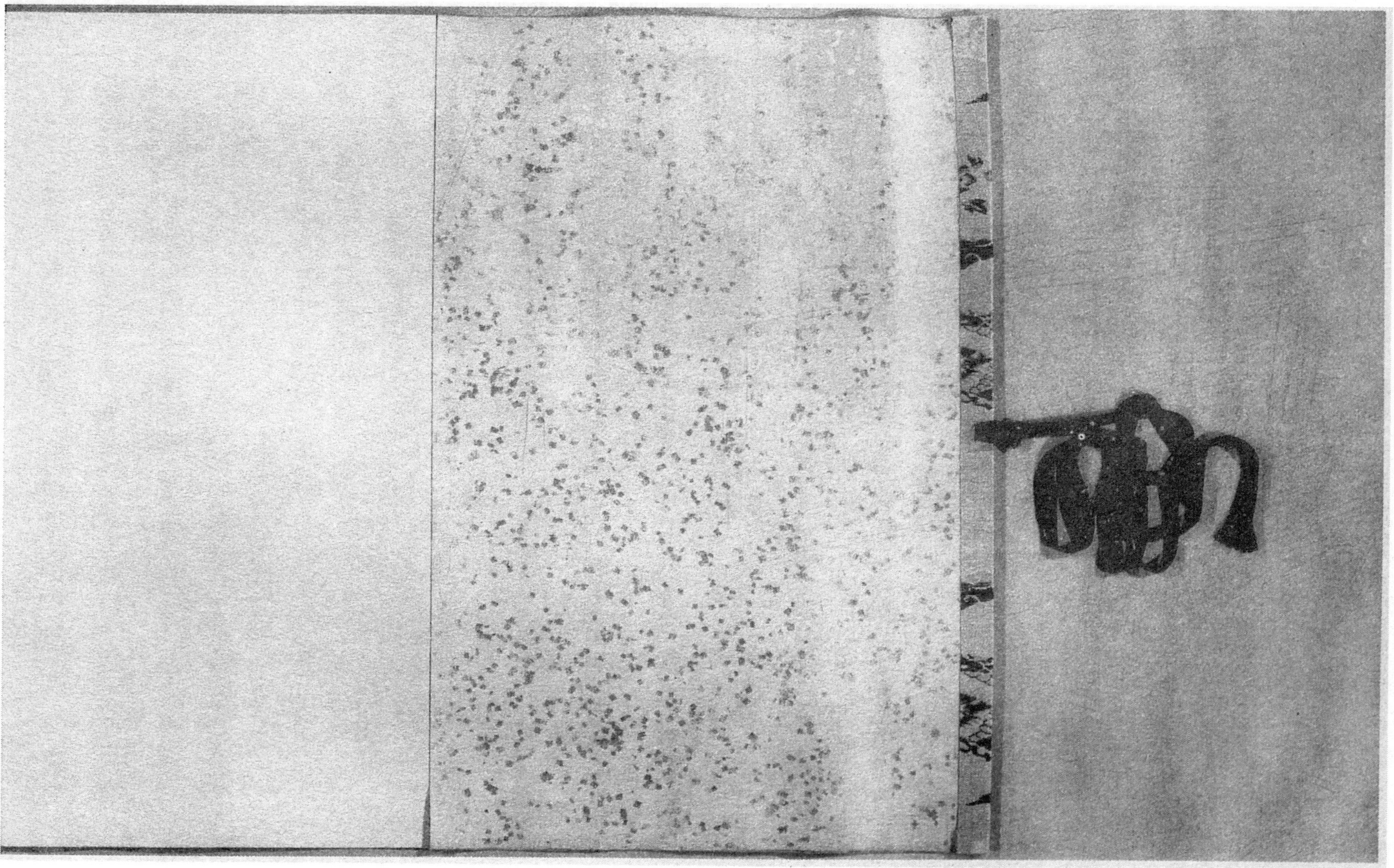

BD14035 號　瑜伽師地論卷五九　　（13–1）

瑜伽師地論卷第五十九　彌勒菩薩說　三藏法師玄奘奉　詔譯

攝決擇分中有尋有伺等三地之二

問貪等十煩惱幾能發業幾不能發答一切能發若諸煩惱猛利現行方能發起往惡趣業非諸失念而現行者又分別起能發此業非任運起　問諸煩惱有幾相答略有三相一自相二共相三差別相自相者謂貪瞋等各各自性所稱相共相者謂諸煩惱无有差別一切皆同不寂靜相差別相者復有二種一門差別相二轉差別相門差別相者謂纏隨眠隨煩惱等如本地分已說轉差別相者謂隨眠轉故所緣故現行轉故品差別轉故力无力轉故因果轉故遠行轉故　復次隨眠轉相略有十八一隨逐自境隨眠二隨逐他境隨眠三被損隨眠四不被損隨眠五隨增隨眠六不隨增隨眠七具分隨眠八不具分隨眠九可害隨眠十不可害隨眠十一增上隨眠十二平等隨眠十三下劣隨眠十四覺悟隨眠十五不覺悟隨眠十六能生多苦隨眠十七能生少苦隨眠十八不能生苦隨眠隨逐自境隨眠者謂三界中自地所攝隨眠隨逐他境隨眠者謂生上下地下上煩惱所及隨眠被損隨眠者謂世間離欲下地隨眠不被損隨眠者謂已離欲或未離

BD14035號　瑜伽師地論卷五九　（13–2）

轉故　復次隨眠轉相略有十八一隨逐自境隨眠二隨逐他境隨眠三被損隨眠四不被損隨眠五隨增隨眠六不隨增隨眠七具分隨眠八不具分隨眠九可害隨眠十不可害隨眠十一增上隨眠十二平等隨眠十三下劣隨眠十四覺悟隨眠十五不覺悟隨眠十六能生多苦隨眠十七能生少苦隨眠十八不能生苦隨眠隨逐自境隨眠者謂三界中自地所攝隨眠隨逐他境隨眠者謂生上下地下上煩惱所及隨眠被損隨眠者謂世間離欲下地隨眠不被損隨眠者謂已離欲或未離欲自地隨眠隨增隨眠者謂自地隨眠不隨增隨眠者謂他地隨眠具分隨眠者謂諸異生所有隨眠不具分隨眠者謂諸有覺非異生所有隨眠可害隨眠者謂般涅槃法所有隨眠不可害隨眠者謂不般涅槃所有隨眠增上隨眠者謂貪等行所有隨眠平等隨眠者謂等分行所有隨眠下劣隨眠者謂薄塵行所有隨眠覺悟隨眠者謂諸纏果與纏俱轉隨眠不覺悟隨眠者謂離諸纏而恒隨逐隨眠能生多苦隨眠者謂欲界隨眠能生少苦隨眠者謂色无色界隨眠不能生苦隨眠者謂得自在菩薩所有隨眠　問如說麁重離性名隨眠此品煩惱麁重望彼諸行當言有異為不異邪答當言有異何以故由阿羅漢永害一切煩惱麁重而諸行相續猶未斷絕故問有幾麁重稱諸麁重答略有十八一自性麁重二自性煩惱麁重三自性業麁重四煩惱障麁重五業障麁重六異熟障麁重七蓋麁重八不正尋思麁重九愁惱麁重十怖畏麁重十一劬勞麁重十二飲食麁重十三眠夢麁重十四婬欲麁重十五界不平等麁重十六時分變異麁重十七終沒麁重十八趣行麁重如是麁重如前應知　復次所緣現行二轉於其自處當廣宣說品差別轉當知如前蘊善巧說力无力轉當知如前本地分說因果轉者謂煩惱業生皆以煩惱為因果亦如是隨應當知欲界一分不善煩惱有異熟果應知所餘无果果遠行轉者如本地分七種已列義別云謂薩迦耶見邊執見邪見此三於所知境起邪了行於四聖諦遠行轉故无明一種是不了行疑是了不了行見取戒禁取及貪瞋等緣見為境見所斷者彼一切此是執邪了行即此一切遠苦集諦者是遠彼因緣所依處行即此一切遠滅道諦者是遠彼所畏生行即彼一切任運所起脩道所斷者是任運現行遠執行　復次如前所說一切煩惱障治差別但依化置顯示麁相遠及煩惱遠執邪行為令所化有情於種種煩惱諸行過失易生解故今當總辯一切煩惱如實巨細之相遠及遠執諸行差別　問如是諸煩惱幾有事幾无事答諸見與癡是无事於諸行中實无有我而分別轉故貪恚慢是有

BD14035號　瑜伽師地論卷五九　（13–3）

復因緣所依處行即此一切迷滅道諦者是迷彼怖畏生行即彼一切
任運所起脩道斷者是任運現行迷執行　復次如前所說一切煩
惱障治差別但依化道顯示麁相迷无煩惱迷執邪行為令所化有
情於種種煩惱諸行易生解故今當總辯一切煩惱如實巨
細之相迷无迷執諸行差別　問如是諸煩惱幾有事幾无事答
諸見無事是无事於諸行中實无有我而分別轉故貪恚慢是有
事无明疑通二種　問是諸煩惱幾與樂根相應乃至幾與捨根
相應答若任運生一切煩惱皆於三受現行可得是故通一切識身者
與一切根相應不通一切識身者與意地一切根相應不任運生一
切煩惱隨其所應諸根相應我今當說貪於一時與樂喜相應或
於一時憂苦相應或於一時與捨相應問如何等者如有一或於樂
受起會遇愛不乖離愛而現在前或於樂受不會遇非會遇若
乖離非和合或於苦受起不會遇愛若乖離愛而現在前或於苦受
合會非不合會不乖離非乖離由是因緣貪於一時憂苦相應與
此相違喜樂相應若於不苦不樂位而生昧著當知此貪捨根相
應恚於一時憂苦相應或有一時喜樂相應問如何等者如有一自
然為苦逼切身心遂於因苦位意思惟發恚根心或於非愛諸行
有情及諸法所作意思惟發恚根心由是故恚憂苦相應問恚與喜
樂相應如何等者如有一於怨家等非愛有情起恚惱心作意思惟
願彼沒苦沒已不濟或不得樂得已退失若遂所願便生喜樂由是
故恚喜樂相應薩迦耶見及邊執見若於樂俱行蘊觀我我所
或觀為常喜根相應若於苦俱行蘊觀我我所或觀為常憂
根相應若於捨俱行蘊觀我我所或觀為常捨根相應斷見攝
邊執見當知一切與彼相違見取戒禁取彼見故隨其所應如彼
相應邪見一種先作妙行憂根相應先作惡行喜根相應謗於
一時喜根相應或於一時憂根相應問如何等者略有二謗一高舉
謗二卑下謗又高舉謗有三高舉何等為三謂稱量高舉解
了高舉利養高舉與此高舉謗喜根相應若卑下謗與彼相違憂
根相應疑若於利養恭敬稱譽樂善趣等決定事中他所道引全
猶豫者憂根相應於无利養不敬識毀苦惡趣等決定事中他
所導引令猶豫者喜根相應无明通與五根相應所餘相應引事稍
行文不復現先辯煩惱諸根相應但約麁相道理建立令初行者
解无亂故今約巨細道理建立令久行者了自他身種種行解差
別轉故　復次諸煩惱略有三聚一欲界繫二色界繫三无色界繫
問如是三聚

根相應疑若於利養恭敬稱譽樂善趣等決定事中他所道引全
猶豫者憂根相應於无利養不敬識毀苦惡趣等決定事中他
所導引令猶豫者喜根相應无明通與五根相應所餘相應引事稍
行文不復現先辯煩惱諸根相應但約麁相道理建立令初行者
解无亂故今約巨細道理建立令久行者了自他身種種行解差
別轉故　復次諸煩惱略有三聚一欲界繫二色界繫三无色界繫
問如是三聚幾不善幾无記答初聚一分是不善餘二聚是无記諸不
善者是有異熟非餘　問幾多性幾少性答初多性餘不尒如多性
少性如是猛利長時染惱性非猛利長時染惱性發起外門雜染性發起
内門雜染性發起惡行性非發起惡行性能生多苦性能生少苦性大有罪
性小有罪性遲離欲性速離欲性不離欲所顯性離欲所顯性三摩地
相違性非三摩地相違性非一種相生決定性一種相生決定性等當知亦
尒中略標頌曰　多染性内門　惡行生諸苦　有罪遲離欲　三摩地生等
復次云何能斷煩惱齊何當言已斷煩惱從何煩惱而可說斷斷諸
煩惱為緣為斷云何次第斷諸煩惱諸煩惱斷復有幾種煩惱斷已有
何等相諸煩惱斷何有何勝利　謂善法資糧已積集故已得證入者
便地故證得見地故積習修地故能斷煩惱得究竟地當言已斷一切煩
惱復有差別謂由修習四種瑜伽能斷煩惱善君修習如是四種當言
已斷一切煩惱四種瑜伽如聲聞地已說其相復有差別謂相續成熟
故得隨順教授故内正作意故對治道生故能斷煩惱修對治道已到
究竟當言已斷一切煩惱復有差別謂了知煩惱事故了知煩惱自性故
了知煩惱過患故煩惱生已不堅著故稱受對治故能斷煩惱對治已生
當言已斷一切煩惱復有差別修奢摩他故修毗鉢舍那故能斷煩惱
若諸相縛已得解脫諸麁重縛亦得解脫當言已斷一切煩惱如世尊
言　相縛縛衆生　亦由麁重縛　善雙修止觀　方乃俱解脫　復有差
別謂了知所緣故喜樂所緣故能斷煩惱所依已滅故已得轉依故當言
已斷一切煩惱　復次從彼相應及所緣故煩惱可斷所以者何對治道
生煩惱不起得无生法是故說名斷彼相應斷已不復緣境故從
所緣亦說名斷　復次見斷煩惱頓斷非漸所以者何由現觀諦
現觀故斷能道所斷煩惱然此現觀與壞緣諦作意相應是故三心頓
斷一切迷苦諦等見斷煩惱修斷煩惱漸次而斷數數修道方能斷故復
次最初應斷不善事業及諸惡見謂在家者次復應斷樂出家障
謂欲尋思恚尋思害尋思次復應斷不定心者三摩地障謂眷屬
尋思國土尋思不死尋思次復應斷得作意障謂樂遠離品身諸
麁重次復應斷見所斷煩惱次復應斷修所斷煩惱次復應斷

斷一切迷苦諦等見斷煩惱修斷煩惱漸次而斷數數修道方能斷故復
次最初應斷不善事業及諸惡見謂在家者次復應斷樂出家障
謂欲尋恚尋害尋思次復應斷不定心者三摩地障謂眷屬
尋思國土尋思不死尋思次復應斷得住喜樂障謂樂遠離品身諸
麁重次復應斷見斷煩惱次復應斷修斷煩惱次復應斷屬苦屬
憂屬樂屬喜及屬諸捨諸定障品障礙煩惱次復有一補特伽羅應
斷所知障品諸障由此次第應斷煩惱　復次諸煩惱斷當知多種略
則為二一諸纏斷二隨眠斷諸纏斷者謂貪瞋斷乃至疑斷薩迦耶見
斷乃至邪見斷見苦所斷斷乃至修道所斷斷欲界所繫斷乃至无
色界所繫斷散亂斷曉悟斷羸劣斷制伏斷離繫斷當知離繫斷
即隨眠斷　復次煩惱斷已於可愛法若劣若勝若現在前若不現前雖
復利見而觀察之亦不染著如於可愛而不生愛如是於可瞋法亦不生
瞋於可癡法亦生癡又眼見諸色不喜不憂但住於捨正念正智如眼見
色乃至意知法亦尒又住多分成就第一真實多分如多分如是喜足遠
離勇猛精進安住正念寂定慧亦尒於无戲論住於好樂於有戲
論策勵其心方能緣處如是等輩當知煩惱已斷之相　復次煩惱
斷者有多勝利謂隨證得超越憂苦超越喜樂超越色想及與有對
種種想相超惡趣苦超越生等一切種苦又證安隱第一安隱又證清涼第
一清涼又得第一現法樂住隨其自心在而轉若行若住隨所欲樂所證之
法无復退轉於自義利圓滿究竟於諸所住无復希望或復有一修利
他行爲欲利益安樂衆生哀愍世間令諸天人利益安樂當知煩惱斷者
有如是等衆多勝利　復次煩惱緣境略有十五一具分緣謂身見等二分
緣謂貪瞋慢等三有事緣謂諸有事煩惱四无事緣謂諸无事煩
惱五内緣謂緣六處定不定地所有煩惱六外緣謂緣妙五欲所有煩惱
七現緣謂緣現在所有煩惱八不現見緣謂緣去來所有煩惱九自類
緣謂緣自類煩惱所有煩惱十他類緣謂緣異類煩惱及緣煩惱事所
有煩惱十一有緣謂緣有所有煩惱十二无有緣謂緣斷无有所煩惱
十三自境緣謂欲界於欲行煩惱色界於色行煩惱无色界於无色行
煩惱十四他境緣謂色界於欲行煩惱无色界於色行煩惱又復下
地於上地煩惱所以者何生上地者於彼下地諸有情所由常恒樂淨
具勝功德自謂爲勝故十五无境緣謂緣分別所計滅道及廣大
佛法等所有煩惱　復次煩惱現行有二十種謂二十種補特伽羅
依二十緣起二十種現行煩惱　云何二十補特伽羅一在家二出家三住
惡說法四住善說法五增上煩惱行六等分行七薄塵行八世間離

BD14035號　瑜伽師地論卷五九

（13–6）

煩惱十四他境緣謂色界於欲行煩惱无色界於色行煩惱又復下
地於上地煩惱所以者何生上地者於彼下地諸有情所由常恒樂淨
具勝功德自謂爲勝故十五无境緣謂緣分別所計滅道及廣大
佛法等所有煩惱　復次煩惱現行有二十種謂二十種補特伽羅
依二十緣起二十種現行煩惱　云何二十補特伽羅一在家二出家三住
惡說法四住善說法五增上煩惱行六等分行七薄塵行八世間離
欲九未離欲十見聖迹十一未見聖迹十二執著十三不執著十四顧戀
十五睡眠十六覺悟十七幼少十八根成熟十九厭涅槃法二十不厭涅槃法
云何二十煩惱現行一隨所欲纏現行二不隨所欲纏現行三无所了知
煩惱現行四有所了知煩惱現行五麁煩惱現行六等煩惱現行七微
煩惱現行八内門煩惱現行九外門煩惱現行十失念煩惱現行十一極
利煩惱現行十二分別所起煩惱現行十三任運所起煩惱現行十四尋思
煩惱現行十五不自在煩惱現行十六自在煩惱現行十七非所依住煩
惱現行十八所依住煩惱現行十九可救療煩惱現行二十不可救療煩
惱現行　云何二十煩惱現行緣一樂緣二苦緣三不苦不樂緣四欲緣
五尋思緣六觸緣七隨眠緣八宿習緣九親近惡友緣十聞不正法緣
十一不正作意緣十二不信緣十三懈怠緣十四失念緣十五散亂緣十六惡
慧緣十七放逸緣十八煩惱緣十九未離欲緣二十異生性緣依此諸緣故煩
惱現行　問於彼欲界結生相續彼欲身中當言全界一切煩惱皆結
生耶爲不全耶答當言全非不全何以故若未離欲於自生處方得
受生非離欲故又未離欲者諸煩惱品所有麁重隨縛自身亦能爲
彼異身生因由是因緣當知一切煩惱皆結生相續又將受生時於自體
上貪愛現行於男於女若愛若恚亦平現行又復現行彼作是思此
男此女今爲與我共行事不又於内外我我所見及我慢等皆亦現行
由此因緣當知一切煩惱皆得結生相續　復次結生相續略有七種一
纏及隨眠結生相續謂諸異生二唯隨眠結生相續謂見聖迹三正
知入胎結生相續謂轉輪王四正知入住結生相續謂諸獨覺五於一切
住不失正念結生相續謂諸菩薩六業所引發結生相續謂除菩
薩結生相續七智所引發結生相續又有引无義利結生
相續謂即業所引發結生相續又有能引義利續生相續謂智所
引發結生相續如是總說結生相續或七或九　復次於此處
所有餘一切順前句順後句及四句等如理決擇文更不復現
總嗢拕南曰　業相事樂等　不善等及斷　所緣與現行　續生最爲後
如是已說煩惱雜染決擇業雜染決擇我今當說如先所說業

BD14035號　瑜伽師地論卷五九

（13–7）

非顯說彼業所引發結生相續又有能引義利續生相續謂智所
引發結生相續如是總說結生相續或七或九　復次於此處
所有餘一切順前句順後句及四句等如理決擇文更不復現
後嗢拕南曰　業相事樂等　不善等及斷　所緣與現行　續生最為後
如是已說煩惱雜染決擇業雜染決擇我今當說如先所說業
雜染義當知此業亦由五相建立差別謂根本業道所攝身語意
業及彼方便後起所攝諸業如先所說不善業道名根本業道所攝
不善身語意業　云何建立彼殺生等不善業道自相謂染汙
心起彼欲樂即於是處彼業現行而得究竟當知總名殺生等一切業
道自相　染汙心者謂貪者貪所蔽瞋者瞋所蔽癡者癡所蔽設
有染汙心不起彼欲樂雖於是處彼業現行而得究竟然此惡業
非是圓滿業道所攝設有染汙心及起彼欲樂而顛倒心設於餘事
彼業現行而得究竟此業亦非圓滿業道所攝設有染汙心及起
彼欲樂即於是處業不現行而得究竟此業亦非圓滿業道所攝
設有染汙心及起彼欲樂即於是處彼業現行而不究竟此業亦非
圓滿業道所攝若有染汙心及起彼欲樂即於是處彼業現行而得
究竟具一切支此業乃名圓滿業道所攝由此略說業道自相一切不善
業道自相應隨決了　復次若廣建立十惡業道自性差別復
由五相何等為五一事二想三欲樂四煩惱五方便究竟事者二業
道各別決定所依處事或有情數或非有情數隨其所應十惡業
道依之而轉想者有四謂於彼非彼想非於彼彼想於彼彼想非
於彼非彼想欲樂者或有倒想或無倒想樂所作欲煩惱者或貪
或瞋或癡或貪瞋或貪癡或瞋癡或貪瞋癡一切皆具方便
究竟者即於所欲作業隨起方便或於今時或於後時而得究竟
由此五相於殺生乃至邪見諸業道中隨其所應當廣建立圓滿
自性十種差別　殺生業道以有情數眾生為事若能害者於
眾生所作眾生想起害生欲此想即名於彼眾生名不顛倒想依
此想故作如是心我當害生如是名為殺生欲樂此能害者或貪
所蔽或瞋所蔽或癡所蔽或二所蔽或三所蔽而起作心是名煩惱彼
由欲樂及染汙心或自或他發起方便加害眾生若害無間彼便命
終即此方便當於今時說名成就究竟業道若於後時彼方捨
命由此方便彼命終時乃名成就究竟業道　不與取業道事
者謂他所攝物相者謂於彼彼想欲樂者謂劫盜欲煩惱者謂三毒
或具不具方便究竟者謂起方便移離本處欲邪行業道事者謂女
所不應行設所應行非支非處非時非量

BD14035號　瑜伽師地論卷五九　（13–8）

由欲樂及染汙心或自或他發起方便加害眾生若害無間彼便命
終即此方便當於今時說名成就究竟業道若於後時彼方捨
命由此方便彼命終時乃名成就究竟業道　不與取業道事
者謂他所攝物相者謂於彼彼想欲樂者謂劫盜欲煩惱者謂三毒
或具不具方便究竟者謂起方便移離本處欲邪行業道事者謂女
所不應行設所應行非支非處非時非量若不應理一切男乃不男想
者於彼彼想欲樂者謂樂行之欲煩惱者謂三毒或具不具方便究竟
者謂兩兩交會　妄語業道事者謂見聞覺知不見不聞不覺不
知想者謂於見等或翻彼想欲樂者謂覆藏想樂說之欲煩惱者謂
貪瞋癡或具不具方便究竟者謂時眾及對論者領解
離間語業道事者謂諸有情或和不和想者謂倶於彼若合若離
隨起一想欲樂者謂樂彼未離若不和合欲煩惱者謂三毒或具不
具方便究竟者謂所破領解　麤惡語業道事者謂諸有情
能為違損想者謂於彼彼想欲樂者謂樂麤言之欲煩惱者謂三
毒或具不具方便究竟者謂呵罵彼　綺語業道事者謂能
引發無利之義想者謂於彼彼想欲樂者謂樂說之欲煩惱者謂
三毒或具不具方便究竟者謂纔發言　貪欲業道事者謂
屬他財產想者謂於彼彼想欲樂者謂即如是愛欲煩惱者
謂三毒或具不具方便究竟者謂於彼事定期屬己瞋恚業
道事之與想如麤惡語說欲樂者謂損害等欲煩惱者謂三
毒或具不具方便究竟者謂損害等期心決定　邪見業道
事者謂實有義想者謂於有非有想欲樂者謂即如是愛
欲煩惱者謂三毒或具不具方便究竟者謂誹謗決定
復次殺生有三種一有罪增長二有罪不增長三無有罪生罪
因緣亦略有三一煩惱所起二能生於苦三希望圓滿是初具三
緣次有三種無希望圓滿後唯生苦　復次略由五相建立貪欲
瞋恚邪見圓滿自相何等名為貪欲五相一有耽著心謂於自
財所二有貪著心謂樂積財物三有饕餮心謂於屬他資財等
事計為己好深生愛味四有謀略心謂作是心凡彼所有何當
屬我五有覆蔽心謂貪欲纏之所覆蔽故不覺著取不知過患
及與出離設於自財有耽著心無餘心現當知此非圓滿貪欲
意惡行相如是有耽著心及貪著心無餘心現亦非圓滿貪欲
之相如是廣說乃至如前說諸相隨闕一種即非圓滿貪欲之相若
全分攝乃名圓滿貪欲之相何等名為瞋恚五相一有增惡心謂於

BD14035號　瑜伽師地論卷五九　（13–9）

纏我五有覆蔽心謂貪欲纏之所覆故不覺善品不知過患
及與出離設於自財有恥著心无餘心現當知此非圓滿貪欲
意惡行相如是有恥著心及貪婪心无餘心現亦非圓滿貪欲
之相如是廣說乃至如前說諸相隨闕一種即非圓滿貪欲之相若
全亦稱乃名圓滿貪欲之相何等名為瞋恚五想一有增惡心謂於
能損害相隨法分別故二有不堪耐心謂於不饒益不堪忍故三有怨恨
心謂於不饒益數數不如理隨憶念故四有謀略心謂於有情作如是
意何當捶撻何當殺害乃至廣說故五有覆蔽心謂如前說於此
五相隨闕一種即非圓滿瞋恚之相若具一切方名圓滿何等名為邪
見五相一有愚癡心謂不如實了所知故二有暴惡心謂樂作諸惡
故三有越流行心謂於諸法不如理分別推求故四有失壞心謂无施
與愛養祠祀等誹謗一切妙行等故五有覆蔽心謂邪見纏之
所覆蔽不覺善品不知過患及出離故於此五相隨闕一種即非圓
滿邪見之相具一切分乃名圓滿　復次若以手等害諸衆生說名
殺生如是以塊杖刀縛錄斷食祈禱咀詞呪藥厭禱尸半尸等害
諸衆生皆名殺生為財利等害諸衆生亦名殺生或怨為損或
為除怨或謂為法乃至或為戲樂害諸衆生亦名殺生若自
殺害若令他害皆得殺罪　復次若有顯然劫他財物名不與取
如是竊盜攻牆解結伏道竊奪或有非債受寄不還或行誑諂
矯詐而取或現怖畏方便而取或現威德而取彼物或自劫盜或
復令他如是一切皆不與取或有自為或有為他或怖畏故或
為殺縛或為祈伏或為受用或為給侍或憎嫉故不與而取此
等皆名不與取罪　復次若行不應行名欲邪行或於非支非
時非處非量非理如是一切皆欲邪行若於母等母等所護如經廣
說名不應行一切男及不男屬自屬他皆不應行除產門外所有
餘分皆名非支若穢下時胎圓滿時飲兒乳時受齋戒時或有
病時謂所有病匪宜習欲是名非時若諸尊重所集會處或靈廟
中或大衆前或堅鞕地高下不平令不安隱如是等處說名非處過
量而行名為非量是中量者極至於五此外一切皆名過量不依世
禮故名非理若自行欲若媒合他此二皆名欲邪行攝若有以顯或
復隱竊或因誑諂方便矯亂或因委託而行邪行如是皆名欲邪
行罪　復次若自因故而說妄語或他因故或因怖畏或因財利
而說語妄皆名妄語若不見聞覺知言見聞覺知或見聞覺知
言不見聞覺知皆名妄語若書陳說或以默然表忍斯義或動身

量而行名為非量是中量者極至於五此外一切皆名過量不依世
禮故名非理若自行欲若媒合他此二皆名欲邪行攝若有以顯或
復隱竊或因誑諂方便矯亂或因委託而行邪行如是皆名欲邪
行罪　復次若自因故而說妄語或他因故或因怖畏或因財利
而說語妄皆名妄語若不見聞覺知言見聞覺知或見聞覺知
言不見聞覺知皆名妄語若書陳說或以默然表忍斯義或動身
體以表其相或為證說或有自說或令他說如是一切皆妄語罪
復次若以實事毀呰於他為乖離故而發此言名離間語或以不實
假合方便以為依止為損壞他而有陳說或依親近施與或依知
友給侍而有陳說名離間語若自利緣或損他緣或由他教或現破
德或現怖畏為乖離故或自發言或令他發如是皆名離間語罪
復次若有對面發辛楚言名麤語或不現前或對大衆或對僻處
或隨實過不隨實過或書表示或假現相或依自說或依他說或
因譏舉或因不靜或依種族過失或依依止過失或依作業業或
現行過失或自發起辛楚之言或令他發如是皆名麤惡語罪
復次若有依俳而發歌詞名為綺語或依作樂或復俱依或俱不
依而發歌詞皆名綺語若俳法外能引无義所有書論以愛染心受
持讚美以大音聲而為諷頌廣為他人開示分別皆名綺語若依
鬪訟諍競發言或樂處衆宣說王論臣論賊論廣說乃至國土
等論皆名綺語若說妄語或離間語或麤惡語下至不思不擇
發无義言皆名綺語又依七事而發綺語謂鬪訟諍競語諸婆羅
門惡呪術語苦所逼語戲笑娛樂之語處衆雜語顛狂語邪命語
如是一切名綺語罪　復次若於家主起如是欲云何我當同於家主顧諸
僕使隨欲所作是名貪欲又起是欲即彼家主所有父母妻子奴婢及諸
作使廣說乃至七種受事十資身事謂飲食等皆當屬我又起是
欲云何令他知我少欲知足遠離勇猛精進安住正念禪定聰慧諸
漏永盡施戒多聞又起是欲云何令他供養於我謂諸國王乃至商主
若苾芻苾芻尼鄔波索迦鄔波斯迦等皆當恭敬尊重承事供養
於我又起是欲云何令我當得利養衣服飲食諸坐臥具病緣醫藥及
資生具又是欲云何令我當生天上天妙五欲以為遊戲又起是欲云何
令我當生鄔達羅世界睹瑟多世界人中希有衆同分中乃至令我當
生他化自在衆同分中又起是欲云何令我乃至當得父母妻子奴婢作使
朋友宰官親戚兄弟同梵行等所有資產如是一切皆名貪欲蓋道
所攝　若作是思彼於我所有无義欲故我於彼當作无義是名瞋

所云何令他知我具足戒又是稱勇猛精進安住正念增上慧諸
漏永盡施戒多聞又起是欲云何令他供養於我謂諸國王乃至商主
若婆羅門居士鄔波索迦鄔波斯迦等皆當恭敬尊重承事供養
於我又起是欲云何令我當得利養依服飲食諸坐臥具病緣醫藥
資生具又是欲云何令我當生天上天妙五欲以為娛樂又起是欲云何
令我當生魯達羅世界毗瑟笯世界人中希有眾同分中乃至令我當
生他化自在眾同分中又起是欲云何令我乃至當得父母妻子奴婢作使
朋友宰官親戚兄弟同梵行等所有資產如是一切皆名貪欲業道
所攝　若作是思彼於我所有無義故我於彼當作無義是名瞋
恚又作是思彼於我所已作正作當作無義我亦於彼當作無義亦名
瞋恚如是廣說九惱害事當知亦尒又作是思云何令我於能損害怨
家惡友而得自在鎖害驅擯或行鞭撻或斷財產或奪妻妾友
朋眷屬及家宅等此惱害心亦名瞋恚又起是思云何令彼能損於
我怨家惡友於他處所遭如上說諸苦惱事此損害心亦名瞋恚又作
是思願彼自然發起如是如是身語意行由此喪失資財朋友眷屬
名稱安樂受命及諸善法身壞當生諸惡趣中如是一切惱害之心皆名
瞋恚根本業道　　復次若作是思決定無施是名邪見廣說乃至
誹回諍用諸果報真善事如是一切皆名邪見根本業道謂一切倒見
皆名邪見何故世尊於業道中但說如是誹謗之見名為邪見若由
此邪見諸邪見中最為殊勝何以故由此邪見為依止故有一沙門若
婆羅門斷諸善根又此邪見最順惡業壞邪見者於諸惡法隨意
所行是故此見偏說在彼惡業道中當知餘見非不邪見自相相應

瑜伽師地論卷第五十九

苾芻僧智慧山

BD14035號　瑜伽師地論卷五九　（13-12）

誹回諍用諸果報真善事如是一切皆名邪見根本業道謂一切倒見
皆名邪見何故世尊於業道中但說如是誹謗之見名為邪見若由
此邪見諸邪見中最為殊勝何以故由此邪見為依止故有一沙門若
婆羅門斷諸善根又此邪見最順惡業壞邪見者於諸惡法隨意
所行是故此見偏說在彼惡業道中當知餘見非不邪見自相相應

瑜伽師地論卷第五十九

苾芻僧智慧山

BD14035號　瑜伽師地論卷五九　（13-13）

BD14036 號背　現代護首　　（1–1）

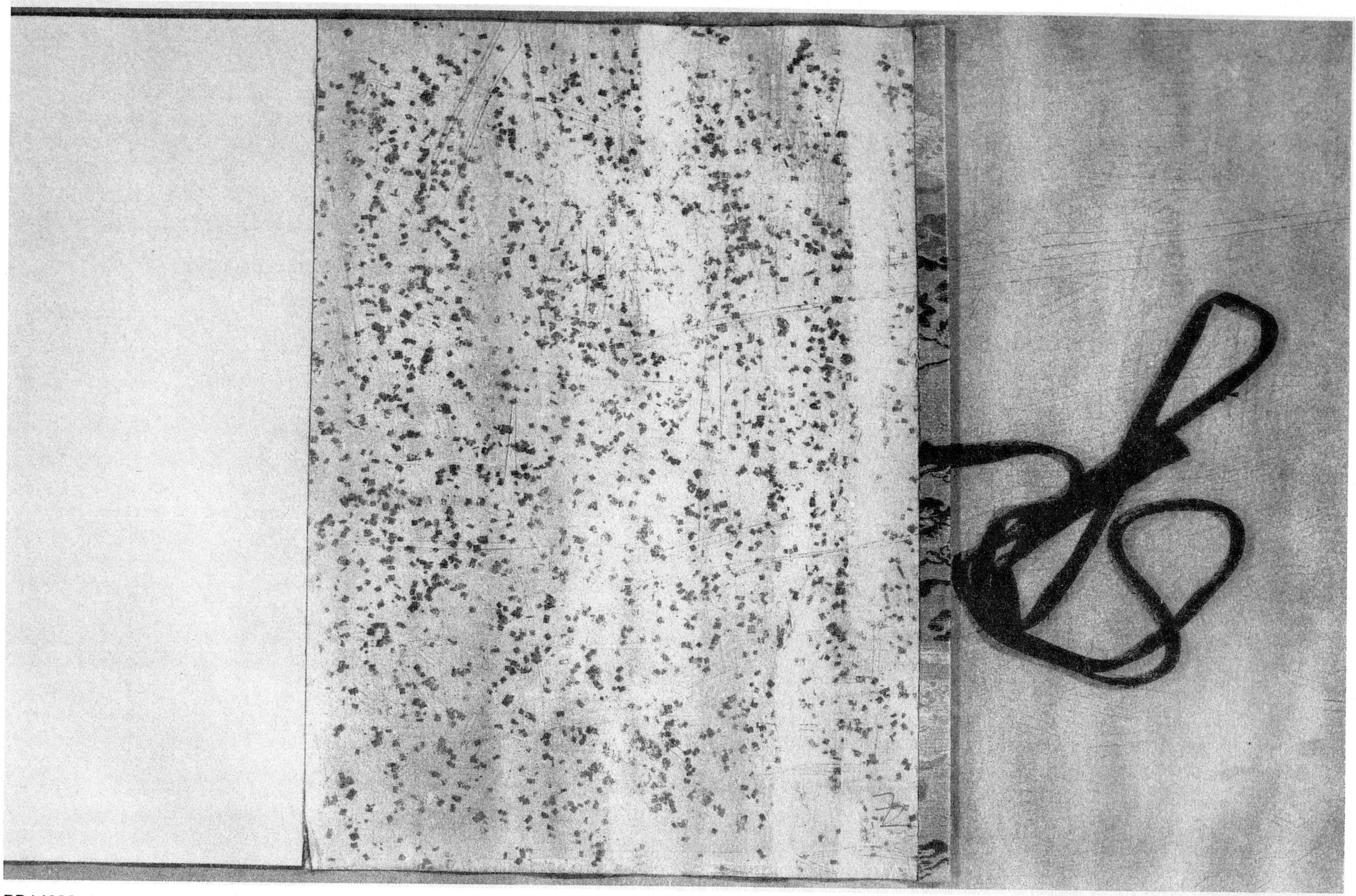

BD14036 號 1　瑜伽師地論卷五一分門記

(17–1)

瑜伽師地論卷第五十一

瑜伽師地論決擇分分門記卷第一

沙門智慧山集記

[illegible]

BD14036 號 1　瑜伽師地論卷五一分門記

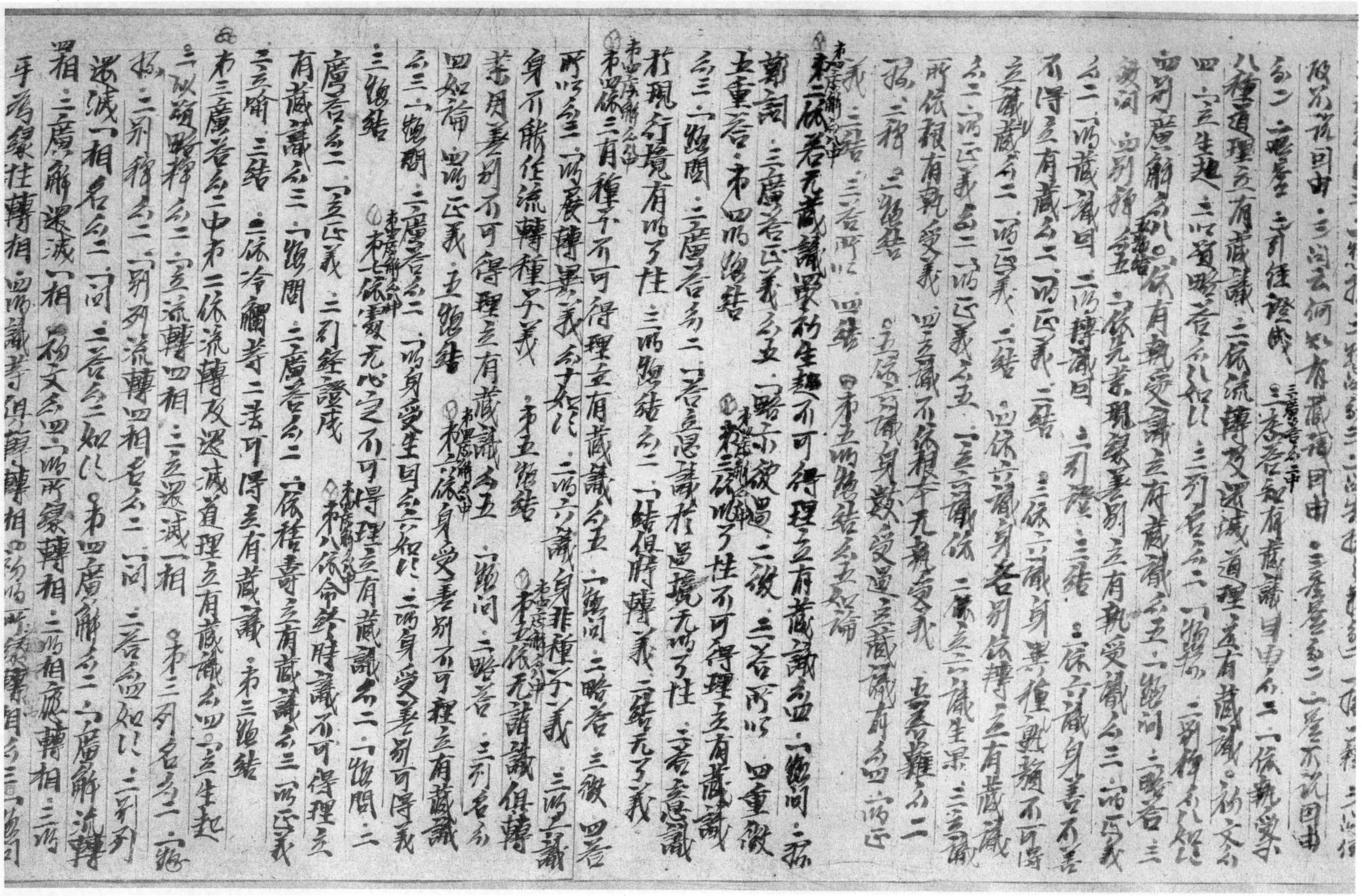

BD14036 號 1　瑜伽師地論卷五一分門記　（17–3）

初三廣辨分二中初一依流轉及還滅道理立有藏識分四 一立生起
二以頌略釋分二 一立流轉四相 二立還滅一相 ◎第三列名分二 一總
標 二別釋分二 一別列流轉四相名分二 一問 二答分四如〻 二別列
還滅一相名分二 一問 二答分二如〻 ◎第四廣解分二 一廣解流轉
相 二廣解還滅一相 ◎初文分四 一明所緣轉相 二明相應轉相 三明
互為緣性轉相 四明識等俱轉轉相 ◎初明所緣轉相分三 一總問
◎二廣答分九 一明藏識相了別二種所緣義分三 一略答 二列名分二 如〻
論 三別釋分二 ◎初二明了別內執受義分二
義 初二明了別外無分別器相分四 一總標 二解釋分二 一立因
二顯果 三立喻 四法合 ◎第三明藏識了境微細義分二 一標 二釋
釋 ◎第三明藏識相似了境義分二 一標 二釋
那了境義分二 一標 二釋 ◎第五明藏識了缺小境義
廣大所緣義 ◎第七明藏識了無量所緣義 ◎第八明藏識了微細所
緣義 ◎第九明藏識了處微細所緣義 ◎第三明略結分九如〻
◎第二明相應轉相分三 一總問 二廣答分二 一別釋五遍行五門義分五 一立五
遍行相應門分二 一標 二釋分五如〻 二明五遍行異熟門 三明五遍行
微細難了門 四明五遍行一類緣境門 五明五遍行無記受相應門
◎第二明五別境等餘心法行相 ◎第三明總結分五如〻
◎第三明互為緣性轉相分三 一總問 二廣答分二 一答藏識與轉識作緣
性義 二答轉識與藏識作緣性義
論 三別釋分二 一明為種子義分二 一標 二釋分二 一總標 二列名分二 如〻
依所依義分二 一總標 二別釋分二 一明藏識與眼等五識作所依義分二 一
立因 二顯果 二明藏識與意根及識作所依義分三 一明正義分三
一立第七染汙意根因果 二立第六意識因果 三立喻 三法合 ◎第二
明轉識與藏識作緣性義分三 一總標 二列名分二如論 三別釋分二 一明
轉識於現法中與藏識作種子義分二 一總標 二別釋分二 一明轉識熏
藏識義分二 一立因 二顯果 二明藏識生轉識義分二 一立因 二顯果
◎第二明轉識於後法中攝殖藏識種子義分二 一標 二釋分二 一立因 二顯果
◎第三明總結分二 一結藏識作轉識緣性義分二如論 二結轉識作藏識
緣性義分二如論
答分三 ◎一明藏識與轉識俱轉相 二明藏識俱時轉相分三 一總問 二廣
識與善不善諸法俱轉相 二明藏識與諸受俱轉相 三明藏
相 ◎初文分三 一明轉相分五 一明與一識轉
相分四 一標 二釋 三徵 四答所以 二明與二識轉相分二 一標 二釋
與三識轉相分二 一標 二釋 三明與四識轉相分二 一標 二釋 五明與

[illegible]藏識……世義分二　一如論　二結轉依藏識
緣性義分二　一如論　●第四明藏識轉識俱時轉相分三　一總問　二廣
答分三　●一明藏識與轉識俱轉相　二明藏識與諸受俱轉相　三明藏
識與善不善諸法俱轉相　●初文分三　●一明轉相分五　一明與六識轉
相分四　一總　二釋　三徵　四答所以　●二明與二識轉相分三　一總　二釋　三明
與三識轉相分三　一總　二釋　●四明與四識轉相分二　一總　二釋　●五明與
七識轉相分二　一總　二釋　●第二明意識所依分二　一總　二釋　●第三明善
識緣境義分二　一總　二釋　一明緣他境分二　一總　二釋　三明緣
自境分二　一總　二釋　○第二明藏識與諸受俱轉相分二　一總　二釋　三廣能
分四　一明器界　二分人等四趣有情受苦受于善別相如已　二明那落迦
等三有情受苦受差別　三明下三靜慮受樂受差別　四明第四靜慮
已上有情受受差別分二　一明第四靜慮有情受受差別　二明无色
界有情受受差別　○第三明藏識與善等諸法俱轉相分二　一明藏
識與轉六識善等三性相應義　三明藏識與第七識心法相應義
初文分三　一略釋　二廣解分四　一明正義　二徵　三答所以　四立喻分五
一立眼識同時喻分三　一立喻　二法合　三答難　二立心法同時喻分二
一立喻　二法合　三四合立暴流喻及立鏡面喻分二　一立喻　二法合　五立
六識喻分六如論　○第二明藏識與第七識心法相應轉義分五
一明總義　二立時量　三列名分四如論　四明地位分二如論　五立自性　○第四明
藏識轉識俱時轉相分三中第三時明總結分三如論
○第二廣解建立藏識是雜染根本分二　一依道理立有藏識分四　一總問　二立答分三　○一建立藏識是
雜染根本分二　一依能成四法立雜染根本義　二依所攝順解脫分不善法
種子非集諦因立藏識亦雜染根本義　○初文分四　一總標正義　二徵
三答所以釋　一依能成有情世間者所以分二　一總　二釋　二依能成器世者
所以分二　一總　二釋　三依平起相本者所以分五　一總　二釋　三徵　四答所以
五結　四依能作苦集二諦因果者所以分二　一立因　二顯果分三如上　○第四
總結分五如論　○第二依所攝順解脫分等善根法種子非集諦因立藏
識是非雜染根本義分四　一明順解脫分等善根非雜染根本義分二　一總
二釋　三明彼善根勝利分三　一明增長世間出世種子勝利分二　一立因
二顯果　三明增長出世種子勝利分二　一立因　二顯果　●第三明增長世間因
果勝利分二　一立因　二顯果　●第三引證分二　一依十八界明藏識是種子
識分二　一總　二釋　三依所明藏識是種子識分二　一總　二釋　●第四明總結
●第三廣建立趣入等四結明藏識非雜染根本義分四　一明建立勝解地趣入相分二
一立因　二顯果　●第二明建立見道位通達相分二　一立因　二顯果　三明建立
修道[illegible]

……勝利分三 ●一明增長出世間出世種子勝利分二 一立因
二顯果 ●二明增長出世種子勝利分二 一立因 二顯果 ●第三明增長世間因
果勝利分二 一立因 二顯果 ●第三引證分二 一依十八界明藏識是種子
識分二 一標 二釋 ●二依第明藏識是種子識分二 一標 二釋 ●第四明總結
●第二依雜染立離八等四法明藏識非雜染根本義分四 一明雜染立所斷地離八相分二
一立因 二顯果 ●第二明煩惱立見道位通違相分二 一立因 二顯果 ●三明煩惱立
修道位修習相分二 一立因 二顯果 ●四明違立前三地位意思相分三 一依了
知自內雜染藏識爲因明位立相 二依了知自身外轉藏識爲因
明位立意思相 三依了知自內麁重藏識爲因明位立意思相
第三依違立轉依明藏識非雜染根本義分七 ●一明所治品分二 一立因 二顯果
●二明能治品分二 一立因 二顯果 ●三明斷藏識時分二 一立因 二顯果 ●四明斷彼
勝利分二 一立因 二顯果 ●五明轉依相分二 一明无常相 二明常相分二 一標 二釋
一立因 二顯果 ●六明藏識及轉識依差別義分四 一依常无常等明藏識轉依
差別分三 一明无常相 二明常相分三 一標 二釋 二依麁重明二差別分二 一明除品
二明淨品 三依任煩惱轉因明二差別分 一標 二釋 三結 四依自在不自在
明二差別分二如論 ●第七明藏識斷滅相分五 一總標 二釋 三立喻
四徵 五答所以分三 一依斷後有因果明所以分二 一立因 二顯果 六依斷
有煩惱因果明所以分二 一立因 二顯果 三依斷麁重因果明所以分三 一立因
二顯果 三引證 ●第三明總結分三如之 ●第四明違立心意識差別意
趣分二 六依大乘正教明違立心意識差別意趣分二 一立正義 二顯勝利
二依小乘教明違立心意識差別意趣分二 一標 二釋
第三明廣決擇諸雜問答分有九種如下所明 ●第一決擇四句差別義分三
一總問 二略答 三別釋分四 一明成就轉識非藏識句分二 一標 二釋分五如
論 二明成就藏識非轉識句分三 一標 二釋分四如之 三明俱成就句分三
標 二釋 四明俱不成就句分三 一標 二釋分三 一依滅盡定明俱不成就
句分四如論 二依處无依涅槃界明俱不成就句分四如之 ●第二決擇依
六界自性等四法差別違立名義分三 一總問 二廣答分二如之
一明依識自性違立眼識等六界名因由分三 一立正義分三 一明六識界
自性 二明欲生起家分四如之 三明立得名義 二立所分二 一標 二釋
三結合分二 一合眼識界得名義 二例合餘五識界得名義 ●第三明
眼中餘十二界得依緣立名因由 ●第二明總結分二 一結自性立
名等因由 二結依緣立名因由 ●第三決擇八識身遍知義分八
一明生起及雜問 二略答 三列名分三如之 四別釋分三 一明遍知雜染受業相
分三 一總問 二廣答分二 一依有爲法明了雜染受業相分二 一標 二釋分二 一明
了知任有會性德 二明了知所……

BD14036號1　瑜伽師地論卷五一分門記

（17–6）

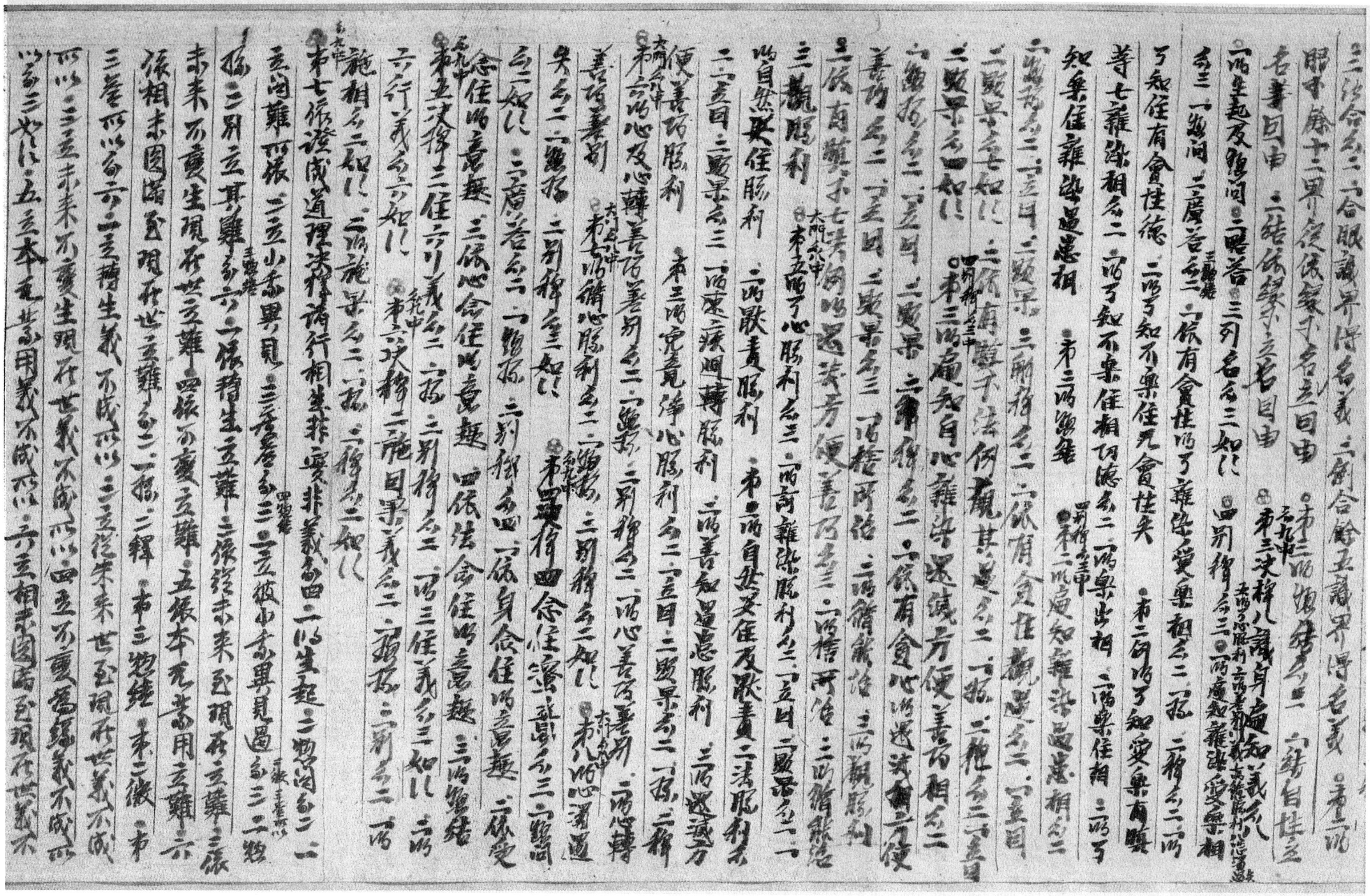

BD14036 號 1　瑜伽師地論卷五一分門記　（17–7）

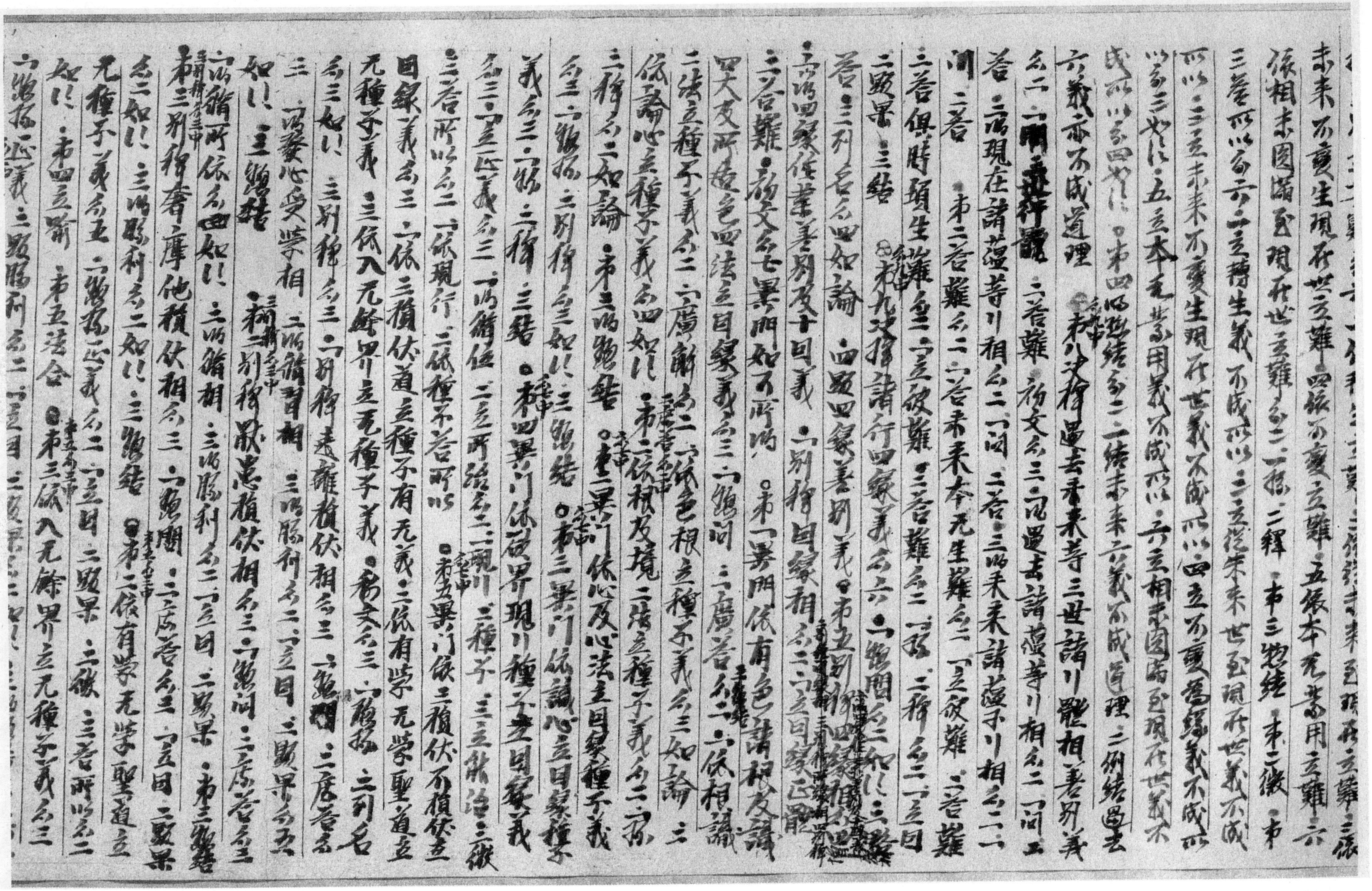

BD14036號1　瑜伽師地論卷五—分門記

（17–8）

BD14036 號 1　瑜伽師地論卷五一分門記

BD14036 號 2　瑜伽師地論卷五二分門記

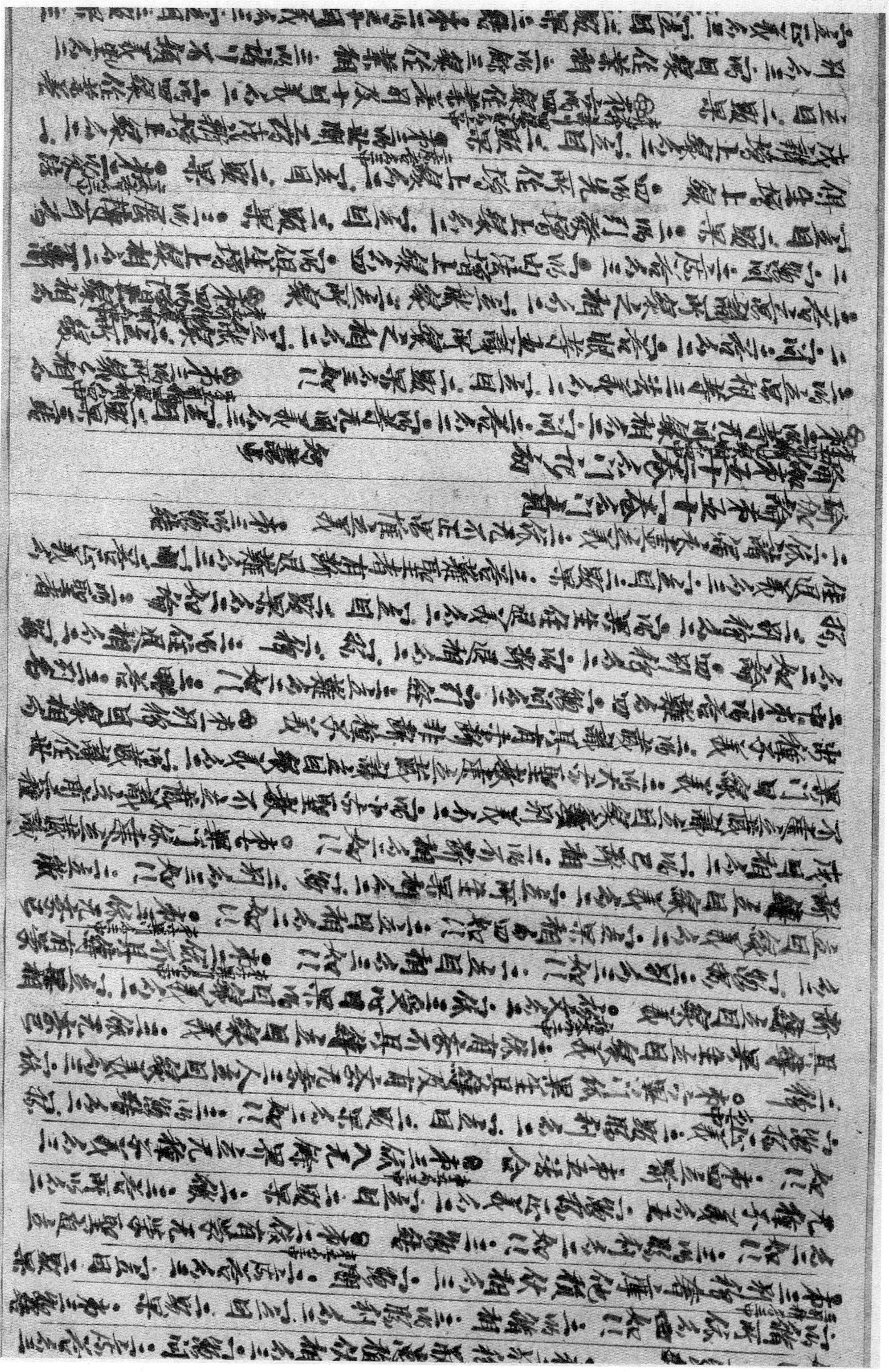

（17–9）

BD14036號2　瑜伽師地論卷五二分門記

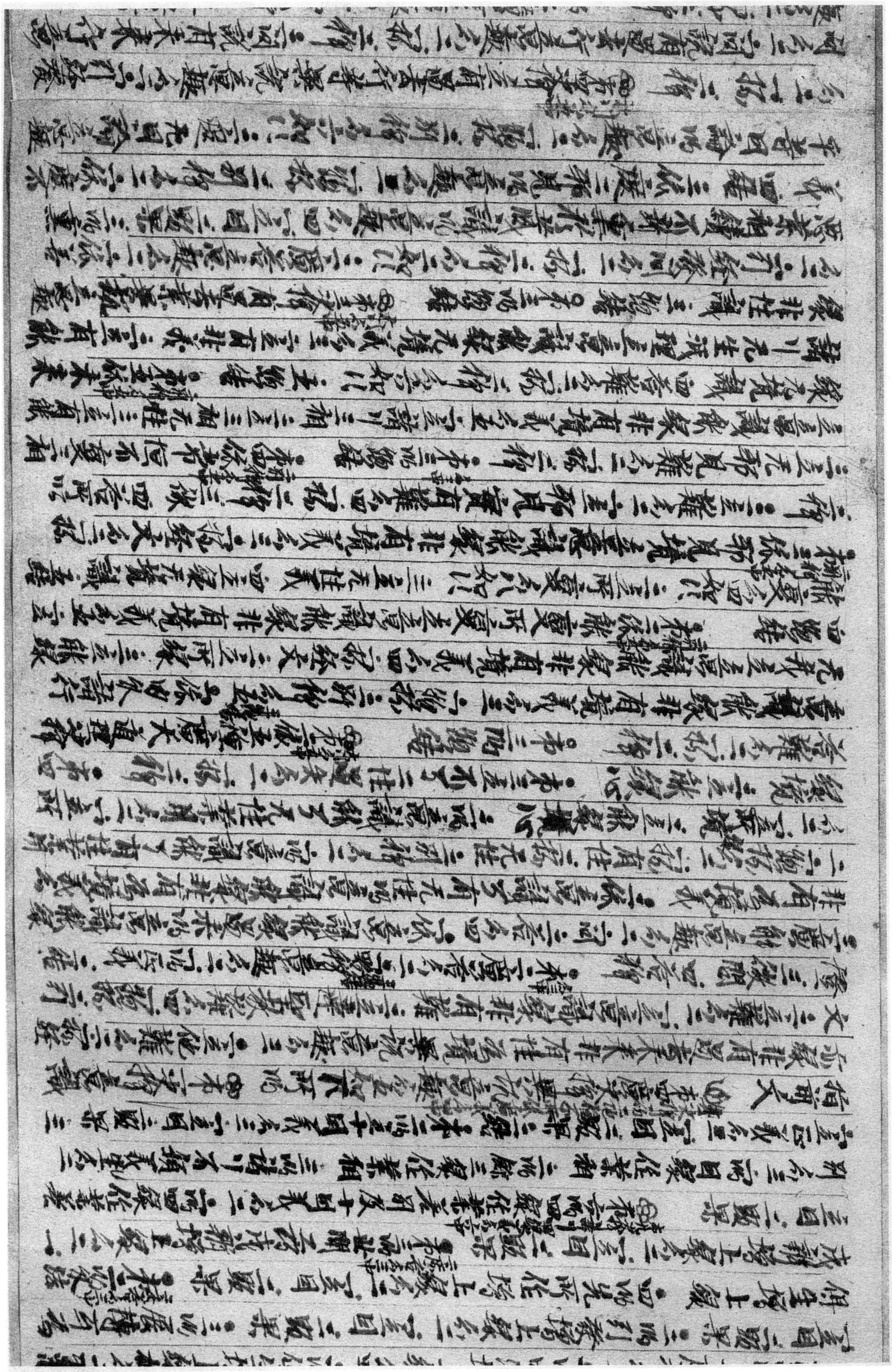

（17-10）

BD14036 號 2　瑜伽師地論卷五二分門記

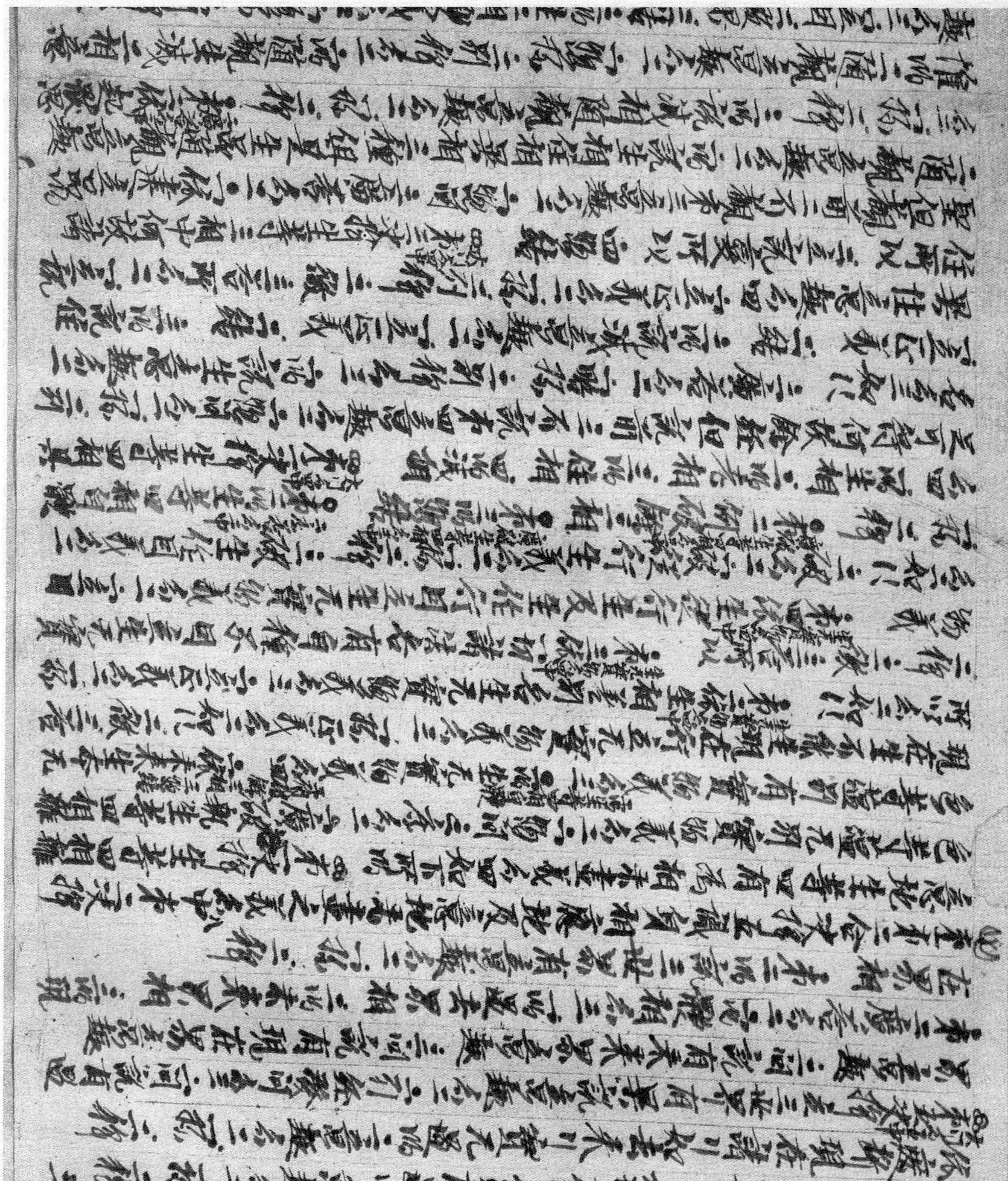

（17–11）

[illegible]

聖但觀前二不觀第三意思趣分二 初略問 二廣答分二 初依遠近意思說

二隨觀意思趣分二 初說生相住相異相三種俱是生後隨觀意思趣

分三 初標 二釋 三明說滅相隨觀意思趣分二 初標 二釋 [次釋] 第二依起厭患

惟明二隨觀意思趣分二 初總標 二別釋分二 初明隨觀生滅二相意

趣分三 初正曰 二顯果 三結 第三明生二相體義分四 初總標 二別釋分三

明生相 二明滅相 [次釋] 第四次釋生等四相差別廣義分四 第一明決擇

生相差別廣義分三 初總標 二列名分十一如化 三別釋分十一 初明剎那

生相分二 初正正義 二結 第二明相續生相分三 初正曰

二顯果 三結 第三明增長生相分二 初正正義 二結 第四明心差別生相

分三 初正曰 二顯果分七如化 三結 第五明不可愛生相分二 初正正義全

如化 二結 第六明可愛生相分二 初正正義 二結 第七九合明不苦生

等三相三義分三異門 初門依三界明三生相分三 初依欲界明不苦

生 二依色界明處中生 三依無色界明勝妙生 第二異門依四種入胎

明不苦生等相分二 初總標 二別釋分三 初明不苦生相 二明處中生相

三明勝妙生相 第三異門依緣行生相等三相分二 初總標 二別釋分三

初依緣行法因果明不苦生相 二依善法因果明勝妙生相 三依無記法

因果明處中生相 第十一合明有上無生義分二異門 初門依隨界明

有上生等相分二 初明有上生相 二明無上生相 第二異門依隨相續生

明有上生等相分二 初明有上生相 二明無上生相 [次釋四相差別分四] 第二次釋老相差別廣

義分四 初總標 二列名分五如化 三別釋分五 初明身老分二 初正正義 二結

第二明心老分二 初正正義分三 初依染愛心變異明心老分二 初正曰 二顯果 三依善

心變異明心老分二 初正曰 二顯果 三依希望心變異明心老分二 初正曰 二顯果

三明總結 第三明壽老分二 初正正義分三如化 二結 第四明衰變壞老分二 初正曰

初正正義分四如化 二結 第五明自體轉變老分二 初正正義 二顯果 [二結]

二顯果 第四明成相分二 初標 二釋 [次釋四相差別分四] 第三次釋住相差別廣義分三

初總標 二列名分五如化 三別釋分五 初明剎那住分二 初正正義 二結

第二明相續住相分二 初正正義 初依內有情壽量明相續住分二 初正

曰 二顯果 二依外器世間明相續住 三總結 第三明緣相續住相

分二 初正正義分三如論 二結 第四明不散亂住相分二 初正正義 二結

第五明立執執住相分二 初正正義分八如化 二總結 [次釋四相差別分四] 第四次釋无常相

差別廣義分四 初總標 二列名分三如化 三別釋分三 初明壞滅无常相

分二 初正正義 二結 第二明生起无常相分二 初正正義 二結 第三明

變異无常相分二 初正正義 二結 第四明散壞无常相分二 初正

[illegible]

分二。一立正正義，分六。如論。二結。第四明不散亂住相，分二。一立正義。二結。
第五明不執著執住相，分二。初立正義，分八。如論。二總結。[illegible]
差別廣義，分四。一總標。二列名，分六。如論。三別釋，分三。[illegible]壞滅無常相
分二。初立正義。二結。第二明生起無常相，分二。初立正義。二結。第三明
變異無常相，分二。初立正義。二結。第四明散壞無常相，分二。初立正
義，分二。如論。二結。第五明當有無常相，分二。初立正義。二結。第
六明現前無常相，分二。初立正義。二結。第四明起厭服利差別義
分三。一明異生起厭差別相，分三。[illegible]第二明法人起厭，第二別相，分三。初立能思人。二立所思境。三明於厭相
三終厭相
分二。一決擇得壽十五種不相應行非盡之義。二決擇得雜成就出種
子之義。初文分十五，如下所明。[illegible]
問，分三。如論。二略答，分二。初立正義。二結。第三明得非實有義，分三。一立欲
宗見，分二。如論。二破彼見，分二。一破得是生因見，分三。初標。二釋。三結。二破
得是離因見，分三。初標。二釋。三總結。第四明生離二因義，分二
一明生因相，分二。初標。二釋。二明離因相，分二。初標。二釋。第五明立得是假相
義，分三。初標。二釋，分三。初立因。二顯果。三結。第六明得差別廣義，分三
一總標。二列名，分三。如論。三別釋，分三。一明種子成就相，分三。初立正義，分三
一明立種子體，分三。如論。二明不損義，分三。如論。三總結
初明自在成就相，分二。初立因。二顯果。第三明現行成就相，分二。初立正義
三結
第三決擇命根非盡之義，分三。一總問。二答命根體相，分二。初立正義
二結。三明命根差別廣義，分三。初總標。二列名，分十。如論。三別釋，分十
初明定壽命相。二明不定壽命相。三明隨轉壽命相，分二。初標。二釋
四明不隨轉壽命相。五明少壽命相，分二。一依人明少壽相。二依傳生，分
明少壽相，分三。初立正義。二徵。三答所以。六明多壽命相，分二。初標。二釋
七明有覺除壽命相，分三。如論。八明無覺除壽命相。九明自勢力轉
壽命相，分三。如論。十明非自勢力轉壽命相。第三決擇眾同分非盡
之義，分三。一總問。二略答其相，初立因，分六。如論。二顯果。三結。三決釋眾
同分差別廣義，分六。一依界同明眾同分相，分二。初標。二釋。二依趣同
明眾同分相，分二。初標。二釋。三依生同明眾同分相，分二。初標。二釋
四依類同明眾同分相，分二。初標。二釋。五依分位等七法明眾同
分相。六依過失功德明眾同分相，分三。一總標。三別釋，分五。一依十
不善業明眾同分相。二依十善業明眾同分相。三依二示有學無
學明眾同分相。四依[illegible]明眾同分相。五依[illegible]

BD14036號2　瑜伽師地論卷五二分門記　（17–13）

BD14036號2　瑜伽師地論卷五二分門記

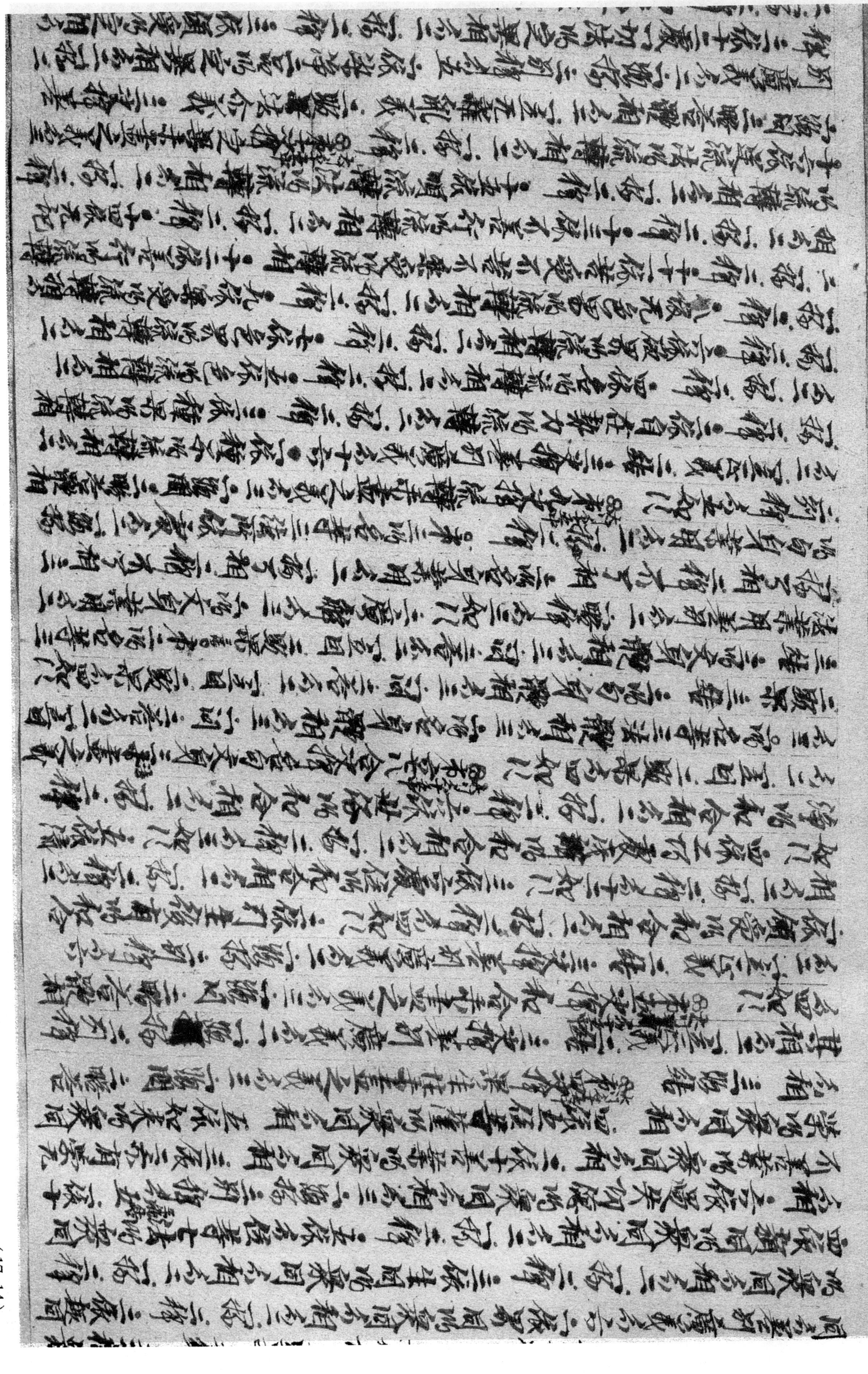

（17–14）

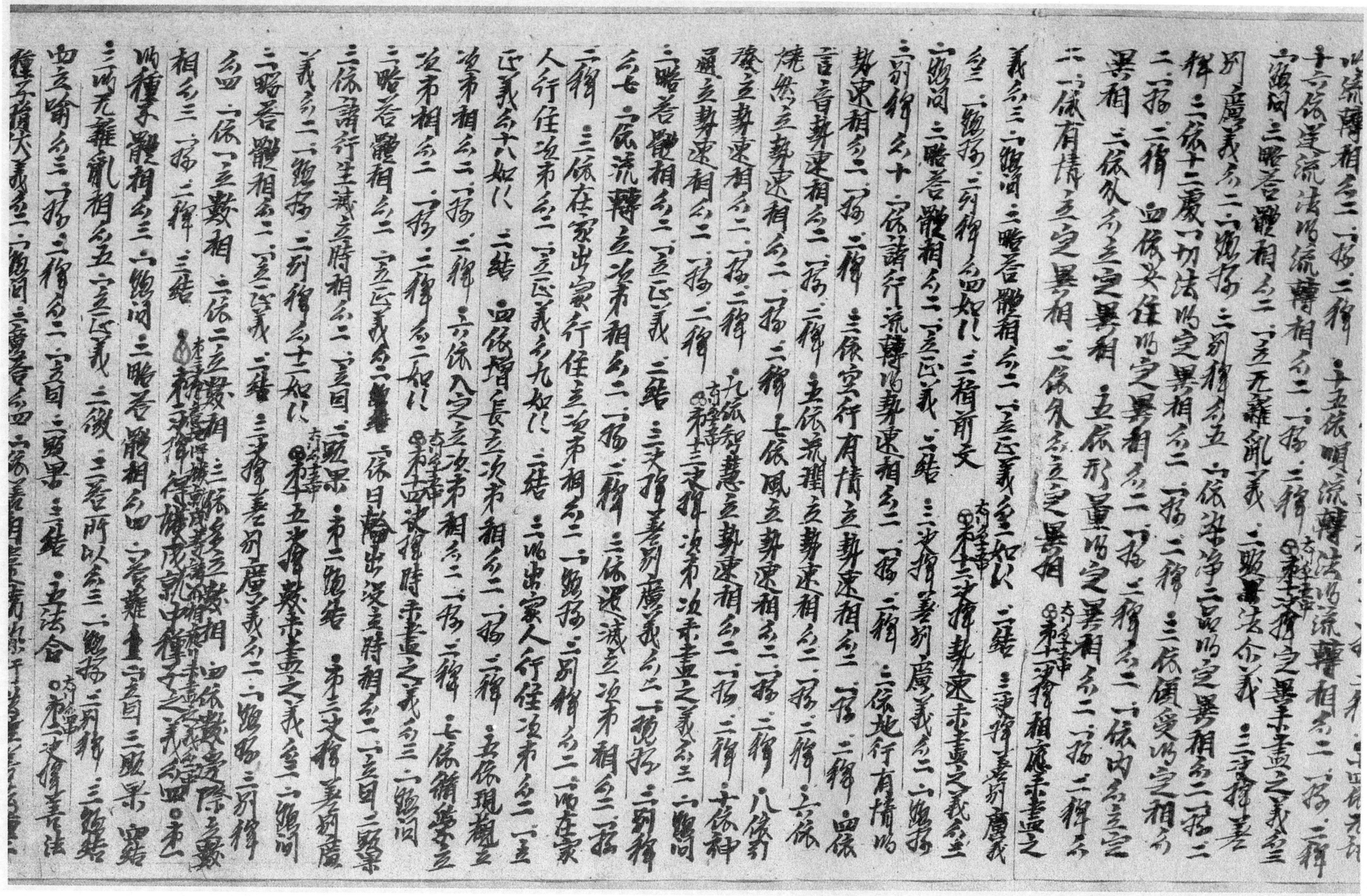

1BD14036號2　瑜伽師地論卷五二分門記

（17-15）

分七 一依流轉立次第相分二 一標 二釋 三依還滅立次第相分二 一標

二釋 二依在家出家行位立次第相分二 一總標 二別釋分二 一明在家

人行位次第分二 一立 二正義分九如文 二結 三明出家人行位次第分二 一立

正義分十六如文 二結 四依增長立次第相分二 一標 二釋 五依現觀立

次第相分二 一標 二釋 六依入定立次第相分二 一標 二釋 七依修學立

次第相分二 一標 二釋分二如文 第四決擇時未盡之義分三 一總問

二略答體相分二 一立正義分二 一依日輪出沒立時相分二 一立日 二顯果

二依諸行生滅立時相分二 一立因 二顯果 第二總結 第三文釋善前應

義分二 一總標 二別釋分十二如文 第五決擇數未盡之義分二 一總問

二略答體相分二 一立正義 二結 三文釋善前應義分二 一總標 二別釋

分四 一依一立數相 二依二立數相 三依多立數相 四依數邊際立數

相分三 一標 二釋 三結 第一

明種子體相分三 一總問 二略答體相分四 一答難 二立因 三顯果 四結

三明無雜亂相分五 一立正義 二徵 三答所以分三 一總標 二別釋 三總結

四立喻分三 一標 二釋分二 一立因 二顯果 三結 五法合 第二決擇善法

種子損伏義分二 一總問 二廣答分四 一依善相違諸漏行法立善法種子

損伏相分三 一立正義 二結 三依執取見稱見立善法種子損伏相分三

一立正義 二引喻 三結 三依修習邪謗立善法種子伏損相分三 一立

正義 二引喻 三結 四依究竟斷立善法種子損伏相分二 一立正義 二結

種子略義分三 一總標 二列名分九如文 三別釋分九 一依已無果

種子明第三果現前種子相 二依果正現前種子明第一已無果種子相 三依未

與果種子明第四果不現種子相 四依果不現前種子明第二未與果種子相

五依住善不善本住種子明第五要品種子相 六依未到善不善無記

究竟種子明第六中品種子相 七依到善不善究竟種子明第七上品種子

相 八依和合明損伏不損伏種子相 第四決擇三種子義分二 一要立種

子相分四 一立生起 二總問 三略答分二 一立正義 二結 四明善別分

問 一答非一異相 二立喻 四明遍行義 第二答難分二 一立習氣非出

世法種子難分二 一立難 二答難 三立五種種性不成難分二 一立難分三

一立正義 二徵 三答所以 二答難分三 二略答 三廣解分三 一立三種性因由

二別釋三相分三 一明立聲聞種性義 二明立獨覺種性義 三明立如

來種性義 第三總結 第三明出世諸法生已隨轉種子相分三 一標

二釋 三結

瑜伽論第五十二卷分門竟

BD14036號2　瑜伽師地論卷五二分門記

(17–16)

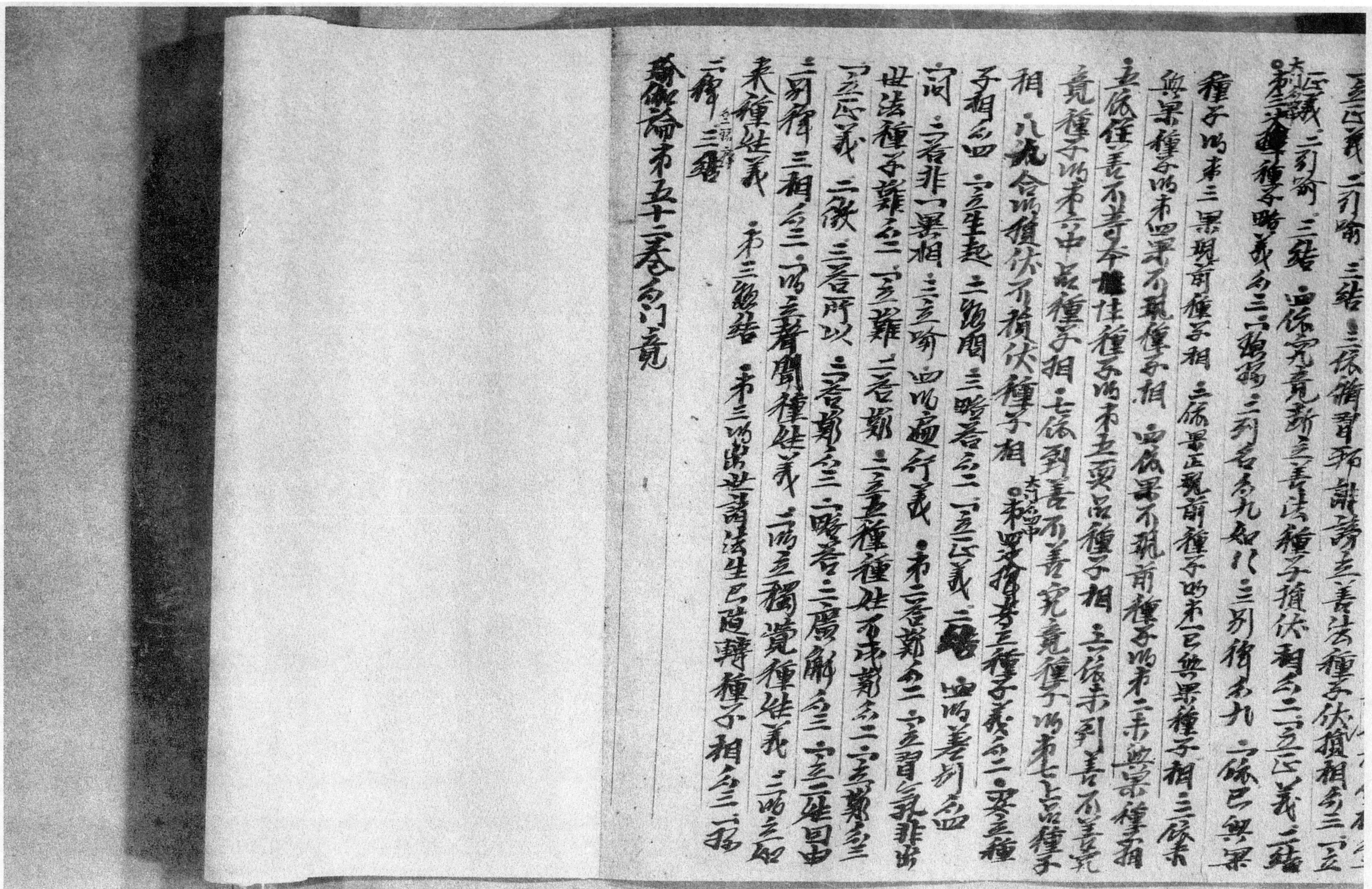
一立正義 二引喻 三結 ●三依循習邪謬諍立善法種子伏損相分三 一立
正義 二引喻 三結 ●四依究竟斷立善法種子損伏相分二 一立正義 二結
大科第三大段 釋種子略義分三 一總標 二列名分九 如次 三別釋分九 ●一依已與果
種子明第三果現前種子相 二依果正現前種子明第一已與果種子相 三依未
與果種子明第四果不現前種子相 四依果不現前種子明第二未與果種子相
●五依任運善不善可斷住種子明第五可斷品種子相 六依未到善不善究
竟種子明第六中品種子相 ●七依到善不善究竟種子明第七上品種子
相 八九合明損伏不損伏種子相 ●第四大科 釋前三種子義分二 ●第二立種
子相分四 一立生起 二結因 三略答分二 一立正義 二結 四明善別分四
問 二答非一異相 三立喻 四明遍行義 ●第二答難分二 一立習氣非非世
世法種子難分二 一立難 二答難 ●三立五種種性不成難分二 一立難分三
一立正義 二徵 三答所以 ●二答難分三 一略答 二廣解分三 一立二性因由
二別釋 三相分三 ●明立聲聞種姓義 二明立獨覺種姓義 三明立如
來種姓義 ●第三總結 ●第三明當世諸法生已隨轉種子相分三 一標
二釋 三結
瑜伽論第五十二卷分門竟

BD14036 號 2 瑜伽師地論卷五二分門記

BD14037號背 1　現代護首　（1–1）

BD14037號1 瑜伽師地論卷五三分門記

（13-1）

瑜伽論第五十三卷分門初記

第四決擇初二地有表業中盡本義分十三如下所明　四第一廣明有表業

沙門智慧山隨聽學記

體相分六　一總問　二略答　三列名分三如之　四別釋分三　一明染汙表業分三

一標　二顯果　三結　二明善表業分三　一標　二顯果　三結　三明無記表業分三

一標　二顯果　三結　第五明表業義分一　一略釋分三　一標　二顯果　三結

第六廣解分三　一明身表業義　二明語表業義　三明意表義分四　一標正義

二徵　三答所以分二如之　四結　第七廣解不律儀相分三　一標總相分三

二明不律儀相分三　一標　二顯果　三結　二明受不律儀業過失分二　一標

因分二如之　二顯果分二　一依未成就立失　二依成就立過　三何以合有

情不受不律儀作不善業過失分二　一標體　二顯過分二　一標目

二顯果　第二明不律儀因分三　一略釋分三　一標因分五如之　二顯果分三

如論　二結分二　一標　二釋　三廣解分六　一明不信分二　一標正義分三

如之　二結　二明懈怠分二　一標正義分二如之　二結　三明忘念分二　一標

正義分二　一標所緣　二顯所緣　三結　四明散亂分二　一標正義分二　一標因

二顯果　二結　五明惡慧分二　一標正義分二　一標因　二顯果　二結　六明

惡慧分二　一標正義分二　一標目　二顯果　二結

第三廣明受律儀

善別之義分二　一明受淨善別分四　一生起　二略明善別分二　一標　二釋

三列名分二如論　四別釋分二　一明由自受相分四　一標　二釋　三徵　四答

所以　二明由他受相分三　一總標　二別釋分二　一標無堪不堪過　二標無執範

善說道　三總結　第二……

BD14037 號 1　瑜伽師地論卷五三分門記

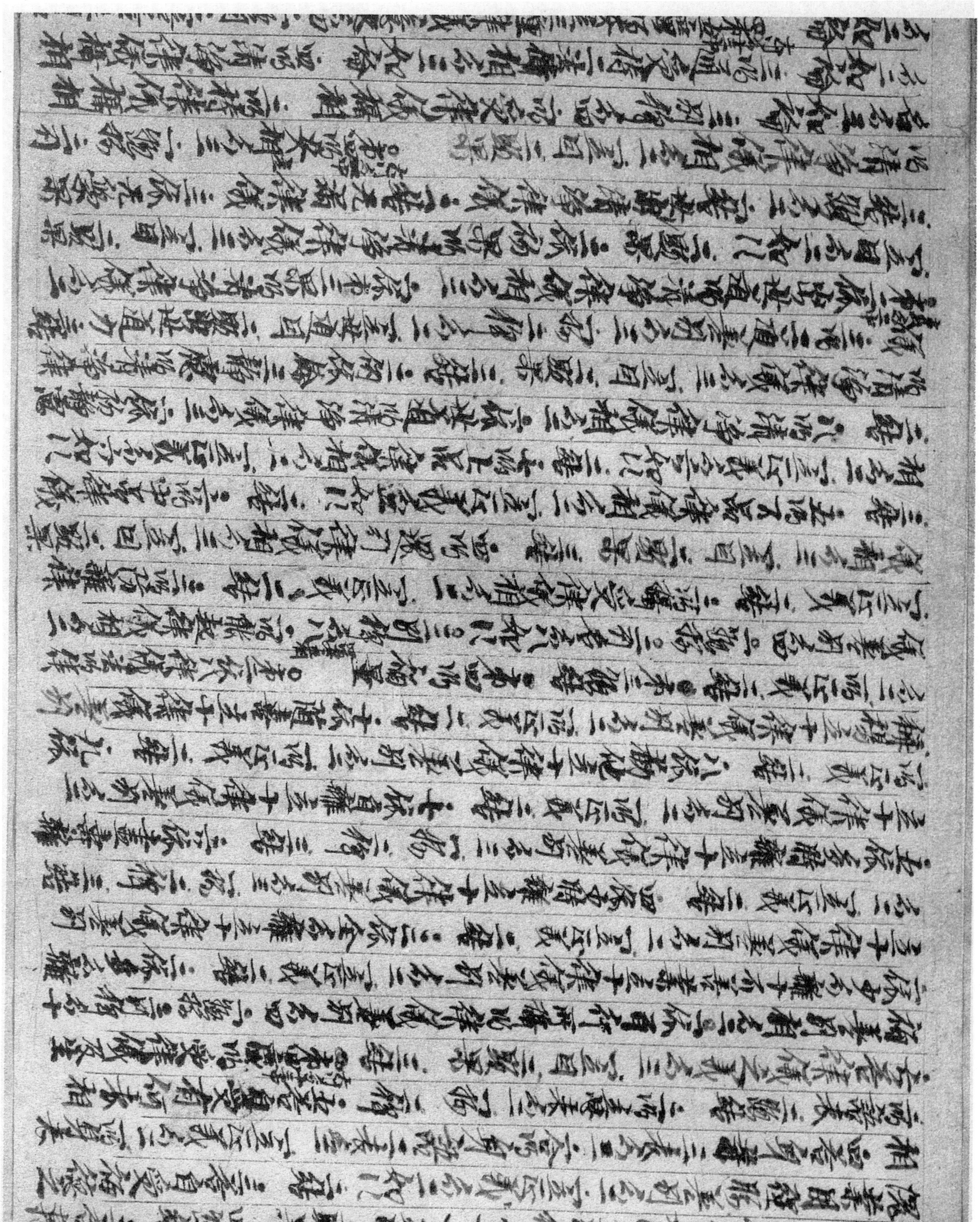

惡戒義分二：一正義分二：一正曰，二顯果；三結。
善別之義分二：○二明受清善別分四：一正生起，二略明善別分三：一標，二釋，
三列名分二如論。四別釋分三：一明由自受相分四：一標，二釋，三徵，四答
所以。二明由他受相分三：一顯標，三別釋分二：一正曰，二無堪不堪還，二云無執乾
善說遍，三總結。○第二答難分二：一正難，二答難分三：一答正義分四
一顯標，二列名分二如論，三列釋分三：一正曰，二顯果，四總結。三答攝
漏業因發勝善別分二：一正義分二如論，二結。三答自受種德之
相，四答身善三表分二：一合明身語二表分三：一正義分二：一明身表
二明語表，三總結。二明意表分二：一標，二釋。○五答自受有何表相
五答律儀之義分三：一正曰，二顯果，三結。○第四廣明受律儀及生
福善別相分三：一依可行所攝明律儀善別分四：一總標，二列釋分十
一依多分離十不善業立十律儀善別分三：一標，二釋，三結。二依多分離
五依多時離立十律儀善別分三：一標，二釋，三結。
分二：一正義，二結。三依全分離立十律儀善別
立十律儀善別分二：一正義，二結。七依自離立十律儀善別分三
稱揚立十律儀善別分二：一正義，二結。八依勸他立十律儀善別分二：一明正義，二結。九依
分二：一明正義，二結。○第三總結。○第四明稱量。○第二依八律儀法明律
儀善別分四：一總標，二列名分八如論，三別釋分八：一明能起律儀相分二
一正義，二結。二明攝受律儀相分二：一正義，二結。三明防離律
儀相分三：一正曰，二顯果，三結。四明遠離律儀相分三：一正曰，二顯果
三結。五明下品律儀相分二：一正義分四如論，二結。六明中品律儀
相分二：一正義分三如論，二結。七明上品律儀相分二：一正義分三如論
二結。八明清淨律儀相分二：一依世道明清淨律儀分三：一依初靜慮
明清淨律儀分三：一正曰，二顯果，三結。二明依餘三靜慮明清淨律
儀，三明三道善別分三：一標，二釋分二：一正世道，二顯出世道力，三結。
第二依出世道明清淨律儀相分三：一依第三果明清淨律儀分二
一正曰分二如論，二顯果。二依初果明清淨律儀分三：一正曰，二顯果
三結。總明清淨律儀，二結，無漏律儀，三依無學果
明清淨律儀相分二：一正曰，二顯果。○第四明安相分三：一總標，二列
名分五如論。三別釋分四：一明受律儀稱相，二明持律儀稱相
分二如論。三明通受持，二清淨稱相分二如論。四明清淨律儀稱相
分二如論。

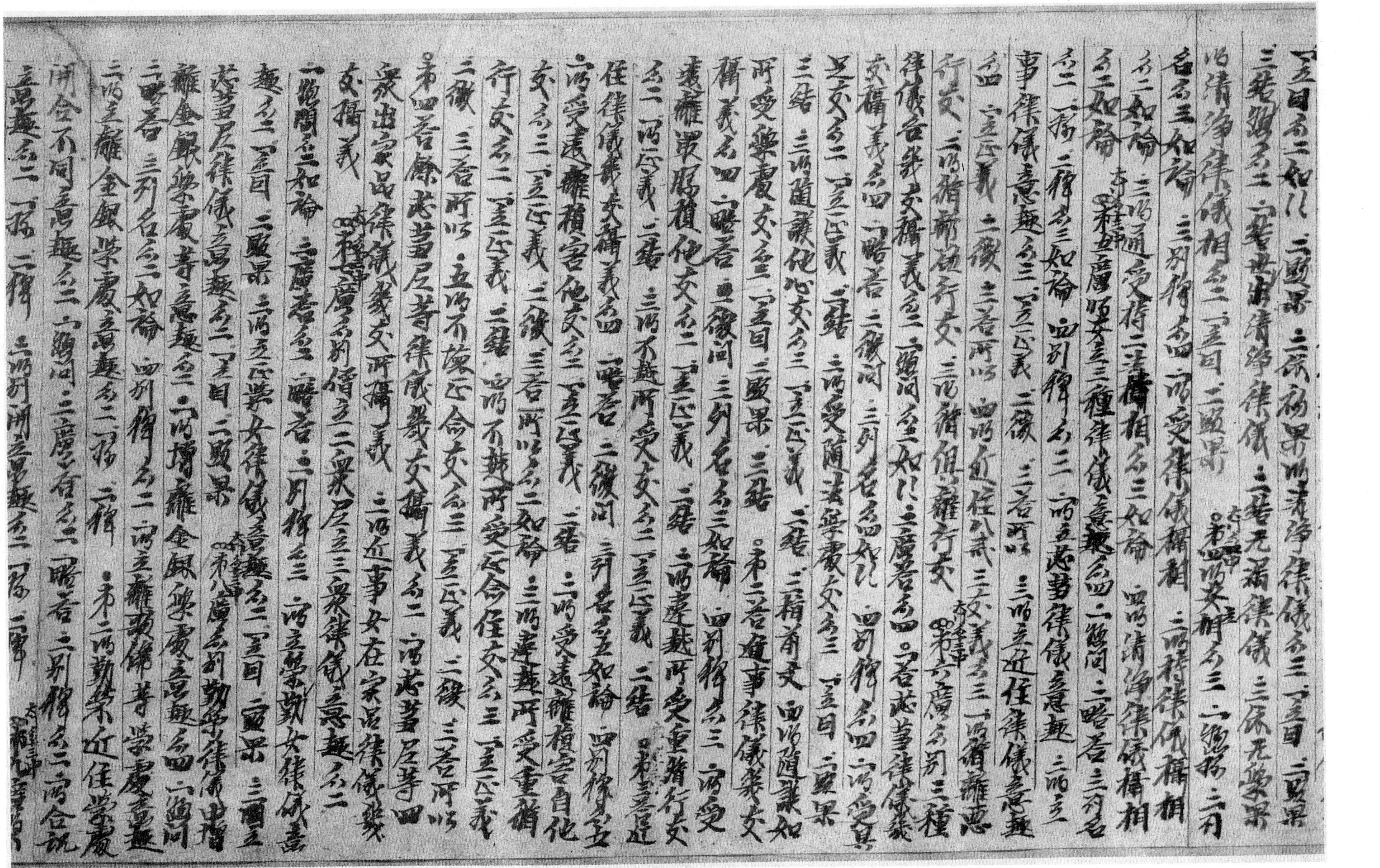

BD14037 號 1　瑜伽師地論卷五三分門記

（13–4）

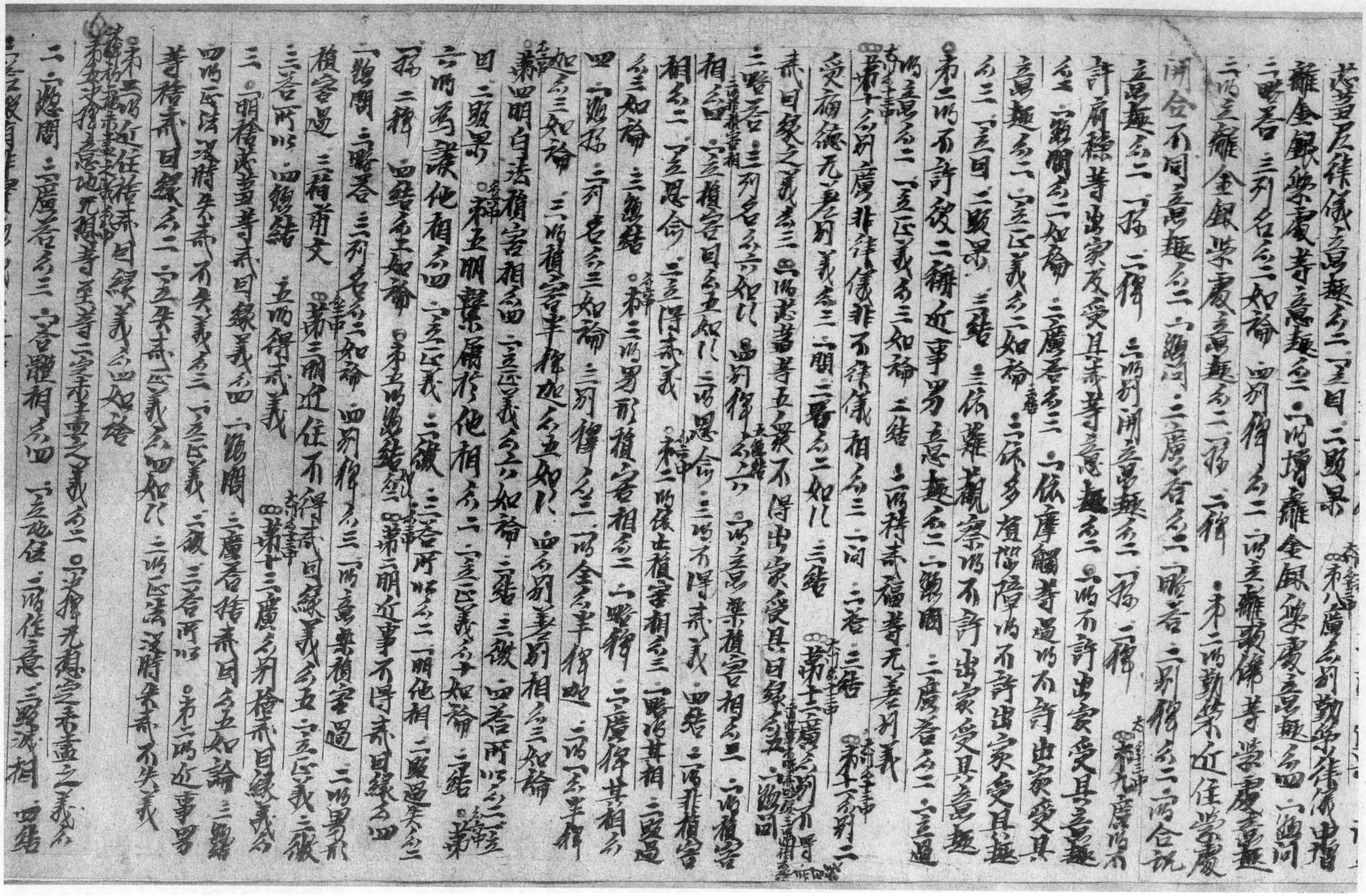

BD14037 號 1　瑜伽師地論卷五三分門記

（13–5）

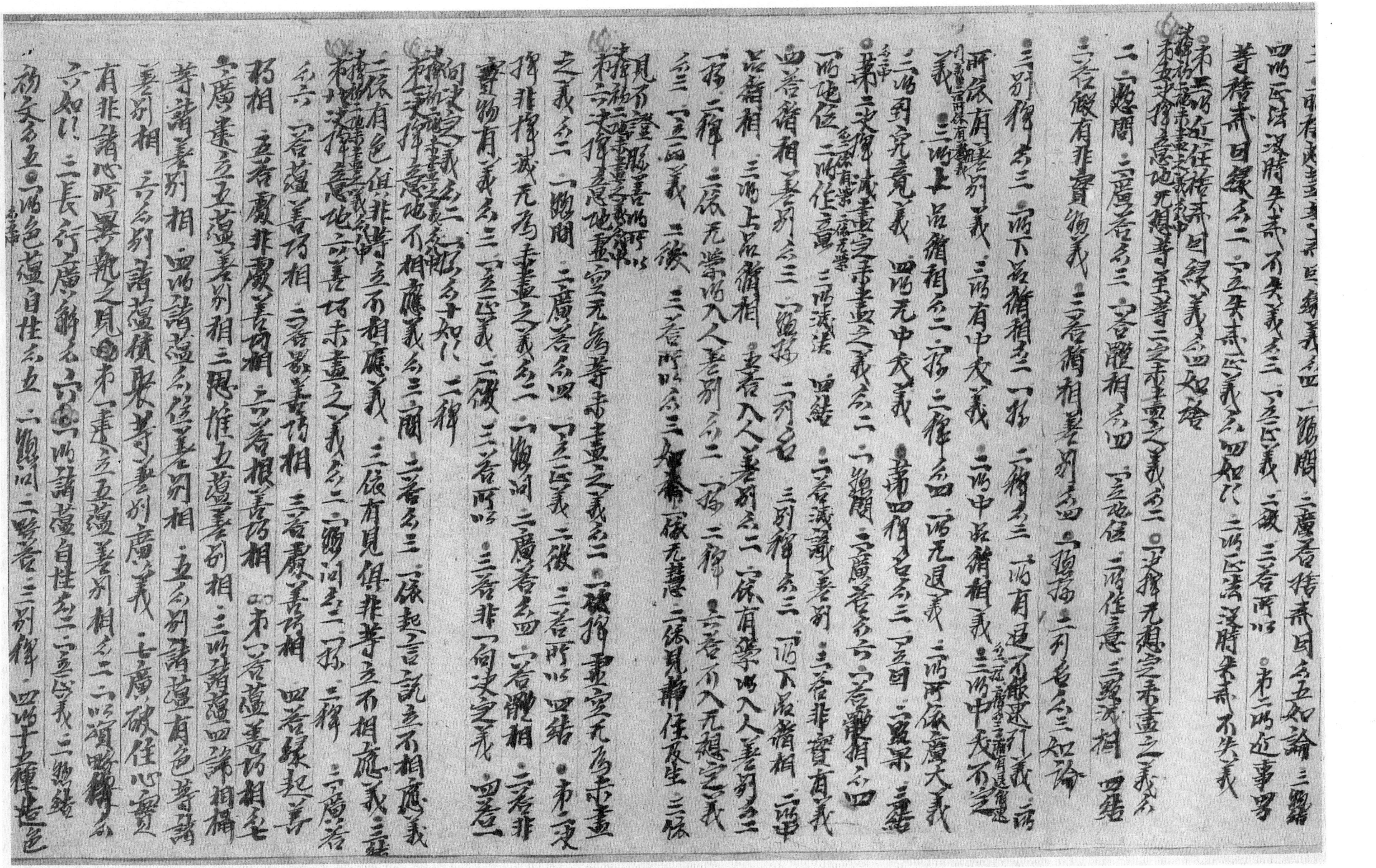

BD14037 號 1　瑜伽師地論卷五三分門記

（13–6）

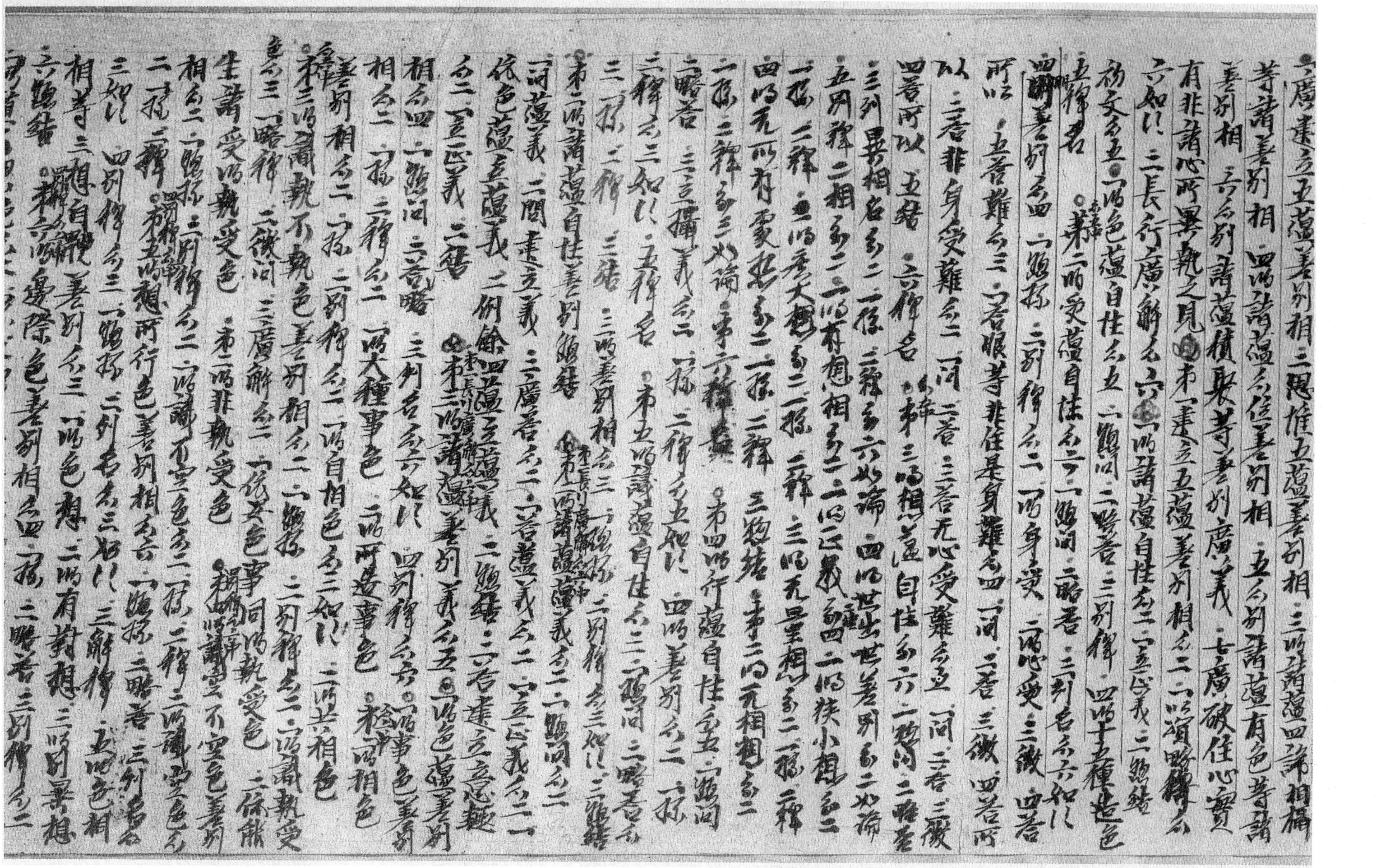

BD14037 號 1　瑜伽師地論卷五三分門記

（13–7）

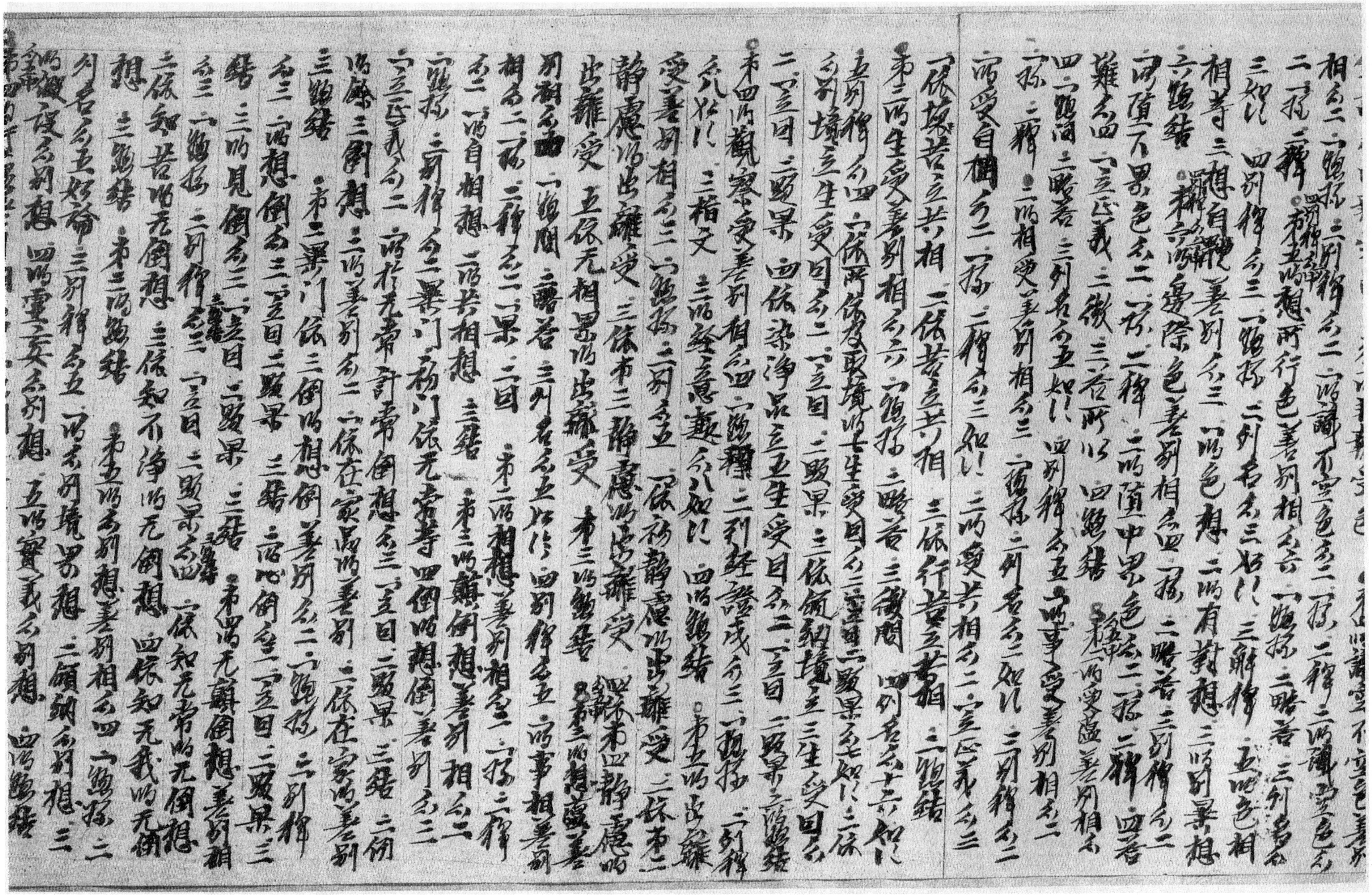

BD14037 號 1　瑜伽師地論卷五三分門記

（13–8）

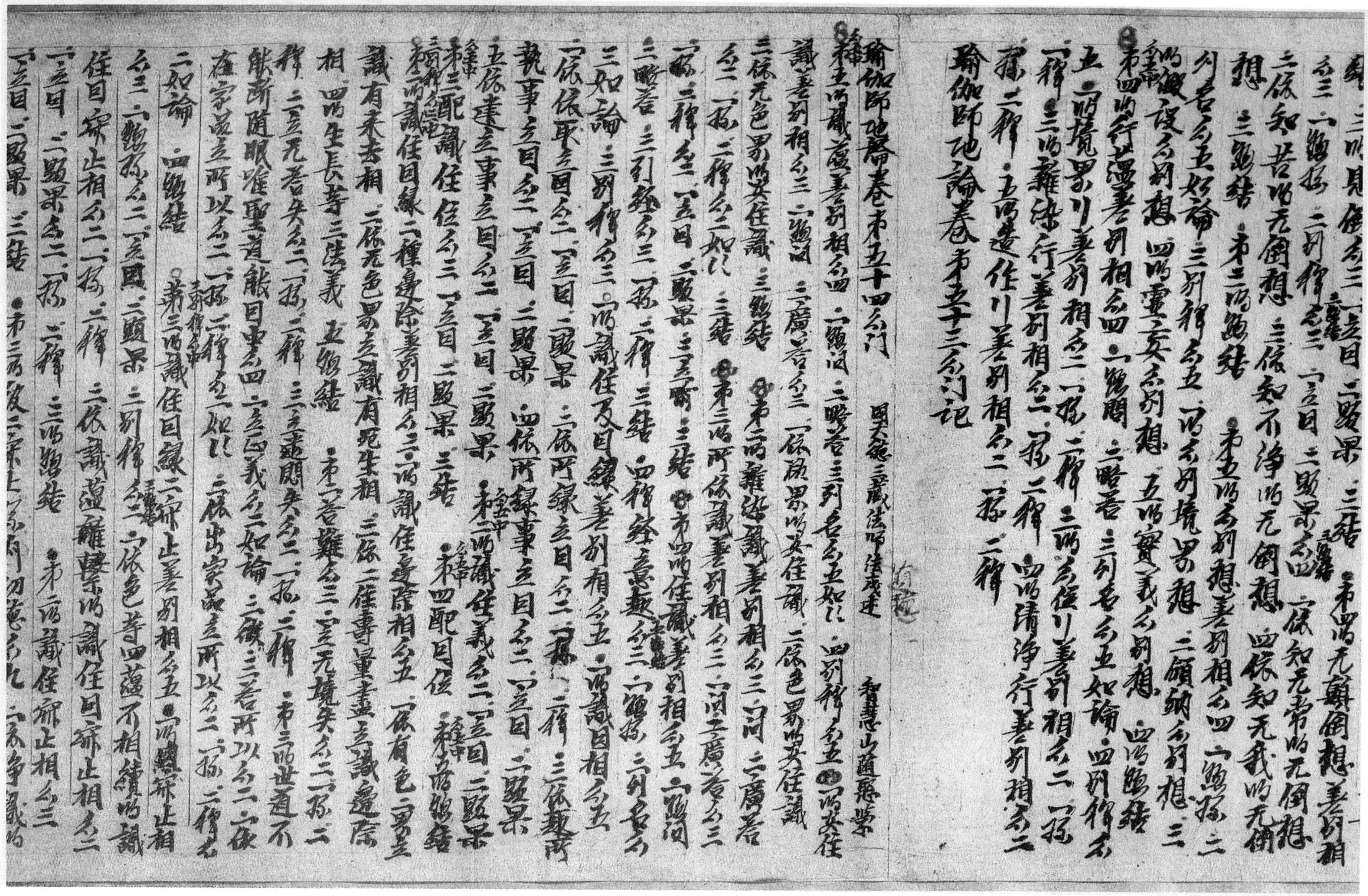

BD14037 號 1　瑜伽師地論卷五三分門記
BD14037 號 2　瑜伽師地論卷五四分門記

（13–9）

二如論　四總結　第三明識住目錄二寂止差別相分五　一明因寂止相
分三　一總標分二　一云因　二顯果　二別釋分二　一依色等四蘊不相續明識
住目寂止相分二　一標　二釋　二依識蘊離繫明識住目寂止相分三
一云目　二顯果分二　一標　二釋　三明總結　第二明識住寂止相分三
一云目　二顯果　三結　第三明後二寂止勝利功德分九　一依淨識明
勝利　二依不生長明勝利分三　一云目　二顯果　三依縛三解脫門明勝利分
三如論　四依解脫明勝利分二　一云目　二顯　五依无我我所明勝利
六依无怖明勝利　七依自得清淨明勝利分二　一云目　二顯果　八依得
寂滅明勝利分二　一云目　二顯果　九依不復流轉明勝利分二　一云
目　二顯果　第四釋經句義分六　一明破離句　二明離影句　三
明離寂滅句　四明寂靜句　五明清凉句　六明清淨句　第五明諸
識自性非染行義分五　一略標釋　二引經證成　三徵　四答所以分
三　一云正義　二徵　三答所以　第五明總結　第五明異相識善別
相分三　一總問　二答者分二　一依三界門明異相識善別分二　一云正義　二結　第二異
門依有貪无貪善心明異相識善別分二　一總標　二別釋分二　一依界明異相善
門依界異相明善別義分三　一總標　二別釋分四如是　二明色界識善別
相分二　一標　二釋　三明无色界識善別相分二　一標　二釋　四明无漏
界識善別相分二　一標　二釋分二如是　第二明欲界未釋之義
分四　一明欲界識善別相分三　一標　二釋分二　一明欲界善心善別
三明欲界无覆无記心善別相分三　一總標　二列名分四如是　三明意
化心善別相分二　一標　二釋　三明上二界无明心有无義分二如是
四例明上二界善心相　第三異門依種明識善別相分三　一總標
二別釋分二　一明欲界五心分三　一總標　二列釋有五如是　二例明上二界
五心善別　三總結　第二明欲界未釋之義分四　一立生起　三總
標　三列名分三如論　四別釋分三　一明初品未發趣定有情心善別相
分二　一云起染過分二　一標　二釋　二顯起善等德分二　一標　二釋　第二
明第二品雖已發趣未得定有情心善別相分六　一依出息立德　二依
馳散過過　三依惛沉睡眠明失　四依好境立德　五依正安不安明
德失　六依晝夜立德失　第三明第三品得定人相反釋難句
分二　一釋經句分五　一明定心分二　一云目　二顯果　三結　二明不定心　三明善
猶心分二　一云目　二顯果　四明解脫心分二　一云目　二顯果　五明得善心等
義分二如論　第二明第三得定人相　第三明總結

BD14037 號 2　瑜伽師地論卷五四分門記

（13–10）

德失 六依盡無盡立德失 ●第三明第三品得定人相及釋經句
分二 一釋經句分五 一明定心分二 一立目 二顯果 三結 二明不定 三明善
觧心分二 一立目 二顯果 四明解脫心分二 一立目 二顯果 五明得善心等
義分二 如論 ●第三明總結
●第四建立諸蘊次第義分二 一總問 二廣答分二 異門 ●初門依生起等立
法立諸蘊次第分三 一總標 二列名分五 如次 三別釋分五 ●一明生起所作
次第分三 一總標 二別釋分三 一明立色蘊次第 二明立識蘊次第分二
一標 二釋 三明立受蘊等次第分三 一立目 二顯果 三結 ●三總結
●第二明對治所作立蘊次第分四 一總標 二列名分四如論 三別釋
分四 如次 四總結 ●第三明流肆所作次第分二 一總標 二別釋分四
一明立色蘊次第 二合明立受想二蘊次第分二 一標 二釋 三明立行
蘊次第 四明立識蘊次第 ●第四明住所作次
第分三 一總標 二立目 二顯果 ●第五明安立所作次第分三
一總標 二別釋分二 如次 三總結
一總標 二別釋分五 一明立色蘊次第 二明立受蘊次第 三明立想蘊
次第 四明立行蘊次第 五明立識蘊次第分二 一標 二釋 三總結
●第二異門依我衆具事度我事立諸蘊次第分二 一總標 二別釋分三
一依前四蘊明我衆具事分二 一立明義分四 一依色蘊立我衆具事
二依受蘊立衆具事 三依想蘊立衆具事分二 一標 二釋 四依行
蘊立和合衆具事 第二明依識蘊明我事
●第五明諸蘊相稱義分三 一依蘊等六法明相稱相分三 一總問分二 一問
色蘊稱分六如論 二例問受等四蘊相稱相 三廣答分五 一答色
蘊相稱相分六如論 二答受蘊稱相分六如論 三答想蘊稱相分六
如論 四答行蘊稱相分六如論 五答識蘊稱相分六如論 三總
結分三 一標 二釋 三結 ●第二依界等十法明相稱相分二 一總標 二別釋
分十 一依界明稱相分二 一標 二釋 二依相明稱相分二 一總標 二釋 三依
種類明稱相分二 一標 二釋 四依分位明稱相分二 一標 二釋 五依
不相離明稱相分二 一標 二釋 六依時明稱相分二 一標 二釋 七依
方明稱相分二 一標 二釋 八依全稱相分二 一標 二釋 九依少分
明稱相分二 一標 二釋 十依勝義明稱相分二 一標 二釋 ●第三明
色等三法明相稱分二 一標 二釋
第二長行廣解分六中第六明諸蘊依止義分二 一總問分二 一問色
蘊依止相 二問受等四蘊依止相 三廣答分二 一答色蘊依止處
相分二 一總標 二別釋 [illegible] 二答受等四蘊依止處 [illegible]

□明□□受想二蘊次第分二　一標　二釋　三明立行
蘊次第分二　一立因　二顯果　四明立識蘊次第　第四明住所住次
第分三　一總標　二別釋分二如文　三總結　第五明處立所住次第分三
一總標　二別釋分五　一立明色蘊次第　二明立受蘊次第　三明立想蘊
次第　四明立行蘊次第　五明立識蘊次第分二　一標　二釋　三明總結
第二異門依我衆具事度我事立諸蘊次第分二　一總標　二別釋分二
一依前四蘊明我衆具事分二　一立四　二立四義分四　一依色蘊立我衆具事
二依受蘊立衆具事　三依想蘊立衆具事分二　一標　二釋　四依行
蘊立衆具事　第三總結　第四依識蘊明我事
第五明諸蘊相稱義分三　一依蘊等六法明相稱相分三　一總問分二　一問
色蘊稱分六如論　二例問受等四蘊相稱相　二廣答分五　一答色
蘊相稱分六如文　二答受蘊稱相分六如論　三答想蘊稱相分六
如論　四答行蘊稱相分六如論　五答識蘊稱相分六如論　三明總
結分三　一標　二釋　三結　第二依界等十法明相稱相分三　一總標　二別釋
分二　一依界明稱相分二　一標　二釋　二依相明稱相分二　一總標　二釋　三依
種類明稱相分二　一標　二釋　四依分位明稱相分二　一標　二釋　五依
不相離明稱相分二　一標　二釋　六依時明稱相分二　一標　二釋　七依
方明稱相分二　一標　二釋　八依全稱相分二　一標　二釋　九依多分
明稱相分二　一標　二釋　十依勝義明稱相分二　一標　二釋　第三明
色等三法明相稱分二　一標　二釋
第二長行廣解分六中第六明諸蘊依止義分二　一總問分二　一問色
蘊依止相　二問受等四蘊依止相　二廣答分二　一答色蘊依止處
相分二　一總標　二別釋分六如文　二答受等四蘊依止處有分四
一總標　二別釋分七如論　三配七依止地位分四如論　四總結

（13–13）

BD14038 號背　現代護首　　（1–1）

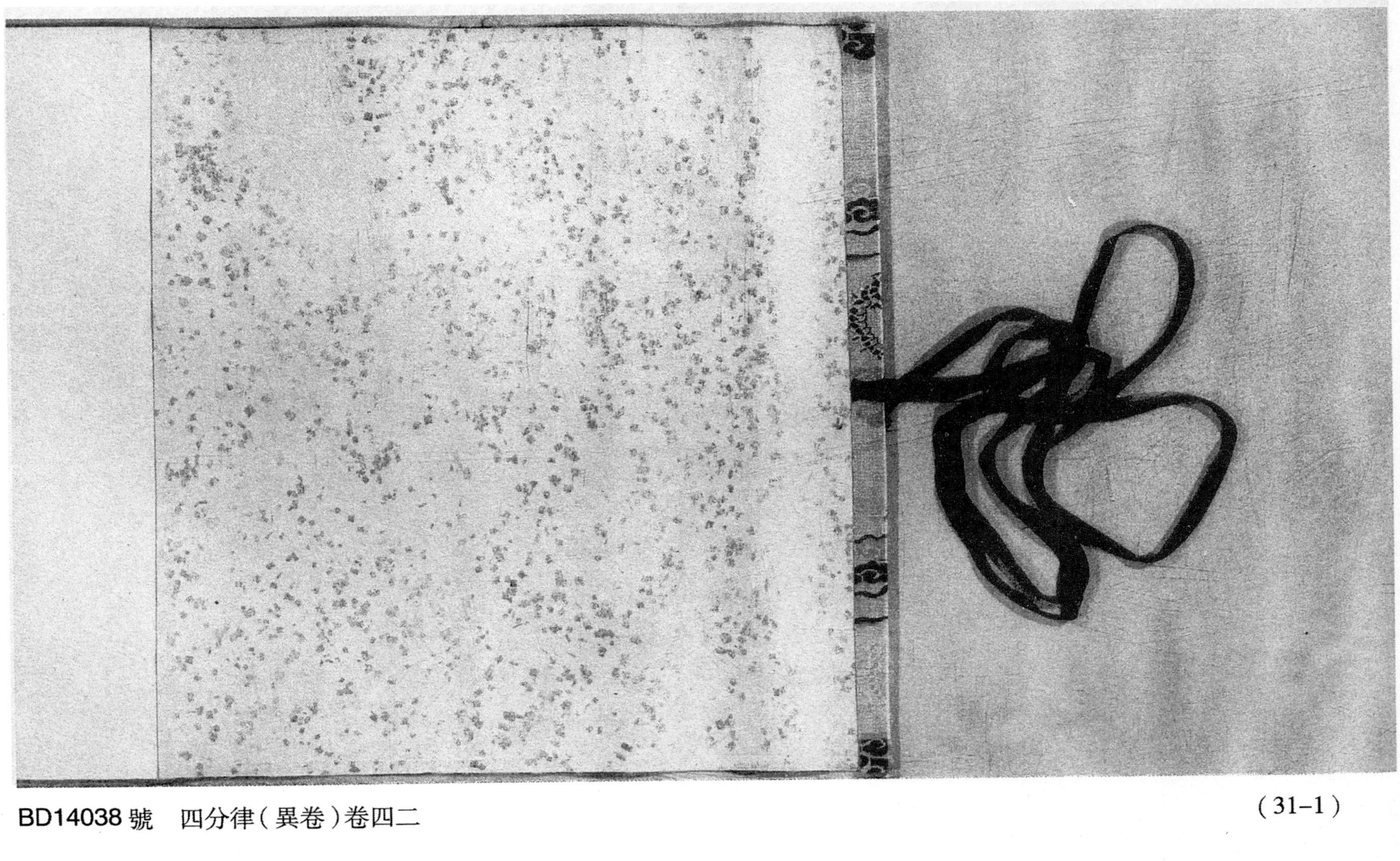

BD14038 號　四分律（異卷）卷四二　　（31–1）

四分律藏卷第卌 第三分卷第六 藥 之二
尒時世尊在舍衛國人間遊行與千二百五
十比丘俱時世穀貴人民飢餓乞食難得有
五百乞人常随佛後尒時世尊行未遠往至
道邊樹下敷尼師檀坐時有居士名私呵眦
羅調烏師乘五百乘車載石蜜從道而過於
道中見佛足跡千輻輪相光明了了即尋跡
而去遥見世尊在樹下坐顏貌端正諸根寂
靜得上調伏猶如龍象王最勝無比譬如澄
淵無有濁穢見世尊已信敬心生前頭面礼
足却坐一面時世尊為私[illegible]士種種方便
說法開化令得歡喜時私呵居士聞佛說法
極大歡喜即施諸比丘人別一器黑石蜜諸
比丘不受世尊未聽我曹受黑石蜜白佛佛
言聽受黑石蜜佛語私呵一器分黑石蜜與
諸比丘即受佛教以一器分黑石蜜與諸比
丘有餘黑石蜜佛言應苐二苐三隨意重與
故復有殘佛語私呵與乞兒與乞兒已故復
有殘佛語私呵更隨意苐二苐三飽與乞兒
故復有殘佛語私呵以殘黑石蜜著淨地若
無虫水中何以故未有見諸天世人諸魔梵

BD14038 號　四分律（異卷）卷四二　（31–2）

丘有餘黑石蜜佛言應苐二苐三隨意重與
故復有殘佛語私呵與乞兒與乞兒已故復
有殘佛語私呵更隨意苐二苐三飽與乞兒
故復有殘佛語私呵以殘黑石蜜著淨地若
無虫水中何以故未有見諸天世人諸魔梵
王沙門婆羅門食此黑石蜜能消者除如來
無所著等正覺時私呵即如教持餘黑石蜜
著無虫水中即烟出作聲猶如燒大熱鐵著
水中其聲振裂餘黑石蜜著水中亦復如是
水沸作聲尒時私呵見此已恐怖毛竪往至
佛所頭面礼足却坐一面以向因緣具白世
尊世尊尒時知私呵心懷恐怖毛竪種種方
便說法開化令得歡喜即於坐上遠塵離垢
得法眼淨見法得法得增上果白世尊言大
德我歸依佛法僧為優婆塞自今已去不殺
生乃至不飲酒私呵聞佛說法極大歡喜頭
面礼佛而去時比丘乞食時見白衣作黑石
蜜著罽尼諸比丘疑不敢過中食白佛佛言
聽食作法應尒時諸比丘乞食得耎黑石蜜
白佛佛言聽食得黑石蜜漿佛言聽飲得磨
飡繳佛言聽食得白石蜜佛言聽食得烏婆
陁頗尼佛言聽食得水和苷蔗汁佛言聽飲
得甘蔗汁佛言聽飲若不醉人聽非時飲若
醉人不應飲若飲如法治得甘蔗佛言聽時
食尒時世尊在摩竭提人間遊行至王舍城
畢陵伽婆蹉多知識多徒衆多得蘇油生蘇

BD14038 號　四分律（異卷）卷四二　（31–3）

陁頗尼佛言聽食得水和苷蔗汁佛言聽飲
得甘蔗汁佛言聽飲若不酔人聽非時飲若
酔人不應飲若飲如法治得甘蔗佛言聽時
食尒時世尊在摩竭提人間遊行至王舍城
畢陵伽婆蹉多知識多徒衆多得蘇油生蘇
蜜黑石蜜持與徒衆遂多積聚藏舉衆器皆
満大瓮小瓮大鉢小鉢敛大釜絡囊漉水囊
持串着壁上龍牙杙上向上或懸著屋間下
漏上棄房舍臭穢時衆多居士来至僧伽藍
中行看房舍見畢陵伽婆蹉徒衆如是多積
聚飲食衆藥在房共宿臭穢不淨皆共譏嫌
沙門釋子多貪無猒自稱我知正法如是何
有正法觀是沙門多積飲食衆藥如似蓱沙
王㕑庫諸比丘聞其中有少欲知足行頭陁
知慙愧樂學戒者嫌責畢陵伽婆蹉言云何
多積飲食衆藥在房共宿臭穢不淨時諸比
丘往白佛尒時世尊以此因緣集比丘僧呵
責畢陵伽婆蹉徒衆汝等所爲非非威儀非
沙門法非淨行非隨順行所不應爲云何多
積飲食衆藥在房共宿臭穢不淨以無數方
便呵責已告諸比丘自今已去若病比丘須
蘇油蜜生蘇黑石蜜乃至七日應服若過服
如法治尒時世尊從王舍城人間遊行此一條事如上展轉
食戒無異故不出也尒時比丘患風須藥醫教漬麦汁佛言
聽服須油漬麦汁須頗尼漬麦汁佛言聽服若
時藥和時藥非時藥和時藥七日藥和時藥
盡形壽藥和時藥應受作時藥非時藥和非

BD14038號　四分律（異卷）卷四二　（31–4）

如法治尒時世尊從王舍城人間遊行如上展轉
食戒無異故不出也尒時比丘患風須藥醫教漬麦汁佛言
聽服須油漬麦汁須頗尼漬麦汁佛言聽服若
時藥和時藥非時藥和時藥七日藥和時藥
盡形壽藥和時藥應受作時藥非時藥和非
時藥七日藥和非時藥盡形壽藥和非時藥
應受作非時藥七日藥和七日藥盡形壽藥
和七日藥應受作七日藥盡形壽藥和盡形
壽藥應受作盡形壽藥尒時比丘患創須唾
塗以銚底㷔比丘白佛佛言聽用時有比丘
患皰醫教用人脂佛言聽用時有比丘患吐
須細㕮鬚佛言聽燒已末之水和漉受飲之
時有比丘自往冢間取人鬚人脂持去時諸
居士見皆憎惡汙賤諸比丘白佛佛言聽静
無人時取尒時有比丘患身熱醫教用旃檀
爲若病故比丘白佛佛言聽用若沉水若旃
檀畢陵祇伽羅旡婆羅佛聽用塗身時諸
比丘患蛇入屋未離欲比丘恐怖佛言聽驚
若以筩盛若以繩繫棄之而彼不解繩便置
地蛇遂死佛言不應不解應解時諸比丘患
鼠入屋未離欲比丘皆驚畏佛言應驚令出
若作鼠檻盛出棄之竟不出置檻外即死佛
言應出之不應不出尒時諸比丘患蠍蜈蚣
蚰蜒入屋未離欲比丘驚畏佛言若以弊物
若泥團若掃帚盛裹棄之而不解放便死佛
言不應不解放應解放尒時佛在王舍城諸
比丘破浴室薪空木中蛇出螫比丘殺時世

BD14038號　四分律（異卷）卷四二　（31–5）

蚰蜒入屋未離欲比丘驚畏佛言若以弊物
若泥團若掃帚盛裹棄之而不解放便死佛
言不應不解放應解放尒時佛在王舍城諸
比丘破浴室薪空木中蛇出螫比丘殺時世
尊慈念告諸比丘彼比丘不生慈心於彼八
龍蛇王以是故為蛇所螫何等八毗樓勒叉
龍王次名伽寐次名瞿曇寘次名施婆弥多
羅次名多奢伊羅婆尼次名伽毗羅濕波羅
次名提頭賴吒龍王比丘若慈心於彼八龍
蛇王者不為螫殺若此比丘慈心於一切衆
生者亦不為彼蛇所螫殺佛聽作自護慈念
呪毗樓勒叉慈伽寐慈瞿曇寘慈施婆弥多
羅慈多奢伊羅摩尼慈伽毗羅濕波羅慈提
頭賴吒慈慈念諸龍王揵闥婆羅刹婆今我
作慈心除滅諸毒惡從是得平復斷毒滅毒
除毒南無婆伽婆佛言聽刀破出血以藥塗
之亦聽畜鈹刀尒時有比丘病毒醫教服腐
爛藥若是已腐爛藥墮地者應以器盛水和
之漉受然後服若未墮地者以器承之水和漉
服之不須受尒時病毒比丘醫教服田中
泥佛言聽以器盛水和之漉然後受飲尒時
世尊在王舍城時耆婆童子刀治比丘大小
便處兩掖下病時世尊慈念告諸比丘此耆
婆童子刀治比丘大小便處及兩掖下病不應
以刀治何以故刀利破肉深入故自今已去
聽以葥若毛繩急繫之若爪取使斷皮然後
著藥芾言聽生灰藥手持不堅牢佛言聽

世尊在王舍城時耆婆童子刀治比丘大小
便處兩掖下病時世尊慈念告諸比丘此耆
婆童子刀治比丘大小便處及兩掖下病不應
以刀治何以故刀利破肉深入故自今已去
聽以葥若毛繩急繫之若爪取使斷皮然後
著藥佛言聽作灰藥手持不堅牢佛言聽
作盛灰藥器時器若易破聽角作尒時世尊
患風醫教和三種藥喚阿難取三種和藥來
時阿難受佛教自煑三種和藥已授與佛時
世尊知而故問阿難誰煑此藥荅言我自煑
佛告阿難不應自煑而服若自煑如法治尒
時世尊在王舍城與千二百五十比丘僧俱
人間遊行時世穀貴人民飢餓乞求難得時
有六百乘車載滿飲食隨逐世尊世尊尒時
從婆闍國人間遊行至毗舍離時諸淨生辦
具淨食高聲大語或蓋藏器物時世尊知而
故問阿難諸比丘何以作此大聲猶如捕魚
人聲耶阿難白佛言諸淨人辦具淨食高聲
大語或蓋藏器物故有如是大聲佛告阿難
不應界內共食宿煑食若食如法治尒時
諸比丘持食飲著露地不牢藏牧牛羊人若
賊持去諸比丘白佛佛言應在邊房靜處結
作淨廚屋尒時世尊在毗舍離時有私呵將
軍是尼揵弟子時斷事堂有五百諸梨奢共
坐食無數方便讚歎佛法僧尒時私呵將軍
在坐中聞無數方便讚歎佛法僧心生信樂
欲往見佛彼作如是念我今寧可白師尼揵

作淨屋屋尒時世尊[illegible]
軍是尼揵弟子時斷事堂有五百諸梨奢共
坐食無數方便讚歎佛法僧尒時私呵將軍
在坐中聞無數方便讚歎佛法僧心生信樂
欲往見佛彼作如是念我今寧可白師尼揵
往瞿曇所時私呵即往白尼揵言我欲往瞿
曇沙門所尼揵語言汝說有作瞿曇說無作
法以化弟子止不須往尒時私呵將軍本有
見佛心即退諸梨奢如是第二第三讚歎佛
法僧時私呵將軍聞第三讚時作如是念我
今寧可不辭尼揵師往見瞿曇師能使我住
何等時私呵即往佛所頭面禮足却坐一面
時世尊為無數方便說法開化令得歡喜私
呵聞佛方便說法心大歡喜白佛言我聞瞿
曇說無作法以化諸弟子若有人言大德說
無作法以化諸沙門為是實語法語不佛語
私呵或有因緣方便言我說無作法以化諸
弟子者是實語法語或有因緣方便言我說
有作法以化諸弟子者是實語法語或有因
緣方便言我說斷滅法以化弟子是實語法
語或有因緣方便言我說穢惡法以化弟子
是實語法語或有因緣方便言我說調伏法
以化弟子是實語法語或有因緣方便言我
說滅闇法以化弟子是實語法語或有因緣
方便言我說我生已盡不受後身以化弟子
是實語法語或有因緣方便言我到無畏處
說無畏法以化弟子是實語法語佛語私呵
何以故言我說無作法乃至到無畏處以化

說滅闇法以化弟子是實語法語或有因緣
方便言我說我生已盡不受後身以化弟子
是實語法語或有因緣方便言我到無畏處
說無畏法以化弟子是實語法語佛語私呵
何以故言我說無作法乃至到無畏處以化
諸弟子是實語法語我說不作身行惡口言
惡心念惡三種惡不善法不應作我說作法
者三種善法應作言我說斷滅法者斷滅貪
欲嗔恚愚癡我說穢惡法者穢惡身口意業
不善法我說調伏法者調伏貪欲嗔恚愚癡
我說滅闇者滅諸惡不善闇法我說我生已
盡者我受生已盡不受胞胎亦復化人斷於
生死我說到無畏處者自無所畏復安慰衆
生以是故私呵有因緣故言我說無作法乃
至到無畏處以化諸弟子是實語法語私呵
白世尊言我歸依佛法僧自今已去不殺生
乃至不飲酒佛語私呵好自量宜然後受戒
汝為國之大臣人所知識當益衆生莫輕舉
動後有悔也私呵荅言我於外道沙門婆羅
門作弟子時持播唱令國中言私呵為尼揵
作弟子我今聞世尊重勅我言好自量宜然
後受戒汝為國之大臣人所知識當益衆人
莫輕舉動益增信樂復白佛言大德我今第
二盡形壽歸依佛法僧不殺生乃至不飲酒
自今已去於我門中不聽尼揵外道来入佛
諸弟子比丘比丘尼優婆塞優婆夷於我門
中無所罣礙佛語私呵先尼揵外道於汝家

莫輕舉動益增信樂復白佛言大德我今弟
二盡形壽歸依佛法僧不殺生乃至不飲酒
自今已去於我門中不聽尼揵外道来入佛
諸弟子比丘比丘尼優婆塞優婆夷於我門
中無所罣礙佛語私呵先尼揵外道於汝家
中晝夜受供養如取泉水今何得便斷絶復
白佛言我從外人聞沙門瞿曇自稱言布施
應與我不應與餘人與我大得果報與餘人
不得果報應與我弟子不應與餘人弟子與
我弟子大得果報與餘弟子不得果報佛語
私呵我無是語若人有慈心以米甘汁若盪
滌汁棄著不淨水虫中使彼虫得此食氣我
說彼猶有福況復與人我說布施持戒人得
大果報勝於破戒私呵白佛言如世尊所說
如世尊所說我曹自知之尒時世尊無數方
便為說法開化令得歡喜即於坐上遠塵離
垢得法眼淨見法得法得果䝉白佛言我今
第三盡形壽歸依佛法僧不殺生乃至不飲
酒唯願世尊受我明日請食時世尊默然受
之時私呵見佛許已即起礼佛足而去於其
夜辦具種種美食明日往白時到世尊著衣
持鉢與千二百五十比丘俱往其家敷尼師
檀就坐而坐尒時尼揵子等往詣離奢住處
舉手大哭稱怨言此私呵將軍自殺大牛與
沙門瞿曇及諸比丘設飯食為已殺知而故
食之尒時有人即往私呵所語言當知有諸
尼揵子往離奢住處舉手大哭稱怨言私呵

檀就坐而坐尒時尼揵子等往詣離奢住處
舉手大哭稱怨言此私呵將軍自殺大牛與
沙門瞿曇及諸比丘設飯食為已殺知而故
食之尒時有人即往私呵所語言當知有諸
尼揵子往離奢住處舉手大哭稱怨言私呵
將軍自殺牛為沙門瞿曇及比丘僧設飯食
私呵言此常日夜為佛比丘僧作怨家我終
不為命故斷衆生命尒時私呵將軍以多美
飲食飯佛及比丘僧已攝鉢更取一卑床在
一面坐佛為方便說法開化令得歡喜為說
法已從坐起而去還僧伽藍中以此因緣集
比丘僧告言自今已去若故為殺者不應食
是中故為殺者若故見故聞故疑有如此三
事因緣不淨肉我說不應食若見為我故殺
若從可信人邊聞為我故殺若見家中有頭
有皮毛若見有脚血又復此人能作十惡業
常是殺者能為我故殺如是三種因緣不清
淨肉不應食有三種淨肉應食若不故見不
故聞不故疑應食若不見為我故殺不聞為
我故殺若不見家中有頭脚皮毛血又彼人
非是殺者乃至持十善彼終不為我故斷衆
生命如是三種淨肉應食若作大祀處肉不
應食何以故彼作如是意辦具来者當與是
故不應食若食如法治尒時世尊從毗舍離
人間遊行與千二百五十比丘僧俱至蘇弥
從蘇弥至跋提城住時跋提城有大居士字
旻茶是不蘭弟子大富多諸珎寶多有象馬
[illegible]

[illegible]
故不應食若食如法治尒時世尊從毗舍離
人間遊行與千二百五十比丘僧俱至蘇弥
從蘇弥至跋提城住時跋提城有大居士字
旻荼是不蘭弟子大富多諸珎寶多有象馬
車乘奴婢僕使飲食倉庫溢滿有大威力隨
意所欲周給人物彼居士入倉時如車軸孔
自然穀出不休乃至居士出去其婦復有如
是福力以八斗米作食供四部兵及四方來
乞者皆使飽足食故不盡乃至起去其兒亦
有如是福力囊盛千兩金與四部兵及四方
来乞者隨意令足故不盡乃至起去其兒婦
亦有如是福力以一裹香塗四部兵及四方
来乞者隨意令足香故不盡乃至起去其奴
有如是福力以一犁耕七壠出其婢有如是
福力以八升穀與四部兵不盡乃至起去其
家裏各各諍言是我福力尒時旻荼居士聞
佛從蘇弥人間遊行至跋提城彼作如是念
我今寧可辭師不蘭迦葉至沙門瞿曇所念
已往師所白言大師我聞佛從蘇弥人間遊
行至跋提城我今欲往見沙門瞿曇不蘭迦
葉語言居士汝有大神力隨意自在不應往
見沙門瞿曇沙門瞿曇應來見汝又法應尒
出家人應來問訊白衣彼作如是念未曾有
沙門為沙門作剌我何須辭不蘭迦葉不辭
而去能使我作何等即便往見瞿曇旻荼居
士往世尊所頭面作礼却住一面世尊為種
種方便說法開化令得歡喜尒時旻荼聞佛

出家人應來問訊白衣彼作如是念未曾有
沙門為沙門作剌我何須辭不蘭迦葉不辭
而去能使我作何等即便往見瞿曇旻荼居
士往世尊所頭面作礼却住一面世尊為種
種方便說法開化令得歡喜尒時旻荼聞佛
說法心大歡喜白佛言我是跋提城居士是
不蘭迦葉弟子具以己家業福力之事白世
尊言我家中各各諍言是我福力唯願世尊
為說是誰福力佛語旻荼居士汝往過去世
時於波羅㮈國作居士大富多諸財寶庫藏
溢滿前世時婦兒兒婦及奴婢即今者是居
士尒時時世穀貴人民飢饉乞求難得時居
士家中共食時有辟支佛字多呵摟支來入
乞食居士言汝曹但食持我分與此仙人婦
作如是言居士但食持我分與此仙人其兒
復作如是言父母但食持我分與此仙人兒
婦及奴婢亦作如是言大家但食持我分與
此仙人於是各分食分施辟支佛居士知不
以是因緣果報今日等共有如是福力尒時
世尊無數方便為說法開化令得歡喜即於
坐上遠塵離垢得法眼淨見法得法得果證
白佛言大德我自今已去盡形壽歸依佛法
僧為優婆塞不殺生乃至不飲酒唯願世尊
受我跋提城中七日請時世尊默然受之時
居士以世尊及比丘僧默然受請已即於跋
提城中衆味自具七日供養佛及比丘僧時
世尊七日受請已欲往曠野時旻荼居士以

受我跋提城中七日請時世尊默然受之時
居士以世尊及比丘僧默然受請已即於跋
提城中衆味自具七日供養佛及比丘僧 時
世尊七日受請已欲往曠野時旻荼居士以
千二百五十牸牛遣人以為載種種飲食之
具於道路供養佛及比丘僧世尊尒時七日
受供養已即往曠野諸比丘在道行見有人
搆牛令犢子飲已復搆犢子口中涎出似乳
諸比丘後遂不飲乳白佛佛言聽飲搆乳法
應尒有五種牛汁乳酪生蘇熟蘇醍醐行過
曠野已故有餘飲食彼使人作如是念居士
大富多有時寶故為比丘故送此飲食我今
寧可都以此飲食與諸比丘時即持飲食與
諸比丘諸比丘不受言佛未聽我曹受道路
粮諸比丘白佛佛言自今已去聽作糧越食
受令淨人償舉不應自受若有所須隨意索
取尒時世尊從阿牟多羅國人間遊行至阿
摩那城在翅嵬編髮婆羅門園中住尒時編
髮婆羅門聞沙門釋種出家從阿牟多羅國
至阿摩那城在我園中住彼作如是念沙門
瞿曇有大名稱言是如來無所著應供正遍
知明行足為善逝世間解無上士調御丈夫
天人師佛世尊善哉我今當見如是無著人
尒時編髮婆羅門往至世尊所恭敬問訊已
却坐一面佛為無數方便說法開化令得歡
喜時婆羅門聞佛說法極大歡喜白佛言願
佛及比丘僧受我明日請食佛言今比丘僧

天人師佛世尊善哉我今當見如是無著人
尒時編髮婆羅門往至世尊所恭敬問訊已
却坐一面佛為無數方便說法開化令得歡
喜時婆羅門聞佛說法極大歡喜白佛言願
佛及比丘僧受我明日請食佛言今比丘僧
多汝信外道婆羅門言我雖信外道衆僧雖
多但受我明日請食世尊如是再三語之婆
羅門亦如是再三白世尊世尊尒時默然受
請婆羅門見佛受已從坐起而去還家語親
屬言我明日請佛及比丘僧供養所應施設
願當助我其諸親屬聞之皆喜或有破薪者
或有作飯者或有取水者時婆羅門自莊嚴
堂舍敷床坐佛及比丘僧當在此坐時阿摩
那城中有施盧婆羅門與五百婆羅門共住
翅嵬婆羅門常恭敬宗仰之時施盧婆羅門
與五百婆羅門俱往其家翅嵬婆羅門常法
見其來起出迎之請入屋坐其日見來亦不
出迎亦不請坐但見自莊嚴堂舍敷好床坐
施盧門言為欲娶婦為欲嫁女為欲請王為
欲大祠耶彼即荅言我亦不娶婦乃至請王
我欲作大祀請佛及比丘僧千二百五十人
沙門瞿曇有大名稱如來無所著應供正遍
知明行足為善逝世間解無上士調御丈夫
天人師佛世尊施盧門翅嵬言實是佛耶荅
言實是佛再三問言實是佛耶荅言實是問
言佛在何處住我今欲見時翅嵬舉右手示
言乃在彼青林中住施盧作如是念我不應
空坐當待可勿往見沙門瞿曇必即念言有

知明行足爲善逝世間解無上士調御
天人師佛世尊施盧門翅嵬言實是佛　邪荅
言實是佛再三問言實是佛邪荅言實是問
言佛在何處住我今欲見時翅嵬舉右手示
言乃在彼青林中住施盧作如是念我不應
空往當持何物往見沙門瞿曇也即念言有
八種漿是古昔無欲仙人所餘梨漿閻浮漿
酸棗漿甘蔗漿蕤菓漿舍樓伽漿婆樓師漿
蒲桃漿尒時施盧婆羅門持此八種漿往詣
佛所恭敬問訊却坐一面時世尊爲方便說
法開化令得歡喜施盧聞法極大歡喜即以
八種漿施比丘僧比丘不敢受言佛未聽我
曹受八種漿比丘白佛佛言聽飲八種漿若
不醉人應非時飲若醉人不應飲若飲如法
治亦不應以今日受漿留至明日若留如法
治尒時世尊從此住處至摩羅人間遊行向
波婆城時波婆城諸摩羅聞世尊與千二百
五十比丘俱從摩羅人間遊行向波婆城自
共作制世尊當來皆應共迎若不迎者罰金
百兩時有摩羅子字盧夷無有信樂於佛法
僧是阿難白衣時親友時阿難遥見盧夷語
言甚善盧夷汝能自出迎佛彼荅言大德我
不以是出迎波婆城中皆共作制若不出迎
佛者罰金百兩以是因緣故来非信敬故来
時阿難聞之不樂即往世尊所白言此波婆
城中有摩羅子字盧夷是我白衣時親友善
我世尊願爲佐助令彼得信樂佛語阿難此
有可難若復有如是者猶不爲難尒時世尊

不以是出迎波婆城中皆共作制若不出迎
佛者罰金百兩以是因緣故来非信敬故来
時阿難聞之不樂即往世尊所白言此波婆
城中有摩羅子字盧夷是我白衣時親友善
我世尊願爲佐助令彼得信樂佛語阿難此
有何難若復有如是者猶不爲難尒時世尊
即以慈心感盧夷摩羅令詣世尊猶如有人
引導而往如是盧夷往佛所頭面札足已却
住一面尒時世尊無數方便爲其說法開化
令得歡喜即時得遠塵離垢得法眼淨見法
得法得果鍫白佛言大德我自今已去歸依
佛法僧爲優婆塞不救生乃至不飲酒唯願
世尊常受我衣服飲食醫藥臥具佛告盧夷
汝今學人以有明智遠塵離垢得法眼淨便
言常受我衣服飲食醫藥臥具復更有餘學
人已有明智遠塵離垢得法眼淨亦當復言
常受我衣服飲食醫藥臥具尒時世尊波婆
城中不偏受一人請時城內家家各捻飲食
聚在一處飯佛及僧時盧夷往作食處看唯
無餅彼即於夜辦具種種餅明日與諸比丘
諸比丘不受佛未聽我曹前食受餅諸比丘
白佛佛言聽受時世尊從波婆城至阿頭時
阿頭住處有二比丘是常剃髮人父子出家
時二比丘聞佛從波婆至阿頭彼作如是念
我曹當辦具何等供養世其父語兒言我
今當求剃髮處汝可往作錢處求作若有所
得當辦具粥供養世尊時父即往爲人剃髮
兒即往作錢債作有所得物盡爲辦粥持往

時二比丘聞佛從波婆至阿頭彼作如是念
我曹當辦具何等供養世其父語兒言我
今當求剃鬚處汝可往作錢處求作若有所
得當辦具粥供養世尊時父即往為人剃鬚
兒即往作錢債作有所得物盡為辦粥持往
供養世尊世尊知而故問阿難何處得此粥
阿難即以此事具白佛佛言出家人不應為
白衣剃鬚除欲出家者若剃鬚人出家不應
畜剃刀若畜如法治時衆僧得剃鬚刀白佛
佛言聽畜尒時世尊從阿頭至迦摩羅比諸
丘得如是根藥阿漏弥那漏比那漏提婆檀
豆檀盧軋漏私羅漏諸比丘不受言佛未聽
我曹受如是根藥白佛佛言聽受是中迦摩
羅國諸比丘得如是盡形壽藥沙蔓那摩呵
沙蔓那杏子人兔兔漏秦敵梨蔡諸比丘不
受言佛未聽我等受如是盡形壽藥比丘白
佛佛言聽受尒時世尊從迦摩羅至迦維羅
衛國畢陵伽婆蹉在彼國住患脚劈破醫教
塗脚白佛佛言聽塗不知以何藥塗白佛佛
言聽以蘇油若脂塗手足蘇油臭佛言聽用
塗藥篦時手塗脚手膩佛言聽脚脚相塗塗
脚藥著淺器中不堅牢佛言聽作瓶若患坌
塵佛言聽作蓋時油瓶舉處不堅牢佛言聽
著床下若懸著壁上龍牙杙上時諸比丘患
頭痛醫教須上著油白佛佛言聽著彼畏慎
不敢用香油著佛言聽著油法應尒時比丘
患風醫教作除風藥是中除風藥者烝稻穀

BD14038號　四分律（異卷）卷四二　（31-18）

塵佛言聽作蓋時油瓶舉處不堅牢佛言聽
著床下若懸著壁上龍牙杙上時諸比丘患
頭痛醫教須上著油白佛佛言聽著彼畏慎
不敢用香油著佛言聽著油法應尒時比丘
患風醫教作除風藥是中除風藥者烝稻穀
烝酒糟若大麦若諸治風草若麸糠若煑小
便白佛佛言聽時畢陵伽婆蹉須銚煑佛言
聽畜衆僧得大銚佛言聽畜畢陵伽婆蹉得
三種釜銅釜鐵釜土釜佛言聽畜衆僧亦尒
聽畜後得瓶銅瓶鐵瓶瓦瓶佛言聽畜衆僧
亦尒聽畜畢陵伽婆蹉得煎餅鐵佛言聽畜
衆僧亦尒畢陵伽婆蹉得銅勺得尊佛言聽
畜衆僧亦尒尒時有咗下比丘使舍衛城中
人煑粥時有因緣城門晚開未及得粥便死
諸比丘白佛佛言聽在僧伽藍內結淨地白
二羯磨應如是結應唱房若處若溫室若經
行處衆中差堪能作羯磨者若上坐若誦律
若不誦律堪能作羯磨者如是白大德僧聽
若僧時到僧忍聽僧今某處結作淨地白如
是大德僧聽僧今結某處作淨地誰諸長老
忍僧結某處作淨地者默然若不忍者說僧
已忍結某處作淨地竟僧忍默然故是事如
是持有四種淨地一者檀越若經營生作僧伽
藍時分處如是言某處為僧作淨地第二
者若為僧作僧伽藍未施僧第三者若半有
𨼌障若多無𨼌障若都無若垣墻若塹亦如
是第四者僧作白二羯磨結諸比丘作是念
比丘房應結作淨地不白佛佛言應作除去

BD14038號　四分律（異卷）卷四二　（31-19）

藍時分處如是言某處爲僧作淨地第二
者若爲僧作僧伽藍未施僧第三者若半有
攡障若多無攡障若都無若垣墻若塹亦如
是第四者僧作白二羯磨結諸比丘作是念
比丘房應結作淨地不白佛佛言應作除去
比丘比丘尼若式叉摩那沙弥沙弥尼房亦
如是若鬼神廟屋亦如是得作淨地時諸比
丘不知何處是淨地白佛佛言應結若疑先
有淨地應解然後結尒時比丘治故僧伽藍
不知爲得作淨地不佛言得作尒時不淨地
有樹生枝葉蔭覆淨地時諸比丘欲安淨物
着上不知爲淨不淨佛言根在不淨地即不
淨時有樹根在淨地枝葉蔭覆不淨地諸比
丘欲安淨物着上不知爲淨不淨佛言根在淨
地得淨時有樹根在不淨地枝葉覆淨地菓
墮在淨地諸比丘不知爲淨不淨佛言若無人
觸自墮者淨風吹雨打墮有獼猴諸鳥觸墮
不知爲淨不佛言若不作意欲使墮者淨樹
根在淨地菓墮不淨地比丘不知爲淨不佛
言淨時諸比丘在不淨地種胡瓜甘蔗菜枝
葉蔭覆淨地比丘不知淨不淨佛言不淨時有
在淨地種胡荽甘蔗菜枝葉蔭覆不淨地不
知淨不佛言淨時六羣比丘不淨果便食諸
居士見皆共譏嫌言沙門釋子不知慙愧無
有猒足自稱言我知正法如是何有正法食
菓不作淨諸比丘白佛佛言不應不淨菓便
食應淨已食之應作五種淨法食火淨刀淨

知淨不佛言淨時六羣比丘不淨果便食諸
居士見皆共譏嫌言沙門釋子不知慙愧無
有猒足自稱言我知正法如是何有正法食
菓不作淨諸比丘白佛佛言不應不淨菓便
食應淨已食之應作五種淨法食火淨刀淨
創淨鳥啄破淨不中種淨此五種淨應食是
中刀淨創淨鳥淨應去子食火淨不中種淨
都食復有五種淨若皮剝若㓺皮若腐若破
若萎燥尒時衆僧得菓園佛言聽受復不知
誰當料理佛言若守僧伽藍民若沙弥若優
婆塞彼守視人欲得分佛言應計食作價與
直尒時比丘食不破菓大便已子生比丘畏
慎言我食生種白佛佛言不犯即是淨時諸
比丘種菜自散種子後疑言我自種不敢食
白佛佛言種子已變盡聽食時比丘移菜餘
處殖疑言自殖不敢食白佛佛言以重生故
聽食若自種胡荽甘蔗蒲桃梨柰呵梨勒鞞
醯勒阿摩勒樹薑蓽撥及移殖應食尒時有
小沙弥捉淨食過水不自勝舉佛言聽大比
丘扶沙弥令過時有小沙弥持淨食不能上
坂佛言聽大比丘扶令上時有沙弥小不能
舉淨食懸着壁上若龍牙杙上又不能下白
佛佛言聽下安床若机蹬上令得上下時諸
比丘有蘇瓶油瓶不覆白佛佛言聽使淨人
覆若無淨人應自手捉蓋懸置其上不應手
觸時六羣比丘噉不淨菜諸居士見皆共譏
嫌言沙門釋子不知慙愧無有猒足斷衆生

佛佛言聽下安床若机蹬上令得上下時諸
比丘有蘇瓶油瓶不覆白佛佛言聽使淨人
覆若無淨人應自手捉蓋懸置其上不應手
觸時六羣比丘噉不淨菓諸居士見皆共譏
嫌言沙門釋子不知慙愧無有猒足斷衆生
命自言我知正法如是何有正法不淨菓便
食之諸比丘白佛佛言不應噉不淨菓應淨
時彼便自作淨佛言不應自作淨應令淨人
作淨時比丘自手捉食已使人作淨佛言不
應自手捉食已使人作淨應置地使人作淨
彼作淨已不受便食佛言不應作淨已不受
便食應作淨已洗手受食彼洗蓮根菜已更
作淨佛言不應洗已更作淨此洗即是淨時
有比丘先相嫌便觸他淨食作如是意令比
丘得不淨彼比丘不知淨不淨白佛佛言於
觸者是不淨不觸者淨觸者犯突吉羅時有
比丘嫌彼比丘於彼小沙弥邊觸彼淨食作
如是意令彼和上阿闍梨得不淨食彼比丘
不知淨不淨白佛佛言觸者不淨不觸者淨
觸者得突吉羅時淨人作如是意強多與比
丘食彼食不盡有餘我曹當食彼比丘應口
遮言莫著若不止彼應小離食器草彼比丘
不知淨不淨白佛佛言淨時諸居士持食餘
具往僧伽藍與諸比丘嘗舉後諸居士來若
自食若持歸若與比丘食比丘畏慎不敢食
作如是意我曹先手自嘗舉諸比丘白佛佛

BD14038號　四分律（異卷）卷四二　（31–22）

遮言莫著若不止彼應小離食器草彼比丘
不知淨不淨白佛佛言淨時諸居士持食餘
具往僧伽藍與諸比丘嘗舉後諸居士來若
自食若持歸若與比丘食比丘畏慎不敢食
作如是意我曹先手自嘗舉諸比丘白佛佛
言此是檀越所有聽爲檀越故洗手受食時
病比丘須粥佛言聽煑若無人若自煑若更
互煑不知云何煑佛言聽使淨人淨洗器著
水著米煑令沸洗手受然後自煑令熟時不
知熟不熟佛言應以勺楊看若流下循勺則
熟若熟應寫著餘器中彼寫粥者復具器疲
極佛言不應寫粥者并具器應更一人具器
若熱燒手應捉鑷熱巾若草若虫墮粥中應
却彼燒手佛言應以勺去之彼欲分佛言聽
分復不知何器分佛言若以鍵鎡若小鉢若
次鉢若勺作分鉢若不正應作鉢支若塵坌
應作蓋彼不洗鉢器餘比丘惡之佛言應淨
洗然後舉既洗不以灰澡豆洗不淨佛言應
用灰澡豆洗洗已不乾便舉器便虫生佛言
不應不乾舉應令乾燥然後舉彼器有臼孔
處食入中數擿洗穿壞佛言隨可洗處洗餘
無犯諸比丘作如是念得界內共粥宿 界內
煑自煑不佛言不應界內共宿 界內煑自煑
諸比丘作如是念重煑粥得界內共宿 界內
煑自煑不佛言不應界內共宿界內煑聽自
煑諸比丘如是念盡形壽藥得界內共宿界
內煑自煑不佛言聽盡形壽藥界內共宿界
內煑自煑時有比丘欲受蘇踖受油不知成

BD14038號　四分律（異卷）卷四二　（31–23）

煮自煮不佛言不應界内共宿界内煮聽自
煮諸比丘如是念盡形壽藥得界内共宿界
内煮自煮不佛言聽盡形壽藥界内共宿界
内煮自煮時有比丘欲受蘇錯受油不知成
受不佛言不成受時有比丘欲受油錯受蘇
不知成受不佛言不成受欲受此錯受彼不
知成受不佛言不成受有比丘忘不受食便
持在道行渡水已憶念我當云何即白佛佛
言若如是忘不受食便持在道行者若見有
淨人應置食著地淨洗手更受食尒時世尊
在波羅柰國時世穀貴人民飢餓乞食難得
諸比丘持食著路處不蓋藏放牛羊人若賊
持去諸比丘如是念國土飢餓世尊應聽界
内共食宿白佛佛言若穀貴時聽界内共食
宿時諸比丘路處煮食不蓋藏牧牛羊人若
賊見持去比丘作如是念穀貴時界内應聽
煮食白佛佛言穀貴時聽界内煮時諸比丘
使淨人煮食或分取食或都食盡諸比丘作
如是念穀貴時應聽自煮食白佛佛言穀貴
時聽自煮食時諸比丘道路行見地有菓比
丘求淨人須他人已取去白佛佛言聽以草
若葉覆菓上而人故取去白佛佛言聽取若
見淨人應置地洗手受食諸比丘如是念穀
貴時世尊應聽我曹自取食佛言穀貴時聽
自取食時諸比丘早起受食已置食入村彼
受請還餘比丘邊作餘食法彼或分食或食
盡比丘作如是念穀貴時世尊應聽我等早

貴時世尊應聽我曹自取食佛言穀貴時聽
自取食時諸比丘早起受食已置食入村彼
受請還餘比丘邊作餘食法彼或分食或食
盡比丘作如是念穀貴時世尊應聽我等早
起受食已不作餘食法食白佛佛言聽穀貴
時不作餘食法食時有多知識長老比丘入
村乞食得食已持往一處食已持餘食還至
僧伽藍中於餘比丘間作餘食法更食彼比
丘或分食若都食盡諸比丘如是念穀貴時
世尊應聽我曹從食處持食來不作餘食法
食白佛佛言聽穀貴時從食處持食來不作
餘食法食時諸比丘受食已得菓胡桃椑桃
婆陁菴婆羅阿婆梨於餘比丘邊作餘食法
彼或分食或都食盡諸比丘作如是念穀貴
時世尊應聽我曹得如是菓不作餘食法食
白佛佛言聽穀貴時得如是菓不作餘食法
食時諸比丘食已得水中可食物藕根迦婆
陁蔆芰藕子於比丘邊作餘食法彼或分食
或都食盡諸比丘作如是念世尊應聽我曹
穀貴時食已得如是水中可食物不作餘食
法食白佛佛言聽穀貴時食已得如是水中
可食物不作餘食法食時世還穀賤世尊知
而故問阿難我於穀貴時慈愍諸比丘故聽
八事界内共宿界内煮自煮自手取食受早
起食從食處持餘食來胡桃菓等食水中可
食物諸比丘今故食邪荅言故食佛言不應
食若食如法治尒時衆僧食廚壞諸比丘以

法食白佛佛言聽穀貴時食已得如是水中
可食物不作餘食法食時世還穀賤世尊知
而故問阿難我於穀貴時慈愍諸比丘故聽
八事界內共宿界內煑自煑自手取食受早
起食從食處持餘食來胡桃菓等食水中可
食物諸比丘令故食耶荅言故食佛言不應
食若食如法治尒時衆僧食廚壞諸比丘以
木柱之木在不淨地有疑不知淨不佛言淨
得食時夜移食隨不淨地諸比丘不知淨不
淨白佛佛言淨夜移食食隨淨不淨地間諸
比丘不知淨不淨白佛佛言淨時有狗從淨
處銜食至不淨地諸比丘不知淨不淨白佛
佛言淨諸惡獸鳥銜去亦如是時有比丘嫌
彼比丘便移他食著不淨地作如是念使彼
不得淨諸比丘不知淨不淨白佛佛言觸者
不淨得突吉羅不觸者淨時比丘嫌彼比丘
作如是意解淨地使彼得不淨諸比丘不知
淨不淨白佛佛言解者不淨得突吉羅不解
者淨時有客比丘來覓淨地欲安食未至淨
地明相出彼不知淨不淨白佛佛言淨欲遠
行者亦如是時六羣比丘畜斗升斛稱諸比
丘白佛佛言不應畜時諸比丘得胡麻粳米
得大豆小豆大麦小麦白欲量白佛佛言聽手
抄量若鍵鎡若鉢若小鉢量即以此器大
小准以為斛升時諸比丘得蘇油蜜黑石蜜
欲稱量白佛佛言聽剋木作銖兩如稱齊限
四五兩准以為斤數彼結上好房作淨處蘇

BD14038號　四分律（異卷）卷四二　　（31–26）

小准以為斛升時諸比丘得蘇油蜜黑石蜜
欲稱量白佛佛言聽剋木作銖兩如稱齊限
四五兩准以為斤數彼結上好房作淨處蘇
油脂塗汙或烟墨汙白佛佛言不應結上房
作淨應結下者作淨處諸比丘得菓佛言聽
二分若不足應憶次第若更得續與若得
多菓應一人與四五枚若與一抄若一鍵鎡
若次鉢若隨能噉者與若故有餘應更與時
彼與白衣若外道佛言不應與外道白衣彼
比丘後畏慎不敢與父母若病人小兒若任
身婦女若被繫閉者若白衣來至僧伽藍中
白佛佛言如是人應與若故有餘應壓取汁
飲時須壓具佛言聽畜若汁未沸不醉人得
飲若醉人不應飲若飲如法治尒時世尊在毗
舍離時衆僧多有供養飲食諸比丘身患濕
白佛佛言聽作吐下藥須羹粥與羹粥須野
鳥肉應與尒時有比丘患頭痛醫教灌鼻佛
言聽不知何何物灌佛言以蘇油脂灌不知云
何灌佛言聽以羊毛若劫具鳥毛漬油中然
後滴著鼻中四邊流出佛言聽作灌鼻筩彼
便持寶作筩佛言不應用寶作應用骨若牙
若角若鐵若銅若白鑞若鈆錫若箄若竹若
木彼不洗便舉置佛言不應不洗舉置洗已
不燥後虫生佛言不應洗已不燥應令燥舉
置時有比丘患頭痛醫教灌鼻藥不入佛言
聽手摩頂若摩脚大指若以凝蘇塞鼻尒時
有比丘患風醫教用烟佛言聽用烟時須烟
[illegible]佛言不應用寶作筩

BD14038號　四分律（異卷）卷四二　　（31–27）

不燥後虫生佛言不應洗已不澡應令燥舉
置時有比丘患頭痛醫教灌鼻藥不入佛言
聽手摩頂若摩脚大指若以凝蘇塞鼻尒時
有比丘患風醫教用烟佛言聽用烟時須烟
筩佛言聽作彼以寶作佛言不應用寶作筩
應用骨若牙若角若鐵若銅若白蠟若鈆錫
若木作若患火燒烟出處聽安鐵若患筩零
落佛言聽作囊盛手持不堅佛言應作帶繫
着肩上彼須丸藥佛言聽作手持不堅應盛
着薰筩囊中時有比丘患創醫教作塗創藥
佛言聽作彼創熟應以刀破着藥自今已去
聽以刀破創患創臭應洗若以根湯茎葉華
菓湯及小便洗時以手洗患痛以鳥毛洗若
藥汁流棄以物癰障四邊若患燥以油塗若
上棄以物覆若創臭香塗時諸比丘患瘡佛
言聽厚衣覆若故寒應以卧具氍毹覆若
寒不止應一比丘共卧彼畏慎不敢與病者
共卧佛言聽與病人共卧時有白衣病来至
僧伽藍比丘為看病諸比丘白佛佛言應方
便喻遣若稱舉佛法僧者能作事為作病人
死諸比丘畏慎不敢棄世尊有如是語不應
棄白衣塸諸比丘白佛佛言應為僧伽藍淨
故棄之時六羣比丘剃三處毛諸比丘白佛
佛言不應剃三處毛時六羣比丘斗相看尾
誰尾長誰尾短着何藥諸比丘白佛佛言不
應更相看尾問其長短着何等藥時六羣比
丘以蘇油灌大便佛言不應灌彼教人灌佛

BD14038號　四分律（異卷）卷四二　（31–28）

故棄之時六羣比丘剃三處毛諸比丘白佛
佛言不應剃三處毛時六羣比丘斗相看尾
誰尾長誰尾短着何藥諸比丘白佛佛言不
應更相看尾問其長短着何等藥時六羣比
丘以蘇油灌大便佛言不應灌彼教人灌佛
言不應教人灌尒時比丘在北方住安居已
形體枯燥顏色憔悴至祇桓精舍詣佛所頭
面礼足却坐一面世尊慰問客比丘汝住處
安樂和合不不以乞食疲苦耶荅言住處安
樂和合無諍彼國無粥不得粥故氣力羸之
佛問言彼國常食何等食荅言彼國常食餅
佛言聽食餅尒時有波羅柰國市馬人来至
舍衛國欲為衆僧作餅作豆麨作麨與麨籢
與量麨器與塩與盛塩籢與苦酒苦酒瓶與
木筩與卮與匕與杓與摩嵩與卮盞與食根
食茎食葉食華食菓食油食胡麻食黑石
蜜食細末食佛言一切聽受食諸比丘如是念
不知此粥是食非食是請非請是足食非足
食佛言若持草畫無處非食非請非足食時
比丘作如是念飲煑飯汁為是食非食是請
非請是足食不佛言若不合渾飲非食非請
非足食時諸比丘作如是念不知餅是食非
食是請非請是足食不佛言非食乃至非足
食時六羣比丘以共宿塩合食食佛言不應
共宿塩合食食時優波離偏露右肩右膝著
地合掌白佛言何等是盡形壽藥應服佛語
優波離不任為食者比丘有病因緣盡形壽

BD14038號　四分律（異卷）卷四二　（31–29）

舍衛國欲爲衆僧作餅作豆麨作麨與麨籢
與量麨器與塩與鹹鹽籢與苦酒苦酒瓶與
木篋與卮與匕與杓與摩嵩與卮蓋與食根
食莖食葉食華食菓食油食胡麻食黑石
蜜食細末食佛言一切聽受食諸比丘如是念
不知此粥是食非食是請非請是足食非足
食佛言若持草畫無處非食非請非足食時
比丘作如是念飲煑飯汁爲是食非食是請
非請是足食不佛言若不合滓飲非食非請
非足食時諸比丘作如是念不知餅是食非
食是請非請是足食不佛言非食乃至非足
食時六羣比丘以共宿塩合食食佛言不應
共宿塩合食食時優波離偏露右肩右膝著
地合掌白佛言何等是盡形壽藥應服佛語
優波離不任爲食者比丘有病因緣盡形壽
應服 藥揵度具足竟

四分律藏卷第卌二 第三分卷第六

BD14038號　四分律（異卷）卷四二　（31–30）

優波離不任爲食者比丘有病因緣盡形壽
應服 藥揵度具足竟

四分律藏卷第卌二 第三分卷第六

BD14038號　四分律（異卷）卷四二　（31–31）

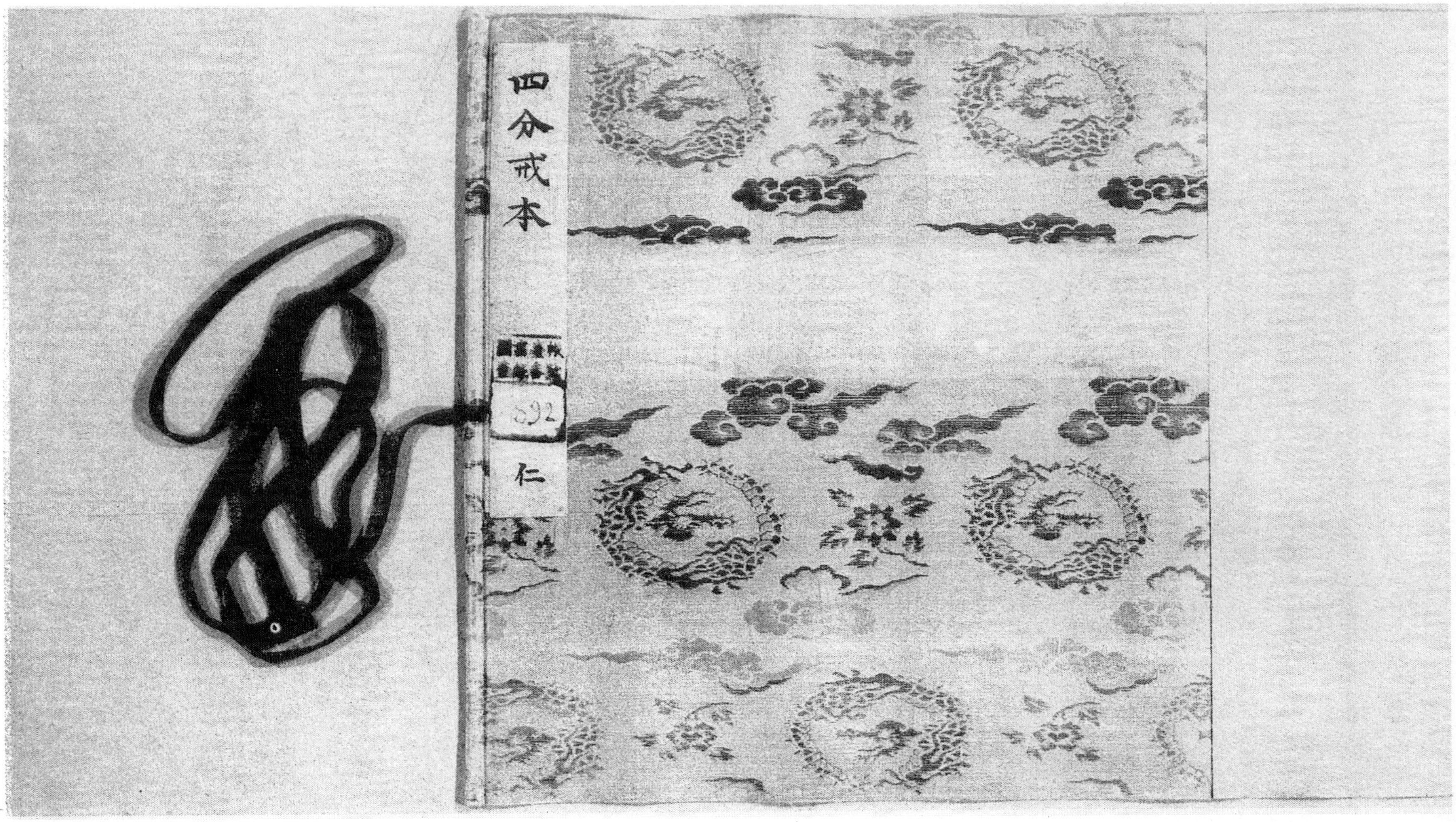

BD14039 號背　現代護首　　（1–1）

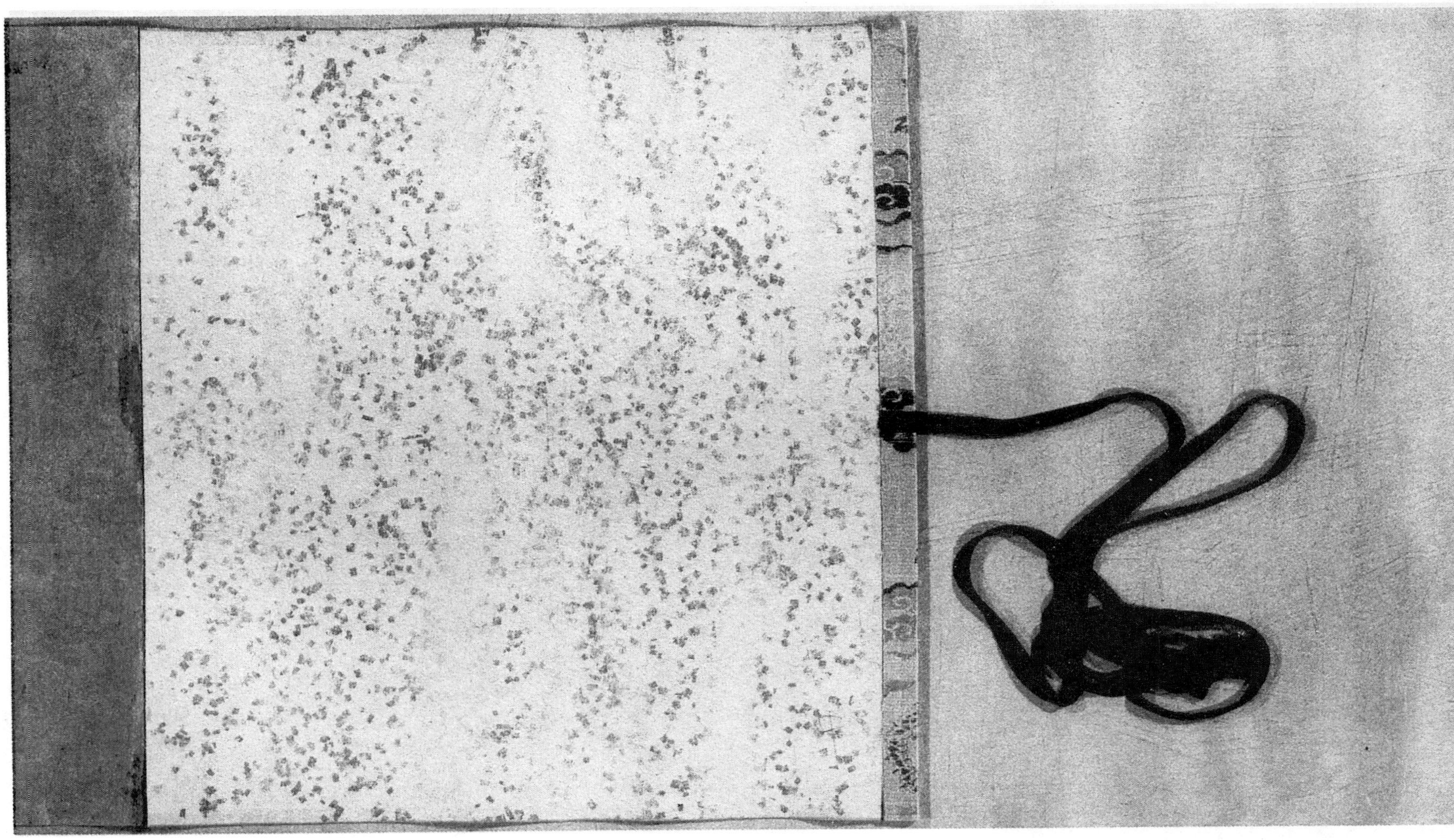

BD14039 號　四分僧戒本　　（35–1）

四分戒本

四分戒本
稽首礼諸佛 及法比丘僧 今演毗尼法 令正法久住
戒如海無涯 如寶求無猒 欲護聖法財 衆集聽我說
欲除八弃法 及滅僧殘法 障三十捨墮 衆集聽我說
毗婆尸式弃 毗舍拘樓孫 拘那含牟尼 迦葉釋迦文
諸世尊大德 為我說是事 我今欲善說 諸賢咸共聽
譬如人毀足 不堪有所涉 毀戒亦如是 不得生天人
欲得生天上 若生人間者 常當護戒足 勿令有毀損
如御入險道 失轄折軸憂 毀戒亦如是 死時懷恐懼
如人自照鏡 好醜生欣慼 說戒亦如是 全毀生憂喜
如兩陣共戰 勇怯有進退 說戒亦如是 淨穢生安畏
世間王為最 衆流海為最 衆星月為最 衆聖佛為最
一切衆律中 戒經為上最 如來立禁戒 半月半月說
和合僧集會 未受大戒者出 有者遣出遣已荅言已出無者荅無 不來諸
比丘說欲及清淨 有依法說 僧今和合何所作為 荅說

BD14039號　四分僧戒本　　（35–2）

世間王為最 衆流海為最 衆星月為最 衆聖佛為最
一切衆律中 戒經為上最 如來立禁戒 半月半月說
和合僧集會 未受大戒者出 有者遣出遣已荅言已出無者荅無 不來諸
比丘說欲及清淨 有依法說無者言無 僧今和合何所作為 荅說戒羯磨
大姊僧聽 今十五日衆僧說戒 若僧時到僧忍聽和
合說戒白如是 諸大姊我今欲說波羅提木叉戒
汝等諦聽善思念之 若自知有犯者即應自懺
悔 不犯者默然 默然者知諸大姊清淨 若有他
問者亦如是荅 如是比丘在於衆中乃至三問 憶
念有罪不懺悔者得故妄語罪 故妄語者佛
說障道法 若彼比丘尼憶念有罪欲求清淨
者應懺悔 懺悔得安樂 諸大姊我已說戒經序
今問諸大姊是中清淨不 如是至三 諸大姊是中清淨默
然故 是事如是持 諸大姊是八波羅夷法 半月
半月說戒經中來
若比丘尼作婬欲犯不淨行 乃至共畜生 是比丘
尼波羅夷不共住
若比丘尼在聚落若空處 不與懷盜心取 隨所
盜物 若為王若王大臣所捉 若縛若殺若驅出
國 若是賊汝癡汝無所知 若比丘尼如作是不與取
是比丘尼波羅夷不共住
若比丘尼故自手斷人命 若持刀授與人 若歎死
譽死勸死 咄人用此惡活為 寧死不生 作如是心
念 無數方便歎死譽死勸死 是比丘尼波羅夷不
共住
若比丘尼實無所知 自歎譽言我得過人法入聖

BD14039號　四分僧戒本　　（35–3）

若比丘尼故自手斷人命若持刀授與人若歎死
譽死勸死咄人用此惡活為寧死不生作如是心
念無數方便歎死譽死勸死是比丘尼波羅夷不
共住
若比丘尼實無所知自歎譽言我得過人法入聖
智勝法我知是我見是彼於異時若問若不問
欲求清淨故作如是言諸大姊我實不知不見
而言我知我見虛誑妄語除增上慢是比丘尼
波羅夷不共住
若比丘尼染惡心共染汙心男子從掖已下膝已
上身相觸若捺若摩若牽若推若上摩若下摩
若舉若下若捉若捺是比丘尼波羅夷不共住身
相觸也
若比丘尼染汙心知男子染汙心受捉手捉衣入屏處
共立共語共行或身相倚或共期是比丘尼波羅
夷不共住犯此八事故
若比丘尼知比丘尼犯波羅夷不自舉不語衆人
不白大衆若於異時彼比丘尼或命終或衆中舉
或休道或入外道衆彼作是言我先知有如是如是
罪是比丘尼波羅夷不共住覆藏重罪故
若比丘尼知比丘僧為作舉如法如律如佛所教
不順從不懺悔僧未與作共住而順從諸比丘尼
語言大姊此比丘為僧所舉如法如律如佛所教不
順從不懺悔僧未與作共住汝莫順從如是比丘
尼諫彼比丘尼時是事堅持不捨彼比丘尼應乃至
第二第三諫令捨此事故若乃至三諫捨者善若
[illegible]

順從不懺悔僧未與作共住汝莫順從如是比丘
尼諫彼比丘尼時是事堅持不捨彼比丘尼應乃至
第二第三諫令捨此事故若乃至三諫捨者善若
不捨者是比丘尼波羅夷不共住犯隨舉
諸大姊我已說八波羅夷法若比丘尼犯一一波羅夷法
不得與諸比丘尼共住如前後亦如是是比丘尼得
波羅夷罪不應共住今問諸大姊是中清淨不三說
諸大姊是中清淨默然故是事如是持
諸大姊是十七僧伽婆尸沙法半月半月說戒
經來
若比丘尼媒嫁持男語語女持女語語男若為成
婦事若為私通事乃至須臾是比丘尼犯初法
應捨僧伽婆尸沙
若比丘尼瞋恚不喜以無根波羅夷法謗欲破彼
清淨行後於異時若問若不問知是事無根說
我瞋恚故作如是語是比丘尼犯初法應捨僧伽
婆尸沙
若比丘尼瞋恚不喜於異分事中取片非波羅
夷比丘尼以無根波羅夷法謗欲壞彼人梵行後
於異時若問若不問知是異分事中取片彼比丘
尼住瞋恚法故作如是說是比丘尼犯初法應捨僧
伽婆尸沙
若比丘尼詣官言人若居士居士兒若奴若客作人
若晝若夜若一念頃若彈指頃若須臾頃是比
丘尼犯初法應捨僧伽婆尸沙
若比丘尼先知是賊女罪應死多人所知不問王大
[illegible]

伽婆尸沙
若比丘尼詣官言人若居士居士兒若奴若客作人
若晝若夜若一念頃若彈指頃若須臾頃是比
丘尼犯初法應捨僧伽婆尸沙
若比丘尼先知是賊女罪應死多人所知不問王大
臣不問種姓便度出家受具足戒是比丘尼犯初
法應捨僧伽婆尸沙
若比丘尼知比丘尼為僧所舉如法如律如佛所教不
順從未懺悔僧未與作共住羯磨為愛故不問僧僧
不約勅出界外作羯磨與解罪是比丘尼犯初法
應捨僧伽婆尸沙
若比丘尼獨渡水獨入村獨宿獨在後行是比丘尼
犯初法應捨僧伽婆尸沙
若比丘尼染汙心知染汙心男子從彼受可食者
及食并餘物是比丘尼犯初法應捨僧伽婆尸沙
若比丘尼教比丘尼作如是語大姊彼有染汙心無染
汙心能那汝何汝自無染汙心於彼若得食以時清
淨受取此比丘尼犯初法應捨僧伽婆尸沙
若比丘尼欲壞和合僧方便受破僧法堅持不捨是
比丘尼應諫彼比丘尼言大姊汝莫壞和合僧莫方
便壞和合僧莫受破僧法堅持不捨大姊應與
僧和合與僧和合歡喜不諍同一師學如水乳合
於佛法中有增益安樂住是比丘尼諫彼比丘尼時
堅持不捨是比丘尼應三諫捨此事故乃至三諫
捨者善不捨者是比丘尼犯三法應捨僧伽婆
尸沙
若比丘尼有餘比丘尼群黨若一若二若三乃至无

BD14039號　四分僧戒本　（35-6）

堅持不捨是比丘尼應三諫捨此事故乃至三諫
捨者善不捨者是比丘尼犯三法應捨僧伽婆
尸沙
若比丘尼有餘比丘尼群黨若一若二若三乃至无
數彼比丘尼語是比丘尼言大姊汝莫諫此比丘尼此
比丘尼法語比丘尼律語比丘尼此比丘尼所說我等
心喜樂此比丘尼所說我等忍可是比丘尼語彼
比丘尼言大姊莫作是說言此比丘尼是法語比丘
尼律語比丘尼此比丘尼所說我等喜樂此比丘尼
所說我等忍可何以故此比丘尼所說非法語
非律語大姊莫欲破壞和合僧當樂欲和合僧
大姊與僧和合歡喜不諍同一師學如水乳合於佛
法中有增益安樂住是比丘尼應三諫比丘尼時堅
持不捨是比丘尼應三諫捨此事故乃至三諫捨者
善不捨者是比丘犯三法應捨僧伽婆尸沙
若比丘尼依城邑若村落住汙他家行惡行
惡行亦見亦聞汙他家亦見亦聞是比丘尼諫彼比丘
尼言大姊汝汙他家行惡行行惡行亦見亦聞汙他
家亦見亦聞大姊汝汙他家行惡行今可離此村落去
不須住此彼比丘尼語此比丘尼作是言大姊諸比丘尼
有愛有恚有怖有癡有如是同罪比丘尼有駈者
有不駈者是諸比丘尼語彼比丘尼言大姊莫作
是語有愛有恚有怖有癡亦莫言有如是同
罪比丘尼有駈者有不駈者何以故而諸比丘尼
不愛不恚不怖不癡有如是同罪比丘尼有駈者
有不駈者大姊汙他家行惡行行惡行亦見亦聞

BD14039號　四分僧戒本　（35-7）

[illegible]
是語有愛有恚有怖有癡亦莫言有如是同
罪比丘尼有駈者有不駈者何以故而諸比丘尼
不愛不恚不怖不癡有如是同罪比丘尼有駈者
有不駈者大姊汙他家行惡行行惡行亦見亦聞
汙他家亦見亦聞是比丘尼諫彼比丘尼時堅持不
捨是比丘尼應三諫捨此事故乃至三諫捨者善
不捨者是比丘尼犯三法應捨僧伽婆尸沙
若比丘尼惡性不受語於戒法中諸比丘尼如法諫
已自身不受諫語言大姊汝莫向我說若好若惡
我亦不向汝說若好若惡諸大姊且止莫諫我是
比丘尼當諫彼比丘尼言大姊汝莫自身不受諫語
大姊自身當受諫語大姊如法諫諸比丘尼諸比丘
尼亦當如法諫大姊如是佛弟子眾得增益展轉
相諫展轉相教展轉懺悔是比丘尼如是諫時堅持
不捨是比丘尼應三諫捨此事故乃至三諫捨者善
不捨者是比丘尼犯三法應捨僧伽婆尸沙
若比丘尼相親近住共作惡行惡聲流布展轉共相
覆罪是比丘尼當諫彼比丘尼言大姊汝等莫相
親近共作惡行惡聲流布共相覆罪汝等若不相
親近於佛法中得增益安樂住是比丘尼諫彼比丘尼
時堅持不捨是比丘尼應三諫捨此事故乃至三諫捨
者善不捨者是比丘尼犯三法應捨僧伽婆尸沙
若比丘尼僧為作呵諫時餘比丘尼教作如是
如是言汝等莫別住當共住我亦見餘比丘尼不別
住共作惡行惡聲流布共相覆罪僧以恚故教
汝別住是比丘尼應諫彼比丘尼言大姊汝莫教餘比

BD14039號　四分僧戒本

（35–8）

若比丘尼比丘尼僧為作呵諫時餘比丘尼教作如是
如是言汝等莫別住當共住我亦見餘比丘尼不別
住共作惡行惡聲流布共相覆罪僧以恚故教
汝別住是比丘尼應諫彼比丘尼言大姊汝莫教餘比
丘尼言汝等莫別住我亦見餘比丘尼共住共作惡行
惡聲流布共相覆罪僧以恚故教汝別住今正有
此二比丘尼共住共作惡行惡聲流布共相覆罪
更無有餘若此比丘尼別住於佛法中有增益安樂
住是比丘尼諫彼比丘尼時堅持不捨是比丘尼應
三諫令捨此事故乃至三諫捨者善不捨者是
比丘尼犯三法應捨僧伽婆尸沙
若比丘尼趣以一小事瞋恚不喜便作是語我捨佛
捨法捨僧不獨有此沙門釋子亦更有餘沙門婆
羅門修梵行者我等亦可於彼修梵行是比丘尼
當諫彼比丘尼言大姊汝莫趣以一小事瞋恚不喜
便作是語我捨佛捨法捨僧不獨有此沙門釋子
亦更有餘沙門婆羅門修梵行者我等亦可於彼脩
梵行若是比丘尼諫彼比丘尼時堅持不捨彼比丘尼
應三諫捨此事故乃至三諫捨者善不捨者是比
丘尼犯三法應捨僧伽婆尸沙
若比丘尼喜鬪諍不善憶持諍事後瞋恚作是語
僧有愛有恚有怖有癡比丘尼應諫彼比丘尼言
妹汝莫喜鬪諍不善憶持諍事後瞋恚作是語
僧有愛有恚有怖有癡而僧不愛不恚不怖不癡汝
自有愛有恚有怖有癡是比丘尼諫彼比丘尼時堅
持不捨彼比丘尼應三諫捨此事故乃至三諫捨者
善不捨者是比丘尼犯三法應捨僧伽婆尸沙

BD14039號　四分僧戒本

（35–9）

僧有愛有恚有怖有癡而僧不愛不恚不怖不癡汝
自有愛有恚有怖有癡是比丘尼諫彼比丘尼時堅
持不捨彼比丘尼應三諫捨此事故乃至三諫捨者
善不捨者是比丘尼犯三法應捨僧伽婆尸沙
諸大姊我已說十七僧伽婆尸沙法九初犯罪八乃
至三諫若比丘尼犯一一法應半月二部僧中行摩那
埵行摩那埵已餘有出罪應二部四十人僧中出
是比丘尼罪若少一人不滿四十眾出是比丘尼罪
是比丘尼罪不得除諸比丘尼亦可呵此是時今問
諸大姊是中清淨不 如是三說
諸大姊是中清淨默然故是事如是持
諸大姊是三十尼薩耆波逸提法半月半月說
戒經中來
若比丘尼衣已竟迦絺那衣已捨畜長衣經十日
不淨施得若過者尼薩耆波逸提
若比丘尼衣已竟迦絺那衣已捨五衣中若離一一
衣異處宿經一夜除僧羯磨尼薩耆波逸提
若比丘尼衣已竟迦絺那衣已捨若得非時衣欲須
便受受已疾疾成衣若足者善若不足者得畜
一月為滿足故若過畜者尼薩耆波逸提
若比丘尼從非親里居士居士婦乞衣除餘時尼薩
耆波逸提餘時者若奪衣失衣燒衣漂衣是名時
若比丘尼奪衣失衣燒衣漂衣若非親里居士若居
士婦自恣請多與衣是比丘尼當知足受衣若過受
尼薩耆波逸提
若比丘尼居士居士婦為比丘尼辦衣價具如是依價

BD14039號　四分僧戒本

（35–10）

若比丘尼奪衣失衣燒衣漂衣若非親里居士若居
士婦自恣請多與衣是比丘尼當知足受衣若過受
尼薩耆波逸提
若比丘尼居士居士婦為比丘尼辦衣價具如是依價
與某甲比丘尼是比丘尼先不受自恣請到居士家
作如是說善哉居士為我辦如是衣價與我為
好故若得衣者尼薩耆波逸提
若比丘尼二居士居士婦與比丘尼辦衣價我曹辦如
是衣價與某甲比丘尼是比丘尼先不受自恣請到
二居士家作如是言善哉居士辦如是如是衣價與
我共作一衣為好故若得衣者尼薩耆波逸提
若比丘尼若王若大臣若婆羅門居士居士婦遣使
為比丘尼送衣價持如是衣價與某甲比丘尼彼使至比
丘尼所語言阿姨為汝送衣價受取是比丘尼語彼使
如是言我不應受此衣價我若須衣合時清淨當
受彼使語比丘尼言阿姨有執事人不須衣比丘尼
應言有若僧伽藍民若優婆塞此是比丘尼執事人
常為比丘尼執事彼使至執事人所與衣價已還到
比丘尼所如是言阿姨所示某甲執事人我已與衣價
大姊知時往彼當得衣比丘尼若須衣者當往執事
人所二反三反語言我須衣若二反三反為作憶念得
衣者善若不得衣四反五反六反在前默然立令彼憶
念若四反五反六反在前默然住得衣者善若不得
衣過是求得衣者尼薩耆波逸提若不得衣隨
彼使所來處若自往若遣使往語言汝先遣使持
衣價與某甲比丘尼是比丘尼竟不得衣汝還取莫
使失此是時

BD14039號　四分僧戒本

（35–11）

念若四反五反六反在前默然住得衣者善若不得
衣過是求得衣者尼薩耆波逸提若不得衣隨
彼使所來處若自往若遣使往語言汝先遣使持
衣價與某甲比丘尼是比丘尼竟不得衣汝還取莫
使失此是時
若比丘尼自取金銀若錢若教人取若口可受者尼
薩耆波逸提
若比丘尼種種賣買寶物者尼薩耆波逸提
若比丘尼種種販賣者尼薩耆波逸提
若比丘尼鉢減五綴不漏更求新鉢為好故尼薩耆
波逸提是比丘尼當持此鉢於尼衆中捨從次第
貿至下坐以下坐鉢與此比丘尼言妹持此鉢乃至
破此是時
若比丘尼自求縷使非親里織師織作衣者尼薩耆
波逸提　若比丘尼居士居士婦使織師為比丘尼
織作衣彼比丘尼先不受自恣請便往到彼所語
織師言此衣為我織極好織令廣長堅緻齊
整好我當少多與汝價直若比丘尼與價乃至
一食直尼薩耆波逸提
若比丘尼與比丘尼衣已後瞋恚若自奪若教人
奪取還我衣來不與汝是比丘尼應還衣彼取
衣者尼薩耆波逸提
若比丘尼有諸病畜藥蘇油生蘇蜜石蜜得食
殘宿乃至七日得服若過七日服尼薩耆波逸提
若比丘尼十日未滿夏三月若有急施衣比丘尼知
是急施衣應受受已乃至衣時畜若過畜者
尼薩耆波逸提

BD14039 號　四分僧戒本　（35–12）

若比丘尼有諸病畜藥蘇油生蘇蜜石蜜得食
殘宿乃至七日得服若過七日服尼薩耆波逸提
若比丘尼十日未滿夏三月若有急施衣比丘尼知
是急施衣應受受已乃至衣時畜若過畜者
尼薩耆波逸提
若比丘尼知物向僧自求入己者尼薩耆波逸提
若比丘尼欲索是更索彼者尼薩耆波逸提
若比丘尼知檀越所為僧施異迴作用者尼薩耆
波逸提　若比丘尼所為施物異自求為僧迴作
餘用者尼薩耆波逸提　若比丘尼檀越所施
物異迴作用者尼薩耆波逸提　若比丘尼檀越
所為施物異自求為僧迴作餘用者尼薩耆波逸提
若比丘尼畜長鉢者尼薩耆波逸提
若比丘尼多畜好色器者尼薩耆波逸提
若比丘尼許他比丘尼病衣後不與者尼薩耆波逸提
若比丘尼以非時衣受作時衣者尼薩耆波逸提
若比丘尼與比丘尼貿易衣後瞋恚還自奪取若
使人奪妹還我衣來不與汝汝衣屬汝我衣還我
者尼薩耆波逸提
若比丘尼乞重衣齊價直四張氎過者尼薩耆波
逸提　若比丘尼欲乞輕衣極重價直兩張半氎
過者尼薩耆波逸提
諸大姊我已說三十尼薩耆波逸提法今問諸大
姊是中清淨不　如是至三
諸大姊是中清淨默然故是事如是持
諸大姊是一百七十八波逸提法半月半月說戒
經中來　若比丘尼故妄語者波逸提

BD14039 號　四分僧戒本　（35–13）

姊是中清淨不如是至三
諸大姊是中清淨默然故是事如是持
諸大姊是一百七十八波逸提法半月半月說戒
經中來　若比丘尼故妄語者波逸提
若比丘尼毀訾語者波逸提
若比丘尼兩舌語者波逸提
若比丘尼與男子同室宿者波逸提
若比丘尼共未受大戒女人同一室宿若過三宿
波逸提　若比丘尼與未受具戒人共誦法者波逸提
若比丘尼知他有麁惡罪向未受大戒人說除僧
羯磨波逸提　若比丘尼向未受大戒人說過人法
言我知是我見是實者波逸提
若比丘尼與男子說法過五六語除有知女人波逸提
若比丘尼自手掘地若教人掘者波逸提
若比丘尼壞鬼神村波逸提
若比丘尼妄作異語惱他者波逸提
若比丘尼嫌罵他者波逸提
若比丘尼取僧繩床若木床若臥具坐褥露地
自敷若教人敷捨去不自舉不教人舉波逸提
若比丘尼於僧房中取僧臥具自敷若教人敷在
中若坐若臥從彼處捨去不自舉不教人舉
者波逸提　若比丘尼知他比丘尼先住處後來於
中間敷臥具止宿念言彼若嫌迮者自當避我去
作如是因緣非餘非威儀波逸提
若比丘尼瞋他比丘尼不喜衆僧房中自牽出若
教人牽出者波逸提
[illegible]

者波逸提　若比丘尼知他比丘尼先住處後來於
中間敷臥具止宿念言彼若嫌迮者自當避我去
作如是因緣非餘非威儀波逸提
若比丘尼瞋他比丘尼不喜衆僧房中自牽出若
教人牽出者波逸提
若比丘尼若在重閣上脫脚繩床若木床若坐
若臥波逸提　若比丘尼知水有虫自用澆泥若
草若教人澆者波逸提
若比丘尼作大房戶扉窻牖及餘莊飾具指授覆
苫齊二三節若過者波逸提
若比丘尼施一食處無病比丘尼應一食若過受者
波逸提　若比丘尼別衆食除餘時餘時者病時作
衣時施衣時行道時船上時大會時沙門施食時
此是時　若比丘尼至檀越家殷勤請與餅麨
飯比丘尼欲須者當二三鉢應受持至寺內分
與餘比丘尼食若比丘尼無病過三鉢受持至
寺中不分與餘比丘尼食者波逸提
若比丘尼非時噉食者波逸提
若比丘尼殘宿食噉者波逸提
若比丘尼不受食及藥著口中除水楊枝波逸提
若比丘尼先受請已若前食後食行詣餘家
不屬餘比丘尼除餘時波逸提餘時者病時作
衣時此是時
若比丘尼食家中有寶强安坐者波逸提
若比丘尼食家中有寶在屏處坐者波逸提
若比丘尼獨與男子露地一處共坐者波逸提
若比丘尼語比丘尼如是大姊共汝至聚落當與

若比丘尼食家中有寶強安坐者波逸提
若比丘尼食家中有寶在屏處坐者波逸提
若比丘尼獨與男子露地一處共坐者波逸提
若比丘尼語比丘尼如是大姊共汝至聚落當與
汝食彼比丘尼竟不教與是比丘尼食如是言
大姊去我與汝一處共坐共語不樂我獨坐獨
語樂以是因緣非餘方便遣去波逸提
若比丘尼請比丘尼四月與藥無病比丘尼應
受若過受除常請更請分請分請盡形請波
逸請　若比丘尼往觀軍陣除時因緣波逸提
若比丘尼有因緣至軍中若二宿三宿過者波逸提
若比丘尼軍中住若二宿三宿或時觀軍陣鬭
戰若觀遊軍象馬勢力波逸提
若比丘尼飲酒者波逸提　若比丘尼水中戲者波逸提
若比丘尼以指相擊攊者波逸提
若比丘尼不受諫者波逸提
若比丘尼恐怖他比丘尼者波逸提
若比丘尼半月洗浴無病比丘尼應受若過
受除餘時波逸提餘時者熱時病時作時風
雨時遠行來時此是時　若比丘尼無病爲炙身
故露地然火若教人然除時波逸提
若比丘尼藏他比丘尼若鉢若衣若坐具針
筒自藏教人藏下至戲笑者波逸提
若比丘尼淨施比丘比丘尼式叉摩那尼沙弥沙
弥尼衣後不問主取著者波逸提
若比丘尼得新衣當作三種涤壞色青黑木
蘭若比丘尼得衣不作三種壞色青黑木蘭新

BD14039號　四分僧戒本　（35–16）

筒自藏教人藏下至戲笑者波逸提
若比丘尼淨施比丘比丘尼式叉摩那尼沙弥沙
弥尼衣後不問主取著者波逸提
若比丘尼得新衣當作三種涤壞色青黑木
蘭若比丘尼得衣不作三種壞色青黑木蘭新
衣持者波逸提　若比丘尼故斷畜生命者波逸提
若比丘尼知水有蟲飲者波逸提
若比丘尼故惱他比丘尼乃至少時不樂波逸提
若比丘尼知比丘尼有麁惡罪覆藏者波逸提
若比丘尼知僧諍事如法懺悔已後更發舉者波
逸提　若比丘尼知是賊伴共期一道行乃至一聚
落波逸提　若比丘尼作如是語我知佛所說法
行婬欲非道是障道法彼比丘尼諫此比丘尼言
大姊莫作是語莫謗世尊謗世尊者不善世
尊不作是語世尊無數方便說婬欲是障道
法犯婬者是障道法婬者是障道法彼比丘尼
諫此比丘尼時堅持不捨彼比丘尼乃至三諫
令捨是事乃至三諫時捨者善不捨者波逸提
若比丘尼知如是語人未作法如是邪見而不捨
若畜同一羯磨同一止宿波逸提
若比丘尼知沙弥尼作如是語我知佛所說法行婬
欲非障道法彼比丘尼諫此沙弥尼言汝莫作是
語莫誹謗世尊誹謗世尊者不善世尊不作是
語沙弥尼世尊無數方便說婬欲是障道法犯
婬欲者障道法彼比丘尼諫此沙弥尼時堅持
不捨彼比丘尼應乃至三呵諫捨此事故乃至三
諫時若捨者善不捨者彼比丘尼應語沙弥

BD14039號　四分僧戒本　（35–17）

語莫誹謗世尊誹謗世尊不善世尊不作是
語沙弥尼世尊無數方便說婬欲是障道法犯
婬欲者障道法彼比丘尼諫此沙弥尼時堅持
不捨彼比丘尼應乃至三呵諫捨此事故乃至三
諫時若捨者善不捨者彼比丘尼應語沙弥
尼言汝汝自己去非佛弟子不得隨餘比丘尼
行如諸沙弥尼得與比丘尼二三宿汝今無是事汝
去滅去不須此中住若比丘尼知是被擯沙弥尼
若畜共同至宿者波逸提
若比丘尼如法諫時作如是語我今不學是戒
乃至問有智慧持律者當難問波逸提若為
求解應當難問　若比丘尼說戒時如是語
大姊用是雜碎戒為說是戒時令人惱愧懷疑
輕毀戒故波逸提
若比丘尼說戒時作如是語大姊我今始知是戒半月
半月說戒經中來餘比丘尼知是比丘尼若二若三
說戒中坐何況多彼比丘尼無知無解若犯罪應
如法治更重增無知法大姊汝無利得不善汝
說戒時不用心念不一心兩耳聽法彼無知故波逸提
若比丘尼共同羯磨已後作如是說諸比丘尼隨親
厚以眾僧物與者波逸提
若比丘尼僧斷事時不與欲而起去者波逸提
若比丘尼與欲竟後更呵者波逸提
若比丘尼共闘諍後聽此語已欲向彼說者
波逸提　若比丘尼瞋恚故不喜打比丘尼者波逸提
若比丘尼瞋恚故不喜以手博比丘尼者波逸提
若比丘尼瞋恚故不喜以無根僧伽婆尸沙謗者波逸提

若比丘尼與欲竟後更呵者波逸提
若比丘尼共闘諍後聽此語已欲向彼說者
波逸提　若比丘尼瞋恚故不喜打比丘尼者波逸提
若比丘尼瞋恚故不喜以手博比丘尼者波逸提
若比丘尼瞋恚故不喜以無根僧伽婆尸沙謗者波逸提
若比丘尼剎利水澆頭王王未出未藏寶若入
宮過門閾者波逸提
若比丘尼若寶及寶莊飾具自捉若教人捉除
僧伽藍中及寄宿處波逸提若僧藍中若寄宿
處若寶若以寶莊飾具自捉若教人捉若識
者當取如是因緣非餘
若比丘尼非時入聚落又不囑比丘尼者波逸提
若比丘尼作繩牀若木床足應高如來八指除入
梐孔上截竟過者波逸提
若比丘尼持兜羅綿貯作繩床木床若臥具坐
具波逸提　若比丘尼噉蒜者波逸提
若比丘尼剃三處毛者波逸提
若比丘尼以水作淨應齊兩指各一節若過者波逸提
若比丘尼以胡膠作男根者波逸提
若比丘尼共相拍者波逸提
若比丘尼比丘無病時供給水以扇扇者波逸提
若比丘尼乞生穀者波逸提
若比丘尼在生草上大小便者波逸提
若比丘尼夜便大小便器中晝不看牆外棄者波逸提
若比丘尼往觀看伎樂者波逸提
若比丘尼入村內與男子在屏處共立語者波逸提
若比丘尼與男子共入屏障處者波逸提

若比丘尼[illegible]波逸提
若比丘尼夜便大小便器中晝不看牆外棄者波逸提
若比丘尼往觀看伎樂者波逸提
若比丘尼入村內與男子在屏處共立語者波逸提
若比丘尼與男子共入屏障處者波逸提
若比丘尼入村內巷陌中遣伴遠去在屏處與男
子共立耳語者波逸提
若比丘尼入白衣家內坐不語主人捨去者波逸提
若比丘尼入白衣家內不語主人輒坐床者波逸提
若比丘尼入白衣家內不語主人輒自敷坐宿者波逸提
若比丘尼與男子共入闇室中者波逸提
若比丘尼不審諦受師語便向人說者波逸提
若比丘尼有小因緣事便向詛墮三惡道不生佛法
中若汝有如是事亦墮三惡道不生佛法中若我
有如是事亦墮三惡道不生佛法中者波逸提
若比丘尼共鬪諍不善憶持諍事搥胸啼哭者波逸提
若比丘尼無病二人共床臥者波逸提
若比丘尼共同一褥一被臥除時者波逸提
若比丘尼知先住後至知後至先住為惱故在前
誦經問義教授者波逸提
若比丘尼同活比丘尼病不瞻視者波逸提
若比丘尼安居初聽餘比丘尼在房中安牀後瞋
恚駈出者波逸提
若比丘尼春夏冬一切時人間遊行除餘因緣者
波逸提 若比丘尼夏安居訖不去者波逸提
若比丘尼邊界有疑恐怖處人間遊行者波逸提
若比丘尼於界內有疑恐怖處在人間遊行波逸提

恚駈出者波逸提
若比丘尼春夏冬一切時人間遊行除餘因緣者
波逸提 若比丘尼夏安居訖不去者波逸提
若比丘尼邊界有疑恐怖處人間遊行者波逸提
若比丘尼於界內有疑恐怖處在人間遊行波逸提
若比丘尼親近居士居士兒共住作不隨順行餘比
丘尼諫此比丘尼言妹莫親近居士居士兒共住作不
隨順行大姊可別住於佛法中有增益安樂住彼
比丘尼諫此比丘尼堅持不捨彼比丘尼應三諫捨此
事故乃至三諫捨此事者善不捨者波逸提
若比丘尼往觀王宮文飾畫堂園林浴池者波逸提
若比丘尼露身形在河水泉流水池水中浴者波逸提
若比丘作浴衣應量作應量作者長佛六磔手廣
二磔手半若過者波逸提
若比丘尼縫僧伽梨過日波逸提
若比丘尼過五日不看僧伽梨波逸提
若比丘尼與眾僧衣作留難者波逸提
若比丘尼不問主便著他衣者波逸提
若比丘尼持沙門衣施與外道白衣者波逸提
若比丘尼作如是意眾僧如法分衣遮令不分恐
弟子不得者波逸提
若比丘尼作如是意令眾僧令不得出迦絺那衣後
當出欲令五事久得放捨波逸提
若比丘尼作如是意遮比丘尼僧不出迦絺那衣欲
令久得五事放捨者波逸提
若比丘尼餘比丘尼語言為我滅此諍事而不與作
方便令滅者波逸提

當出欲令五事久得放捨波逸提
若比丘尼作如是意遮比丘尼僧不出迦絺那衣欲
令久得五事放捨者波逸提
若比丘尼餘比丘尼語言為我滅此諍事而不與作
方便令滅者波逸提
若比丘尼自手持食與白衣及外道食者波逸提
若比丘尼為白衣作使者波逸提
若比丘尼自手紡縷者波逸提
若比丘尼入白衣舍內在小床大床上若坐若卧者
波逸提　若比丘尼至白衣舍語主人敷座止宿明
日不辭主人而去者波逸提
若比丘尼自誦習世俗呪術者波逸提
若比丘尼教人誦習世俗呪術者波逸提
若比丘尼知女人妊身度與受具足戒者波逸提
若比丘尼知婦女乳兒與受具足戒者波逸提
若比丘尼知年不滿二十與受具足戒者波逸提
若比丘尼知年不滿廿與受具足戒者波逸提
若比丘尼年十八童女不與二歲學戒年滿二十便
與受具足戒者波逸提
若比丘尼年十八童女與二歲學戒不與六法滿二
十便與受具足戒者波逸提
若比丘尼年十八童女與二歲學戒與六法滿廿
衆僧不聽便與受具足戒者波逸提
若比丘尼度曾嫁婦女年十歲與二歲學戒年
滿十二聽與受具足戒若減十二與受具足戒者波逸提
若比丘尼度他小年曾嫁婦女與二歲學戒年滿十
二不白衆僧便與受具足戒波逸提

14六

衆僧不聽便與受具足戒者波逸提
若比丘尼度曾嫁婦女年十歲與二歲學戒年
滿十二聽與受具足戒若減十二與受具足戒者波逸提
若比丘尼度他小年曾嫁婦女與二歲學戒年滿十
二不白衆僧便與受具足戒波逸提
若比丘尼知如是人與受具足戒者波逸提
若比丘尼多度弟子不教二歲學戒不以二法攝
取者波逸提
若比丘尼不二歲隨和尚尼者波逸提
若比丘尼僧不聽而授人具足戒者波逸提
若比丘尼年未滿十二歲授人具足戒者波逸提
若比丘尼年滿十二歲衆僧不聽授人具足戒者波逸提
若比丘尼僧不授人具足戒便言衆僧有愛有恚有
怖有癡欲聽者便聽不欲聽者便不聽如是語者波逸提
若比丘尼父母夫主不聽與受具足戒者波逸提
若比丘尼知女人與童男男子相敬愛愁憂瞋恚
女人度令出家授具足戒者波逸提
若比丘尼語式叉摩那言汝妹捨是學是當與汝
受具足戒若不方便與受具足戒者波逸提
若比丘尼語式叉摩那言持衣來與我我當與汝
受具足戒而不方便與受具足戒波逸提
若比丘尼不滿一歲授人具足戒者波逸提
若比丘尼與人受具足戒已經宿方往比丘僧中與受
具足戒者波逸提
若比丘尼無病不往受教授者波逸提
若比丘尼半月應往比丘僧中求教授若不求者波逸提
若比丘尼僧夏安居竟應往比丘僧中說三事自

若比丘尼與人受具足戒已經宿方往比丘僧中與受
具足戒者波逸提
若比丘尼無病不往受教授者波逸提
若比丘尼半月應往比丘僧中求教授若不求者波逸提
若比丘尼僧夏安居竟應往比丘僧中說三事自
恣見聞疑若不往者波逸提
若比丘尼在無比丘處夏安居者波逸提
若比丘尼知有比丘僧伽藍不白而入者波逸提
若比丘尼罵比丘者波逸提
若比丘尼喜闘諍不善憶持諍事後瞋恚不喜
罵比丘尼衆者波逸提
若比丘尼身生癰及種種瘡不白衆及餘人輙
使男子破若裹者波逸提
若比丘尼先受請若足食已後食飯麨乾飯魚
及肉者波逸提
若比丘尼於食家生嫉妬心者波逸提
若比丘尼以香塗摩身者波逸提
若比丘尼以胡麻滓塗摩身者波逸提
若比丘尼使式叉摩那塗摩身者波逸提
若比丘尼使沙弥尼塗摩身者波逸提
若比丘尼使白衣婦女塗摩身者波逸提
若比丘尼著衧䏶衣者波逸提
若比丘尼畜婦女莊嚴身具除時因緣波逸提
若比丘尼著革屣持蓋行除時因緣波逸提
若比丘尼無病乘乘行除時因緣波逸提
若比丘尼不著僧祇支入村者波逸提
若比丘尼向暮至白衣家先不被喚者波逸提

BD14039號　四分僧戒本　　（35–24）

若比丘尼著革屣持蓋行除時因緣波逸提
若比丘尼無病乘乘行除時因緣波逸提
若比丘尼不著僧祇支入村者波逸提
若比丘尼向暮至白衣家先不被喚者波逸提
若比丘尼向暮開僧伽藍門不囑授餘比丘尼
而出去者波逸提
若比丘尼日沒開僧伽藍門不囑授而去者波逸提
若比丘尼不前安居不後安居者波逸提
若比丘尼知女人常漏大小便涕唾常出者与受具
足戒者波逸提
若比丘尼知二形人與受具足戒者波逸提
若比丘尼知二道合者与受具足戒波逸提
若比丘尼知有負債難者病難者与受具足戒波
逸提　若比丘尼學世俗伎術以自活命者波逸提
若比丘尼以世俗伎術教授白衣者波逸提 一百十
若比丘尼被擯不去者波逸提
若比丘尼欲問比丘義先不求而問者波逸提
若比丘尼知先住後至後至先住欲惱彼故在前
經行若立若坐若卧者波逸提
若比丘尼在有比丘僧伽藍內起塔者波逸提
若比丘尼見新受戒比丘應起迎逆恭敬礼拜問
訊請与坐不者除因緣者波逸提
若比丘尼爲好故搖身趨行者波逸提
若比丘尼作婦女莊嚴香塗摩身者波逸提
若比丘尼使外道女香塗身者波逸提
諸大姉我已說一百七十八波逸提法今問諸大
[illegible]

BD14039號　四分僧戒本　　（35–25）

若比丘尼為好故樣身趣行者波逸提
若比丘尼作婦女莊嚴香塗摩身者波逸提
若比丘尼使外道女香塗身者波逸提
諸大姊我已說百七十八波逸提法今問諸大
姊是中清淨不 如是至三
諸大姊是中清淨默然故是事如是持
諸大姊是八波羅提提舍尼法半月半月說戒
經中来
若比丘尼無病乞穌而食者犯應懺悔可呵法
應向餘比丘尼說言大姊我犯可呵法所不應
為我今向大姊懺悔是名懺悔法
若比丘尼無病乞油而食者犯應懺悔可呵法應
向餘比丘尼說言大姊我犯可呵法所不應為我今
向大姊懺悔是名懺悔法
若比丘尼無病乞蜜食者犯應懺悔可呵法應向
餘比丘尼說言大姊我犯可呵法所不應為我今
向大姊懺悔是名悔過法
若比丘尼無病乞黑石蜜食者犯應懺悔可呵法
應向餘比丘尼說言大姊我犯可呵法所不應為
我今向大姊懺悔是名悔過法
若比丘尼無病乞乳而食者犯應懺悔可呵法
應向餘比丘尼說言大姊我犯可呵法所不應為
我今向大姊懺悔是名悔過法
若比丘尼無病乞酪而食者犯應懺悔可呵法
應向餘比丘尼說言大姊我犯可呵法所不應為
我今向大姊懺悔是名悔過法
若比丘尼無病乞[illegible]而食者犯應懺悔可呵法應向

BD14039 號　四分僧戒本　（35–26）

我今向大姊懺悔是名悔過法
若比丘尼無病乞酪而食者犯應懺悔可呵法
應向餘比丘尼說言大姊我犯可呵法所不應為
我今向大姊懺悔是名悔過法
若比丘尼無病乞魚食者犯應懺悔可呵法應向
餘比丘尼說言大姊我犯可呵法所不應為我今
向大姊懺悔是名悔過法
若比丘尼無病乞肉食犯應懺悔可呵法應
向餘比丘尼言大姊我犯可呵法所不應為我
今向大姊懺悔是名悔過法
諸大姊我已說八波羅提提舍尼法今問諸大
姊是中清淨不 三說
諸大姊是中清淨默然故是事如是持
諸大姊是衆學戒法半月半月說戒經中来
當齊整著涅槃僧應當學
當齊整著三衣應當學
不得反抄衣入白衣舍應當學
不得反抄衣入白衣舍坐應當學
不得纏頸入白衣舍應當學
不得衣纏頸入白衣舍坐應當學
不得覆頭入白衣舍應當學
不得覆頭入白衣舍坐應當學
不得跳行入白衣舍應當學
不得跳行入白衣舍坐應當學
不得白衣舍內蹲坐應當學
不得叉腰行入白衣舍應當學

BD14039 號　四分僧戒本　（35–27）

不得跳行入白衣舍應當學
不得白衣舍内蹲坐應當學
不得叉腰行入白衣舍應當學
不得叉腰入白衣舍坐應當學
不得搖身行入白衣舍應當學
不得搖身行入白衣舍坐應當學
不得掉臂行入白衣舍應當學
不得掉臂行入白衣舍坐應當學
好覆身入白衣舍應當學
好覆身入白衣舍坐應當學
不得左右顧視行入白衣舍應當學
不得左右顧視行入白衣舍坐應當學
靜默入白衣舍應當學
靜默入白衣舍坐應當學
不得戲笑行入白衣舍應當學
不得戲笑行入白衣舍坐應當學
用意受食應當學
平鉢受食應當學
平鉢受羹應當學
羹飯等食應當學
以次食應當學
不得挑鉢中而食應當學
不得自為己索羹飯應當學
不得以飯覆羹更望得應當學
不得視比坐鉢中食應當學
當繫鉢想食應當學

BD14039號　四分僧戒本　（35–28）

不得自為己索羹飯應當學
不得以飯覆羹更望得應當學
不得視比坐鉢中食應當學
當繫鉢想食應當學
不得大摶飯食應當學
不得大張口待食應當學
不得含飯語應當學
不得摶飯擲口中應當學
不得遺落飯食應當學
不得頰食食應當學
不得嚼飯作聲食應當學
不得大噏飯食應當學
不得舌舐食應當學
不得振手食應當學
不得手把散飯食應當學
不得汙手捉飲器應當學
不得洗鉢水棄白衣舍内應當學
不得生草菜上大小便涕唾應當學
不得淨水中大小便涕唾除病應當學
不得立大小便除病應當學
不得與反抄衣不恭敬人說法除病應當學
不得為衣纏頸者說法除病應當學
不得為覆頭者說法除病應當學
不得為裹頭者說法除病應當學
不得為叉腰者說法除病應當學
不得為著革屣者說法除病應當學

BD14039號　四分僧戒本　（35–29）

不得為覆頭者說法除病應當學
不得為裹頭者說法除病應當學
不得叉腰者說法除病應當學
不得為着草屣者說法除病應當學
不得為着木屐者說法除病應當學
不得騎乘者說法除病應當學
不得在佛塔中止宿除為守護應當學
不得藏財物置佛塔中除為堅牢應當學
不得着草屣入佛塔中應當學
不得手捉草屣入佛塔中應當學
不得着草屣繞佛塔中應當學
不得着覆羅入佛塔中應當學
不得手捉冨羅入佛塔中應當學
不得塔下坐食留草及食汙地應當學
不得擔死屍從塔下過應當學
不得塔下埋死屍應當學
不得在塔下燒死屍應當學
不得向塔燒死屍應當學
不得佛塔四邊燒死屍臭氣來入應當學
不得持死人衣及床從塔下過除浣染香薰應當學
不得佛塔下大小便應當學
不得向佛塔大小便應當學
不得遶佛塔四邊大小便使臭氣來入應當學
不得持佛像至大小便處應當學
不得佛塔下嚼楊枝應當學
不得向佛塔下嚼楊枝應當學
不得佛塔四邊嚼楊枝應當學

不得遶佛塔四邊大小便使臭氣來入應當學
不得持佛像至大小便處應當學
不得佛塔下嚼楊枝應當學
不得向佛塔下嚼楊枝應當學
不得佛塔四邊嚼楊枝應當學
不得在佛塔下涕唾應當學
不得向佛塔涕唾應當學
不得塔四邊涕唾應當學
不得向塔舒脚坐應當學
不得安佛塔在下房已在上房住應當學
人坐已立不得為說法除病應當學
人臥已坐不得為說法除病應當學
人在坐已在非坐不得為說法除病應當學
人在高坐已在下坐不得為說法除病應當學
人在前行已在後行不得為說法除病應當學
人在高經行處已在下經行處不應為說法除病應當學
人在道已在非道不應為說法除病應當學
不得攜手在道行應當學
不得上樹過人除時因緣應當學
不得絡囊盛鉢貫杖頭着肩上而行應當學
人持杖不恭敬不應為說法除病應當學
人持劍不應為說法除病應當學
人持鉾不應為說法除病應當學
人持刀不應為說法除病應當學
人持蓋不應為說法除病應當學
諸大姊我已說衆學戒法今問諸大姊是中
清淨不 三說 諸大姊是中清淨默然故是事

人持刀不應為說法除病應當學
人持蓋不應為說法除病應當學
諸大姊我已說衆學戒法今問諸大姊是中
清淨不 三說 諸大姊是中清淨默然故是事
如是持 諸大姊是七滅諍法半月半月說戒經中來
若比丘尼有諍事起即應除滅
應與現前毗尼當與現前毗尼
應與憶念毗尼當與憶念毗尼
應與不癡毗尼當與不癡毗尼
應與自言治當與自言治
應與覓罪相當與覓罪相
應與多人語當與多人語
應與如草覆地當與如草覆地
諸大姊我已說七滅諍法今問諸大姊是中清淨
不 三說 諸大姊是中清淨默然故是事如是持
諸大姊我已說戒經序已說八波羅夷法已說十七
僧伽婆尸沙法已說三十尼薩耆波逸提法已
說一百七十八波逸提法已說八波羅提提舍尼法
已說衆學戒法已說七滅諍法已此是佛所說
戒經半月半月說戒經中來
若更有餘佛法是中和合應當學
忍辱第一道 佛說無為最 出家惱他人 不名為沙門
此是毗婆尸如來無所著等正覺說是戒經
譬如明眼人 能避險惡道 世有聰明人 能遠離諸惡
此是尸棄如來無所著等正覺說是戒經
不謗亦不嫉 當奉行於戒 飲食知止足 常樂在空閑

BD14039 號　四分僧戒本　（35–32）

此是毗婆尸如來無所著等正覺說是戒經
譬如明眼人 能避險惡道 世有聰明人 能遠離諸惡
此是尸棄如來無所著等正覺說是戒經
不謗亦不嫉 當奉行於戒 飲食知止足 常樂在空閑
此是毗葉羅如來無所著等正覺說是戒經
譬如蜂採花 不壞色與香 但取其味去 比丘入聚然
不違戾他事 不觀作不作 但自觀身行 若正若不正
此是拘樓孫如來無所著等正覺說是戒經
心莫作放逸 聖法當勤學 如是無憂愁 心定入涅槃
此是拘那含牟尼如來無所著等正覺說是戒經
一切惡莫作 當奉行諸善 自淨其志意 是則諸佛教
此是迦葉如來無所著等正覺說是戒經
善護於口言 自淨其志意 身莫作諸惡 此三業道淨
能得如是行 是大仙人道
此是釋迦牟尼如來無所著等正覺於十二年
中為無事僧說是戒經從是已後廣分別說諸
比丘尼自為樂法樂沙門者有慚有愧有學戒
學戒者當於衆學
明人能護戒 能得三種樂 名譽及利養 死得生天上
當觀如是處 有智勤護戒 戒淨有智惠 便得第一道
如過去諸佛 及以未來者 現在諸世尊 能勝一切憂
皆共尊敬戒 此是諸佛法 若有自為身 欲求於佛道
當尊重正法 此是諸佛教 七佛為世尊 滅除諸結使
說是七戒經 諸縛得解脫 已入於涅槃 諸戲永滅盡
尊行大仙說 聖賢稱譽戒 弟子之所行 入寂滅涅槃
世尊涅槃時 興起於大悲 集諸比丘衆 與如是教誡

BD14039 號　四分僧戒本　（35–33）

此是釋迦牟尼如來無所著等正覺於十二年
中為無事僧說是戒經從是已後廣分別說諸
比丘尼自為樂法樂沙門者有慚有愧有學戒
學戒者當於衆學
明人能護戒　能得三種樂　名譽及利養　死得生天上
當觀如是處　有智勤護戒　戒淨有智慧　便得第一道
如過去諸佛　及以未來者　現在諸世尊　能勝一切憂
皆共尊敬戒　此是諸佛法　若有自為身　欲求於佛道
當尊重正法　此是諸佛教　七佛為世尊　滅除諸結使
說是七戒經　諸縛得解脫　已入於涅槃　諸戲永滅盡
尊行大仙說　聖賢稱譽戒　弟子之所行　入寂滅涅槃
世尊涅槃時　興起於大悲　集諸比丘衆　與如是教誡
莫謂我涅槃　淨行者無護　我今說戒經　亦善說毗尼
我雖般涅槃　當視如世尊　此經久住世　佛法得熾盛
以是熾盛故　得入於涅槃　若不持此戒　如所應布薩
喻如日沒時　世界皆闇冥　當護持是戒　如犛牛愛尾
和合一處坐　如佛之所說　我已說戒經　衆僧布薩竟
我今說戒經　所說諸功德　施一切衆生　皆共成佛道

四分戒本

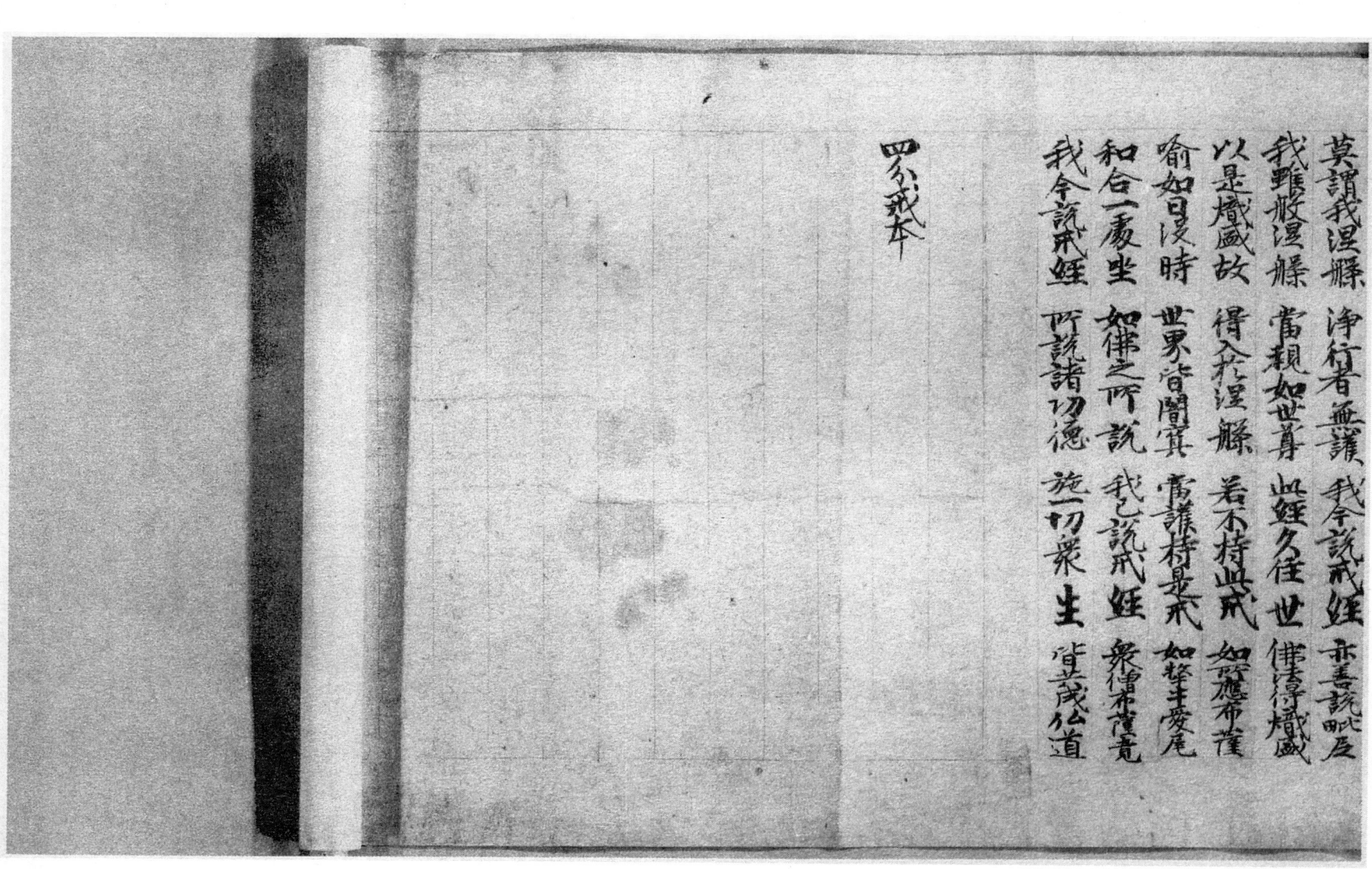

BD14039號　四分僧戒本　（35-34）

莫謂我涅槃　淨行者無護　我今說戒經　亦善說毗尼
我雖般涅槃　當視如世尊　此經久住世　佛法得熾盛
以是熾盛故　得入於涅槃　若不持此戒　如所應布薩
喻如日沒時　世界皆闇冥　當護持是戒　如犛牛愛尾
和合一處坐　如佛之所說　我已說戒經　衆僧布薩竟
我今說戒經　所說諸功德　施一切衆生　皆共成佛道

四分戒本

BD14039號　四分僧戒本　（35-35）

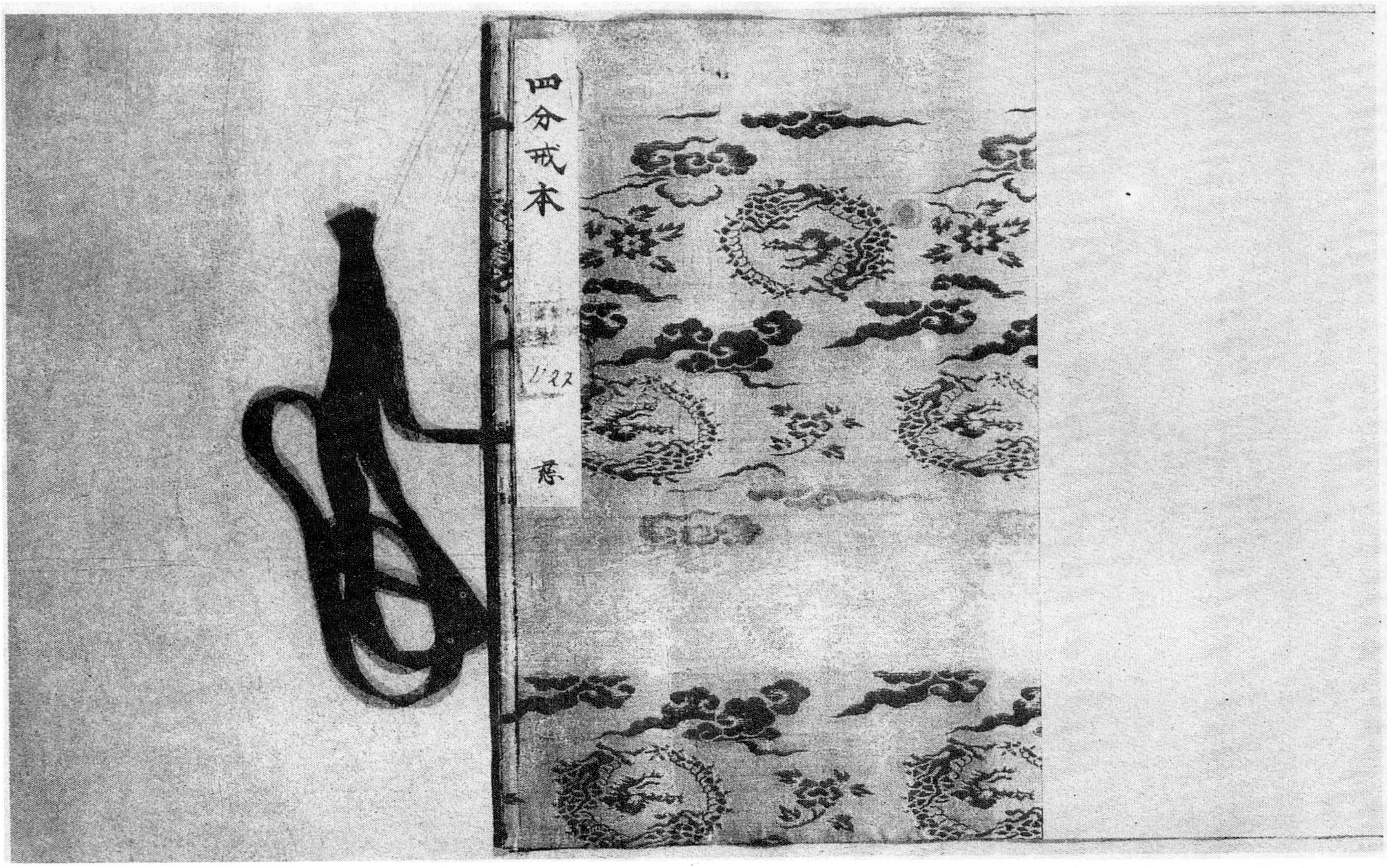

BD14040 號背　現代護首　（1–1）

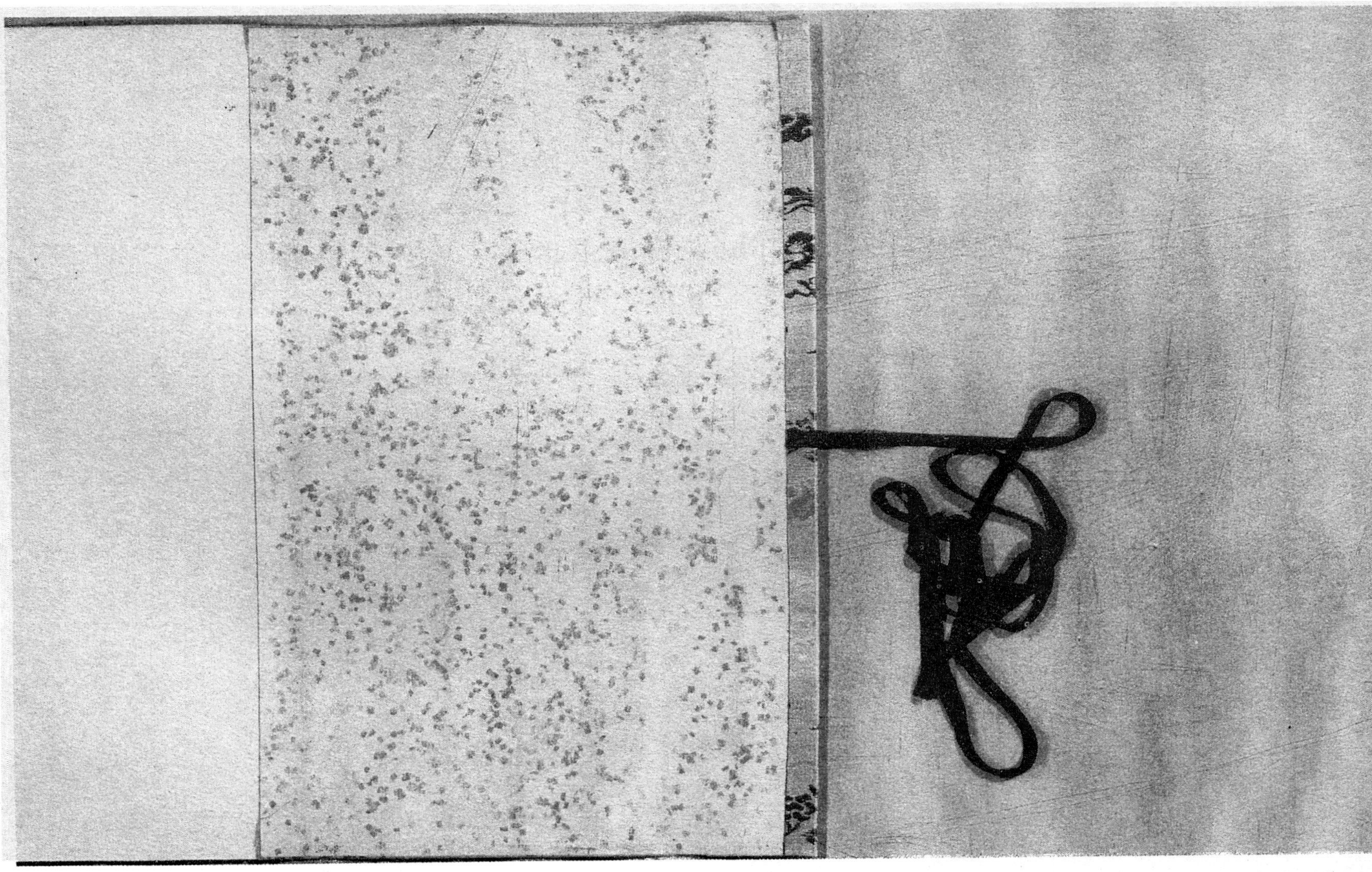

BD14040 號　四分律比丘戒本　（19–1）

四分戒本
稽首禮諸佛　及法比丘僧　今演毗尼法　令正法久住　戒如海無涯
如寶求無猒　欲護聖法才　眾集聽我說　欲除四棄法　及滅僧殘法
障三十捨墮　眾集聽我說　毗婆尸式棄　毗舍拘留孫　拘那含牟尼
迦葉釋迦文　諸世尊大德　為我說是事　我今欲善說　諸賢咸共聽
譬如人毀足　不堪有所涉　毀戒亦如是　不得生天人　欲得生天上　若生人間者　死時懷恐懼　如人自照鏡
好醜生忻戚　說戒亦如是　全毀生憂喜　如兩陣共戰　勇怯有進退
說戒亦如是　淨穢生安畏　世間王為最　眾流海為最　眾星月為最
眾聖佛為最　一切眾律中　戒經為上最　如來立禁戒　半月半月說
和合僧集會　未受大戒者出　不來諸比丘說欲及清淨　誰遣
比丘尼來請教戒　僧今和合何所作為　大德僧聽　今十五日
眾僧說戒　若僧時到僧忍聽　和合說戒白如是
諸大德　我今欲說波羅提木叉戒　汝等諦聽　善思念之　若自知有
犯者即應自懺悔　不犯者嘿然　嘿然故　知諸大德清淨　若有他
問者亦如是答　如是比丘在於眾中　乃至三問　憶念有罪不懺
悔者得故妄語罪　故妄語者　佛說障道法　若彼比丘憶念有罪

BD14040 號　四分律比丘戒本　（19–2）

眾僧說戒　若僧時到僧忍聽　和合說戒白如是
諸大德　我今欲說波羅提木叉戒　汝等諦聽　善思念之　若自知有
犯者即應自懺悔　不犯者嘿然　嘿然故　知諸大德清淨　若有他
問者亦如是答　如是比丘在於眾中　乃至三問　憶念有罪不懺
悔者得故妄語罪　故妄語者　佛說障道法　若彼比丘憶念有罪
欲求清淨者應懺悔　懺悔得安樂　諸大德　我已說戒經序　今
問諸大德　是中清淨不　三說
諸大德　是中清淨　嘿然故　是事如是持　諸大德　是四波羅夷法　半月半月說　戒經中來
若比丘共比丘同戒　若不還戒　戒羸不自悔　犯不淨行　乃至
共畜生　是比丘波羅夷　不共住　若比丘　若在村落　若閑
靜處　不與盜心取　隨不與取法　若為王王大臣所捉　若
殺若縛若驅出國　汝是賊　汝癡　汝無所知　是比丘波羅夷　不共住
若比丘　故自手斷人命　持刀與人　歎譽死　快勸死　咄男子　用此惡活
為寧死不生　作如是心思惟　種種方便　歎譽死　快勸死　是比丘波
羅夷　不共住　若比丘　實無所知　自稱言我得上人法　我已入
聖智勝法　我知是　我見是　彼於異時　若問若不問　欲自清淨
故　作是說　我實不知不見　言知言見　虛誑妄語　除增上慢　是比
丘波羅夷　不共住　諸大德　我已說四波羅夷法　若比丘犯一一
波羅夷法　不得與諸比丘共住　如前　後亦如是　是比丘得波羅夷
罪　不應共住　今問諸大德　是中清淨不　三說　諸大德　是中清淨
嘿然故　是事如是持　諸大德　是十三僧伽婆尸沙法　半月半
月說　戒經中來　若比丘　故弄陰出精　除夢中　僧伽婆尸沙
若比丘　婬欲意　與女人身相觸　若捉手　若捉髮　若觸一一身分者
僧伽婆尸沙　若比丘　婬欲意　與女人麁惡婬欲語　隨麁惡
婬欲語　僧伽婆尸沙　若比丘　婬欲意　於女人前自歎身言
大姊　我修梵行　持戒精進　修[illegible]善法　可知是婬欲供養
我　如是供養第一最　僧伽婆尸沙　若比丘　往來彼此媒嫁　持男
意語女　持女意語男　若為成婦事　若為私通事　乃至須
臾頃　僧伽婆尸沙　若比丘　自求作屋　無主　自為己　當應量

BD14040 號　四分律比丘戒本　（19–3）

婬欲讚歎供養婆尸沙　若比丘以染污意於女人前自歎身言
大妹我脩梵行持戒精進修[redacted]善法可知是婬欲供養
我如是供養第一最者僧伽婆尸沙　若比丘往來彼此媒嫁持男
意語女持女意語男若為成婦事若為私通事乃至須
臾頃僧伽婆尸沙　若比丘自求作屋無主自為己當應量
作是中量者長佛十二磔手內廣七磔手當將餘比丘指授處
所彼比丘當指示處所無難處無妨處若比丘有難處妨處自
求作屋無主自為己不將餘比丘指授處所若過量作者僧伽
婆尸沙　若比丘欲作大房有主為己作當將餘比丘往指授
處所彼比丘應指授處所無難處無妨處若比丘有難處妨處
作大房有主為己作不將餘比丘指授處所僧伽婆尸沙
若比丘瞋恚所覆故非波羅夷比丘以無根波羅夷法謗欲壞彼
清淨行彼於異時若問若不問知此事無根說我瞋恚故作
是語若比丘作是語者僧伽婆尸沙　若比丘以瞋恚故於[redacted]
異分事中取片非波羅夷比丘以無根波羅夷法謗欲壞彼
清淨行彼於異時若問若不問知是異分事中取片是比
丘自言我瞋恚故作是語作是語者僧伽婆尸沙
若比丘欲壞和合僧方便受壞和合僧法堅持不捨彼比丘
應諫是比丘言大德莫壞和合僧莫方便壞僧法堅持不
捨大德應與僧和合歡喜不諍同一師學如水乳合於佛法
中有增益安樂住是比丘如是諫時堅持不捨彼比丘應三
諫捨此事故乃至三諫捨者善不捨者僧伽婆尸沙
若比丘伴黨若一若二若三乃至無數彼比丘語是比丘言
大德莫諫此比丘此比丘是法語比丘律語比丘此比丘所說我
等喜樂此比丘所說我等忍可然此比丘非法語比丘律語
比丘大德莫欲破和合僧汝等當樂欲和合僧大德與僧
和合歡喜不諍同一師學如水乳合於佛法中有增益安樂
住是比丘如是諫時堅持不捨彼比丘應三諫捨此事故乃
至三諫捨者善不捨者僧伽婆尸沙

等喜樂此比丘所說我等忍可然此比丘非法語比丘律語
比丘大德莫欲破和合僧汝等當樂欲和合僧大德與僧
和合歡喜不諍同一師學如水乳合於佛法中有增益安樂
住是比丘如是諫時堅持不捨彼比丘應三諫捨此事故乃
至三諫捨者善不捨者僧伽婆尸沙
若比丘依聚落若城邑住污他家行惡行污他家亦見亦聞
行惡行亦見亦聞諸比丘當語是比丘言大德汝污他家行惡行
亦見亦聞行惡行亦見亦聞大德汝污他家行惡行今可
遠此聚落去不須住此是比丘語彼比丘言[redacted]大德諸比
丘有愛有恚有怖有癡有如是同罪比丘有駈者有
不駈者諸比丘報言大德[redacted]有愛有恚有怖
有癡有如是同罪比丘有駈者有不駈者而諸比丘不愛
不恚不怖不癡大德污他家行惡行污他家亦見亦聞行
惡行亦見亦聞是比丘如是諫時堅持不捨彼比丘應再三
諫捨此事故乃至三諫捨者善不捨者僧伽婆尸沙
若比丘惡性不受人語於戒法中諸比丘如法諫已自身不受
諫語言諸大德莫向我說若好若惡我亦不向諸大德說若
好若惡諸大德且止莫諫我彼比丘諫是比丘言大德莫自
身不受諫語大德自身當受諫語大德如法諫諸比丘諸
比丘亦如法諫大德如是佛弟子眾得增益展轉相諫展
轉相教展轉懺悔是比丘如是諫時堅持不捨彼比丘應三
諫捨此事故乃至三諫捨者善不捨者僧伽婆尸沙
諸大德我已說十三僧伽婆尸沙法九初犯四乃至三諫若比丘
犯一一法知而覆藏應強與波利婆沙行波利婆沙竟增上與
六夜摩那埵行摩那埵已餘有出罪法應二十人僧中出是
比丘罪若少一人不滿二十眾出是比丘罪是比丘罪不得除
諸比丘亦可呵此是時　今問諸大德是中清淨不　三說　諸大德
是中清淨默然故是事如是持　諸大德是二不定法半月半

犯一法知而覆藏應强与彼利婆沙行彼利婆沙竟增上与
六夜摩那埵行摩那埵已餘有出罪法應二十人僧中出是
比丘罪若少一人不滿二十衆出是比丘罪不得除
諸比丘亦可呵此是時今問諸大德是中清淨不 三說 諸大德
是中清淨默然故是事如是持　諸大德是二不定法半月半
月說戒經中來　若比丘共女人獨在屏處覆處障處可
作婬處坐說非法語有住信優婆夷於三法中一一法說若波
羅夷若僧伽婆尸沙若波逸提是坐比丘自言我犯是罪於三
法中應一一法治若波羅夷若僧伽婆尸沙若波逸提如住信優婆
夷所說應如法治是比丘是名不定法　若比丘共女在露現處
不可作婬處坐作麁惡語有住信優婆夷於二法中應一一法
說若僧伽婆尸沙若波逸提是坐比丘自言我犯是事於二法中
應一一法治若僧伽婆尸沙若波逸提如住信優婆夷所說應
如法治是比丘是名不定法　諸大德我已說二不定法今
問諸大德是中清淨不 三說 諸大德是中清淨默然故是事如是
持諸大德是三十尼薩耆波逸提法半月半月說戒經中來
若比丘衣已竟迦絺那衣已出畜長衣經十日不淨施得畜若
過十日尼薩耆波逸提　若比丘衣已竟迦絺那衣已出三衣中
離一一衣異處宿除僧羯磨尼薩耆波逸提　若比丘衣已竟
迦絺那衣已出若比丘得非時衣欲須便受受已疾疾成衣若
足者善若不足者得畜一月為滿足故若過畜者尼薩耆波逸
提　若比丘從非親里比丘尼取衣除貿易尼薩耆波逸提
若比丘令非親里比丘尼浣故衣若染若打尼薩耆波逸提
若比丘從非親里居士居士婦乞衣除餘時尼薩耆波逸提餘
時者若比丘奪衣失衣燒衣漂衣是謂餘時　若比丘失衣奪
衣燒衣漂衣若非親里居士居士婦自恣請多与衣是比丘當
知足受衣若過受者尼薩耆波逸提
若比丘居士居士婦為比丘辦衣價買如是衣与某甲比丘是比
丘先不受自恣請到居士家如是說善哉居士為我買如是

時者若比丘奪衣失衣燒衣漂衣是謂餘時　若比丘失衣奪
衣燒衣漂衣若非親里居士居士婦自恣請多与衣是比丘當
知足受衣若過受者尼薩耆波逸提
若比丘居士居士婦為比丘辦衣價買如是衣与某甲比丘是比
丘先不受自恣請到居士家如是說善哉居士為我買如是
如是衣与我為好故若得衣者尼薩耆波逸提
若比丘二居士居士婦為比丘辦衣價持如是衣價買如是衣与
某甲比丘是比丘先不受居士自恣請到二居士家作如是言善
哉居士辦如是衣價与某甲比丘作一衣為好故若得衣者尼薩耆
波逸提　若比丘若王若大臣若婆羅門若居士居士婦遣使
為比丘送衣價持如是衣價与某甲比丘彼使人至比丘所語比丘
語言大德今為汝故送是衣價受取是比丘應語彼使如是
言我不應受此衣價我若須衣合時清淨當受彼使語比丘
言大德有執事人不須衣比丘應語言有若僧伽藍人若優婆
塞此是比丘執事人常為諸比丘執事時彼使往至執事人所為
衣價已還至比丘所如是言大德所示某甲執事人我已与衣價大
德知時往彼當得衣須衣比丘當往執事人所若二反三反為作
憶念應語言我須衣若二反三反為作憶念若得衣者善若不
得衣四反五六反在前默然立若四反五反六反在前默然住得衣
者善若不得衣過是求得衣者尼薩耆波逸提若不得衣從
所得衣價處若自往若遣使往語言汝先遣使持衣價与某甲
比丘是比丘竟不得汝還取莫使失此是時　若比丘雜野蠶綿
作新臥具者尼薩耆波逸提　若比丘以新純黑羺羊毛作新
臥具者尼薩耆波逸提　若比丘作新臥具應用二分純黑
羊毛三分白四分尨若比丘不用二分黑三分白四分尨作新臥具者
尼薩耆波逸提　若比丘作新臥具持至六年若減六年不捨故
更作新者除僧羯磨尼薩耆波逸提　若比丘作新坐具當
取故者縱廣一磔手帖著新者上用壞色故若作新坐具不取
故者縱廣一磔手帖著新者上用壞色故尼薩耆波逸提

羊毛三分白四分尨若比丘不用二分黑三分白四分尨作新卧具者
尼薩耆波逸提　若比丘作新卧具持至六年若減六年不捨故
更作新者除僧羯磨尼薩耆波逸提　若比丘作新坐具當
取故者縱廣一磔手帖著新者上用壞色故若作新坐具不取
故者縱廣一磔手帖著新者上用壞色故尼薩耆波逸提
若比丘道路行得羊毛若無人持自持過三由旬者尼薩耆波逸
提　若比丘使非親里比丘尼浣染擘羊毛者尼薩耆波逸提
若比丘自手捉錢若金銀若教人捉若指地受者尼薩耆波逸提
若比丘種種賣買者尼薩耆波逸提　若比丘種種販賣者尼
薩耆波逸提　若比丘畜長鉢不淨施得齊十日過者尼薩耆
波逸提　若比丘畜鉢減五綴不漏更求新鉢為好故尼薩耆波
逸提彼比丘應往僧中捨展轉取最下鉢與之令持乃至破應此
持是時　若比丘自乞縷線使非親里織師作織衣者尼薩耆
波逸提　若比丘居士居士婦使織師為比丘織作衣彼比丘先不
受自恣請便往織師所語言此衣為我作與我極好織令廣大堅
緻我當少多与汝價是比丘与價乃至一食直若得衣者尼薩
耆波逸提　若比丘先与比丘衣後瞋恚若自奪若教人奪
還我衣來不与汝若比丘還衣彼取衣者尼薩耆波逸提
若比丘有病殘藥酥油蜜石蜜齊七日得服若過服者尼薩耆
波逸提　若比丘春殘一月在當求雨浴衣半月應用浴若比丘
過一月前求雨浴衣過半月前用浴者尼薩耆波逸提
若比丘十日未竟夏三月諸比丘得急施衣比丘知是急施衣當
受受已乃至衣時應畜若過畜者尼薩耆波逸提
若比丘夏三月竟後迦提一月滿在阿蘭若有疑恐怖處住比丘
在如是處住三衣中欲留一一衣置舍內諸比丘有因緣離衣宿乃
至六夜若過者尼薩耆波逸提　若比丘知是僧物自求入己者尼
薩耆波逸提
諸大德我已說三十尼薩耆波逸提法今問諸大德是中清
淨不 三 諸大德是中清淨默然故是事如是持　諸大德是九

BD14040 號　四分律比丘戒本

（19–8）

若比丘夏三月竟後迦提一月滿在阿蘭若有疑恐怖處住比丘
在如是處住三衣中欲留一一衣置舍內諸比丘有因緣離衣宿乃
至六夜若過者尼薩耆波逸提　若比丘知是僧物自求入己者尼
薩耆波逸提
諸大德我已說三十尼薩耆波逸提法今問諸大德是中清
淨不 三說 諸大德是中清淨默然故是事如是持　諸大德是九
十波逸提法半月半月說戒經中來
若比丘知而妄語者波逸提　若比丘種類毀呰語者波逸提
若比丘兩舌語者波逸提　若比丘与婦女同室宿者波逸提
若比丘與未受大戒人共宿過二宿至三宿者波逸提　若比丘
與未受大戒共誦者波逸提　若比丘知他比丘有麁惡罪向未受
大戒人除僧羯磨波逸提　若比丘向未受大戒人說過人法言
我見是我知是實者波逸提　若比丘與女人說法過五六語除
有知男子波逸提　若比丘自手掘地若教人掘者波逸提 十
若比丘壞鬼神村者波逸提　若比丘妄作異語惱他者波逸提
若比丘嫌罵者波逸提　若比丘取僧繩林木牀若卧具坐
褥露地敷若教人敷捨去不自舉不教人舉者波逸提
若比丘於僧房中敷僧卧具若自敷若教人敷若坐若卧
去時不自舉不教人舉波逸提　若比丘知先比丘住處後來
強於中間敷卧具止宿念言彼若嫌迮者自當避我去作如是
因緣非餘非威儀波逸提　若比丘瞋他比丘不喜僧房中若
自牽出教人牽出波逸提　若比丘若房若重閣上脫腳繩
牀木牀若坐若卧波逸提　若比丘知水有虫若澆泥若澆草若教人
澆者波逸提　若比丘作大房舍戶扉窗牖及餘莊飾具
指授覆苫齊二三節若過者波逸提　若比丘僧不差教授比
丘尼者波逸提　若比丘為僧差教授比丘尼乃至日暮者
波逸提　若比丘語諸比丘作如是語比丘為飲食故教授比
丘尼者波逸提　若比丘與非親里比丘尼衣除貿易波逸提
若比丘与非親里比丘尼作衣者波逸提　若比丘与比丘尼在

BD14040 號　四分律比丘戒本

（19–9）

丘尼者波逸提　若比丘為僧差教授比丘尼乃至日暮者
波逸提　若比丘語諸比丘作如是語比丘為飲食故教授比
丘尼者波逸提　若比丘與非親里比丘尼衣除貿易波逸提
若比丘為非親里比丘尼作衣者波逸提　若比丘與比丘尼在
屏處坐者波逸提　若比丘與比丘尼期同一道行乃至一村除
異時波逸提異時者為估客行時若疑恐怖時是謂異時
若比丘與比丘尼共期同乘一船上水下水除直渡者波逸提
若比丘知比丘尼讚歎教化因緣得食食除檀越先意波逸提
若比丘與婦女共期同一道行乃至一村間波逸提　若施一食處
无病比丘應一食若過受者波逸提　若比丘展轉食除餘時
波逸提餘時者病時施衣時是謂餘時　若比丘別衆食除
餘時波逸提餘時者病時作衣時施衣時道行時乘船時大
衆集時沙門施食時此是時　若比丘至白衣家請比丘與餅
麨飯若比丘欲須者當取二三鉢受還至僧伽藍所應分與餘
比丘食若比丘无病過兩三鉢受持還至僧伽藍中不分與餘
比丘食者波逸提　若比丘足食竟或時受請不作餘食法而
食者波逸提　若比丘知他比丘足食已若受請不作餘食法殷勤
請與食長老取是食以是因緣欲使他犯者波逸提　若比丘
非時受食而食者波逸提　若殘宿食而食者波逸提
若比丘不受食若藥著口中除水及楊枝波逸提　若比丘
得好美飲食乳酪魚及肉若比丘如此美飲食无病自為
已索者波逸提　若比丘外道男外道女自手與食者波逸提
若比丘先受請已前食後食詣餘家不囑授餘比丘除餘時
波逸提餘時者病時作衣時施衣時是謂餘時　若比丘在食
家中有寶强安坐者波逸提　若比丘獨與女人露地坐者波
逸提　若比丘語餘比丘如是語大德共至聚落當與汝食彼
比丘竟不教與是比丘食語言汝去我與汝一處若坐若語不
樂我獨坐獨語樂以是因緣非餘方便遣去者波逸提

家中有寶强安坐者波逸提　若比丘獨與女人露地坐者波
逸提　若比丘語餘比丘如是語大德共至聚落當與汝食彼
比丘竟不教與是比丘食語言汝去我與汝一處若坐若語不
樂我獨坐獨語樂以是因緣非餘方便遣去者波逸提
若比丘請比丘四月與藥无病比丘應受若過受除常請更
請分請盡形受請者波逸提　若比丘往觀軍陣除時因緣
波逸提　若比丘有因緣聽至軍中二宿三宿過者波逸提
若比丘二宿三宿軍中住或時觀軍陣鬪戰若觀遊軍象馬
力勢者波逸提　若比丘飲酒者波逸提　若比丘水中嬉戲
者波逸提　若比丘以指相擊攊者波逸提　若比丘不受諫
者　若比丘恐怖他比丘者波逸提　若比丘半月洗浴无病比丘
應受不得過除餘時波逸提餘時者熱時病時作時風時雨時
道行時此是餘時　若比丘无病自為炙身故在路地然火若教人
然除時因緣波逸提　若比丘藏他比丘衣鉢坐具針筒若自藏
若教人藏下至戲笑者波逸提　若比丘與比丘比丘尼式叉摩那沙
彌尼衣後不語主還取著者波逸提　若比丘得新衣應三種
壞色若青若黑若木蘭若比丘不以三種壞色若青若黑若
木蘭著餘新衣者波逸提　若比丘故殺畜生命者波逸提
若比丘知水有虫飲用者波逸提　若比丘故惱他比丘令須臾間
不樂者波逸提　若比丘知他比丘犯麁惡罪覆藏者波逸提
年滿二十應受大戒若比丘知年不滿二十与受大戒此人不得
戒彼比丘可呵癡故波逸提　若比丘知諍事起如法懺悔已後更
發舉者波逸提　若比丘知是賊伴結要共同道行乃至一村間
者波逸提　若比丘作如是語我知佛所說法行婬欲非障道法
彼比丘諫此比丘言大德莫作是語莫謗世尊謗世尊者不
善世尊不作是語世尊无數方便說犯婬欲是障道法彼比丘
諫此比丘時堅持不捨彼比丘乃三至諫捨此事故若再三諫捨
者善不捨者波逸提　若比丘知如是語人未作法如是邪

若比丘知是賊伴結要共同道行乃至一村間
發舉者波逸提　若比丘作如是語我知佛所說法行婬欲非障道法
彼比丘諫此比丘言大德莫作是語莫謗世尊謗世尊者不
善世尊莫作是語世尊無數方便說犯婬欲是障道法彼比丘
諫此比丘時堅持不捨彼比丘乃三至諫捨此事故若再三諫捨
者善不捨者波逸提　若比丘知如是語人未作法如是邪
見而不捨所須共同羯磨止宿言語者波逸提　若比丘知沙
彌作如是語我從佛聞法若行婬欲非障道法彼比丘諫此沙彌
如是言汝莫誹謗世尊謗世尊者不善世尊不作是語沙彌
世尊無數方便說婬欲是障道法彼比丘諫沙彌時堅持不捨彼
比丘應方至三再呵諫令捨此事故乃至三諫而捨者善不捨
者彼比丘應語彼沙彌言汝自今已去不得言佛是我世尊不
得逐隨餘比丘如諸沙彌得與比丘二宿三宿汝今無是事汝出去
滅去不應住此若比丘知如是眾中被擯沙彌而誘將畜養共止
宿者波逸提七十　若比丘餘比丘如法諫時如是語我今不學此戒
當難問餘智慧持律比丘者波逸提若為知為學故應難問
若比丘說戒時作如是語大德何用說是雜碎戒為說是戒時令
人惱愧懷疑輕呵戒故波逸提　若比丘說戒時作如是語我今始知
此法戒經所載半月半月說戒經中來餘比丘知是比丘若二若三
說戒經中坐何況彼比丘無知無解若犯罪應如法治更重增無知罪
語言長老汝無利不善得汝說戒時不用心念不一心兩耳聽法
彼無知故波逸提　若比丘共同羯磨已後如是言諸比丘隨親
厚以眾僧物者波逸提　若比丘眾僧斷事未竟不與欲而起去者
波逸提　若比丘與欲已後悔者波逸提　若比丘共比丘鬪諍
已聽此語向彼說者波逸提　若比丘瞋恚故不喜打比丘者波逸提
若比丘瞋恚不喜以手搏比丘者波逸提　若比丘瞋恚故以無根
僧伽婆尸沙法謗者波逸提八十　若比丘剎利水澆頭王種王未出
未藏寶而入若過宮門閾者波逸提　若比丘若寶及寶莊
飾自捉教人捉除僧伽藍中及寄宿處波逸提　若比丘在僧伽

BD14040號　四分律比丘戒本　（19–12）

若比丘瞋恚不喜以手搏比丘者波逸提　若比丘瞋恚故以無根
僧伽婆尸沙法謗者波逸提八十　若比丘剎利水澆頭王種王未出
未藏寶而入若過宮門閾者波逸提　若比丘若寶及寶莊
飾自捉教人捉除僧伽藍中及寄宿處波逸提　若比丘在僧伽
藍中若寄宿處捉寶若以寶莊飾自捉教人捉當作是意若
有主識者當取作如是因緣非餘　若比丘非時入聚落不屬授餘
比丘者波逸提　若比丘作繩床木床應高如來八指除入陛孔上截
竟過者波逸提　若比丘作兜羅綿貯繩床木床大小褥成者波
逸提　若比丘作骨牙角針筒刳刮成者波逸提　若比丘作
尼師壇當應量作是中量者長佛二磔手廣一磔手半更增廣長各
半磔手過裁竟過者波逸提　若比丘作覆瘡衣當應量作是
中量者長佛四磔手廣二磔手裁竟過者波逸提　若比丘
作浴衣當應作量是中量者長佛六磔手廣二磔手半過裁
竟者波逸提　若比丘與如來等量作衣或過量作者波逸提
是中如來衣量者長佛十磔手廣六磔手是為如來衣量
諸大德我已說九十波逸提法今問諸大德是中清淨不三說
諸大德是中清淨默然故是事如是持　諸大德是四波
羅提提舍尼法半月半月說戒經中來
若比丘入村中從非親里比丘尼無病自手取食食者是
比丘應向餘比丘悔過言大德我犯可呵法所不應為我今
向大德悔過是法名悔過法　若比丘至白衣家內食是
中有比丘尼指示與某甲羹與某甲飯比丘應語彼比丘尼
如是言大姊且止須比丘食竟若無一比丘語彼比丘尼如是
言大姊且止須比丘食竟者是比丘應向餘比丘悔過言大
德我犯可呵法所不應為我今向大德悔過是法名悔過
法　若比丘先作學家羯磨若比丘於如是學家先不
請無病自手取食食者是比丘應向餘比丘悔過言大德

BD14040號　四分律比丘戒本　（19–13）

如是言大姊且止須比丘食竟若有一比丘語彼比丘尼如是
言大姊且止須比丘食竟者是比丘應向餘比丘悔過言大
德我犯可呵法所不應為我今向大德悔過是法名悔過
法　若比丘先作學家羯磨若比丘於如是學家先不
請無病自手取食食者是比丘應向餘比丘悔過言大德
我犯可呵法所不應為我今向大德悔過是法名悔過法
若比丘在阿蘭若迥遠有疑恐怖處住比丘在如是阿蘭若
處住先不語檀越若僧伽藍外不受食在僧伽藍內無病
自手取食食者是比丘應向餘比丘悔過言大德我犯可呵
法所不應為我今向大德悔過是法名悔過法
諸大德我已說四波羅提提舍尼法今問諸大德是中清淨不（三說）
諸大德是中清淨默然故是事如是持　諸大德是眾學戒
法半月半月說戒經中來
當齊整著涅槃僧應當學　當齊整著三衣應當學
不得反抄衣行入白衣舍應當學　不得反抄衣行入白衣舍坐應當學
不得衣纏頸行入白衣舍應當學　不得衣纏頸行入白衣舍坐應當學
不得覆頭入白衣舍應當學　不得覆頭入白衣舍坐應當學
不得跳行入白衣舍應當學　不得跳行入白衣舍坐應當學
不得白衣舍內蹲坐應當學　不得叉腰行入白衣舍應當學
不得叉腰行入白衣舍坐應當學　不得搖身行入白衣舍應當學
不得搖身行入白衣舍坐應當學　不得掉臂行入白衣舍應當學
不得掉臂行入白衣舍坐應當學　好覆身入白衣舍應當學
好覆身入白衣舍坐應當學　不得左右顧視行入白衣舍應當學
不得左右顧視行入白衣舍坐應當學　靜默入白衣舍應當學
靜默入白衣舍坐應當學　不得戲笑行入白衣舍應當學
不得戲笑行入白衣舍坐應當學　用意受食應當學
平鉢受食應當學　平鉢受羹應當學

BD14040號　四分律比丘戒本　（19–14）

好覆身入白衣舍坐應當學　不得左右顧視行入白衣舍坐應當學
不得左右顧視行入白衣舍應當學　靜默入白衣舍應當學
靜默入白衣舍坐應當學　不得戲笑行入白衣舍應當學
不得戲笑行入白衣舍坐應當學　用意受食應當學
平鉢受食應當學　平鉢受羹應當學
羹飯等食應當學　以次食應當學
不得挑鉢中而食應當學　若比丘無病不得為己索羹飯應當學
不得以飯覆羹更望得當學　不得視比坐鉢中應當學
當繫鉢想食應當學　不得大摶飯食應當學
不得大張口待飯食應當學　不得含飯語應當學
不得摶飯遙擲口中應當學　不得遺落飯食應當學
不得頰食食應當學　不得嚼飯作聲應當學
不得大噏飯食應當學　不得舌舐食應當學
不得振手食應當學　不得手把散飯食應當學
不得汙手捉飲器應當學　不得洗鉢水棄白衣舍內應當學
不得生草菜上大小便涕唾除病應當學　不得淨水中大小便涕唾除
病應當學　不得立大小便除病應當學　不得與反抄衣不恭敬人
說法除病應當學　不得為衣纏頸者說法除病應當學　不得為覆
頭者說法除病應當學　不得為裹頭者說法除病應當學
不得為叉腰者說法除病應當學　不得為著草屐者說法除
病應當學　不得為著木屐者說法病應當學　不得為騎乘
者說法除病應當學　不得在佛塔中止宿除為守護故應當
學　不得藏財物置佛塔中除為堅牢應當學　不得著革
屣入佛塔中應當學　不得手捉革屣入佛塔中應當學
不得著革屣繞佛塔行應當學　不得著富羅入佛塔中應當
學　不得手捉富羅入佛塔中應當學　不得塔下坐食留草
及食汙地應當學　不得擔死屍從塔下過應當學　不得塔下

BD14040號　四分律比丘戒本　（19–15）

學

屣入佛塔中應當學　不得手捉屣草入佛塔中應當學
不得著草屣繞佛塔行應當學　不得著覆羅入佛塔中應當
學　不得手捉覆羅入佛塔中應當學　不得塔下坐食留草
及食汙地應當學　不得擔死屍塔下過應當學　不得塔下
埋死屍應當學　不得塔下燒死屍應當學　不得向塔燒死屍
應當學　不得佛塔四邊燒死屍[redacted]使臭氣來入應當學
不得持死人衣及牀從塔下過除浣染香薰應當學　不得佛塔[redacted]
大小便應當學　不得向佛塔大小便應當學　不得[redacted]佛四邊大小便使
臭氣來入應當學　不得持佛像至大小便處應當學　不得在
佛塔下嚼楊枝應當學　不得向佛塔[redacted]嚼楊枝應當學
不得在佛塔下涕唾應當學　不得向佛塔涕唾應當學
不得佛塔四邊涕唾應當學　不得向塔舒脚坐應當學　不得安
佛[redacted]下房已在上房住應當學　人坐已立不得為說法除病應當學
人臥已坐不得為說法除病應當學　人在坐已在非坐不得為說法除
病應當學　人在高座已在下坐不得為說法除病應當學
人在前行已在後行不得為說法除病應當學　人在高經行處已
在下經行處不應當學　人在道已在非道不應為說法除病應當
學　不得攜手在道行應當學　不得上樹過人頭除時因緣應當學
不得絡囊盛鉢貫[redacted]杖頭肩上而行應當學　人持杖不恭敬不應為說法
除病應當學　人持杖[redacted]不應為說法除病應當學　人持鉾
不應為說法除病應當學　人持刀不應為說法除病應當學
人持蓋不應為說法除除病應當學　百
諸大德我已說眾學戒法今問諸大德是中清淨不 三說　諸大德是中
清淨默然故是事如是持　諸大德是七滅諍法半月半月說戒經
中來　若比丘有諍事起即應除滅　應與現前毗尼當與現前毗
尼　應與憶念毗尼當與憶念毗尼　應與不癡毗尼當與不癡毗尼

BD14040號　四分律比丘戒本　（19–16）

諸大德我已說眾學戒法今問諸大德是中清淨不 三說　諸大德是中
清淨默然故是事如是持　諸大德是七滅諍法半月半月說戒經
中來　若比丘有諍事起即應除滅　應與現前毗尼當與現前毗
尼　應與憶念毗尼當與憶念毗尼　應與不癡毗尼當與不癡毗尼
應與自言治當與自言治　應與多人語當與多人語　應與覓
罪相當與覓罪相　應與如草覆地當與如草覆地
諸大德我已說七滅諍法今問諸大德是中清淨不 三說　諸大德是
中清淨默然故是事如是持　諸大德我已說戒經序已說四波羅
提提夷法已說十三僧伽婆尸沙法已說二不定法已說三十尼薩耆波
逸提法已說九十波逸提法已說四波羅提提舍尼法已說眾學戒
法已七滅諍法此是佛所說半月半月說戒經中來若更有餘
佛法是中皆共和合應當學
忍辱第一道　佛說無為最　出家惱他人　不名為沙門　此是毗婆
尸如來無所著等正覺說是戒經
譬如明眼人　能避嶮惡道　世有聰明人　能遠離諸惡　此是尸棄
如來無所著等正覺說是戒經
不謗亦不嫉　當奉行於戒　飲食知止足　常樂在空閑　心定樂精進
是名諸佛教　此是毗葉羅如來無所著等正覺說是戒經
譬如蜂採花　不壞色與香　但取其味去　比丘入聚然　不違戾他事
不觀作不作　但自觀身行　若正若不正　此是俱樓孫如來無所
著等正覺說是戒經
心莫作放逸　聖法當勤學　如是無憂愁　心定入涅槃　此是拘那
含牟尼如來無所著等正覺說是戒經
一切惡莫作　當奉行諸善　自淨其志意　是則諸佛教　此是迦葉
如來無所著等正覺說是戒經
善護於口言　自淨其志意　身莫作諸惡　此三業道淨　能得如是行
是大仙人道　此是釋迦牟尼如來無所著等正覺於十二年中為

BD14040號　四分律比丘戒本　（19–17）

善等正覺說是戒經
心莫作放逸　聖法當勤學　如是无憂愁　心定入涅槃　此是拘那
含牟尼如來无所著等正覺說是戒經
一切惡莫作　當奉行諸善　自淨其志意　是則諸佛教　此是迦葉
如來无所著等正覺說是戒經
善護於口言　自淨其志意　身莫作諸惡　此三業道淨　能得如是行
是大仙人道　此是釋迦牟尼如來无所著等正覺於十二年中為
无事僧說是戒經　從是已後廣分別說　諸比丘自為樂法樂沙
門者有慚有愧樂學戒者當於中學
明人能護戒　能得三種樂　名譽及利養　死得生天上　當觀如是處
有智勤護戒　戒淨有智慧　便得第一道　如過去諸佛　及以未來者
現在諸世尊　能勝一切憂　皆共尊敬戒　此是諸佛法　若有自為身
欲求於佛道　當尊重正法　此是諸佛教　七佛為世尊　滅除諸結使
說是七戒經　諸縛得解脫　已入於涅槃　諸戲永滅盡　尊行大仙說
聖賢稱譽戒　弟子之所行　入寂滅涅槃　世尊涅槃時　興起於大悲
集諸比丘眾　與如是教戒　莫謂我涅槃　淨行者无護　我今說戒經
亦善說毗尼　我雖般涅槃　當視如世尊　此經久住世　佛法得熾盛
以是熾盛故　得入於涅槃　若不持此戒　如所應布薩　喻如日沒時
世界皆闇冥　當護持是戒　如犛牛愛尾　和合一處坐　如佛之所說
我已說戒經　眾僧布薩竟　我今說戒經　所說諸功德　施一切眾生
皆共成佛道

四分戒本

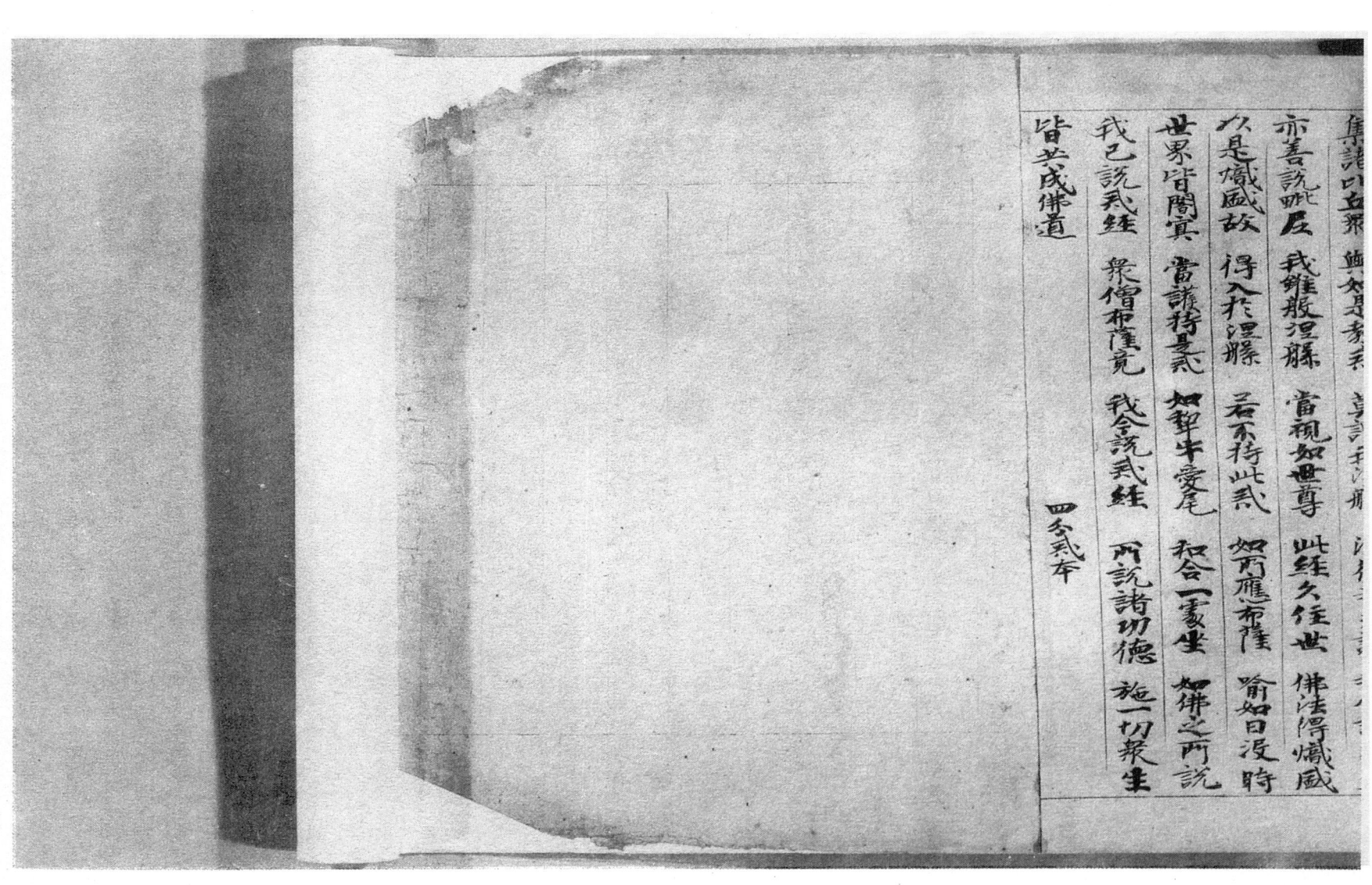

BD14040號　四分律比丘戒本　（19–18）

集諸比丘眾　與如是教戒　莫謂我涅槃
亦善說毗尼　我雖般涅槃　當視如世尊　此經久住世　佛法得熾盛
以是熾盛故　得入於涅槃　若不持此戒　如所應布薩　喻如日沒時
世界皆闇冥　當護持是戒　如犛牛愛尾　和合一處坐　如佛之所說
我已說戒經　眾僧布薩竟　我今說戒經　所說諸功德　施一切眾生
皆共成佛道

四分戒本

BD14040號　四分律比丘戒本　（19–19）

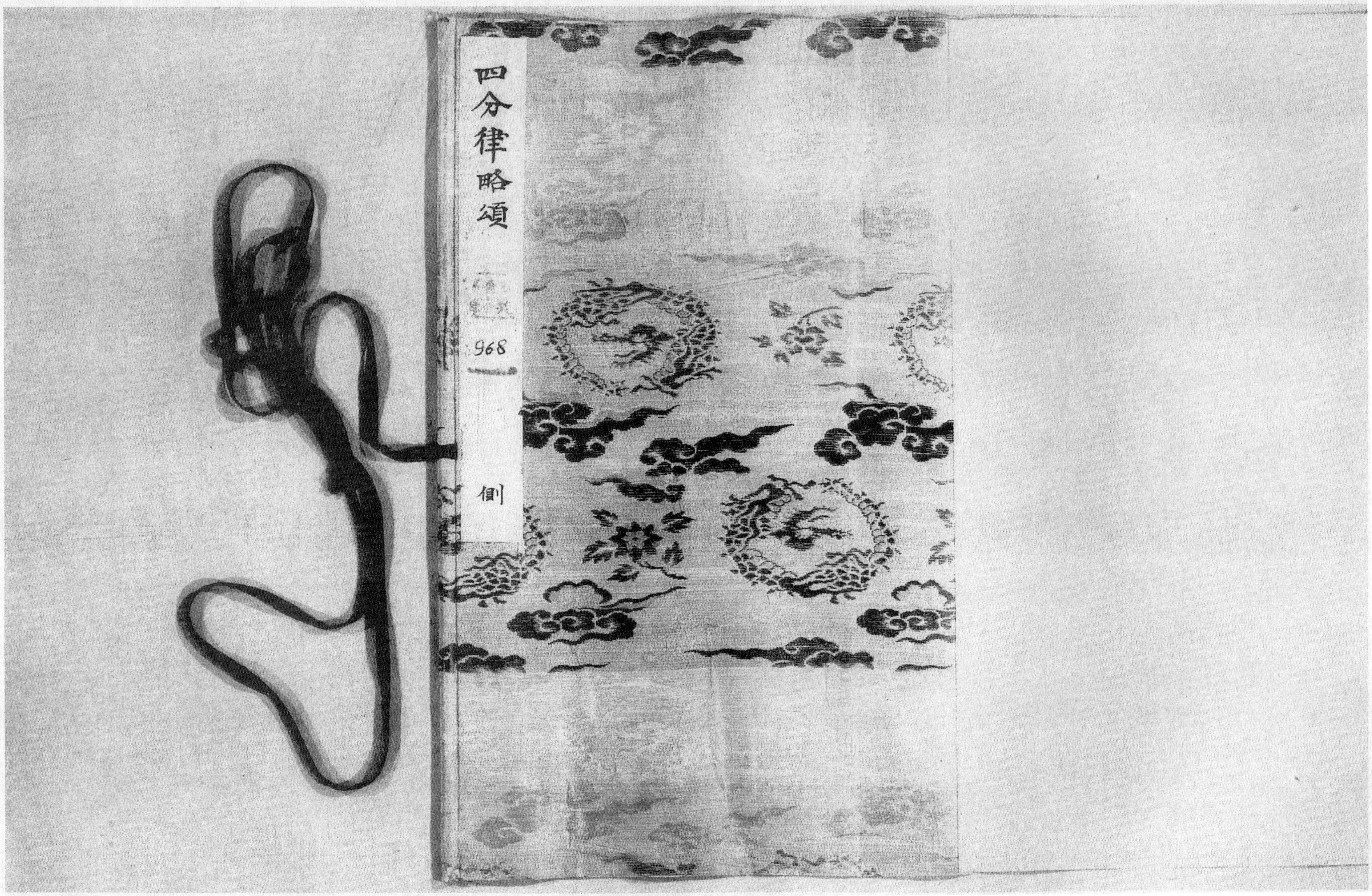

BD14041 號背　現代護首　（1–1）

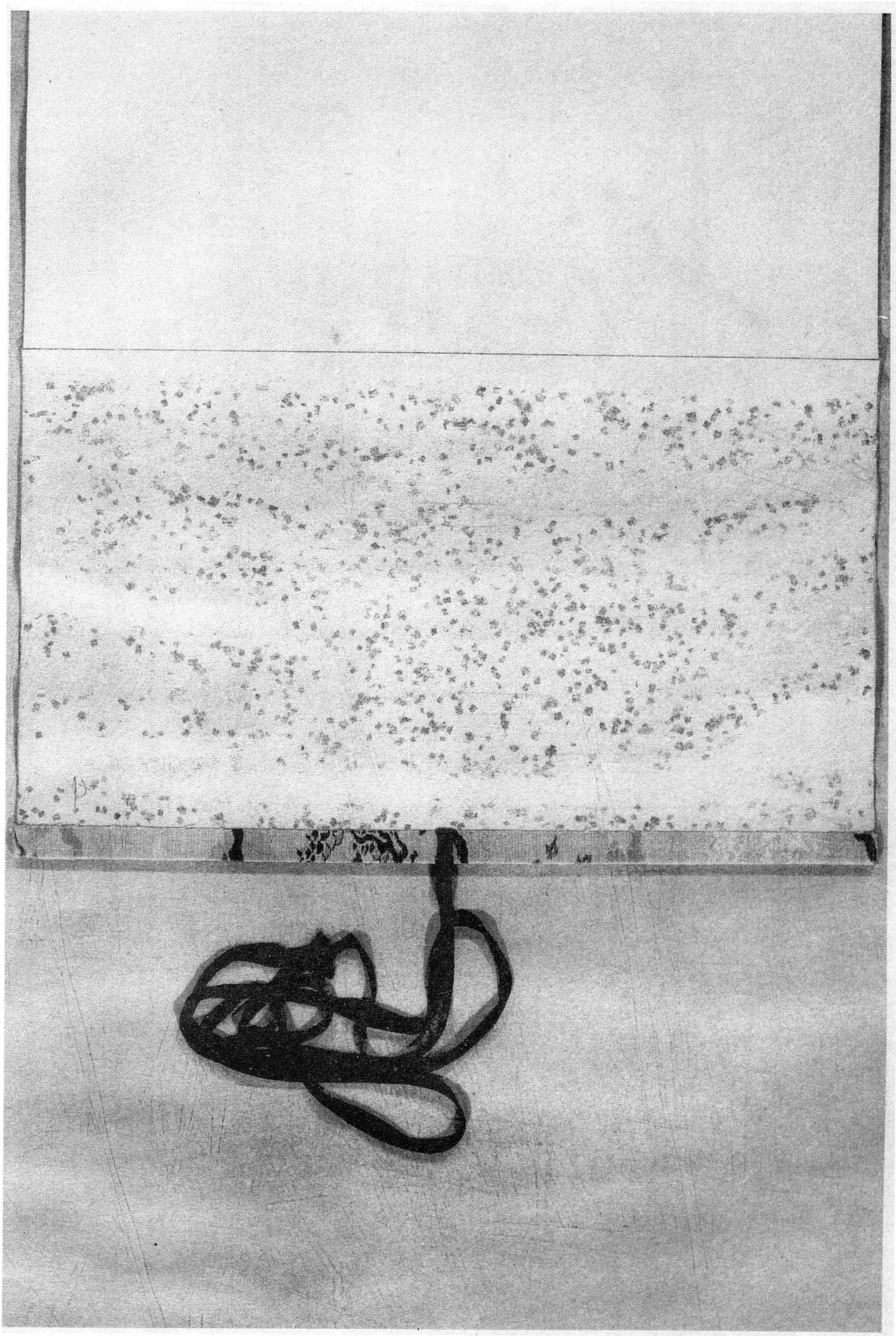

（12–1）

四分律略頌

毗柰耶如海　深廣難尋　為諸和乙　結頌題目　欲令易受持

聞思得增廣（等）　不看他人面　自利利衆生　初部四勝他　佛遊蘇羅婆

安居食馬麥　目連求取米　仏世不應為　身子淨意愚　誰法得久住

四佛法得久　俱隨不久在　由无十二教　如花不綵貫　因斯請世尊

漏生方結戒　須提那為子　毋令行惡行（法 子得阿羅漢 初人許非犯）　未信者令信（為稱取於僧）　信者令增長（令僧得歡喜）

令調摘者安　二世有漏斷　正法得久住　是名十句義　名稱辯善業

乞求衣除使　白四受羯磨　名為八比丘　捨戒對智人　行婬三處犯

望境分斷重　緣具七應知　仏在耆闍山　檀尼迦造屋　因取王家木（賊）

同王制五錢　盜心舉離處　隨事有多緣　俱令滿五時　得重輕應制

佛在弥猴江（池）　為說不淨觀　因斯斷人命　廣制不應為　毗舍離時儉

因人更相讚　妄得上人法　心實者無愆　第二部十三　衆教罪

迦夷欲意盛　故泄犯初殘　由相五根殊　精差七種異　惡夢天不誕（議）

不入法不愚　多失五過生　糊此名為善　青黃赤白黑　酪色及酪漿

外色內身向（同）　尼提餘衆殘（吉）　迦夷觸女戲　天等女便輕　共女說麤言

屋蘭鍵无犯　迦夷自歎身　去婬共第一　与婬相應重　天等女稻蘭

BD14041 號　四分律略頌

（12–2）

迦葉欲意感　故泄犯初殘　由相五根殊　精差七種異　惡夢失不誼讝
不入法不愆　多失五過生　樹此名爲善　青黃赤白黑　酪色及酪漿
外色內身句同　尼提餘衆緣吉　迦葉觸女乾　天等女便輕　共女說麁言
尼蘭鏑无犯　迦葉自歎身　去媒共第一　与媒相應重　天等女招蘭
迦羅作媒事　喜根生譏謗　女男二十讓　十六句應知　曠野因作屋
惶神白世尊　遣向恒河邊　迦葉復回請　仏教盡駁法梵　從乞摩尼珠
復令一比丘　烏處來兩翅　闡陀作大屋　執樹衆人嫌　妨難兩相似
尼並得偷蘭　王城杳婆子　爲僧分田具　羅漢被慈謗　何況諸凡夫
廣說見聞疑　書印等皆重　故以異分事　餘並同前說　仏在阿夷界
鄉律摩訶男　兄弟讓居家　白親求出俗　毋令闡陀提　同心七日樂
各將衣僞馬　悉付優波離　波離衣掛樹　相隨詣世尊　先度息憍心
次餘諸釋子　廣述末生悉　及以提婆達　擲石傷仏足　大蓮此時成
仏遣舍利弗　普告衆令知　天授之所行　成咸非世尊教　教人行五法
乞食重掃衣　不食穌与鹽　露坐除牛宍　十八種非法　是名住破僧
法律犯輕殘　麁常制說黑　若隨天受者　名爲助伴人　阿濕婆婆
惡行汙家罪　仏在拘睒彌闡陀行惡性　不受他人語三諫死僧殘十三不定　迦葉在舍衛　屏處共安坐
此因毗舍佉　白仏陳其事　第二人同此　由在非屏處　二三犯事制
有不定名生　第三部三十九十捨墮罪
祇園六羣衆　多畜長三衣　轉降有多聞　既犯宜須捨　元有迦絺那
一月及五月　尺六廣八寸　斷名長衣量三衣　次離三衣宿　犯處有多緣
藍樹場車舩　房舍堂倉庫　齊至擲石處　蘭若得八樹中　若少更求衣
一衣畜無犯　羅閱蓮花色　嫁与齊梯人　見仏在拘果　因遣汝闍度
便證阿羅漢　持宍奉衆僧　因換故弊服　非親不應受　難陀共迦夷
二人相繫意　由女不淨事　不令尼浣衣　舍衛跋難陀　強索長者服
非親衣不取　因事復衆還開　難復失衆衣　不應過分受　一家求好再賑
共作損他心　王城有大臣　遣使持衣價　送至難陀處　犯制買他錢多
應付守園人　詩嘿不過索　衣價竟不得　留宜須報彼人　野蠶蕎斷破
新黑不爲氈　三分數須衣　作新應捨故　住新尼師檀　應新揲故著
新聽若五共立數具　先不足无三衣　難陀隨路去　身自擔羊毛　持過三由旬
便於捨墮罪　六群使尼衆　浣染擘羊毛　且得突吉羅　使親非是犯
王城一大臣　難陀舊親友　得宍遣送分　兒滄与五錢　難陀遂取錢
[illegible]　因此譏嫌　金等不應持　日月有四患　羅睺烟霧塵

新黑不爲氈 三分數須衣 作新應捨故 作新尼師壇 應新揲故者

新共五數具（師等五） 先不是三衣 難陀隨路去 身自擔羊毛 持過三由旬

便招捨墮罪 六群使尼衆 浣染擘羊毛 足得突吉羅 使親非是犯

王城一大臣 難陀舊親友 得實遣迎分 兒飡与五錢 難陀遂取錢

持特寄弟上 回此招譏醜 金等不應持 日月有四患 脩羅烟露塵

照了不分明 比丘亦如是 飲酒行欲事 自手捉金銀 邪命活自身

教人亦同犯 難陀以錢等 種種作文易 成金謂器具 未作名未成

此物捨与僧（持）（僧） 須時應就取 如不肯還者 索取無令失 難陀以生薑

村中取易食（将） 曰俗易譏詬（生） 自身性自尊（身子白尊知） 又復治故衣（復治故弊衣） 先色如新者

易他堅好服 俗人皆共嫌 跋利色迦羅 比名資身物 文聞當償道

不應增一鉢 六群多畜鉢 猶若陶師家 三種量應知 轉降同衣處

難陀持破鉢 多乞不知厭 長者捨与僧 同時如法議 爲縫僧迦梨

乞縷令他織 又於非親家 勸織使令知 跋難陀以衣 与難陀弟子

許行不共去 瞋心强奪衣 秋月比丘病 佛開十種藥 蘇蜜等五晒

時非時聽伏（食） 佛從舍衛國 五百乞人隨 松呵羅爲師 施佛僧石蜜

有餘与乞兒 更餘須衣內 三飯及五式 受以盡形持 復以療疼病

蘇油貯狼藉 曰斯開七日 轉降事如衣 蘇油塗户牖 蜜与守蘭人

（從佉乞八甖 如來喜衆聽 比丘若初來）

七日与比丘 未滿還送足 毗舍請佛僧 因見露形洛 （比丘衆皆聽）

（及以將行者 病人食及藥 並與看病人 施諸比丘粥）

施請比丘粥 与雨衣浴衣 佛爲說三頌 彼心極歡喜 世尊安居了

令問婆羅門 於他奉三衣 比丘僧各二 邊方有賊起 王令二將罰

爲恐施主故 開受急施衣 恐當安居竟 八半前夏了 更求迦提月

住於蘭若處 謂至九月半 爲難開離衣 六夜三事成 至七邊招罪

居士欲持衣 施佛及衆僧 跋陀持入已 凡許不聽迴 九十箇墮罪

尼拘律園中 釋迦子偈力 論議及多說 忘語起譏嫌 見聞觸知境

不實而陳說 前人領解時 即得根本罪 六群爲毀呰 因語捅力牛

是故諸苾芻 不應種種罵 因六群離間 說善身善持 二歌自開悟

同心說野干 尊者阿那律 授女病門傍 見迎喚入家 顧言來作婦

被逼現神通 遂与受三皈 必得法眼淨 制不許同居 六群心乱睡

形露遂招譏 未具不同誦 羅去開二夜 若与未具人 同居及誦句

味了亦如是 法謂佛等說 同句謂同時 隨語隨後說 師語聲未斷

弟子急相還 凡欲教人時 教令待語竟 不作如是語 与招愚侄延

回心說野干 尊者阿那律 投女僧門傍 見迦嘆入家 顛言求作婦
被逐現神通 遂与受三皈 必得法眼淨 制不許同居 六羣心乱睡
形露遂招譏 未具不同誦 羅去開二夜 若与未具人 同居及誦句
味々亦如是 法謂仏等說 同句謂同時 隨語隨後說 師語聲未斷
弟子急相還 凡教教人時 教令待語竟 不作如是語 与招惡作愆
口教及書受 何等々々時 便得波逸提 異此皆輕罪 二篇應惡罪
說具得提愆 若道餘人時 皆得惡作罪 實得過人法 不過未具陳
若无有智男 不應過五六 五戒八齋法 八聖善不善 女人能解義
隨事並同開 掘地不應為 乃至抓甲損 若壞於生種 有五別應知
生謂生草木 種有五不同 根枝節覆子 闍陀作異語 惱亂觸比丘
寶貝力敬衆 慈地生嫌恨 十七數僧座 露地不舉收 復有客比丘
房中并卧具 六羣驅十七 強奪舊住房 又復起瞋嫌 牽令出房外
若在重屋上 受用脫脚床 以板覆安之 无令有傷損 闍陀作大房
虫水用和泥 澆相不損生 此亦招提罪 闍陀作大屋 餘草至三覆
不離見聞處 得罪異斷无 仏在舍衛國 僧尼五百人 受道請教尼
遂遣般陀往 但說二偈已 尊者入四禪 為現十八變 尼衆皆歡喜
比丘具十法 然後得教尼 戒具有多聞 誦二部決斷 善說是貴族
端正令歡喜 不犯於重法 夏滿二十年 尼行八敬法 盡受不得違
應礼戒初人 不罵不應舉 式叉應兩年 意喜於二部 半月請教誡
有僧處安居 并對僧自恣 若重說戒時 上座應問言 尼遣請誰來
若有教戒人 迎送應如法 隨情設供養 說法住當時 難陀教受尼
遂至於日沒 復作譏嫌語 為食而教戒 不得与尼條 貿易者無犯
迦羅作非法 由此起譏嫌 迦蘭共倫蘭 同在屏處坐 与尼同路去
村々盡得提 与尼與乘舡 入舡便得罪 尼去天授伴 即是龍中龍
知尼讚歎得 比丘不應食 復因梨師達 開施主先心 解律向毗城
婦女隨行去 夫便打尊者 慈心現火光 若施一食處 不應重受食
若有殷勤請 便住許无愆 佛在王舍城 沙菟車五百 載食隨仏後
請仏僧路去 回開令施粥 五刹益比丘 能除飢渴風 宿食調便利
施蘇油餅肉 比丘不食飡 仏与彼大臣 受三皈五戒 藥師事同前
回制展轉食 餅麨二飯食 有緣更便開 佛責天授言 不應別衆食
得受兩三鉢 持歸應共分 若噉五正食 知足處威儀 知受知食人
知應一戒儀 五種佉闍尼 根枝葉花果 及以石蜜等 皆須作餘食

BD14041 號　四分律略頌

請仏僧路去　因開令施粥　五利益比丘　能除飢渴風　宿食調便利
施蘇油餅肉　比丘不食飡　仏与彼大臣　受三啟五戒　藥師事同前
因制展轉食　餅麨二飯食　有緣更便開　佛責天授言　不應別衆食
得受兩三鉢　持歸應共分　若噉五正食　知正處成足　知受知食人
知遮威儀捨　五種佉闍尼　根枝葉花果　及以石蜜等　皆須作餘食
若以不信心　勸他令足食　墮胎驚婦女　因不許非時　因迦羅貯食
殘宿不許食　復因乞食人　不受不應食　受事有十種　手物可應惡
乞食身无病　他為便无罪　仏行至舍衛　檀越奉仏僧　餘餅遺阿難
行与諸乞者　油餅相粘著　招譏制露形　復為跋難陀　衆得食不足
迦留為齋婦　久住悝其夫　因制食家中　屏露不安居　難陀比丘悝
令其不得食　六羣殘宿藥　故惱摩訶男　波斯領兵衆　六群比丘觀
石蜜奉世尊　因斯仏呵責　王兵有四種　象馬車步殊　有事至軍中
不得過三宿　雖往不觀陣　方圓半月張　若有障難緣　雖觀不成犯
尊者波伽陀　投彼梵志處　入宿以神力　降龍置鉢中　國王生敬信
心願見世尊　奉之以黑酒　娑伽陀大醉　令不降蝦蟆　酒有十種過
色惡少氣力　目視不分明　似現恚相瞋　壞業僧疾病　益鬪惡名流
智慧墮惡道　由斯不應飲　酒有色香味　不草滴口中　餘藥所不治
為病開无犯　十七水中戲　夫人寄石蜜　仏因此呵責　不應戲水中
不應相擊攊　及以不受諫　世尊索雨衣　經行天發曉　恐怖於比丘
波羅著毛氈　故欲恐世尊　天主問何因　各自當清淨　不以色香等
恐怖於比丘　若便利等時　作聲佈无犯　舸沙許比丘　常在池中浴
王曰不得洗　制半月應知　六羣露燒火　熏出毒蛇驚　无病露招愆
屋內便无罪　撚麩等本罪　然炭得雜愆　凡達然火時　皆作如是語
不言得應作　人多不肯依　无過在香燈　常事彌須護　六羣藏十七
衣鉢匿餘緣　与他淨施衣　對而不展轉　對面必須問　後不問隨情
不著白衣色　惡作三種色　迦留煞傷馬　害命波逸提　飲雜虫水時
皆悉得提罪　或作雜悩意　令他心不安　故覆難陀罪　勒二重餘輕
童子優波離　不學餘伎術　俱令出家去　无善得少安　不能夜忍飢
制限年二十　若受具戒已　聽數胎中月　數閏十四日　不滿退沙彌
諍除更發舉　有四諍應知　倚執賊伴行　恐害不令无　向梨吒惡見
說欲不障道　若知共悩宿　四屋並招提　難陀二弟子　羯磨摩睺羅
說欲事如何　共住同前罪　闡陀不受諫　令人懷嫌疑　半月戒驗來

皆悉得提罪　戒依護惜意　令他心不安　故實復難陀罪　初二重餘輕
童子優波離　不學餘伎術　俱令出家去　无苦得力安　不能夜忍飢
制限年二十　若受具戒已　聽數胎中月　數閏十四日　不滿退沙弥
諍除更發舉　有四諍應知　偷執賊伴行　若當系令无　阿梨吒惡見
說欲不障道　若知共[illegible]宿　四屋並招提　難陀二弟子　釋觚摩睺羅
說欲事如何　共住闘前罪　闡陀不受諫　令人懼嫌疑　半月戒經來
隨親与傳物　不与欲起去　与欲生悔心　竊聽向餘陳　六群打十七
又復以手搏　无根殘罪謗　若離三根外　是謗事應知　舍衛耶若達
巨富婦黃頭　自根下賤身　持飲食奉御　共求可王意　酬價百千金
同載入宮中　同名為末利　白王求見佛　嚴駕入祇園　廣聞女人身
夫人便自念　前人善惡回　歸依佛法僧　獲得法眼淨　王与夫人因
迦留見露形　不應輒入宮　觀王所愛寶　比丘隨道去　持彼千金囊
論宮平部時　買盡他財物　回彼俗譏嫌　便制不捉寶　復為女莊去
寶衣開衣非　若人來索者　應可問記驗　事同應与去　去物舉无侵
難陀入村內　与俗共樗蒱　因制非時中　不得入聚落　迦留處高座
及違世尊者　由此制諸床　不應高八指　不應以木綿　貯床及坐褥
二床各五種　用草貯非過　因作鐵箇施　遂使他家貧　任餘物供身
並悉開无犯　世尊遍房觀　見有汙褥處　聽遮身卧具　應雙尼師檀
迦留為力大　手挽欲令長　因此便開聽　疊兩重无犯
第四部四別對說　蓮花乞食得　三百与比丘　飢因墮坑中
因制不得食　由尼索美食　數次与六群　若在白衣家　不應指受食
王城夫婦信　施食使家貧　應作羯磨遮　時共為解說　若在蘭若處
寺內不受食　必有病因緣　藍內戍非犯　所有衆學法　文頌不能除
准戒可憶持　无煩為偈頌
問何名四分律藏具述所由　答言四分者五部之內一部別名梵葉有
四故名四分、大僧戒本為初分、尼律已下至說戒法末為第二分
從安居下至法揵度末為第三分、房舍已下第四分　言律藏者為蘭
餘藏是毗尼之部号律者法也　斷割輕重軌則義　故上云調伏
身語法意法惠故藏以包含為義含藏多法故為毗尼佛在之
時本為一部大毗尼藏何時分為五部為何所以仰答　答佛在一代康
法一味仏滅度後五師流傳仍全一部一百年後無憂時因論佛法
遂情見不同隨多大師不能刊正第子有五分為五部成一曇無德

從安居下法揵度來為第三分　房舍已下第四分　言律藏者房舍
餘藏是毗尼之部号律者法也　斷割輕重輒則義　故上云調伏
身語法意法惠故藏以包含為義含藏多法故為毗尼佛在之
時本為一部大毗尼藏何時分為[illegible]五部為何所以仰荅　荅佛在一代廣
法一味化滅度後五師流傳仍全一部一百年後無憂時曰論佛法
遂情見不同隨多大師不能刊正第子有五分為五部伏一曇無德
部法名四分（鶉倒解義）二婆婆多部法名十誦（執三世有法）三迦葉毗部人名善
来法名解脫比無大律但有戒本（說无有我及以善過去也）四彌沙塞部法名五分
（不作地水大風空等相也）五婆蘢富羅法名摩訶僧祇（廣博遍攬五部經去）已上五雖大乘經
說　問律是仏說以初言稽首禮諸佛等仰具明言荅律藏陳
是仏說滅後分部律主流傳意欲宣陳事法歸敬制偈序明
歸敬勸信所歸之境莫過三寶故号云稽首禮諸佛等表歸
意敬也　問題律藏偈序号稱毗尼法宗初云乞諸比丘結戒有
何差別荅若論別義三名各殊律約調伏毗尼據果此方稱戒
戒是防非謂外防身口也若論三寶名無別但文部耳問何名五
篇荅五篇名出自僧祇若依四分名為五犯〻此罪必招善罰名
之五犯一〻篇內名含名多犯名犯聚其五者何大僧四夷尼八
夷合為初篇　二大僧十三殘尼十七殘為二篇　三大僧卅尼薩耆及
九十波逸提（尼卅及一百七十八）提戒為第三篇　四者大僧四波羅提
提舍尼為第四篇　五者大僧百衆學及七滅諍尼但為衆學
合為第五篇　已上五犯惣而言之大僧二百五十戒　尼五百戒並是
正宗所詮也　問何名七聚荅戒前五犯偷蘭遮若據律文式
在第三即當僧殘下式在第五即當提舍尼下二處　科在一處
數數坐得也又分第五篇為衆樣身犯邊名為惡作約口犯
邊名為惡說具列名者第一婆羅夷聚　二僧伽婆尸沙三偷
蘭遮四波逸提　五波羅提舍提尼　六惡作　七惡說釋名者
波羅夷比丘无餘犯此罪已不可治故如斷人頭壽式云如去多
羅心亦如針鼻內又去如折石為兩片惣去他勝處犯此罪已被
他惡法得勝善法身法　僧伽婆尸沙者僧伽是衆尸沙是
殘犯比罪已如被刀所餘命未断名殘比餘罪假衆僧懺故
日僧殘式云有餘可知　偷蘭遮比去大鄣道犯此罪已是大
鄣聖道故波逸提此云墮犯比罪已墮惡道故也　波羅提〻

羅心亦如針鼻穴又去如折石為兩片恕去他勝處犯此罪已被
他惡法得勝善法身法　僧伽婆尸沙者僧伽是衆尸沙是
殘犯此罪已如被刀斫餘命未斷名殘此餘罪假衆僧懺故
曰僧殘或去有餘可知　偷蘭遮此去大鄣道犯此罪已是大
鄣聖道故波逸提此去墮犯此罪已墮惡道故也　波羅提提
舍尼此去可呵犯此罪已聖所呵責故　第六惡作第七惡説
此二並身口運動違法起故　問戒本去和合僧集會恕有幾
種和合　答准瞻波中三種一應來者來二應與欲者與欲三
現前應呵者不呵又准犍度中有五種應和合一若如應嘿
而坐　二若嘿然住之　三与欲　四答莲可信人聞　五先在衆
中嘿而坐　問三種五種有何差別　答五中第二第五即三中
應呵依者不可准此先来後来不同也　第一第四即三應来
者来准自来從闇来別也　第三即應与欲者与欲也
約義三五不同體非別也　問恕有幾種受戒　答受戒約法恕
有五種　第一善来　第二上法　第三三歸　第四八敬　第五羯磨白
四羯磨　問受戒具幾緣得　答受戒具四緣　一僧數滿足緣二秉法
成就緣三結界體成界內不別衆緣四身無遮難緣　問捨戒關幾
緣　答闕五緣　一作法捨　二命終捨　三斷善根捨　四二形生捨
在俱舍説以准前四捨无第五者不論八戒非盡形故問受戒
體有幾以何為體　答略而言之戒體有二一有表二无表有表
者身口運動合掌乞戒等有表藉此有表後所發戒體流在
身中无所表者不名无表戒此表无表准婆沙多宗俱以色為
體　問令戒中並闕十利名曰如何　答一攝取於僧　二令僧歡喜
三令僧安樂　四未信者令信　五者已信者令增長　六難調者令
調順　七慚愧者得安樂　八斷現在有漏　九斷未来有漏　十令正
法久住　頌曰攝歡安信増　調慚現未住　問廿犍度頌曰　受説安
樂迦皮衣藥迦拘瞻呵人覆遮破　滅尼法房雜　問衆若比丘恕
有幾種比丘　答教有八種頌曰　名相稱善来乞割破白四
問比丘制畜三衣者智論去輕以盡形不多不少　但受三依不同白
衣為貪求故多畜種種衣又不同外道裸形無恥　是故佛弟子
捨於二邊處於中道故畜三衣尼制五衣者為遮胷腋乳故加

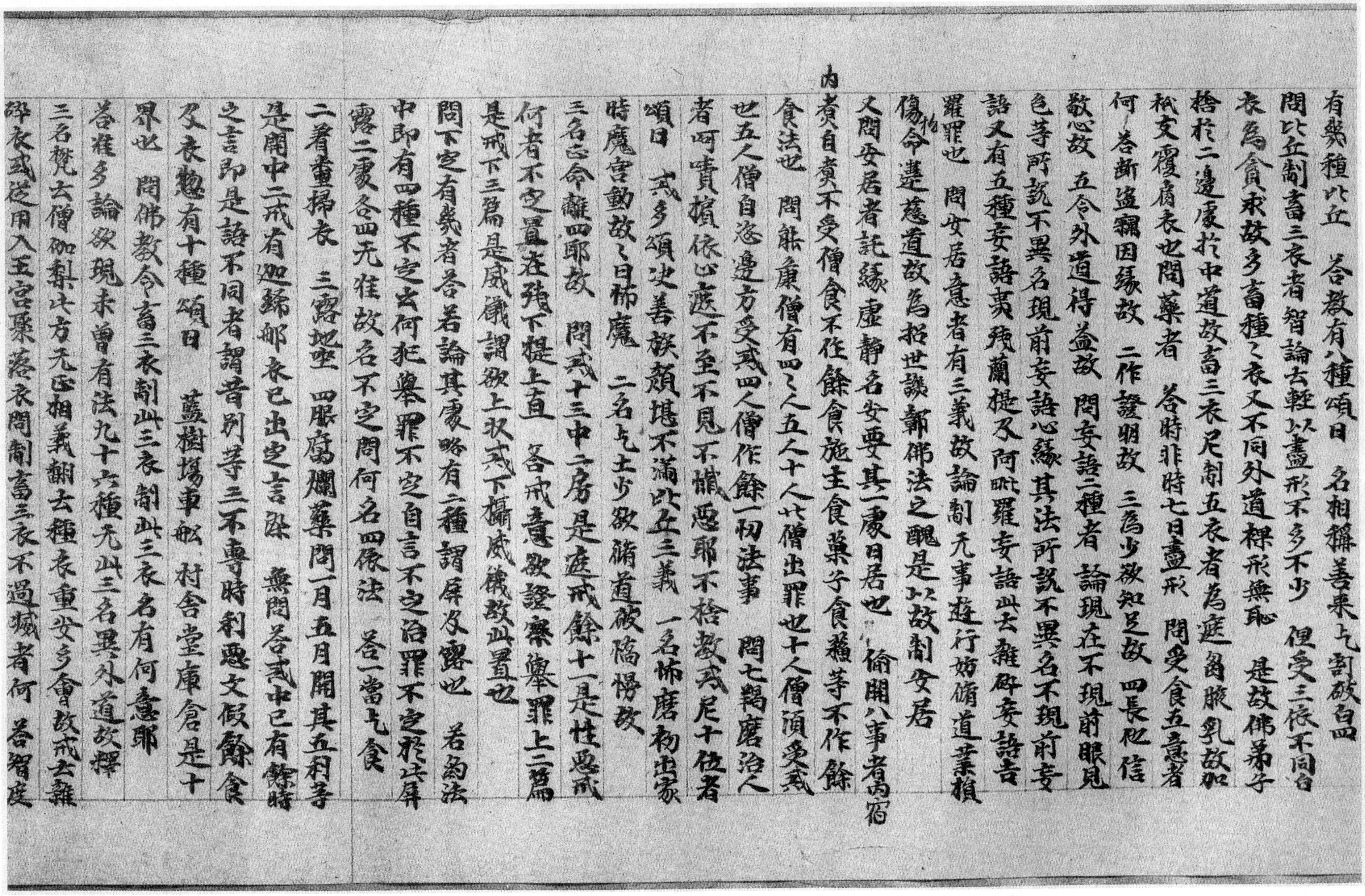
有幾種比丘　答教有八種頌曰　名相稱善來乞割破白四
問比丘制畜三衣者智論云輕以盡形不多不少　但受三依不同白
衣爲貪求故多畜種種衣又不同外道裸形無恥　是故佛弟子
捨於二邊處於中道故畜三衣尼制五衣者爲遮胸腋乳故加
祇支覆肩衣也問藥者　答時非時七日盡形　問受食五意者
何　答斷盜竊因緣故　二作證明故　三爲少欲知足故　四長他信
敬心故　五令外道得益故　問妄語二種者　論現在不現前眼見
色等所說不異名現前妄語心緣其法所說不異名不現前妄
語又有五種妄語夷殘蘭提及阿毗羅妄語此云雜辟妄語言
羅罪也　問安居意者有三義故論制无事遊行妨脩道業損
傷物命違慈道故爲招世譏鄙佛法之醜是以故制安居
又問安居者託緣虛靜名安要其一處曰居也　脩開八事者內宿
內煑自煑不受僧食不作餘食施主食菓子食藕等不作餘
食法也　問能廣僧有四四人五人十人廿僧出罪也十人僧須受戒
世五人僧自恣邊方受戒四人僧作餘一切法事　問七羯磨治人
者呵責擯依止遮不至不見不懺惡邪不捨教戒尼十位者
頌曰　戒多頌決善族顔堪不滿比丘三義　一名怖磨初出家
時魔宮動故故曰怖魔　二名乞士少欲脩道破憍慢故
三名忘命離四邪故　問戒十三中二房是遮戒餘十一是性惡戒
何者不定置在殘下提上直　答戒意欲證察舉罪上二篇
是戒下三篇是威儀謂欲上收戒下攝威儀故此置也
問下定有幾者答若論其處略有二種謂屏及露也　若爲法
中即有四種不定出何犯舉罪不定自言不定治罪不定於此屏
露二處各四无准故名不定之問何名四依法　答一當乞食
二着糞掃衣　三露地坐　四服腐爛藥問一月五月開其五利等
是開中二戒有迦絺那衣已出定之言除　無問答戒中已有餘時
之言即是語不同者謂晉別等三不專時剎惡文假餘食
又衣總有十種頌曰　藍樹塲車舩　村舍堂庫倉是十
界也　問佛教令畜三衣制此三衣制此三衣名有何意耶
答準多論欲現未曾有法九十六種无此三名異外道故擇
三名梵云僧伽梨此方无正相義翻云雜衣重要多會故戒云雜
碎衣或從用入王宮聚落衣問制畜三衣不過藏者何　答智度

中即有四種不定云何犯舉罪不定自言不定治罪不定於此屏
露二處各四无准故名不定問何名四依法　答一當乞食
二著糞掃衣　三露地坐　四服腐爛藥問一月五月開其五利等
是開中二戒有迦絺那衣已出定言餘　無問答或中已有餘時
之言即是語不同者謂昔別等三不專時剎惡文假餘食
及衣總有十種頌曰　藍樹場車船　村舍堂庫倉是十
界也　問佛教令畜三衣制此三衣制此三衣名有何意耶
答准多論欲現未曾有法九十六種无此三名異外道故釋
三名梵云僧伽梨此方无正相義翻云種衣重安多會故戒云雜
碎衣或從用入王宮聚落衣問制畜三衣不過藏者何　答智度
論云佛聖弟子住於中道不著二邊不同外道露形无恥濩異
白衣貪過貯積處中之宜故畜三衣也又准舊婆多論云五意
能郭寒蔆歡喜令威儀清淨故　問七毗尼者一現前毗尼
二憶念毗尼　三不癡毗尼　四自言治　五多人語　六罪處所　七草布
地也　問淨地有幾　答總有四種　一處分淨地　二他處分淨
三垣墻不周淨　四作法淨　問淨生菜等有幾淨法　答有五種淨
法　一火淨　二刀淨　三瘡淨　四鳥啄破淨　五不中種淨　問第一篇誰為
初犯須提那子毗舍利城犯　第二檀尼迦於王舍城犯　第三勒刀伽
難提於王舍城犯　第四衆多弥羅江邊犯　第二篇漏失戒九初犯
是殘四一者三蘭一殘　二不定何名二不定於併露二處名不定有四一犯不
定聚不定自言不定罰罪不定於此二處各四无准故名二不定戒
問戒律毗尼及波羅提木叉有何差別　答若因數體四名不殊據用
差分四名各別外防身口名之為戒　用若調伏名之為律據果聖
回名波羅提木叉　此云解脫蕭然无為自日毗尼此坐稱拔異有
四名不可並顯略題律号　云何三衣請問名目第一名僧伽梨亦名无
價衣亦名入王宮衣　第二鬱多羅僧　二名雜碎衣三名入衆衣
第三　一名安多會　二名院內行道衣　何名受戒言防惡法同之為戒
違惠城伏納法在心名之受戒　云何隨戒受光結同之為隨
四分律頌一卷

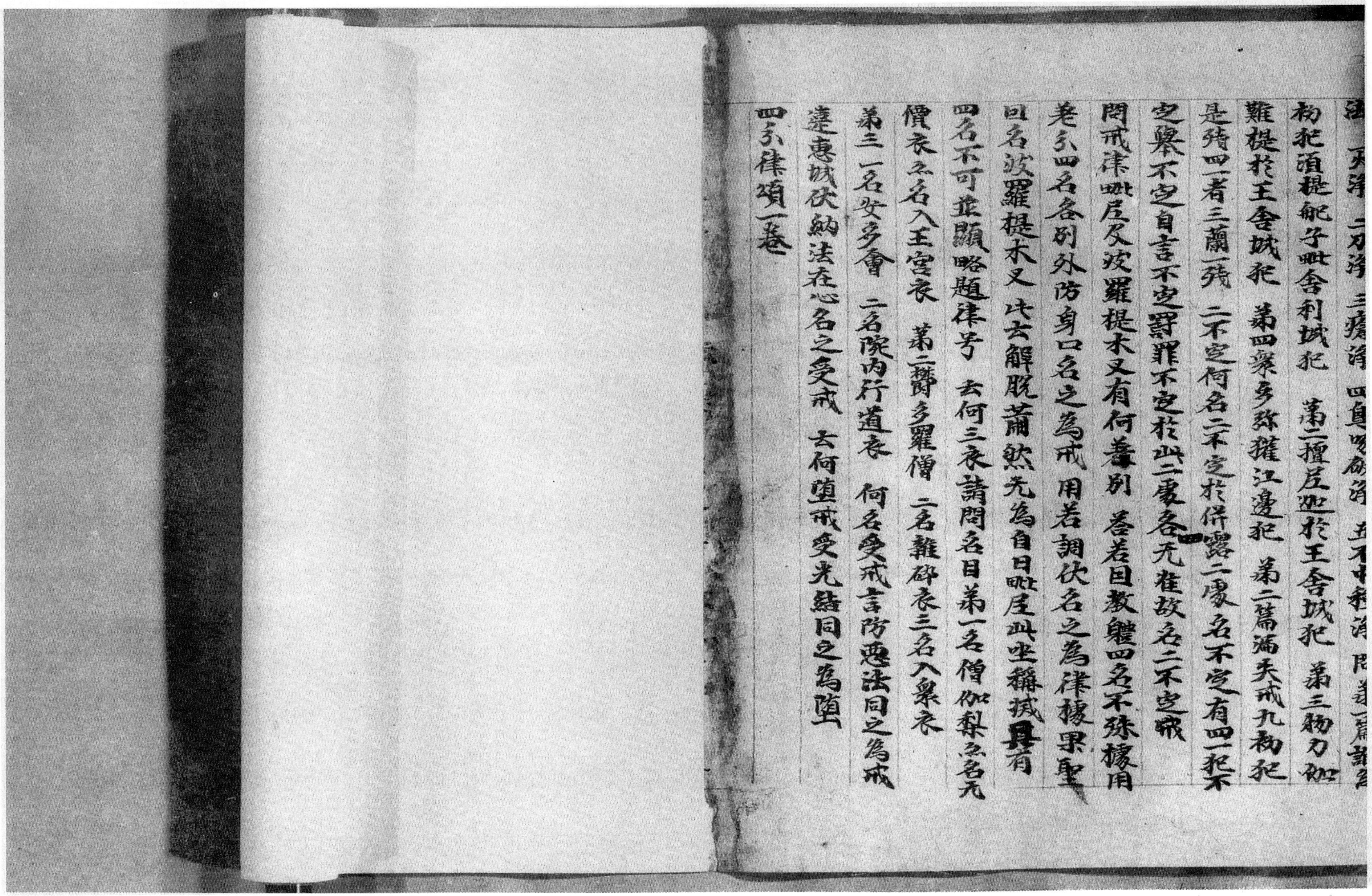

法　火淨　二刀淨　三瘡淨　四鳥啄破淨　五不中種淨　問第一篇
初犯須提䣕子毗舍利城犯　第二擅尼迦於王舍城犯　第三栴力伽
難提於王舍城犯　第四衆多弥猴江邊犯　第二篇滿夫戒九初犯
是殘四一者三蘭一殘　二不定何名二不定於屏露二處名不定有四一犯不
定衆不定自言不定罰罪不定於此二處各无准故名二不定戒
問戒律毗尼及波羅提木叉有何差別　答若因教體四名不殊據用
差分四名各別外防身口名之為戒　用若調伏名之為律據果聖
曰名波羅提木叉　此云解脫蕭然先為自日毗尼此坐籍拭具有
四名不可並顯略題律号　云何三衣請問名目第一名僧伽梨亦名无
價衣亦名入王宮衣　第二欝多羅僧　二名雜碎衣三名入衆衣
第三一名安多會　二名院內行道衣　何名受戒言防惡法同之為戒
違恵城伏納法在心名之受戒　云何墮戒受先結同之為墮
四分律頌一卷

BD14041號　四分律略頌　　（12–12）

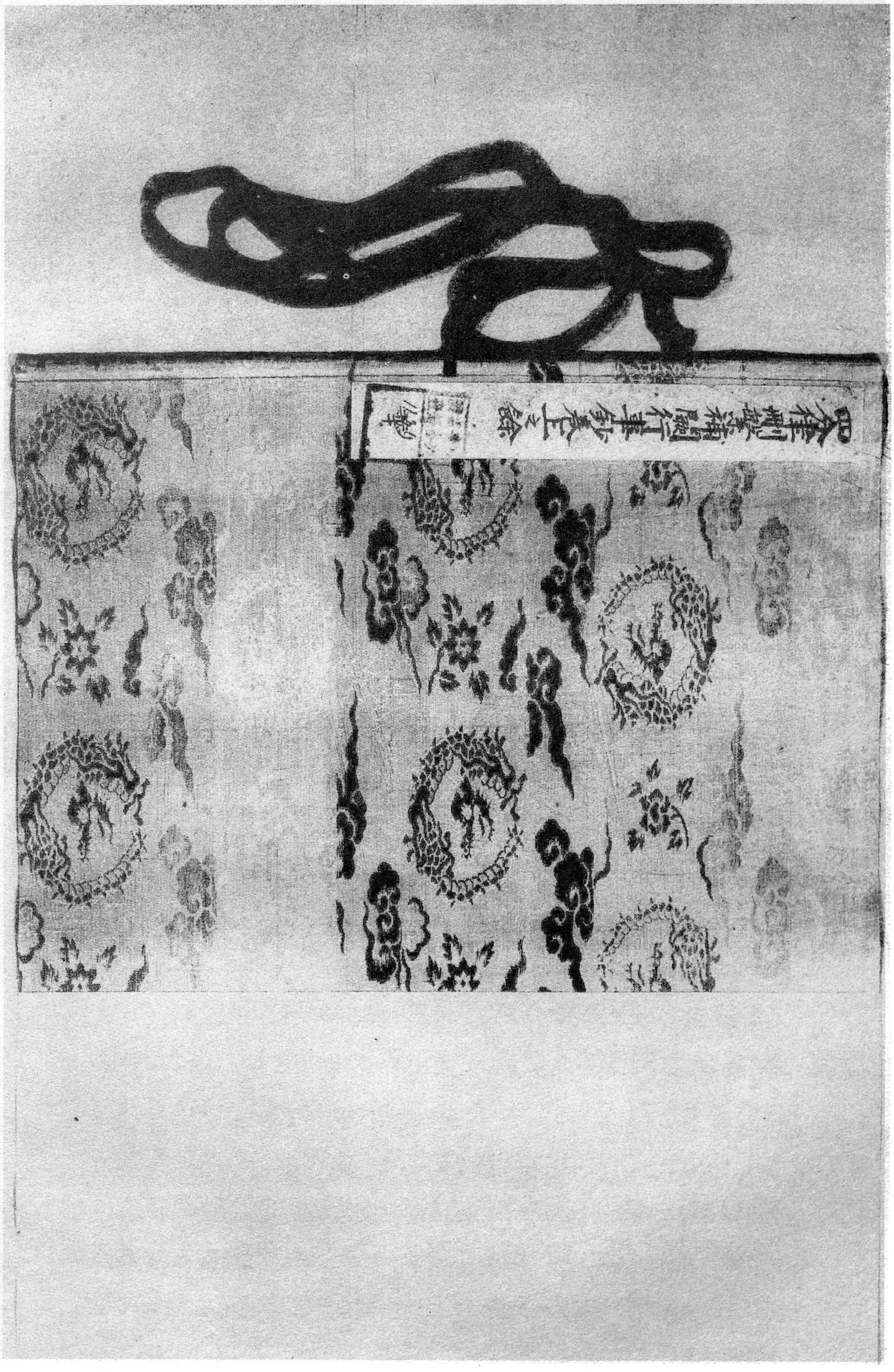

（1-1）

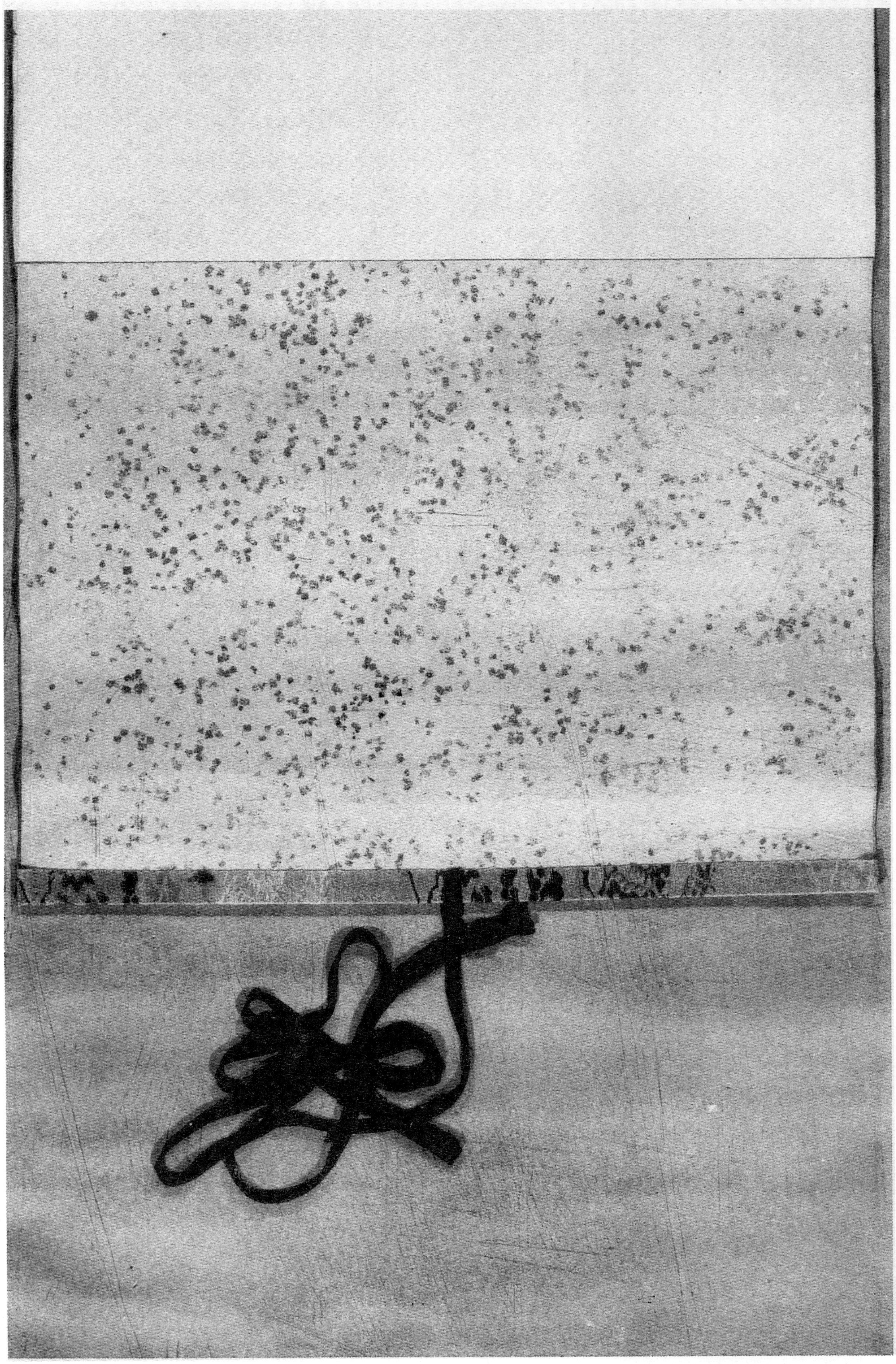

（33–1）

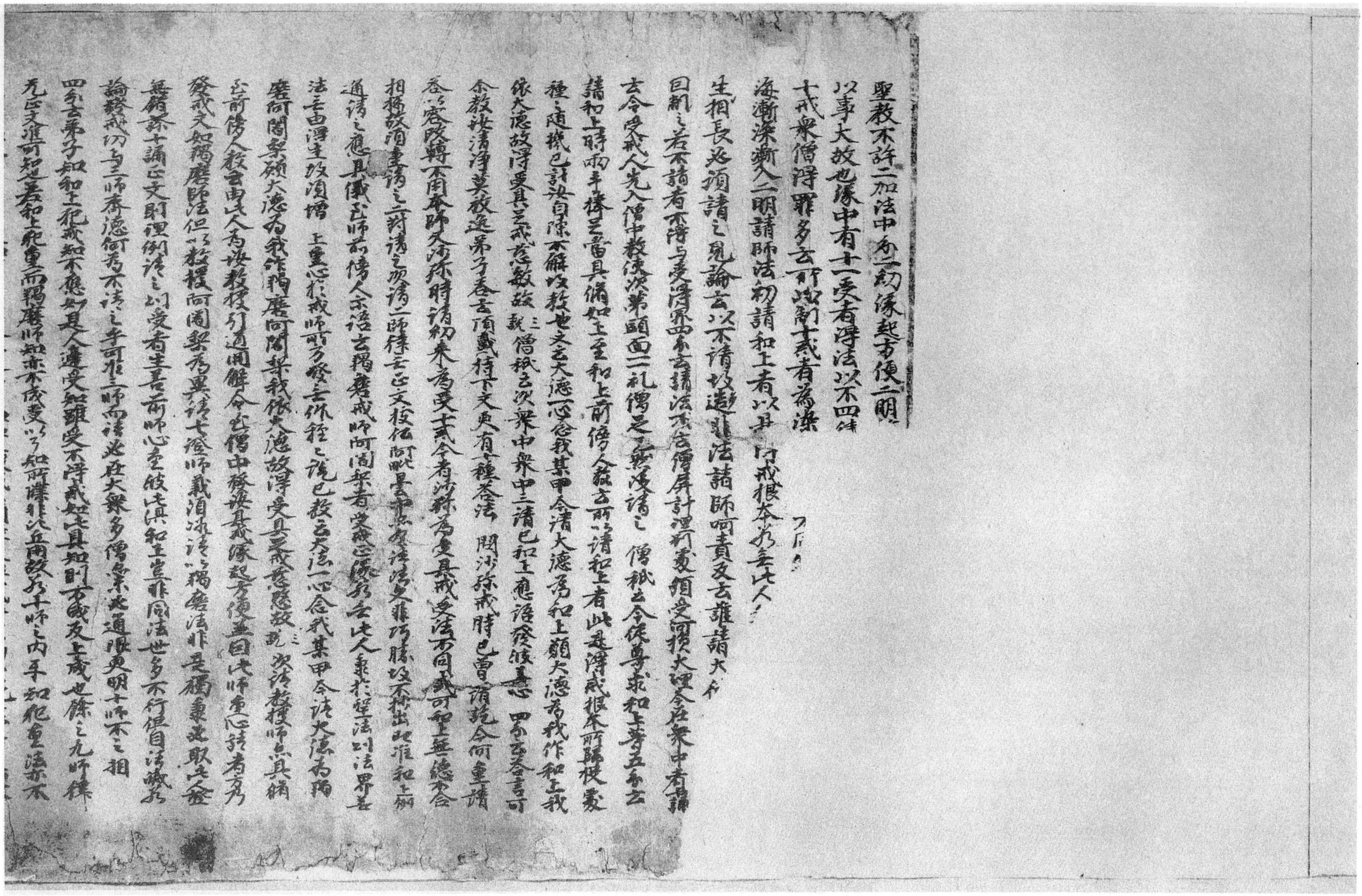

聖教不許二加法中分二初緣起方便二明
以事大故也緣中有十一受者得法以不四律
十戒衆僧得罪多云所以制十戒者爲深
海漸深漸入二明請師法初請和上者以其得戒根本乃至此人
生相長必須請之見論云以不請故遂非法諸師呵責文云難請大和
回亂之若不請者不得與受淨界四分云請法亦云僧屏討理所處須受可懷大理合在衆中者請
去令受戒人先入僧中教使次第頭面二禮僧足已然後請之僧祇云令依尊求和上等五分云
請和上時兩手捧足當具備如上至和上前傳人教云所以請和上者此是得戒根本所歸仗處
種種隨機已訖然自陳不解致教也文云大德一心念我某甲今請大德爲和上願大德爲我作和上我
依大德故得受具足戒慈愍故（三說）僧祇云次衆中衆中三請已和上應語發彼意　四分云答言可
尒教汝清淨莫放逸弟子答云頂戴持下文更有十種答法　闍梨稱戒時已曾一請說今何重請
答以容改轉不同本師又沙彌時請初未爲受十戒今者沙彌爲受具戒受法不同或可和上無德不合
相攝故須重請之二對請之次請二師律云正文授伝阿闍梨者受戒正緣乃非阿勝故不翻出此准和上願
通請之應具儀至師前傳人示語云羯磨戒師阿闍梨者受戒正緣乃云此人秉於聖法則法界甚
法至由得生故須增上重心於戒師所乃發云作稱之說已教云大德一心念我某甲今請大德爲羯
磨阿闍梨願大德爲我作羯磨阿闍梨我依大德故得受具足戒慈愍故（三說）　次請教授師亦具備
至前傳人教云由此人爲汝教授引道開解令至僧中發汝具戒緣起方便並因此師重心請者方乃
發戒文如羯磨師法但以教授阿闍梨爲異請七證師義須准請以羯磨法非是獨秉並取之發
無緒除十誦正文明理例請之以受者生善前師心重彼此俱和上豈非同法世多不行但自請故乃
論發戒功在三師齊德何爲不請之乎可非三師而請必在大衆多僧急求必通限更明十師不之相
四分云弟子知和上犯戒知不應如是人邊受知雖受不得戒如是具知則不成及上戒也餘之九師律
无正文准可知也若和上犯重而羯磨師知亦不成受以不知所讚非比丘兩故乃十師之內乎知犯重法亦不

BD14042號　四分律刪繁補闕行事鈔卷上　（33–2）

發戒又如羯磨師法但以教授阿闍梨為異諸七證師義須識法以羯磨法非是獨秉必取共發
無僧祇十誦正文則理例須識以受者生善由師心重故須和上豈非同法世多不行但自法滅矣
論發戒功與三師齊德何為不請之乎可准三師而請必在大眾多僧名業必通限更明十師不ミ相
四分云弟子知和上犯戒知不應如是人邊受知雖受不得戒如是具知則不成反上成也餘之九師律
無正文准可知也若和上犯重而羯磨師知亦不成受以前知所牒非比丘兩故乃至十師之內乎知犯重法亦不
成並乃知犯者不得共住知何不錄乃據律文弟子知和上破戒未顯輕重義詳之乃至犯吉羅者亦不
成受以犯威儀不應師德知不得戒強受法不成由無心故既知必須見聞法淨須選擇足云令選擇
取也和上德者若年不同律中所列百卌餘種必須限之餘之德如師資法中收九夏和上受戒得罪
二種闍梨五夏已上律云多已五歲也餘師隨夏多少統收師義事存老宿碩德則生善於後
五百問云比丘五臘不滿度弟子知非而度犯墮弟子不知是非得戒若知不得戒明了論疏云已
得五夏為受大戒作證人及作威儀師七夏已去得作羯磨闍梨既是師位不得與共同林坐也
三教發戒緣薩婆多云凡受戒者先與說法引導開解令一切境上起慈悲心便得增上戒就
文如此今以事求初明緣境後明心量初中所發業戒於乃見云量由未受戒前惡遍法界今
欲進受翻前惡境並起善心故戒發所因還遍法界為境論別鈔應有卌餘紙要而言之
不過情與非情如空乃二諦滅理涅槃佛法聖教文字卷軸形像塔廟地水火風虛空識等
法界為量並是戒體故善生云眾生無邊故戒亦無邊薩婆多云非眾生上亦得無量戒
如十方大地下至空界為傷如塵並得其罪今翻為戒善故遍陸地即善生言大地無邊戒亦無
邊草木無量海水無邊空虛無際戒亦同等薩婆多云新受戒人與佛戒齊德也以此而推出審僧
尼真是功德善法之聚位尊人天良由於此不論受而具持功德難敘為毀破者猶理言之違故十輪云
破戒比丘雖是死人是戒餘力猶能示於人天道猶如牛黃石香燒香薰喻佛因說偈瞻蔔花雖萎
勝於一切花破戒諸比丘猶勝諸外道是故行者破戒之人功德無量遠有出期不受戒者隨流苦海永
無解脫　智論說言寧受戒而破劫入地獄得後解脫不受戒者輪轉三界涅槃亦云雖污淨土
梵天之身乃至非想命終還入三惡道中良由無戒故往反如是隨根廣略令其悟解莫不知
者心則淨昧受戒不得徒苦自他薩婆多云若淨重心則發無教輕則不發豈可虛濫理當慇
重次令發戒應語言當發上品心得上品戒若下品心者乃至羅漢戒是下品毗跋律曰發心我今求道
當救一切眾生眾生皆惜壽命以是事受是下品軟心雖得佛戒猶非上勝餘二就義明之云何中
品乃言我今正心向道解眾生縛我為一切作梯架亦能自利復利他人受持正戒云何上品乃言我今發
心受戒為成三聚戒故趣三脫門正求涅槃果又以此法引導眾生令至涅槃令法久住如此發心尚
是邪想況不發者也云尊高智論云凡夫始學邪心中語那含果人慢心中語羅漢果者名字語
也與此自知心之所齊得佛淨戒亦有分齊故文云佛子然如是懇求甚戒今者聞此教宗是
何乘而發大乘心耶答此四分宗義當大乘戒本文云我為自身欲求於佛道當尊重
正戒及迴施眾生共成佛道律中多有誠例見師示利及大乘律限如是若發戒緣境及心有增上
比之二途必受前時智者題授使心於境見境明淨不淨臨時方言發心若約至臨時師授
法相尚自塵淨豈能受大清淨上品耶戒令不發豈非大事　第四律中云當立受戒人置眼

BD14042號　四分律刪繁補闕行事鈔卷上　（33–3）

也如此自知心之分齊故文云佛子亦如是懇求其戒今等問此教宗是
何乘而發大乘志耶答此四分宗義當大乘戒本文云若有自為身欲求於佛道當尊重正
戒及迴施眾生共成佛道律中多有誠例光師亦判入大乘律限如是發戒緣境及心有增上
比之二途必受前時智者題授使心於境見境明淨不淨臨時方言若心弱者臨時師授
法相當自歷淨豈能受之者淨上品耶或令不義豈非大事　第四律中云當立受戒人置眼
見耳不聞處若受戒人離見聞處若在界外等皆不名受具恐聽羯磨故著聞處猶
恐非法令僧眼見五分中恐起過故聽受戒標外眼見處等四分文云界外問遮難等今時
受者多在界內理然無傷僧祇云教授師應將不遠不近處等若多人共受者應
兩處安置一一多人行立令望見僧起敬重意二將問難者離僧及離沙彌行處於中問緣
必同在一處然淨地後問如前也不尊重應各令及披七條及衣鉢在彼而立　五單白差威儀師
四分云當界外脫衣看者致令受戒者慙恥留受戒事佛言不得露形看當差人問難事五
分令和上語羯磨師長老令作羯磨後語威儀師長老令授羯磨四分云彼戒師當問誰能
為某甲作教授師答言某甲能應索欲問和答言差教授師單白羯磨如上四答止淨各
作一法前總答云受戒羯磨已後更不須和乃至多人例通問答不得遍明損戒師應白言大德
僧聽彼某甲從和上某甲求受具足戒今為僧時到僧忍聽某甲為教授師白如是應下座禮
僧已眾常威儀至受者所　六明出眾問緣所以爾者恐在眾惶怖有无羞乎屏處怖
儀安審淨齊須須依律問之但遮難之中有得不淨故前唯分別令其識相從問難者
發法取斷彼問答相應言有迷謬於問而不解答不是非問故中邊不相解語弘利多義
若准律云不問十三難者則不得戒故前須明解彼此無迷既由不解不成豈不悟歟
事應沙彌時教令列名顯教誦相誦之此非羯磨不犯賊住若約律本但問十三難事
及論作法但問諸遮令就義唯是問遮之前又問難之體要唯相解令問汝不犯邊罪者
非明律　方識名知相自外陸論難學必先曉了下一一具之不同舊人慕龍誦習一一邊罪難者
謂先受具戒毀破重禁捨戒還來欲更受具此人罪重名佛海邊外之人不堪重入淨戒海
世乃至准論白衣五戒八戒沙彌十戒破於重者同名邊罪二犯比丘四分等律並云汙尼不明淨織
故世行事者云汝不犯淨尼不比依僧祇而問彼律云若須斷三果及凡夫持戒尼被人汙者
初人受樂是壞尼淨行中後人犯不名壞尼難名為鄉舍羅漢初後人俱名難也故唯是淨汙方
成難據　十誦云若摩觸入尼汙尼八事於一人以八事犯尼令尼犯重者俗人不成難也　善見云
若壞尼下三眾不障出家若壞大尼三處行婬皆名難也若以白衣俗服強與尼著而行婬者
成難若尼自樂著白衣服就上婬者不障出家必以義求於知受具戒緣事著於俗服亦應
成難從壞淨境不論知淨不淨廣有廢立如疏義鈔　問何不言壞尼比丘難耶答亦成難也
尼受戒中及問便是由事希故　善生經受五戒者問遮難云汝不犯比丘比丘尼不如知同是
難據自謂俗人時犯於受戒已犯者正名邊罪所收　三賊心受戒者律中為利養故輒自出家
於未出家者未受不應受已受得戒胃經說戒羯磨已受者滅擯四分云若五人二人三人眾

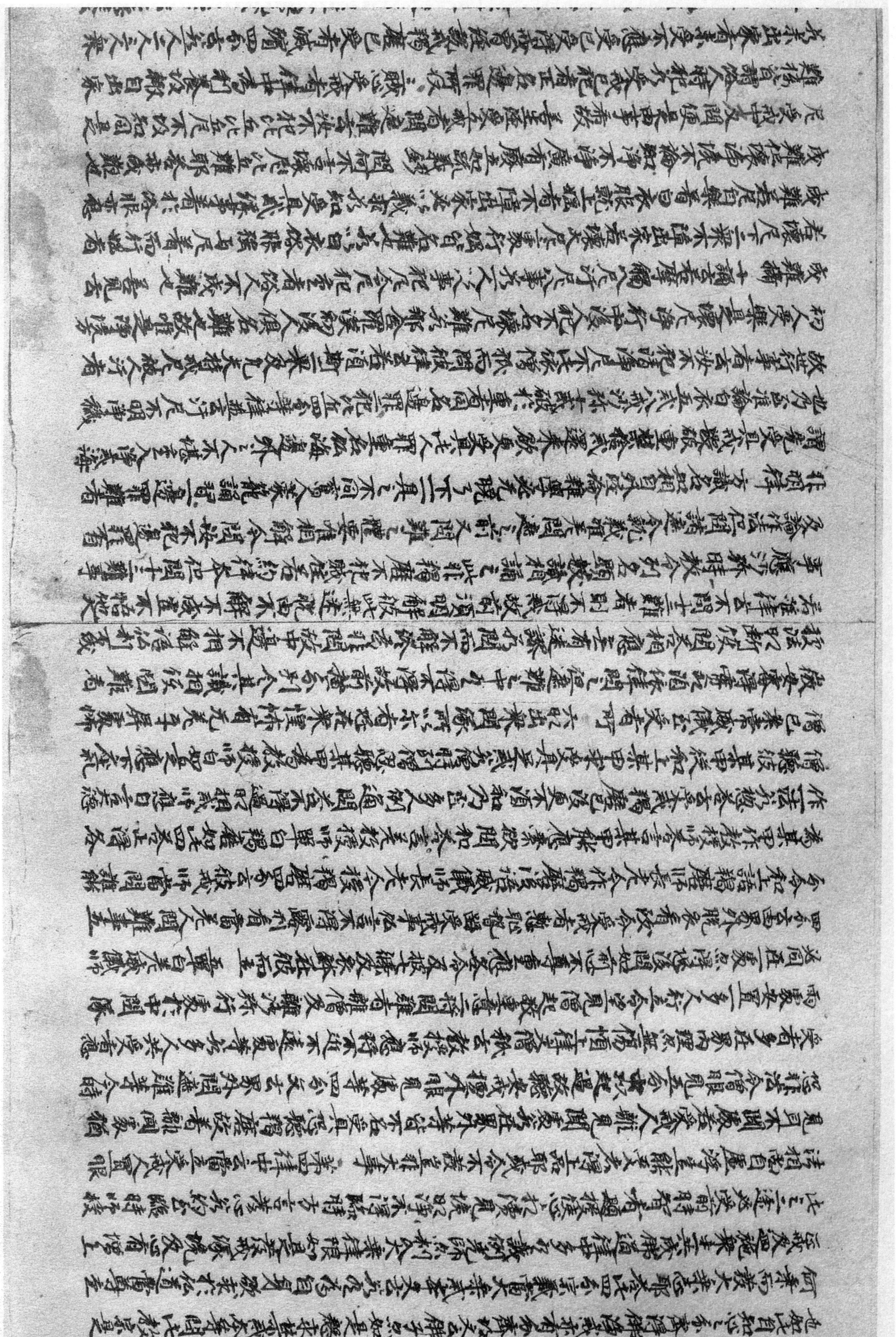

成難。若尼自然著白衣服，就上婬者，不障出家。此以義求。於知受具戒緣事著於俗服，亦應
成難。從壞淨境，不論知淨不淨。廣有廢立，如疏義鈔。問：何不言壞尼比丘難耶？答：亦成難，通
尼受戒中，文闕，便是由事希故。善生經：受五戒者問遮難云：汝不犯比丘比丘尼不？故知同是
難。俗皆謂俗人時犯，於受戒已犯者，正名邊罪所攝。三賊心受戒者。律中為利養故，輒自出家
於未出家者，未受不應受，已受得戒，曾經聞說戒羯磨，已受者滅擯。四分云：五人二人三人眾
僧所共羯磨說戒，皆滅擯義。詳共一人作對首眾法，皆成障戒，如說戒自恣等法。必聽眾法
心念，亦成難攝。於對他之人已下對首法，四人以上餘和合法，不柄羯磨，皆不成難。善見云：三
種偷形：一者元師自出家，不依大僧臘次，不受他禮，不入僧法事，一切利養不受。二偷和合者
有師出家受十戒，往他方，或言十夏，次第受禮，入僧布薩，一切羯磨，受信施。三二俱偷者可知。
於偷形者，不經法事，不受禮施，為飢餓故，於欲出家受戒者，得下二不合。五百問云：沙弥詐
稱大道人，受比丘一拜禮，是名賊住難。四分中但言賊住難者，謂共羯磨說戒，不蒙聽聞，不
聞及愚癡因緣等，依如僧祇，於沙弥作是念：說戒時何等比盜聽之，於聰明記得初中後
語者不得，為受戒；於闇鈍或緣餘念不記初中後者，得受具。於凡人自出家著袈裟，未
經布薩等者，得受；反之不得。摩得伽云：不自知滿廿而受具，後知不滿者，於經僧布薩羯
磨，是名賊住。四分疑悔戒云：於年不滿，作法不成受者，有人知者語令識之，後更受戒。十誦云：
比丘尼如法捨戒，於更受者不得，即名賊住難。四破內外道者，謂本是外道，來投
佛法，受具已竟，反還本道，今後重來。破此道，壞志性無定。律中令度出家，對僧與沙弥
戒，四月試之，使志性和柔，深信明了，方為受具。問：信耶來久，何為故先與沙弥戒耶？答：
信此投歸，不以十戒調柔，遠相不順，久慕佛法深妙，漸次授法，不同外道一往不簡。此事既希，
多述無益，必有事，律自廣明。五非黃門，律中五種：一生黃門，二揵作者，三妒，因見他婬方
有妒心婬起，四忽然變作，五半月能男半月不能男。世中多有自截者，若依四分應滅擯。
文云：若揵者都截却。世今時或截少分，心性未改者，兼有大操大志者，准依五分應得被
文云：若截頭及半，得小罪；都截者滅擯。四分云：若被怨家，或蟲噉，或墮落等，應同之。若
自截者滅擯，不明分齊。五分云：時有比丘為欲火所燒，不能堪忍，乃至佛呵責言：汝愚癡
人，應截不截，不應截而截。告諸比丘：若都截者滅擯，猶留卵者偷蘭遮。准此以明，則
未受具已截者，終無開教，必須准前取依餘部為受。六殺父。七殺母。八殺阿羅漢。
此三難為之既希，故略知文相。九破僧，即法輪僧也，若破羯磨僧非難。十出佛身血。此二難於滅
後無也。僧祇律注云：佛久涅槃，依舊文問耳。十一非人難，皆謂八部鬼神變作人形而來受具。律
中五分：天子、阿修羅子、揵闥婆子化為人等。十二畜生難，亦謂變為人形而來受者。律中龍
變形來受，佛言：畜生者於我法中無所長益。此上二趣若依本形是人，通識恐變而來，故須問之。
脫有高達俗士來參受戒時，語云：汝非畜生不？若聞此言，一何可怪，應方便轉問，如下所陳。十三二
形者，謂二形具男女二根，若先受後變，猶為失戒，況初帶受者滅擯。十三已略述難相，而
遮事非一，律中略問十六，自餘受法廣明，皆言不應，亦有得不得者，於不自稱名字不

後無也僧祇律云佛入涅槃後舊大臣[illegible]
中五分天子阿脩羅子揵闥婆子化爲人等十二畜生難亦謂變爲人形而來受者律中龍
變形來受佛言畜生者於我法中无所長益此上二難若依本形是人通識恐變形而來故須問之
脫有高遠俗士來受戒時語云汝非畜生不若聞此言一何可恥應方便轉問如下所陳 十三二
形者謂一報形具男女二根若先受後變猶尚失戒況初帶受者滅擯 十已略述難相而
遮事非一律中略問十六自餘受法廣明皆言不應亦有得不得者如不自稱名字不
稱和上字年不滿等皆不得戒五分諸比丘度截手腳耳鼻截男根頭挑眼出极左無威
儀極醜一切似聽似跛似極[illegible]不父母不聽等作難有吉羅僧祇云 盲者若見手掌中文者[illegible]
聾者高聲得聞躄者扶後虎行癃躄者凸凹若治与皮不異得即與人破肉已用銅青等
作字數形侏儒者或上長下短下長上短一切百遮不應与出家若已出家不應驅出僧
得越罪准此諸遮皆言不應得罪下文復云是謂不名受具足二皆言不應驅出是知清
淨如法者名受具足不名者想結師罪何妨有不得者如瘂等若有輕遮不障戒者故言清
淨共住如法 文云啞者不能語用手作相又言遣書舉手作相不現前如是等不名受具前啞者
文中不應驅出作沙彌也 十誦伽論云啞聾人不名受具若聲聞羯磨聲得受 衣鉢不具者四
分云若無衣鉢不名受戒若借衣鉢應与僧直五分云令主捨之衣不得不令准薩婆多得戒論
問曰若爾何故必須衣鉢答一爲威儀故二爲生前人信敬心故如獵師著袈裟鹿見者異服故无
怖心三爲表異相故內德既異外亦標異此文不可和四分云不名受戒此則部別不同必誦十誦羯磨
依彼開成准急先須者義准四分和上法中 若知借衣鉢受戒不得者則不得戒不知者得戒乃
人判然違律文必教令言爲受依法 父母聽不者善見云若餘方國度者不須問僧祇親
兒此彼不聽自來兒養兒餘處得受 有債者諸部但言不應義准理得 奴者僧祇云家
生買得抄得此彼不得他与奴自來奴餘處聽度若令人破奴出家者爲取出家功德莊
若放奴婢及以男女得福无量律中不明放者但言自來投法度之是非准奴及兒彼
此通允五百問中知是佛奴度者犯重若不知後知不遣亦重問其人是大道人不答非道
僧奴准此非本奴位 官人者僧祇有名有祿有名无祿此彼國不得度有祿无名餘處
得度五言名祿者一切俱聽准此俗人來投出家理須爲受 丈夫者丈夫達心甚遠清節
不羣草窓風霜不改其操鍛鍊[illegible]喜不達其心便爲丈夫之類故律云年廿者方堪受
具謂能忍寒熱飢渴風雨蚊虻毒虫能忍惡言苦事能持戒能一食等僧祇云若過
七十若減七十無所堪能不應与受具 五種病者上四應得狂中有三種於全不覺好惡應不
得餘二應得 善見云 癩癬要問赤白黑癬處增長不增長俱得露處及面不得然
癩病有二一惡業所致二四大違反則生故育王經云有齊癩須陁洹瘥病阿羅漢是以
出家已癩者一切僧事共作於食莫令在衆 此薩婆多解 次明餘事更明所以五分云先
不相識人不應雲霧暗時受五百問中要須燈燭照之於先曾受具者 十誦問云曾作大
比丘不答作問清淨持戒不捨時一心如法還戒不 四分无文必有然同遮罪 依十誦十三難前
問之答 爲有遮開成遮罪故四分云爲乃難緣如說戒中者當二人二人一時作羯磨不得至三僧祇

癩病有二一惡業所致二四大違反則生故有善見云有齊癩須陀洹瘡瘻阿羅漢是亦
出家已癩者一切僧事共作飲食莫令在衆此薩婆多解　次明餘事更明所以五分云先
不相識人不應雲霧暗時受五百問中要須燈燭照之於先曾受具者十誦問云曾作大
比丘不答作問清淨持戒不捨時一心如法還戒不四分云父母有不同遮罪等依十誦十三難前
問之答云多有遮難故四分云言多乃難涤如說戒中者當二人三人一時作羯磨不得至四僧祇
一和上戒師一衆得二三人並受若二和上共一戒師二三人不得一處受　善見云二三人一時受戒一同等臈
等時不相作礼上已略明難相今正出衆問法教授師至受者所正敷坐具坐已語令敷坐具
為舒正四角相對相及申手內五分云應安慰言汝莫恐懼須臾持汝着高勝處彼為故
其衣鉢舒示寄之以為陶謙前執五條語言此名安陀會衣又指身所着者此名鬱多羅僧
執大衣已語云此衣名僧伽梨薩婆多云此三衣名一切外道所無今故示汝名相若依諸部此處以
為受衣鉢者或在衆中戒師受者四分元文或受已方持者名隨兩存并執鉢已言此器名鉢
多羅此衣鉢是汝者不彼答言是即便襟之或加受法如前　應語言善男子諦聽今是
至誠時我今當問汝汝隨我問答若不實者當言不實若實言實何以如此由无始來欺誑
聖賢流浪生死今欲捨虛妄證真法故令汝實答今問汝遮難乃不實答徒自浪受律云犯邊
罪人七佛一時為受亦不得戒汝第一不犯邊罪不答言無者語云汝應不識此罪謂曾受佛戒
而犯婬盜煞妄作此四者必不得受今汝无耶答言無者又語云汝若不識不解不得妄答第
二汝不白衣時汙淨戒比丘尼不答言無第三汝不白衣時為利故盜聽他說戒羯磨詐作比丘不答
言無第四汝非曾作外道來投受戒後還作外道今復重來不答言无　第五汝非五種黃門（小注）
不答言無者第六汝非煞父不第七汝非煞母不第八汝不煞阿羅漢不第九汝非破僧不第十
汝非惡心出佛身血不各各答言無者第十一汝非天子阿脩羅子名為非人變為人形而來受
戒不答言無第十二汝非諸龍畜生等能變化者變為人而來受不答言無第十三汝今身中
不佩男女二形不答言無者應讚言善男子已問難事十三既无戒可得受更問十遮汝今
字誰答言某甲和上字誰答云某甲年滿廿不答滿衣鉢具足不答具父母聽汝不（兩有者聽答言元）
汝不負債不答無汝非他賊人不佛不許度汝不是奴不答无汝非官人不答無汝是丈夫
不答是丈夫有是病癩癰疽白癩乾消顛狂汝今有此諸病不答言無者應復語云汝
無遮難堪得受也如我今問汝僧中亦當如是問如汝向者答我僧中亦當如是答應教整
為正着七條令威儀齊正着覆襟坐具肩上衣鉢襟置手中語令汝此處立我至僧
中為汝通請於僧許可我舉手召汝可即來五分云教着衣時審如法視無量病不
種種因緣為如彼述或外律中於此更衣鉢者七單白入衆律云彼教授師還來
至僧中如常威儀相去舒手相及處立（此依四分露地戒場故但申手內遙召更處避明）當作白大德僧聽彼某甲從和上
某甲求受具足戒若僧時到僧忍聽我已問竟聽將來白如是白已勿出僧中為當內者至
門限內舉手呼言某甲來（若在露地不得離僧申手外也）彼來已為捉衣鉢令至僧中教礼僧足已至戒師前
右膝着地合掌　八正明乞戒彼教授師時衣鉢付戒師已為正衣服安慰其心懇惻至誠仰

至僧中如常威儀相去舒手相及處立（此謂中國露地戒壇故爾若在寺內必在屋處隨時也）當作白大德僧聽彼某甲從和上
某甲求受具足戒若僧時到僧忍聽我已問竟聽將來白如是白已勿出僧中爲喚內者至
門限內舉手呼言某甲來（若在露地不得離僧中手外也）彼來已爲捉衣鉢令至僧中教礼僧足已至戒師前
右膝着地合掌　六正明乞戒彼教授師時衣鉢付戒師已爲正衣服安慰其心懇惻至誠仰
乘清衆求哀乞戒語言此戒法唯佛出世鑒立此法稀故難故不令俗人聞之故六道之中唯
人得受猶含遮難不得具受汝今既无甚是淨器當深心乞戒須臾之間入三寶數若輕浮
心戒不可得如是隨時作之律論廣述但乞戒由汝自心俱未曉方軌階漸無由故佛教我爲
汝稱述應逐我語大德僧聽我某甲從和上某甲求受具足戒我某甲今從衆僧乞
受具足戒某甲爲和上願僧拔濟我慈愍故三說（教已還座）　七戒師白和法彼應白言大德僧
聽此某甲從和上某甲求受具足戒此某甲今從衆僧乞受具足戒某甲爲和上若僧時到
僧忍聽我問諸難事白如是　八問戒師作白和僧教授無者若羯磨對僧問難先不差之
故汝後須和教授已被僧差奉命令問何須更和又在屏處不對衆　九問戒師不差教授
獨差者答教授師出衆衆問難不差無由輒問羯磨衆中而問故不須差更有料簡如義鈔
十正明對問律具問十三難事無有前後今時相傳前問衣鉢遮如教授中四種異名已應
語言善男子聽今是至誠時實語時今隨所問汝當隨實答僧祇云汝若不實答
便欺誑諸天魔梵沙門婆羅門諸天世人亦欺誑如來及以衆僧自得大罪今問汝十三難
事同前教授師所問但衆僧忍屏處有濫故對大衆一一問汝汝還依彼一一若我汝不犯邊罪
不汝不犯淨行比丘尼不汝非賊心受戒不汝非破內外道不汝非黃門不汝非殺父不汝非殺母不
汝非殺阿羅漢不汝非破僧不汝不出佛身血不汝非非人不汝非畜生不汝非二形不並答言無
汝字何等和上字誰年滿廿未三衣鉢具不父母聽汝不汝不負人債不汝非奴不汝非官人不
汝是丈夫不丈夫有如是病癩癰疽白癩乾痟顛狂病汝今有如是病無（上來並准有天身咎）大段第二
正明受體文云此時正須廣張道理十發戒正宗不得但言起上品心則受者知何是上品徒自枉問
令講示相貌臨事未必誦文應語言善男子汝遮難並無衆僧同慶當與汝戒但發戒上善
廣周法界當發上品心可得上者如前緣中今受此戒爲趣涅槃果向三解脫門成就三聚戒令
正法久住等此名上品心汝爲開廣汝懷者由塵沙戒法汝身中從來以非得身心而淨容受
應發心作虛空無量身方得受法界善法故論云若此戒法有形色者當入汝身作天崩地
裂之聲由是非色法故令汝不覺汝當發殷勤怵意發上品懇重心令爲汝作羯磨聖法此
是如來所制發得塵沙法界善法注汝身心汝須知之應告僧言大衆慈悲哀愍與我戒同
心共秉願勿異緣令他不淨應四顧望之不令非引之相有者喚令如法告言衆僧聽作羯磨
大德僧聽此某甲從和上某甲求受具足戒此某甲今從衆僧乞受具足戒某甲爲和上某甲
自說清淨無諸難事年滿廿三衣鉢具若僧時到僧忍聽授某甲具足戒某甲爲和上白
如是作白已問僧成就不乃至羯磨中第一第二第三亦如是問比僧祇文准比僧中知法者答言
成就　十一誦曰爲他受戒或睡入定聞諸聞亂等佛言不成受戒羯磨時當一心聽莫餘覺餘

BD14042號　四分律刪繁補闕行事鈔卷上

是如來所制教淨廣所法界善法注汝身心汝須知之應告僧言大衆慈悲施其戒同
心共秉韻勿異緣令他不得應四願望之不令非制之相有者喚令如法告言衆僧聽作羯磨
大德僧聽此某甲從和上某甲求受具足戒此某甲今從衆僧乞受具足戒某甲為和上某甲
自說清淨無諸難事年滿廿三衣鉢具若僧時到僧忍聽授某甲具足戒某甲為和上白
如是作白已問僧成就不乃至羯磨中第一第二第三亦如是問比僧祇云唯比僧中知法者答言
成就　十誦曰為他受戒或睡入定聞諍鬧亂等佛言不成受戒羯磨時當一心聽莫餘覺餘
思惟應敬重法當思惟心心相續憶念應示別言是第一羯磨乃至第三不說淨罪文應語受
者言已作白已僧已白四羯磨今作羯磨應動發戒法莫令心流散當用心承仰文白僧言當聽羯
磨大德僧聽此某甲從和上某甲求受具足戒此某甲今從僧乞受具足戒某甲為和上某甲
自說清淨無諸難事年滿廿三衣鉢具僧今授某甲具足戒某甲為和上誰諸長老忍僧與某
授具足戒某甲為和上者嘿然誰不忍者說此是初羯磨問僧成就不告受者言已作初羯
磨僧皆嘿可令十方法界善法並皆動轉當起〻心勿散怠意次作二羯磨如上問已告受者言
已作二羯磨法僧並和合令十方法界善法並舉集在汝頂上空中〻第三羯磨時當法界功德入汝身心餘一羯
磨在汝當發身遍虛空界心緣救持三界眾生并欲護持三世佛法直依此語不同上廣仍白僧言願僧
同時慈濟前並同共合掌佐助舉此羯磨便作之乃至具事如是持已若多人一人〻心須隨竟記其時
節四分云有新受戒者不知沒安居便數為歲佛言不知有者應和上闍梨教授時節云若冬若
春若夏若干日月食前食後乃至量影應須持一尺木至受訖日中豎之記其影頭所足量
之計為尺寸以為常法善見云受戒已五取腳隨身量示春冬時　衆數多少復說四依四重等
若受人多者但有受竟在僧下坐乃至一切作已方總集上座前同時為說隨相不惑戒師問比
新受戒人相同界外來者何不重和答非是外來當處新起次為說相授理隨師具學何獨以
為緣起有過且當四根本若犯非用餘篇枝條減眼僧數意在此也應告之言善男子汝受戒
已必須奉持若但有受無持心者受得戒不得空願無益學起行用不須顧求涅槃論如比丘佛世難
值正法難聞人身難得奉戒者難上品高達能受能持聖道會聖下品不人能受能破心無慚愧
現世惡名不消利養死入惡道中品之徒善不自發望上而學亦可准下流耶若違部壞賊破佛戒不
如不受必須依師正教順授隨學五夏今來戒於律部若違持犯雖然尺事備定智慧會聖
可期自此已外雜學言說行淨淨戒定慧至積生者佛則不許故律云若師闕教授當
餘衆學等為長益沙門果故並須依文為說相也　次為受衣鉢坐具若沙彌時說淨
長衣盋者與請施主想受主想將說淨若沙彌時不說則已犯長應令捨懺作吉羅懺犯
後說淨並和上委示之　次授六念法 出僧祇律 第一念知日月應言今朔日月一日至十五日以往大
故不云大小若黑月有小大故須兩分之今朔黑月大一日至十五日黑云今黑月小一日至十四日
此謂識者布薩遠迴出家日月法式如此若授律文為俗人問令使識知若入聚落先知
日月故法唯此方土不倫黑白乃答俗人唯得通相云正月小今是某日比時道俗通和為先
第二念知食處我中有三若全不受請者言我今自食已食有言食僧常食有言我常

後說淨並和上乘之　次受六念法（出僧祇律）　第一念知日月應言今朔日月一日至十五日以月大
故不云大小若黑月有小大故須兩分之今朔黑月大一日至十五日黃云今黑月小一日至十四日
此謂識者布薩遠近出家日月法式如此若授律者為俗人聞令使識知若入聚落先知
日月故法唯此方土不論黑白亦為俗人唯得通相云正月小今是某日此則道俗通和為先
第二念知食處於中有三若全不受請者云我今自食己食有言食僧常食者言我常
乞食若不受請者言我今自食無請處　又云我今食僧食無請受　又云我今乞食無
請受　若有請者有背不背應言今有請受念自去　若背者（謂迦提月病及施衣等緣）今有某緣
得背請（若無緣一日有衆多請者應對人捨云）今日有衆多請自受一請餘者施與長老在某處（應具五衆捨之若無人時心）
（念捨）我某甲今朝檀越施我正食迴施比丘某甲檀越於我不許我得自恣食（三說此念且謂獨住蘭若遠行長病飢時依觀）
（累住五種十誦律開之也）　第三知受戒夏臘言我於某年月日某時一尺木若干影時受具我今至夏沒者有（後隨有無衣鉢藥菲）
者隨夏言之　第四知衣鉢有無受淨等應云我三衣鉢具有長已說淨（隨有者念說淨）
第五念同別食云我今依衆食（必有別衆有緣隨開）云我今有某緣應別衆食處如隨相　第六念
康羸云我無病堪行道（有病念療治之）　僧祇云受戒已要當識水識應法澡灌等如隨相中　五分
新受戒者必令誦戒恐心退者未可亦得　善見云佛教比丘已有三衣鉢坐具漉水囊針線前
子八事隨身四分云為比丘與外道相濫佛令問何時何月和上闍梨等即知佛法與外道俗人有
異勤問知非賊住　時有三時從十二月十六日至四月十五日為春從四月十六日至八月十五日為夏
從八月十六日至十二月十五日為冬　月有黑白大小不同受戒已抄出與之　二明捨戒者四分云若不
樂梵行者聽捨戒還家若後欲於佛法脩清淨行者　還聽出家受大戒僧一念開七衆捨戒
過此非法　十誦伽論尼無捨戒更得受戒　問若無重出故聞捨者一為不成比丘尼戒故二為遂去
無障比丘達五戒緣故開七衆尼有一義令在俗無過不生譏醜道失鄙如彼部（準義應得）（作下二衆）
師資相攝篇第九　佛法增益廣大寔由師徒相攝相成過付法藏濟日積業深行國德者
皆賴斯矣比玄教陵遲慧風權扇俗懷侮慢道出非法良由師不奉訓之心資闕奉行之欲祖
捨志流鄙境欲令光道為可得乎故經例懸之急授以安危之方進敬而行之則永世法幢乾
中初明弟子依止後明二師攝授初中令二初明師弟名相後依止法　問云何名師和上闍梨者此云
正翻　善見云言罪見罪呵責是名我所共於善法中教授令知故是我闍梨論傳云和上者外國
語此云知有罪知無罪是名和上四分律弟子呵責和上中亦同明了論正本優波陀訶耶翻為
依學依此人學戒定慧故此和上是也方言音異可相傳云和上為力生（道力由成）　闍梨為正行（能糺正弟子行）
未見經論雜含中外道亦号為和上弟子者學在我後名之為弟解從我生名為子　次想相
攝尸迦羅越六方禮經弟子事師有事（五）一當敬難之二當念其恩三所有教隨之四思念不厭
五從後稱譽之　師教弟子亦有五事一當令疾知二令勝他人弟子三令知已不忘四有疑悉解五欲令
智慧勝師　僧祇師教弟子者不得為供給自己故度人出家得罪當使彼人因我度故脩諸善
法得成道果　四分云和上看弟子當如兒意弟子看和上如父想法得成道（惟此見想應具四心）一近成
訓誨二慈念三矜愍四攝以衣食如父想者亦具四心一親愛二敬順三畏難四尊重教養侍接如
[illegible]

BD14042 號　四分律刪繁補闕行事鈔卷上　（33–10）

猶尸迦羅越六方禮經弟子事師有五事一當敬難之二當念其恩三所有教隨之四思念不厭
五從後稱譽之師教弟子亦有五事一當令疾知二令勝他人弟子三令知已不忘四有疑悉解五欲令
智慧勝師僧祇師於弟子者不得為供給自己故度人出家得罪當使彼人因我度故脩諸善
法得成道果四分云和上看弟子當如兒意弟子看和上如父想法得成道准此見想應具四心一道成
訓誨二慈念三矜愛四攝以衣食如父想者亦具四心一親愛二敬順三畏難四尊重敬養侍接如
臣子之事君父故律云如是展轉相教重相瞻視令正法得久住增益廣大　二明
依止法先明應法　二明正行初中言得不依者八人四分六種一衆靜二守護住處三有病四看病
五滿五歲以上德行成就六自有智行住處无勝己者七亂離世無食　十誦云若恐饑死當
移日日見和上處住恐不得者若五日若十五日若二由旬半若至自恣時二隨緣如上來見
和上八行道稱意所五分諸比丘各勤修道無人可依止當於衆中上座大德比丘依止教如師法
而住　二須依止人十種四分云一和上命終二和上休道三和上反意出界四和上捨畜衆五弟子緣離
地方六弟子不樂住處更求勝緣七未滿五夏八不諳教誡受云若愚癡無智者盡形壽依
止比丘行教明之十誦受戒多歲不知五法盡形依止一不知犯二不知不犯三不知輕四不知重五不
誦廣戒通利毗尼毋云若百臈不知法有應從十臈有依止僧祇中四法不善知法不善知
毗尼不能自立不能立他盡形依止　九或愚或智愚謂性度癡騃數犯衆罪智謂犯已能知
依法懺洗志非貞固依止於他十不誦戒人若故不誦先誦後忘根鈍誦不得者
比之人不得離依止前之七人未滿五夏故須依止若滿不須後之三人從過五夏要須行兼備便息依止
然五歲失依止約教相而言校其自行終須師誨律云五分法身成立方離依止更通諸教　佛亦看師
所謂法也如是廣說　二明依止正行分二　一七種共行法　二三種別行法　初中七法者一衆僧與師作治
罰弟子於中當如法斷理令和上順從於僧設作令知非速違正求除罪令僧與解罪二或和
上犯僧殘弟子當如法勸化令其發露已為集僧依實行覆藏六夜出罪等三和上得病弟
子當瞻視勿令餘人看乃至差若命終四和上不樂住處弟子當自移若教人移僧祇
能說出家猶梵行三云上沙門果難云衣食弟子盡形壽不應離和上亦欲捨之者和上
應遣弟子夫病應囑人當教云汝可捨之者有道一切法利諸塔廟見好徒衆可見聞我
亦老老亦後欲去等五和上有疑弟子當以法以律如法教除六有惡見生弟子教令
捨惡見住善見七弟子當以二事將護法一護者應教增戒增心增慧學問誦經　衣食
讀者當與衣食隨力所堪為辦比七種法諸部多同僧祇和上閑衆不作法百弟子
當持衣鉢出界宿還及和上能除衆等三毒者名提胡羅王亦勝不得動之餘廣如後五分
不得無語如教識法應教語諫師應作是不應作是和上受者應捨遠去　或依止師
中亦師犯僧殘求僧乞羯磨弟子應掃灑敷座集僧賣羯磨人　二明別行法三種百
事須過者律云凡作事者應具脩威儀合掌白師取進不爾欲外行者師以八事量宜聽
同伴去者若言近處三種云經是非作同唯同伴是好人去處云近無一事非恐方令去如五分於行
前要見三日中白師令知唯除大小便用楊枝不白十誦中一切所作皆須白師唯除禮佛法僧病同

不淨麤語如教誨法應教語諫師應作是不應作是念我和上不受者應捨遠去　若依止師
當持衣鉢出界一宿還若和上能除弟子等三毒者名提胡最上勝不得離之餘者如後五分
中若師犯僧殘未僧已羯磨弟子應拜酒最座集僧教羯磨善人　二明別行法三種百
事觸過者律云凡作事者應具脩威儀合掌白師取進不若欲外行者師以入方量宜聽
同伴去受文菩下方也三種受洛是非作勿唯同伴是好人去受文受道善下方非惡方令去也五分教行
前要先三日中白師令知唯除大小便用楊枝不白十誦中一切所作皆須白師唯除禮佛法僧餘同
五分若弟子離師行云當至某城邑某聚落某甲舍非時白中亦爾當量行伴知於布薩
羯磨法乃會座知法者淨去不受語輒往明相出時法罪僧祇不白師得取百半條線等食差
為紐一條線不白得罪有剩殘師未和上不在當白長老比丘師沒未時罪既前緣條方羅比第
弟子大施者師量弟子持戒誦習行道者應語言汝一衣鉢具漉囊等出家人應須不得捨之
若有餘者告云此施非堅法汝依是淨資身行道不須捨汝言我自乞得受者聽汝欲者取
不得臨門乃白應一月半月前預白令師善憶若不能一一白師者當通白欲作淨事亦得善
見弟子隨師行不淨者師亦不應隨師歡離是應白知四分多種或出界或乃也物或受他物及佐
助衆事並須白師二受法者四分云教清旦入和上房中受誦經法問義若依止中三報恩法要云
清旦入房除大小便器白時到等應日別暮中日暮三時問訊和上執作二事勞苦不得辭羸
說具四依餘文並須別抄依用一則自調我慢二則報恩供養三則護法住持正法久住也僧祇
云弟子晨起先右腳入和上戶已頭面禮足問安眠不餘同四分十誦弟子浴和上先洗腳次體乃至
留背弟子病先用和上物無者自用若從他求曰三時教弟子去莫近惡知識惡人看伴弟
子弟子病雖有人看而須日別三往語看病者莫疲厭比方佛所讚歎難今云弟子比丘不消納
為不欺誑信心慚愧精勤正念心存遠離恭敬戒律體沙門行志崇涅槃為法出家如是
比丘應當教授由能脩行能自達五故　大門第二明二師攝授法其和上攝行為依止大同
而明之就依止法亦兩一依止意者新受戒者創入佛法万事未知動便違教若不假師導達
誘心神法身慧命將何所託故律中制未滿五歲及滿五歲愚癡者令依止有德使諮承法
訓道成已益　二明得依止時節律中明洗足飲水已說依止十誦云好師難五六夜有好師乃至
一夜不依止得罪摩得伽五他所不相諳委聽二三日選擇比律亦爾五百問云若不依止飲水
食飲坐臥牀席日日犯盜乃至十夏不滿戒者罪同不依止　三簡師德因明諸師不同四分五種
一出家闍梨所依得出家者二受戒闍梨受戒時作羯磨者三教授闍梨教授威儀者四
受經闍梨所從受經若說義乃至四句偈也五依止闍梨乃至依止住一宿也和上者從受得
戒者是和上等者多已十歲阿闍梨等者多已五歲除依止若准此文四種闍梨要多已
五歲方另闍梨餘未滿者雖從受戒誦未得勝名若准此義和上得戒得罪比雖未
滿得名何損人上四闍梨不得換人而替依止和上容由一羯准作法非道始終若作師者
更須識法律中一師行德二種一簡年十歲已上二須具智慧三能勸教授弟子有七種共
行法更相攝養如和上法中摩得伽云凡欲依止人者當好量宜能長善法者及闍餘人比

受經闍梨所從受經若說義乃至四句偈也五依止闍梨乃至依止住一宿也和上者從受具
戒者是和上等者多己十歲闍梨等者多己五歲除依止若准此文四種闍梨要多己
五歲方号闍梨餘未滿者雖從受誦未沾勝名若准九歲和上得戒得罪此雖未
滿得名何損人上四闍梨不得於人而替依止和上處由一羯磨作法非道始終若作師者
更須諳法律廿一師行德三種一滿年十歲已上二須具智慧三能勤教授弟子有七種共
行法更相攝養如和上法中摩得伽云凡欲依止人者當好量宜能長善法者及闍能人比
比丘戒法何以能教誡不眷屬復何能云看爭訟不分部云者並不依止傳祇不得趣爾請
依止不能長益沙門道行佛令選擇取依止五師有破戒見威儀等並不合為依止四分十歲比
丘持一歲弟子往佛所佛呵責云汝身未斷乳應受人教授云何教人耶若師有法聽使
誦持弟子五百問云其師云非法而誦持若犯重曰說夫病比丘凡緣善見云若
不解律但解經論不得度沙彌及依止僧祇成就四法名為持律謂知有罪無罪知輕知重下
至知二部律得作和上三千威儀多有請二師方法及攝受共行之儀四明請師法律中由和上命
終云人教授多壞威儀聽有依止如上和上法令法倍增博蓋流布僧祇云亦得名師為尊請
文云大德一心念我某甲比丘今請大德為依止阿闍梨願大德為我作依止阿闍梨我依止大
德故得如法住三說（律云少語 如闍梨字）彼言可介與汝依止汝莫放逸五分云我當受尊教誡不者不成
先不相識者應問和上闍梨名字先住何處誦何等經若不如法應語云汝不識我我不識
汝可往識汝處受依止勿疑應語不住以宿觀之合意為受不合依止師不答許可者不成四分
云彼遣使受依止遣使與依止皆不成　五師攝受法大同前法僧祇云日別三時教三藏教法
不能廣者下至略知戒經輕重陰界入義亦受經時共誦時坐禪時以名教授若不令者
下至云莫放逸准此以明令聽講禪齋初學者並令依止每日教誡過成繫至不行不誦
徒度行道　凡請師法前以明之今並論意有四一作請彼攝我我當依彼慈念於濟二取道
法資神允令教授行成智立三白事已意我能依止受教如父四能遵奉供養慚愧二法在心
必具此四可得請他違此德德徒費言辭此有大德多人望重每歲春末受戒者多一坐之
間人多投請為和上者或十廿及至下座獨己無然此則允至而攝成師之義略同野馬
言之受同陽焰難合云五緣令如來正法沉沒若比丘於大師所不敬不重不下意供養
依止故及七則律不退五云二師亦不得以小事留弟子侵若於白衣前出鄙惡言應令當知
蕃如第廿三卷善見和上多有弟子留一人供給餘者隨意令讀誦僧祇弟子為王難師
須逆理為賊杖楚等免錢救贖不者犯罪今次明夫弟子法十誦大比丘從不比丘受依止
得一切供養如小事大唯除禮足毗尼盡作僧祇一切供給除禮足按摩若病時然得按摩應教
二部戒律陰界入十二因緣等義雖復百歲應依止十歲持戒比丘下至知二部律者晨起問
訊為出大小行器如弟子事師法　六明治罰呵嘖法有四初明合呵之法二依法呵諫三不應之失
四辯師出離　初中四分有十種謂無慚（在惡不恥）無愧（見善不誦）不受教（不如教行）作非威儀不恭敬（四屬不敬於下白居）我慢
難與語（戒福云及和上師教）惡人為友好往婬女家寡婦女家大童女家黃門家比丘尼精舍式叉尼沙彌尼
精舍好往看龜鼈律文如此今所犯者未必如文但有過者准合依罰置一而不問師得重罪

二部戒律陰界入十二因緣等義，雖復百歲，應依止十歲持戒比丘，下至二知二部律者。晨起問
訊，爲出大小行，若如弟子事師法。六明治罰呵嘖法，分四：初明呵嘖法，二依法呵諫，三不應之失，
四辭師出離。初中，四分有十五種，謂無慙（在惡不知）、無愧（見善不誦）、不受教（不如說行）、作非威儀（於不罵詈）、不恭敬（自居我慢）、
難與語（戒論云反戾師教）、惡人爲友、好往婬女家、寡婦家、大童女家、黃門家、比丘尼精舍、式叉尼、沙彌尼
精舍、好往看象馬龜鼈。律文如此。今所犯者未必如文，但有過者准合依罰，而不問師得重罪。
善戒經云：不貶訶罰弟子，令求於屠兒旃陀羅等。由此人不壞正法，不墮三惡道。畜惡弟子，令
多衆生作諸苦業，并生惡道；又爲聞名利養故畜徒衆，是邪見人，名魔弟子。五百問云：有
師不教弟子，自破戒故，後墮龍中，還爲本緣，反來害師，譬如彼闥爲其五過。五過方呵者，一隨犯
而呵，若隨犯即呵，乃能行戒。又若作此過，雖犯不罪，情無慙恥，理合呵責。三心怕懼撓脫懈而犯，
情過可通，量時而用，不必呵止。雜含云：年少比丘不閑法律，凡所施爲，受納衣食，違從逆轉，
向於死，或同於死。若捨戒還俗，猶正法律，謂同死苦；犯正法律，不識罪相，不知除罪，謂同死苦。是
故比丘應勤學法律。二明呵責法：凡欲責他，先自量己，內心喜恕，不有恒恨，但自抑忍，火從
內發，先自焚身。若懷慈濟，又量過輕重，又依呵辭，進退前出其過，使至非法，依過順呵，心伏順
從。若過淺重呵，罪深輕責，或隨憤怒，任縱醜詞，此乃隨心，哀斷未准聖指，本非相利，呵詞義
宜傳俗鄙，懷依出道清過，內懷慈育，外現威嚴，苦言切勸，令其改革。依律五法，次第責之。
四分云：弟子不承事，和上僧令五事呵責：一我今呵責汝，汝去（由過極重，遣速出去）；二莫入我房（得住寺住，在外供給）；三莫
爲我作使（容得來承，入房）；四莫至我所（外事淨營，不得來師左右，依止師呵改云汝莫依止我）；五不與汝語（過最輕小，隨得侍奉）。自三世佛教，每論治罰，
但有折伏呵責，本無杖打人法。比見大德衆主，內無道分，可承不思，無德攝他，專行楚毒，或
對大衆，或復房內，縛束懸首，非分治打，便引涅槃三子之喻，嚴苦違教，陵越經由，一子地
悲救心之兼，除傳行此罰。即涅槃云：勿殺勿行杖等，此言何指？不欲通解，輒妄引文，縱引菩
師，此乃引喻不關正文。如攝論云：菩薩淨心地得去分別智，方便具六行，菩生等十事云：濁
過失等。今時杖治弟子者，識起瞋毒，勇憤奮發，自重輕他，故加彼苦，若如涅槃，恕己爲喻，
則劇對不能忍之。又有愚師，引淨度經三百福罰，此乃僞經，人造，智者共非。縱如彼經，不起三毒
者得依而福罰，令順己煩惱，何得妄依？律中瞋心呵責，尚自犯罪，乃至畜生不得杖擬，何
況杖人。地持論中，上過罰類中，折伏下犯呵責，然云杖治。大集云：若打罵破戒無戒袈裟著身
剃頭者，罪同出萬億佛身血。若作四重，不聽在寺，不同僧事，若論罰者，於道退落，必入阿
鼻。何以故？此人必速入涅槃，故不應打罵。准此以明，則自知位地生報，冥然濫自欺枉，可悲之深廣。
如彼經。僧祇：若師呵責弟子不受者，當語知事人斷食。若出惡者，師自遣去，餘依止弟子師遣出
界一宿還。若弟子有過，和上爲弟子懺謝諸人云：乃至凡夫愚癡，何能無過？莫是晚學，責有之
罪，當教勅不作，如是悅衆意。三明呵責非法。四分云：盡形呵責，竟安居呵責，呵責病人，或不喚來
見前，不出其過而呵責等，並成非法。若被治呵者，相識謝而受，供給依止等，或被餘師呵而不爲，和上闍梨反
餘比丘等執事勞役者得罪。僧祇：與共行弟子、依止弟子與衣已，不可教試爲折伏，故奪者復折伏已，還
無罪。若與衣時言：汝此處住，若過我意，爲受經者乃與汝，後不順上意，忿奪者無犯。十誦：若欲折伏剎

BD14042號　四分律刪繁補闕行事鈔卷上　　　（33–15）

丕高心於各有真得所降文輕莫導令未以思竟各上所聞整直釋次依女須不恐生居僧未法剿

清淨乃不共相軌遠終三云戒務之益故先引勸聽後便文證 善見云何得知正法久住

於說戒法不壞具摩得伽云布薩者捨諸惡不善法及諸煩惱有受證得白法究竟

行事故名也又云半月半月白淨身口意前半月至今半月中間不犯犯戒若有犯者能

意所攝悔毗尼母清淨者名布薩義就中分三初僧後別初中分四一時節不同二雜法

眾具三正說儀軌四明說雜法初中五種一十四二十五三十六三日不同食前食後三若晝若夜四若

羯若減五時與非時前三並十誦文四分中三日說戒如上列也又云布薩日應說五分云八日十四日

說法十五日布薩僧祇食前亦得而不得晨起布薩得罪以後來比丘不聞故四分為外界鬪爭

比丘來佛令檀越說戒若知於十四日來十三日前說若十五日來十四日說若已入界當令入浴室內

比丘出界而說乃不得者白僧言不得說復十五日當說又不去者更增至十五日又不去張和

合說但白二夜不去三夜至三五須說見三三夜不說法滅又鏡傳於久律云拘睒彌國

六年不說佛尚在世何妨一國鬪爭不得安樂不隨聖果名為法滅律中同難疑惑其比丘

犯盜淫六布薩不同白法 僧祇相嫌廿年不說戒等 四分鬪爭來久不得說戒令塵和合須

非時說隨何日諍滅此日和說若僧具六和戒利身口意見等令不同見戒則三云僧載不成和合清

淨僧法故二明雜法眾具五分布薩時集妨行道佛令作時節如前集僧中十誦云行籌者為

檀越問僧不知數佛令行籌不知沙彌數亦行籌數之乃人施布薩物沙彌亦得雖不往布薩

羯磨處由受籌故 四分為受供行籌通沙彌也若未受十戒亦得受籌以同受供故如涅槃云

雖未受十戒已墮僧數乃行僧次理三他五分籌極短並五指極長拳一肘極麤不過小指極細

不得減箸有客來不知行籌收取數之人行一人收乃至收已數之知數已唱言比丘若干沙彌

若干出家人和合若干人四分云聽行舍羅此云籌也 五分若白衣以花散高座比丘佛聽之

比丘不得若白衣散花墮比丘身衣當佛求落高座上三云若比丘欲座座說戒當聽繞散花佛

皆聽之僧祇乃欲誦時當先洗手已捉籌如有香汁浴之又得餘人欲捉籌者亦復如是誦

毗尼時雜碎文句數難持聽作籌一有五百二有七百 若布薩日掃塔僧院使人泥治

香汁洒地散香花並燈火誰應呪願誦戒行籌並預辦之四分云年少比丘應具水瓶燈火等

具上座應勇分僧祇云若誦戒時應誦二部律三云若應誦一部若上座及座應誦無者

乃至能誦者誦為未受具人說五篇名得罪准四分得語一切犯者得突吉羅若說時不

得處後頭處後肩應脫草屣偏袒右肩行籌其受籌者無恭先行受具人籌後行沙

彌籌籌已唱法如五分 五分云上座應說戒持律作羯磨說於座上眠睡及抄衣又覆著草

屣或臥或倚不恭敬等並得小罪若上座說戒忘應授猶忘再授更忘應差人讀次誦

不得重誦若諸緣事起者明日布薩諸羯磨法並在說戒前作以是揚僧法故應直

說戒不得歌詠聲至八日十四日說法時白衣聞法歡喜布施者受之令維那呪願十五日布

薩時尼來請教誡乃至上座告云莫放逸等如後所說 四分開歌詠聲誦戒此是五分

廢教 十誦云知布薩法者盡應供養不者得罪以元佛時是人補處故說戒人先當誦

令利莫僧中說時錯謬三正明說儀此門布置依律不具今行事者通取諸部共成一法

便或卧或倚不恭敬等並得小罪若上座說戒忘應接續忘者更忘應差人續次誦
不得重誦若諸緣事起者明日布薩諸稱唐法並在說戒前作以是持僧法故應直
說戒不得歌詠聲至八日十四日說法時白衣聞法歡喜布施者受之令維那呪願十五日布
薩時尼來請教誡乃至上座告云莫放逸等如後所說　四分開歌詠聲誦戒比是五分
廢教　十誦云知布薩法者盡應供養不者得罪以元佛時是人補處故說戒人先當闍誦
令利莫僧中說時錯謬三正明說儀此門布置校律不具今行事者通取諸部共成一法
而諸家安設各有不同今取善順道者二師為本餘則引律誠文　補取中土十一前須處所中
國布薩有說戒堂至時便詣此之別所多在講食兩堂理須准承道皆築地中國有用混
床類多以草布地所以者尼師壇者皆為敷於草上此間古者有床大夫已上時後施安諸
斯以下然皆席地東晉之後床方始盛今寺所設率多床座不得輒用要於本事行時多
有不便隨處量法二衆具者律中舍羅燈火水瓶坐具等并沙彌比丘先須辨之花香在灌
前具辨之說戒日上座白僧令知今時維那打靜告白言大德僧聽今黑月十四日衆僧和合
其時某處說戒布薩餘如衆網中四鳴鐘傳集不屬沙彌並須入堂乃沙彌有緣依法為
欲後須籌數若猶有聞長之相盡界求覓喚之若云有相依法而作沙彌大僧二處各說戒
者鳴鐘之時各集二處應從聞經偈讚一合云降伏魔力怨除結盡無餘露地擊犍椎比
丘聞當集諸欲聞法人流度生死海聞此妙響音盡當雲集此　次入堂時便合掌恭
敬禮說偈言持戒清淨如滿月身口皎潔無瑕穢清淨和合無違諍爾乃可得同布薩
說已各依位次而座如上五分恭敬具入識比是極教所遣攝僧根本之教不比尋常諸
餘法事　五明供具有沙彌淨人教令擿花香米辦葉鉢盛五器三器并花辦交錯
羅列當中乃至又時或云花月當具沃花以物席地僧中布設并香爐籌案高座案具
並令嚴正使有可觀　六明維那行事應年少比丘三五人助辦所須各具備盛僧維那取香
水及湯次第洗手已持水湯至上座前胡跪並上座洗手已取籌浴之各說偈言羅漢聖僧集
凡夫衆和合香湯浴淨籌布薩度衆生若上座老年或不解時事者維那自浴籌已餘者
淨水香湯隨多隨少各取行之令一年少比丘持水行之各說偈言　八功德水淨諸塵灌掌去垢心
無染　執持禁戒無缺犯　一切衆生亦如是依安師古法應左手執手巾下行之維那執籌唱白者
令餘人行之又香湯淨巾亦令又令人持香湯行之各說偈言香水熏沐澡諸垢法身具足五分
充服若圓照解脫滿群生同會法界融之二偈各在座前後之不得一時也又水湯二物但得灌
掌恭無輒口之事往之有之自出愚見其維那浴籌已至上座前打靜處五左手籌右手捉
打靜椎其柄以須香水淨已打靜法如雜法中當舉手打一下告云大德僧聽衆中誰小者未受
三說　狠謂狠搦眼具護謂監護法事　有云并供養收籌者　准上文中已具　又打一下唱云大沙彌入
三說已有解云大沙門者實頭盧也准律恐不集者更相於之拔作法命之不屬賢聖有言前加一曰
未受具者出等四分說戒不得安與沙彌說戒本說戒人自唱令出若依僧祇三律維那在前唱出故
彼戒本云說戒者言未受戒者已出等乃高座誦外宗戒本維那依前唱出不消道及不清淨
者出以言中所屬事在高座序中或自發露便應說戒如是唱訖又打靜言大德僧此衆

三說 收謂收攝 具護 謂監護法事 有云并供養收籌者 准上文中已具 又打一下唱云大德僧聽外有清淨大沙門入
三說已有解云大沙門者賓頭盧也准律恐不集者更相捉捉作法命之不爲實聖有云前加一句
未受具者出等四分說戒不得安驅沙彌沙戒本說戒人自唱令出若依僧祇三律維那在前唱出故
彼戒本云說戒者言未受戒者已出等今高座誦外宗戒本維那依前唱出不須道及不清淨
者出以言中所爲事在高座序中或自發露便應說戒如是唱訖又打靜言大德僧此衆
中小者已收誰未受具已出 誦四分戒本不須此言 外清淨沙門已入內外寂靜無諸難事堪可行籌
爲作布薩我某甲比丘爲僧行籌作布薩事僧當一心念作布薩願上中下座各次第如
法受籌三說已言并受爲授籌便來至上座前手跪授之上座亦偏袒手跪合掌請僧一
時遍上座儀式上座說偈言 金剛無等解脫籌 難得難遇如果 我今頂戴歡喜受 一切
衆生亦如是 說已受取兩手擎而頂戴之或可受已頂戴說偈 彼後收籌者至上座前
各同威儀當還籌時後說偈言 具足清淨受此籌 具足清淨還此籌 堅固嚴淨無悲
一切衆生亦如是 便罷此籌亦得後座待供養已如是展轉乃至大僧說收籌者來至上座
取已便數知之維那後來打靜一下云次行沙彌籌三說已有沙彌從住坐處行之并取爲
授者乃至僧中一遍過告云沙彌籌或有大僧將欲來者如是取已依前付數維那後至上座
前手跪取數時上座當告云僧有若干沙彌若干維那此起打靜云大德僧聽此一
住處一布薩大僧若干沙彌若干都合若干人各清淨出家和合布薩上順佛教中報四恩下爲含
識各誦經中清淨妙偈 僧祇說云 清淨如滿月 清淨得布薩 身口業清淨 爾乃應布薩
各沙彌別處 說戒如後別法 七明請說戒師佛令上座說戒從前已列若依須前請應比
上座前具脩威儀手跪已合掌白言大德慈悲爲僧說戒若堪者比說戒事一切當我作便比
唱云若不堪者云但比說戒任當某甲但爲老病言辭濁鈍恐惱衆僧今次座說比至次座亦
如前請若辭不說應至上座云次座亦辭不堪上座先須知有誦利者應語維那至某甲所云
僧差說戒彼至前具述已還至一打靜前陳告之若次座不堪不須次第問下准上僧祇
但得次座也彼應起告僧言大德僧聽僧差律師某甲爲僧誦律梵音某甲律師其
高座彼應具脩至僧中四面禮僧已手跪白言 小比丘某甲稽首和南敬白衆僧僧之差誦律
恐有錯誤願同誦者指授 白已一禮昇座 八明供養說戒法若有高座嚴善無者在聖僧座
上抽聖僧座在下敬說戒者坐已維那打靜小者供養梵唄作之若律准文明置如法要律儀
云如比梵聲國語翻爲正斷也又云正息由是外緣已止已斷令時寂靜任爲法事也彼五三年少比
丘持香水僧前左右洒水留中空處擬行來也香湯及花亦同水法散洒已餘有中央當諸水
花合着一瓶物使一頭卻行布散使及兩邊空器後本處使人後座當散花時各說偈言華嚴莊
云散花莊嚴淨光明莊嚴寶花以爲帳散衆寶花遍十方供養一切諸如來彼供養者待散花已無
後作禮之捻香已執香爐向上座所坐方手跪注香爐中維那云行香說偈比安法師每有僧集
別供養後見繁多今一人代衆爲之廣如本文各說偈言 花嚴云戒香定香解脫香光明雲臺遍
世界供養十方無量佛見聞普熏證寂滅 維那打靜說供養去後座維那仍本位 九明問若法

BD14042號　四分律刪繁補闕行事鈔卷上　（33–19）

說若不解者應語慎莫放逸便散是佛之累囑法久住而世有住寺輕此教
綱故遠不說淨行識漸於大法无有滋味是則出家无有利益口言佛是我師師教拒違故
是外道弟子若有犯重罪不須聞戒從在寺內則亡別衆若經懺悔來亦隨意僧殘是懺悔
懺訖得聞如律所顯若座上憶得莫聞疑識對衆發露恐大衆鬧亂者心生口言自陳我某
甲犯罪為過說戒待竟當懺悔便得聞戒若於罪有疑亦准此陳露 •四明略說戒法 四分
若有八難王賊水火病人非人惡蟲惡人難者取乃捨去及人欲執縛比丘也餘緣者若大衆
集床座少若衆多病若座上覆蓋不周或天雨若布薩多夜已久（謂懺罪人）或鬥爭事或
論阿毗曇毗尼或說法夜已久（乃相未出迴略說戒十誦云共伴行若住長說不住多經久也賈略說不住三語說）聽一切衆未起在白衣前不得口言心念今日布薩說戒乃至有寄
有命梵行難能鬼之怖皆不得出聲心念口言今日說戒 五分貴人惡獸地有草棘蚑地
寒闇夜地有泥坐迮僧祇若過暮天陰風雨老病不堪久坐住處衰逆皆開略說十誦聽
在諸王前說令心清淨除大臣兵衆還去 五分說戒時賊（賊）來應遷歷誦經莫令絕若有一方
衆主經律徒衆者每至盛夏嚴冬準前略說云時不食上應告僧言今說戒日十方賢聖所
共同遵並願衆僧同時集會乃至知衆疲當為略說勿事他緣自生厭法 僧祇律第卅四
廣五布薩上座法 五分云亦應以小事囑授應在頭處說 第二明略法略有二種一者略取稍
取諸八篇題者二者略却謂隨篇種類說戒師當量事緩急觀情進不緩則為廣卅九十略
其餘者急則為說序已餘隨略之說者方便如廣說法至序竟問清淨已應言諸大德
是中波羅夷法僧常聞乃至諸大德是衆學法僧常聞一一各題通法七滅爭下如法廣說
至末文也 四分文中不了但言餘者僧常聞今准毗尼母論說也若難緣牵至說序文已去餘者僧
常聞若不得說序者今十五日布薩時各正身口意慎莫放逸已便隨意去上來就緣而說據減准
前一事有遣並諸正罪比人行事者云已說卅法僧常聞說言已說則對衆妄語並可准前
或有略緣正而不說並通治罪故須明之 二明人少已上別法律云若獨住者誦說戒堂掃治具
調及待客比丘來若四人已上白說戒若三人若二人各各偏袒合掌說言三大德一心念今僧十五日
說戒我某甲清淨三說若二人相向說比如上三說若一人心念口言今僧十五日說戒我某甲清
淨三說若獨行山野衆落无人處同比法若犯罪者亦應懺淨不犯者心念便說若有至
吉羅已上犯懺及識戒者若發露懺者待人律无明斷今准通解者須發露懺云七日衆僧說
戒我犯某罪不應說戒布薩三說五百問云一比丘住處不界至布薩日先向四方僧懺悔
三說已獨坐廣誦戒本 安居策脩篇第十 受日法附 夫靜處思微道之正軌理須
假日退仍策進心行隨緣扶以大志唯尚並不許馳散亂道妨業故通制三時意存拔遣文
備約夏月情在三過一无事遊行妨修出業二損傷物命違慈實深 三所為既非故招世
譏以斯之過教興在茲 然請義不无指歸隨命故夏中方尺之地悉並有蟲以正法念經
云夏中除大小便餘則跏趺而坐故知護命為重佛深制之必受聖言罪在不請結業
自漂永流若海極識必依文故之初中分五一初安居緣二明分房法三作法分四明夏內遇
緣成不五迦提五利解界是非初中分三一受及是非二請時不同三一夏閒迷從初中四分云得
在閑上起不明頭陀葉口之蔭一座如是乃至不屋山窟中坐樹容騰之障不雨者

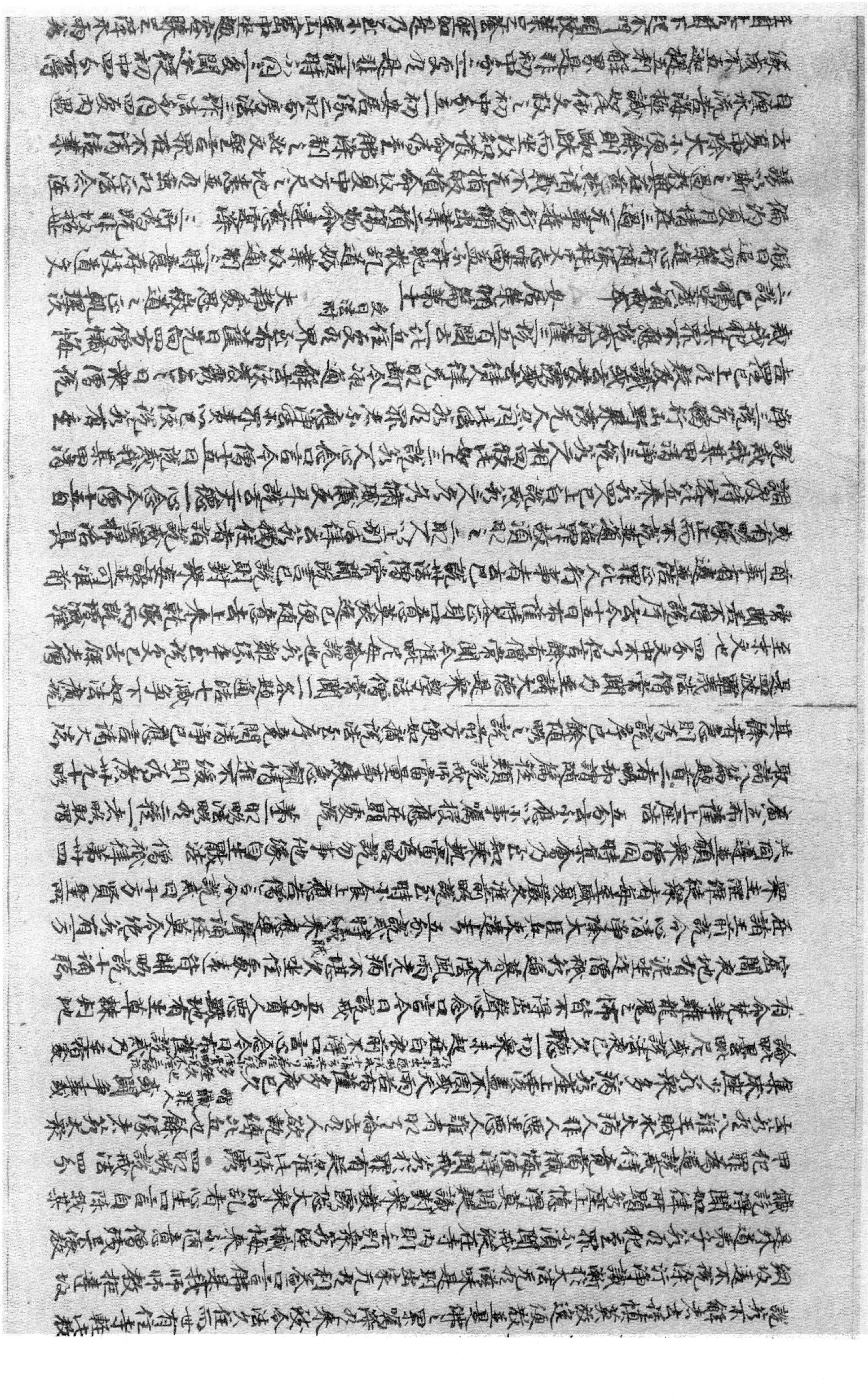

備約夏月，懷在三過：一无事遊行，妨廢道業；二損傷物命，違慈實深；三所爲既非，世
譏。以斯之過，故興在茲。然諸義不无，指略損命，故夏中方尺之地，悉並有虫，比丘法尒淫
云夏中除大小便，餘則跏趺而坐，故知護命爲重。佛深制之，並文聖言，罪在不請法業
自淨，不流苦海，極識如是，依文敘之。初中分五：一初安居緣，二所分房法，三作法分日，四夏內遇
緣成不，五迦提五利解界是非。初中分二：一受九是非，二法時分因，三夏閏延促。初中四分云：得
在樹上安樹下起不捫頭，枝葉已蔭，便如是，乃至不屋山窟中坐，趣容膝足，障不雨處。
若依牧牛人、押油人、船上、斫杼人、依聚落等，並成。又云：依牧牛人已下五處者，若安居中移徙隨所去
處應去。文中不了，五分云：諸依如上者，先請作任意，得依安居，中間忽去，隨信樂衣食豐
之處去。不言夫夏 若在无護處、劫賊、塚間、鬼神、蜂毒、虫窟、露地，若有梵命二難，並不成安居。明
了論五種成安：一處所有覆；二夏初十六日，謂爲成前後安居日故；三若東方已赤，謂十五日夜分
盡，則東方赤者，是十六日，限爲破十誦說家要今十五日及界宿故；四若在利住起居心，三種：一爲
自行，二爲利他，三爲掛理三寶，脩治房舍，一脚蹋界，起居心即成；五在處五无過：一太遠聚落，求
須難得；二大近城市，妨脩道業；三多蚊虻難，或嘍蝎惡人毀傷彼命；四无可依人，其人具五德，謂
未聞令聞，已聞令清淨，能爲決疑，能令通達，除邪見得正見；五无施主施飲食湯藥。无此
五過，乃可安居。四分摩得伽云：大月比論。十誦云：无人深山可畏，受亦應住。五分云：若在无救
處，先知无妨害，然開。欲安居時，先思量有難无難，應住。毗尼母云第六卷中大比安居方便
法用文繁不錄，乃至安居上座於一切僧集時、食時、粥時、藥時，應白言：今時許已過，餘有尒許
時在，若行此等行法者，是名僧父母，是名僧師。二法時前後。由夏中壞行義多招譏，後
重故。又云：自今已去，聽三月夏安居，春冬遊少无量，不依同法，吉羅。問：爲但法三月者，重
死待形，必假資養，故法前三月，開後一月，爲成供身衣服故。若四月盡法，則四月十六日得成
必有羌脫，便不得法。故法大意，用難常准，故如來順物，始從十六日至後十六日，開其一月，增
法令成。上約三時分別，今但就夏，又有三時：初四月十六日是前安居，十七日已去至五月十五日名中
安居，五月十六日名後安居。故律中有三種安居，謂前中後。又前安居者住前三月，後安居者住
後三月。雖不云中三月，然文中具明前後日數，中間不辯，於理自明，諸文並列，如後法中因況明後一
賞前罰後。四月十六日是前，十七日已去法志並不得五利，故名罰也。二得罪前後，五月十五日已
前名前，以有緣故法不法无犯，无緣吉羅；十六日去緣與无緣皆法，一界唯除難事，尼四僧殘
唯有損利。三難事先後，五百問云：從夏初日有難事不得法，而不出本界，至後夏來，並名前。並
是名卅日安居，同至七月十五日受歲。若五月十六日安居，唯得一日法，後七月半已有難去，可隨无
難日自恣，是一日安居，卅日受歲。三夏閏延促者，依閏安居，无有正文，比於薩婆多云：夏中
有閏，受雨衣得日卅日，彼衣開法尚依夏閏，而受夏是制教，理宜通護。又涉本安居，要心三
月不出，今夏未滿，閏中出界，豈非相續而滿？是以破也。若不依閏者，數滿九十日便自恣。摩
得伽云：安居已至，依閏月數，安居日滿自恣，已受迦絺那衣，即此衣成受不成受，謂依閏不
依閏。既二文兼具，至時隨緣，夏初要心取閏，不得依伽論，若文前者通二論兩文。問：受一月日
得竊閏六十日不？答：不得，以安居緣清淨至自恣，受日出界訖業出開，非是正依限承

有閏受雨衣得百廿日彼衣開法尚依夏閏而受夏是制教理宜通攝又法本安居要心三
月不出今夏未滿閏中出界故非相續而滿是以破也若不依閏者數滿九十日便自恣摩
得伽云安居已至作閏月數安居日滿自恣已受迦絺那衣即此衣成受又謂依閏不
依閏既二文兼具至時隨緣夏初要心取閏不得依伽論若反前者通二論兩文問受一月日
得攝閏六十日不答不得以安居策修靜住有益受日出界亂業此開非是正修限依
一月不得過　法閏五事賞勞得攝五月一月會閏二六不答十誦不開由是開奢法令約閏
月法之進不三例若閏五月六月亘百廿日任若閏四月者從四月十六日至閏月一日法者並四月任
若閏月一日已後法者漸漸轉少以越閏月過取五月一日實夏成正法故若五月一日後法者皆
亘任以數滿九十日故三若閏七月者從四月十六日後五月一日法者盡三月任由未至閏故五
月二日以後法者皆四月由九十日未滿入閏月不成數故餘如疏鈔　二明分房舍臥具法
四分因客僧受房得不好者恒責僧令客僧欲安居者自往看房舍臥具已然後分之白差
一人具不愛恚等知不分可分五德已羯磨言大德僧聽若僧時到僧忍聽僧差比丘某甲分臥
具房舍白是大德僧聽僧差比丘某甲分臥具房舍誰諸長老忍僧差比丘某甲分房舍
具竟僧忍默然故是事如是持　彼比丘得法已起禮僧足白云一切僧各將衣物集堂不得使往
處有餘物集僧一時房內各將道具計集記彼知事人依律數房舍臥具何者好惡何者經
營房主先問經營者欲住何處受房已後便數知僧數至上座前白言大德上座有如是房舍臥
具隨時意所樂便取先與第一上座房次與第二第三乃至下座若有餘者從上座更分後有
餘者更如上分故多者開客比丘住處分恐比丘來不應與時有得弊壞房不受佛言隨力
脩治之隨僧食上下平等房舍不爾隨上座選者若食可平融一味義通十方房舍臥具
事有好惡兼復美好不同限日非促故任上座而選問若爾利養等物何制相參不見者擲
籌答此現前等分通有一分故制參亂授籌而取僧祇云不得與沙彌房若師言但與我自為
新理者得若房多者一人與兩口已不得不受違者不為受用後與為治而後與差春冬付
房具通二與若上座來隨次第住若安居付房上座來不應與任當令捨受住四分安居
竟客來不應移若分房舍不得分衆集受之知有列房好處當於夏前書知名字
此夏訖便滅名而去　三明作法不同分二一設教對緣二用法分齊初中律列四種初對首者比
適諸界今且就伽藍如法當對一比丘具儀言大德一心念我比丘某甲依某僧伽藍前三
月夏安居房舍破治補故三說五分彼人告言知莫放逸答言受持義加依誰持律者
答云依某律師若有疑當問若依聚落林野等改前伽藍住處隨名牒入新理於
治隨事有无不同昔愚皇素聚落也問依寺所以新理資具者答彌治僧房開通
三世前人新理得令受用令後從理以補將來若闕不備三世不便問持律五種並須解者
答四分云春冬制依四種一謂誦戒至卅二至九十三誦比丘戒本四部戒本夏中多緣故須善通
塞世制依第五謂誦二部律所以須者五分云有比丘自不知律又不依持律安居夏中
生疑又无問處乃至餘言往持律處安居若房舍生者聽近持律師七日得往返又於
中安居心念遙依有疑往問若已法前夏遇緣破者隨日法成四分云比丘夏中不依第五律

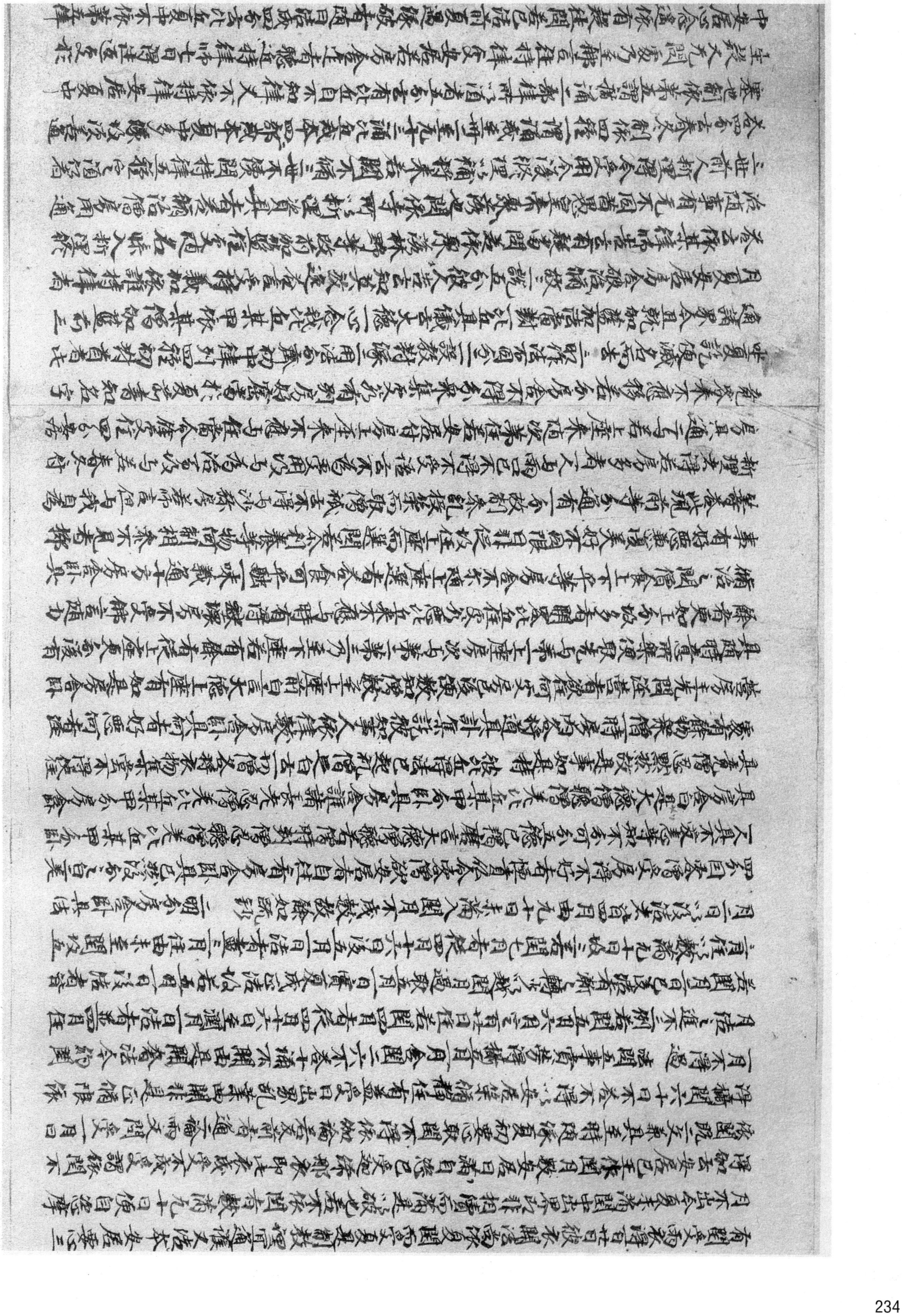

三世前人祈理得合受用今後略理以補將來若闕不備三世不續問持律五種定須何者
答四分云春冬制依四種一謂誦戒至卅二至九十三誦比丘戒本四部戒本夏中多緣故須善通
塞世制依第五謂廣誦二部律所以須者五分云有比丘自不知律又不依持律安居夏中
生疑又無問處乃至佛言往持律安居若房舍遠者聽近持律師七日得往返受於
中安居心念遙依有疑往問若已結前夏遇緣破者隨日結成四分云比丘夏中不依第五律
師波逸提春冬不依得突吉羅中安居法律有白無法世中通用後安居法然律列三時今取
三名顯列准義三法不無既明前後中間例准（如鉢量制上下定中間不顯而知）應言我某甲比丘依某處中三月
安居三說然用舊法理亦應成後安居者於五月十六日同前所對之法唯改前置後之一字
二明心念者（律中無所依人可自作心念）當具修威儀至靈廟前發願乞安隱修道等心念口言我某甲依
某僧坊前三月夏安居房舍破脩治故（三說）往受多種准前對首若中若後亦隨二改　三明忘成
謂先要期此界今從外來為本心境相應雖忘開成律云忘不心念者若為安居故來便成
安居故知從人不入開例由本無心故不成要理在道限外來為百不為脩安雖忘不開以
非為安故來也　四明及界者園一腳入內明相出佛開為安來者成餘廣如疏　二明法有齊
上四安法約時通三位約處通二界約人通五衆（十誦佛制五衆安居乃至沙彌尼等四分亦尒）
約法者對首心念後始卅日結有閏六十一日忘成及界人云唯得前後二日中開廿九日不得用
以初一法容預而作故月一日結之後二曲開畏失前後故局一日中間之日已不及前何畏失後故
不開也　又云唯在後夏之日以佛開成有益餘隨憶作法以時容預並非聖言以意用也　四明夏中
遇緣失不者初明有難移夏後受日逢難初中四分云二難梵行者本時婦大童女婬女黃
門伏藏皆因人來欲誘誦比丘恐為淨行留難二者鬼神惡賊毒虫惡獸不得如意飲食
醫藥及隨意使人我命住比丘為我命作留難律云聽去准此結成有從初去日亦須勢
竟安身受我未得已來雖逢宿不破夏以非故懺心故及前不見以破安居有得緣受夏法
隨身無淨無緣出界便破夏也已結成後其本界無難然不得及來須有緣及法也　五分
食不足父母親屬苦樂等有住恐失道　意怨破安居十誦善見安居中有緣移去無罪
不言得夏四分亦尒明有論夏中有八難棄去無犯疏云餘者親情及知識等誘引罷
道或作惡也梵行者乃至住受多有慚愧易往還恐犯重罪不云得夏並云得無摩
夷云移夏不破安居四分衣法中二受安居二受又隨半受衣　十誦僧祇命梵二難移夏二
受安居乃至自恣受取衣破安居人不得衣分准此無夏不成乃受理應得夏　問過
緣出界忘不受日作法破夏不若諸部無文五百問云夏中忘不受七日出界行憶即懺者
得（一坐中不得過三悔過三悔不成夏）（謂若憶悔本慈心即應返）　問因事出界水陸道斷等難不得返界
失夏不答律部無文昔高齊十統諸律師共評並云得夏　問界外宿明相欲出得會夏不
答若准僧祇衣界准得必須入頭手足等於界內若外五不得若依大界安居戒場及
蘇小界等入中明相出破夏以依大界外伽藍者通往彼此二界不失（謂結夏在前結界在後者）　若依大界內
伽藍者出門破夏　小界亦尒若根本通依大界不知二界相別者隨本行受不失皆謂與本心還
[illegible]四分[illegible]前後安居見有二難當

失歲不若律部无文昔高齊十統諸律師共評並云得夏　聞界外宿明相欲出得會夏不
善若准僧祇衣界准得必須入頭手足等於界內若外五不得若依大界安居戒場及
餘小界等入中明相出破夏若依大界外伽藍者通往彼此二界不失謂法夏在前結界在後者若依大界內
伽藍者出門破夏　小界亦然若根本通依大界不知二界相別者隨本行處不失皆謂身在心攝
故義張兩失並須依法界急隨房受而不得越界分齊四分云若前後安居見有二難當
白僧越求移去若聽不聽俱應自去破僧和僧律開去也事希不出　二明得法有緣不來
四分受七日出界為父母兄弟姊妹本二拯通等至者留之過日不來得為為鬼神等不
道斷盜賊虎狼諸難因前得成准此難靜即還反界因此僧以破夏僧祇夏中白和僧尊
不得逆迴直道而去至彼中前和了中後即還為侍往者准此破夏　五明迦提利法四明解請界
法初中九四月十六日法者至七月十五日夜分盡說名夏竟至明相出十六日後至八月十五
日已來名迦提月明了　論云本言迦絺那為存略故但云迦提此翻為功德以坐夏有功五利賞德也廣如
自恣後法　次明夏中解界法人解者言破夏者以佛令夏竟解法也比處引聖言律云安居
竟應解界法界者為諸界同受功德衣也先捨通法同受共解別法　梵文十誦文疏中亦
明本非為夏難不古人云安居不竟解界破夏者亦可安居未竟自恣破夏文並二解兩爾
相通若夏內解界令言先結但法夏情限不同故須分別若本依大界安居後解更法大者
無難依本受有難准僧祇開之若本依自然後法作法若狹還依本　若覓同前二緣
二明受日法夏中九緣故聽受日並准聖言依法加受　妄自離心受又而破夏虛損信施可
悲之甚故委示焉　就中分三一心念二對首三衆法總分三別一通辨前二緣是非三依位解釋中
三種受日有四不同一對人不同七日非僧別人是成半月一月非別人法唯僧得成若手不得十
誦問何受受七日佛言界內從誰受　從五衆受二對界有七日道二界羯磨為依法可知
三先後者先用羯磨受後受七日得成隨緣長短不同古法唯前七日後方羯磨問先
得羯磨後隨緣七日者何故羯磨云受過七日若此言過未盡過羯磨是過七日宗法非
謂言已用七日竟言過也四明利益多受七日用竟羯磨受未隨得於七日未用或用盡
文九異緣或是七日過緣文受半月未前法師既謝由羯磨法羸損故不得一身二法限應用
也律云不及七日還聽受十五日令七日法在已　延有餘緣故知前法壞也若前羯磨受日要須
用盡方得受十五日此多有之謂受一月不盡二及請七日相帖滿卅七日用之良不可　二對緣是不
就中分八　初定緣是非者凡受日緣務要是三寶請喚生善滅惡者聽若為請喚
為利三寶非法破戒有難雖受不成要教為夏計為尋法習受利養化及法界竟
去自長己夏受施耙量為為緣己衣鉢藥草如後業成為為治生覓利販賣生口牛畜
等物或為三寶並破夏得罪　五百問云治生破戒得財造佛得福不　答尚不免地獄何況
得福薩婆多云治生造佛不應礼拜等廣如後文就緣分五一三寶境界緣僧祇中為塔事
四分佛法僧事五分亦爾准此乃為大寺諸受緣者開之若自受他請畫造像寫經反白經
營佛僧或為俗人從為僧家佛事非法乞求並是邪命破戒得罪二道俗病患生善滅惡為益

等物，為三寶，並破夏得罪。五百問云：治生破戒得財造佛，得福不。答：尚不免地獄，何況
得福？薩婆多云：多治生造佛，不應禮拜等。廣如彼文。就緣分五：一、三寶境界緣。僧祇中，為塔事
四分佛法僧事；五分亦爾。准此，乃為大寺諸受緣者開之。二、為自受他，雇畫造像、寫經及自經
營佛像。或為俗人，從為僧家佛事，非法乞求，並是邪命破戒得罪。三、道俗病患，生善滅惡。為蓋
被而无，為利。四分中受戒、懺悔、布施等，聽去。十誦開為誰受七夜。佛言：為七眾興福，從說懺悔
受戒、問疑、請法，有病遣難，但使前見便生善滅惡，應去。若遣使不遣使，俱得受。五分中，若聞
父死，有八難起，不應去。三、父母、大臣信樂不信樂，俱聽。律文如此。餘況俗人生福信樂，聽去。无信
不聽。必有力生信，義應開往。四、為求衣藥，乃至藥草，乃自病重不堪受日，聽直去，不須受
之。如上安居命梵難中說。今時有人為求衣藥等，多受請日，准過知足戒，失三受之。三、尚法捨
隨分，則長財豈足而歎三衣，此乃捨制，教聽未隨佛化，必長財資具，俱受准奪衣戒，直示外
乞藥草等物，然謂自貪，住受及受日往返。受元者，聽若受上，得辯非緣不成。五、為和僧護法。
四分中，乃同界安居，因我故鬪，外界僧尼鬪爭，須我和滅，聽直去。並和滅之，知難知約緣而受。
不傷大理，律无正斷，故上五緣中律云：不應專為飲食，故除餘因緣衣、藥、草等，是也。今反受
中多為乞麥，要言為衣，缺(?)為而乞。律法正罪，或曲命別請。今他請白，皆不成也。律中諸請一
一遣信別請，為父母餘人同。十誦中並不為己利故也。二、對事離合。但使前是應法之緣，隨為多
少得合受日。如懺僧殘多罪，同法財，文中具衡。應云：今請七日法，出界外為撞(?)請并僧事等。
還已安居，三聽之受者。為所為緣，現緣事為受，必无受之事虛構成緣，或倚傍音言，仿像未
安，輙便乞法，不成淨罪，由事虛限過日數，志冒法不相投故。四、早用還為，餘受七日已用三日更
有法事便通，餘用故不得也。必有本緣，得異道。由十誦中，白除殘夜用，謂同是一事，未了，餘夜
白用，非謂異事。今於本並因三寶之事受，隨所早用並得。以俱是法，故於三寶之事，後生不是前緣
三寶之反他親緣，並不開之。由本无心，為受故，乃至為張家施物，受日後受施，若留受戒，太急不應
住。无法故，於一家通緣，准心應得，開此界內僧，為到處之病人，受日得，不若餘是生善故得。
問：僧次請，大得受日不？若律制，一請亦得通受。問：得受他請請受日不？若僧次，應別請不合，以非施
重處有緩離，如疏述也。但事緣如法，无問多少，一切通開。若是犯戒緣者，一受不合，故律列諸緣
從云未聽，我如是事去，不言不得重去，且約為事信樂父母，則有四重，況餘難清損(?)，設限局五
分，於乃許无。若須出界外一切聽受七日。十誦中列多七夜緣已，文云：若自為身，若為他身，若
不遣使，若遣使，應聽去一七夜，不聽二七夜。謂一時頓除二七日，前後重用，若准和僧，於一事上不
許重受。並彼有不請之文，竟於四分重受，不開文非，可理須通明。五百問云：受七日行，未竟
七日還本界，後更行，不須更受，滿七日已，乃後更受。明了論中得受文疏，解云：前請七七事了
還出界內，第八日更請七七，出界，前此論真諦三藏翻。中國親承事，寫得自執。隔不見通，疏云
三千仏化乎？余親聞見中國翻經三藏及中國來者云：彼減度，本無九十五一夏三。彼受日法隨
事如法，並觀上並明。餘請如疏鈔。六、明受長短。從今前受難，止三日，一日皆須七七。法律云：不及
日還，聽受七日去，受未一日，在五作七七法。並法指他法，更亦亦依，既得選由，緣經兩東淺(?)

還出界內第八日受請七日出界當比論真諦三藏翻中国親承事寫得自執一隅不見通途
三千仏化乎余親聞見中国翻經三藏及中國來者云仏滅度後無有五一夏三夜受日法隨
事如法並如法並用餘猶如疏鈔　六明有長短從今前有雖四二月一日皆須七日法律云不及

已日還聽受七日去夏末一日在已作七日法若法指定作法處亦者路近得還由緣經宿亦須
受七日　僧尼不同四分尼律中開受七日不云多僧祇尼無羯磨受日法若有事行者
受七日去比丘尼眾同僧法者但命緣至三法受日四分無文僧祇明斷足是指歸不勞別解所
以不同者尼是女弱不假多遊入俗外化生善義少但開七日為濟別緣八有緣不來成不由
所請緣謝法亦無施便失法也此須反界不反破夏明了論云請七日出界說有多不還破安
居得小罪十誦明文不許任僧祇意亦同之　三正加法前明心念法十誦五種人請獨住等心念受
日我界中乃人堪并不待心念不乘亦待不得界又無人具儀心生口言我某甲比丘今受七日
法出界外為某事故還來此中安居三說比謂無比丘開心念我乃涉餘者作念已告以有
緣令請七日出界我乃以還須知之十誦令五眾受日五還是受准法當衆作法作之無者依
前言告其涉餘受日如下列法二對首受法應具儀對比丘言大德一心念我某甲比丘今受
七日法出界外為某事故還來此中安居三說然心念對首二法諸部無文但開受法於傳
准羯磨白文雖非仏說義准無失故受七日事用並七日用且得以本緣在故故無法謝不同
七日藥故已滿限病對失故爾病住法處並若由仏制之如論之非之七日藥病得問比
請七日得並夜不益不得以文云至第七日當還不同十誦彼以文中受七夜故又不得改之七夜
以部別不同恐不得輒四分羯磨用僧祇有說具如諸部別行法中三明眾法前為之緣同
前通用但之有是半月一月緣太有應羯磨前同存單之人由不受受七日有濫要須
須計理無傷此並引七日令有用一月羯磨比自行心教　有明對餘同前釋今加法中乃
四分因二宗羯磨文相可見第三無依所撰羯磨增加之餘舉世同行有須略述令正學宗
並依律本恐輒內之餘增加羯磨律云如白羯磨法作今既示如可知非教又諸部並無之文
不得准者止可隨其理網挻教通之開用舊羯磨受可得不當應感來雖增加之辭
而羯磨大宗無失第四人依律出文云大德僧聽今僧時到僧忍聽比丘某甲受過七日
法十五日出界外為某事故還來此中安居白如是大德僧聽比丘某甲受過七日法十五日
出界外為為某事故還來此中安居誰諸長老忍僧聽比丘某甲受過七日法十五日出界
外為某事故還此中安居者默然誰不忍者說僧已忍聽比丘某甲受過七日法十五日出界
外為某事故還此中安居竟僧忍默然故是事如是持其一月日法准前著之不得從
誦十五日者　三新聞雜相名夏中執大受日者多因緣受者二人二人應時稍多十誦聞之

若依界安居我場多餘不界內不成受日以非本要心處故乃無大界依伽藍院者乃該
請二界隨界受日並成莫非所要地故從入戒場不破夏而離衣若本院　大界不於伽藍便依
伽藍而坐者由仏制依界故有夫不成受日不得止得却縮界於界相餘猶如疏上文義非看之

自恣宗要篇第十二　迦絺那衣法附

然九旬脩道精練身心人多迷己不自見過理宜仰憑清
[illegible]

外有某事故羯磨此中要作者理此誰不忍者說僧已忍聽此比丘某甲受過七日法出界
外為某事故還此中安居竟僧忍默然故是事如是持其入二月日法準前着之不得後
通十五日者 二新與聞難相并及中訖大並受日者多因緣受者二人三人應時稍差十誦開之
若依界安居戒場及餘小界內不成受日以非本要心處故有尤无大界依伽藍居者於後
法二界隨界受日並成莫非所要地故從入戒場不破夏而離衣若本居 大界不於伽藍便依
伽藍而坐者由佛制依界故有夫不成受日不得出得却僧界於界相餘 廣如疏上是義決非者之

自恣宗要篇第十二 迦絺那衣法附

然九旬修道精練身心人多迷己不自見過理宜仰憑清
眾垂慈誨示縱宣己罪恣僧舉過內彰無私隱外顯有瑕疵身口托於他人故曰自恣故摩
得伽云何故令自恣使諸比丘不孤獨故各各憶罪發露悔過故以苦言調伏得清淨故自意喜悅
无罪故也所以制在夏末者若論夏初創集時因期款九旬立要齊修出離互相舉發恐
成諍違相諍及廢道亂業故制在夏末者以三月策修同住進業時竟言別各隨方詣恐
有惡業自不獨宣顯道過深義無覆隱故須請悔良有茲焉故律聽安居竟自恣毘尼
母云九十日中堅持戒律及修諸善皆不毀失行成眾聚故安居竟自恣此是自言恣他舉
罪非謂自恣為惡比雖相顯有無知者還行就中分三一明緣集相應二自恣方法三雜明
諸行初中分三一前明時者謂有閏月者依閏安居七月十五日自恣不依閏者依摩得伽中
數滿九十日自恣若閏七月者取前月自恣非前夏安居者過閏已數滿九十日自恣若
閏七月不依閏者五月一日已前安居者盡數九十日出若五月二日已後安居者並除閏數滿九十
始日出即是依閏 二因諍增減自恣如說戒中 三淨道安樂延日自恣得至八月十五日如律
中但取十四十五日自恣及至急施衣中次明第增中十六日自恣增三中十三日自恣律云安居竟
自恣則七月十六日為定律又云僧十四日自恣尼十五日自恣此謂相依問罪故前異日及論作
法三日通用就定一期十六日定若有難者如五百問中一月自恣 二明應人具非若破夏不安居
人雖不得數以舉罪義通理必依眾恣僧治舉四分云若後安居人從前安居者自恣住待
日足 三明自恣方法分三初之人也就五人已上分四一明僧集緣起二五德自恣進不三尼來請眾
四雜明略說諸事初中要五僧已上得白羯磨自恣當鳴鍾集僧各在地上敷席而坐以是
互相舉過處床褥相不絕故律云不得在床不得在地應離座自恣五分云好泥地布草
座已而自恣並偏袒右肩右膝著地合掌初行水香汁洗籌唱教告令大同說戒唯改
說戒為自恣之詞乃至沙彌等各須集當以治舉義因待唱出已方始得去在別處行自恣
恣法如別法明 二五德進不分二初六人以上法後五人法 初中分四一簡人是非二差法正式三差五德
行事四對坐說之儀式初中四分律取具二五德者謂不愛恚怖癡知自恣不自恣此名自
恣五德律又差知時不以非時如實不以虛妄利益不以損減柔軟不以麤獷慈心不以
瞋恚此謂舉眾五德意令和合无諍及眾非卒欲使前人懺悔清淨差德外彰故能
勸諭離於懷惱慈物與樂不欲非法故所以差之人者四分文不了十誦僧祇中並差二人今依
五分中一人以上乃至多人 若僧多故五並作 三千威儀云要差二人為僧自恣竟自相向出罪不得求
餘人自恣以餘人僧不差故今行事者多有人以別差此未通諸部文差耳少經律者

BD14042號　四分律刪繁補闕行事鈔卷上

（33–27）

瞋恚比謂舉罪五德意令和合无諍於眾非苦欲使前人識悔清淨差德外彰故能
勸喻離於懷惱慈物与樂不欲非法故所以差之人者四分文不了十誦僧祇中並差二人令居
五分中一人以上乃至多人 若僧多故差二作 三千威儀云要差二人若僧自恣竟自相向出罪不得求
餘人自恣以餘人僧不差故今行事者多有人人別差此未通諸部又差年少經律者
多不生善十誦僧祇多差上座有德者令下座來向上座自恣也 三加法差遣者當上座
差衆中二人具兩種五德者不須喚來立前而作此是別衆法法而並直在本座作羯磨者
索欲問和其欲法云大德僧聽比丘某甲我受彼欲自恣彼如法僧事与欲自恣比律
自恣關欲不同他部故重示之作者須知問和荅云自恣羯磨然有通別如上應云大
德僧聽若僧時到僧忍聽僧差比丘某甲某甲作受自恣人白如是大德僧聽僧差比丘某
甲某甲作受自恣人誰諸長老忍僧差比丘某甲某甲作受自恣人者嘿然誰不忍者說僧已
忍差比丘某甲某甲作受自恣人竟僧忍嘿然故是事如是持 三五德行事法差已既登
起具儀至上座前露地申手內作和白無言大德僧聽今日衆僧自恣若僧時到僧忍聽
和合自恣白如是不應五作別衆不成又差自恣人時若云差受自恣人羯磨者去不
得通用後法至五德單白前和荅 單白和僧自恣羯磨亦如前荅直尔通和二法
次明行草法四分但云離座不言草座五分云布草而坐取文作用當於自恣前須覓乾
軟草隨使多少人別一束安上座前五德和已令年少弟子行之彼至上座前互跪授已
乃至下座大衆多者三五助行之各取已於座前敷之若大德衆主爲敷亦得 計是前斷五不止臨時
德至上座前互跪告云一切僧就草座偏袒右肩互跪合掌 僧皆依唱從之 四明對僧自恣法僧一五眾
同僧坐於草座告諸比丘海等各就草座我欲受歲等猶如新歲經中 次正對僧自恣法
其一五德至上座前大敷坐具互跪第二五德至次座前立 此出僧祇文 四分云第上座見五德來
即從坐起互跪偏袒右肩合掌一切僧隨坐上座法十誦云五德是上坐者應起接足已互跪作
法云大德一心念衆僧今日自恣我比丘某甲亦自恣若見聞疑罪大德長老哀愍故語我
我見罪當如法懺悔 說三 上坐說已還本坐其五德至第二上坐前及彼第二五德在次坐前立者同上
作法也是展轉至于下坐隨其說說還復本坐律開病者隨身所安 雖比不病應隨自恣 若二五
德自恣者僧祇五德各至本坐處自恣不得待僧竟然後自恣比破十誦衆法若衆
僧說已五德至上坐前告云僧一心自恣竟使如常禮退 十誦文之 若五德及僧舉得六聚之罪
或自言伏首僧當於彼審實者各依當篇治竟然後自恣若不別人舉罪窮勘是
非竅其事情无犯虛濫者依律還法治之 若事實是犯舉根不了並反治謗罪 如衆網中
五德舉過先問虛實由是僧差加復具德縱舉成虛三根容誤雖令推備情在難惡故
不入治限不同別人僧不差遣輒令陳過恐濫清人又內无德多不知時及生諍本行成要衆故
虛及諍謗若僧滿聽隨犯罪並得治之若五人以上舉得出罪之事明且白僧進否如四
人法中說 三尼來請出過法若无尼衆來依常自恣不須門現或尼自恣問尼无若尼
來者當自恣前治令在眼見耳不聞處衆僧自恣亦五人量時早晚令尼得還者

五德舉過無問虛實由是僧差加復具德縱舉成虛三根容謬雖令推徵情在離惡故
不入治限不同別人僧不差遣輒爾陳過恐濫清人又內無德多不知時及生淨本行成要衆故
虛實法淨若僧滿廿隨有犯罪並得治之若五人以上舉得出罪三事刪且白得進否如四
人法中說 三尼來請出過法若無尼衆來依常自恣不須問說或尼自恣問尼尼元無第尼
來者當自恣前語令在眼見耳不聞處衆僧自恣竟若五人量時早晚令尼得還有
上座敕五德且在待尼自恣當命一人僧中禮足已令說三事見聞疑等如別法明大衆
良久嘿然上座敕尼云大衆上下各並嘿然不云見罪者良由尼等內無歉犯外得清淨
各精勤行道謹慎如法自恣竟當傳此教告尼僧令知餘同尼法此謂白日法今時
多在十四日夜或十五日夜自恣者若尼明日來時鳴鐘集僧不來者索欲大衆集已
尼來僧中如常威儀請云於三事餘同前示問比非僧法須盡集索欲者以尼依僧
住善使舉罪若一人不和則不成自恣故律云若僧不滿若不和合則令問信亂拜不得
如前自恣法處既無僧關須舉治无濫故須集之僧祇亦盛衆中並無獨處法亦令隨緣說
欲說竟復敘誡由是僧法理不偏別故令僧尼自恣同是僧法准用无疑五百問云夏未尼
來受歲若二尼以上得一尼不得以尼獨行出界犯重罪故四明略說離行土略說未若乃八維
餘緣以說未中明教當量僧多少難來遠近等若僧多時要更迭禮明知欲出者當
令五德相二五上坐邊三說已外衆僧一說使止義一人受兩人自恣者互跪須在中間左右取之
並須一說名令大衆聞知律云不應竊語自恣今或兩五德雙跪一時各自恣者此是非法律中
一時自恣內亂佐令一一次第從上座自恣十誦應從上座自恣不得逆作次第及行行罪人如法食
法并超越捨唱等四分云若賊等急難不中聞須者五德至上坐前互跪白云今有難事當作一
說者竭磨各各三說文云大德僧聽若僧時到僧忍聽僧今各各共說自恣白如是然各各
相對人別三說文同前法須十莂近來若無三說一說亦須單白作自恣不對五德進不無四
須竭磨令衆同聞不須前略不作白者以親對五德多少量時得自在故四分云種種略說界
有難緣為急開直爾去 前雖有法少界図並同恣事既非少故今出之上奉但明六人僧法具
述如上 若有五人說法恣濫行故開異之若界內五人者索欲不既同和竟已便白二羌一五德
表文全差若二人不得攝之人名一時自法以作為人不入僧數故取自恣時一五德同僧坐一五德
展轉取自恣若在坐受之二人共說餘同前法四人已下至對首法當盡界集不得受欲四
相對一人別說言諸大德一心念今日衆僧自恣我某甲比丘清淨三說餘人亦如上述之若之
對首唯大德一心念餘同前若犯波逸提罪不罪者莫問自言舉手並如前儀已自恣若
犯四人已上偷蘭僧法但入偷蘭說中乃至僧殘說中以文無治罪之義若准用十誦白作及
當時衆滿如法治之不應自恣四分說戒中自犯罪者告僧悉妨說戒令心念發露已後
得聞戒既俱是淨行法擯治同前准用亦妨理須懺其所犯以衆不滿未得治之餘者清淨
中口陳前不安其諸罪應犯以波逸提不同說戒呾並妄隨罪治者羅也若大人說法者律云
當從說戒受掃灑敷坐具盛水器舍羅等待客比丘若無來者應入堂廟前具備應
[illegible]

BD14042號　四分律刪繁補闕行事鈔卷上　　（33–30）

也毗尼母云七月十六日應受若事緣不及乃至八月十五日過是不得捨者必須五月滿已羯磨捨七
月十六日受者得百五十日利八月十五日受者得百廿日利中間轉降可以比知十誦問受功德
衣已官作閏月者隨安居日數取滿也則不得揀閏二明衣體四分云若得新衣若檀越施衣若
糞掃衣新物揲作淨若浣浣已內作淨即日舉不經宿不以邪命得不以相得不以激發得不捨
墮作淨者應法四周安緣五條作十隔若過是條數應自浣染舒張振治裁作十隔縫治
又云不得大色染衣聽用袈裟色（此言不正色也）十誦若不割截作不帖四角若故爛壞處死人衣
到冢間取來者（四分糞掃者則非死人衣）及僧已受作迦絺那衣並不成若揲葉衣得成摩得勒伽
云死比丘受用三衣及故衣不成若急施衣時衣等成受僧祇未曾受用三衣得作五分若
浣染打治不如法若小若大若錦綺衣若未自恣竟受若金剎衣故捨五一切皆不成受衣
上成受善見若七眾衣得受若三衣中隨受一二衣得四分若須遍邊安四作安四成受三明
人差別者先明受人後明持人四分云不在僧前受（謂阿人欲人）若虛施若先僧伽梨若僧如法受
衣而彼在界外往並不成善見前安居人得受若後安居破安居人異界僧等不得受
受僧亦不滿五人得預請 界外僧足數成受其異界僧不得受利若往受亦四比丘一沙彌
安居欲竟有沙彌受大戒得足數成受新受戒者亦得五利 比丘四沙彌亦爾（以沙彌受戒坐有功）
往受雖及五人不解受衣得請異界知法僧未作羯磨受衣異界人自不得受十誦
云諸異界僧欲受衣不可得者各解本界同法受已並後別法捨未成不捨者依利施僧
殘人別住人學悔沙彌狂人等不成受三明持衣人十誦云守衣人具不受等五德謂知得受
了了分明善見云若多人送功德衣應受衣餘同經物應分重物屬四方僧若施主言
持三衣作蓋與持衣人隨施主意若羯磨迦絺那衣與衣壞者若衣壞者多與衣壞
中先者若先者多與先中勇多者不得與慳貪人明了論疏云於初結安居時欲受迦
絺那衣悉須白僧我欲受衣僧觀此人不多緣事不好失衣不共人諍未來不貪眾時
物及不愛非心好惠施者僧比許可若不爾者不須許之四受衣方法初明儀式後明受
法四分云若得未成衣應眾僧中羯磨差比丘令作若得已成者應如法受善見云若
衣未成應喚一切比丘共成不得除道德作留難唯除病者不得遙作應割則割以蠶驗
者此衣諸仏讚昔蓮華如來一万六千比丘圍遶共作故諸部作衣大明法令時明者多是（並應集眾衣畢相中眾）
已成故略不出二明正受應取橫疊尺八尺如是五疊置播中在上座前僧和合受衣
應鳴鐘集僧比蘭破夏不安居人兩僧殘等如上例人並令別坐 一處亦不同受衣故條合受
者共坐一處雖二處別坐應同眾法明次第欲問和者云受迦絺那衣羯磨上坐白言大
德僧聽今日眾僧受功德衣若僧時到僧忍聽僧今和合受功德衣白如是（如是白已與一比丘應問）
（言誰能持功德衣者答某甲能持）應作羯磨云大德僧聽若僧時到僧忍聽僧差某甲比丘持功德衣白如是
大德僧聽差某甲比丘為僧持功德衣誰諸長老忍僧差某甲比丘某甲為僧持功德衣者默然
誰不忍者說僧已忍差比丘某甲為僧持功德衣竟僧忍默然故是事如是持（彼從坐起禮僧足在上座前立）
（跪合掌當捐磨持衣與之）大德僧聽此住處僧得可分衣現前僧應分若僧時到僧忍聽僧持此衣與比丘
某甲比丘為僧受作功德衣[illegible]

BD14042號　四分律刪繁補闕行事鈔卷上

（33–31）

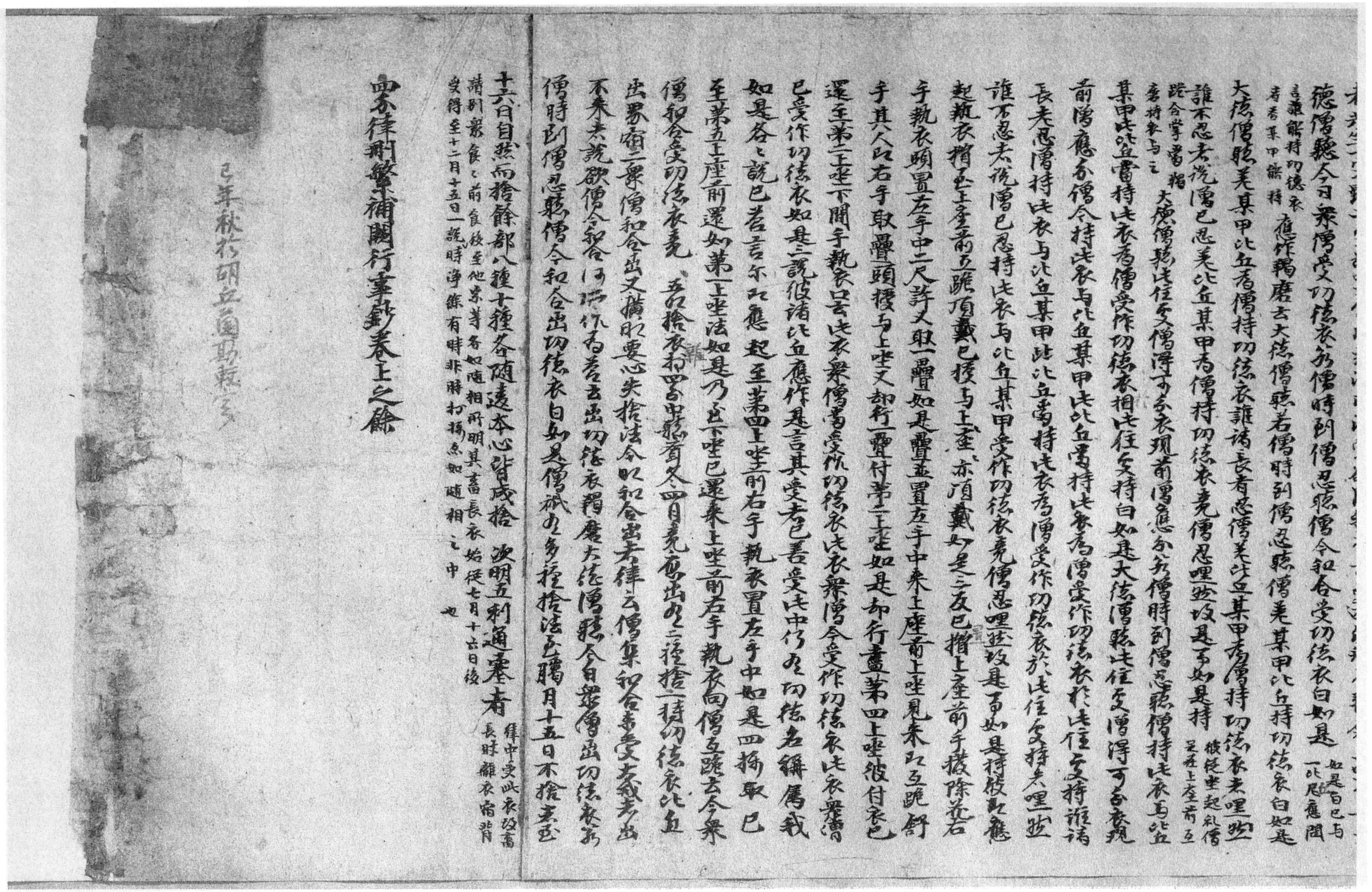

德僧聽今日衆僧受功德衣若僧時到僧忍聽僧今和合受功德衣白如是 如是白已與一比丘應問
言誰能持功德衣者答某甲能持 應作羯磨云大德僧聽若僧時到僧忍聽僧差某甲比丘持功德衣白如是
大德僧聽差某甲比丘爲僧持功德衣誰諸長者忍僧差比丘某甲爲僧持功德衣者嘿然
誰不忍者說僧已忍差比丘某甲爲僧持功德衣竟僧忍嘿然故是事如是持 彼從坐起禮僧足在上座前互
跪合掌當稍舉持衣與之 大德僧聽此住處僧得可分衣現前僧應分今僧時到僧忍聽僧持此衣與比丘
某甲比丘當持此衣爲僧受作功德衣相此住處受持白如是大德僧聽此住處僧得可分衣現
前僧應分今僧持此衣與比丘某甲比丘當持此衣爲僧受作功德衣於此住處受持誰諸
長老忍僧持此衣與比丘某甲比丘當持此衣爲僧受作功德衣於此住處受持者嘿然
誰不忍者說僧已忍持此衣與比丘某甲受作功德衣竟僧忍嘿然故是事如是持彼比丘應
起捉衣詣至上座前互跪頂戴已授與上座上座亦頂戴如是三反已詣上座前手撥除荒右
手執衣頭置左手中二尺許又取一疊如是疊並置左手中來上座前上座見來亦互跪舒
手俱以右手取疊頭授與上座又卻行一疊付第二上座如是卻行盡第四上座彼付衣已
還至第二上座下間手執衣口云此衣衆僧當受作功德衣此衣衆僧今受作功德衣此衣衆僧
已受作功德衣如是三說彼諸比丘應作是言其受者已善受此中所有功德名稱屬我
如是各各說已若言爾亦應起至第四上座前右手執衣置左手中如是四拆取已
至第五上座前還如第一上座法如是乃至下座已還來上座前右手執衣向僧互跪云今衆
僧和合受功德衣竟　五明捨衣相四分中說有八至四月竟應出此二種捨一持功德衣比丘
出界宿二衆僧和合出又檀取要心失捨法今以和合出者律云僧集和合未受大戒者出
不來者說欲僧今和合何所作爲答云出功德衣羯磨大德僧聽今日衆僧出功德衣若
僧時到僧忍聽僧今和合出功德衣白如是僧祇中多種捨法至臘月十五日不捨者至
十六日自然而捨餘部八種十種各隨遠本心皆成捨　次明五利通塞者 律中受此衣故畜長時離衣宿背
請別衆食食前食後至他家等各如隨相所明其畜長衣始從七月十六日後受得至十二月十五日一說時淨餘有時非時如揀總隨相之中也

四分律刪繁補闕行事鈔卷上之餘

僧和合受功德衣竟。五明捨衣者四分中聽有八四月竟衣出等二種捨一時功德衣比丘
出界宿二衆僧和合出又攝取要心失捨法令明和合出者律云僧集和合事受大衆老出
不來者說欲僧今和合何以作白者云出功德衣羯磨大德僧聽今日衆僧出功德衣若
僧時到僧忍聽僧今和合出功德衣白如是僧祇云多種捨法云臘月十五日不捨者至
十六日自然而捨餘部八種十種各隨遠本心皆成捨　次明五利通塞者 律中受此衣畜長財離衣宿背
請別衆食食前食後至他家等名如隨相所明其畜長衣始從七月十六日後
受得至十二月十五日一說時淨餘有時非時打搗各如隨相之中也

四分律刪繁補闕行事鈔卷上之餘

己年秋於[illegible]

BD14042號　四分律刪繁補闕行事鈔卷上

（33–33）

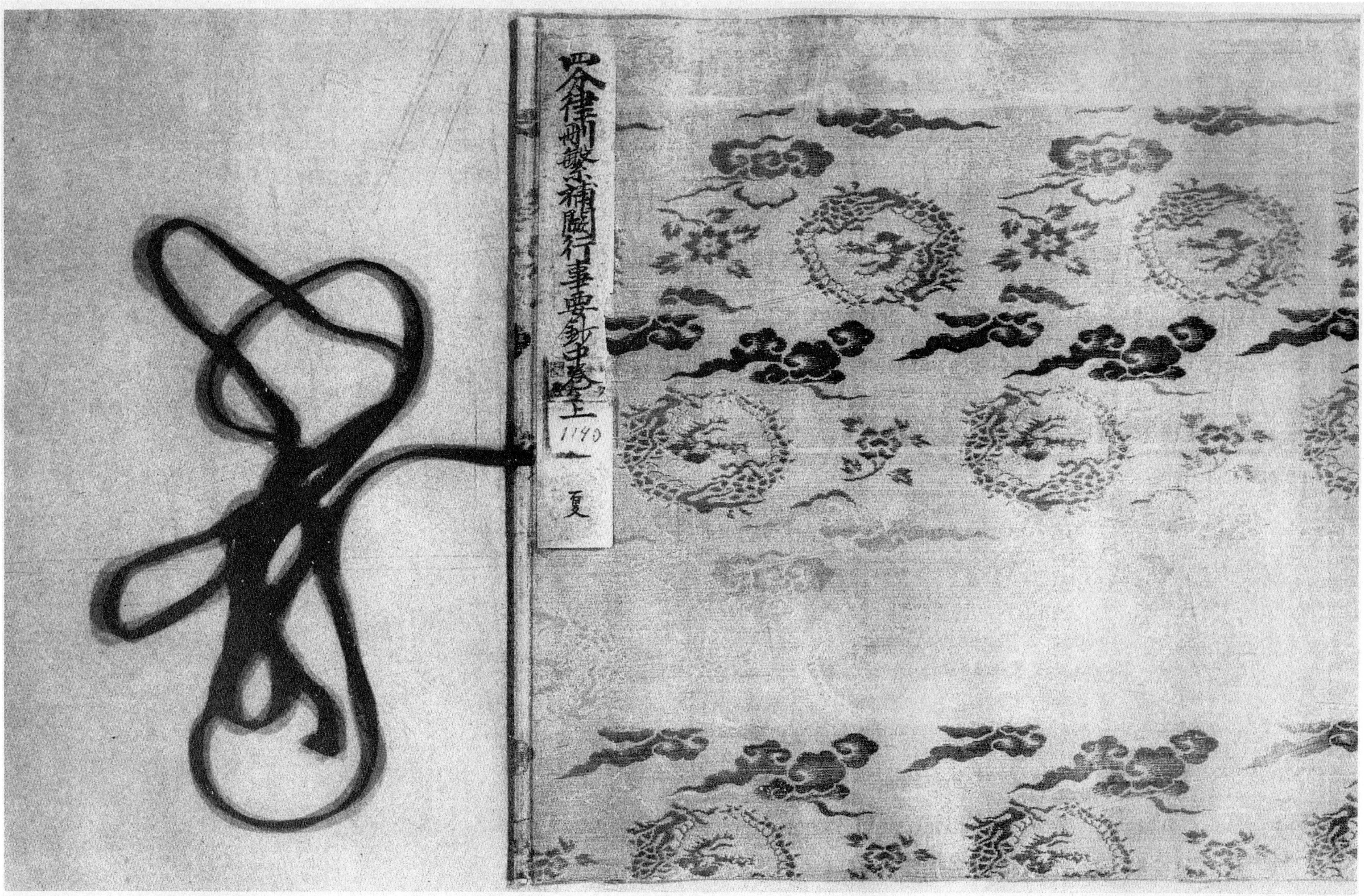

BD14043 號背　現代護首　　（1–1）

BD14043號　四分律刪繁補闕行事鈔卷中

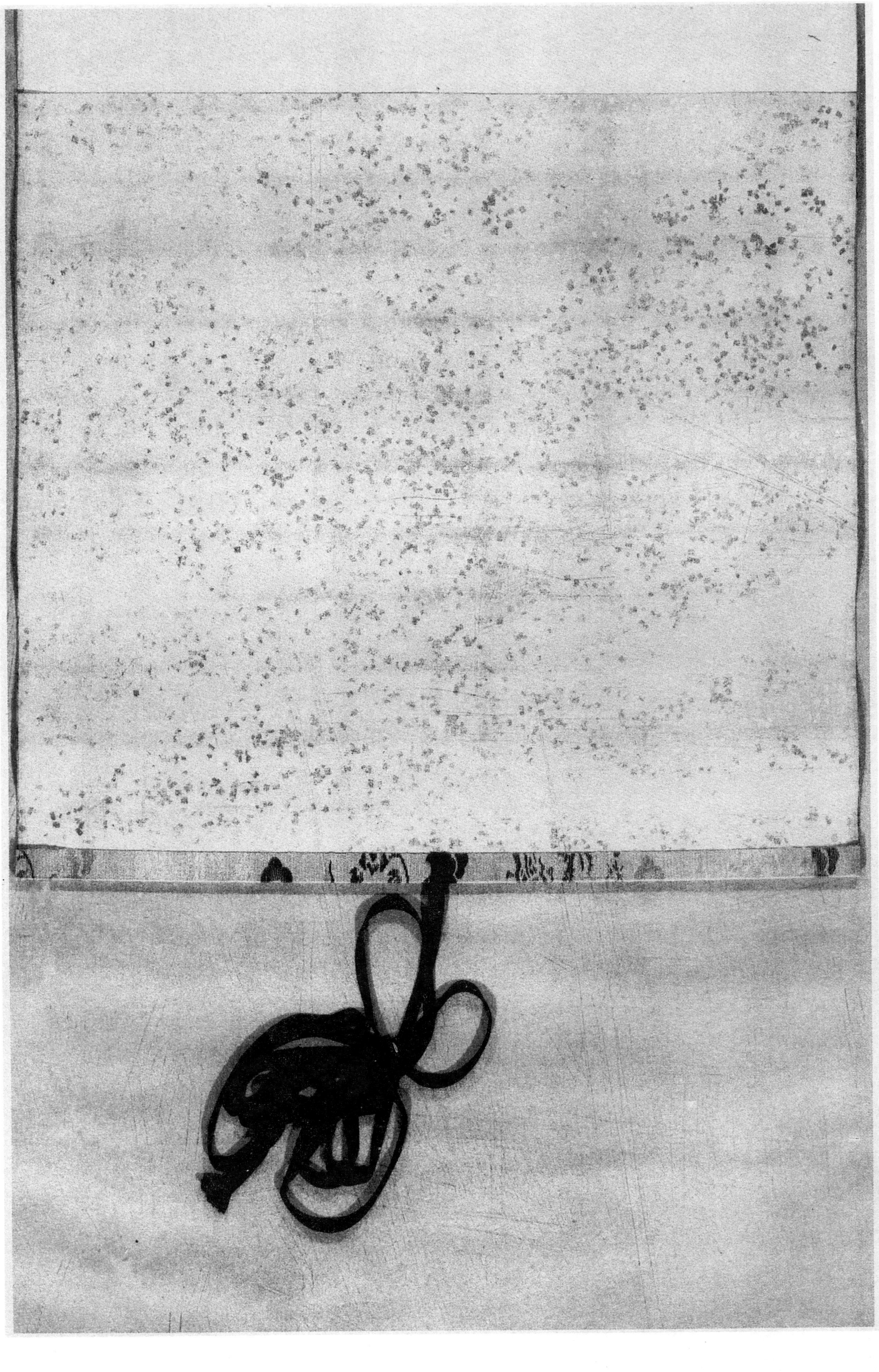

（65–1）

四分律刪繁補闕行事要鈔中卷之上（卷之首　立名標異）　京崇義寺沙門道宣撰述

□篇聚名報篇第十三　隨戒釋相篇第十四　已上三篇同卷

初篇之出俗五衆所以爲世良田者實由戒體故也是以智論云受持禁戒爲性

剃髮染衣爲相今若永業其心王潤其德者乃能生善種子曰福田不然難

自貽伊戚便招六聚之辜（逆）報入二八之獄故五篇明犯違犯持行自成七聚障持

頓持諸犯寘六失而新學之（徒）學多愚魯未識條例寧辨罪章隨戒皆同霧

遊罪報類之觀海致使順流長逝貪塗沸而忌歸爲重成業豈超悟而

知返故毗尼母論云僧尼毀禁而受利養不現在受者爲向地獄故也然則業

隨心結報逐心成必先張因果廣明相使持戒佛子觀果而知因爲說中

先明戒議是違失之宗後明篇聚名報之相

初中所以犯戒果報罪業

極大者由戒誰是生善中最遠立明違故使違損便招重報　　明了論述

戒議多種且略門[illegible]

[illegible]
知返故毗尼母論云僧尼毀禁而受利養不現在受者爲向地獄故也然則業
隨心結報逐心成必先張因果廣明相罪使持戒仏子觀果而知回焉就中
先明戒護是違失之宗後明篇聚名報之相　初中所以犯戒果報罪業
極大者由戒護是生善中最遠立功强故使違損便招重報　明了論述
戒護多種且略引之謂在心者名之爲護在身口者名之爲戒有護不必
有戒有戒其必是護等經中明仏讃得戒護人有多章今略述八種
一者如王生一子爲民所敬得戒護人生聖種中後必得聖如紹王位　二者
如月光明漸漸圓滿戒護亦尒諸功德等隨時增長乃至得解脫知見
三者如人得如意寶珠隨願皆果得戒護人欲生善道乃至菩提必
定能得　四者如王一子愛惜紹位得戒護人因戒護故必得成聖理
須愛惜不得毀損　五者如人一目愛之甚重此人亦尒由戒護故得離
生死得至涅槃　六者如貧人受少資粮此受戒故便得惠命
七者如國王三事具足便愛此國一足財二欲生三正法得戒護人亦尒住
戒藏中无量功德心安无憂悔生長正法　八者如病人得好良藥
戒護亦尒不應棄捨由此離一切惡故如是因緣功業深重不可輕犯犯
致大罪　二者列名釋位　中分二別初明篇聚後明果報　初中五篇
七聚約義差分正結罪科上樹六法今依六法今依六聚且釋其名
一波羅夷二僧伽婆尸沙三偷蘭遮四波逸提五波羅提提舍尼六突
吉羅此上六名並无正譯但用義翻略知途路　初言波羅夷者
僧祇義當極惡三意之釋之一者退沒由犯此戒道果无分故二者
不共住非但失道而已更不共入二種僧數　三者墮落捨此身已墮
在阿毗地獄故十誦云墮不如意處廿婆多解云由与魔鬪以此戒
便墮負處四分云波羅夷者辟如斷人頭不可復起若犯此法不復成
比丘故此從自行法非用爲名又云波羅夷者无餘也此從衆法絶
分爲名故僧祇云諸作惡行者由如彼死屍衆所不容受以此當持戒又
名不共住者不得於說戒羯磨二種僧中共住故　問上言若犯此
法名爲斷頭准此而言必无重犯戒亦非有無戒之有无此入諍論
雜心中解者有戒非无若論重犯律自明斷隨犯多少一一波羅夷此

[illegible]
比丘故此從自行法非用為名又云波羅夷者无餘也此從衆法絕
分為名故僧祇云諸依惡行者由如彼死屍衆所不容受以此當持戒又
名不共住者不得於說戒羯磨二種僧中共住故　問上言若犯此
法名為斷頭准此而言必无重犯戒亦非有為戒之有无此入諍論
雜心中解者有戒非无若論重犯律自明斷隨犯多少一一波羅夷此
篇家初四戒各別隨重犯婬衆多重犯餘盜殺妄重犯亦尒此別
解脫戒由境緣別得戒不同故後犯時還隨別犯如廿婆多云寧可一時
發一切戒不可一時犯一切戒且如婬戒女人身上發得廿一戒男子身上得
十四戒餘法男中男女亦亦尒今或貪心犯一女一道但名汙一婬戒比丘
自餘諸婬戒體光絜无行可違秤本受體如懺初篇還得清淨
不言更受由有本戒又如律云行諸犯重比丘皆結隨罪若无戒者
止同吉羅　問應當是數不名斷頭　答懺本清淨理當是數如得
作說戒自恣羯磨等但由情過深厚不任僧用故去不來成隨意
斷頭之喻此望不階聖果為言　問婬戒雖被汙染但犯名戒出在
何文　答上已明亦更廣張相如下懺法中說戒體定在常恒清淨世
中有人犯一婬戒初乃惶懼後霽隱思審謂言失戒遂即雷同隨過皆
犯豈不由過於教網自陷流俗焉知但犯一婬並皆不犯當篇殺盜常
淨儼然下之五聚義同初受故同法之傳理須明察若先嚴淨識杙對蓋
出欲深不生由前方便若无非攝慮對境不能不犯既犯業成必須無
覆早懺還成本淨進入僧儔若迷上所說自懷藏匿不參衆
務財法並乏便冒受用自他俱負豈不悲乎不慎哉　問漏已被深
諸戒猶全何故不階聖位　答明了論解此四重戒隨毀一重諸餘戒分
用則為力如人身中四處得死隨損一處身命便死由戒力弱不發定
惠也　十輪云若犯四重毀法謗聖死入阿鼻如是之人於其一身
不能盡結必墮惡道若有於我法中出家持根本戒常勤勇猛一切
供養終不虛受何以故志求解脫乃至捨命終不犯毀何以故以四根本三乘
依住故四分中足有八波羅夷前四同於大僧後四如別所說十誦犯重不同
此律同名之罪則有重犯同種之罪則无重犯此據初篇以言故文云學
[illegible]

不能盡結必墮惡道若有於我法中出家持根本戒常勤勇猛一切
供養終不虛受何以志求解脫乃至捨命終不犯毀何以故四根本三乘
依住故四分中足有八波羅夷前四同於大僧後四如別所說十誦犯重不同
此律同名之罪則有重犯同種之罪則无重犯此援初篇以言故文云學
悔沙弥犯僧殘令次第僧中行覆藏六夜出罪等餘如別部中說
明了論云律中說罪有五部者解云此間為篇今依本義立名部也有二義
一成就根本義二隨順根本義第一波羅夷部有十六罪解云〻各有
四部成十六罪一遠方便如行婬時先起心未動身口責心即滅二者次
方便謂動身就彼或口說欲作此對人滅通名吉羅三近方便至彼
人邊或欲摩觸身未交前是偷蘭遮其行婬事故摩觸非為觸
樂故成偷蘭遮不成僧殘此罪對人懺第四身交是根本也前三方便皆為
成就故名部若根本未成前三可懺若已成就前三逐根本悉不可懺此
則隨順義餘三例此成部四分中但言成者波羅夷不成者偷蘭遮若
準十誦則偷蘭分輕重明了論中唯結一品然偷蘭遮吉羅體通彼此
類解應知如懺法中更述 二者僧伽尸沙聚 善見云僧伽者為初
謂前与覆藏羯磨也言尸沙者云殘謂未後与出罪羯磨也若犯
此罪僧作法除餘故從境立名 婆沙云僧伽者是僧婆尸沙者是殘
若犯此罪埵經行人非全淨用有殘之罪由僧除滅故也 四分中正明僧
殘便成上解又云有餘以行法不絕為名也毗尼母云僧殘者如人為他所斫
殘有咽喉故名為殘理須早救故戒律云若犯此罪應疾与波利婆
沙等由𨷂重罪故也若約其種則有十三僧殘如隨相尼有十七六異七同廣
如別說明了論解第二僧伽胝尸沙部有五十二罪諸部說此罪不同此乃
正量部名有三義廿婆多部稱僧伽婆尸沙有一義正量部同解云
由見衆人和合是僧伽義由此二不同不由定惠仏所立戒故言〻戒同〻二
正見故言見同 婆尸沙者為殘若犯此罪僧中受居舍利養上中
下內寂在其外故言為殘也摩耶埵者翻為悅衆意隨順僧教誡
懷歡喜向淨呵那者翻為呼入衆也正量部胝施沙三義初如前解
第二初義謂由僧拔濟得免此罪 三者滕義向犯罪時成下

正見故言見同　婆尸沙者為殘若犯此罪僧中更審舍利養上中
下內寂在其外故言為殘也　摩那埵者翻為悅衆意隨順僧教感
懷歡喜阿浮呵那者翻為呼入衆也正量部胝施沙三義初如前解
第二勅義謂由僧救濟得免此罪　二者勝義向犯罪時成下
劣人由僧救濟還得清淨從劣得勝　三者偷蘭遮聚善見云偷
蘭名大遮言障善道後墮惡道體是鄙穢從不善體以立名者由能
成初二兩篇之罪故也又翻為大罪亦云麁惡聲論云正音者名為偷
蘭　明了論解偷蘭為遮麁邪為過麁有二種一是重罪方便二能
斷善根所言過者不依佛所立戒而行故言過也如牛突籬援破出
家城外故然過名亦通此罪最初犯為過後者從初受名如後牛隨
前者亦得過界　然偷蘭一聚罪通正從體兼輕重律列七聚六聚
並含偷蘭或在上下抑有由也律中或次僧殘後者由是戒分所收罪名
重也如初二篇遠近方便及獨頭正罪破僧盜四錢之類也或在提
舍尼下則是威儀所攝罪名輕也如第二篇遠方便及輕獨頭之罪
謂裸身用髮等例是也然戒與威儀通則互舉通則戒戒並非威儀
皆名犯戒也若據別以論上之三篇過相麁著能治名者戒也下四過
輕能治之行名曰威儀若就均雜往分前四是均無非正果下三是雜
通輕及因然偷雜中之重故在第五也　四波逸提聚義翻為墮
十誦云墮在燒煮覆障地獄故也四分僧墮有一百廿種分取卅因財事
生犯貪慢心強制捨入僧故名尼薩耆也餘之九十單悔別人若據罪
體同一品懺　尼二百八戒入第三篇卅捨墮餘入別懺種相同異如別顯之
出要儀律云尼薩耆者翻捨墮聲論云尼翻為薩耆為捨波逸提者
是本名波藥燒割致也明了論云解波羅逸提尼柯部有三百六十罪
正量部翻為應知用三義解之一罪多輕細難識好毀二性罪及
制罪三好毀犯者應作如切用對治勿令滋廣廿婆多云波羅夜質胝柯
翻為應對治恒須思惟若犯即覺上座部云波質胝柯翻為能燒熱
罪得大叫喚地獄因時能燒熱心果時能燒熱衆生但有三部各有二方
便卅九十故百廿九偷蘭遮有吉羅　五波羅提提舍尼聚義翻向彼悔從對
治境以立名　僧祇云此罪應發露也即此律戒本中具明悔過之詞僧有

翻為應對治恒須思惟若犯即覺上座部云波質胝柯翻為能燒熱
罪得大叫喚地獄因時能燒熱心果時能燒熱熱衆生但有三部各有二方
便卅九十故百廿九偷蘭遮有吉羅　・五波羅提提舍尼聚義翻向彼悔從對
治境以立名　僧祇云此罪應發露也即此律戒本中具明悔過之詞僧有
四種如下具陳尼有八捻種与僧全別明了論解第四波胝提舍尼部有十二
罪翻為各對人應說謂對人說所作罪也　・六突吉羅聚　善見云
突者惡也吉羅作也聲論正音突膝吉栗多四分律戒本云式叉迦
羅尼義翻為應當學梵僧云守戒也此罪微細持之極難故隨學隨守
以立名十誦天眼見犯罪比丘如駛雨下豈非專亂在心乃名守戒此律有一
百衆學尼法梢同大僧七聚之中分此一部以為二聚身名惡作口名惡說
或云突吉羅惡說者必有解判如疏述之明了論解云非四部所攝所餘
諸罪並學對及婆藪斗律所說罪一切皆是第五獨柯多部攝此是
正量部名以無別身口業故意是惡作翻之廿婆多云突瑟几理理多
用身口二業翻惡作也同翻一名而義兩別分輕重中重者名獨柯多輕
者名學對梵音息叉柯羅尼中國世音息佉柯羅尼同翻為學對若
不動身口輕責心即滅若動身口則重對人方滅此間不解分別輕重
通名衆學謬矣若但心地起元方便若動身口有遠近二方便若識
根本方便隨滅重罪重責心輕罪者但云不應起如此心是名責心
懺法亦通下用　、四分戒律通束二百五十以為綱要上已依篇聚具列
相釋名目餘不盡者　・其二不定法托境以言通該六聚若論罪體
生疑不信是突吉羅攝三罪二罪者略舉生疑之事廣如疏述
・七滅諍中罪亦通有但為競於四諍彼此未和故制七藥用以除殄文義
既廣理相又深徒勞宣釋終未窮盡故略不述而僧尼同數並成通
戒焉　・問五篇七聚何義離合今上明但云六聚若言五篇者僧
祇律中當宗所明但云五種犯五種制五犯聚其六聚七聚即四分下文今
且分七五不同具有三義則入五中一者名均二則體均三竟責均不具此三通入聚攝
而六七差別者亦有義意六中含突吉羅以同體故七中離於惡說以
過多故　・問上具張六聚名體請知五篇七聚名相如何答言五篇名
者一波羅夷二僧殘三波逸提四波羅提提舍尼五突吉羅七聚名

祇律中當宗所明但云五種犯五種制五犯聚其六六聚七聚即四分下文今
且分七五不同具有三義則入五中一者名均二則體均不具此三通入聚構
而六七差別者亦有義意六中含突吉羅以同體故七中離於惡說以
過多故　問上具張六聚名體請知五篇七聚名相如(何)答言五篇名
者一波羅夷二謂僧殘三波逸提四波羅提提舍尼五突吉羅言七聚者
一波羅夷二僧殘三偷蘭遮四波逸提五提舍尼六突吉羅七者惡說異
且列兩名廣如戒本疏說　問律中僧列二百五十戒戒本具足尼則五百
此言虛實答兩列定數約指為言故諸部通言不必數論其戒體
唯一無作約境明相乃量塵沙且指二百五百以為持(犯)蹊遷耳律中尼有
三百卌八戒可得指此而為所防今准智論云尼受戒法略則五百廣說
八万僧則略有二百五十廣亦同尼律儀　二明所犯果報就中分二初料
簡起業輕重二對引文證成未果初中起業要托三毒而生然毒之所
起我心為本此義廣張行人須識如懺法中具明業相今略述起罪
必約三性而生受報淺深並由意業為本故明了論解云破戒得罪輕
重不定有重心破輕戒得罪重无慚羞心作無畏雖或由見起謂无因
果或由不信生謂非仏制此戒(或不信破此戒)得此報或由疑生為定得報若由(仏制為非仏制為定得報不定)知此
心破得罪使重若不由如此心偶尔破戒重翻成輕今隨三(性)具列罪相
一者善心犯戒謂如僧祇中知事比丘闇於戒相互用三寶物隨所違
者並波羅夷或見他殺生与其死具看俗殺生教令早与勿使若
憷此並慈心造罪而前境違重不以无知便開不犯由是可學皆結根本即
律文云愚癡波羅夷乃至吉羅亦尔又如廿婆多云年少比丘不知戒相
塔上拔草罪福俱得若論來報受罪則輕由本善念更不增苦不免地
獄由違受體若犯性戒具受二罪謂業道也及以違制若違(犯)戒如壞草
木但得一罪以化教中本不制故无情可憷若後懺洗復本清淨不同犯性廣
如下智論中說二不善心者謂識知戒相或復闇學輕慢教網毀呰仏語如
明了論述云有四種麁惡意犯罪一者謂重貪瞋癡心二者不信業報三者
不惜所受戒四者輕慢仏語故心而造則得重果以此文證由无慚愧初无改悔
是不善心故成誡論害心殺蟻重於慈心殺人由根本業重決定受報纔懺

木僧得一罪以化教中本不制故无情可惱若後擯治違本清淨不同犯性廣
如下智論中說二不善心者謂識知戒相或復闇學輕慢教網毀呰仏語如
明了論述云有四種麁惡意犯罪一者謟重貪嗔癡心二者不信業報三者
不惜所受戒四者輕慢仏語故心而造則得重果以此文證由无慚愧初无改悔
是不善心故成誠論害心殺蟻重於慈心殺人由根本業重決定受報纖
墮罪業道不除如十誦調達破僧犯偷蘭已仏令僧中悔之而於業道尚
隨阿鼻故地獄經云一依業定二受果定諸仏威神所不能轉廣如卷末
說陳三无記心犯者謂无非攝護隨流任性意非善惡泛尔而造 如比丘等
坐高談虛論費時損業縱放身口或手足損傷草木土地和僧媒娶妄
用僧物長衣過限非時入俗手觸僧器壞身口儀如是衆例並通攝
犯唯除恒懷護持誤忘而造此非心使不感來業非即如上三前為方便
後眠醉狂遂成業果通前結正並如論中无記感報問无記无業云何
有報答解有二初言感報者謂先有方便後入无記業成在无記心中
故言感報而實无記非記果也 二者不感愢報非不別受如經中顯隱
比丘不覺殺生彼生命過墮野豬中山上擧石即因崩下還殺比丘又如五百
問中知事摸觸僧淨器作噉真鬼等 如成論三中睡眠成業是无記業
問如前无記不犯者其相如何答前已略明今更廣示謂學知戒相善
達持犯心常棲勵過尓忘迷由非意緣故開不犯如長衣過日忘不說
淨善攝根門便睡漏失扶持木石失手殺人如是等緣並非結限及上
所懷並結正犯然則業若緜積生報莫窮虛縱身口汙染塵境既
元三善不可附唯加三惡若輪此經生可為歎息二引證成報如目連問罪
報經云若比丘比丘尼无慚愧心輕慢仏語犯突吉羅衆學罪如四天王壽
五百歲墮泥犁中於人間數九百千歲第二波羅提提舍尼如卅三天壽命
千歲於人間數三億六十千歲墮地獄中第三波逸提者如夜摩天壽
二千歲於人間數廿一億卌千歲 第四偷蘭遮如兜率天壽四千歲於
人間數五十億六十千歲 第五僧伽婆尸沙罪如不憍樂天壽八千歲於
人間數二百卌億卌千歲 第六犯波羅夷罪如他化自在天壽十六千歲
墮泥犁中於人間數九百廿一億六十千歲涅槃經中犯吉突羅罪如切利
天日月歲數八百万歲墮地獄中与上經文不同者此謂數有大小即万
爲億之量也自上引證並是仏說正開非謂失譯疑偽得從心羅罪

人間數五十億六十千歲　第五僧伽婆尸沙罪如不憍樂天壽八千歲於
人間數二百卌億卌千歲　第六犯波羅夷罪如他化自在天壽十六千歲
墮泥犁中於人間數九百廿一億六十千歲涅槃經中犯吉突羅罪如忉利
天日月歲數八百万歲墮地獄中与上經文不同者此謂數有大小即万
々為億之量也自上引經並是佛說正翻非謂失譯疑偽勿得縱心羅罪
境曾不及知一犯尚入刑科多犯理須長劫今時不知教者多自毀傷云此戒
律所禁止是聲聞之法於我大乘弃同糞土猶如黃葉木牛馬誑
小兒此之戒法亦復如是誰汝聲聞子也原夫大小二乘理無分隔對機
設藥除病為先故鹿野初唱本為聲聞八万諸天便發大道雙林告
滅終顯佛性而有聽衆果成羅漢以此推之悟解在心不唯教指故世尊處
世深達物機凡所施為必以威儀為主但由身口所發事在戒防三業勳
興要由心使令先以戒勸投次以定縛後以惠殺理次然乎今有不肖之人
不知己身位地妄自安託云是大乘輕拆真經自重我教即勝鬘經說
毗尼者即大乘學智論云八十部者即尸波羅蜜如此經論不入其耳
豈不為悲故摩耶經云若年少比丘親於衆中毀呰毗尼當知是為
法滅之相涅槃經云若言如來說突吉羅如上歲數入地獄者並是
如來方便怖人如是說者當知決定是魔經律非佛所說以此文證執來
懸知未來有此故先說示以定耶正不令有濫而有同前羣黨可謂即
是魔人又遺教等並指毗尼以為大師若我在世無異此也而故違逆
自陷深坑故百喻經云昔有一大師畜二弟子各當一脚隨時按摩其大
其大弟子嫌彼小者便打折其所當之脚彼又嫌之又打折大者所
當之脚譬今方等學者非於小乘小乘學者又非方等故使大聖
法典二途並已此證知今自目覩且又菩薩設教通道濟俗有緣而
作不深其風初心大士同聲聞律儀譏嫌戒性重戒無別即涅槃經
中羅剎乞乞微塵浮囊并不与肆護突吉羅戒也又智論云出家菩薩守
護戒故不畜財物以戒之功德勝於布施如我不殺則施一切衆生之命等
此文證今濫學大乘者行非可採言過其實恥已毀犯謀已自褒揚
余曾語云戒是小法一可宜捨之便即不肯宜可持之又為復不肯豈非
与煩惱合幸難諫喻又可悲乎今僧尼等並順聖教依法受戒理須

中羅刹乞嶮塵浮囊并不与肆護突吉羅戒也又智論云出家并守
護戒故不畜財物以戒之功德勝於布施如我不殺則施一切衆生之命等
此文證今濫學大乘者行非可採言過其實耻已毀他謀已自褒揚
余曾語云戒是小法可宜捨之便即不肯宜可持之又爲遂不肯豈非
与煩惱合平難誅猶又可悲乎今僧尼等並順聖教依法受戒理須
護持此則成受若无護心雖受不成故薩婆多云无慇重心不發无作縱
使成受形儀可觀仏法住持理須同護今時剃髮染衣四僧羯磨伽藍置
設訓導道俗凡所施爲无非戒律若生善受利須身柄御之處口云我
應爲之若汚戒起非違犯教網之處便云我是大乘不開小教故仏藏
立鳥鼠比丘之喻驢披師子之皮廣毀議可何候陳類恐後无知初學
爲彼塵蒙故曲引張猶恐同深非夫

隨戒釋相第十四 此篇來意准律條部以正本持犯未具下更列之令爲諸篇未足故別生二位使條理隨相指杖執之開篇來

比丘有二百五十戒 智論云若但說名字則二百五十戒尼中略說則八萬四千廣說无量无邊故出家人有无量无邊律儀在家人不具尸波羅蜜出家者則具戒度之也

依之修行善識其種相者便發生定惠克煩惱若闇於所緣隨流溢戲
豈能反流生死方便論善趣所以依教出相具頭持犯必准此行之庶无福
害焉今但隨戒別指直陳進否若通明心境具在方軌持犯中然戒是生死
舟舩出家宗要受者法界爲量持者鱗角猶多良由未曉本詮故淂隨
塵生染此既賢聖同有欽希何淂抑忍不論故直筆舒之略分四別
一者戒法此即體通出離之道　二者戒體即住出生衆行之本　三者戒行
謂方便修順本受相　四者戒相即此篇所明亘通篇聚就初戒法受緣已
明今略標舉頭知由遂且分七門一聖道本基二戒有大用三略知名遂四具緣
不同五優劣有異六重受通塞七震嶺受緣時代不同　初言聖道本
基者如成實云戒如捉賊定如縛賊慧如殺賊三行次第賢聖行之即經
云依因此戒淂生諸禪定及滅苦智惠又律云爲調三毒令盡故制增戒學
又云戒者德根百首集衆善法三昧成就智論云若无此戒雖諸苦行皆
名邪行即經云諸善功德皆不得生餘廣如戒本疏述之　二戒有大用諸仏
立教並有勝能明義各別理須略舉夫三寶所以隆安九道所以師訓諸行
之歸憑賢聖之依止者無宗於戒故律云如是諸仏子修行禁戒本終不迴邪
流沒溺生死海又戒經云若有自爲身欲求於仏道當尊重正法此是

又云戒者種根百首集衆善法三昧成就智論云若无此戒雖諸苦行皆
名邪行即經云諸善功德皆不得生餘廣如戒本疏述之　二戒有大用諸仏
立教並有勝能明義各别理須略舉夫三寶所以隆安九道所以師訓諸行
之歸憑賢聖之依止者豈不宗於戒故律云如是諸仏子脩行禁戒本終不迴邪
流没溺生死海又戒經云若有自爲身欲求於仏道當尊重正法此是
諸仏教故結集三藏此教最先善見云毗尼藏者仏法壽命毗尼藏住
仏法方住故結集先之所以尓者餘經但汎明化迹通顯因果事隨理通言
无所寄意宣深遠昏情未達雖欲進脩尠得其要多滯筌相由
迷教指今戒律大藏住持所經凡所施造並皆顯現以人則形服異世法
則軌用有儀住既与俗不同雜行條然自别由世隨相有法法逐相成便
能綱維不墜於地又以法能資人親成衆行便人能弘法故律云以衆和
合故仏法得久住三略解名義依彼梵本具足三名初言毗尼或云毗柰耶或毗那耶
此翻爲律即四分十八法中毗尼及律二名不並又增一中七種律也謂七毗尼或
以滅翻從功能爲号終非正譯故以律翻之乃當正義二言尸羅此翻爲
戒即六度所說良證可知三言波羅提木叉此云處處解脫顯三次第即
是一化始終律中據教教不孤起必詮行相戒則目之而立戒不虛曰必
有果尅故解脫絶縛寂在其終　次明其義分二初之律者法也謂犯
不犯輕重等法並律所明即教詮也　問餘之兩藏亦明行法何不標
名答智論云餘藏所詮意在定慧此中宣顯戒行爲万善之因基趣
先取法名别生後二也所以前標律者由出家五衆形服異世顯内法亦異
而外道俗流濫同聖跡无由取别妙以法除故創弘律名用顯知法餘解
二者戒義如雜心說謂類通法界也廣如後明智論云戒者秦言性善
也又善生經云戒者制也制不善制不善法或云隨性不容惡或云清涼遠
熌惱熱或名爲上能上天堂至无上道此但從功能彰名或從心辯如經
云學也調伏心等或就體解即作无作戒如雜心云别解脫調伏以體是
善非惡无記因明正義戒者性也性通善惡故律儀類亦通因故云不
善律儀也若此立名戒當禁也惡法禁善名之爲律樂殺前生行順
此法名之爲儀若就善律儀及解即是此則以戒從教立名又律云木叉
者戒也此因從果爲号也三解脫義者近而彰名隨分果也謂身口七支

云學也謂伏心等或就體解即作无作戒如雜心云別解脫調伏以體是
善非惡无記因明正義戒者性也性通善惡故律儀類亦通因故云不
善律儀也若此立名戒當禁也惡法禁示善名之為律樂殺前生行頃
此法名之為儀若就善律儀及解即是此則以戒從教立名又律云木叉
者戒也此因從果為号也三解脫義者道而彰名隨分果也謂身口七支
犯緣非一各各防護隨相解脫遠取戒得因戒尅聖望彼絕累由尊戒本故
律云除結无障导縛著由此解也餘如後說 四具緣不同若論未代唯論羯磨
一受必藉因託緣便能長立其受緣相如上卷一門但受是比丘大綱仏法根
本更略標舉依毗尼母論云具五緣一和上如法二阿闍梨如法並謂弟子見
聞无破戒事堪為師義是得戒限三七僧清淨謂受者三根无染通望
十師彼此見聞疑中无非法者方得成受四有三根境非足數心不具法了了
知非故受不成四羯磨成就者論中云若言語不具前後不次說不明了並
不成受五衆僧和合与欲若有別衆之相如足數法中所明受亦不得又云
若在家受五戒八戒乃至十戒隨毀破一重如此人者後出家不得戒不得依
和上即十三難中初攝餘十三難同前廿婆多云若受五戒破其八重者後捨
五戒更受五八十具戒等弃禪无漏戒一切不得乃至破八戒中重者不得
如前毗尼母云不就戒場外更不結大界直結小界不得受具今有无難皆
緣結小界受亦是非法多論又云若慇重心則有作与无作輕浮心者不
發无作又如受後具持可是願行相應依論得戒有受无持但有空願
无行可副則不成故律云共比丘同戒也以受持同故可有得戒犯戒之人及上
則无戒亦无犯也多論問云羯磨竟時為善心得為不善心乃至无記心
得答通是得戒若尔何故律云瞋恚睡狂如是等人不名受具答云依
白之時具上四心不名得戒羯磨已後方有四心皆是得限前善心不得
者謂汎緣餘善无心緣戒又不類餘无心也 五優劣者由立此門知
知戒是緣（勝）入（道）之要便能護持无失於相也婆論云木叉戒仏在世有稀
現故勝禪无漏戒一向時有三有漏木叉通情非情寬故言勝餘二局情
狹故不如三有漏木叉從慈心發故勝能為仏道作因四木叉戒者被及
七衆紹續三乘三寶三道住持仍徑餘二无能故劣五木叉戒者唯仏弟
子有餘禪戒者外道亦有善見云具足木叉者諸光諸山諸學之

知戒是賢入之要便能諸持无失於相也婆論云木叉戒仏在世有稀
現故勝禪无漏戒兩時有三有漏木叉通情非情寬故言勝餘二局情
佚故不如三有漏木叉從慈心發故勝能為仏道作因四木叉戒者被及
七眾紹續三乘三寶三道住持功德餘二无能故勝五木叉戒者唯仏弟
子有餘禪戒者外道亦有善見云具足木叉者諸光諸山諸學之
中日光須弥學中木叉最以為勝若非仏出則无有人堅立此法
六重受者依薩婆多宗戒不重發亦不重受罪不重犯依本常定故
羅漢身中有下品戒若尔何故戒有羸不耶答此對隨行不論受體亦
可作戒在一念隨心品定无作非心盡形故隨行有增微故成論云有
人言波羅提木叉有重發不答云七日之中受七善律儀隨得道處更
得律儀而本得不失勝者受名其七善者謂五戒八戒十戒具戒禪戒定
戒道共戒也 如薩婆多師資傳云重受增為上品本夏不傳大僧云宗元
嘉十年祇桓寺僧慧照等於天竺僧僧伽跋摩所重受大戒或問其
故答以疑先受若中若下更求增勝故須重受依本臘次 七震嶺
受緣余聞有人言此土受戒光无從始縱令受者少乖緣具理得何疑
但作奉戒之心莫非得戒之限忽聞斯語不覺喟然豈以雷霆振地聾
者不聞七曜麗天盲者不見既同管識豈妄厝言故引用聖教明白
灼然具六緣成受不具不得此土受具僧傳顯彰縱緣境有濫依法亦
有明誠如前卷中所言漢境受緣者自漢明夜夢之始迦竺傳法已
來迄至曹魏之初僧徒極盛未稟歸戒正以剪落殊俗設復齋懺
事同祠祀後有中天竺僧曇摩迦羅此云法時誦諸部毗尼以魏嘉
平年至雒陽立羯磨受戒法中夏律戒始也准用十僧大行仏法從
先長習出僧祇戒心又有安息國沙門曇諦亦善律學出曇无德
羯磨即大僧受於之初也 比丘尼受具初緣至宋元嘉七年有罽
賓沙門求那跋摩至揚州譯善戒等經又後有師子國尼八人来
至云宗地未經有尼何得二眾受戒摩云尼不作本法者得戒得罪
尋仏制意法出大僧但使法成就自然得戒所以先令作本法者正欲生
其信心為受戒方便耳至於得戒在大僧羯磨時生也諸尼若求更受善
日善哉夫戒定慧品從微至著欲增明甚相隨盡且令西尼學語更住中

其信心為受戒方便身至於得戒在大僧羯磨時生也諸尼苦求更受善
日善哉夫戒定慧品從微至著善故増明甚相隨盡且令西尼學語更往中
國請尼令足十數至元嘉十年有僧伽跋摩者此云衆鎧解律雜心自涉
流沙至楊州初求耶許尼重受未備而終俄而師子國尼鐵索羅等三人至
京足前十數便請衆鎧為師於壇上為尼重受出高僧名僧〻史僧録梁
及晉宋雜録故略出緣起永為龜鏡　三者戒體四門分之一戒體相
狀二受隨同異三緣境寬狹四發戒數量　初中五門一辯體多少二立兩所以
即解名義三出體狀四先後生相五无作多少　初中所以引解脫戒人並受
之及論明識止可三五皆由先无通敏不廣諮詢致令正受多昏體相盲
夢心中緣成而已及論得不出同河漢故於隨相之首諸門亦略現准知
已身得戒成否然後持犯方可修離問引解脫戒可有幾種答論難約
境實乃无量戒本防惡惡緣多故發戒亦多故善生云衆生无量戒亦无
量等今以義推要唯二種作及无作二戒通收无境不盡　二立二所以并解
名義　初中問曰何不立一及以三種答若單立作作休謝往不能防非又
不可常住故須无作長時防非若單立无作則起无所從不可孤發要
頼作生二法相藉不得立一何為不三但由體相道理相違一作无作别二心
非心別性不可合但得立二若就所防隨境无量二引證者如廿婆多云
若淳重心身口无教初一念色有身口教及以无教第二念中唯有无教
无其教也（教者作也不可教示於他）涅槃經云戒有二種一者作戒二者无作戒是人唯具
作戒不具无戒作是故名為戒不具足即如上論以无淳重之心不依奉
行之意不發戒也　又善生云是十惡法有〻作色无〻作色或有作色及
无作色如人手執極香臭物凡木等喻以上諸文有二非虛　次解名義
問曰既知二戒請解其名答云所言作者如陶家輪動轉之時名之為作
故雜心云作者動身方便言无作者一發續現始末恒有四心三性不藉緣
辯故雜心身動滅已与餘識俱是法隨生故名无作成論无作品云因
心生罪福睡眠悶等是時常生故名无作　云何名戒〻〻禁惡法故涅槃
云戒者直是遮制一切惡法若不作惡是名持戒善生經中立義之如
前制退涼上學等解也　三出體狀二論不同今依本宗約成實論

心生罪福睡眠悶等是時常生故名无作　云何名戒戒禁惡法故涅槃
云戒者直是遮制一切惡法若不作惡是名持戒善生經中五義之知
前制遮凉上學等解也　三出體狀二論不同今依本宗約成實論
以釋先明作戒體論云用身口業思爲體論其身口乃是造善惡
之具所以者何如人无心殺生不得殺罪故知以心爲體文云是三種業皆
但是心離心无思无身口業若指色爲業體是義不然十四種色悉是无
記非罪福性　又有論師以身口二業相續善色聲爲作戒體以相續色
聲法入所攝意識所得是罪福性也　言无作戒者以非色非心爲體非色
者非五大所成以五義來證一色有形段方所二色有十四廿種別三色可惱
壞四色是質㝵五色是五識所得无作俱无此義故知非色言非心者體
非緣慮故名非亦有五證一心是慮知二心有明闇三心通三性四心有廣略五心
是報法无作亦不具此故以第三聚非色非心爲體文云如經中說精進
人得壽長得福多以福多故久受天樂若但善心云何能得多福是人不能
常有善心故又意无戒律儀若人在不善无記心亦名持故知亦時无
有作也　涅槃云戒者雖无形色而可護持雖非觸對善修方便可
得具足十住婆沙云戒有二種作者是色无作非色故以多文證成非
色也　四明二戒先後初解云如牛二角生則時同多論云初一念戒俱有二
教第二念中唯有无教後解云前後而起故善生云世間之法有因
有果如日水鏡則有面像故知作戒前生无作後起論云作時具住无
作者此時作俱无作並是戒因至第三羯磨竟其業滿足是二戒俱
圓故云具住无住不妨形俱无作仍後生也亦是當一念竟時二戒
謝後无作生也　五流解多少依多論无作一作俱无作如作善惡二
業与作方便齊生二形俱无作如善惡律儀形滅戒失三事在无作如
如施物不壞无作常隨僧坊塔像橋井等物功德常生除三因緣一前事毀
破二此人若死三若起邪見无此三者事在常有惡緣同之四從用无作
如着施衣入諸禪定則令施主得无量福惡緣弓刀例此可知五異
緣无作如身造口業發口无作口造身業發身无作等若依成論
身口手造六助緣无作如教人殺盜隨命斷離處教者得罪　七要期
无作亦名願无作如人發願作食作衣等施无作常生　八隨心无作有

如著施衣入諸禪定則令施主得无量福惡緣弓刀例此可知五異
緣无作如身造口業發口无作口造身業發身无作等若依成論
身口手造六助緣无作如教人殺盜隨命斷雖處教者得罪　七要期
无作亦名願无作如人發願作念作衣等施无作常生　八隨心无作有
定慧心无作常生亦名心俱成論云出入常有善心轉勝故此言隨心者
隨生死心恒有无作非謂隨定慧別解脫不尔唯隨於身即涅槃云初果
生惡國道力不作惡上八種中通前七通善惡欲界繫法後一无作善
是世禪局上二界若出道法非三界業　三受隨同異六二種无作五義同之
一者名同受隨俱名无作受謂壇場戒體隨謂受後對境護戒之心方便善成科本清
淨故也已上注　二者義同同防七非三者體同同以非色非心為體四斂對防非同受中
无作體在對事防与隨中无作一等五多品同如成實論戒得重發肥羸
不定異六有四種一受中總發以願心情非情境一切總得隨中无作別發行不頓發
次第漸成二長短不同受中无作懸擬一形隨中无作從方便色心俱事止
則无故名短也三寬狹不同受中任運三性恒有隨局善性二无名狹四根條
兩別受為根本隨衣受起故曰枝條　二種作者有五同一名同二義同三體
同四短同五狹同唯局善性所以准知有四種異一受中總斷隨中別斷二受本
隨條三受是懸防隨中對治四受作一品終至无學隨一品定隨中作戒多品
由境有優劣心有濃淡故心分三品不妨本受是下品心故雜心云羅漢有下品戒
年少比丘上品戒　三明發戒緣境寬狹上卷受緣已略明發戒方法但心
隨境起故令廣論令知戒德之高廣亦使持者有勇勵就中分四一能緣
心現在相續心中緣二所緣境境通三世如怨家境雖過去得起惡心斬截死
屍現在怨家子有可壞義未來未來諸境可以准知故緣三世而發戒也成論
問為但於現在得律儀從三世衆生得耶答三世衆生所得如人供養過
去所尊亦有福德律儀亦尔三發戒現在相續心中防非者但防過去未
來非現在无非可防　問毗尼弥已起非戒防未起非何得言斷過去非耶
答境雖過去非非過去猶是戒防未起非　又解云一專精不犯戒防未起
非二犯以能悔還令戒淨即除已起非餘如戒本疏解然則緣境三世得罪現
在過未二境唯可起心說言三世發也若據得戒唯在現在一念成論云慈
悲布施是亦有福戒亦可尔以通三世皆與樂意又云慈功偏物但通現在

未非現在无非可防　問毗尼䟽已起非戒防未起非何得言斷過去非耶
答境雖過去非〻過去猶是戒防未起非　又解云一専精不犯戒防未起
非二犯能悔還令戒淨即除已起非餘如戒本䟽解然則緣境三世得罪現
在過未二境唯可起心說言三世發也若據得戒唯在現在一念成論云慈
悲布施是亦有福戒亦可尒以通三世皆與樂意又云慈心偏物但通現在
過未已謝戒則不尒要必普周若作偏局一向不合故多論云以惡隨戒
有增減故　問戒從三世發唯防未非者答若論受軆猶不能防但是
防具要遠行者兼時以隨資受方成防非不防現在以无非也若无持心便成
罪業若有正念過則不生故也然又以隨資受令未非應起不起故陳未非
若无其受隨无所生既起惡業名曰過非為誰受體不令生染識除往
業名防過非若介戒必防非〻何故起答要須行者隨中方便兼持制犯
方名防非如城池弓刀擬捍擊賊之譬餘如戒本䟽中解之四明發戒多
少略如上明今又述者以世俗多迷故廣銓叙意存識相知法自瀞無
人故也然所發戒數隨境无量要而言之不過情與非情有无二諦攝相
皆盡任境而彰略說則地水火風空識等界及色聲香味觸等五塵
乃至過未三世法界等法及六趣衆生趣外中陰四生亦發得戒上來
懸拳次引文證俱舍云戒從一切衆生得定分因不定何以故不得從一種
衆生得故分不定者有人從一切分得戒謂受比丘戒有人從四分得謂受
所餘諸戒即五十八戒也曰不定者有二義若立无貪瞋癡為戒生因
從一切得以不相離故若立上中下品意為戒生因則不從一切衆得戒則无
也何以故由遍衆生起善方便得異此不得云何如此惡意不死故若
人不作五種分別得木叉戒一於某衆生我離殺等二於某分我持三於某
處能持四某時能持五某時緣不持除鬪戰事如此受者得善不得戒
於非所能境云何得戒由不害一切衆生命故方得若從所能境得戒此
則有損減過能未轉生故若尒則雜得捨由緣得戒捨戒於義自成縱
得捨由緣有何過惡心不死故不成普周毗婆沙問云若尒草木等未
有〻時生減豈非增減衆生入般豈非減耶　義解作四句一心謝境
不謝聖无煩惱以境不盡故戒在不減二境謝心不謝入槃草死戒不失
忠過罪在故三心境不謝可知四心境俱謝轉根之時不同戒失　廿婆

得捨日緣有何過惡心不死故不成善　問毗婆沙問云若爾草木等未
有々時生滅豈非增減衆生入般豈非減耶　義解作四句一心謝境
不謝聖无煩惱以境不盡故戒在不滅二境謝心不謝入槃草无戒不失
忠過罪在故三心境不謝可知四心境俱謝轉根之時不同戒失　廿婆
多云於非衆生上亦得无量戒善功德如三千世界下盡地際傷損如虫
皆得其罪翻惡成善一々虫處皆得戒善乃至一草一葉一花皆得罪順福
皆入戒門故善生云大地无邊戒草木无量戒亦量无虛空大海戒德
高遠亦遠如是以此文證理通理法界義決截　伽多論又云三千世界
下至阿鼻地獄上至非想於一切衆生上可殺不可斯不可欺此一々衆
生乃至如來有命之類以三因緣一々得戒又以此推出家僧尼及下三衆戒得
紙行蓮聖跡位高人天良田於此端拱自守福德恒流故明了論云四万
二千福河流解云謂四万二千學處一切恒流其由河水流除破戒煩惱言
四万二千者謂根本戒有四百廿所以爾者如婆藪斗律戒有二百多明輕
戒優婆提舍戒有一百廿多明重戒比丘尼別戒九十九合成四兩百廿是々
戒有攝僧等十功德一々功德能生十種正行謂信等五根无貪等三善
根及身口二護一戒即百合戒有四百廿豈非四万二千　又解云无頗毗尼者
謂第三羯磨竟時四万二千學處一時並起无一戒不生故稱无頗攄斯
以求戒德洹流　問僧尼二衆戒數各別何以无頗毗尼直言四万二千耶
一解此總舉二衆以說若取實理各隨本戒　又釋以轉根義證比丘
懸發得尼戒俱有四万二千次對七衆發戒多少准廿婆多云五戒者
於一切衆生乃至如來皆得四戒以三无毒善戒根得十二戒并一身始終
三千界內一切酒上回々皆得三戒以受時一切永斷設酒滅盡羅漢入槃戒
常成就准以義推女人身上婬處有三男上有二發由三毒單酏則女
人所得十八戒男子十五戒非情一酒亦得三戒　八戒發者衆生同上非
情得五　十戒下三衆情及非情同大僧發四分律文俱發七支戒々下之
皆結故　若尒何故列十此但亦根本善作說相令其早知餘則和上
曲教故三歸羯磨俱无戒數之文說相中方乃列十　四兩種顯解
若約僧尼准知婆論一々衆生身口七支以貪瞋癡起故成廿一戒今義准
張三毒互起二三等分應有七門女人九處男子八處七處隱之長

BD14043號　四分律刪繁補闕行事鈔卷中　（65–19）

情得五　十戒下三衆情及非情同大僧發四分律文但發七支戒戒下文
皆結故　若尒何故列十此但示根本善作說相令其早知餘則知上
曲教故三歸羯磨俱无戒數之文說相之中方乃列十　四兩種類解
若約僧尼准如婆論一一衆生身口七支以貪瞋癡起故成廿一戒令義准
張三毒三起三等分齊有七門女人九處男子八處七毒歷之女人
身上得六十三戒男子身上以巳七毒煙他德五十六戒非情戒境為各
得七戒以此例餘法界之中情与非情各得諸戒无量无邊故善生中
五種為量衆生大地草木大海及以虛空譬戒德量如前分雪
問七支攝戒盡不答盡也設有未盡攝入七中如配戒種類所說又云
攝戒不盡以罪性不同如殺打兩別能防體異故善生云除善惡
戒已更有業戒所謂善惡法也故知根本七支所收業戒種類
所攝宜依四句一者善而非戒謂十中後三是也律不制單心犯也二戒
而不善即惡律儀三亦善亦戒十善之中前七支也以不要期直爾終
行故名善也及此禁勵故名戒也四俱非者身口无記　問戒与律儀
行相差別如何答通行无涯是律儀也對境禁約是戒儀也如比丘具緣
受已見生不殺望此一境名持殺戒望餘四生名持律儀若殺此生名犯
殺戒餘生不殺不犯律儀若就惡律儀解望殺一羊名持惡戒望餘通
類有生皆罪是持律儀　三者戒行謂受隨二戒遮約外非方便善成
故名戒行然則受是要期思願隨是稱願修行譬如築營宮宅先立
院墻周帀即謂壇場受體也後便隨處營構盡於一生謂受後隨行若
但有受无隨直是空願之院不免寒露之弊若但有隨无受此行或
隨生死又是局狹不周譬同无院空宇不免盜賊之穿窬也必須受隨
相資方有所至　四問　今受具戒招生樂果為受為隨答受是緣由未
有行回必須因隨對境防撿此隨行至得聖果不親受體故知一受後
盡壽已來方便正念護本所受流入行心三善為體則明戒行隨相
可修若但有受无隨行者反為戒欺流入苦海不如不受无戒可違是
故行者明須善識業性灼然非為濫述　四明戒相諳相而言有
境斯是緣則綿亘攝心通濟令約戒本人並誦持文相易明持犯非濫
自餘万境豈得遍言並准例相承薄知綱領　約篇通戒以下例分為三

BD14043號　四分律刪繁補闕行事鈔卷中

故行者明須善識業性灼然非爲濫述　四明戒相語相而言有
境斯是緣則綿亘攝心通濟令約戒本人並誦持文相易明持犯非濫
自餘百境豈得漏言准例相承傳知綱領　初篇婬戒以下例分爲三
謂所犯境二成犯三開犯法略知持犯廣如下篇餘義並如戒本疏中
初明犯境者僧祇云可畏之甚无過女人敗正毀德莫不由之染心看者
越毗尼聞聲起染亦尒智論云婬欲雖不惱衆生心繫縛故爲大罪故
律中婬欲爲初又比丘法今世取涅槃故　四分中犯境謂人非人天子鬼神等畜生
三趣據報則男女二形據處則女人三道謂大小便道及口男子二道此
等婬處若覺睡眠若死未壞少壞但使入婬處如毛頭皆波羅夷僧
云牛馬猪狗鴈鷄之屬莫問心壞相狀但是正道皆重餘摩得
伽論具明犯之分齊然婬過麁現人並知非及論開犯皆結正約相示
過耳不欲開發蹤跡生疑生怖故善見云法師曰此不淨法語諸
聞說者勿驚怪慚愧心至心於佛何以故如來慈愍我等佛是
世間王離於愛染得清淨處爲愍我等說此惡言爲結戒故又
觀如來功德使无嫌心若佛不說此事我等云何得知波羅夷罪有
笑者驅出　次成犯相有二緣一自有婬心向前境從有裏障乃障
但入如毛頭結成大重具四緣成一是正境男三道女三處二興染心謂非餘睡眠等三起
方便四与境合便犯　二者若爲怨逼或將至前境或就其身分
佛開身會制令不染亦具四緣一是正境不問自他二爲怨逼三与境合四受
樂便犯善見云婬不受樂者如以男根內毒蛇口中及以火中是不染
之相問此婬戒結犯通戲笑不如以小兒根內口中亦故无婬心若婬心
雖識唯律云愛染汙心是婬欲意並犯重罪　五分若剌者是戲
偷蘭非戲者重受剌者亦尒　十誦云口中要過齒成犯餘二道无
開　四分云若爲怨家強持男根令入三犯境於三時心无有樂皆不成
犯隨始入入已出時一一時中有淫意皆重若爲怨家強捉比丘二處行
不淨初入覺樂犯重乃至裏障四句亦尒既有其事內指口中齒之唯
覺指痛則免重罪如前論說地口大中可也律云死屍半壞多分壞及
骨間行不淨偷蘭此婬戒結犯不待出精但使骨由間行者皆偷蘭

犯隨始入入已出時一一時中有染意皆重若為怨家強捉比丘二處行
不淨初入覺樂犯重乃至稟隨四句亦尔賊有其事內指口中齒之唯
覺指痛則免重罪如前論說勉口大中可也律云死屍半壞多分壞及
骨間行不淨偷蘭此婬戒結犯不待出精但使骨肉間行者皆偷蘭
若无作出精意精出犯犯僧殘如戒本疏說由无非僧殘意故但是
正道皆犯故善見云縱使斫頭斷及死人口中頸中行婬亦重　律云若僧
尼互相教作者能教犯偷蘭不作犯吉羅下三眾相教作不作俱犯吉羅
作者滅儐吉羅為異八乃至下篇同犯吉羅　二明不犯中若睡眠无所覺知謂開怨家逼己身入
不受樂謂開怨家替造他境　一切无有婬意无受染污心故並不犯　第二盜戒
性戒合輕重也性重之中盜是之難誰故諸部明述餘戒約略總述
而已及論此戒各並三卷五卷述之為善加被括方能免患有人別
標此盜用入私鈔補市勸誡之意也終須遍覽故銓次列之　初犯
境之中謂六塵六大有主之物他所怯護非理致損斯成犯法若无主
及以己物或為緣差境棄心想疑轉雖有盜取之心而前非盜境重
不結犯唯有本心方便　問何名无主物答善見云子作惡事父並
逐去後時父並死者是物无主用則无罪十誦婆多云二國中間兩邊
封相其間空地有物是名无主又云若國破王走後王未统此中有
物又是无主即如俗令山澤林藪不令占護若先加功力不得盜損
三成犯相中總緣具六種一有主物　二有主想　三有盜心　四重物
五興方便　六舉離處為具成犯。今依犯緣次第解釋就初緣
中大分三位一盜三寶物二盜人物三盜非人畜生物初中先明知事人是
非然後辯盜用差別所以然者若不精識律藏善通用與者並師
心處分多成盜損相如後說故寶梁大集等經云僧物難掌佛法
无主我聽二種人當三寶物一阿羅漢二須陁洹所以尔者諸餘比丘戒
不具足心不平等不令是人為知事也更復二種一能淨持戒識知業
報二畏後世罪有諸慚愧及以悔心如是二人自无瘡疣護他人意此
事甚難等聖敬如此即為大識回即犯者還愚癡慢故所以律云
我說此人愚癡波羅夷等並謂不依仏教師心宜八犯大罪。今料簡三寶物四門分別一盜

報二果後世罪有諸慚愧及以悔心如是二人自无瘡疣護他人意此
事甚難等聖教如此即為大誡因即犯者遇愚癡懵故所以律云
我說此人愚癡波羅夷等（並謂不依仏教斷心宜犯大罪）今料簡三寶物四門分別一盜
用二互用三出貸四將三寶物瞻待道俗法　初中盜仏物者正望
仏邊无盜罪由仏於物无我所心无悋惜故但得偷蘭以同非人物攝
故十誦盜天神像衣結偷蘭涅槃經云造立仏寺用珠花鬘供養
不問輒取若知不知皆犯偷蘭若有守護主者三寶物邊皆結重
罪无守護主望斷施主福邊結罪故毗奈耶云若盜仏塔聲聞塔
等幡蓋皆望斷本施主福邊結罪故五百問中塔上掃土淨地棄之
不得悉用摩得伽云盜人神廟中物有守護者犯重十誦盜仏畫物
精舍中供養具若有護計直成犯善生中亦從守塔人邊得重罪
不望仏邊結之所以約守物人結者如盜人物中分別為盜而供養无犯
廿婆多云盜仏像十誦中偷舍利並淨心供養自作念言彼亦是師
我亦是師如是意者无犯　摩得伽中盜仏像舍利不滿五故偷蘭
五滿犯重　廿婆多云謂轉賣者若仏塔中鳥死及得餘物但供塔
用餘用犯盜　盜法物者法是非情无我所心律中結重者望守護
主結也又云時有比丘盜他經卷仏言計紙墨結重仏語无價故
十誦摩得伽廿婆多並同望護主結五分盜經者計紙墨書功滿五
犯重摩德伽云偷經物滿五得重不滿犯輕五百問中不得口吹經上
塵土像亦准上若燒故經得重罪如燒父母不知有罪者犯輕
十誦借經拒而不還令主生疑者偷蘭此由心未絕故宜正法念云盜
寫秘方犯重　問如論中盜像舍利供養无犯盜經亦同一向結重
者何答仏得道心礼敬法須執文讀誦故地持云不現前供養多矣
〻供養等若破牙舉亦手結犯如人造像專心為己不通餘人可不
結重造經為他隨能受用豈可結罪　盜僧物者有護主者同
上結重若主掌自盜准善見論盜僧物犯重然僧有四種一者常
〻住〻謂衆僧廚庫寺舍衆具花果樹林田園僕畜等以體通十
方不可分用總望衆僧如論斷重　僧祇云僧物者縱一切比丘集亦
不得分此一向准上入重攝二者十方常住如僧家供僧常食體通十

結重造經為他隨能受用豈可結罪　盜僧物者有護主者同
上結重若主掌自盜准善見論盜僧物犯重然僧有四種一者常
々住々謂眾僧廚庫寺舍眾具花果樹林田園僕畜等以體通十
方不可分用揔望眾僧如論斷重　僧祇云僧物者縱一切比丘集亦
不得分此一向准上入重攝二者十方常住如僧家供僧常食體通十
方唯局本處若有守護望主結重同共盜損應得輕罪　僧祇云若
將僧家長食還房得偷蘭　善見云若取僧物如己物行用与人得
偷蘭(准共盜僧食)　若盜心取隨直多少結是名第五大賊(准似比丘尼有主亦尓)
廿婆多云善見不打鍾食僧食者犯盜又空寺中客僧見食盜啖者
隨直多少結罪(准此如上偷蘭)　三者現々前々謂盜此物望本主結重若多人共
物一人守護亦望護主結四者十方現前如亡五眾輕物也善生經云盜亡
比丘物若未羯磨從十方僧得罪輕(謂計人不滿五又但得偷蘭)若已羯磨望現僧前
前得罪重(謂人數有限則可滿五錢)若臨終時隨亡人囑授物盜者隨約所与人邊
結罪　四分云四方僧物若僧若眾多人若一人不應分不應賣不
應自入己皆犯偷蘭因即有人言若盜僧物云不成盜便即棄取
此未見諸部明文若棄成重　四分暫借僧用故結輕若永入己同
善見斷重　五分盜心貪僧好物直五錢犯棄一錢已上犯偷蘭
大集云盜僧物者罪同五逆然通盜三寶僧物最重隨損一毫則
望十方凡聖一々結罪故諸部五分中多有人施仏物者仏並言可
以施僧我在僧數施僧得大果報　又方等經云五逆四重我亦能
救盜僧物者我所不救餘如日藏分僧護傳等經廣陳　五百問云
負仏法僧物縱償還入阿鼻而得早出何況不償者永無出期
因說三藏法師還債事云々互明互用又四三三寶互三當分互三像寶
互四々物互說初中如僧祇寺主摩々帝互用仏法僧物謂言不犯
仏言波羅夷謂知事人取僧粮食器具及以牛馬為仏像家營事
使役並得正重將仏法物僧用亦尓廣文如彼律寶梁等經云仏
法二物不得互用由无有人為仏法物作主故復无可諮白不同僧物
所以常住招提互有所損營事比丘和僧索欲行籌和合者得用
若欲用僧物修理仏塔依法取僧和合得用不和合者勸俗修補若

使役並得互重將　仏法物僧用亦尒廣文如彼律寶梁等經云仏
法二物不得互用由无有人為仏法物作主故復无可諮白不同僧物
所以常住招提互有所損營事比丘和僧索欲行籌和合者得用
若欲用僧物修理仏塔依法取僧和合得用不和合者勸俗修補若
仏塔有物乃至一錢以施主重心故捨諸天及人於此物中應生仏想
塔想乃至風吹雨爛不得貿寶供養以如來塔物无人作價故若
准此義仏堂之內而設僧床僧房之內安置經像妨僧受用並
是互用由三寶位别各攝分齊故若无妨暫安[illegible]得无損文云
不得安仏下房已在上房也　問招提常住等是何物耶答中
含阿難受別房用施招提僧婆婆女以園施仏為首及招提僧
文中不了准此房字等是招提僧物花果等是僧鞞物　五百
問本非仏堂設像在中比丘共宿卧作障隔者不犯由仏在世亦
与弟子同房宿故十誦仏聽僧坊畜使人仏畜使人乃至烏馬牛
羊亦尒各有所屬不得互使　大集經云寺無五僧不得受他
田宅奴畜等所施之物　薩婆多四方僧地不和合不得作仏塔為
仏種花果若僧中分行得已聽隨意供養花多无限者隨用
供養食若經荒餓三寶園田无有分别无可問白若僧和合隨意處
分若屬塔水用塔功力得者僧用得重若功力由僧當籌量多少
莫令過限過則結重十誦僧園中樹花聽取供養仏塔若有
果者使人取噉大木供僧椽梁用樹皮枝葉等隨比丘用亦得借
僧釜鑊瓶瓮等雜用　毗尼母云已處分房地種樹得木後用治
房不須白僧僧樹治塔和僧者得僧祇院內樹薪應准多少供涅
室食厨浴室别房不得過取若无定限隨意多少應取乾
枯者若僧須木用或有樹在妨地而施主不許者使淨人以魚骨刺
灰汁洗令死然後語施主知後乃斫用若僧田宅連接惡人得語檀
越轉易　四分瓶沙王以園施仏令与僧等故知三寶不得互用便勸
施僧僧猶得供仏法也若本通三寶施者隨偏用盡不得分破此
物以為三分則乖本施心故　善見云伏藏中物若為三寶齋講設
會得取无罪　上来中可望問人尋用僧[illegible]章者此要須具識

園

㕓計洗令无然後語施主知後乃斫用若僧田宅連接惡人得語檀
越轉易　四分瓶沙王以園施仏令与僧等故知三寶不得互用便勸
施僧々猶得供仏法也若本通三寶人施者隨偏用盡不得分破此
物以為三分則乖本施心故　善見云伏藏中物若為三寶人齋講設
會得取无罪
淨應僧法者如律所斷財法皆同若少行鈥乖僧用者得罪无
量廣如前經中又如傳云由取僧樹葉染作雜用罪藉藏在石
函身皆入地獄受苦斯由戒非全具心无慚愧故有有心行者自
隱而衆取為二當分斗用謂本造釋迦改作弥陁本作大品改作
涅槃本作僧房改作車乘皆望前境理義可通但違施心得互
用罪律云許此處乃与彼處及現前堂直迴作五衣並得罪也若
本作仏迴作菩本作經改作論等則情理俱違本造正錄雜錄
真經乃造人集偽經者回果全乖決判得重有福无福別邪
正雜故若東西二龕仏法財物有主不令元主通用若元通師
徒及衆具供養者理通得作而不通牛馬雜畜非義之人五
百問云用仏綵色作鳥獸形得罪除在仏前為供養故善見
若施主本擬施園果為衣服湯藥等盜心迴分食者隨計結重若擬
作僧房舍重物而迴作僧食犯偷蘭若住處之少食根各欲散
者无人守護者和僧減用上園果等重物作食主領守之乃至四方
僧房亦得若房破壞賣廉者以相治補若賊亂遣聽持隨身賊去
靜時還返本處欲供養此像迴与彼像吉羅第八第九第卷中
論盜戒大徵密　十誦勒伽云持此四方僧物盜心度与餘寺吉羅
以遠与僧不犯重也　僧祇若狂近寺破无卧具供養者通結一界彼
此共用　五百問中白衣授比丘未度者來白僧与食若為僧乞白
僧聽將僧食在道若僧不許或不自行還須償不者犯重若供
僧齋米僧去齋主用供後僧打揵槌得食若不打者一飽犯重
准上不得輙將僧食出界而食本无還心者犯重雖遠打鍾猶不免
盜以物體攝處定故律中共利養別說戒者須作羯磨和僧方得若
直得者何須同界同法也　若為僧差遠使路非乞食之所和僧

僧齋米僧去齋主用供後僧打揵椎得食若不打者一飽犯重
准上不得輙將僧食出界而食本无還心者犯重雖遠打鍾猶不免
盜以物體攝處定故律中共利養別說戒者須作羯磨和僧方得若
直得者何須同界同法也
・若為僧差遠使路非乞食之所和僧
將食在道亦不為作相准善見守寺之文若寺莊碓不必和僧然此
通用住處各鳴揵通食若行至外寺私有富人用僧物者犯重以擬
供當處住僧不供別類非是福田故僧家人畜犯吉羅　・三像共寶
互謂住持三寶与理寶互也　廿栄多問仏在世時諸供養三寶物
中當受一人分何以滅後偏取一天分答仏在時色身受用故取一人分滅度
後供養法身功德勝僧故取一寶分又仏在時言施仏者則色身受
用言施仏寶者置於髮塔中供養法身常在世間故若施法者分
作二分一寫經一分与誦經說法人若施法人若施法寶懸置塔中義
僧寶亦著塔中供養第一義諦僧若施衆僧者凡聖俱取分以言无
當故准此受施之時善知通塞勿令互用致有乘失　四隨相物中
自互先約仏物有四種一仏受用物不得互轉謂堂宇衣服床帳等
物曾經仏用者著塔中供養不得互易如前寶渠經說　・五百問
事云不得賣仏身上繒与仏作衣又仏堂柱壞施主擬訖故柱施僧
僧不得用　・律中仏言若仏園坐具者一切天人供養不得輙用皆是
塔故廣敬如僧像致敬法中二施屬仏物者　五百問云仏物得買
取供養具供養十誦以仏塔物出息仏言聽之　・五百問云仏物不得
移至他寺犯棄若衆僧盡去白僧僧聽將去无罪比丘客作仏像
書經得物不得取若得仏家牛畜亦不得使使仏牛奴得大罪　三供
養仏物僧祇供養仏花多聽轉賣買香燈猶故多者轉賣著
仏无盡財中　・五百問云仏播多欲作餘仏事者得施主不許不得
准此迴改作故不轉廢本質如大論云如畫作仏像一以不好故壞得福
一以惡心壞便得罪也　四者獻仏物律云供養仏塔食治塔人得食
善見云仏前獻飯侍仏比丘食之若无比丘白衣侍仏亦得食准此俗
家仏槃本不屬仏不勞設贖言贖者偽經　・次明法物亦有四別一法
所受用如箱函遮塵巾帕之屬本是經物曾經置[illegible]不可迴改[illegible]

准此迴改作故不輒壞本質如大論云如畫作佛像一以不好故壞得福
一以惡心壞便得罪也　四者嚴佛物律云供養佛塔食治塔人得食
善見云佛前嚴飯侍佛比丘食之若无比丘白衣侍佛亦得食准此俗
家佛槃本不屬佛不勞設贖言贖者僞經　次明法物亦有四別一法
所受用如箱函遺廛巾帕之屬本是經物曾經置設不可迴改餘三得
不准上可知　三明僧物若二種常住局處已定不可轉移如上所明
若通濟他寺鞍磨和得初之常住止得受用十方常住鳴揵同時即
預食分若惡戒及時有德得非時非法而用並結偷蘭　二種手用
通和得不准上可知常住人畜必無賣買准經罪重諸律无文薩僧
祇中施僧婢童不合受可以知意　若論二種現前罪手如上就輕
重二物斷割非文違者雙結二罪三出貸三寶物　僧祇塔僧二物手
貸分明券疏記某時貸某時還若知事文代當於僧中讀疏翻
唱記付囑後人違者結犯　十誦僧塔物出息取利還著塔物无
盡財中佛物出息還著佛无盡財中擬供養塔等僧物文中例同
不得互雜　十誦別人得貸塔僧物若死計直輸還塔僧
善見又得貸借僧財物住私房善生經病人貸三寶物十倍還之餘
不病者理無輒貸与律不同疑是俗中二衆文似出家五衆五百問云
佛物人貸子息自用同壞法身若有施佛牛奴不得受用及賣易之
若施軍器亦不得受餘如畜寶戒　第四瞻待道俗法
四分夏安雜至一住處不迎接故當還出佛言若知法知律知摩夷者
凡至所在皆應迎逆供給飲食等亦不言現前四方僧物准与犁
人衣是十方現前物故知非是四方常住物也　十誦云以此人替補我
我處故須供給　五分若白衣入寺僧不与食便起嫌心佛言應与使
持惡器盛食与之又生慊心佛言以好器与之此謂趣之俗人見僧過者差
在家二衆及識達俗士須說福食難消非為慳惜如衆網法中說
十誦供給國王大臣薪火燈燭聽輒用十九錢不須白僧若更索者白
僧給之惡賊來至隨時將擬不限多少　僧祇若惡賊檀越工匠乃至
國王大臣有力能損益者應与飲食多論云能損者与之有益者不
合即是汙家若彼此知法如律亦得廢如二篇下說　十誦病人索

十誦供給國王大臣薪火燈燭聽輙用十九錢不須白僧若更索者白
僧給之惡賊未至隨時將擬不限多少　僧祇若惡賊檀越工匠乃至
國王大臣有力能損益者應與飲食多論云能損者與之有益者不
合即是汙家若彼此知法如律亦得廣如二篇下說　十誦病人索
僧貴藥聽與兩錢半價善見瞻待淨人法若分番上下者當上與衣
食下番不得長使者供給衣食十誦客作人雇得全日卒遇難緣不
得如契者仏令量功與之准於俗法從旦至中前有難事者給食一
頓不與作直中後已去有難不役則給全日作又須准仏語量其功
勞看其懃墮難役經半日而之酬全夫者亦與本價若墮者亦減餘
廣如有僧食通局如上卷中　大門第二盜人物中由定有主故望二
結一損正主二損護主就正主物要有三句一有我所心有守護如遺中
綵絹財物等二有我所心无守護田中五穀是三无我所心无守護地中
伏藏是若盜此三並損正主結罪就守護主二句不同一有我所心列守
護如僧可分物令人守掌者二无我所心列守護如開頭棄得葉物及
比丘失物為官奪得並得此物望守護結今總二主分為七種
一償護損失主善見云比丘為他別人乃至三寶等護財物若謹慎賞
護堅鏁藏户而賊比丘從孔中屋中竊取或逼迫強取非是護主能禁之
限者望本主結罪不合徵守物人若嶮不重若主掌懈慢不懃掌錄為賊
所偷者守物比丘必須償之不望本主若不還者守護結犯　二寄付損
失主　十誦有比丘遠處寄物看道損破仏言若好心捉破者不應使
惡心破者須償比丘寄居士物不好看故失者應索取若寄居士物
居士寄比丘物如上二說若借他物者不問好惡二心若損失一切須償
今有為他洗駈盋及堞破失者並多索償隨滿五錢重　三被盜望
十誦若衆中失物者衆主不得謂其檢挍及以校贏誦呪而取今義
張二位一不現前盜物主護心義弱取者得相決徵主雖有心不捨後
復見此物不得奪取以雜屬賊義成若奪犯重故律云時有比丘棄損物
者物仏言波羅夷　僧祇亦不現前一本主不捨二棄者未作得想
得棄取及上二緣棄集得重罪從自心不捨前人決定取者正成盜損

張二位一不現前盜物主護心義弱取者得相決徹主雖有心不捨邊
邊見此物不得棄取以雜屬賊義成若棄犯重故律云時有比丘棄掬
者物佛言波羅夷　僧祇面不現前一本主不捨二棄者未往得線想
得棄取反上二緣棄得重罪從自心不捨前人決定取者正成盜損
不得棄之若先捨者無主物故亦不合棄舉雜屬於邊取二對面
現前棄由護守義強棄者猶預豫得想未定本主心弱而未
捨者亦得退棄僧祇賊棄物去比丘逐賊棄得本物无犯又音闍逐
賊彼藏物去比丘即取將來又賊漸近村落比丘逐賊和喻得若恐怖
得无犯知有死事不應告人如上諸句皆是對面被劫若已作失想
不問棄者決定不決定後還取者便為賊邊棄賊並由決屬賊故樂
失想而賊心決取无畏亦是屬賊不合還棄　毗奈耶云若失物官人
棄得還比丘者得取无犯　准此面不現前乃至盜金像等雖知藏處
亦不合取　十誦若比丘為賊所攞自偷身賊所无犯若師癃棄弟子
將來得重　四賊施比丘物主　十誦賊偷物來或好心施或曰他
逐恐怖故施得取此物莫從賊乞自与者得取已取已染壞色而著有
主識者若索還他若賊比丘邊買得衣者本主見衣不得直棄應
還本直今或有偷三寶物及以金銀經像毀成器梃而乞比丘者若准
上文應得受之據理已冒經佛受但可取之依本處用　●五取回轉賊主
僧祇官未收錄未抄物名字而寄付比丘者得取若已收錄者不得若言
施佛塔僧者得取露現持出不得覆藏若有問者言佛物僧物我物
若不許者還之　六狂人施物主　摩得伽云若狂人自持物施不知
父母親眷者比丘得取若父母可知不自手与不可取　七守視人作主
善見云偷人无罪者謂主人見善處父母所遣若父母死若負債等者
將去无罪在此後處主執人有損无罪　盜奴重犯　十誦有守邏人与比丘衣疑不知
成主不佛言但隨施者受之不合從乞　四分他守視人与比丘衣物佛言
此即是主得受所以不合從乞以物是則主若受語而施即教他盜教也
明了論中盜義極多且約眼耳鼻舌身意於六塵起不如法門行或犯重
或犯輕若人食噉或為地藏犯如此罪若人偷地水火風空等界亦犯
波羅夷悉從盜戒判解云有諸仙人是舊行地盡藥師住仙人書字

BD14043號　四分律刪繁補闕行事鈔卷中　（65–30）

成主不作言但隨施者受之不合從乞　四分他守祠人亦比丘者於作言
此即是主得受所以不合從乞以物是別主若受語而施即教他盜數也
明了論中盜義極多且約眼耳鼻舌身意於六塵起不如法門行或犯重
或犯輕若人食毒或為虵螫犯如此罪若人偷地水火風空等界亦犯
波羅夷惠徒盜戒判解云有諸仙人是自習行虵毒藥師往仙人書字
見人皆愈欲見者須價直比丘祕密偷看之計直犯重乃至他人學得
偷看亦尒（秘書跡等偷看亦尒）若誦呪治病欲學須直比丘密聽計直得重偷
竊嘗餾亦如是知若秘方要術病者心緣即美得直方亦得直聽寫
比丘受法就師心緣得美不與價直故犯重也　次約六界前三可知
呪扇樂塗比丘偷拄不與價直若起闇臨他空界妨他起造即名盜
空論云等者於識界智惠處識人有伎量不空處他須與價直
比丘方便就欲學得不與價直即是盜識（謂盜智顯）　自外諸緣不可錄盡
但知非理損財解盜无義不収廣如戒本疏說　大門第三盜非人畜物
初明非人物若有護者望護主結　五分取他禮塚播盖神廟中衣
他所護物他心未捨直五錢犯重　僧祇盜外道塔物神祀舍物得
重若无護主隨境結是故十誦盜天神像衣及花鬘等得蘭偷善
見取諸鬼神物及人繫樹物无守護者无罪（謂非人不護）廿婆多云取非人物五
錢已上重偷蘭四錢已下輕蘭令或多人取諸神衣物者據理得否如上
為无人守恐神護者可擲卜而知捨慚　次盜畜生物四分无文有人斷同
大重者故律云鼠偷胡桃積成大聚比丘盜之佛言波羅夷故有解
非望畜生還望本主以鼠盜疑猶未決望人猶是本主故還就人結
重餘如他部十誦云取虎殘吉羅猶不斷望故師子殘不犯　廿婆多
一切鳥獸食殘取者吉羅　三明有主想若作无主想始終不轉无
罪前後互轉互得輕重廣如持犯中　三明有盜心然此一門寶
德人之未免但世盜由心結不望境之非故僧祇寺主好心互用三寶
物是盜波羅夷謂愚癡犯也四分亦云我誤此人愚癡波羅夷理既
難知故具抄示十誦六種盜心謂苦切取輕慢取以他名字取舩定
取（賣借不還）受寄取出息取除出息一種餘並結重　摩得伽三種劫心疑
棄取軟語取施已還取也（善生中亦同偷罪）五分有四一以諂心曲心瞋心恐怖心

BD14043號　四分律刪繁補闕行事鈔卷中　（65–31）

德人之未免但世盜由心結不望境之非故僧祇寺主好心釆用三寶
物是盜波羅夷謂愚癡犯也四分五云我說此人愚癡波羅夷理既
難知故具抄示十誦六種盜心謂苦切取輕慢取以他名字取觝突
取賣借不還受寄取出息取除出息一種餘並結重　摩得伽三種劫心隨
奪取軟語取施已還取也善生中亦同偷罪　五分有四以諂心曲心瞋心恐怖心
而取他物即是盜心　四分十種賊心一黑闇心謂癡心愚教生可學
迷隨作結重　僧祇寺主即是其事二邪心者謂貪心規利邪命
法說以財自蘊三曲戾心者即瞋心也与少嫌恨假瞋得財或虛示威怒
意存財利得物犯重四恐怯心或以迫喝或說法怖取或自懷疑怖而取財
也　五常有盜他物心恒懷規奪也六者決定取內心籌慮方便已
成因必趣果動物成犯七寄物取或全拒竄或以少還他八恐怯取謂示
身口相畏敬与物也九見便之取伺求他慢因利求利也十倚托取或倚名
聞威德或以名字方便也或依親友強力者謂假他威勢而取也或以言
辯說者托於論端浮筆引接令前異望而取財利言誑惑而取者非法
言法之言非法但規前利纔惑群情以此諸文證知心業其相既顯是之得
垣墻防擬妄境四重物謂五錢若直五錢即餘雜物薩婆多問曰盜錢成
重是何等之錢答有三解初云依彼王舍國法用何等錢准彼錢為限
二云隨有佛法處用何等錢即以為限又云佛依王舍國盜五錢得死罪依而
結戒今隨有佛法處依國盜幾物斷死即以為限雖有三釋論師以後義
應是然五錢之義律論互釋不同判罪宜通攝護須急故律云下至草
葉不盜今諸師賊行多依十誦故云盜五錢者古大銅錢得重若盜小錢
八十文隨其盜處所用五錢入重　僧祇王元定法斷盜不定當取蓱沙
古法四錢三角結重四分但云五錢准此疑上律論以後為勝從四錢三角善
見解之亦同五錢　善見云若經中盜寶內手取已出離埵得罪　又解
但離處得罪未出埵口法師曰於戒律中宜應從急又觀五事處時新
故貴賤等是名律師以此文證五錢為允二以義門六句不同一十誦伽論
云錢有貴賤時不妨錢貴盜一入重遇值賤時百千犯輕二四分五分善
見云貴處盜物賤處賣還依本盜處估價　三善見云貴時盜得
賤時價若定罪者還依本時上三句互反皆同得輕降也　四摩得

故貴賤等是名律師以此文證五錢為允二以義門六句不同一十誦伽論
云錢有貴賤時不妨錢貴盜一入重遇值賤時百千犯輕二四分五分善
見云貴處盜物賤處賣還依本盜處估價　三善見云貴時盜得
賤時價若定罪者還依本時上三句互反皆同得輕降也　四摩得
伽中取五千不犯重數數取四錢數數作斷心或不得物而入重如四分燒
埋壞色故他等　五不滿五犯重如四分衆多人遣一人盜五錢多人共
或多人共盜通作一分但使滿五一切同盜結重或盜過五結輕如十誦盜衆
多人未分物者是即如云人輕物之類也　六盜五人各一錢結重如僧祇
五人各以一錢遣一人守掌若盜望守護人結重　善見云欲知盜相如師
徒四人互相教共盜一大六錢各得波羅夷一偷蘭自業不合教他業但
得一偷蘭此義應知　六雜本處　四分云若拳挽埋藏隨為一事
方便不成並結偷蘭　五分物在地中作盜心得吉羅摇地得提捉
物吉羅動物偷蘭雜處方重雜處義十句外之一文書成辯雜處如
律師疏判以重入輕非法判用僧物之類　善見云盡地住字一頭時
輕盡兩頭時重　二三效五者　善見云若盜心唱云定是我地乚
主疑偷蘭決定失心者重若來問僧各同皆重若差共諍園田
違理判与違理得判乃至口斷多歸　偷夏唱大得物皆重即如
四分若以言詞辯說誑或而取皆重　三移標相者善見云標一舉時
時偷蘭舉二標時重謂是地走乃至得一髮一麦皆重地滦無價繩彈亦
介四頭一等者四分盜隱記數分物籌數令欠少也　五異色者十誦若
花婆多云甦蔔氍毹上有樹枝葉花令從樹葉上盜牽至樹花上
犯重謂異本色故或如僧他衣盜非理用損減他五錢亦結重律
云若壞色故　六轉齒者如十誦摶蒲移碁子等五分蒲博賭物犯
吉罪七雜處明不雜處如僧祇盜他牛馬未作得想離舉四不成重
罪　八不雜處明雜處如善見空宗雲處盜決得不疑如擲杖空中必
無不下故動即成重　九元雜處明雜處如四分盜他田宅攻擊破村
燒埋壞色皆犯重等　十雜明雜處如空中吹物盜鳥曲杖斷流水注
等並不具述廣如本疏然盜或相隱極難分了若廣張體自從[illegible]卷
軸豈於機險取悟於繁故略列已派蒙　如更既慧子省

BD14043號　四分律刪繁補闕行事鈔卷中　（65–33）

[illegible]處明不[illegible]處如衍[illegible]盜他牛[illegible]與[illegible]行[illegible]想[illegible]舉四不成重
罪　八不離處明離處如善見空寂處盜決得不疑如擲杖空中必
無不下故動即成重　九无離處明離處如四分盜他田宅攻擊破村
燒埋壞色皆犯重等　十離明離處如空中吹物盜鳥曲杖斷流水注
等並不具述廣如本疏然盜戒相隱極難分了若廣張體貝徒盈卷
軸並於披檢取悟必繁故略列犯緣穢知梗概意存婧事知足畏心
念道者緣境既局少應清潔若多衆務而欲高昇者必羅盜網終異
有出何者由心懷勝方倒想未傾初果无學方可營事有心懷道者
細讀附事涤思乃知故善見云戒律宜從急護此第二重戒事相難
解不得不曲碎解釋其義理分別汝當善思論文如此以唯上列情恐
不肖者謂繁余心寔未言盡約略如上删故且削也　三明不犯中四分云
与想取已有想糞掃想暫取想親厚意者皆无犯　律中具七法者
親厚一難住能住二難与能与三難忍能忍四密事相告五耳相覆
藏六遭苦不捨七貧賤不輕如是七法人能行者是善親友准此量
之　第三殺人戒　犯緣具五一是人二人想三起殺心四興方便五命
斷　初緣人者律云從初識至後識而斷其命　初識者謂初識在胎猶自疑謂是識所依乃至命
終最後一念未捨執持隨煩壞者是也　其相易識故略述之四分殺有二種一者自殺謂身
現想口讚死想娛陷倚撥若女教具及以与藥等二教他而殺隨其
前使若教歎教遣使往來使重使展轉使求男子教求男子遣
書教遣書等並任方便但令命終并本期者三性之中能殺犯
重餘如後篇　十誦不得自傷殴形乃至斷指犯罪　伽論病人不欲
起不欲舒若起者當死者病人強与食藥死者偷蘭瞻未熟強破命
終亦令不与食不治療因而死者偷蘭
凶由比丘語徵破異國殺害得財皆犯盜殺二波羅夷　廿婆多比丘知星曆陰陽吉　十誦
為人作坑人死重畜生死偷蘭為畜作坑畜死如律人死吉羅若本為
心隨境輕重　廿婆多若為一人讚死此人不解邊人解用此法死者无
犯令多有人自焚多有愚癡七衆讚美其人令生欣樂並如律本結
重又如比丘被官形戮劊子因相從人索手綿巾以作籠頭絞繩等亦有无
知五衆與者即名殺具命終結重　僧祇父母被王法比丘語典刑者乞
其一刀尋用語者亦重　五分四分自殺者偷蘭謂結其方便不犯中

犯今多有人自焚多有愚癡七眾讚美其人令生欣樂並如律本結
重又如比丘被官形戮刲子因相從人索手錦巾以作籠頭絞繩等亦有無
知五眾與者即名殺具命終結重　僧祇又云被王法比丘語典刑者乞
其一刀尋用語者亦重　五分四分自殺者偷蘭謂結其方便不犯中
律云若擲刀杖瓦石木誤着彼身而死及扶抱病人而死或以藥食及以
來往出入而死者一切無害心不犯故俗律云過失殺人者以贖論謂目所不見心所不意矣
舉重物乘高履危之類　第四大妄語戒具九緣一對境是人二人想三境虛四自知境虛
五有誑他心六說過人法七自言已證八言章了了九前人解　四分十誦多
論云從得不淨觀以上至四果以來若云我得皆犯重若現身相前人不
疑同重疑則偷蘭十誦問此不淨等是近小法何以犯重答是甘露初開
門一切聖人由之而入又四分云天龍鬼神來供養我等亦同犯重又云欲
向此說乃向彼說一切皆重　摩得伽云自稱是佛天人師等偷蘭餘
如戒本疏說不犯中律云自知有得不淨觀若向同意大比丘說若戲
笑若疾疾說屏處獨說欲說此而錯說彼等皆不犯重而犯吉羅以非
言說之儀軌故也　僧殘篇中故失精戒第一
此戒人之喜犯故在初也多論三義故佛制此戒一為令正法久住故二欲止
誹謗故三欲生天龍善神信敬心故　四部律中佛並呵責言云何以
不淨手受人信施物　具其三緣一標心作究竟意二方便動轉律中有六種色
色謂受色二外色謂不受色三內外色二色中間四水中逆水
順水五風中同水法六空者自空動身乃至餘境　三精分盈流便犯
五分睡時不淨出若覺發心身動偷蘭身不動而心動者吉羅
律中開夢出者不犯若亂意睡眠　善見云若手捉根而眠擬出精
者眠中若出僧殘　律中開夢中出者不犯若亂意睡眠有五過
失一者惡夢二者諸天不護三心不入法四不思明相五喜出精五分得五吉羅以
夢故不犯殘也　律不犯中若夢中失覺已恐汙身衣故以弊物
及手捺壓若欲想出若見好色不觸而失若行時自觸兩髀而失
若觸衣物失若浴時失若手揩摩而失　如是一切不作出精意而自
出者無犯　十誦據重速行騎乘觸節斷解便有種種精出
善見云精遍身中故伽論云故出他精偷蘭為他作境界也　摩觸
女人戒第二　多論六義一者出家之人飄然無所依止今制此戒為之

BD14043號　四分律刪繁補闕行事鈔卷中　（65–35）

及手捺乖若欲想出若見好色不觸而失若行時自觸而胜而失
若觸衣物失若浴時失若手揩摩而失如是一切不作出精意而自
出者无犯　十誦搖重速行騎乘筋節斷解便有種種精出
善見云精遍身中故伽論云故出他精偷蘭為他作境界也　摩觸
女人戒第二　多論六義一者出家之人飄然无所依止今制此戒与之
作依有所依怙故二為息鬪諍此是諍競根本故三為息疑謗不但謂
捉而已為作大惡故四為斷大惡之原禁微防著故五為護正念若觸女
人必失正念故六比丘出家理應超絕塵染栖心累外為世軌則若觸女
人則令世人宗敬心故具五緣成犯一人女二人女想三有染心四身相觸五
著便結犯　初明人女者律本云四種女人如婬戒中有婬心者愛染
汙心身者從頭髮至足也言相觸者有三種初比丘往觸无衣覺
女睡眠新死少分壞者但使往觸者不問受樂不受樂皆犯僧殘二者
女來觸比丘不必須婬心而比丘要須身動受樂者犯殘此律文不了今
准十誦言犯僧殘若不動身而受樂者此律吉羅若先有染心我前
女後女來觸比丘不動而受樂者偷蘭遮動則犯殘　如上並據二俱
无衣以言　若手有衣者犯偷蘭　二俱有衣犯吉羅　若与二形身相
觸偷蘭此又律文不了　如十誦伽論意在女者僧殘在男者偷蘭
律中若欲心觸男子或衣鉢生具乃至自觸身一切吉羅　善見若以髮
々相觸爪々相觸悉偷蘭以无覺能觸故覺境不覺應作四句
十誦比丘及女人身根乎壞相觸皆偷蘭若以爪齒毛瘡无由骨觸女身
偷蘭若依四分戒本若捉髮者殘謂以覺觸不覺也僧祇律中若觸
畜生女者一切吉羅人女亦尓謂无婬　十誦若觸不能女男身者俱蘭
僧祇意謂男子黃門而是女人觸者僧殘前謂有方便心後乖本境
著見云相觸得五罪謂表殘蘭吉指觸故波逸提　不犯中律云若有
所取与相觸或戲笑若相解時相觸一切不犯非不犯餘罪　僧祇若著
共女捉物呪願捉器行食捉繩頭尾捉杖行來皆非威儀有欲心者吉
羅欲心動物及以器繩或瀆水著女皆偷蘭　若母等近親久別相見抱
捉比丘者當正念住不犯　十誦若母女姊妹為病患及水火刀兵諸蛇
惡獸難救者无犯但无染心　若為水所波闌比丘手捉雖婬心起但從一處

着則云相觸得五罪謂提蘭吉相觸故波逸提　不犯中律云若有
所取与相觸或戲笑若相解時相觸一切不犯非不犯餘罪　僧祇若著
共女捉物呪願捉器行食捉繩頭尾捉杖行木皆非威儀有欲心者吉
羅欲心動物及以器繩或瀵水着女皆偷蘭　若母等近親久別相見抱
捉比丘者當正念住不犯　十誦若母女姉妹爲病患及水火刀兵誅缺
惡獸難救者无犯但无染心　若爲水所漂鬧比丘手捉雖婬心起但從一處
莫放到岸不應故觸々得殘　若女人寫水注比丘手水流不斷於女生婬
心偷蘭　僧祇若城門道迮逢女人鬧者要待希已便過若女人有所
須令淨人与无者持着牀机上語言取之若擔重不舉借比丘者傍无
淨人比丘爲舉着高處令自擔之若乞食時有端正女人持食來比丘
若起婬心者放盋着地令餘人擴授之准此若就女人取針線瓶等等
物恐觸者當語置地然後比丘自取餘並例知　十誦四分開處猶
多若擾僧祇水溺難緣至死不開須知急緩之意過集精增莫不
由此　与女人麤語戒第三　七緣成一謂人女二人女想三有染心四麤語
五麤語想六言章了了七前人知解　伽論比丘性好麤語偷蘭
律中人女者要有所了知解婬欲語麤惡語者非梵行也未必言聲相
有麤醜乃爲麤惡不妨涉於善事而意表於婬欲故律云若復作餘
語者如云因消蘇着赤衣時女刑露便言消蘇好不若女情相領
律結僧殘若不解者如僧祇云比丘見女人新染衣着形露比丘言大赤
好女人云新染故介比丘生疑白仏々令一比丘問女々具如前答仏言義
味俱解僧殘　四分解語不解義偷蘭　此但論染心向女麤語若准
五分具有彼此手向麤語犯下歎身戒亦同律中不犯者爲女說不淨
惡露觀九瘡九孔九入九漏九流而彼女謂爲說麤語若說毗尼時言次及此
若誦經受經若二人同受若彼問此答若同誦若錯說但无欲心一切
无犯　向女歎身索供戒第四　論犯七緣一人女二人女想三內有染心四
歎身說麤語五麤語想六七同前戒　律云歎身者端正好顏色大
姓出家持戒修善法行十二頭陀等不索婬欲供養者偷蘭說欲并自
歎者僧殘若直說麤語犯前戒　不犯中若爲女人說法及說毗尼時
言次相及而女謂自歎身並无犯　媒人戒第五　三六緣成犯一人男女

BD14043號　四分律刪繁補闕行事鈔卷中

歎身說穢語五麁語想六七同前戒　律云嘆身者端正好顏色大
姓出家持戒修善法行十二頭陀等不索婬欲供養者偷蘭說欲并自
歎者僧殘若直說麁語犯前戒　不犯中若為女人說法及說毗尼時
言次相及而女謂自歎身並无犯　○媒人戒第五　六緣成犯一人男女
二人想三為媒嫁事四媒嫁想五言詞了了六受語往還報便犯
律文要三時具者方結僧殘一謂受語二往彼陳說三還報知若具二
者結偷蘭邊具一時者結突吉羅若受語往彼說而言已嫁若死若
賊將去者偷蘭若言癩病等還報者僧殘已後得媒嫁故　除二道已媒餘
身分者偷蘭若媒人男畜生等並吉羅五分不許而報偷蘭
●十誦媒嫁不能男女若二道合一道女石女等一切偷蘭此律中僧諸比丘
白二羯磨差人媒嫁一切僧殘今知事白僧媒娶淨人供給婚具問僧
同和一切僧殘若用僧物同僧犯重　僧祇為他求好馬種和合故偷
蘭餘畜吉羅　五分若為長男請女使偷蘭怨復和合為女請男亦尒十
誦伽論云若指腹為媒及自媒者偷蘭　四分媒法以語書指印遣
使但情相領來手作句皆犯若比丘持他書往不看者及為白衣作
餘使並吉羅　●僧祇勸歸婦早還者偷蘭　律不犯中若男女先已通
後離別還和合者開不犯　●十誦云作券書言非我婦籍故手唱出者偷
蘭若婦禮已斷不復來往而和合者僧殘　律中聞持書者若為父母
及僧信心精進優婆塞病若在獄繫及為仏法僧事病比丘事等看
書持往不犯　○无主僧不處分過量房戒第六　具有五過一須人經
營妨廢道業二多論云長己貪結壞少欲知足故三處處乞覓惱亂人
非人二趣不生信敬壞滅正法令不久住故四專任自由不乞處分容障
僧事多惣亂故五或自損行遠其慈道壞梵行故　●六緣成犯一无主
二為己三自乞求四過量不處分五過量不處分想六房成結犯
薩婆多云未後一摶泥未竟輕蘭餘一摶在重蘭　善見云若留一摶
泥未竟在後當成蘭决罷心者僧殘　僧祇凡木板石灰泥草覆訖
乃至最後一把草覆竟即殘若自身受用皆吉房主若死休道捨
僧乃可受用　律中若作此房先知无難妨已然後來僧中乞法若不

薩婆多云未後二持泥手竟斡簾舘一持在重簾　善見云若留一持
泥[illegible]在後當成蘭決羅心者僧殘　僧祇凡木板石灰泥草覆
乃至最後一杷草覆竟即殘若自身受用皆吉房主若死休道施
僧乃可受用　律中若作此房先知无難妨已然後來僧中乞法若不
可信一切僧共往之看若可信者即當聽作　善見云无妨難地平處
治如鼓面後至僧中乞長六搩手已下不須乞處分（廣四搩手）　四分云長仏十二
搩手內廣七搩手　然仏搩手尺量不定今揔會諸部校勘是非
僧祇仏搩手長二尺四寸　明了論同之　善見云中人三搩手長仏一搩
手多論云仏一搩手凡人一肘半　五分仏搩手長二尺上通明尺寸分量
不定者由翻經有南北二國三藏生處不同故致多別各相牟楯今以義
約仏在人倍人身量同今此震旦國法尺寸隨俗不同而用律曆定
勘則以姫周尺斗為定通古共遵百王不易故隨煬帝立斗尺秤准古皇
椽余親見之唐朝御寓任世兩用不違古典故唐令云尺者以尺二寸為尺
斗秤二種例准增加准論以言此方人長八尺仏則丈六以此為準仏搩依五分
二尺為定當律无文可以用之後進未知前修昧教者既不達道俗二制隨
語則行一何渾乱即大國唐朝文軌无二及論用尺五種不同必以姫周尺
秤以定官市衡量无事不平此則閻浮通用豈止姫周古法乃至晝量
三斗為上下者斗半以定校勘尺稱依古弥彰上言故令藥稱古法不改六
尺為步忽絲為先如是准的想定經指余曾遊晉魏及以閑輔諸方律
肆無不預𨕖至論尺斗癈興並未治述故即補闕及光九代今用五分尺
寸即以為準廣二丈四尺長一丈四尺也　善見云皆謂明內為言　僧祇邊
肆高一丈二尺若男若女在家出家皆為房主无此等主故言无主
●難處者四分中虎狼乃至蟻子也　善見下至若有蟻子寓不得作若
蟻行覓食逐令去得作何以故如来為慈悲衆生及比丘故　五分四衢道
中多人聚戲婬女市肆放牧悉戲隱險處園田社樹墳暮逼村近道是
難處　●妨處者律云乃至不容草車迴轉處　善見云是人田園或
怨家賊處尸陁林處王謗譏處四周不通十二梯掃間有梯一肘者　十誦是
舍四邊一尋地内有塔地官地居士外道比丘尼地若大石流水大樹深坑等
是妨處　明了論或樹空山巖石隙等得行住坐卧如住房舍所攝解云如

難處　妨處者律云乃至不容草車迴轉處　善見云是人田園或
怨家賊處尸陁林處王誌讓處四周不通十二梯橙間有捲一時者　十誦是
舍四邊一尋地內有塔地官地居士外道比丘尼地若大石流水大樹深坑等
是妨處　明了論或樹空山巖石陰等得住坐臥如作房舍摘解云如
上處等欲於中住必須隔斷須將比丘羯磨治地所以爾者若不依用量功
則多若有妨難自損惱他故知僧私二地並須乞作　僧祇若僧中无能
羯磨者一切僧就彼住處一人唱言一切僧為某比丘指授房三說亦得若處
遠隔水寒雨雪多病不得並往者應差二三人不得羯磨四人往彼指授
若有四人種一越年二異界僧三作私房者多四妨難二處悉皆不成
即此律云使可信者看故簡別　卄婆多云處分處得作餘人不得餘
人就此房上作重屋主聽得无處分罪　善見云長中減一搩手廣中
長一搩手手減過皆僧殘若作房未成而行客為成者无罪以人无四房
分若段段計分人滿過量亦犯　問何不同長衣并俱過成犯答此房為
造作故犯長衣貯畜故犯　四分若教他作受教者過量犯若是房主
得僧殘師得偷蘭妨難二處各突吉羅量過不乞二僧殘罪如律
不犯中減量无妨難為仏圖講堂為僧多人住屋草菴小容身屋者
〇有主僧不處分房戒第七
制意同前成犯具六一有主二為己作三長仏六搩手廣四搩手已上房四不處
分五不處分想六作成便犯此房屬於己身若死遠去不還隨意處
分若與三寶親友白衣自賣取錢隨心自在唯不得賣地地是僧物僧
不許賣房僧得罪若房主不自處分者屬四方僧次第住之律中妨
難二吉羅不乞邊一僧殘罪開通中若處分作草菴葉菴小容身屋
謂无過量以小故不須乞處分若作多人住處等並得　〇无根重罪謗他戒第八
多論一為誰自行令法久住故二為止謗毀令　梵行者安樂修道故
問謗他是妄語得幾罪　答善見云无別提罪以謗假虛成令以義
通若无意專謗无妄語墮若兼難僧望前人得僧殘望僧虛誑
得墮如教叉羅漢妄語兩舌相對手說餘如戒本疏　具八緣一是大比
丘及尼除下二眾二想心謂淨不妨實不淨如打破戒犯墮故文云若庭

[illegible]
通若无意專謗无妄語墮若熏𦐂僧望前人得僧殘望僧蘭
得墮如教又羅漢妄語兩舌相對手說餘如戒本疏　具八緣一是大比
丘及尼除下二衆二想心謂淨不妨實不淨如打破戒犯墮故文云若疑
无根无餘作不成癡治其謗罪二謂作大比丘想三內有瞋心四无三根
五下至對一比丘說　僧祇對所謗比丘前罵謗語語僧殘六者重事
加謗七言詞了了八前人知犯　善見云若有謗他在僧中請判者僧未
應判若彼語僧若不是者我便不受僧應語言汝且礼佛爲其說
法後當判此事若遲延至瞋者當語明朝來如是三反循到往者
語云此處少律師不得斷可往餘寺彼寺餘僧知如是者亦云此无
律師如是覓寺不得來還本寺心㥘折伏隨僧教行者方問被謗
之僧依法斷之　律不犯中見聞疑三根說實實有五種一真實二想
實三事實如殺王還道教王四三根不互實五四戒不互實若交此五
謗他犯殘　十誦四重互說成謗四分亦同　◎假根謗戒第九
此戒假異事上見取彼見根道見此事上犯也事不相當名爲假根故
分二戒犯緣同上律中五種異分一對異趣二異罪三異人四異時五假
響也言異分者　善見云餘分以羊當人取得者婬事相似餘相可知
◎破僧戒違諫第十　此違諫等戒違于下篇或事希法隱當世寡用
如謗僧拒僧狀不障道等或但有因用終不辯果局佛在世滅後所无即此二破僧違諫者如此衆戒其種
多終非見用徒費抄略並所未詳出至汙家擯謗因即設諫開緣之事是
難時所同廢不妨惡行行實細生或辯相事可通行或開緣乃當時要故
直略其行務以裨輔神用耳就破僧犯緣理非可犯必須具列新學者
知其教相具五緣成一先明五邪三寶二行化於時三如法僧設諫四固執不
捨五三羯磨竟犯違諫僧殘破僧罪是蘭遮別人諫波逸提餘之方法
廣如戒本疏律不犯中若破惡友知識及二人三人欲作非法羯磨或爲
僧塔和上闍知識親友等作損減作无住處若破是人者不犯
◎助破僧違諫戒第十一　具五緣一明有人作破僧事二衆僧如法設諫三
四伴助破諫僧四僧如法設諫五作三法竟便結　◎汙家擯謗違僧諫戒第
十二　具六緣犯一作汙家惡行事二心无改悔三作法驅擯四非理謗僧

[illegible]
助破僧違諫戒第十一　具五緣一明有人作破僧事二衆僧如法設諫三
四伴助破諫僧四僧如法設諫五作三法竟便結　〇汙家擯謗違僧諫戒第
十二　具六緣犯一作汙家惡行事二心无改悔三作法驅擯四非理謗僧
五僧如法設諫六三法竟犯汙家非戒本緣謗僧是也　四分四種汙家
一依家汙家從一家得物与一家所得之處聞之不喜所与之處思當報
恩二依利養汙家若比丘如法得利乃至鉢中之餘或与一居士不与一居士彼得
者思報其恩便作是言其有与我物者我當供養其不我物我何為
供養三依親友汙家若比丘依王若大臣力或為一居士不為一居士所為者
思報其恩便不与餘比丘物四依僧伽藍汙家若比丘取僧花果枝葉或与
一居士不与一居士彼得者生念其有与我物者我當供養不与我家者我
不供養也行惡行者自種花樹及以溉灌自摘花自作鬘与他及教人作上
事若村落中共女人同床坐起同一器食言笑歌舞倡伎俳說作鳥鳴
或嘯或受雇戲笑僧祇云依聚落時四事供養或免諸難皆名依義若
依村落作非梵行飲酒非時食不名汙家若俗人先有信心供養衆僧造
立寺舍令彼退滅是名汙家多論云若作種種惡業破他敬善心名汙家
也作不清淨穢汙垢濁又得惡果名行惡行　又比丘凡有所求若以體
々信施物為三寶自身乃至一切師与大臣及道俗等皆名汙家何以故凡出
家人无為无欲清淨自守以修道為心若為俗人信使往來廢亂正業非
出離故　由以信施物与白衣故即破前人平等好心於得物者歡喜愛
樂不得物者縱使賢善无愛敬心失他前人深厚福田　又倒亂仏法故
又在家人又持信物贈遺白衣因此起七寶塔造立精舍乃至滿四閻
以少物贈遺白衣冀大報
浮提一切聖衆亦不如靜坐清淨持戒即是供養真實法身若有強
力能破塔壞像於僧有損斫者得以塔物僧物隨時消息　律不犯中
若与父母病人小兒任身婦女牢獄繫閉及寺中客作者不犯若種花
樹自取花乃至教人貫花持供養仏法僧者一切无犯若人欲打被賊虎狼
恐怖之處若擔刺來於中走避者不犯若度河溝渠坑跳擲者不犯若
同伴在後還顧不見而嘯喚不犯若為父母若為病人若閉牢獄若為信
優婆塞有病若在獄看書持往若為塔僧病比丘事聞持書往反

BD14043號　四分律刪繁補闕行事鈔卷中　（65–42）

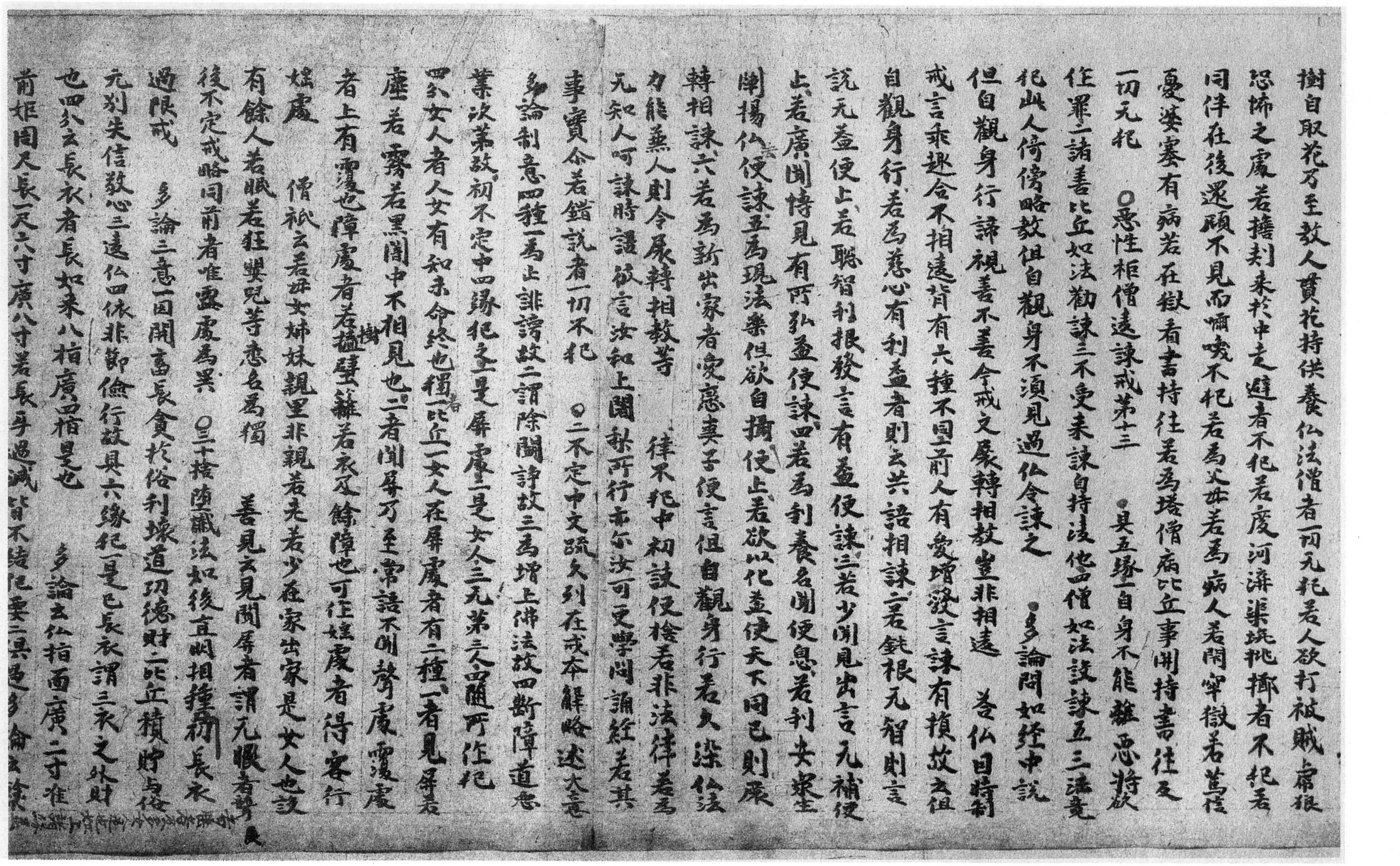
樹自取花乃至教人費花持供養仏法僧者一切无犯若人欲打被賊虎狼
恐怖之處若擔刺來於中走避者不犯若度河溝渠坑坂擲者不犯若
同伴在後還顧不見而嘯喚不犯若為父母若為病人若閉牢獄若篤信
優婆塞有病若在獄看書持往若為塔僧病比丘事開持書往反
一切无犯　○惡性拒僧違諫戒第十三　●具五緣一自身不能離惡將欲
作罪二諸善比丘如法勸諫三不受來諫自持違他四僧如法設諫五三諫竟
犯此人倚傍略教但自觀身不須見過仏令諫之　●多論問如經中說
但自觀身行諦視善不善今戒文展轉相教豈非相違　荅仏自將制
戒言乖趣合不相違背有六種不同一前人有愛增發言諫有損故云但
自觀身行若為慈心有利益者則云共語相諫二若鈍根无智則言
說无益便止若聰智利根發言有益便諫三若少聞見出言无補便
止若廣聞博見有所弘益使諫四若為利養名聞便息若利安衆生
闡揚仏教便諫五為現法樂但欲自攝便止若欲以化益使天下同己則展
轉相諫六若為新出家者愛惡妻子便言但自觀身行若久染仏法
有能兼人則令展轉相教等　律不犯中初諫便捨若非法律若為
无知人呵諫時語欲言汝知上闍梨所行亦尔汝可更學問誦經若其
事實介若錯說者一切不犯　○二不定中文疏久列在戒本解略述大意
多論制意四種一為止誹謗故二謂除鬪諍故三為增上佛法故四斷障道惡
業次業故初不定中四緣犯之一是屏處二是女人三无第三人四隨所作犯
四分女人者人女有知未命終也獨者一比丘一女人在屏處者有二種一者見屏若
塵若霧若黑闇中不相見也二者聞屏乃至常語不聞聲處露覆處
者上有覆也障處者若樹牆壁籬若衣及餘障也可任婬處者得容行
婬處　僧祇云若母女姊妹親里非親若老若少在家出家是女人也該
有餘人若眠若狂嬰兒等悉名為獨　善見云見聞屏者謂无眼者聾長
後不定戒略同前者唯露處處為異　○三十捨墮職法如後直明相種初長衣
過限戒　多論三意一因開畜長貪於俗利壞道功德財二比丘積貯與俗
无別失信敬心三違仏四依非節儉行故具六緣犯一是己長衣謂三衣之外財
也四分云長衣者長如來八指廣四指是也　多論云仏指面廣二寸准
前姫同尺長一尺六寸廣八寸若長乎過減皆不結犯要二具過多論云淀

過限戒　多論三意一因開畜長貪於俗利壞道功德財二比丘積貯与俗
无别失信敬心三遠仏四依非節儉行故具六緣犯一是己長衣謂三衣之外財
也四分云長衣者長如来八指廣四指是也　多論云仏指面廣二寸准
前姫周尺長一尺六寸廣八寸若長手過減皆不結犯要二俱過多論云餘
應量者過限捨作吉羅懺故須具說　十誦七種衣不作淨施三衣坐
具雨衣覆瘡衣等七及百一供身具多論三衣雖不受日過无犯但有欵
衣壞威儀二罪若本說淨令作三衣即失本淨以三衣无長可防故又捨此衣
更受餘衣前衣說淨不者犯長　又比丘有緣淨藥指作三衣則不犯長
若一衣三時五肘外有長說淨　問月望衣不割截逢過日犯者為依中先有
故者堪受持故須作衣相方免長過上論文指先无三衣者可以上諸义發
須第一是己長衣皁柰耶云以一日所成故二雖知是長若忌等緣則无有罪
故二明屬已定三應量之財綿毛之類雖非衣攝不合四不說淨五无因緣謂迦提一月五月
等六過十日便犯多論得應量不應量衣即說淨者並善若不說至吉
无犯若不作淨不受持至十一日地了時應量者捨作提懺不應量者同前
善見若一處縛束一罪若不縛束計衣段段明相出隨處得罪　問能染
應量所染云何答通應不應如足食竟正不正俱犯足　問若能是不
應量財而染應量不答大小雖殊捨懺義一律結大提論結小吉故皆一染
祇云若二人共物未分若施僧物分未入囙手病人遣取物未与若閑受戒
弟子知識送衣未入手若貿衣決價未入手若識衣未入手雖過十日皆不犯
捨隨若施僧衣未分者雖久不犯若已分多人共分中有善比丘人為衆人作
淨无犯不作過日犯捨此是共法人前白不共法律中邊方開五事長衣入手十日方犯准此
餘方未必手提始犯伽論云十日衣云何為犯謂入手若縢上肩上作想是
我物從是數過十日明了論有物賑所至得非身至得入施衣蘇等但住
屬己意過日犯有身至得非賑有賑身至得非染數得者若人不許自受
擬施三寶有非二至得亦入染數　四分中若初日得衣二日不得乃至十一日
過皆不犯如是等類具有八門通不相染餘无法緣是犯一者中間淨捨一
遣与人四者失衣五者故壞謂風火水退隨緣灼爛六作非衣謂非賑用錢之屬七親厚意以非己物故八若
忘去以心迷故或忌財若忌如法並闇吉　律文云若捨隨一衣不捨更貿餘衣一尼薩耆一突吉

擬施三寶有非二至三得亦入衆數　四分中若初日得衣二日不得乃至十一日
通皆不犯如是等類具有八門通不相染餘无法緣是犯二者中間淨施三
違与人四者失衣五者故壞（謂風火水退）六作非衣（謂非服用想）七親厚意（從非）八若
忘去（以心迷故或忘財離若忘如法並關吉）律文云若捨墮衣不捨更貿餘衣一尼薩耆一突吉
羅若以財去畜心染犯論中不尒　多論云若先應量捨墮物即作應
量衣此衣盡捨作提懺若先不應量捨墮物作前二衣並捨作吉羅懺
二若先應量捨墮先物更貿得衣財則作二衣此衣不懺〻先提罪（准此後犯无染）
若不應量貿得二衣不捨巳入淨故懺先突吉羅　上律結一尼薩耆
者謂前衣墮罪一吉羅者謂不懺輙貿違仏語故律云尼薩耆衣不捨不
應与人乃至作三衣等不犯者十日內若轉淨施若遣与人若賊奪想者此
物實在謂賊持去雖經多日无心故畜无犯十誦更得十日開之若作失想亦
同上解　律云奪衣失衣燒衣漂衣者（謂衣財實失後還得者更得十日說淨更受持之）取著者
（謂前奪失三衣然有犯長之衣以三衣離无即令衣所攝斷相續心直懺先罪故也）伽論云頗有過十日衣即一夜離宿耶荅
謂取過十日衣作三衣受出界外明相出者是也故知得作何故前云犯捨不得
作三衣荅此據有本三衣今此且充衣色罪仍須懺如善見遠賊得著五大色
衣及以僧祇中借俗衣受持等律云若他与作被不犯（已是重物不應輕財不合說淨故而未見文開）
十誦施僧被褥僧及一人亦得受律云若付衣者遠行（謂隔界不得說）或水陸道斷
等不淨施不与人皆不犯　離三衣宿戒第二　具六緣成犯一是三衣二加樓持
三衣人異界四不捨不會五无因緣六明相出使犯三衣五衣得波逸提餘衣
突吉羅非謂畜長之衣此乃百一供身服者仏令受持遠受故結長衣淨
施有別人可依知有何過不同昔解　又三衣是制通上中下遠故得
重百衣助身開於中品遠受故輕長則下類別施他人自即非貯故全无犯
餘如戒本疏　三受衣方法及以作衣等法並如下卷衣法中　三衣人異界
四分他部相成有四即染隔情界也上之三界通界並有若論界界彼此不
通故文云失衣者僧伽藍裏有若千界（謂上三界在伽藍院內故衣則有多界）不失者僧伽藍
裏有一界（謂无上三界也）　初明染界者律云比丘脫衣在俗人處形蟲仏令除村〻
有五義謂誹謗生疑為護梵行等即此女人与比丘同處性相乖忤多致
譏遮仏不在許同室同行同住並生染故若取衣持恐壞梵行必与同處

逾故文云失衣者僧伽藍裏有若干界（謂上三界在伽藍院內故衣則有多界）不失者僧伽藍
裏有一界（謂无上三界也）　捌明染界者律云比丘脫衣在俗人處形露仏令除村〻
有五義謂誹謗生疑為譏梵行等即此女人与比丘同處性相乖忤多致
譏迹仏不許同室同行同住並生染故若取衣持恐壞梵行必与同處
衣須隨身　二者隔界律云若水陸道斷急難等雜衣闌无有過
僧祇寺門外不捉戶鑰无十二桄梯是名雜衣　三者情界律云若棄想失
想若賊惡獸命梵等緣　僧祇兄弟分齊之處多論王来界內大小行處
近王左右並非衣界及以住處作樂人等入界亦如王法以情隔故妨於来往故
名失衣　四者界界有兩種自然作法上之三界入此二界通失衣並非衣界
着无三等二界各別通得衣讓五分云若作法衣界及自然衣界比丘於中不
得自在往返是名別界及上同界若論作法下卷明之今明自然有十五界
四分有十一種　一僧伽藍界　二者村界各有四種謂周帀垣墻柵籬〻墻
不周四周有屋也此等諸相不同伽藍相壞樹車等界叢生故云若干界此
止是別界不名僧村二所今言若干界者有上三界五生来往譏難故失
衣也僧祇五分中同界者僧羯磨住不失衣界於中得自在往返界異者
不得自在往返是也乃至屋舍尼寺聚落重車乘場露地行道界亦
尒三樹界者与人等足蔭覆跏趺坐（如此樹相三上乃有衣界可護此）但明其小相十誦不相接樹
取日正中時蔭映覆處若雨墮時水不及處置衣在此樹身在餘處若不
取衣等皆犯若相接樹乃至一拘盧舍者隨所著衣无犯
善見日正中時影覆處同上若樹枝偏長衣在蔭頭人在樹根亦不失衣
林界者衣在林中十四时中不失衣此林有人来往无衣界應隨身不隨者
失上十誦林界一拘盧者謂是大林无難此言十四時者四樹相連勢非廣及
故衣界狹小也僧祇蕃地募伽一個瓜瓠等架各四取相廿五肘名衣界明了
論解若衣在樓樹下身在上者失衣若在上身在樓樹下不失以上得
落下故　四場界者律云於中治五穀處也謂村界外空靜處
五車界六船界並俱在陸地律云若車船迴轉處此但明住車　十誦行
車者前車向中車杖所及處中車向前後車杖所及處後車向中車杖所及
處若不及者是名異界僧祇載船水中有多住處若自在往返不會无

落下故　四埸界者律云於中治五穀處也謂村界外空靜處
五車界六船界並俱在陸地律云若車船迴轉處此但明住車　十誦行
車者前車向中車杖所及處中車向前後車杖所及處後車向中車杖所及
處若不及者是名異界僧祇載船水中有多住處若自在往返不會无
犯返上即犯　七舍界四分无相此謂村外別舍若據村聚相　後當廣說
僧祇若樓閣梯蹬道外廿五肘名衣界若著衣在閣上下宿有梯通无犯
舊四分庫倉界據明内為言兩无任得對上舍界四解聚落四分云村界
善見无市名村有市名聚落廿婆多論四句相對一是聚非家界如三聚落
各有一家二是家非聚如一大聚落更无異六聚而有多家三亦異二界聚落
有二各多家是四俱非者蘭若界也　聚落者十誦多論人民共住名聚
落界言別界者雞飛不及並衆梯外箭射及外名為異界　言同界者
四邊聚落各有一家若有車梯迴轉相及得登出入身在梯根下卧置
衣在四聚落不失衣以梯梁相接无隔界故无餘界故　聚落正有一家衣在家内
車梯上下卧不失衣此无別家可對故　若自然界内箭射及處至明相出不失衣在看卧
身在家中亦尒　若衆多家衣在家内身在車梯下失衣以家界各別
故　家有一界別別界界者父母兄弟兒子若異食異業雖同一處事各不
同是名族界若同食業名一家界族亦有一界別界各有住處是名一界別
界者若作食處取水處便利處是若在二處皆失衣　僧祇四聚相接
衣挑頭卧頭及手腳各在一界衣在頭底明相出衣離頭犯捨若手腳至衣
所不犯十多云若安衣二界中界上卧不失衣各有身分故　十誦舍界者
若外道舍門屋食堂中庭廁處衣在一外道舍身在餘舍者失衣若同
見同論不犯若諸戲笑人趣行營處如前取水處廁前等失衣若同屬一
主不犯此謂情同　多論重舍屬一主人衣至上下重不失若是異主衣人上六
中間不通故失上並四分无文理須通允　八堂界者律云多敲處
九庫界者積藏諸車乘販賣物　十倉界者儲積穀米處　十一阿蘭若
界律云蘭若者无界謂迥在空野无別諸界假以樹量為　八樹中間一樹間七弓弓長四肘通計五
十八步四尺八寸无其勢分七十步有餘　次明不足者取外部成用
十三道行界者　十誦比丘与師持衣道中行前後卅九弓尋内不失多誦

九庫界者積藏諸事㭊敗賣物　十倉界者儲積穀未處　十一阿蘭若
界律云蘭若者无界（謂迥在空野无別諸界故以樹量之）八樹中間一樹間七弓弓長四肘通計五
十八步四尺八寸準其勢分七十步有餘　次明不足者取外部成用
十二道行界者　十誦比丘与師持衣道中行前後卌九尋內不失多論
縱廣亦得卌九尋不失僧祇道中臥持三衣枕頭明相出中衣離者犯
準應身在樹界蘭若也善見若使沙彌俗人持衣前入界比丘後入不
知謂言界外明相出謂失不失衣依上亦尒律云失捉界外爲言若第
子夏未滿爲師持衣值人說法貪聞故明相出不離（犯）師和上得離衣罪
明了論小便等所逼事由他加行難所住憐愍此義轉車戒中廣說
解云大小便病怖畏難逼夜出界未得還而曉亦不失衣又二人共宿三
衣同置一處一人急事須夜行不持自衣誤持住人衣去至曉行人失衣由
住人故不失衣行人意盛故言加行猶此住人是難仏許此難不失衣
十三洲界者善見云十四肘內不失衣若有人來往衣不隨身者失　十四水界
善見云蘭若處坐禪天欲曉患睡脫衣置岸入池洗浴明相出犯捨
毗尼毋云著衣岸上入一脚水中者不犯失衣僧祇水中道行界者二十五肘
若船上者入水即捨十五井界僧祇道行露地井蘭傍宿置衣在二十五肘內
身在外者失衣衣在井中應繩（由手盡繩）井中得會衣与井上界別也以此例餘詳審
審等此十五種自然界大小如上若准四分加於勢分文云僧伽藍邊（界者在伽藍）中人若
用墼瓦石擲所及處是名界乃至庫藏界亦如是諸部外（並）无勢分善
見中无也彼有擲石之文別爲餘事彼文云中人擲石者不健不羸人盡
力擲石之至落處不取轉處諸師評之一十三步即以此量十五自然通著唯不
通作法界必須入界方乃會衣僧祇云比丘有緣至他處留宿彼有比丘及
居衣有長者應借受持无者俗人有被應借取作淨安紐然後受持又
无衣者後夜當疾還寺莫踰城出（封）寺門未開者至門屋下（以門屋界連界由故依身）
（无勢分以此爲自然界不同分四應知）若无者內手著門孔中水瀆中先以物攪勿令觸毒虫又无此
孔應踰牆入勿令人疑若不得入當捨衣寧无衣犯小罪以輕易重故若
准此言必界內有上三界不得外護必失持衣故文云若在餘處宿明相未
出若至擲石所及處（謂界內无三等）若手捉衣（謂界內有障礙）若捨衣（謂界內隔界等及界外事）若不往
以上三事明相出通可離衣犯捨　上十五自然衣界各別不通故有別在律

准此言必界内有上三等不得外護必失持衣故文云若在餘處宿明相未
出若至擲石所及處（謂界内九三等）若手捉衣（謂界内而有隊情礙）若捨衣（謂界内隔異等及界外事）若不作
如上三事明相出隨所離衣犯捨　　上十五自然衣界各别不通故有别名律
云此伽藍界非彼伽藍乃至樹車庫藏一一亦尒而僧村二界攝相義强雖有
樹舍設名不顯諸界相望不論强弱故樹下有車别有車界車外有樹亦有樹
界无别勢分若僧村二界勢分有樹等界便於樹界僧界中分勢分如此剗餘
准知若堂庫有車船即從堂庫之界律云庫者積藏諸乘也由彼堂庫
庫四面收攝本障是强不同樹車場等无外可攝故如淨地不同通皆置
食不犯類餘諸界相未足攝他若互錯涉各别有界如戒本疏中　第五
无因緣（有因緣）流列七種一别人作法或對首或心念（非謂作法開離以輕易重）二對僧作法離有二初有
緣乞得四分老病比丘（卅已去名為老）三衣重者羯磨離衣法如疏說二者共作迦絺那衣
三者對處作法離即不失衣界四蘭若恐怖離五王路隔塞命梵等難六迦提
賞勞離七如五分僧艸塔諸緣及他要事聽六夜離无罪若訖事不及吉羅
就七中更分前三得法離後三无法離蘭若通有无六夜送入村无法離恐
失遅捨是有法離得罪分别第二第四第五六七一向无罪以有緣故五中隔
塞或忘斷故失衣不失如後說　　就第三攝衣界中无三等故開通往反
若有三等不免失衣第二對僧作法有緣時在不失已限滿便失得罪餘
一二准思知而會通律不犯中奪棄失燒漂壞五想者（衣實現在忘起想心經宿失受无罪以心謂失）
（即是持心无情遏故不犯捨也善見不失者爲主有疑心路在界外此謂失體不同論云衣不失受也）　　若水陸道斷若賊惡獸命
梵等難若不捨衣不犯此是情隔兩等失受无罪若先慢不攝後雖經
緣失衣犯捨若諸難忽生往會不得恒懷領受必不失法由難忽生非情過
故離亦无罪如受欲事界内有難持出界外還来不失此亦同之前言失
受事隔不知而經明相失受无罪若女人来往染等進退比二等可知又有不
立染等止是情攝者此不通諸部聞忘不持衣外行至夜方覺取會无緣
失衣不者彼人恒自將隨身忽忘事同長衣開之上且解如是不盡極多
廣如戒本含注疏及删補羯磨疏中明之　○月望衣戒第三　此戒是但三衣
者得少財爲換故衣以不足故佛開一月過限而畜故制畜長比丘得即説
淨不須此戒　、六緣成犯一敳壞三衣二財少不足三爲換三衣擬替故者四不説
淨作三衣五无因緣（同長衣）六過限犯　此戒三位初十日常開若十一日至二十九日得者
隨日作成不得更開至卅日若得不得若同不同一向𦮔限之　僧祇云十日即作之

BD14043號　四分律刪繁補闕行事鈔卷中　　（65–49）

淨不須此戒　六緣成犯一狹謂三衣二財少不足三爲換三衣替故者四不設
淨作三衣五无因緣衣同長大過限犯　此戒三位初十日常開若十一日至二十九日得者
隨日作成不得更開至卅日若得不得若同不同一向限之　僧祇云古即作之
衣時餘人相助浣染牽裁刾長刾短責染作淨已受持若恐不竟據行緣竟
受持後更細刾此律但綫裁縫割即免長過若三俱故並少不同皆開一月若
大衣同是限滿者下二衣財少不足者亦染犯長由有故壞三衣非正替故所以
文云隨衣多少盡捨也餘同長開也　○取非親尼衣戒第四
具五緣一是比丘尼簡下二衆取得吉羅二非親里律云親里者父母親里七世
有親也　善見父親者叔伯兄弟兒孫母親者舅姨乃至兒孫皆謂同氣
義不親不雜異姓人云出家婦者非親里也叔伯之婦例同
十誦云若是親里少畜持与何況不足而取　五分若親里尼犯戒取衣者
吉羅　三應量衣律中五衣中取一衣故爲犯緣　僧祇若取鉢及餘小
物得无犯四虛心送与除七得无犯僧祇尼借比丘衣得著破還无犯若
尼与下二衆及俗人衣云汝持此衣与某比丘可得福德取者无犯　五領受也
伽論尼放衣置地寄大德隨意用便捨去比丘作同意用无犯僧祇使人
受同犯　十誦多論十僧取尼一衣十僧皆墮十尼持一衣与一僧得十墮
十誦若尼先請若爲說法故与一切无犯　五分諸尼已衣鉢与比丘若先无
心求自然布施者當觀有長者得取准此犯戒止在貪心制戒之意可見
四分亦云仏告尼言當畜五衣完堅者餘衣隨意淨施若与人既云与人則
何蘭於道俗律不犯中若從親里比丘尼邊取七世不同一高祖二曾祖三祖四父祖
五已身六兒七孫是　若貿易爲仏圖及僧取者皆不犯　○使非親尼浣故衣戒五
浣染打實是三戒同由一衣生此戒業重律云語使浣染打著作者三尼薩
耆波逸提五緣成一是比丘尼若是下二衆律結小罪二非親里善見令出家婦
浣染亦犯若使尼壞水兔難横火一切吉羅五分令非親尼浣而親里浣如是
互作五句皆墮　僧祇若使尼爲師浣者吉羅令或有人畜尼弟子多令
浣染縫以非俗親皆犯捨墮亦慎弟子曰又致染遂犯重罪深須慎哉
三是已故衣律云乃至一經身著僧祇云乃至一枕頭　善見若草𥲤囊无
犯伽中乃至尼師檀亦犯捨墮　四自使浣打僧祇自与使与等四句皆犯
若使親尼浣而弟子爲浣不犯若云遣汝弟子爲我浣者犯若著垢膩衣
入尼寺爲浣者不犯若先有方便心者犯捨　十誦若犯捨衣与浣犯小罪准

三是已故衣律云乃至一經身著僧祇云乃至一枕頭　善見若羊[illegible]著不
犯伽中乃至尼師壇亦犯捨墮　四自使浣打僧祇自与使与等四句皆犯
若使親尼浣而弟子為浣不犯若云遣汝弟子為我浣者犯若著振賊衣
入尼寺為浣者不犯若先有方便心者犯捨　十誦若犯捨衣与浣犯小罪准
此无重犯一衣无過有重犯　僧祇若衣為車馬蹟汙使尼滴亦犯捨不可截
故全捨　五浣染打竟使犯四分使浣打新衣及使尼家二衆俱吉羅善見云
若浣竟比丘言未淨重使尼浣比丘尼薩耆吉羅木犯中律云若病若為仏
僧若借他衣而尼染等不犯　○從非親俗人乞衣戒六　多論制不聽乞有四
益一令仏法增尚故二為止諍訟三為滅前人不善心故四為令衆生於正法
中生信樂故　五百問論昔有比丘多乞積聚不肯為福又不行道
命終作一白駱駝山廣數十里時世飢餓一國之人日日取食隨割隨生有一
國人來使斫取便大喚動地人問其故便言吾本是道人為貪財不施
負此國人物以由償之我不負卿物是故喚耳仏告比丘貪為大患捨之
則應比丘之法　又云若人与比丘物云是好非好若實好言好得物犯
墮不好言好犯吉若貧之比丘中前得將白衣沙弥入市乞錢中後不合
應是无戒沙弥　具六緣成一三衣具足縱不具者須乞取衣若乞五穀律結羅吉二无因緣謂奪失三衣也非謂
迦提月中開從他乞求是无少交不濟冬隨量乞衣不得盈賸三非親
里　五分多論從親里乞好衣若貧遣若与少索多一切吉羅四為
已乞應量衣　十誦僧祇乞得四肘已上犯若自乞使人乞作寒暑相若
為方便說法是等得者皆墮除乞灑水囊小小補衣物鞋頭物裹瘡
瘡衣緣中一絛裹腳踝脛拭手面身巾等皆得若乞是物時施主益
衣財与者得取本有方便心但索小者或容得大者犯捨　五彼与
六領受便犯四分若被賊奪衣裸形者仏言當以軟草樹葉覆形應
往寺邊若取長衣若知友邊取若无者僧中問取可分衣若无者問取
僧衣卧具若不与者自開庫看若藥數旃被褥解取裁作出外乞衣若
得已應還浣染縫治安著本處若不還本處如法治　十誦本處空
隨著近處餘如雜法中　律不犯中如奪失三衣從非親里乞
五分開衣壞時得乞通前五緣　律又云或為他乞他為己或不求而得若
從親里乞若同出家人乞者一切不犯五分非法求施施非法求二俱犯罪
○過分取衣戒七　五緣一比丘失奪三衣二非親居士三為失奪故施若不為
失隨受无罪四比丘知彼為失故施五過知足律云若失一衣不應取若失

隨着近處餘如雜法中　律不犯中如棄失三衣從非親里乞
五分開衣壞時得乞通前五緣　律又云或為他乞他為己或不求而得若
從親里乞若同出家人乞者一切不犯五分非法求施〃非法求二俱犯罪
過分取衣戒七　五緣一比丘失棄三衣二非親居士三為失棄故施若不為
失隨受无罪四比丘知彼為失故施五過知足律云若失一衣不應取若失
二衣餘有一衣重數若二重三重四重應擿作若僧伽梨乃至安陁會
善見云若都失者取上下二衣餘一衣別處乞　四分若自恣多与衣者若
衣細若薄若不牢應取作二三四重當安緣肩上應揲埳賊處應安鉤
細若有餘殘語居士言此餘殘裁作何等若彼言我不以失衣故与我曾
自与大德耳若彼欲受便取　前戒為他不犯此戒若為他乞受犯
勸增衣價戒第八　論犯六成一非親俗人虛心辯價二施期有限三知限施
四懺少勸增五彼為增價續六領受便犯　四分中為居士施衣懺少更求
乃至增一錢十六分之一若增縷乃至一錢也　十誦有勸增色量價三捨墮
律不犯中先受自恣而往求知足於求中減少作若從親里求出家人
求己為他〃為己不求自得不犯餘如疏中　勸二家增價戒九　制緣同前
唯勸合二家為異五分乃至勸夫婦合作一衣亦捨墮　祇中知足者若
与細者云我是練若頭陁林中住處不如者穢者皆犯捨以自述德故
過限切索衣價戒十　五緣成犯一施主送寶二為貿衣用三付人轉
貿四過分索之五德入手犯便　律不犯者若遣使告知若彼言不
須即相布施是比丘應以時軟語方便索衣若為作波利迦羅故与以
時軟語方便索得者不犯　乞蠶綿作袈裟戒十一　多論四意一為止誹
謗故二長信敬故三為行道得樂安故四不害衆生命故　四分因比丘至
養蠶家乞未成綿已成綿作卧具便待看暴蟲作聲因呵制之若
純作若雜以麁劫貝若麻及餘縷雜作成者若作細槌斬和泥塗
壁及埵多論中憍奢耶者此是綿名如秦地養蠶法若乞蠶乞綿
乞縷織布成衣者墮又言卧具者是三衣也即三衣於名卧具者此被之相故取通号　外國作衣
凡有二種一細擗布貯如作褥法二綿縷織成衣也亦得作三衣受持以乞
得故作成捨墮　善見云乃至雜一毛便犯憍奢耶者絲中微者蠶
口初出名忽僧祇云細揲经緯穿雜者一切捨墮受用得越夹揻经
續綿皮物若展轉來雜敎者手施持戒人不應受者是比丘法若受
者非悲不彼或是蠶中文草履履憍奢耶衣如是衣脹惠皆不畜

凡有二種一細擗布貯如作擗法二綿縷作縷織成衣也亦得作三衣受持以乞
得故作成捨墮　善見云乃至雜一毛便犯憍奢耶者絲中微者壓
口初出名急僧祇云細揲經緯穿雜者一切捨墮受用得越毗尼經
纈綿皮拂若展轉來雜𣪠者手施持戒人不應受者是比丘法若受
者非悲不破戒涅槃中皮革履屣憍奢耶衣如是衣服悉皆不畜
是正經律令有一方禪眾皆著艾布者豈不順教五分云蠶家施綿受
已施僧不自入以此諸部相對故知所制意重野蠶尚犯何況家蠶雜忽
尚犯何況純作多有乞覓而作三衣此合斬捨不合受持看得罪　如律明示
如諸律所明不得往蠶家乞繭血及往蘇乳家乞乳並犯故　多論若
無蠶家乞蠶自作綿無罪為責故有乖者吉羅　若乞成綿貯衣
不犯若壓壞者作數具無犯作不應量衣一切數具吉羅律中自作教
他作成者犯墮不成吉羅若為他作一切吉羅不犯者若得已成者斧
斬和泥塗壁餘如戒疏　○黑毛臥具戒第十二　此四臥具戒並是
三衣揔子昔人疑之至今不決　僧祇稱僧伽梨乃至坐具等四緣成
犯一純黑毛二作褻褻三為己四成犯　·律中自作教他同犯墮如上不犯
者若得已成者若裁割壞元作揲割若細薄疊作兩重元意後得若作褥若作
小方坐具若作臥氈或襯鉢內棒擗剃刀囊作帽作袜作攝熱巾作
裹革屣巾一切不犯　○白毛三衣戒十三　○因緣同前仏制劣作遠教
故犯五緣成一三毛參作二擬作三衣臥具三為己四增好減惡下至一兩五作
成便犯減六年作三衣戒十四　·六緣成一有故臥具減六年二不捨
故者與人三僧不聽許四更作新者五為己六作成便犯　·僧祇以老病持
摐擗僧伽梨未滿六年不得更作若身不羸瘦顏色不惡白羯磨
眾一一不成四分不犯者僧白二聽及滿六年若減六年捨更作新若得
已成者若無若他與作一切得　○不揲坐具戒十五　五緣一先有故
坐具二更作新者三為己四無心以故者揲五作成便犯、此与後九十中
者相對四句一作新如量不揲犯此戒二作故過量後戒後二句俱准知
律中造新坐具時若故者未有穿孔當取浣染治牽挽令舒裁
割取縱廣一搩手揲新者上若邊若中央以壞色故但言須揲不言
擗布尌隨十種衣通得僧衹揲作方一搩手取故擗時不得從少聞
犯戒者無聞者住壞房不治者惡名人尌見人遠離二師者不耆意語

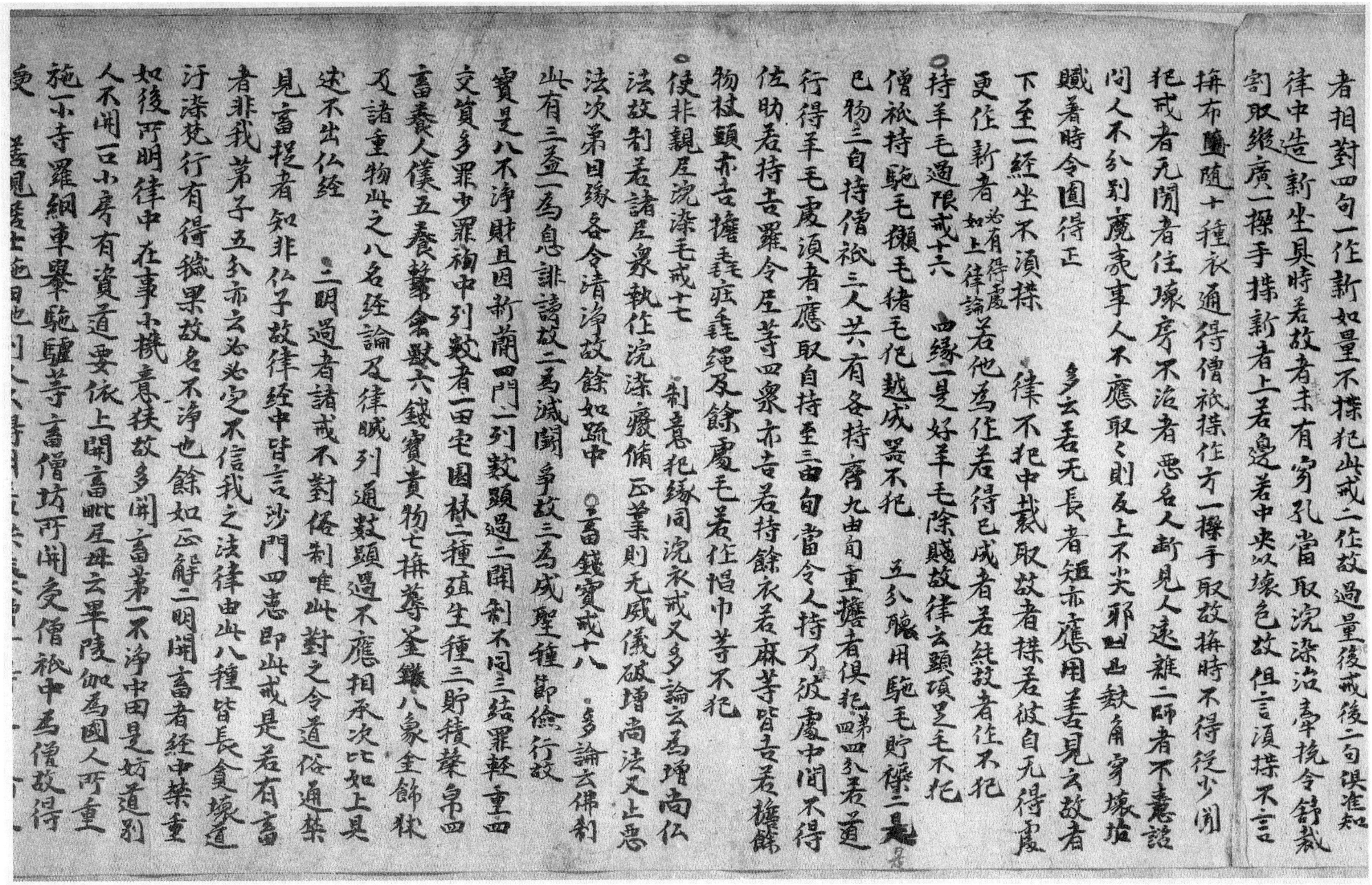

者相對四句一住新如量不揲犯此戒二住故過量後戒後二句俱准知
律中造新坐具時若故者未有穿孔當取浣染治牽挽令舒裁
割取縱廣一搩手揲新者上若邊若中央以壞色故但言須揲不言
捺布隨十種衣通得僧祇揲住方一搩手取故捺時不得從少開
犯戒者无聞者住壞房不治者惡名人斷見人遠離二師者不喜語
問人不分別麁惡事人不應取々則反上不尖邪四正缺角穿壞垢
膩著時令圓得正　多云若无長者短亦應用善見云故者
下至一經坐不須揲　律不犯中裁取故者揲若彼自无得處
更作新者必有得處如上律論若他為作若得已成者若純故者作不犯
○持羊毛過限戒十六　四緣一是好羊毛除賤故律云頭項足毛不犯
僧祇持駞毛犛毛猪毛作越成器不犯　五分聽用駞毛貯褥二是
已物三自持僧祇三人共有各持齊九由旬重擔者俱犯四第四分若道
行得羊毛處須者應取自持至三由旬當令人持乃彼處中間不得
佐助若持吉羅令尼等四衆亦吉若持餘衣若麻等皆吉若擔餘
物杖頭亦吉擔毛毛毬毛繩及餘處毛若作帽巾等不犯
○使非親尼浣染毛戒十七　制意犯緣同浣衣戒又多論云為增尚佛
法故制若諸尼衆執作浣染癈脩正業則无威儀破增尚法又止惡
法次弟因緣各令清淨故餘如疏中　○三畜錢寶戒十八　多論云佛制
此有三益一為息誹謗故二為滅鬪爭故三為成聖種節儉行故
寶是八不淨財且因新蘭四門一列數顯過二開制不同三結罪輕重四
文簡多罪少罪相中列數者一田宅園林二種殖生種三貯積穀帛四
畜養人僕五養繫禽獸六錢寶貴物七氍毹釜鑊八象金飾牀
及諸重物此之八名經論及律賊列通數顯過不應相承次比如上具
述不出仏經　二明過者諸戒不對俗制唯此對之令道俗通禁
見畜捉者知非仏子故律經中皆言沙門四患即此戒是若有畜
者非我弟子五分亦云必定不信我之法律由此八種皆長貪壞道
汙染梵行有得穢果故名不淨也餘如正解二明開畜者經中禁重
如後所明律中在事小機意狹故多開畜第一不淨中田是妨道別
人不開曰小房有資道要依上開畜毗尼母云畢陵伽為國人所重
施一小寺羅網車轝駞驢等畜僧坊所開受僧祇中為僧故得
受　善見[illegible]

BD14043號　四分律刪繁補闕行事鈔卷中　（65–54）

者非我弟子五分亦云必定不信我之法律由此八種皆長貪壞道
汙染梵行有得識果故名不淨也餘如正解二明開畜者經中禁重
如後所明律中在事小檪意扶故多開畜第一不淨中田是妨道別
人不開正小房有資道要依上開畜毗尼母云畢陵伽為國人所重
施一小寺羅網車轝駝驢等畜僧坊所開受僧祇中為僧故得
受　善見居士施田地別人不得用若供養僧者得受多論檀
越欲作大房舍應開解示語令不作順欲法若為容多人故上者
不應違意五分有人施僧田宅店肆聽受使淨人知之義見者
以池施僧供給澆濯及一切衆生聽飲用者隨意得受　二種植根
栽若如僧祇為僧營理者得別人不開即汙家法中自種教一切不
合除供養仏法僧餘如雜法中說　三貯積穀帛昔云儉開三
十六石出善生經余自披檢真為二本並无舉世妄傳　涅槃云聲聞
僧者无有積聚所謂奴婢僕使庫藏穀米塩豉胡麻大小諸豆
若自手作食自磨自舂種種非法故若說言如來聽畜非法之物者
則卷縮　僧祇云若比丘余粟時作念此後時恐貴今余此穀我
當依是得誦經坐禪行道而不言多少准酌一夏之糧亦隨斷
其豐儉壇則准前數量盡形藥中如法亦得律中比丘遇行得大
麦小麦斑豆粳米仏開受之安置囊襆內盛之應合淨施故文中
諸比丘得路糧開受淨人賷舉後卷具有說淨方法
四畜諸僮僕　增一云長者將女施仏仏不受若受者漸生重罪
因說過欲羅剎女等事　僧祇若人以施僧奴若施使人若
施園民婦一切不應受若言施供給僧男淨人聽受若施別人一切
不得若施淨人為料理僧故別人得受若居僧乃至別人反前准言
女淨人為異令諸伽藍多畜人或賣買奴婢者其中識離孰可
言哉豈唯犯婬盜亦通犯染知聖制不許凡豈強哉僧祇畢陵伽在聚落自
泥房王与使人三不受云若能盡壽持五戒奉齋然後受之十誦
守竹園寺有五百人王舍中也有十種施无福一謂施女人二戲具三畫
男女合像四酒五非法語六器仗七大刀八毒藥九惡牛十教他邪如
是施五畜畜生律中比丘畜猫子狗子乃至衆鳥並不得畜僧祇若
人施僧一切衆生並不應受衆生者馬驢駱羊麞鹿如是一切自
餘野鳥獸等若見比丘不受云我當殺之應語令自施水草守護

男女合儛四酒五非法語六器仗七大刀八毒藥九惡牛十教他儲如
是施五畜〻生律中比丘畜猫子狗子乃至衆鳥並不得畜僧祇若
人施僧一切衆生並不應受衆生者馬驢駱羊麞鹿如是一切自
餘野鳥獸等若見比丘不受云我當殺之應語令自施水草守護
勿令傷害不得剪翅籠繫若飛行自活者施云莫拘之
善見若施牛羊不得受若云施乳酪等五味得受餘一切畜生亦
涅槃經中比丘之法不得畜賣生口等　伽論為塔故受駞馬驢令
有施仏法家畜生而知事有賣者並不合聖教　十輪若施四方
僧物田宅淨人不与持戒及与破戒自恣受用并与白衣同共食噉
因此刹利居士皆入阿鼻　日藏分云於我法中假令如法始從一人乃
至四人不聽受田宅園林馬車奴婢等常住僧物若滿五人乃得受
之大集亦同　四分乘乘戒中開老病得乘男乘女乘尼騎如驢
病法僧祇船車牛馬等乘无病不合唯因水中船行者得
六畜錢寶若无作自畜之意不合若撥淨施与他依律文開僧祇
十誦善見云若人得者令淨人畜為貿藥故若多人与藥錢直得
置蓊褥底眼闇求時手觸在无不犯又云末利夫人施僧布薩錢
仏言聽受准義付他又居士持金銀与僧作寺食堂田園比丘
不受犯吉羅應付淨人口得處分受若施作飲食衣藥卧具亦
不自受若受後得衣服用得吉羅應付淨人雜含云自今已後須
木直索木乃須人工等亦直索之慎勿為己受取金寶則破四分
人解　律云若為作屋故求林竹草樹皮得受不應自為
身受（若文不了引经自明）餘如正解　七聽畜重物毗尼毋別人聽受尅鏤
大牀唯除金寶若綿縟者他施已成者十誦開受毗尼毋四分云氍
毾等他施聽受廣三時長五時淨畜　若鐵瓦瓶等銅瓮銅魁等
器別人得受　八者仏不聞者善見云不得捉一切穀除米若施
器仗者僧應打壞不得賣施樂器者不得捉得賣　增一云若得
金寶施呪願已反還施主溫盤云若有人言如来憐愍一切衆生
善知時宜説輕為重説重為輕觀知我等弟子有人供給
所須乏之如是之人仏則不聽受畜一切八不淨物若諸弟子无人供
須時世飢饉飲食難得為欲護持建立正法我聽弟子受畜

菩住[illegible]

金寶施呪願已反還施主　涅盤云若有人言如來憐愍一切衆生

善知時宜說輕爲重說重爲輕觀知我等弟子有人供給

所須无之如是之人仏則不聽受畜一切八不淨物若諸弟子无人供

須時世飢饉飲食難得爲欲護持建立正法我聽弟子受畜

奴婢金銀車乘田園穀米賣易所須雖聽受畜如是等物要

須淨施篤信檀越如是四法所應依止我爲肉眼諸衆生說是

四依終不爲慧眼者說若有三藏及上說者亦不應依又八不淨財

十餘處文皆極毀破不合畜服又云若優婆塞知此比丘破戒受

畜八法不應給施又應以袈裟因緣供敬禮拜若共僧事死墮

地獄　十輪經說穢不知持犯者並須供敬　又涅盤經窮

終極教不用亦得以護法故小小非要　三明畜罪輕重　八中六七金錢

綿褥得墮以遠淨施故餘則吉羅畜者亦少　四文質輕重若以

此八質衣犯捨以衣得實綿氎亦捨若得餘六並得吉羅若以衣寶

相易皆墮質餘六種吉羅六自相貿皆吉得衣寶者皆捉此謂与

俗人增減与五衆得小罪多論若說淨錢寶後貿衣財作三衣盋

器入百一物數不須說淨已外須說若犯罪者悔僧中已用錢寶貿

衣財及百一物者不須捨之已入淨故已外成衣不成衣一切說淨无

罪　正解本戒此是畜寶戒九十是捉寶戒文言手捉則時

意也具四緣一是錢寶二是三爲已四受取便犯此之一戒人患者多但

內无高節外成鄙織不思聖識嚴猛唯縱无始貪癡故律言非我

弟子准此失戒義又文云仏告大臣若見沙門釋子自受畜者當（[illegible]金銀錢寶）

知五欲切得悉應清淨又增一云梵志書述若是如來者不受珎

寶故略引多文證成非濫仏世尊欲增尚弟子令塗鄙業遠超

三界近爲世範今万及自墮陷自畜自捉亂城市之商賈信仏

法之煙雲反自誇陳妄排法律云但无貪豈有罪失出此言者望

自矜持不思位是下凡輕撥大聖一分之利尚計不及俗士高逸何異

螗蜋拒輪之智不殊飛蛾赴火之能豈唯畜程長貪方生重遮

之始故略述戒勸有智者臨深思　涅槃云若能遠離八毒蛇

法是名清淨聖衆福爲人天供養清淨報果非肉眼所能分別

又云祇桓比丘不与受金銀者共住說戒自恣一河飲水利養之物

BD14043號　四分律刪繁補闕行事鈔卷中　（65–57）

蜣蜋拒輪之智不殊飛蛾赴火之能豈唯富於長貪方生苦道
之始故略述戒勸有智者量深思之　涅槃云若能遠離八毒蛇
法是名清淨聖衆福爲人天供養清淨報果非肉眼所能分別
又云秖桓比丘不与受金銀者共住說戒自恣一河飲水利養之物
悉不共之若有共之僧事者命終墮地獄　智論云出家菩薩守
護戒故不畜財物以戒之功德勝於布施　又涅槃第十一卷下文
云菩薩持息世譏嫌戒与性重无別　廣有明文息世戒者即白
四羯磨所得諸文如彼恒須細讀　四分錢者有八種金銀等上
有文像僧祇生色似色皆捉生色者金似色者銀似猶像也錢者隨
國用一切不得捉捉得提應僧中悔　多云七寶者金銀摩尼
真珠珊瑚車渠馬瑙當取死捨墮莫自手取如法說淨者不犯
若似寶銅鐵白鑞珂水精僞珠偷石等以五種取爲故畜者吉羅
不應自取如法說淨得　若金薄金像藏舉自他寶並墮
不犯此戒若似寶入百一物數不須往淨皆得畜百一之外皆是長
物若不入百一數如前說淨　僧祇云不淨物金銀錢不得觸故
餘寶得觸故名淨不得著故名不淨物若不淨者自捉使人一切
皆提若相成就國王不用得越若瓦塼錢及安居衣直不得手
取使淨人知无者相脚邊地語令言是中知著地已自用葉塼凡
等遙擲上後將淨人令知持去不可信者令在前行若可信者任
意賞舉　四分云可信人來已云此是我所不應汝當知之若彼人
取還与比丘者當爲彼人物故受勅淨人賞之若彼爲比丘貿衣
盔等應持貿易受持之若彼優婆塞取已与比丘淨衣盔應
取持之若不語彼人知是看是突吉羅　僧祇若知仏僧事者
有錢寶欲舉若生地使淨人知處若死土使比丘據若淨人
不可信者裹眼三旋然後知地已內錢塊中若散落者得以塼
凡擲入如是作已如前裹眼使去後欲須時如前方法至錢寶
處淨人不可信者還裹眼三旋將來取之若施主作金銀令比
丘受用爲得福者當持食來時舒手亦器應言受受三說已
食之不得觸器四邊讚嘆手捉此是後九十中多論五種受一以
手受二以衣取三以器取四言著是中五言与是淨人皆犯捨下三衆

處淨人不可信者還棄眼三捉將來取之若施主作金銀令比
丘受用為得福者當持食來時舒手尒器應言受受三說已
食之不得觸器四邊讚嘆手捉此是後九十中多論五種受一以
手受二以衣取三以器取四言著是中五言与是淨人皆犯捨下三衆
亦不得畜畜得吉羅　　僧祇若身者一切身分乃至手脚等若
身相續者謂繫三衣紐乃至盆盂中皆捨墮多論五種長物一
重寶二似寶三若衣衣財應量已上四一切不應量衣及財五一切穀米
重寶捨与同意淨人顯罪僧中悔若錢寶比丘不得畜若僧中
次行者說淨餘似寶及百一物一切捨與同心淨人罪作吉悔
錢寶說淨有二若白衣持來施与比丘比丘言此不淨物我不應畜
若淨當受即當說淨二者淨人言易淨物畜即當說淨若彼
此不語取得捨墮若捨与白衣不得与沙弥僧祇大目連將專頭沙
弥往阿耨池取金沙安仏深澗下乃至老比丘將沙弥還本村眷屬
以道行无食繫錢衣內在道並為非人左遶以主叅之罵言此不吉
利各以事白便俱令委之非人為作禮右遶而過此由可治故是此
責如池神譏類餘有未藏必遣頭戮同類腫之傳律不犯中開緣
如上若彼人不肯与衣者餘比丘當語言仏有教為淨故与應還他
物若又不与自往語言佛教比丘作淨与汝不還我者此物應与僧
塔和上知識及本施主不欲令失彼信施故　　七貿寶戒十九
●多云此以說淨實轉易与他求利當与他時得捨墮此与貿衣五種
不同如疏說　　律中以財物易錢寶故犯但无衣食為異
五緣成一是實二互相易三決價四為己五受犯　　五分應對僧悔不
得向三人說前律不犯中若以錢貿瓔珞具為仏法僧若以錢[illegible]為
仏法僧者得販賣四宗　　○販賣戒廿　　多論四義制一為仏法增尚
故二為上鬪諍故三為成四聖種故四為長信敬不生誹謗故論犯
六成一在家三共六相交貿三決價四為己五自貿易六領受律令淨
人貿雀餘部雙開　　四分衣藥交貿諍價高下鼓鼓上下皆犯
多云此販賣墮中最重寧作屠兒何以故屠兒正害一生販賣一切
俱害不問道俗賢愚持戒毀戒无往不欺常懷惡心若設居穀
恒悕天下荒饑霜雹災變若居塩積貯恒願四方殺亂王路隔

人貿雀餘部雙開　四分衣藥交貿諍價高下數々上下皆犯
多云此販賣墮中衆重寧作屠兒何以故屠兒止害一生販賣一切
俱害不問道俗賢愚持戒毀戒无往不欺常懷惡心若設居穀
恒悕天下荒饑霜雹災變若居塩積貯恒願四方殺亂王路隔
塞多有此過故此販賣物作塔像不得向礼又云但作仏意礼之
設与僧作食及四方僧房一切不得住中持戒比丘不應受用得罪
死得羯磨分之何以尔者以此販賣業罪過深重若生存時僧得
用者此比丘言雖販賣有罪猶得作福續作无已今不聽僧食用无
供僧福後得重罪以此因緣不赦更作比丘既死无更作理故得分之
若販賣食咽々墮々作衣著々墮々作臥具隨轉々墮故重結
五百問云治生得物施人犯捨若窮厄无食處使白衣作食治生道
人白衆言此非我物得食不者犯墮若施俗々人々与僧不犯
僧祇若余穀時此後當貴　余時越粜時墮若恐後貴擬自食
行道到後穀貴食長或与師僧作功德餘者粜得利无罪諸藥
草等亦尔衣鉢不為利後賣不犯　十誦若相似貿相似如衣盋瓶灑户鈎四藥
交不相似者以衣鉢一切墮若可捨物金銀錢余粟或用粟買物
若可食噉口々吉可作衣著々提　五百問云有求利販賣作福无罪
邪善此人尚不免地獄何況得福由不隨仏語故非供養四分中販賣
買三事但為利故買賣俱墮十誦中據一物為語多論若衆僧衣
未三唱得益價若三唱已不應益以屬他故若衆中三唱得衣諫悔不
應還　十誦若賣買前人悔七日内者還之若過不應四分文不
了此是私賣買也　五分使淨人易時應心念寧使彼得我利
我不得彼利比丘共僧貿易應倩者當使價均然後交博若貧
无可信必知賢善知足聽直与四分衣法中有貴價衣令淨人貿
易无淨人者乃至遣比丘貿易唯此開之必有淨人亦制与罪
僧祇若自問價若使人問價作不淨語爭價高下皆越得物墮四藥
隨輕物重物淨不淨物一切相貿得提　若肆上有衣其價已定
比丘賣直來与物主雖搖頭作与相者比丘須亦語言此直知是物也
若估客物直五十而索百錢比丘以五十知之如是求者不名為下
若前人欲買此物比丘不得抄市當問言汝止未若報云我住者比丘

BD14043號　四分律刪繁補闕行事鈔卷中　（65–60）

僧祇若自問價若使人問價作不淨語爭價高下皆越得物隨四棄
隨輕物重物淨不淨物一切相貿得提　若肆上有衣其價已定
比丘費直来与物主雖搖頭作与相者比丘須示語言此直知是物也
若估客物直五十而索百錢比丘以五十知之如是求者不名為下
若前人欲買此物比丘不得抄市當闇言汝上去若報云我住者比丘
方云我以是價知是物好不比丘自貿抄市者越　若僧中買物
得上價取若知上闇梨取不得抄上　若營事比丘雇作不淨
語乃至為僧日直市油麵等不淨語者越自為得物入手犯墮淨
語者以是物價知是好不ゝ淨語分別價者索幾許等
若市買物得慊可說實前人物此好悪麁細升秤大小香臭者无
罪五百問若舉物價前人信之貴取犯盜罪　僧祇若食殘持
博蘇油等作不淨語犯捨雇治草履作不淨語越若前与食後乞
前後与食无罪乃至殘食雇治草土等准前多論如販賣戒中物
或方便有罪果頭无罪如為利居塩穀後得婬心即施僧作福或
果頭有罪如為福[illegible]未不賣後見利便賣以利自入即是方便无罪
言得施者謂一切俱捨懺也　律不犯者聽五眾出家人共交易
應自審定不應共相高下市道法不得与餘人貿易令淨人貿若
悔聽還若蘇油相易者无犯准上衣法得令淨人作者須據有者言
之　十誦三度淨語索不得者更淨人使買淨人不知市易當
教以尓所物買是物應知好悪思量得者不犯此賤彼貴有利不
犯　○畜長鉢過限戒廿一　五緣成一先有受持鉢二更得三
如法鉢非餘由根等四不淨施并无買鉢未還直不成受言主但
受不犯長若度價已熏訖報令取過限者犯五過十日便犯餘如長
衣戒　○乞鉢戒廿二　六緣一先有受持盋二減五綴不漏三隨非親
乞四為己五乞如法鉢六領受便犯事希少故廣如戒疏中
律不犯者五綴漏若減漏更求新若從親里索從出家人索若為他
ゝ為己不求而得有自買畜皆不犯　○自乞縷使非親織戒廿三
多云有三義制一為除悪法故二為止誹謗故三為四聖種故
四緣一自乞縷二使非親織三不与價四織成犯　十誦若為无衣故
從非親乞縷欲作衣市吉若少衣上得乞衣少縷上得乞縷

律不犯者五綴漏若減漏更求新若從親里索從出家人索若為他
〻為己不求而得有自買〻皆不犯
○自乞縷使非親織戒廿三
多云有三義制一為除惡法故二為止誹謗故三為四聖種故　十誦者為无衣故
四緣一自乞縷二使非親織三不与價四織成犯
從非親乞縷欲作衣亦吉若少衣上得乞衣少縷上得乞縷
五分自行求縷雇作衣亦墮四分若織師与縷者俱親不犯与線者
非親看織作縷一切吉羅不犯者若自織作鉢囊革屣囊鍼韢
禪帶腰帶作帽作袜鏑熱巾草屣中一切不犯　○勸織師增衣縷
戒廿四　論犯六緣一非親居士盧心辨縷遣織二本期有限三知限
四勸讚好織許直五彼為增縷六領受便犯四分若求衣不得吉羅不
犯者減少求從親里索出家人索他為己者　○奪衣戒廿五
五緣一是大比丘輙下衆非行類故二本規同行三者不定与前人決定
取多生慳故四句中二句初受与俱決定二決定与而受者不定奪
取犯重若与受俱不定者吉羅四瞋奪五得屬己而分不犯者不瞋恚
言我悔不与汝衣還我來若彼知悔即還若餘人語便還若借他
衣著无道理還奪取不犯若恐失恐壞若彼人破見戒威儀若
被舉滅擯應擯若為此事故有命梵難一切奪不舉不藏者
○畜七日藥過限戒廿六　辯明四藥體狀五義加法是非廣如下
卷及戒本疏　五緣成犯一是七日藥　幹者直手受不如口法亦免長
罪二明作二受意三不不說淨四畜過七日五无緣犯　律不犯者若過
七日藥蘇油塗戶嚮蜜石蜜与守園人弟七日藥捨与餘比丘食若
未滿七日還彼比丘用塗脚然燈也　○過前求雨衣過前用戒廿七（二戒並罪過前故合制）
過前求五緣成一是雨衣二過前求三自為己四彼与五領受犯過前用四
緣一是雨衣二時中浮三過前受四過前用犯四分十種衣中比丘取雨中
浴彼應三月十六日求四月一日用若二過前求用犯捨僧祇此衣不得受
畜三衣不得淨施不得著入河池中浴小〻雨時不得裸身當著若
餘故衣不得著種〻作事若露地食應持作障幕諸師不曾見此
衣謂如隗偪子戲團之類今不同之猶如三衣被用僧祇常須大雨早上
垢液者得著入餘水中洗　多論云三月十六日應作乃至四月十五日亦
令畜法者得用浴擭持行來長丈二尺廣六尺以夏多雨故為護三衣若

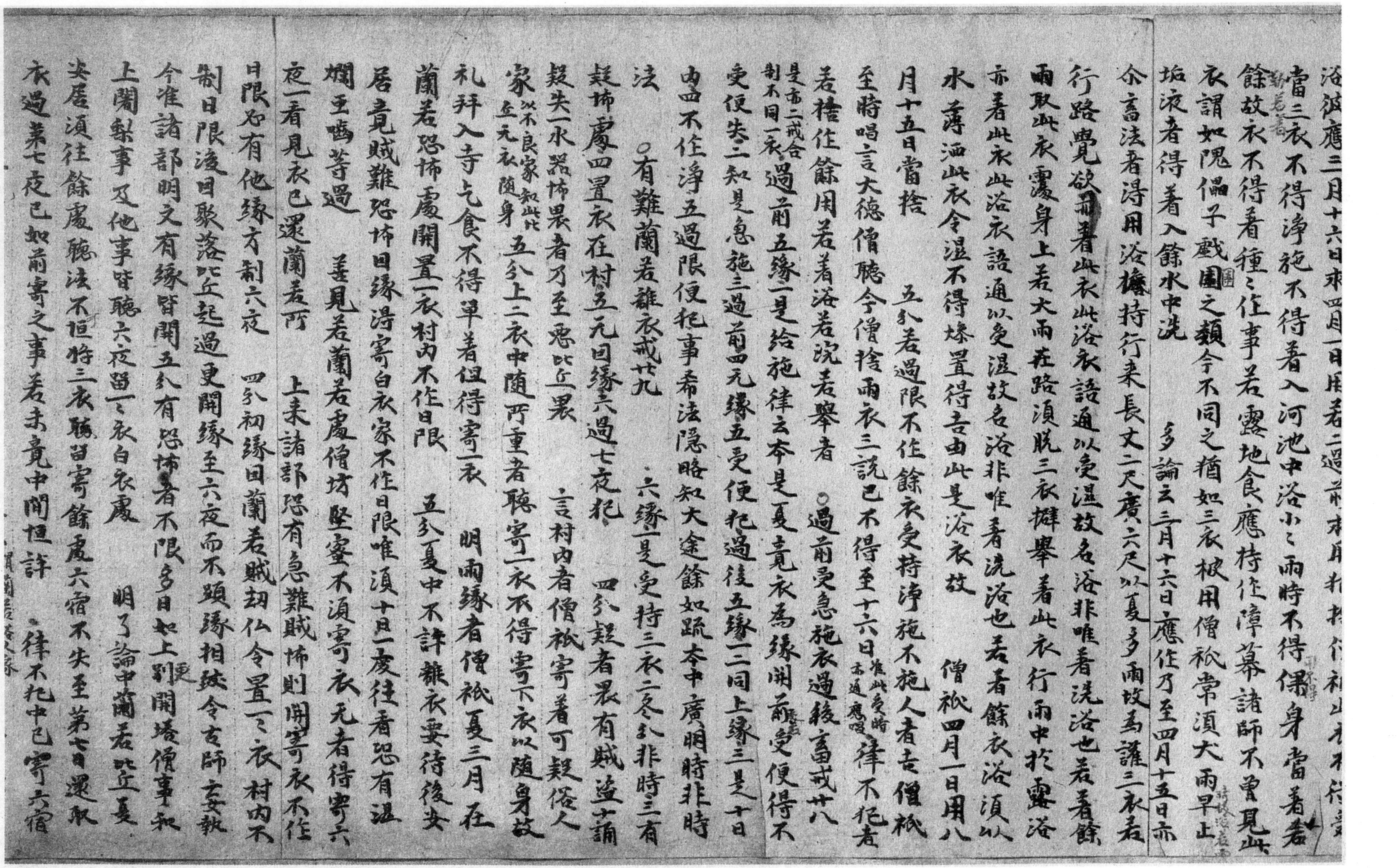

浴衣應三月十六日求四月一日用若二過前求用持作[illegible]
當三衣不得淨施不得著入河池中浴小小雨時不得倮身當著舊
餘故衣不得著種種作事若露地食應持作障幕諸師不曾見此
衣謂如隗偪子戲圍之類今不同之猶如三衣被用僧祇常須大雨早上
垢液者得著入餘水中洗　多論云三月十六日應作乃至四月十五日亦
介畜法者得用浴襜持行來長丈二尺廣六尺以夏多雨故為護三衣若
行路覺欲雨著此衣此浴衣語通以受溫故名浴非唯著洗浴也若著餘
雨取此衣覆身上若大雨在路須脫三衣攝舉著此衣行雨中於露浴
亦著此衣此浴衣語通以受溫故名浴非唯著洗浴也若著餘衣浴須以
水薄洒此衣令溼不得燥置得吉由此是浴衣故　僧祇四月一日用八
月十五日當捨　五分若過限不作餘衣受持淨施不施人者吉僧祇
至時唱言大德僧聽今僧捨雨衣三說已不得至十六日（准此受時亦通應唱）律不犯者
若捨作餘用若著浴若浣若舉者　○過前受急施衣過後畜戒廿八
（是亦二戒合制不同一衣）過前五緣一是給施律云本是夏竟衣為緣開前受便得不
受便失二知是急施三過前四无緣五受便犯過後五緣一二同上緣三是十日
內四不作淨五過限便犯事希法隱略知大途餘如疏本中廣明時非時
法　○有難蘭若離衣戒廿九　六緣一是受持三衣二冬分非時三有
疑怖處四置衣在村五无因緣六過七夜犯　四分疑者畏有賊盜十誦
疑失一衣器怖畏者乃至惡比丘畏　言村內者僧祇寄著可疑俗人
家（以不良家知此比丘无衣隨身）　五分上三衣中隨所重者聽寄一衣不得寄下衣以隨身故
礼拜入寺乞食不得單著但得寄一衣　明雨緣者僧祇夏三月在
蘭若恐怖處聞置一衣村內不作日限　五分夏中不許離衣要待後安
居竟見賊難恐怖因緣得寄白衣家不作日限唯須十日一度往看恐有溫
爛虫嚙等過　善見若蘭若處僧坊堅蜜不須寄衣无者得寄六
夜一看見衣已還蘭若所　上來諸部恐有急難賊怖則開寄衣不作
日限若有他緣方制六夜　四分初緣因蘭若賊劫彼令置一一衣村內不
制日限後因聚落比丘起過更開緣至六夜而不顯緣相致令古師妄執
今准諸部明文有緣皆開五分有恐怖者不限多日如上判開塔僧事和
上闍梨事及他事皆聽六夜留一一衣白衣處　明了論中蘭若比丘夏
安居須往餘處聽法不恒將三衣聽留寄餘處六宿不失至第七日還取
衣過第七夜已如前寄之事若未竟中間恒許　律不犯中已寄六宿

BD14043號　四分律刪繁補闕行事鈔卷中　（65–63）

疑怖處四置衣在村互无因緣六過七夜犯　四分疑者畏有賊盜十誦
疑失一米器怖畏者乃至惡比丘畏　言村內者僧祇寄著可疑俗人
家(以不良家知此比丘无衣隨身)　五分上二衣中隨所重者聽寄一衣不得寄下衣以隨身故
礼拜入寺乞食不得單著但得寄一衣　明雨緣者僧祇夏三月在
蘭若恐怖處開置一衣村內不任日限　五分夏中不許離衣要待後安
居竟賊難恐怖因緣得寄白衣家不任日限唯須十日一度往看恐有溫
爛蟲嚙等過　善見若蘭若處僧坊堅密不須寄衣无者得寄六
夜一看見衣已還蘭若所　上來諸部恐有急難賊怖則開寄衣不任
日限必有他緣方制六夜　四分初緣因蘭若賊劫仏令置一一衣村內不
制日限後因聚落比丘起過更開緣至六夜而不題緣相致令古師妄執
今准諸部明文有緣皆開五分有恐怖者不限多日如上別開塔僧事和
上闍梨事及他事皆聽六夜留一一衣白衣處　明了論中蘭若比丘夏
安居須往餘處聽法不恒將三衣聽留寄餘處六宿不失至第七日還取
衣過第七夜已如前寄之事若未竟中間恒許　律不犯中已寄六宿
至第七夜明相未出前若到衣所若手捉衣(謂蘭若俗人家女人處也捉衣)　若至擲石
所及處若捨衣餘同聚落離衣戒說　迴僧物入己戒卅
具四緣一是通許僧物二作許相三迴向己四入手便犯　律云僧物有三種
一者已許僧(謂通明施僧而未分僧別二異此迴犯捨)　二為僧故作未許僧(謂俗家為僧作袜褥器具供僧之物此迴得吉羅下)　三已
与僧者已許僧已捨与僧(此決施於僧不許別居迴犯棄)　僧祇若人持物來問僧何處布
施答言隨汝所欲處与若言何處果報多答言施僧若言何者持
戒清淨答言僧无犯戒无不清淨答言我已施僧令施尊者得受
无罪若言此物置何處使我常見受用答某甲比丘坐禪誦經持
戒若施彼者長見受用　四分若物許僧轉与塔許四方僧迴与現在僧
許比丘僧迴与尼僧許異處迴与異處乃至許彼處迴与此處一切吉
羅(並未謂決定若復別隨隨前犯)　僧祇迴此彼畜生物越心悔十誦多論若種越施此自
恣僧物迴与彼自恣僧者物應還此比丘作吉羅悔若不還此僧計錢
成重乃至此彼一人物迴亦成重准此定屬僧次迴与他人成重律不犯
中若不知若已許作不許想若許惡勸与好者一切不犯

四分律刪繁補闕行事鈔中卷之上

比丘神辯勘了

所及處若捨衣餘同聚落離衣戒說　迴僧物入己戒卅

具四緣一是通許僧物二作許想三迴向己四入手便犯律云僧物有三種

一者已許僧（謂通明施僧而未分僧別二異此迴犯捨）二為僧故作未許僧（謂從家為僧作林褥等與供僧之物此迴得吉羅下）三已

与僧者已許僧已捨与僧（此文施於僧不許別屬迴犯棄）僧祇若人持物來問僧何處布

施若言隨汝所欲處与若言何處果報多若言施僧若言何者持

戒清淨若言僧无犯戒无不清淨若言我已施僧令施尊者得受

无罪若言此物置何處使我常見受用若某甲比丘坐禪誦經持

戒若施彼者長見受用四分若物許僧轉与塔許四方僧迴与現在僧

許比丘僧迴与尼僧許異處迴与異處乃至許彼處迴与此處一切吉

羅（王舍謂決定無淺別隨前犯）僧祇迴此彼畜生物越心悔十誦多論若撞越施此自

恣僧物迴与彼自恣僧者物應還此比丘作吉羅悔若不還此僧計錢

成重乃至此彼一人物迴亦成重准此定屬僧決迴与他人成重律不犯

中若不知若已許作不許想若許恶勸与好者一切不犯

四分律刪繁補闕行事鈔中卷之上

比丘神辯勘了

（1–1）

（51–1）

四分律刪繁補闕行事鈔中卷之下 著述者多 立名標異 京崇義寺沙門釋道宣撰述

隨戒釋相第十四　持犯方軌第十五　懺六聚法第十六　隨戒釋篇第十四之下 從九十 盡篇末

九十小妄語戒

此戒人多愚犯者良由妄業熏積識種尤多故隨塵境動便虛搆不思反流之始但顧畢

世之終以此妄生爲要當死定非排業良可悲夫加以犯无定境起必依心但使違肉想心不論

外緣虛實一切皆墮六緣成犯一是人不簡道俗二作人想三違想說四知違想五言了六聞[illegible]

妄語兩舌惡口相歷作四句一是妄語非兩舌惡舌惡口傳他此語向彼說以不實故是妄語[illegible]

心故非兩舌軟語說故非惡口餘句類上有无可知成實論云餘口三業或合或離綺語一種必不相離善

生經有人於十業道一時作二三四乃至八事不得作十以貪瞋不得一時故其餘八事六處遣使自爲二

事一婬他妻二謂无業道四分五分因法法師比丘常好論義以是爲非以非爲是餘人問故吾云我實知

非恥墮負處僧中妄語罪重百羅漢前多云不妄語法者若說法義論得傳語一切是非莫自稱爲

是常合推寄有本則无過也不介斧在口中律云見聞觸知違想說乃至所見異所忍異所想異

皆是妄語又有三時前後知是妄語昔羅云[illegible]

外緣虛實一切皆墮六緣成犯一是人不簡道俗二作人想三遠想說四知遠想五言了六聞知
妄語兩舌惡口相歷作四句一是妄語非兩舌惡口傳他此語向彼說以不實故是妄語[illegible]
心故非兩舌軟語說故非惡口餘句類上有無可知成實論云餘口三業或合或離綺語一種必不相離善
生經有人於十業道一時作二三四乃至八事不得作十以貪瞋不得一時故其餘八事六處遣使自爲二
事一婬他妻二謂無業道四分五分因法法師比丘常好論義以是爲非以非爲是餘人問故答云我實知
非恥墮負處僧中妄語罪重百羅漢前多云不妄語法者若說法義論得傳傳語一切是非莫自稱爲
是常合推尋有本則無過也不爾斧在口中律云見聞觸知違想說乃至所見異所忍異所想異
皆是妄語又有三時前後知是妄語吉羅正口言妄語者墮若僧說戒時三問憶念罪而不說吉羅
善生云若有疑心無疑心若見聞覺知若問不問異本意者是名妄語若言不大見聞亦犯若破相
說無覆藏說非犯若異音說前人不解若顛倒語若羨大聲不了語若有所說前人不解並犯僧
祇云屠兒等逐畜生走問比丘言見不不得妄語不得示處應令看指甲等（應方便引接令畜生遠去）十誦若語高
姓人云是下姓者犯墮若語兩眼人云汝一眼得妄語提又輕惱比丘故提若語一眼人云汝是瞎眼人得輕
惱他墮四分不犯者但稱想說故不犯文如注戒本中　罵戒第二　智論一人生國中皆共作因緣謂
內法与外法爲因緣如惡口業故地生荊棘諂曲心故地則高下不平慳貪多故水旱不調地生砂礫不
作上諸惡者地則平正如彌勒仏時人行十善地多珍寶律云仏言凡有所說當說善語不應惡
語便自熱惱乃至畜生聞毀慚愧況於人也六緣一是比丘十誦五分毀下四衆皆吉羅二自出罵
伽論傳他語爲他罵皆吉三知是毀呰四作折辱彼意五言了六聞知十誦六爭本者瞋恨惡性貪
嫉諂曲無慚愧邪見四分惡法種類毀呰者六品言卑姓家生行業亦卑伎術工巧亦卑若言汝
是犯過人（依實亦犯）汝多結使人若盲若禿瞎人有三行罵法初面罵者言汝是除糞家生等二喻罵
者汝似除糞種等三自比罵者我非除糞種乃至我非販賣殺牛羊獵人等皆墮二者善法罵
亦有三種面罵者汝是阿練若乃至坐禪人餘二罵例知了了說者皆吉僧祇云若以上惡法毀餘比
丘及父母言汝父母是者得提汝和上闍梨是者偷蘭汝同友是越毗尼餘有中下惡法行罵父母和上
同友等並遞減一等面比罵外更加是中有如是人亦犯（謂小姓比丘与大姓者共住云此中有小姓比丘）又云地有金藏好令人
闍律中迦葉舉造房僧過即日生城宿佛呵舉但非人等餘類不舉迦葉以護人心故不犯中相刺
故說爲法故爲律故說爲教授故說爲親友故說（上皆內無嫌恨意濟故亦惡語也）或戲笑（但犯吉羅）或因語次失口或獨說
或疾說皆不犯十誦有比丘說他罪諸比丘知是人身業不淨能於四重飲酒殺草非時食妄語作者
應語莫瞋諍相言也　兩舌戒第三　具六緣一是比丘二說鄙惡事三傳於彼此四爲離
意五言了六聞知律云兩舌者彼此鬪亂令他破也僧祇以惡法告言某甲說汝是無有上中下法
欲令他離向已若彼離不離皆墮多論說已更說隨若不傳彼此語但兩邊說令離散者一
切吉羅律不犯者破惡知識惡伴黨和上同師親友於僧塔廣作無義利破如是人一切無犯
共女人宿戒第四　五緣成一是人女二室相成三共同宿四知同宿五兩轉墮律中女者人女有知命根不斷
室有四種一兩四周障上有覆（即同在一堂內中有兩者在論不合）二前敞無壁（即長房簷下兩頭有障）三雖覆而不遍（即周匝同院一門上通覆開中央也）
四雖有覆遍而有開處（謂通覆障上有開明孔）此等四室比丘与女人同宿或女人後至或比丘後至

切吉羅　律不犯者破惡知識惡伴黨和上同師親友於僧塔廣作无義利破如是人一切无犯

共女人宿戒弟四　五緣成一是人女二室相成三共同宿四知同宿五脅轉墮律中女者人女有知命根不斷

室有四種一西四周障上有覆（即同在一堂內中有隔者准論不合）二前敞无壁（即長房簷下兩頭有障）三雖覆而不遍（即周迊同院一門上通覆開中央也）四雖有覆遍而有開處（謂通覆障上有開明孔）此等四室比丘与女人同宿或女人後至或比丘後至

或二人俱至若亞臥隨脅轉側一一波逸提若与畜生（准僧祇十誦大母畜生亦犯墮也）若共人黃門二根人宿一切

吉羅比丘晝夜日臥女人立者吉羅（女人若坐犯墮）十誦乃至羅漢不与女人同宿如熱飲食之所欲女人

欲男亦尒此律以羅漢為緣起尚被嫌惱餘凡何須拒抗多論善見若都集堂同郭內設使

堂中有諸小房房雖各別以堂同故猶是一房若多房共一戶亦犯墮（即并部平頭堂幸多同戶房是）覆者乃至同

衣縵作房壁者乃至高一肘半共宿皆犯若大屋相接乃至一由旬一戶出入皆犯所對境者乃至同

行等式皆謂女人能受婬者餘石女小女等但吉羅十誦若在室中通夜坐者不犯必應多人共處有

明不眠者僧祇一房別戶有隔无犯若佛生日轉法輪日乃至大會通夜說法若露地風雨寒雪當

入室內正身坐若老病不能坐者當施障隔不得用疎物高齊肩腋下至地不得容貓子過若

道行入村宿當別房別隔若无隔屋者乃至如前作（皆謂以衣被從房堂內壁直當門中央隔出至舍前簷令与兩頭相當是為二室不相嫌床也）

若无隔者女人可信應語女言汝先眠我坐比丘欲眠語令起我欲眠汝莫眠若眠者汝无福德（准如諸部男子自伴）

多論与十女宿得十墮一一起更臥隨一一轉各各得十墮若白衣舍与女並房不閉戶吉羅五分同覆別

隔若大會說法若母姊妹近親患者有知男子自伴不臥者不犯律不犯中若先不知室內有女宿

若室有覆无障或盡覆半障或盡覆少障或盡障不覆或盡障半覆或盡障少覆或半障少覆

障或少覆少障或不覆不障露地不犯若此室中若行若坐不犯若病臥被縛命梵等難並不犯

共未受具人宿過限戒弟五　五緣成一未受具人男女餘數如別伽論云已二夜共沙弥宿弟三夜共

女人宿得二提二三四緣同前戒五過三夜犯律云共宿至三夜明相未出應起避去（准此不至弟四宿吉羅）

若自去若使彼去善見至弟三夜明相未出不避者亦不犯（謂不犯波逸提）至弟四宿初夜隨脅轉著地墮

十誦若通夜坐若病得与沙弥過限宿病人臥者開餘不病比丘不應臥毋論至弟三宿无去處

者比丘不應臥結跏坐至明相現至弟四宿又无去處明相欲現時遣去若自去（准此必須弟四宿雖之若初夜即坐者不開護過）

五分与同宿不犯者常坐不臥若互起坐臥不犯也（非謂護明相皆四夜通夜不臥開）　僧祇至弟四宿因大會道行等

緣如前戒張障緣不者過三夜犯竟若未識悔復共宿者轉轉長罪无二夜開悔過已當別房宿更

得二夜多論云有四句或人一室異或室一人異或人室俱一異皆墮律中与畜生男過限宿吉羅開緣同

上

与未受戒人同誦戒弟六　五緣一是仏說法二字句味三未受具人四齊聲同誦五說言竟

即犯律中法者仏所說聲聞所說仙人諸天所說若口授若書授說了了犯墮若師不教言我說

竟汝可說者師吉羅僧祇若聲聞弟子餘人等說為佛印可者犯墮（文四句不了文）善見一切三藏

仏說者羅漢結集者同誦得墮若自撰集文字乃至俗書非仏說故不犯十誦隨一品一章一

段各得墮此律但云同誦不簡文句多少　多論若二人俱經利並誦无犯若比丘无處受法乃

至得從沙弥尼受但求持戒德重人作證明律亦得從白衣受法但不得稱闍梨如是例知但清

息令不失威儀　律不犯者云我說（竟汝說）一人誦竟一人書若二人同業同誦若錯說彼此一切不犯

上

与未受戒人同誦戒第六　五緣一是仏說法二字句味三未受具人四齊聲同誦五說言竟
即犯律中法者仏所說聲聞所說仙人諸天所說若口授若書授說了了犯墮若師不教言我說
竟汝可說者師吉羅僧祇若聲聞弟子餘人等說為佛印可者犯墮 文四分不了文 善見一切三藏
仏說者羅漢結集者同誦得墮若自撰集文字乃至俗書非仏說故不犯十誦隨一品一章一
段各得墮此律但云同誦不簡文句多少　多論若二人俱經利並誦无犯若比丘无處受法乃
至得從沙彌尼受但求持戒德重人作證明律亦得從白衣受法但不得稱闍梨如是例知但消
息令不失威儀　律不犯者云我說竟汝說一人誦竟一人書若二人同業同誦若錯說彼此一切不犯
向未受具人說麤罪戒第七　多論寧破塔壞像不說他麤罪則破法身不問前比丘無罪有
罪皆墮　七緣一是比丘及尼二犯初二篇罪三知犯四無僧法開五向未受具說六言詞了了七前人聞知
五分尼向白衣說僧況余小小罪過皆墮僧祇若人聞言某甲比丘犯婬飲酒者答云彼自當知
羞已作法人問者倒問彼言何處聞答言某處聞比丘云亦某處聞曰俗女來入寺六羣未之與
人犯僧殘俗女說偈云出家已經久宜應脩梵行童子戲不㠯云何受人施十誦云有呵云仏法中乃
有是癡人應答我家廣大種種皆有律云若說上二篇犯墮下諸篇及自說已罪若說下三
衆罪一切吉羅又有五事若說名字若種姓若衣服若房舍若相貌皆墮　不犯者若不知若
麤惡不麤惡想若白衣先已聞麤惡罪者一切皆開實得道　向未受具者說戒第八
問凡夫衆聖不可得犯聖人奉戒一制不犯用制何為答制聖為遠凡若後向說即知是凡為護大
妄語不令有犯豈非是要也　与女人說法過限戒第九　六緣成一是人女二知三不請四無有智
俗男五言章了了六過五六語便犯若不請者聽齊五六語若請說若問義隨多少答五分由其
語得解故便制戒四分五語者色受想行識无我也六語者眼耳鼻舌身意无常也不得更增一句故
僧祇中說六句已云使汝速盡苦得樂涅槃律云有智男子者解知麤惡不麤惡事多論有智男子解
人情語可作證明若中邊不同者不聽必是俗人出家不得以情事同故正使僧集若多女無白衣
者不得說之女謂能受婬者若為尼說得僧祇若盲若聾亦名無人一盲一聾此二當一人若眠亦名无人
若姊妹等亦犯若減七歲若過不解好惡義味亦名無知男子餘如大疏中含云見有人請問法義
者答云欲問便問我聞已當思律中若說不了吉羅　不犯者若五六語有知男前過說若无有
智男前請應答廣說授五戒及法授八關齋及說八齋法八聖道十不善法女人問義不解廣說
若錯說者一切不犯　掘地戒第十　多論不掘地壞生三益一不惱害衆生故二止誹謗故三
為大護仏法故若仏法不制此二戒者國王大臣役使比丘由仏制故王臣息心不復役使得令
靜緣脩道發智斷惑是名大護　五緣犯一是生地二作生地想三自掘使人四使人時不作知淨語
法　五緣則犯墮此戒緣起為脩治仏講堂為世尊所呵制　令人多因脩福造罪謂妄徒作可愍　律中地者若
已掘地經四月被雨漬還如本若用鋤钁鍬或捉打刀刺指搯扴傷地至然火但使地作
地想一切皆墮若不教言知是看是吉羅十誦若頹墻土石底土蟻封土聚若掘吉羅
若掘逅處乃至沒膝吉羅除為仏塔等畫地作模若堵土墻土生石黑砂壇地等一切不犯蜀
本多論云生地不生地生地者謂四月及八月是雨時地則相連著閏勢相凑能生草木名生地餘
無雨時日炙乾燥風吹土起義名不生地若掘此上乾地吉羅下侵濕地犯墮僧祇

法　五傷則犯墮此戒緣起爲脩治仏講堂爲世尊所呵制 令人多因脩福造罪謂妄使作可悲　律中地者若
已掘地經四月被雨漬還如本若用鋤钁鍬或椎打刀刺指掐析傷地上然火但使地作
地想一切皆墮若不教言知是看是吉羅十誦若頽壚土石底土蟻封土聚若掘吉羅
若掘近處乃至沒膝吉羅除爲仏塔等畫地作摸若堵土墡土生石黑砂塩地等一切不犯蜀
本多論云生地不生地生地者謂四月及八月是雨時地則相連着閏勢相淹能生草木名生地餘
無雨時日炙乾燥風吹土起義名不生地若觸此上乾地吉羅下徹濕地犯墮壚根齊濕
處乾土不犯異於地故雖被築治若濕相淹亦起犯墮屋上墻上生草觸草犯墮傷土吉羅
僧祇若轉石蹋地掃地曳木馳牛馬等欲使地平意傷如蚊腳一切犯提土塊一人不勝者
犯提減一人重者得吉打杙房壁楨戌切吉有孔無犯若外被雨地傷如蚊脚墮畫地作字
亦墮畫至土未際无犯若撤故屋使淨人爲之若壞壁使淨人却泥後自得撾若已曾被雨使
淨人撾兩三行後自撾至基還使淨人撾井池濆汪水新雨水後使淨人抒若令撓濁若牛馬
足涉後得自抒以雨水能生地故大小便時水手摩地犯墮若瓶器物木塼瓦等在露地經
雨已不得自取取犯墮若純沙無罪半沙者越若死土被雨已使淨人取盡雨沾濕際然後
自取四分若野火燒寺聽逆除中間草若作坑塹斷若以土滅若逆燒除除善見若地被
燒亦名非地若地有沙以水濤之四分沙一分土無犯若石上厚四寸燥土得自取若野火來近
寺爲護住處故比丘得剗草掘土以斷火若把火燒手擲地不犯五分若野火來當打撻
提唱令餘如諸部　多論使僧坊掘地作知淨語提若教下三衆淨人不作知淨語吉羅
若三衆不爲三寶利益緣自壞土木者吉羅五分蘭若无淨人聽比丘以水澆地劃草
布蹋使成泥取用僧祇覆處地得自掘 四分文中不了　律不犯者若語言知是看是若曳材竹
木若籬倒扶正若反塼石若取牛屎若取崩岸土若鼠壞等若往來經行若掃地若杖
築地若一切不作故掘地意不犯　壞生種戒第十一　具緣如上四分云壞鬼神村者墮
提鬼者非人是村者一切草木是 言草木者爲非人所依故具列諸部通解恐無知者濫也　十誦云村者蚊蝖蛺蟻子諸虫以之
爲舍也僧祇戒本壞種子破鬼神村者墮 如此會通相同明鏡　律中五種村謂根種枝種節種覆羅種 此言
雜種 子子種等若斫截墮沙釘杙火燒一切並墮若斷多分生草木墮半乾半生吉羅僧祇
云根種莖種以刀中破淨節種者以刀破又撾却牙目淨心種者蘿勒蓼等柔軟淨子種者
十七種穀脱皮淨火淨通五果中裹核種 如來去之爲也　爪甲淨去核食火淨合食 火淨者謂生熟二穀合核食也
膚果種者火淨合食 如胡餅棗桃梨捺之屬也　若熟時落地傷如蚊脚者名瘡淨去子食郁裹裹種者火淨
粟子胡桃石榴之屬　檜裹裹種者 香菜蘇荏之屬　未有子柔軟有子火淨角裹種者淨法如稽裹法 大豆等也在牛蒿中含子也
草應得火淨但令相着即得　又云寺主有穀倉未淨畏年少比丘不知戒相先令淨人火淨說乃至盡未淨
淨法尒故也
言春云不犯餘事類知若以五生種擲着池中井水中大小便中糞掃中越死犯墮若草中行欲
令死越傷如蚊脚墮石上生衣衣上生毛食餅生毛使淨人知若日知乾得自剥除雨後舉木越傷
草者墮淨人先舉比丘後佐無罪 四分中開舉木石者先不知着草土也　夏中行畏失道故以餘物繫草爲記來還解若
無犯泥雨滑倒地捉草挽斷更捉亦斷皆開水中浮萍不得攪開牛馬行處得无者捉土石仰擲空

[illegible]

膚果種者大淨合食如畢鉢棗椹梨㮈之屬也若熟時落地傷如蚊脚者名瘡淨去子食都囊種者大淨

栗子胡桃石留之屬檜囊種者香菜蘇荏之屬未有子柔楠有子大淨角囊種者淨法如檜囊法大小豆等也在土萬中舍之

草應得大淨但令相著即得　又云寺主有擊倉未淨畏年少比丘不知戒相先令淨人大淨說乃至盡羞

淨法介故也

言春去不犯餘事類知若以五生種擲著池中井水中大小便中糞掃中越死犯墮著草中行欲

令死越傷如蚊脚墮石上生衣衣上生毛食餅生毛使淨人知若日知乾得自剥除雨後舉木越傷

草者墮淨人先舉比丘後佐無罪四分中開舉木石者先不知著草上也　夏中行畏失道故以餘物繫草爲記來還解者

無犯泥雨滑倒地捉草挽斷更捉亦斷皆開水中浮萍不得撥開牛馬行處得无者捉土石擲空

中言至梵天上去若後下時打水開得用士郎沙門淨法　若泥作時欲飲水者得棠中飲無淨人取者得就樹

上葉中飲不得挽斷高不及者撓取乾葉若已衰黃斷者越花生者墮水中飄覆浮萍者越擲

岸上墮若入水洗時水草著身者以水若斷胡菌吉羅若見去若須花果攀枝下使淨人知亦得挽

淨人取詳中比丘道中行妨草者聽以竹押草若石木鎮上在前者時　五分允諸草木若有所須語淨人言

汝知是若不解者又語言汝看是若不解復語我須是若不解復語与我是壞地亦然皆謂知比丘身不

淨楨斷也口不合道斫截者乃淨緣心淨也　若生草覆道關路故拔葉落不故作不犯十誦一時壞五種子五波逸提共律一

業壞多種隨多少結乃至前式令淨人消掘隨墮不同僧祇取前事止方結四分中若五生種如柳楢

之類就地離地壞皆犯墮非五生種如離地槐㮮榆栢之屬已萎者得若与地連者得墮若離

地色未改者吉羅名壞相也不犯者言看是知是若斷乾枯草木若於生草木上曳林曳竹正離

障若撥壅石若取牛屎若生草覆道以杖披遮令開若以瓦石柱之而斷傷草木若除經行地

土若掃經行地若以林橥地而誤撥生草木斷者無犯　身口綺戒第十二　四緣一自作身

口業綺二數惱不以三爲僧單白呵止四更作便犯四分云餘語者去彼向誰說爲論何

事等一切吉羅作白已語者墮惱他者應來不來應坐不坐等身綺也餘如口綺法成論語

雖是實語以非時故即名綺語或雖是時以隨衰惱无利益故雖復利益以言无本義理不次

皆名綺語即律中爲不恭敬人說法皆是善見畏成鬪僧默然者得律云若上座喚來不來吉羅

不犯者重聽不解前語有參錯便言汝向誰說爲論何事乃至我不見此罪若欲作非法无利羯

磨不与和合喚來不來不犯若爲作非法羯磨若不欲令知教言莫來便來不犯若一坐食若不

作餘食法食若病喚起不起不犯若命梵難教莫起便起不犯若惡心問不与說若作非法事便

語者若小語錯乱一切不犯　嫌罵知僧事戒第十三　六緣一是羯磨所差二知是三如法營也

說嫌罵法五言詞了六前知聞五分若單白二差人惱者墮僧差不羯磨及餘人作此譏訶口口

吉羅四分緣起白二差之僧被罵已拜人倩人更倩人三人俱墮因說大魚有百頭頭各異由先三藏好

惡罵人故四分若嫌者面見不聞處言罵者有愛恚癡也及上皆墮若不受上座言嫌罵吉羅不犯者實有其事

恐後悔恨語令如法發露便言有愛恚等若戲錯說一切不犯　露地敷僧物戒第十四

六緣一四方僧床敷二知是三露處四自敷使人五去時不教人舉六出門便犯五分見僧臥具在露地

以不自敷不使人敷故而不舉亦墮到餘寺數餘僧臥具不舉亦提白衣入寺應借僧臥具受用

又俗人家會借僧臥具食訖比丘不舉亦墮若知事曝僧臥具在邊若禪若眠吉羅僧祇若

吉羅四分緣起白二差之僧祇罵必拜人倩人更倩人三人俱墮因說大魚有百頭頭頭各異由先三藏好
惡罵人故四分若慊者面見不聞處言有愛恚癡也罵者及上皆墮若不受上座言謗罵吉羅不犯者實有其事
恐後悔恨語令如法懺露便言有愛恚等若戲錯說一切不犯　露地敷僧物戒第十四
六緣一四方僧床敷二知是三露處四自敷使人五去時不教人舉六出門便犯五分見僧卧具在露地
以不自敷不使人敷故而不舉亦墮到餘寺數餘僧卧具不舉亦提白衣入寺應借僧卧具食用
又俗人家會借僧卧具食訖比丘不舉亦墮若知事曝僧卧具在邊若禪若眠吉羅僧祇若
僧床上安像比丘礼拜手觸不舉者墮若多人礼拜悉皆手觸屬最後者犯墮若春月數床待
囑人知捨去无犯若行路中挽乱草坐已去時聚已當去多論露地數已不囑人遊行諸房吉羅
四分彼以僧物付知事言我今付授汝守護看若都无人者當舉著屏處若无屏處必知
无壞當持麁者覆好者上若即時還便應隨雨中疾及時還應往彼次第作如是方便應去
若不作初出門墮若方便還悔一切吉羅若二人同床下坐應收不著墮吉上座單提若俱不收二俱
墮餘空床謠床凡等不收及卧具表裏一切吉羅若露數僧物而入房思惟吉羅不犯者若貫僧
物露敷去時語舊住人摩摩帝經營人令知如上方便者一切不犯　覆處敷僧物戒第十五
五緣一是僧物二是屏處三自敷使人敷四不自舉不教人五或出界或過三宿犯律中彼應語舊住
比丘言与我掌牢舉若无人不畏失當移床離壁高枝林脚持　蓐卧具置裏以餘床者重
覆若恐敗壞當取卧具置衣架上豎床而去若不作如是出界外犯墮若即還不久聽二宿界外
第三宿明相未出若自至房中若遣使語知事人不者明相出犯墮　强敷戒第十六　五緣一他先
借得安心已定二知他先住三作惱意四强敷中間五隨坐卧犯墮律云中間者若頭邊脚邊兩脇
邊卧具者草敷葉敷下至地敷卧褥若知他先得而强宿者墮十誦若爲惱他故開戶閉戶然火
滅火若唄呪願讀經說法隨他不樂事作一一墮律中不犯者先不知若語已住先与開間若間寬
不相妨若親舊教言但敷我自語主若倒地若病轉側墮上命梵等難一切不犯
牽他出僧房戒第十七　四緣一是僧春冬房以夏房入已牽出犯吉二先已定三作惱乱意四牽出犯律中
若自作教人牽隨所牽多少隨出房一切墮若牽多人出一戶多戶多墮若持他物擲著
戶外閉他戶外皆吉僧祇牽他出時若抱柱捉戶倚壁一一墮若呵叱隨語一一離一一墮若瞋鈍
異駈出越若去此无益物駈出无罪十誦若喜鬪諍應起經行不能經行應起屏處不應惱他
五分若降伏弟子而牽出者不犯若將不善人來欲令自出吉羅牽下四衆亦吉　律不犯者無
恚恨心隨次出共宿過限遣未受具人出若破戒見威儀爲他舉及殯應殯因此故有命梵難
駈出一切不犯前戒是僧處不簡淨穢此是僧處故簡穢也　坐脫脚床戒第十八　三緣一是
重屋二脫脚床三在上坐卧犯墮　用虫水戒第十九　四緣一是虫水二知有虫三不作濾法四隨所用犯
律云若以草木土擲虫水中若虫酪漿清酪漿若清麥漿若酢有虫以漉汲草若以草土擲中一切
皆墮教人亦同五分隨用虫水一一墮律中若以草土擲水中隨河池中魚虫二種大集云富生身細
猶如微塵十分之一乃至大者百千万由延　僧祇虫細者三重濾猶不者捨去若用水者日日諦視

駈出一切不犯前戒是僧處不簡淨穢此是僧處故簡穢也　生脫脚床戒第十八　三緣一是
重屋二脫脚床三在上坐卧犯墮　用虫水戒第十九　四緣一是虫水二知有虫三不作漉法四隨所用犯
律云若以草木土擲虫水中若虫酪漿清酪漿若清麦漿若酢有虫以澆泥草若以草土擲中一切
皆墮教人亦同五分隨用虫水一一墮律中若以草土擲水中隨河池中魚虫二提大集云蓄生身細
猶如微塵十分之一乃至大者百千万由延　僧祇虫細者三重漉猶有者捨去若用水者日日諦視
无虫便用以虫生无定或先无今有故五分虫水者漉囊所得肉眼所見若用水虫虫墮无漉囊
不得半由旬行若无者用衣角漉　律不犯中不知有虫作无虫想若虫大以手動水令虫去若漉
水洒地若教人漉者一切不犯　覆屋過三節戒第廿　四緣一自為己二自作使人覆三至第三
節未竟不去見聞處四至三節竟犯　輒教尼戒第廿一　四緣一不為僧差二集於尼衆三說法教
誡四言詞了便犯律中僧不差說法八敬俱墮日非吉羅僧祇前三 在住說戒日十五日後三日 後二 去布薩日二日 此日者
名為日非但德須具十人希今但為略法如刪補羯磨也　与尼說法至日暮戒廿二　六緣一是
僧差二尼衆来集三教誡說法四日暮五知想六說法不止犯律中除教授若受經誦經若問若餘
事乃至日暮除尼若為餘女受經至日暮一切吉羅不犯者教授尼至日未暮便休除婦女已為
餘人若船濟處說法尼聽若与估客夜說法若至尼寺中若因人請值說便聽者一切不犯　譏教尼
人戒廿三　六緣一是僧差二情存為法三內心嫉忌四說為飲食五言詞了六前人聞人知不犯者其事實
耳為供養故教授誦經授經若戲若錯一切不犯　与非親尼衣戒廿四　四緣一是尼二非親三与衣四領
受便犯律中除貿易若与塔佛僧者一切不犯　与非親尼作衣戒廿五　犯具三緣一是尼二非親三隨
作犯律中隨刀截多少隨一縫一針皆墮若復披看擇挽熨治以手摩捫若捉角頭挽方正女牒若
縁索綫一切吉羅不犯者令親里尼作若為塔僧作若借著浣染治還主等　獨与尼屏露坐戒廿六
四緣一是比丘尼二无第三人三在屏露二處四共坐便犯十誦屏處相去一丈露處丈五吉羅二丈若過不犯僧
祇共一尼屏坐或尼請一比丘食一尼共比丘坐一尼往来益食去時隨二墮比丘尒時應起語言我欲起
令彼疑作非法若尼去者不犯多論云若比丘坐住屏覆處者無慚愧處可作婬處律中見聞疑三屏
處如不定中說若盲而不聾聾而不盲若立住一切吉羅不犯者比丘有伴若有知人非盲聾若行過
倒地若勢力持命梵難者　与尼期行戒廿七　五緣一是尼二言許共行三无緣四同一道五度界犯墮
律不犯者不共期若大伴行疑恐怖處若往彼得安隱命梵難等不犯十誦閑處尼負衣過險道
与尼同船戒廿八　四緣一是尼二共期三同乘上下四入船犯律中除直度船師失濟上下水者不犯
食尼嘆食戒廿九　四緣一尼三衆嘆德食二知三受得四咽咽墮律讚嘆者謂阿練若乞食乃至持三衣
讚多聞法師持律坐禪食者從旦至中所得食咽咽墮除飲食得餘襯衣燈油吉羅僧祇除舊檀
越乃至下食已唱等供時更有餘比丘来尼言更有比丘施主言善哉者不犯若尼言此十二頭陀者墮
若言多与好食平等与不犯若言某甲徒衆多聞精進當通請一衆一回犯墮若言某甲衆主精進為
是比丘故通請廿人一人名讃嘆餘者不犯若有歎食不得捨去當展轉貿食若比座垢穢不淨者
善与貿者當念此鉢中食是某比丘許我當食者不犯若言某甲尊者可常乞食者不犯五分亦着先
不知賍食時言好与比丘食者不犯律中不犯者若不知若檀越先有意若无教化想若尼自作
若檀越令尼經營若不故教化而与食不犯　与女期同行戒卅　具五緣犯同尼行戒律緣起

若言多与好食手等与不犯若言某甲徒衆多聞精進當遣請一衆一切犯墮若言某甲衆主精進爲
是比丘故遣請廿人一人名讃嘆餘者不犯若有歎食不得捨去當展轉貨食若比座垢穢不淨者
善与貨者當念此鉢中食是某比丘許我當食者不犯若言某甲尊者可常乞食者不犯五分若先
不知臨食時言好与比丘食者不犯律中不犯者若不知若檀越先有意若无教化想若居自作
若檀越令居經營若不故教化而与食不犯　与女期同行戒卅　具五緣犯同居行戒律緣起
以无辜爲教興留被打幾死何况凡夫故去若村内一界行者吉羅不犯者先不知若不共期須往
安隱命難緣者　施一食處過受戒卅一　五緣一施主期限一食二知是三重過受四无因緣五食便犯
律中開病者離彼村增劇也不犯者一宿受食病過受食若請居士請大德住与食若次第請
与食若水陸道斷等不犯　展轉食戒卅二　十誦云數數食五分同之僧祇云處處食總一明判
云皆請居吉羅戒五緣一先受五正請不問道俗親非親二食境飽是三无緣謂病等也四更異呈
受止食五隨咽便犯律中請有二種若僧次若別請也食者飯麨乾飯（糄粥亦是）僧祇云初出釜蓋不
成字是非正食僧祇若到俗家言闍梨今日我家即名請處若作食未熟欲往他家應白己去
不白去者至彼得正食犯二墮一不白請家二是背大同四分又律云病者不堪一坐食令是施衣時者
十二月中隨有衣食請處開皆若一百受衆多請自受一請餘者施人言長老我應往彼今布施汝
不受者皆前家咽咽墮皆後家咽咽吉五百問云若主人攜代去者不得十誦多論前家不得
隨病食皆至第二第三家漸漸食至日中不得到第四家律不犯者病時施衣時若捨請若請
与非食（謂粥餅不正食）或不足（是正而少不足）或无請食或食已更得食等不犯　別衆食戒卅三　然別衆食在
此律文但明別請不論不集故文云但請三人食我等不得別衆食若依緣起則明乞食故文云爲攝
難調人故自結衆若依多論明界内不集律亦明別請別乞有不集者僧次亦有不集今分三相
各明犯緣引證據別初明僧次七緣一有施主二是僧次請三五正食在時中四食處成衆五知界内
有善比丘來食不集六无諸緣七咽咽犯多論施主既僧界内二處設食應布薩處請僧或送
一分食自處不須展轉若聚落界内无僧界内无僧界二施主各請四人已上二處食應打揵椎之請
一人互送一分食更有異比丘入亦更須展轉或先僧次後成別請有客遠不許入若是不遮雖
先別請後成僧次如上五法此明僧次言別乞者善見四句一人四同乞或別乞各不相知同一主故同時
受食犯多論若四人各自乞食共在一處亦无有過以非一家故若別請人應令作法門外唱令得一
人即名清淨若不作法界内無人者一切僧由得遮食不清淨罪若准此言未假界内不集必著盡
集亦結其過故云別多代文也請四人在僧中次第並坐受食食不与僧同味咽咽皆犯准此以言
僧次一種唯爲不集結罪乞食別請若集不集俱結今更約緣隨相揔明令人識知由過常有初
有施主四分多論不問道俗皆名施主即明僧食无別衆罪故多論云若取僧食別自受噉不与僧
同或遮客僧或不作相是盗僧祇非別衆罪廣如上卷二別僧別請三種先明別僧即是僧次五分僧
次請者凡夫聖人坐禪誦經勸化衆事並爲解脫出家者得入僧次唯除惡戒人若言次第上坐若
是僧次檀又不知齊數爲上坐仏言上无人者皆名上坐以法取人或言禪師等是別請若言禪師十人
便除法師律師數簡異故不名僧次十誦善生中阿羅漢法請人不稱名字猶名別請爲佛所呵如

僧次二種唯局不集結罪乞食別請若集不集俱結今更約緣随相愡明令人識知由遍常有初
有施主四介多論不問道俗皆名施主即明僧食无別衆罪故多論云若取僧食別自受敢不与僧
同或遮客僧或不作相是盗僧祇非別衆罪廣如上卷二別僧別請三種先明別僧即是僧次五分僧
次請者凢夫聖人坐禪誦經勸佐衆事並爲解脫出家者得入僧次唯除悪戒人若言次弟上坐者
是僧次攝又不知齋儀爲上坐仏言上无人者皆名上坐以法耶人或言禪師等是別請若言禪師十人
便除法師律師覲簡異故不名僧次十誦善生中以羅漢法請人不稱名字猶名別請爲佛所呵如
訃請法中多論若施主長請比丘或作日限先随意請人各使令定至初集日先无別請一切无遮大善
无過不能无遮應打揵椎衆僧集已先別請者且一處住勸化比丘若施主應立高處舉聲大唱六
十臘入若多若少但得一人即名清淨乃至唱到一夏及沙弥等若都无者亦名清淨若初日不唱應日
日唱如初日法若初日唱訖若遮不遮一切无過若不作此二法若食時有遮界内比丘乃至一人此一切僧得
別衆罪設界内无比丘故有遮食不清淨若九十日請或長請如初日唱九十日夏訖
施主設有續供一月半月即前唱法爲清淨不須更唱唯僧房卧具九十日竟日日唱不者
得罪若施主就僧界内作食堂舍不容次弟出在異處食亦得若大界内有二處僧
於一日二處俱施食布薩處无過不布薩處不請布薩處一人不送一分食者此僧犯
墮若施主別請僧次四人入僧布薩界内食或持食入界請比丘應布薩界請僧次四人
若送一分食若二處三處亦尔處不須展轉取人送食設請人送食已外有異比丘若遮
不与食者墮若不念者三人以下各各異處食得若作意請僧中一人怱長不請在前作
一分食置上座頭送与彼僧若通界遠者先取食次弟行行若聚落界内雖无僧界設
二種越請四人已上於二處食打揵椎互請一人互送一分食若有異比丘應入乃至一人若不
互請送食皆墮若遮不与一人食亦墮假令一處欲如法者應好隱悉知聚落比丘有无不
疑者得不念應打揵椎不打者知有一人不來食犯墮疑有吉羅若不疑心若打揵椎不問
有无一切不犯或先僧次請來有客比丘遮不聽入即成別衆或先別請有客比丘來比丘教
化勿遮即成僧次不能不遮乃至唱一人入等善見別乞四句或四人一時乞或別乞各不相知
而同一時往受食者犯二各各去一時受各處食四分中不犯墮三各去受各食不犯四或別乞別去
一時受食犯義云僧次請人至請家已門外有比丘不許入界内者處爲別請設後食時无
人亦犯墮若門外僧与家内相去六十三步外者食時外僧乃名別請別衆不名僧次別衆
四食處成衆善見要別請四人俱受成衆即座上一比丘覆鉢不食待餘三食竟後一人食
不犯四分若二人三人随意食四人若過應分作二部更互入食多論三比丘一狂心三比丘一滅
殯三比丘在界内一在界外若狂殯二人不落僧數雖四不成異界不相足數不成別衆故須
是好比丘多論或食若施主食各取食分雖四人已上於別處食或共一處食不犯別衆若
四人各自乞食於一處食亦无別衆律結犯者樣一家併乞四人一時受必前後各自受分者
得由自食已食也又有四句一食主是一書集无過二食一處二彼此乃異以食味同故不犯
若界内更有餘比丘二衆俱犯三食別處一如僧盡未食僧食或有施主食有一施主別

不犯四分若二人三人隨意食四人若過應分作二部更互入食多論三比丘一狂心三比丘一滅
擯三比丘在界內一在界外若狂擯二人不落僧數雖四不成異界不相足數不成別眾故預
是好比丘多論式食（油食）若施主食各取食分雖四人已上於別處食或共一處食不犯別眾若
四人各自乞食於一處食亦无別眾律結犯者據一家併乞四人一時受必前後各自受分者
得由自食已食也又有四句一食主是一盡集无過二食一處二彼此乃異以食味同故不犯
若界內更有餘比丘二眾俱犯三食別處一如僧盡來食僧食或有施主食有一施主別
請四人在僧中並坐受食不與僧中並坐受食不與僧同咽咽犯若彼四人先取僧中口食
已後得益无犯（此謂露地須申手內若在露處不然相接） 四謂食別處別彼此二眾互請一人互送一分食不者屬
犯重五界內不盡集五分若諸比丘僧應比丘沙弥往若請二部僧五眾應往多去无別眾
食必於界內言界者謂眾僧結界聚落界家界曠野處一拘盧舍界此諸界內不得
別食別布薩若僧食竟有客比丘來極越與人食以上无罪以僧食竟不合同味无奪別過若
僧未食客來入界受極越食咽咽成犯別狂癡滅擯比丘及沙弥無犯（上沙弥等三人非別眾若不与僧食是盜僧祇若沙弥
是僧次請來則更四比丘已上別眾罪同福田故也） 四分諸律並去別請別乞故犯（不言不集） 多論別請乞如律又加食處不集
雖僧次來但使同界不集又名別眾（如上所列） 善見五種足四不犯一不請足四施主別請四人一人不去受
人見乞臨中見一比丘即喚与食是名僧次（請无前列）二乞食足四亦以別請一人不去臨中乞食比丘並依次
与食三沙弥足四四缽盂足四（別請四人三人乃至一人缽請） 五病人足四（此謂在寂） 並非別眾得食律中不犯開七緣一
病時者下至脚跟皺善見沙土入中能行二作衣時者自恣竟无迦絺那一月有則五月是也三
施衣時如前背請戒道路二行為四五三緣者下至半由旬內來往上下是六大眾集時者食足
四人長一人為患是乃至百人長一人為患（此謂時俭東西二家各設供養東家或眾西家十人由食處眾成西家一人本是別患豈時則有俭故開之又供具限約不許余途
外乞難得俭故開成也） 今京輦設供每有不依䟽僧關閉門首請家拒閉不令輒進大德莫違去坐
食知外有僧不思命召親見其事過涂鄙俗望諸行者見聞錄遮五分門外有客比丘不得
入者乃至語往本寺取食等廣如訃請法中七者沙門施食時謂在此門釋子外諸出家者
是也又推論中僧次不犯五分時都合九緣增一云師子長者別請五百羅漢佛言不如僧次
一人福不可量因說如飲大海則飲眾流師子言自今以後當不別請佛言我亦不令別請
施以无有福師子便平等施亦不言此持戒犯戒佛讚善哉平等之施獲福无量平等施者
施中第一賢愚經以疊施佛佛讓与僧義意同此五百使持來法妻滅盡比丘為妻使子四人
已上名字眾僧湯清供養應當敬視如舍利弗等律明開緣僧次一種功益自他病等
諸緣但能自益（謂別諸三人又若病若行等緣來入前數自身是開益他別眾） 律中若无如上諸緣即起白言我於此別眾
食中无因緣今欲出餘人无緣者亦介若有別眾食緣欲入者當白言我有別眾緣欲入白已
隨次入若有緣不白者吉羅不犯如上開緣 取歸婦估客食戒第卅四 五緣一是上二
緣二知是三无緣四取過三缽五出門便犯 足食戒卅五 五緣一是可足食二知境足三
捨威儀四无緣五更食犯律中若飯麨乾飯是正食堪飽足故名足食五緣一知是飯（由飯等是正足）
二知持來（知為我持來境多是足） 三知遮（知前境食少雖食不遮於後若多堪飽雖食一口必遮於後也） 四知威儀（知行住坐卧四儀） 五知捨

BD14044 號　四分律刪繁補闕行事鈔卷中　（51–12）

諸緣但能自益（謂別請三人又若病若行等緣來入前數自身是開益他別衆）律中若无如上諸緣即起白言我於此別衆
食中无因緣今欲出餘人无緣者亦尒若有別衆食緣欲入者當白言我有別衆緣欲入白已
隨次入若有緣不白者吉羅不犯如上開緣　取歸婦估客食戒第卅四　五緣一是上三
緣二知是三无緣四取過三鉢五出門便犯　足食戒卅五　五緣一是可足食二知境足三
捨威儀四无緣五更食犯律中若飯麨乾飯是正食堪飽足故名足食五緣一知是飯（由飯等是正足）
二知持來（知為我持來境多是足）三知遮（知前境食少雖食不遮於後若多堪飽雖食一口必遮於後也）四知威儀（知行住坐臥四儀隨壞二犯是故）五知捨
威儀（若坐床而食前境堪足忽住頭取与後不離床之例）足食已捨威儀不作餘食法得食之（後食若正不正枝葉花菓細末磨餅由糜等隨得一起入口咽咽墮）
僧祇捨威儀者八種威儀（行住坐臥長床短床卧床）且如床上坐已若見師僧塔像在背後者迴身避坐
由身不得離床若離床名捨威儀若正食時天雨於上持蓋无者合床舉著覆處舉時
倒地及諸緣而離本處更食犯隨五分五事一有食二受与三者受竟四不復受盡（今時有人且受正食少口已便言不作新心便至中前依式更敢之非正量食无飽期約境定犯）
五身離本處更得食墮国土无粥晨朝開飲麨漿十誦五種中稀（悲媚反）謂乾飯也餘同四分五似食者床粟麨麦莠子錯（倉洛反）麦迦師等五種佉陁食者一根二
莖三葉四磨食稱大小麦等五果也僧祇五正同此五雜正如四分古佉闍尼者枝葉花菓細末
磨僧祇大小䴵麦末豆作餅蘇由歡喜丸一切作餅除肉餘者无別衆處處隨是食等善見
古佉闍尼者一切菓是也五正食者米麦作飯麨粥初出釜畫成字不得食若米合藥作
粥亦尒若少飯和多水以離威儀應作餘食乃至米雜宍如芥子大作餘食法一切草根及
樹木子作飯若以豆作飯不須作餘食法若以菜茹和正不正為粥若竪名成遮不說正名
不成遮義言此足者謂前境是非敢飽名足故律中時有比丘見上坐來若受不作餘食法食
者告言我受不作餘食法便得食足不敢僧戒中亦尒故知若起須作餘食法由前境足故
不得輒起何况僧祇八遮四分中病人殘不須作餘食法善見明了病人殘者或食不食皆成殘
僧祇一人作法餘人盡得此律亦尒律中僧俗二食俱得加法若作餘食法十五不同能中有三
一是比丘二先足食除不正及不足三身康和除病對法亦三一豈時除儀二所對是比丘三未足食者
食難亦有三時食及清淨多論不淨食不成作二新淨食非病人殘三不覆藏食自作三法
一自言現前應從淨人受已共來是比丘互跪言大德我足食已知是看是作餘食法二披云言
人三鉢手相及處故作三法一被受為食二口云我止汝取食之三處与他此三五種並約律文五
分仏言持食著鉢中手擎偏袒右肩右膝著地作是言長老一心念我某甲食已足餘者
如上若都不食還之語言此是我殘与汝亦名殘足是有殘食法僧祇若持盂盂作法但
食盂中成殘盂中不成義言今有人食飯未竟喚足食者來与食言此是我殘者應成无
妨若強勸不言殘犯後戒律不犯者食作非食想不受作餘食法非食不作法若病不作
法病人殘不作法若已作餘食法一切不犯　勸足食戒卅六　五緣一他足食竟二知三發言躡
勸四不作殘食法五前人食犯　非時食戒卅七　智論問日若法无時云何聽時食遮非時食
為戒答曰我已說世界名字法有非實故不應難言亦是毗尼中結戒法是世界中實有
為衆人可嘖故亦欲護佛法使久存定佛弟子礼仏法故佛世尊結諸戒不應求有何

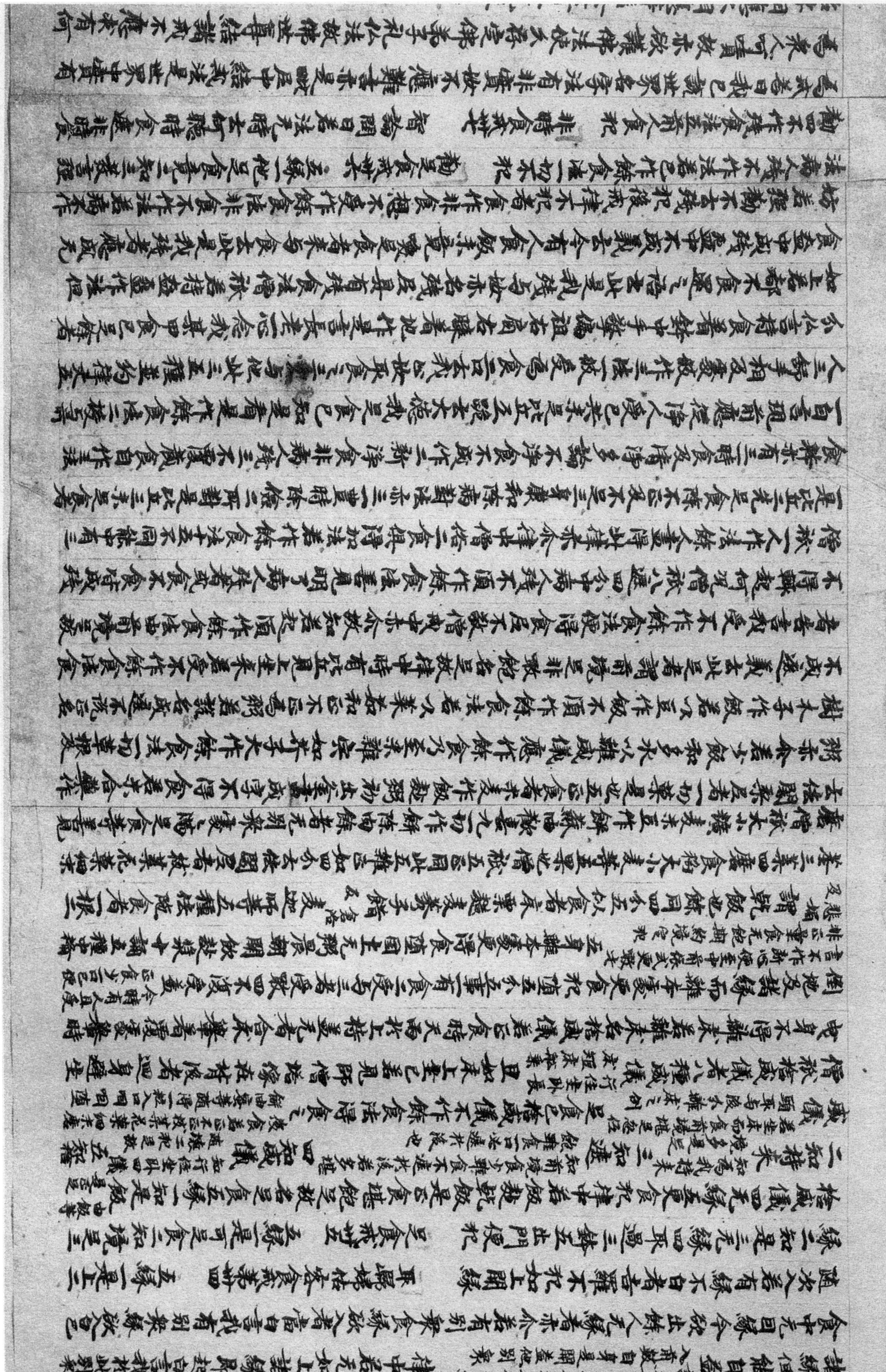

BD14044 號　四分律刪繁補闕行事鈔卷中　（51–13）

妨若強勸不去殘犯後來律不犯若食作非食想不受作餘食法非食不作法若殘不

法病人殘不作法若已作餘食法一切不犯　勸足食戒卅六　五緣一他足食竟二知三慇懃言殘

勸四不作殘食法五前人食犯　非時食戒卅七　智論問曰若法无時云何聽時食遮非時食

答曰我已說世界名字法有非實故不應難言亦是毗尼中結戒法是世界中實有

為衆人呵責故亦欲護佛法使久存定佛弟子禮仏法故佛世尊結諸戒不應求有何

名字相應不相應等若尒云何但說假名時者實時毗尼不說以白衣外道不得聞之生耶

見故說假名時以通多分故令有妄季大乘者多貪著非時食故具引誡之經中說云

早起諸天食日中三世諸佛食日西畜生食日暮鬼神食佛制斷六趣因令同三世仏故多

論四解一從旦至中其明轉盛名之為時中後明沒名為非時二從旦至中作食時節气不生

惱中後已去反上可知三中前俗人事務嫁惱未發中後閑務入村乞食多被譏謗四中前

乞食濟身過中靜緣修道非乞食時為名非時又云晝夜各分九時事同須臾日下道地契

發寒甚夜則長也阿含中時非時經具明廿四半月之相准俗廿四氣量之僧祇令知時節若

作腳影事同上經若作赴漏四分亦尒日極長晝則十八須臾夜十二也長夜反之四緣一是非

時二非想三非時食四咽咽墮律云時者明相出乃至日中此時為法四天下亦尒非時者從日

中乃至明相未出僧祇日正中時名時非時若食得吉時過如一瞬一䀹食得提　律云若比

丘非時受食咽咽墮非時漿緣明相未出七日藥過七日亦墮盡形壽盡形壽藥无緣服者吉

羅（以曾日加日法无病不許服犯有輕重並謂加口法者若不加法非時中服四藥並墮故戒本唯除水及楊枝）　五分得嘗食但不得咽　十誦教人非時食

煞生草木空地燃火手取金銀摧地敗殘宿食為已不為已作者皆二俱犯墮五百問云中後一

切有刑之物不得入口中食已用楊枝若灰漱口不者墮律不犯者若不犯者若作黑石蜜和

米作法尒故有病者服吐下藥日時欲過煮麦令皮不破漉汁飲若喉中哯出還咽不犯

善見出喉還咽犯墮　食殘宿戒卅八　三緣一是殘宿二知是三食咽咽犯墮律中殘宿食

者今日受已至明日於一切沙門釋子受大戒者皆不清淨四藥以論過限結罪如前戒　善

見十誦五分大比丘受食已或食未食經夜名殘宿問殘之与宿為一為異四句之答云一殘

而非宿（旦受四藥不加口法過中）　吉羅二宿而非殘亦吉（謂未受食或共同宿吉不宿不犯也）　三亦殘亦宿犯提四非殘非宿可

知殘宿內宿亦作四句一是殘宿非內宿（今日受食安界外不共宿非內宿也）　得墮二是內宿非殘三四俱句類上可

知又云淨地无內宿又云除去比丘故知有也律中殘宿不受食戒以坐禪比丘為緣起者為防未

來惡比丘故內无道觀煩惱未伏妄倚道業便輕聖戒此乃心涉愛增大我未伐故三乘道人

並不輕戒以除伐我根傾慢使憧敬戒而增道業可不欽尚之哉　十誦云若鉢著不淨

唵蘇受燃食應寫淨盆中食之著鉢者盡繩綴鉢受粥唵出但盡膩處餘者得食

若新熏鉢及手蘇唵由著者二三澡豆洗餘膩氣不盡名淨殘宿盡　食吉羅（与四分同罪）

伽論膩故不去者非食膩故善見云多比丘一沙弥行比丘各自擔食至時各各若自不已

沙弥語比丘云我持已分与大德易之易得已復与第二比丘易乃至下坐若沙弥不解

者比丘自持食与故共易得无犯（无殘宿惡觸等）　乃至持米行沙弥小比丘得作飯唯不得燃火

若佛不得次第若羅熟之四上分盡得易皆得　義准今食殘食与俗人若過与他　十誦比丘尋

BD14044號　四分律刪繁補闕行事鈔卷中　（51–14）

若新熏鉢及手蘇脂油著者二三澡豆洗餘膩氣不盡名淨殘宿益食吉羅與四分同罪
伽論膩故不去者非食膩故善見云多比丘一沙弥行比丘各自搯食至時各各若自不已
沙弥語比丘云我持已亦與大德易易得已後與第二比丘易乃至下坐若沙弥不觧
者比丘自持食與教共易得无犯无殘宿惡觸等 乃至持米行沙弥小比丘得作飯唯不得然火
若沸不得吹攪吉羅熟已如上亦展轉易者得義准今食殘食與俗人若過與他者惡觸不淨以心不斷故不淨 十誦比丘傳
食與沙弥々々傳鉢食與比丘洗手更受又一心實與沙弥故淨也遠行難得食處聽自
持食從他易淨食者得令有直持食乞淨人又還從乞取二彼俱无受捨不名受淨如善
者好也 有比丘使沙弥持益沙弥食已持不淨益與師佛言无急事不應使沙弥益若使持
應從沙弥受十誦无水處水上有食垂上飲取下若下有食飲取上乃至蘇油等吹去
飲取水泉池中有食亦尒僧祇多論乞食々已有殘垂野石上明日乞食不得不作本意還
從本道石上故飯在者无淨人自取有鳥鳥食處當捨去五百問因緣同上所以開者已
信施重故又无主物如棼罽單曰法取食者得五分比丘殘果與淨人已不作還意後淨人還
與比丘佛言離手已名淨食之僧祇莫問時非時受若過非時如蚊眴若食得墮停過須臾復
得停食々墮食々墮謂旦起受食至中過中已去限一須臾若過二時名曰非時也 比丘晨起應淨洗手齊腕以前不得粗魯
洗五指頭當以灰土指洗令作聲洗以更相摩者不淨更須洗々令有去餅葉手巾上者若有脂膩氣勢相連得殘
宿惡觸等差淨巾无過也 律令以手巾藏食葉十誦中手巾曰別既々僧祇若洗鉢已不得摩拭當待
使燥欲食時當護淨手若摩頭頭口手相揩者以上洗法洗之捉袈裟者便須洗々
善見若乞食值風雨塵土落益中作念當為沙弥乞得食還語沙弥如上因緣已沙弥
受已云此是沙弥食今施與大德得食无犯律不犯中若宿受食與父母若塔舍作人計價
與復乞食比丘從作人邊乞得者若益盂有孔鏬食入中如法洗餘不出者得若宿受蘇
油灌鼻若隨唾出盡餘者不犯 不受食戒卅九 十門分之一制意二能受人三所
受境四所受食 五受食處六受食法七須食觀八食法九失受法十對文觧 初中
五分云佛未制前比丘各不受食白衣呵言我不喜見著割截衣壞色衣人不受食々是為不與取
多論五義故一為斷盜竊因緣二為作證明三為止誹謗四為成少欲知足五為物生信令外道
得益昔有比丘與外道行共止菓樹下比丘不上樹不搖果又不肯就地取並吞言佛不許作外道
知佛法清淨即隨仏出家尋得漏盡二能受者是比丘了論能令受者具戒比丘住於自性求得
在此處觧云能受者清淨持戒無毀故言住自性欲求飲食名為求得此處受食所度與餘比
丘不須更受即名此比丘為能受若破戒被擯別住十三難三舉滅擯應擯學悔等人不成授
故 三所對境明了論解云除自已及同類餘三類衆生隨一被教不被教知比丘不得自取食々
又知此可食物知比丘是受施人度與比丘若不解此義雖與不成多論為作證明故若在人中
不了別非人畜生悉不成受 五分曠野无淨人處聽自洗燒器安水淨人安米自煮若熟從
他受 僧祇曠野中行半上受食長欲連紉一日一繫買牛上人不得觸々至時一比丘引繩一

丘不須更受即名此比丘爲能受若破戒被殯別住十三難三舉滅殯應殯殯學悔等人不成授
故　三所對境明了論解去除自己及同類餘三類衆生隨一被教不被教知比丘不得自取食し
又知此可食物知比丘是受施人度与比丘若不解此義雖与不成多論爲作證明故若在人中
不了別非人畜生悉不成受　五分曠野無淨人處聽自洗燒器安水淨人安米自煮若熟從
他受　僧祇曠野中行牛上受食長繩連紉一曰一繫置牛上人不得觸之至時一比丘引繩一
比丘受取口云受し等　十誦蠅不可遮故非觸鳥未啄一口去但棄啄處餘殘得食　善見天人
鬼神畜生飛鳥皆成受　五分迦葉從帝釋受食　僧祇中仏弥猴邊受蜜　十誦至輕輕藥
地獄亦應得受准此六道知解者成反則不成　四所受食衫汎明須不二明轉變衫中十誦五
種塵不須受謂食塵穀塵水衣塵風塵（應微細者 若糸須受）　善見若塵大落盋中可除者去之餘若
不犯細者更受（前十誦者或无人處 是響音明中塵也）　行食時比丘餘食迸入盋中成受祇（僧）一切塵一切更受
除畜生根身塵若作意成受乃至行餅麨飯等树棘直器迸著盋中不作意者不成
又上成受僧尼互淨互受　善見若病急緣大小便灰土得自取明了論名大開量如下
卷說律中灰土泥等須受應有人處　十誦取檐食行不使人見若食當下道取一搏
不受而食又聽過大澤檐粮從他易淨食（此是有人處 前是无人處）　僧祇多論見昨日石上殘食
不受關食如前式說亦急難開事同儉時八事五百問云山野處无人者日中不得往反
應七日自作先洗手淨米受取　僧祇濁水應受性黃无犯　五分鹹水性鹹不著塩聽
不受伽論濁鹹灰水見面不須受　善現若額頭汗流入盋須更受辟中汗流入手不須
受（准七作意也 額頭亦成受）　僧祇楊枝者口有熱氣生瘡咽汁應受若撲咽不犯雪氷雹已无淨人處
淨洗手自取食有人者應受四分亦本除水及楊枝不言咽非咽也准僧祇好　二明轉變
善見受生薑後生牙不失受大淨已生牙し處更淨非生牙處得食壇變成水得食
僧祇自重者不失受（四分亦尒）酪蘇甘蔗石蜜麻油等由中前記識故展轉不失受等　五受
食處明了論未得在此處地及中水空中不成如前受中說六明受食分六法一器食相對了
論至身邊三種一至身邊謂以物置比丘手中二至物邊謂俗人檐物令比丘自手取至物邊
三至器邊以器盛物受与比丘但捉器受並得二身心相對分四一身受非心し緣他事但
中盋受二心受非身施主置食而去但作意受眠足母云以讖比丘故置食檐地佛言
離手已是与竟若准僧祇口加三受三身心平等非兩邊若已足食竟不作殘食法
不成受四非身心受比丘与施主先相領當中前緣事不得對面便畫地作想後置食
於中或入定或礼仏誦經身心不開故並成受三華心无對受僧祇邪見人不与比丘食當識
荼邏現地作想若葉弊盋下時口云受し前富實戒俗人實器不得捉下食時亦云受
し受大同明了　十誦亦同不相解等同之五分大燒馬屋送食置地亦尒　僧祇若禪眠
与食不覺者不成若不欲自食自捉与淨人四遍鉢觸得者僧祇若繩連器物相連不斷
与比丘者成受非威儀乃至淨人樹上搖葉比丘以衣盋承取或以手腳口下果時觸枝葉
[illegible]

BD14044 號　四分律删繁補闕行事鈔卷中　（51–16）

枕中…不隔…故…成受三尊心无藝受僧祇莂見人不与比丘食當…
荼邏覌地作想若葉弊益下時口云受〻前畜寶戒俗人寶器不得捉下食時亦去受
〻受大同明了　十誦亦同不相觧等同之五分大燒馬屋送食置地亦尒　僧祇若禪眠
与食不覺者不成若不欲自食自授与淨人四連鉢觸㝵者僧祇若繩連器物相連不斷
与比丘者成受非威儀乃至淨人樹上搖菓比丘以衣盛承取或以手腳口下果時觸枝葉
者更生心言受〻善見便繫不成受以无口加法故僧祇若如上成受非威儀四分若遙過物与者
受者俱知中間无觸㝵得隨手中者得僧祇井上懸食下井底比丘口言受〻勿失中間生草
木若在屋上當繩連杆取口言受〻　十誦寫蘇油注益中雖不絕成受以注下流故僧祇淨
行菓壚菓應語懸故果隨草上即去者不名受小停者名受 中国人行道食法淨衣踞坐巳前施食安草置益如是食也
若淨人難得比丘至飯餅果菓邊受取行之若淨人舉不離地亦名受非威儀當語稍〻受
与我若鐺鏇熱不得受者當以兩木横置地比丘腳躡當安鐺時口云受〻五心境相當受
淨人作三法比丘作三法食无七過等廣如四藥法中六非心境受如上无食自取儉開等緣
不勞心境自取无罪七食須觀門五別一計功多少量彼來處二自待巳行全歎多減三防心
顯過不過三毒四正事良藥取濟形若五為成道業世報非意故明了論中云餘一切文句
縱廣並應知觧云出家人受食時或受竟先須觀食然後敢之廣如下卷對施興治中但
每日恒須思未見後文故略知大指不尒徒自衣食終為聖呵毗尼母中鈍根比丘揔作一念利
根比丘〻〻作念著衣著著〻作念入房入〻作念不尒食也腹中亦如後卷　八正受食法四分受
有五種手与手受手与持物受持物与手受持物与持物受若遙過物如上說復有五
種身衣曲肘器与還如上四受若有因緣置地与 如上口云受〻　十誦淨人不解行食手在益中棄地
若墮所受草上應食若著土吹卻食土多者水洗食之　僧祇下時覺墮益中時不覺三
礿下不覺墮時覺此二俱非威儀名受食　十誦行食時淨人輕比丘故觸比丘手不應受不輕
者得　九明失受法一決意捨失了論若人不須此物決捨此食失受更食得罪　二捨戒失
了論云先受食已後捨戒餘比丘須者更受三捨命失一切退沒故即如巨人不淨食器皆不須觸
織四任運失謂曾受四藥過時法滿更无有受如後卷律抄中五轉變失如麻出油穀變成酒
〻變成酢生變成熟並失本受若尒僧祇中何故展轉不失答此謂時中加記識故後得无
過若時中不記者皆不成法　六遇緣觸失如多論淨人觸失更洗手受僧祇亦尒 今有重受而不洗手者或成
无觸觸但先洗手意存淨心非謂有汙　十依文解四分食五種蒲闍尼飯麨魚肉五種佉闍尼如上五種奢耶
尼蘇油生蘇蜜石蜜也若不与食自取著口中咽〻墮非時七日限過亦墮盡形无緣不受食
吉羅不犯者取淨水楊枝若不受蘇油灌鼻与唾俱出餘不犯若乞食時烏銜食落風
吹墮益中除去此食乃至一指爪可除去餘者不犯　索美食戒卅　四緣一是美食 乳酪魚宍
二无病 一坐間不堪食境 三自為巳四食咽〻犯祇中不得従屠家乞宍汁八種乳酪家亦不得乞恐招
譏過壓家乞綿㝵同於此五百問云不病索好食犯重律不犯者病人自乞為病人乞或自
他交乞不求自得一切得　与外道食戒卅一　五緣一是外道二知是三自与食四非置地使他与

BD14044號　四分律刪繁補闕行事鈔卷中

(51–17)

屋蘇油生蘇蜜石蜜也若不与食自取着口中咽〻墮那時七日限過亦墮盡形无緣不受食
吉羅不犯者取淨水楊枝若不受蘇油灌鼻与唾俱出餘不犯若乞食時鳥銜食若風
吹墮鉢中除去此食乃至一指爪可除去餘者不犯　索美食戒卅　四緣一是美食（乳酪魚宍）
二无病（一生聞不堪食境）三自爲已四食咽〻犯祇中不得從屬家乞宍汁八種乳酪家亦不得乞恐招
譏過豎家乞綿豆同於此五百問云不病索好食犯重律不犯者病人自乞爲病人乞或自
他交乞不求自得一切得　与外道食戒卅一　五緣一是外道二知是三自与食四非置地使仁五被
手授便犯五分乞食乞見乞苟畜量已食分減施十誦外道伺求長短与食不名汙家多論
与无人不犯若衆僧与外道食无過不得手与　不囑同利入聚戒卅二　五緣一先受他請以不受
他請以不受故仏開不囑入村二食前後三不囑授四詣餘家无緣五入門便犯僧祇若乞食
比丘次行乞食到檀越家即請令住同往他家得二墮如上背請中義准若一人受一人請无
同請者須白請家或白請淨人後得餘行一不攬食主來問知處故彼律又云若二比丘各
受常請竟往亦不須白施主四分云食前者明相出至食時食後者從食時至日中（在此与時住食時同）
家者男子女人所居白餘比丘者同一界住（不同非時以同受請知處）若囑授詣村而中道還或至餘家或
至寺內庫藏處及邊房若至尼寺中若出故白衣家並失前囑授當更囑他不者入門墮不
犯者若病若白若迦提時若施衣時若无比丘不囑至餘家庫藏及尼寺若家〻多數坐具
請比丘十誦若食不足若不正餘處求不犯　多論主人明日供今日往墮除主人處廣如下卷
食家强坐戒卅三　四食之中是觸食家眼根對色故名觸食五分男女情相共食僧祇食
見愛著故名食也　四緣一是食家二知是十誦若斷婬家若受齋家男女子受一日戒
不犯三强坐屏處五分坐者知妨其事十誦此舍多人出入不犯四无弟四人僧祇母女姉
妹亦犯律云有寶者多論以著寶衣輕明發欲故也　屏与女坐戒卅四　四緣一是俗女
二屏處三无第三人四申手不及戶坐犯多論閉戶无淨人墮開戶外有淨人吉戶內有淨人
不犯　僧祇若母女姉妹若大小淨人睡眠癡狂嬰兒雖有是人名獨（以人多和故前已重明又更出之）
若淨人作務來往不斷若門向道有行人如食頃不斷若閣上閣下淨人遙見者不犯
律不犯者餘手及戶坐使乞食比丘見若二比丘爲伴若有識別人在邊及難緣並開
獨与女坐戒卅五　四緣一是俗女二露處（淨人見聞屏處）三无第三人四在申手內共坐犯　十誦与
人女露地坐隨起還坐數墮相去一尋內墮一尋半吉二尋若過无犯前食家不犯者如前
若手受一日戒吉羅　駈他出聚戒卅六　四緣一是比丘二期与設食三无諸緣尋四遣去
犯律中不犯与食令去若病若无威儀人見不喜自送食与若破戒見破命梵等難方便遣
不以㥾心　過受四月藥請戒卅七　六緣一是藥請二施主限定三知限四過受五无緣六
食便犯　僧祇中春夏冬若過皆犯或一月半月不得更過律中不犯者除四緣如戒本過藥
限隨夜限吉羅　觀軍戒卅八　多論有三意一爲尊重仏法故二爲滅誹謗故三爲息諸惡增長
善法故　四緣一是軍陣二故往觀三爲无緣四往見犯　四分軍陣若若戲若鬪直看者皆墮
若軍在前後下道避不者吉羅方便見墮若被請去力勢道斷等不犯　僧祇若逢軍不

犯律中不犯与食令去若病若无威儀人見不喜自送食与若被戒見彼命梵等難方便遣
不以惱心　過受四月藥請戒卌七　六緣一是藥請二施主限定三知限四過受五无緣六
食便犯　僧祇中春夏冬若過皆犯或一月半月不得更過律中不犯者除四緣如戒本過藥
限墮夜限吉羅　觀軍戒卌八　多論有三意一為尊重佛法故二為滅誹謗故三為息諸惡增長
善法故　四緣一是軍陣二故往觀三无緣四往見犯四分軍陣者若戲若鬪直看者皆墮
若軍在前後下道避不者吉羅方便見墮若被請去力勢道斷等不犯　僧祇若逢軍不
作意見者无犯若作意舉頭窺壁見墮若天王出作意看者越乃至看畜生鬪及人諍
看者亦越　十誦為觀无常故雖觀不犯　有緣軍中過限戒卌九　四緣一有請緣多云開
往者為沙門果故長養佛法故長信敬故文道俗相須成就佛故聽往有蓋二宿經二夜至
第三宿不離見聞處四明相出犯　觀軍合陣戒五十　四緣一先有緣在宿二軍合戰三方便往觀
四見便犯　飲酒戒五十一　三緣一是酒二无重病緣三飲咽咽犯律云若以我為師者不得以草木
內酒中滴口因說酒有十過五分以降龍故得酒醉衣缽縱橫佛共阿難舉至井邊佛自汲水
阿難洗之著衣臥繩牀上令頭向佛須臾轉側申腳蹹佛佛集僧言昔日敬佛今不能敬昔
伏毒龍今不能降蝦蟆因說漸漸制酒乃至嗅酒器多論云此戒極重能作四逆除破僧又能
破一切戒及餘眾惡故四分中但使是酒乃至草木作者无酒色香味若非酒而有酒色香味
並不合飲若酒煑酒和合食飲一切墮若甜酢酒食麴酒糟一切吉羅　十誦若飲似酒酢
酒甜酒糟麴若麴能醉人咽咽墮多論麴犯墮者謂和酒麴乾持行者若餘麴不犯四分
若酒作酒想若疑若无酒想皆墮（莫非取境犯謂前有方便）十誦為恐令羨和酒与之不看即飲故制若看知
非而是者如上開開律不犯者若病餘藥治不差以酒為藥若用身外塗瘡一切无犯　五百問
若醫言必差得和藥服服不得空服强勸人不飲吉飲者犯墮若見若酒麥藥故有酒香
味犯吉无者得飲僧祇一切果蘖令人醉越若麴飲和食者提噉蘖者越　水中戲戒五
十二　多論四意一佛法尊重理宜敬奉入水遊戲損壞不輕二動越威儀招世譏過三妨癈
正業四又失正念故　三緣一是水二无緣三入戲犯律中戲者放意自恣或以手畫水相戲乃至
以鉢盛水拼一切墮除水以外若酪若酒拼者吉僧祇水陸及流漬越俱水中者提　五分搏雪
及草頭露拼者吉伽中乃至水滴地亦吉律不犯者若道行度水流水取沙石諸物若學浮
法而浮擗畫水灒水者　擊攊戒五十三　四緣一大比丘二作惱意三手腳十指四觸著便犯
僧祇以指指比丘亦提五指五提乃至差會以指指某甲某者亦墮沙彌眠喚覺當挽衣五分
若擊歷沙彌乃至畜生亦吉　四分若以餘物擊歷者吉羅不犯者不故作若眠觸令覺而
開　不受諫戒第五十四　五緣一已欲作非法事二他如法設諫三知已所作非前人諫者是四拒諫
不受五隨作犯根本違諫放逸提謂此諫時不受犯吉後作六聚通犯墮世不犯者如僧殘
末戒開之　怖比丘戒五十五　五緣一大比丘二作怖彼意三以色聲等六塵事事亦說四若二相現
五見聞便犯不問前人怖以不怖皆墮律中不了者吉羅不犯者或闇地無火或大小便處謂
是惡獸便怖乃至行聲咳聲等而恐畏若以色示人不恐意餘塵亦介若實有是事相或夢

開　不受諫戒第五十四　五緣一巳欲作非法事二他如法設諫三知巳所作非前人諫者是四拒諫
不受五隨作犯根本遠諫被遠提謂此諫時不受犯吉後作六聚通犯隨也不犯者如僧殘
末戒開之　怖比丘戒五十五　五緣一大比丘二作怖彼意三以色聲等六塵事六示說四若二相現
五見聞便犯不問前人怖以不怖皆墮律中不了者吉羅不犯者或闇地無大或大小便處謂
是惡獸便怖乃至行聲咳聲等而恐畏若以色示人不恐意餘塵亦爾若實有是事相或夢
中見當死罷道失物和上父母重病若死語彼令知若戲若誤一切不犯　半月浴過戒五十六
五緣一曾前洗浴二未滿半月三无緣四更浴五洗半身犯四分除熱時春後卅五日夏初一月爲
者下至身轉身濕作時下至拂屋前地風雨二時至一旋風一渧雨著身道行時下至半由
旬來往皆聽无緣者過洗半身墮方便悔吉多論天竺熱早從三月初至五月半聽洗隨國土
早晚樊用此限洗十誦大雨雪中立洗亦得若有緣不語餘比丘輒浴者吉不得共白衣同浴
中浴者僧蘭多論冗露霞處浴要不用白衣　如論者好　要著竭支一當有慚愧二善不生他
室知善好无口過者聽入比丘揩白衣吉若頭陸不用他揩編但自揩身者善五分共白衣浴
欲因說羅漢身耿有充見便起染失男根乃至還悔得本身五分已浴師及病人身軟巳
濕因浴不犯　僧祇隨數滿十五日若洗時料理湯水訖後打木作聲令一切僧次第入
若无緣者作均家法光面脛兩膊後洗頭面腰背髀肘膝餘如下卷　露地然火戒
五十七　四緣一是露地二无緣三然草木有炎者四燒然便犯　五分爲炙身然大炭高四
指者墮　多論若他已然後隨作何事皆墮　四分病者須大便與也得自然若教人　智在大主
石及餘物上也　若无緣燒草木糠糞一切墮若半燋然炭及不去知是看是一切吉羅　僧祇殘火
作輪或火中有草木樣聚一切墮若壞生二罪一壞生二然火若在生地埋又一墮僧祇若樹
株火炬在屋上不得在生地律不犯者語言知是看是若病人自然教人然有緣看
病人爲病者炙麋粥羹飯若在厨屋中浴室中熏鉢煮染然燈燒香一切並開
藏他衣鉢戒五十八　三緣一大比丘衣鉢二戲弄動意三取藏便犯多云若五大色衣不淨衣吉
羅未熏鉢鍵鎡衣鉢作淨畜者皆墮　在此五大色非仏開　律不犯者若實知彼人物相親而來取
舉若在露地風雨漂漬舉之若物主爲性慢藏衣物狼藉爲試勑故藏之若借他衣
而彼不收故舉若因此衣鉢有命梵等緣故藏一切不犯　在今僧不許私度者道行有衣鉢自舊應不犯持罪
真實淨不語取戒五十九　四緣一是巳物二作真實淨三不語主四取便犯戒本列五衆者
以明犯不犯義辦相具解展轉淨施閏不問俱得　著新衣戒六十　四緣一是三衣二是
巳物三不染壞四无緣輒著犯善見著遺賦緣等得權著五大色衣　四分新衣者若是新
衣若初從人得　十誦得他故者初得故亦名新衣　四分去壞色者若青黑木蘭也彼
得衣不作三種壞著者墮若重衣若輕衣不作淨而畜者吉羅若非衣鉢囊草屐囊
針綫囊及諸巾不作淨畜者吉羅若未染衣寄白衣家者吉羅　在此言淨者謂已成色衣或以餘物揉或以點者名淨而呈
須染壞非謂三衣須染餘者但淨而已若准　五分所以淨者異外道故令与俗别三種記故失則易覓
主中一切不染皆提一切不淨吉罪

已物三不染壞四无緣輙着犯若見若遭賊緣等得權着五大色衣　四分新衣者若是新
衣若初從人得　十誦得他故者初得故名新衣　四分云壞色者若青黑木蘭也彼
得衣不作三種壞着者隨若重衣若輕衣不作淨而畜者吉羅若非衣鉢囊革屣囊
針綖囊及諸巾不作淨畜者吉羅若未染衣寄白衣家者吉羅　准此言淨者謂已成色衣或以餘物揲或以點着名淨而至
須染壞非謂三衣須染餘者但淨而已若准
文中一切不染皆提一切不淨吉羅　五分所以淨者異外道故令與俗別三種記故失則易覓
多論五大色衣不成受黃者欝金根黃藍染赤者落沙染青者藍殿染若自染吉羅不成
受應量不應量一切不得着若不點着吉羅　七律犯墮　更改如法色則成受若先如法色後已五大
色者不成若已五大色點淨者吉羅用青黑木蘭三種更互作點若衣先已作淨後更染色
不須更點先以作淨後洗脫色不須更淨故　薰草㮈皮柘皮地黃緋色黃櫨木皆不如法
色覆即如成受也　僧祇憍奢耶衣欽婆羅衣軟細者染汁麁纖擿壞佛言如是好衣二
種淨一割縷淨二青點淨餘衣三淨如一染法青者銅器覆苦酒瓮上着器者是
藍澱青石青空青不持是等作淨黑者諸果汁合一鐵器中作埿若池井泥
㮈木蘭者用上果生鐵上磨作點淨餘如衣法中分別十誦作淨色者謂以別色相
點如青衣以埿黛淨餘亦淨然尔　黛者赤黑相同　四分木蘭皮也　多論除鞦韆一切並點淨　十誦若
衣不點淨識着吉羅　五分得草履令本主着下至五六步　僧祇作淨者極大齊
四指極小者如豌豆　善見如蚤子大　不得並作或一三五七九不得如花形作若浣褺有泥汙鳥足
汙即名為淨若新僧伽棃極邊一角作乃至一切衣新納揲亦尔若衆多每衣一處合補
者一處作別者一一作淨　䉒集畜生命戒六十一　多論一出家之人四等為壞乃加毀害
違慈非愍二自植惱他生死根本障道惡業故三為長信敬息誹謗故五緣成同前文
戒然
飲虫水戒六十二　前戒限分此是漉防不待命斷　五緣一是虫水二作虫想三不作
漉法四飲用五隨咽犯鼻柰耶律說二比丘向佛所一人渴死生天見佛得道一人飲虫水後
至佛所佛問其故已說穫多羅僧示黃金身般爽人用觀是四大身為純竅臭處甚見法
者則見我身僧祇比丘受具已要畜漉水囊應法染灌无者用如衣䙝一角同伴中都无
者舉衆皆犯若平无水洗手着衣可用樹葉或然後着衣　多論舍利弗以淨天眼見水中
虫空中虫如水邊砂器中粟无處不有遂斷食佛言宍眼所見漉囊所得乃至三重稱有
者捨住處去十誦不持漉餘行廿里犯罪若清流大河泉水從此寺至彼寺者得　僧祇
若漉水竟已不得戲弄看闇眼人看能見掌中細文者看一時大鳥載箪一迴須知无應用
若施主清比丘食應問漉水未若未者自看漉或使可信人應教漉不可信者自應漉得虫不得
語莫煞傷虫水着器中運運水未處寫中若未遠者近有池七日不消者已虫着中若知水
有虫不得持器繩借人若池狂水有虫不得唱云此水有虫若問者答言長老自看知友同師
者語言此中有虫當漉水用此戒人多喜犯與瓫用戒同故具抄出餘如衣法中　疑惱比丘戒六十三
五緣一大比丘二故生惱意三以六事一一說告四言詞了五前人聞知律中六事惱者若以生時若
年歲若受戒若羯磨若犯六聚若犯聖法頭一一事皆隨僧祇當受時應語令知受後不

若施主請比丘食應問漉水未若未者自看漉或使可信人應教漉不可信者自應漉得虫不得
語莫煞傷虫水著器中還送水來處寫中若來遠者近有池七日不消者已虫著中若知水
有虫不得持器繩借人若池汪水有虫不得唱去此水有虫若問者若言長老自看知友同師
者語言此中有虫當漉水用此戒人多喜犯与流用戒同故具抄出餘如衣法中　疑惱比丘戒六十三
五緣一大比丘二故生惱意三以六事一一說告四言詞了五前人聞知律中六事惱者若以生時若
年歲若受戒若羯磨若犯六聚若犯聖法随一一事皆随僧祇當受時應語令知受後不
得忍疑悔（若聊用語者如律明）律不犯者其事實尔亦不故作彼非尔許時生忍後有疑悔无故受他利
養受大比丘礼敬便語言汝非尔許時生若實无尔許時歲忍後悔受利養敬奉語言未尔
許歲若實年不滿廿眾内別衆白不成羯磨不成非法別衆忍後疑悔受利養礼敬語彼令
知還本處受戒故（准此欲重受戒令還本處勸問得不故）若實犯波羅夷乃至惡說忍後悔根受利養受持戒比丘
礼敬欲令如法懺悔語知犯六聚者又為性嫌跡不知言語便語彼所說者自稱上人法等若
錯若懺一切皆開　覆他麁罪戒六十四　五緣一大比丘二知犯二篇已上三作覆心四不發露五經
明相　善見覆他罪百千共覆一人俱得提（十誦子注云白不說使亡）僧祇向善比丘說不得輙說若犯者出惡
恐有難緣應念彼人行業自有果報猶如失火但自救身烏知餘事時与讓根相應不犯　多論
若疑未了不須說他　律中若知他犯麁罪小食知食後說古食後知至初夜說初夜說初夜知
中夜說一切吉羅若中夜知至後夜欲說而未說明相出墮除麁覆餘罪自覆罪得屋覆
餘人罪者一切吉羅不犯者先不知不麁罪想若向人說或无人可向說若發心向說明相已
出若諸難緣者並開　与年不滿戒六十五　四緣一是年未滿廿二知三与受具四三法竟犯
多云六十已去不得受大戒　設師僧強受亦不得以不堪任苦行道心智鈍弱故為沙弥也
歲已下亦不許度未滿廿不得受具以其輕躁為寒苦所惱若受大戒人多呵責若是沙弥之
則不可　僧祇若減七十不堪進事卧起須人是則不許過七十減七歲不應与出家等廣如上
下二卷　律論言有餘摘二情兩通无植律中不犯者先不知信受其人語若傍人證若信
父母語若受戒後疑者當數胎中年月數閏月一切十四日布薩以為年數滿者不犯開和上度餘
人吉羅今取諸部會通勘餘歷術總括明練廣如大疏但鈔者為未學之流余雖明妻具張
終恐後人不曉但通略舉一句已定音來謀解謂取極小沙弥臘月廿日生年滿廿正月一日受具戒
者實年十八歲二日便以胎閏等緣增之剛勉年廿猶長五月一日也此長會虛增月約實退
減年十九歲年月俱不滿者至八日九日前受是不滿廿是罪无戒九日已後无罪有戒然諸國用
曆不同此唐国内亦有六七家曆法但據一家如上略述自餘易緯律曆故不重申至如
諸部不滿得戒具如戒疏所述　教諍戒六十六　五緣一是日諍事若餘私諍律得吉羅
二僧如法滅三知四輙發起五言了結犯　与賊期行戒六十七　六緣一是賊二知三期四同道行五
不離見聞六過限犯　祇中与負債人行越十律共惡比丘期行吉　惡見違諍戒六十八　五緣
一是惡見說欲非障道二屏諫三不受四僧如法諫五三諫竟犯　随舉戒六十九　四緣一是惡見
被舉人二知是三随順同事四随一一事結犯　随擯沙弥戒七十　犯緣大同前戒　拒勸學戒七十一

曆不同少[illegible]

諸部不滿得戒具如戒疏所述　羲諍戒六十六　五緣一是日諍事若餘私諍律得吉羅

二僧如法滅三知四輙羨起五言了結犯　与賊期行戒六十七　六緣一是賊二知三期四同道行五

不離見聞六過限犯祇中与負債人行越十律共惡比丘期行吉　惡見違諫戒六十八　五緣

一是惡見說欲非障道二屏諫三不受四僧如法諫五三諫竟犯　隨舉戒六十九　四緣一是惡見

被舉人二知是三隨順同事四隨一一事結犯　隨擯沙彌戒七十　犯緣大同前戒　拒勸學戒七十一

五緣一作心不學二前人如法勸三知已非前人諫者是四不受勸意五言詞了了便犯　十誦戒

四事一一乃至七滅諍言我不學此戒一一墮五種人不應為說毗尼如後卷中　毀毗尼戒七十二

多論一為尊重波羅提木叉故二為長養戒故三為滅惡法故又多論去以十二年前常說一偈

令說五篇名為雜碎五緣一是毗尼二前比丘誦戒時三作滅法意四不令法久住五令人遠離毗

尼不誦不讀而毀呰墮　十誦何用說此戒為令人疑惱不樂若說隨經律一切墮多論

若誦一一戒一一毀呰一一墮通呵一墮戒序中說二百五十戒義故亦墮律中毀毗尼墮阿毗曇

及餘契經吉羅不犯者先誦毗曇然後誦律餘契經亦介若病者差已誦律若勤求方便成

四沙門果後當誦律不欲滅法者開　恐舉先言戒七十三　四緣一是廣、誦戒時二在眾中三

作不聽之意四說過五篇　即言我始聞結犯祇去隨中間一一戒不聽吉一切不聽一墮受具

已應誦二部誦二部毗尼不能者誦一部又不能當誦五眾戒即五篇也　四三二一眾如初句不能誦

二眾誦一眾及偈若布薩時廣誦五眾乃至四三二无者乃誦一眾及偈餘比丘不得坐禪作餘

業應專心聽　同羯磨後悔戒七十四　四緣一是僧得施物二同羯磨賞他三輙反謗僧四言

了便犯　不与欲戒七十五　五緣一是如法僧事二知三不与欲四輙去五雙脚出戶結犯五分去有

事与欲去不与欲應三羯磨屋下隨勢出一一戶提露地去僧一尋提若不羯磨私房斷事

一一吉羅僧祇若僧集說法毗尼有緣不說座不白去者越若大小便須臾還不廢僧事

不犯若疑來晚應白与欲乃至聽他人讚誦受經皆須白之中間不作餘語者不犯　五分

不羯磨斷事沙彌在中若起亦吉　律不犯者若与欲去若為非法同師作損減不与而去者開

与欲後悔戒七十六　四緣一如法羯磨二如法与欲三輙反悔言不成四言了結犯　多論若僧作

法羯磨當時力不得轉嘿然不可後言不可无犯若順法毗尼者隨王制不悔吉羅

屏聽四諍戒七十七　五緣一先起四諍二前人屏聽三作鬪乱意四往彼盜聽五聞便結犯不待

向說律中若二人闇地共語隱處共語前在道行共語前在道行共語若不彈指謦咳

驚者吉羅不犯者若為作无利故聽者開　瞋打比丘戒七十八　四緣一大比丘二生

瞋心三作打意四着便犯律中犯重者眾墮若以手石杖等墮若餘戶鑰掃柄拂著

吉羅　十誦如一犯沙彌聚眾多比丘隨着一一墮　伽論欲心打女人僧殘僧祇若惡

象馬牛羊來入塔寺觸突形像壞花果樹得以杖木石恐怖令去不得打擬畜生

一一吉羅　律不犯者有病須人捉打食咽拒齎共語不聞觸之乃至誤觸不犯捨

諸經律无有為訓治故開比丘行笞杖者釋迦一化並无末代往往見有前卷已明故是

瞋心三作打意四著便犯律中犯重者各墮若以手石杖等墮若餘戶籥拂柄杵著
吉羅　十誦如一犯沙豆散衆多比丘隨著一一墮　伽論欲心打女人僧殘僧祇若惡
象馬牛羊來入塔寺觸突形像壞花果樹得以杖木石恐怖令去不得打擬毒重
一三吉羅　律不犯者有病須人椎打食咽相脊共語不聞觸之乃至誤觸不犯捻
諸經律無有為訓治聞比丘行苦杖者釋迦一代並無末代往往見有前卷已明故是
法滅之相　大集經云若道若俗等打破戒無戒比丘罪重出萬億佛身血何況故以能
示人出要道乃至涅槃故智論律中結戒為世間事為攝僧故為護佛法故有人有衆
生隨逆假名而結戒不觀後世罪多少如道人鞭打煞牛羊罪重而戒輕㭊女人戒罪重
後世罪輕等　搏比丘戒七十九　前是限分此戒除防擬便是犯　伽論舉手向衆
多比丘一一提　無根僧殘謗戒八十　略同第二篇罪唯墮為異　突入王宮戒八十一　蹋
一是剎利王二王共夫人同處三未出寶未藏（多論采女者寶衣象馬未藏舉未盡）　四入宮門限便犯律中若入栗散
小王豪貴長者門限內吉羅　捉寶戒八十二　此是捉球戒多論明文因拾遺為緣起
不用舊語具五緣一是重寶通自他二反莊飾具三非住處及宿處四無心盜取擬
還主五捉便犯　多論七寶捉者墮七名如世戒中若似寶銅鐵雜色珠等取得吉
羅不取如法說淨不犯若捉金薄金像舉藏若捉他寶自說淨寶得墮似寶作百
一物數者得不須說淨僧祇中乃至知佛僧事人有寶不得自取若四月皆及大會供
養時佛像金銀塔及菩薩像供養具有金銀塗者使淨人捉若倒地者佐助捉無
金銀處若塗遍者囊手捉若洛金銀菩薩使淨人洗乃至使淨人持比丘佐助著以
光捉不得後放　多論若令人猛作女人莊嚴具捉者吉羅男子莊嚴具除矛矟兵
器樂器餘一切捉無犯若使比丘捉寶亦墮律中開若是供養塔寺莊嚴具為牢固
故舉不犯（謂無淨人處開）　故五百問云知事人不得捉佛法金銀錢亦墮　四分云若在寺內寄宿
處有猛自捉教人舉當識囊相器相開解看數方裁圓新故有索者問想邀同
者還不相應者云我不見此物若二人同來取語同者持物置前各自取去不作如是者
吉羅若餘處捉遺落者墮　僧祇若見遺衣物者當唱令去無主者懸高顯處令
人見若來取問何處失若相應者與無來者亭三月已若塔園中得者作塔用僧園得
者四方僧用若貴價物金寶等不得顯露屏看相已有疑相應對多人前與教令坐三
歸語云佛不制戒者眼看不可得無人來者停至三年如上處所當界用之比丘若失物先生
心言後知處當取後知得取無罪客比丘遺衣鉢主人徒著餘處藏犯重彼衣主德來
取者無罪若掘地得寶藏者淨人不可信者自王淨人可信停至一二年應作塔用若王
覺者若言已用作塔若索者應以塔物若氣還之若王問律中云何答云佛言隨塔寺僧
地得者還作塔僧用之若寶藏上有鐵券姓名亦得直用進退如上成論有人言伏藏
屬王取此物犯盜者答云但地上屬王不論地中何以故給孤獨等聖人亦取此物故知無罪若

心言後知處當取後知得取无罪客比丘遺衣鉢主人徒著餘處藏犯重故衣主憶來
取者无罪若掘地得寶藏者淨人不可信當白王淨人可信傳至一二年應作塔用若王
覺者答言已用作塔若索者應以塔物若乞還之若王問律中云何答云佛言隨塔寺僧
地得者還作塔僧用之若寶藏上有鐵券姓名亦得直用進退如上成論有人言伏藏
屬王取此物犯盜者答云但地上屬王不論地中何以故給孤獨等聖人亦取此物故知无罪若有
然得物不名劫盜僧祇入聚落中有遺物不得取有人取与比丘者得即是施主若
曠路无人處有者得取若衣有寶以腳蹋斷露裡使人見至住處見有寶者与淨人賞
作衣藥直　五百問云寄与白衣物過期不來白衣持來施比丘不合取若活是有主若无
屬僧物　非時入聚落戒八十三　五緣一非時　不二无啓白　變緣三不囑授　四內俗人舍（即寺內淨）
（人家院是）五入門結犯十誦若入聚落僧坊（尼寺須白）入蘭若處入本住處无犯　四分非時者從中後至
明未出不囑授比丘初入村門墮若僧塔寺事病事當囑比丘若獨處一房當囑比房
十誦无比丘白者四儭見應白又无者發心已去无者應白尼三眾僧祇食難早竟即是非是
時作白言長老我非時入聚落前人言可尒若道從聚落中過村中有塔天祠者當順行
直過若下道左右旋者墮　智論一切白衣舍皆名聚落唯此寺內淨人房院何為不白
慎之哉　五分若路行所經暮須往宿八難起等並不須白　多論若恕白隨到所至處
若別相白並善光不白見異寺比丘白无犯明了論若有緣須入先商擇此事謂白同戒觀察
正行律中威儀者得不者不會律不犯者若道村過若有所啓白若喚若請皆不囑授
直往有三實緣者開囑如上　過量床足戒八十四　五緣一是床二僧床及已三過量四自
作使人五作成便犯本謂截者不截方犯律云高如來八指多論木床高大者犯俗人八
式亦同八指者一指二寸姬周尺一尺六寸唐尺一尺三寸强五分得高床施先作念截竟得受
不尒者墮　僧祇僧床亦犯恐施主嫌者木筒盛腳埋之乃至截腳木還支床腳亦犯隨
生起一一墮若下濕處用八指木支腳得（准此下濕處支床腳者應明得在上礼仏若支高者不合）若浴象高床不犯（四分亦同）
十誦去截竟僧中懺罪八指者用我指量（上開支腳木明人八指量）第三分入様在地十誦蹴象以八寸為量
四等分之又去長床極小容四比丘坐處臥床過三肘降四肘共坐若減不得坐床長一肘半
得二人共坐床支不得過八指四分不犯去地八指若減若脫腳无犯　兜羅貯床戒八十五
五緣一是兜羅綿律云白楊花柳花蒲臺二貯床褥三為已四自作使人五成便犯五分踈
生結墮要須先棄後悔　骨牙鍼筒戒八十六　五緣同上多云久[未]物故不入卅中又應破棄
返還主不受若与他主生惱若入僧則非法故須毀棄律云不犯者若銅鐵鉛錫鑞竹木
筆舍羅草用作鍼筒若以牙角作錫杖頭標纂傘蓋子斗頭鏢纏蓋斗若作
曲鉤刮舌刀如意玦紐枇杓鉤鍋眼捭刮汗刀撅匙物挑耳捭禪鎮熏鼻筒一切不
犯　過量尼師檀戒八十七　五緣成一作坐具二過量三為已四自作使人五作成便犯律中
長姬周尺四尺廣三尺緣外廣長各增一尺此是定量（餘如依法廣明）文云若過量若手減手

込還主不受若与地主生惱若入僧則非法故須毀壞律云不犯者若銅鐵鉛錫鑞竹木
筆舍羅草用作鍼筒若以牙角作錫杖頭標蓋傘蓋子斗頭鏢纏蓋斗若作
曲鉤刮舌刀如意玦紐枇杓鉤鎞眼擽刮汙刀攤匙物挑耳擽禪鎮薰鼻筒一切不
犯　過量尼師檀戒八十七　五緣成一作坐具二過量三爲已四自作使人五作成便犯律中
長姬周尺四尺廣三尺緣外廣長各增一尺此是定量　餘如依法廣明　文云若過量若手減孚
過自他作成皆犯墮若不成爲他作成不成一切吉羅不犯者應量減量作若從他得
已成者截割如量若襟作兩重者不犯　今有通量而作者諸部不許四分七百結集中亦不許也　僧祇若欲識悔截却量
外　謂衸量外非是增者　依法識之餘者說淨若以曾過十日如長衣法揩之推多論衣法令取通
量長唐尺四尺一寸減七分廣三尺三寸減四分此是定量　覆瘡衣過量戒八十八　律云用
覆身上種種瘡著涅槃僧得用大價細軟衣作長姬周尺八尺廣四尺廣四尺也不犯略同
前戒　十誦乃至瘡差後十日過者墮　雨衣過量戒文相如卅中不解可知八十九
与仏等量作衣戒九十　多云仏量丈六常人半之廣長皆應半也　十誦云長仏九搩
手五祇二律亦同有本十搩手者錯也長周尺丈八廣丈二常人九尺六尺也事希故
无暇廣述須知　四提舍尼初戒名　在俗家從非親尼取食也　五緣一俗人舍二
非親尼三无緣四自手取食五咽咽結四分食者正不正也无病自取咽咽結文中不論自他二
食約緣通之五分在巷中犯俗家內不犯緣起如此律不犯者受親里尼食若有病若
置地与若使人授与若在僧寺中与若在村外若尼寺內一切皆得　在俗家偏心受食戒
四緣成一白衣舍二偏心越次指授三大衆嘿受不可四隨咽結　五分第一上坐應呵不用語者
乃至新受戒者亦得呵僧祇三呵不止食者无犯　十誦若二處僧別坐別食亦須別
問已約勒之者不得食後坐人亦尒律不犯者若語言大姊且止須待食竟若尼自爲檀
越若檀越設食令尼處分若不故作偏爲被此者開　學家過受戒事希不述今諸有
信家亦五衆繫踐无度受供准此自約豈非明斷　有蘭若難受食戒　五緣一是蘭
若險處二先不語檀越三无病難緣四手自取食除置地使人五食咽咽犯　衆學戒中
威儀之要具在諸門略收將盡今標摘數十人之善犯故復備敘　初齊整著涅槃
僧者律云不齊者或時下著繫帶在齊下高者褰齊膝象鼻者垂前一角多羅樹
葉者垂前兩角細褶者遶帶細褶數此之犯相故作犯應識突吉羅以故作故犯非威儀突
吉羅若不故作突吉羅尼等四衆亦吉羅乃至篇末並同此不犯者或齊中生瘡下著若膝
蹲瘡高著若僧伽藍內若村外作時行道者　二齊整著三衣者律中不齊者下垂過肘
露腸高過膊時上象鼻者垂前一角樹葉者垂前兩角後褰高細褶似王大臣者稱已
安緣不犯者略同前戒　三反抄衣者謂左右反抄著肩上也若腸有病在寺中道行作時者
得　四反抄坐戒文相可知已後約略而解不復記數大途可知律云衣纏頸者捉衣角著肩
上如開緣同上覆頭皆[illegible]又樹葉許受物皆[illegible]

吉羅若不故作突吉羅尼等四衆亦吉羅乃至篇末並同此不犯者或齊中生瘡下著若腓
腨瘡高著若僧伽藍內若村外作時行道者　二高著者三衣者律中不言者下垂過肘
露腨高過腨腨上露鼻者垂前一角樹葉者垂前兩角度襵高細襵似王大臣者褶巳
安緣不犯者略同前戒　三反抄衣者謂左右反抄著肩上也若脇有病在寺中道行作時者
得　四反抄坐戒文相可知已後約略而解不復記數大途可知律云衣纏頸者捉捉衣頁著肩
上也開緣同上　覆頭者若以樹葉碎段物若衣覆也不犯者有病患寒頭上生瘡命梵
難頭走者跳行者若鎌脚跳也不犯者有病為人打有惡賊惡獸若荊棘跳度渠坑
而跳過者　蹲坐者若在床在地上尻不至地不犯者有病尻邊有瘡若有所与若礼若懺悔
若受教誡者　叉腰者叉肘也開緣如上倒錄戒　搖身者左右戾身趍行也不犯者病若為
人打避杖度坑搖身過著衣看衣齊整者　掉臂者垂臂前却也不犯者病為人打及鉢緣
舉手遮浮渡水若以手招喚伴者　不覆身者處處身露也不犯者病被繫風吹衣離身者
顧視者在村落處處看也不犯者有病若仰瞻日時節若難緣伺求便道走者　靜嘿者
謂无高聲也不犯者病若聾須高聲喚囑授若高聲施食若二難高聲走者　戲
笑者露齒而笑也不犯者病脣痛不覆齒或念法歡喜而笑者　用意受食者非棄羹飯
也不犯者有如是病或鉢小故棄或還墮案上者　平鉢受食者非溢也不犯如上　平鉢受
羹者非溢出流汙也不犯如上　羹飯等食者非飯至羹盡羹至飯盡也不犯者有病
若止須羹若止須飯日時欲過二難疾食　以次食者非謂鉢中處處取食也不犯者病教意
熱挑取冷處若日欲過及難緣者　挑鉢中者置四邊挑鉢中央至鉢底不犯者有病患熱開
中令冷日過難緣者　病緣開自索食不犯者病為他他為己不求而得者　飯覆羹不犯
者有病若請食或正須羹正須飯　視比坐者誰多誰少不犯者比坐病若眼闇為看得受
不得食淨未淨受未受者自病　繫鉢想食者謂非左右顧視不犯者有病比坐眼暗如
前戒法日過難緣者　不大摶者非口不容受也不犯者病時日欲過二難疾食者
張口待飯者飯摶未至先張口也不犯者如前戒　含飯語者飯在口中語不可了令人不解
也不犯者有病或噎索水難緣者　遙擲口中食者可解不犯者病被縛而擲口中者
弟卌遺落食者半手中半入口中不犯者咲薄餅燋飯瓜果菜等者　麨食者令兩
頰皷起如獼猴狀也不犯者病時日欲過難緣疾食者　不得嚙飯作聲中除有
病乾餅燋飯瓜果者（无開菓文）　噏飯者張口遙呼吸食也不犯者有病口痛食羹乳酪苦
酒者　不舐食者吐舌舐飯也除病被縛手有泥垢膩汙舌舐而取者　振手食中
除病食中草虫或手有不淨振去之有未受食手觸汙手振去之者　手把散飯食
者散棄飯也開如前戒　不得汙手捉飲器者有膩飯著手也除病或草土上受
菓上受若洗手受者　洗鉢水者棄飯水也除病若隱盤承取棄之者　不得生草
上大小便中除病故不堪避若流墮上者鳥銜墮者　五十水中不大小便唾除病或
岸上大小便流墮餘如前　立不大小便中除病被縛若脚蹲垢膩汙並開　不恭

酒者　不歠食者吐舌舐飯也除病　被縛手有泥垢膩汙舌舐而取者　振手食中
除病食中草虫或手有不淨振去之有未受食手觸汙手振去之者　手把散飯食
者散盡飯也開如前戒　不得汙手捉飲器者有膩飯著手也除病或草上受
菜上受若洗手受者　洗鉢水者雜飯水也除病若洗盤承取舉之者不得生草
上大小便中除病故不堪避若流墮上者鳥銜墮者　五十水中不大小便涕唾除病或
岸上大小便流墮餘如前　立不大小便中除病被縛腳蹲垢膩泥汙並開　不恭
敬說法不得中除病若為王王大臣者　六十不佛塔中宿戒　除有病為守護故上
宿强力所執二難緣宿者　不藏物於塔中戒除病為堅牢固藏餘難緣如上　著
草屣下諸塔邊戒除有如是病或强力喚入塔中者　塔下坐留食戒除一坐食及不作餘食
法比丘病聽聚著腳邊一處出時持去者　擔屣塔下遶戒除有病須此道行道
行强力時去者　持佛像大小便處三開亦介　向塔舒腳坐除病若中間有隔强力
所持　携手道行戒除病或眼暗須扶接者餘戒病緣通開不恭敬聽法者唯聖
及大臣也　良由佛法廣流天下者必假王力故也初雖開聽為存通法被及黔黎後必度
御故無開法自餘通諸外部非不要須意在即被即行具依律述此若尊之元數者當
更搭撿如威儀戒正法中判卷流用　七滅諍者亦並不有罪事希故也

持犯方軌篇第十五　以前隨相約事乃紛至於統明未可精識故甄別之若取由達理在前列懲初學未了　律宗其唯持犯之相寔
除非夫積學洞微窮幽盡理者則斯義難見也故歷代相遵更無異術雖多少今
還而大指無違但後進新學數個未諳時過學肆詎知始末若散持犯何由可識然持
犯之文貫通一部既境彰名已在隨相今識約義總論指其對要舉事已題令披尋
者易矣　就中諸門分別有七初知持犯名字二解體狀三明成就四明通塞五明漸頓六
明優劣七雜料簡　初明二種持犯名字者先解二持言止持者方便正護本所受禁
防身口不造諸惡目之曰止止而無違戒體光潔順本所受稱之曰持持由止成號曰止持如
初篇之類二明作持惡既已離事須脩善必以策勤三業脩習戒行有善起
護名之為作持如前解所以先後者百論云戒相止行相作又云惡止善行義之次第次
釋二犯言初犯者出家五眾內具三毒我倒在懷鼓動身口違理造境名之為作作而有
違汙本所受名之曰犯犯由作成故曰作犯此對作惡法為宗惡既作矣必不脩善是故
第二即明止犯言止犯者良以癡心怠墮行違本受於諸勝業厭不脩學故名為止止
而有違反故受點故名為止犯此對不脩善法為宗二明體狀餘義竅之直論正解出
體有二一既能持二既所持言能持者用心為體身口是具故論云是三種業皆但是心又
律云俗具三種業當當觀其意等如後更解二既所持者持犯二種並對以明先制教
有二一制作作則無慼不順有罪二制止作則有過止則無違言聽者作與不作一切無罪何
須二者若唯制不開中下絕分進道莫由若唯開無制上行慢求息於自勵故須二教
爾生義足令[illegible]

解有二一就能持二就所持言能持者用心爲解身口是具故論云是三種業皆但是心又
律云俗具三種業當觀其意等如後更解 二就所持者持犯二種並對以明尤制教
有二一制作ゝ則无愆不順有罪二制止作則有過止則无違言聽者作与不作一切无罪何
須二者若唯制不開中下絶分進道莫由若唯開无制上行揚求息於自勵故須二教
攝生義足令分二教攝法分齊止持作犯唯對二教中事以明作持止犯通對二教法事
兩種所以前不通法者法唯進脩方知事但離過自攝故得兩也 就前止持對二教中制
門中事有二一者可學制止如婬通三境盜分四主等二者制作如衣鉢斛量等二者不
可學事由心迷倒隨境未了等是廣普義也 普以事不可學令以心相迷忘不可學也而心境皆是可學但迷非學了故從同一切 就聽
門者事通上二言可学者如房舍又量長衣大小是也不可學者事通前述但由迷
忘於教无違前後想轉故結不定 二作持對制門中法事者法謂教行也教明律藏
行謂對治事唯可學衣鉢斛量等是就聽門中亦對法事法謂處分說淨等事唯
可學長衣房舍等所以不通不可學者由心迷忘非學能了廣如後述此謂順教
而作无違故皆名作持 三明作犯以番上止持但不依戒相造行成辨悉名作犯 四止
犯以番作持所對法事懈怠不學並是 三明成就處所先約心辨止持有二一无惡
來汙明止持行前三心得有止持 謂識想受等此三非業流入行心方成別目故分二 由本有戒體光潔无違名爲持
解是記三心无記二對治行明止持作持必行心成就前三則无善性便有惡无記无心作行心成就
前就持中无貪等三爲行令就犯中貪瞋等三爲行 前三亦无 即識想受三心 爲不善性若前後心有別持犯所以可知也後三
業明成就身二持者離煞等過名身止持受食ゝ等名身作持口二持者離口四過名止知
淨語等名口作持身口各二犯反上應知 單意業中不成持犯若動身口思亦成持犯後更
說之 四明通塞四門分之一ゝ心門唯就作業以明但塞不通以心无並塵境不須現
故也二持心望境有通有塞言塞者持犯不相有言通者持犯自相通如止持中有作
ゝ持ゝ中有止持二犯亦尒若爲取別者止中有作收作成止作中之尒舉宗歷然豈
是通濫一止作持心別二止作持境別三止心對作境四作心對止境 若就脩行解止持
如上煞盜先脩慈悲少欲等行以行成故名爲作持望境不起名止持即止中有作也
若就脩行解作持者如欲誦戒獨處先止外緣望離鬧過名止後善行成名作即作
中有止也作犯心邊有止犯如人作惡先不學善是等類也止犯心中有作犯如人畜衣
過日造房不乞是若望不學止犯无作不犯即相成非无後習也 三自作教人四句皆
通如前心令人漉水爲已用是止持令人持欲僧中說是作持令人煞生又不乞處
分遣人造房作自事已後心作意離諸罪過即止持中有止持乃至止犯心中亦具二持
二犯如前遣人作四相已後便止不孝善法四前後自業相成有塞有通塞者易解通
須方便四ゝ十六如前无異訊相少別如前自安漉具葉開沙跡安煞具開户現相不爲
欲之四作已後脩止持乃至止犯此後二門並對事脩造以明心犯五明漸頓務就心通漸

通如前心令人漉水蟲已用是止持令人持破僧中說是作持令人煞生又不乞囑
分遣人造房作白事已後心作意離諸罪過即止持中有止持乃至止犯心中亦具二持
二犯如前遣人作四相已後便止不修善法四前後自業相成有塞有通塞者易解通
須方便四四十六如前無異訖相少別如前自無濾具囊閑沙彌安然具閑戶現相不為
欲吐四作已後修止持乃至止犯此後二門並對事修造以明心犯五明漸頓初就心通漸
頓若作心想斷惡意名止持心頓若一切諸惡並欲造名作犯心頓若諸善並修名作持
心頓若息修者名止犯心頓若論心漸以類可知莫非与受解有違順故持犯兩分二
對行說唯漸非頓以一行中不得備修餘行故作持名漸也止持漸者如止殺惡心不
得備餘對治也　作犯唯漸不可頓犯一切戒故且就男子身七心行煞若以貪心殺者
單犯一戒六不煞戒卅九戒五十六戒等全不犯並前說　三就止犯別解四句分之一不學無
知相對解漸頓不學之罪先起無知之罪緣而不了後生故漸又云五歲不誦戒羯磨
方得罪故二別解不學之罪通有漸頓如要心可學境上作不學意於一一法上頓得
不學罪以初受時皆發得故令遠離解擯得多罪云何為漸若要心不學羯磨於
餘悉學望羯磨邊犯一上罪名漸若論無知唯漸者不學須緣不了方結無知罪不心
不備緣唯漸問曰不學無知二罪是何答有人言並是吉羅今解云不學吉羅無知有二
若全根本無知得重故律云重增無知波逸提若疑者得輕是吉羅也　三分齊者既
教對行從根三別言就教者學據始終不學即結無知之罪五夏後結對行者恐心
逸蕩自持少解望齊賢聖故學通一形優劣相降文云五歲智慧比丘從十歲智
慧比丘受依止乃至五分法身成立方離依止約根者若利根易悟始終二罪以不學故
有無知也若鈍根難悟始終不學無知之罪非力分故律云愚癡比丘盡形依止四可識
以不二俱可識如息意不學後緣不了結無知若作心學而未知不結無知罪已前不學
無知罪有斷義皆可識　六明持犯優劣先明二持十約法而言四種不同一威儀戒
二護根戒三定共戒四道共戒初一外凡假名僧戒中二內凡和合僧戒後一聖人真實僧
戒德行優劣三品殊異持威儀弱護根勝以制心故乃至道共為勝　二就位無學
人得圓故戒行勝三果企求未息戒行為劣內凡外凡相望漸降可知三就人七眾相望乃
至大比丘戒無盡比丘尼家勝四就行止持離重過為勝作持離輕過為劣此輕重相望若
能治行者止持對麤過故治行易成故劣作持對細過治行難成故勝　五就心有三一
善心持戒謂脩離除清淨行對根本惡惡逼三時不染等是也不善心者為名利
故世報等是也三無記心者狂亂睡眠等若以作持受之上中下不等若望順教莫不
持戒不分三心　六約就所求四種一賊分齊如諂媚邪命勝他名利等二罪分齊者恐墮
三塗故成論云行者深心不樂為惡名淨持戒三福分齊欲生天受樂等四道分齊者
縛著等累由戒得解故　七約方明持闕浮提者勝煩惱重故西方東方持戒為弱
八約佛前後佛在勝滅後劣正像法末法漸弱以憂波掘多問居為證佛世六群

故世報等是也三无記心者狂亂睡眠等若以作持受之上中下不等若望順教莫不
持戒不分三心六約就所求四種一賊分齊如諂媚耶命勝他名利等二罪分齊者恐墮
三塗故戒論云行者深心不樂為惡名淨持戒三福分齊欲生天受樂等四道分齊者
傳著菩累由戒得解故　七約方明持闕淨根者勝煩惱重故西方東方持戒為弱
八約佛前後佛在勝滅後劣正像法末法漸弱以憂波掘多問昱多證佛世六羣
極為鄙暴滅後凡學威儀不及九約遮性二戒不同互持强弱十六聚上下互持强弱次
明二犯十門優劣初約位分无學損犯故輕三果故犯為重三果无漏力强雖犯亦輕內凡
道劣故重乃至外凡相比可知三對行者作犯是重止犯為輕亦可教重損輕三就心三品
明優劣如奉初篇三性分之四戒威儀篇上下輕重可知五就遮性分輕重以犯性故
地獄罪不除如智論說六就時約法佛前後辨犯輕重如持中可解七約心望境如母
重心輕人作非人想或境輕心重非人人想論通一切不局一戒媱中自有輕重畜生及人中
論云犯必託境明心成業心有增微境有優劣故也或心境俱重人作人想煞或境
有在家出家中持戒破戒出家五衆持戒破戒乃至聖人重犯同報異　第二盜重者天及
人乃至聖人三寶差別傳物眾重　第三煞戒成論云如六足毗曇中說煞耶見人輕煞垂蟻
重此人汙滕世間多損減故　第四妄向在家人說重向出家說輕八將制約報以明
輕重如母論云如媒房三戒人之善犯律集情過故制重名既是應惡招報不重
故論云結戒法異輕制重名得罪法異曰果相當或犯輕報重如打比丘等性罪
義希故律制輕名既是遮理為葉心重招報亦重故論結戒法異重制輕名得
罪法異曰果相當或犯報俱重如漏失二謗等或犯報俱輕如不憶念身口威儀要
悟或慚愧心犯等是復二句結戒法不異得罪罪法不異結戒法故九單心三時辨輕
重如善生經且約煞戒輕重八句位分四別初一句三時俱重謂方便舉害心根本无起
快心成已起隨喜心第二三句二重一輕初方便根本重初後輕中云方便重中後輕三云成以
去方便成以重根本輕第三三句一重二輕初根本重初後輕中云方便輕根本成已重後
重初中輕第四一句三時俱輕如僧祇摩訶羅不知戒相教他煞人以悕悲故善生十誦中
味失煞父母畏苦痛故害父母命等是律攝人想八業皆重業隨心故生報不同
故成論除厚煩惱煞蟻重慈心煞人十有心无心相對八句四位如前初一句三時有心次三
句一初中有心後則无心犯四重二初則无心中後有心亦犯四重三初後有心中間无心犯初
重下三戒蘭吉後三句一中間有心初後无心犯四重二初方便有心中後无心犯初重
餘三戒蘭吉三後便有心上二无心媱戒犯重以出時樂故若餘三犯吉次一句三時无
心不犯故律中本作是念我當忘語倒之後之八句心由有无故犯不犯別不同前八業有
不心後明无心者或无心受樂及煞盜等心或狂亂不覺者　七雜對蘭中分五一以不學无
知歷位分別二方便對果分別三具緣成犯分別四境相分別五雜相分別初不學无知

句一初中有心後具无心犯四重二初具无心中後有心亦犯四重三初後有心中間无心亦犯
重下三犯或蘭吉後三句一中間有心初後无心犯四重二初方便有心中後无心犯初重
餘三戒蘭吉三後便有心上二无心婬戒犯重以出時樂故若餘三犯吉次一句三時无
心不犯故律中本作是念我當尽語例之後之八句心由有无故犯不犯别不同前八莫有
不[心]後明无心者或无心受樂及熟盜等心或狂乱不覺者　七雜對蘭中分五一以不學无
知歷位分别二方便趣果分别三具缘成犯分别四境相分别五雜相分别初不學无知
者其相微隱初且結叙然後例開言其犯相者謂受戒以来勤學三藏於境迷忘
遇緣而造者随相境想具之若由来不學事法无知觸便違犯者佛言随所作結根
本更增无知罪既略結叙須配位法今立兩个九句為持犯方軌且據事以通餘戒先
就心持明有無[輕]重之分齊初明可學事作九句分三品上品一句識事識犯中品四句
初識事疑犯二識事不識犯三疑事識犯四不識事識犯下品四句初句疑事疑
犯二疑事不識犯三不識事疑犯四不識事不識犯次解釋中上言不識者犯謂不知
迷輕謂重疑中亦尒疑有疑无疑輕疑輕疑重也上品俱識故无不學无知罪中品
帶識故於罪於事生疑不識故有八罪各有不學无知下品四句十六罪也此中有杜
四罪有六提十八吉（以无知故得重餘有疑及不學者皆吉罪）並不犯根本名為心持上品俱識故名上品心持中
品罪少名中品止持下品極多故名下品皆心於一事　次對不可學事以明心持九句緣事
緣罪各三各三心初有三句一識事識犯二識事疑犯三識事不識犯二疑事識犯疑事疑犯
[疑]事不識犯三不識事而識犯不識事疑犯不識事不識犯此三三句中各下二句疑及不識句
别各有不學无知二罪合十二罪亦並不犯根本名心持但事是可學以想疑妄生缘非
不了聖不制犯問如熟盜等人非人想有主无主想得結无罪亦有制犯者　答或緣罪
境人非人故便結心犯或緣非罪境无主物故然彼違心不結正罪莫非緣罪故有无不
同又不同前既以犯法事俱識故是可學為疑不識皆制罪也　若尒後緣法中亦有
想轉如不覆藏想及疑亦是不犯重何為制罪答曰且據心持中約事為言恐如所引
對法有二九句後作持中更為辨也　次就作犯中可學法事如初九句不可學者如
後九句与前並同但犯根本為别就中根本不識事中或无犯謂始終无心如摸盜人等床墟
酒等若中間轉想疑事不識事由心異故是方便若不善結根本或不造前業此无
句識事三品作犯疑中三句為中品不識三句為下品或无罪故對法類知可解所
以前九句上句者以事法俱了未可論罪後九句各分三品者莫不由一事生究並疑不識
故結罪易明故分為二九句也若論緣罪下二疑心及不識合十二罪皆犯究竟以罪並
可學故以不學故不識故文去不以无知故得脫若犯罪如法治更增无知法无知及疑皆
是究竟若不疑及識一句无罪[无罪]可趣前言无罪者謂无不學无知非謂无根本罪問根
本不識事三句无罪便是六句去何言作犯九句答若就根本唯六句然上三句下不
識与疑亦有犯故若尒此下疑等正是不學心犯非是作犯何得判為作犯九句答從

以前九句上品者一事何便可論罪除九句名行三品者莫不由一事生害羞恥不諳
故結罪易明故分爲二九句也若論緣罪下二疑心及不識合十二罪皆犯究竟以罪互
可學故以不學故不識故文云不以無知故得脫若犯罪如法治更增無知法無知及疑罪
是究竟若不疑及識一向無罪(無果)可趣前言無罪者謂無不學無知非謂無根本罪洞根
本不識事三句無罪便是六句去何言作犯九句答若就根本唯六句然上三句下不
識與疑亦有犯故若爾此下疑等是不學之犯非是作犯何得說爲作犯九句答從
根本故得名又去必由造前事通名作犯攝也若爾不識事識犯即是無罪之應
有八不得有九答如前以解句法相從又解若就可學事上生可學迷一向九句莫不
犯根本若可學事生不可學迷唯六句有罪除下品若轉想結前心得有九句並方
便罪若迷想就後心唯得六句如有主無主想以無罪故或九句人非人想後心吉羅生
罪緣故若兼之犯得有八句相從造事立得說九並爲分別不知鏡不思之次明作持
九句者若對事法以辯爲立應有兩个九句但明用差別皆降不異故合爲一九句唯對
可學以辯今且列句所以如上之持可學事中此但明教作事與前爲異就(中)分三初句
識法謂知造房須乞白二識犯(若不乞法便結僧殘)中品四句識法疑犯識法不識犯不
識犯下品四句疑法疑犯疑法不識犯不識法疑犯不識法不識犯不可學法迷亦有
九句如前段後九句說之次論上犯或九或八言九句者上品四句有十六罪中品四句有罪
下品一句但犯根本一罪如不乞處分造房但犯一僧殘由識法識犯故無不學無知罪所
以顛倒前句不同者以犯門解義罪多爲上品犯四根本僧殘各加不學無知如前列
數非多何謂言八句者對教行不學以明則無識法識犯下品一句若對事明亦有兩
个九句謂可學迷及不可學迷如不說淨見犯不發露即是可學若迷若忘即不可學
如此廣知隨指一戒違之則類通法界也二方便趣果者然造修前境必有三時是以大
聖隨時而制意令智士剋志不爲略如上列何者前方便與論諸聚明了論中初篇二篇
有三方便第三四篇立二方便第五篇中但心起身口唯有根本無方便若動身口亦有遠
遠方便律中但明成者波羅夷不成偷蘭亦不分輕重廣如鈔初明之今通會輕重兩
初篇中婬戒已明如內心婬意身口未現名遠方便此犯吉羅故文云或發心作念
作也若殺與盜單心何別答律制動身口思心名爲期業若單心者制限大乘
故善見去凡人恒緣欲境聖人若制心戒者無有得脫之期故律中起心不動
身口但自責心還復好心是名不犯二動身口未到前境名次方便犯偷蘭三者臨至
境所身分相交未至犯處已來名近方便是重偷蘭已下諸聚雖輕重多少不
同大相可准何名方便以上三緣將至果處或爲七緣但闕不成故是根本方便七
義(如後說)若無七緣並入果本之相如何謂入如毛頭名婬舉離本處名盜斷其命根
名殺言章了知名妄如是隨相已明若結罪之時並攢前因共成一果不同他部因成果
以果有本時方便何者後方便謂所造事暢快稱懷發喜前心未思悔改復結其罪

BD14044號　四分律删繁補闕行事鈔卷中　（51–33）

身口但自責心還滅如心是名不犯二動身口手到前境名次方便犯偷蘭三者既至
境所身分相交未至犯處已来名近方便是重偷蘭已下諸聚雖輕重多少不
同大相可准何名方便以上三緣將至果處或為七緣但闕不成故是根本方便七
義如後說若无七緣並入果本本相如何謂入如毛頭名婬犛雜本處名盜斷其命根
名煞言章了知名妄如是隨相已明若結罪時並攬前因共成一果不同他部因成果
以是有本時方便何者後方便謂所造事暢快稱懷歡喜前心未思悔改復結其罪
通得吉羅　三具緣成犯者先明成犯意業不自成假須造諸緣和具方結罪福終序
乘阻權結方便故律中犯相並託因緣為此罪居六聚識法又別不同化教但論成業
結犯已外不論違制令依諸式通別二緣別具犯相已如前隨戒釋訖有人通立五緣用
解諸戒者非无此義後進未知今立通緣遍該六聚七種不同一是五衆出家人謂
餘十三難等受戒不得无罪可作或是五衆而造境未果成或自命終或為他煞或
捨本戒耶見二形生等並非五衆業思乃暢无戒可違二雖受五衆戒而為重病癲
狂癡乱痛惱所纏雖作前事並无有過若心了知是比丘者隨前所犯　三期心當境
非謂對境時或有迷謬境有錯悞或无記餘緣或睡眠不覺並不正犯若先作
方便後隨心三性並結十誦伽論若先作煞母方便已自睡時母死是无記心得逆罪反
重阿羅漢无記犯戒若睡覺即悔過凡夫須准智論阿羅漢不為睡眠但為四大故
少時息尒　四无命難謂為惡賊非人惡獸斷命緣者得犯前戒若是性戒一向不開
豈得煞他誰他命自活命唯婬一戒開與境合三時无染以不植境餘則唯制丈夫我為
諸弟子結戒以寧死不犯若論遮戒有開不開道力成成至死不毁如草繫海板等
例出大莊嚴論餘志弱者命覺二難開下三篇以上二篇是梵行本故五者无梵行難謂若
有童女寡婦伏藏水陸多細虫同住多惡伴如此之事並是犯緣丈夫若在此住必為我
淨行作留難如言所以此事去准此以言對下三篇餘是威儀不開性戒就遮戒中
或是遮惡或是事輕或以輕遮重若不開者反上可知毗尼母云犯罪有三一緣二制三重
制一緣二急三處决斷是名律師六稱本境謂非道作道　想无主物有主想非人
想如是各非本期為異境来差罪住方便也　七進趣正果若住即成方便相分有四
一由法隔故為方便一切諸諫戒初白竟捨遂諫故心不成果用二態息息欲造前事
緣壞離阻或復強威不可陵侵停處本心三好心息謂將造過忽憶受持恐汙
戒求對治防過令惡不續故四心疑故息不同想心以至果故令此疑者起心當人疑是
非人疑心不決恐煞非人遂即停心故也上所列諸通緣又隨戒中來列緣兩明二犯得知
因果輕重不犯相方得入識法不須通濁悔罪不出四境想不同五門一須制意二觀
明境界三有无四定本多少五解輕重言制意者若不制境想則犯罪佽濁輕重不分
有無莫顯故諸戒末佛並具張緩有數文但多是略耳　二明犯境但皆亦五一兩
報二外事三約法四對時五約罪言内報者謂人天非畜若四境齊犯謂如初戒或名

BD14044號　四分律刪繁補闕行事鈔卷中　（51–34）

疑求對治防過令惡不續故四心疑故息不同想心不至果故令此疑者起心當人疑是
非人疑心不決恐煞非人遂即停止故也上所列諸通通緣又通戒中衆別緣兩明二犯得知
因果輕重不犯相方得入識法不須通瀉悔罪不出四境想不同五門一須制意亦
明境界三有无四定等多少五辨輕重言制意者若不制境想則犯罪依瀉輕重不殊
有無莫顯故諸戒末佛並具張縱有缺文但多是略耳 二明犯境位皆亦五兩
報二外事三約法四對時五約罪言內報者謂人天非畜若四境齊犯謂如初戒或合
昇降如盜煞等又就人中道俗亦別俗者如販賣食家有寶等道者如謗僧說等
打摶疑藏等通道俗者如二宿媱觸二麤語等然於道中內外亦別外爲衣食內如嗔
兩又內中通大小大如謗棄小謂減年又具中形報隨順之擯爲是比丘同路乘船作
衣讚食事專在衆如謗覆說義諫兩衆餘通可知又形報中色心亦別如媱唯色无
尼犯故文言道道想比道四趣漏失同然境仍是寬自有約心爲境如觀許等想滌
心衣食大略同知更不具亦二外事中如掘地草木不受殘宿勸足酒等亦可長衣畜錢
通內外者如盜棄水蟲等三約法有四一自所稱作媒麤語二妄毀呰等二他所作法
覆亦諸諫等三是治法謂隨舉等四法相道理謂十八法等四約時者如日暮非時
夏歲二三宿殘宿內宿明相決了等 第五約罪者覆說之類等三明有无者約僧
律本合廿六戒中有餘者略无謂初四戒二篇六戒卅中十戒九十中十五戒對有卅五謂二房
舍七盜媒麤生壞各有二重故也尼中非无且削略之以如初述次言无者通對前五兩報
无者或是理无如漏失戒觸緣斯犯何須境想以階犯位或可略无以道想若疑但
得蘭罪故餘部律去非道道想不疑殘故知是略二定无如謗棄兩舌毀呰媒罵等
爲此境犯應有境想文无者略二外事略无如屏露二數露然藏衣等三法中理无以
无所對法故如煞盜等言略无者如大小二妄及諫隨舉等如僧祇二隨咸有境想
故亦媒麤等及此故有法想亦可觀作觀相諫作諫相非法等亦是理有略无
也四時者如洗浴二入聚落上是略无五罪略无者如尼覆戒餘或理无以不對罪故
第四多少者境相之法或四或五總人未練具依煞戒立相列之初句人作人想心境相當 二人非
人疑境定心疑 三人非人想境定心差 四非人人想境差心定 五非人人疑境差心轉雙關二緣 五句如此所以多少者但由
第三人非人想此一不定故或四或五所以爾者昔解若輕重想對定有第三故即成五如媒戒
轉想及迷並得蘭若煞妄磨觸二麤語等轉想蘭吉本迷亦吉故須第三以成五階
若犯不犯二境相對不憂亦盜等是也盜戒即四有主无主想故 不憂亦具五不憂亦憂亦想 五謂轉想
有前心蘭故四約本迷二境全无罪故以此義立若犯或四或五 又解重輕之中位有三種若
轉想定五迷或四或五吉得或四五者如對二趣犯境起迷猶有吉羅故爲斯具五想對无
情一切无犯是以但四如似覆說殺前立亦若對下三輕重應五然落在開通此是全謂非
罪而覆說者无犯故然是本迷或四或五若准此義犯不犯位亦有三別如上重輕應本
[illegible]

若犯不犯二境相對不處分盜等是也盜戒即四有主有主想故不處分具五不處分處分想五謂轉想
有前心闌故四約本迷二境全无罪故以共義五若犯或四或五　又解重輕之中位有三種若
轉想定五迷或四或五亦得或四五者如對二趣犯境起迷猶有吉羅故爲斯具五想對无
情一切无犯是以但四如似覆說類前亦尒若對下三輕重應五然落在開通此是全謂非
罪而覆說者无犯故然是本迷或四或五若准此義犯不犯位亦有三別如上重輕應本
定五進就不犯故即成或四五者今犯不犯如盜戒中本是或四五今就退犯中對非畜
二物作轉想本迷俱五亦成三位此即二對理齊文中綺說謂煞妄觸等就輕重以辯盜
約犯不犯以說故煞五盜四也又且此謂犯中有輕重者如前所論若据地不處分非時勑
足等犯中无輕重義者但有或四五餘准可知又復上来如此釋者通約本　二境論之
故言定五或四五句若准據本境犯之有无者一切境想四即齊四謂本迷故五即俱五
謂轉想故但文中互說用斯犯等皆據本境本想若異境後心餘並不結其罪如非人疑想搶
闌者是本想闌也後作非人疑相之時但得吉罪具足五緣然非人闌今作人想亦吉羅也　故約畧銓叙境想之義可對諸戒類明持犯　五次
釋其文五階之位如前所列次犯不孤起託境用心以成其業但以境有優劣是非心有濃
淡錯悞或心境相應犯章一品而業有輕重八品未均或心不當境非人之想疑非時或境
不稱心非人之想无主之想境犯心不犯地非地想心犯境不犯非地之想有斯差降境想明須業位既定四句之
中輕重亦須分判五位於上五階一具四闕初句心境相當通犯究竟二人疑及第五非人疑
前疑重以本緣人心不捨臨煞有半緣人心故後疑輕雖半心未捨煞時境非本期故三人
非人想四非人人想前想重結本方便心境相當後想輕以煞時單有本心无本境故又
更重明本境中疑重想輕以心境想稱故重單境无心故輕後異境中想人重疑輕以
生人想与方便不異故重輕者雖闕二緣故也非人闕緣境疑心闕以本期故分斯兩位結
罪如属本心且解如此　五雜料簡中但以持犯該通非可一法包舉故列諸門傳練亦
可粗知指歸此門所明既廣不可具羅試列象名任自陶鑄或約趣溺或約錯悞或
隨自他或分身口教人自成兩業各多人通使緣別同業如斯諸例未得陳之鈔者意
在易識即行前論難知希用故且刪約　懺六聚法篇第十六　夫結成罪種
理須懺除則形心清淨應同僧法　故薩婆多論云无有一法疾於心者不可以暫惡
便永棄之故須懺悔涅槃亦云如我呵責毀禁之人令彼自責護持禁戒說三惡道爲備
善故然逆古之師並施悔法增減隱顯聽謀者多照教无文檢行違律故佛言有犯
不能悔又不能如法懺悔是爲愚人聖教極明但不能信受今欲定其徑位格其心境使是
非鏡其耳目得失明其能所者則何患妄業不除妄心无託則爲聖歎矣故文云有
二種智一者有犯能見二者見罪能如法懺也今懺悔之法大略有二初則理懺二則事懺
此之二懺通道含俗若論律懺唯局道衆由犯託受生汙須淨還依初受次第治之
篇聚立儀悔法准此並如後列若據通懺理事二別理據智利觀彼罪性由妄而復心使
結妄業還須識妄本性无生念念分心業隨迷遣若論事懺屬彼愚鈍由未見理我倒

不能悔又不能如法懺悔是爲愚人聖教極明但不能信受今欲定其經格其心境使是
非鏡其耳目得失明其能所者則何患妄業不除妄心无託則爲聖歎矣故文云有
二種智一者有犯能見二者見罪能如法懺也今懺悔之法大略有二初則理懺二則事懺
此之二懺通道含俗若論律懺唯局道衆由犯託受生汙須淨還依教受改易治之
篇聚立儀悔法唯此並如後列若據通懺理事二別理據智利觀彼罪性由妄而復心便
結妄業還須識妄本性无生念念亦心業隨遂遣若論事懺屬彼愚鈍由未見理我倒
常行妄業翳心隨境纏附動必起行行纏三有爲說真觀心昏智達正得嚴淨道場
稱揚虔仰或因禮拜或假誦持遶旋瑒誠心緣勝境則業有輕重定不定別或有轉
報或有輕受並如佛名方等諸經所明言理懺者既在智人則多方便隨所施爲恒觀
无性以无性故妄我无託事非我生罪福无主亦見亦思亦除亦滅丈人睡覺則不眠醉然
理大要不出三種一者諸法性空无我此理照心名爲小乘二者諸法本相是空唯情妄見
此理照用屬小菩薩三者諸法外塵本无實唯有識此理深妙唯意緣知是大菩薩
佛果證行故攝論云唯識通四位等以三理住智强弱隨事觀緣无罪不遣故華嚴
經云一切業障海皆從妄想生若欲懺悔者當求真實相如此大懺衆罪雲消然
則事懺罪業福是順生理懺妄本道則逆流一出一入條然自分愚智兩明虛實
雖顯故諸行者並識自心若樂樂罪時須備事懺若樂福時須備理觀理
通深淺如上所明若是五衆犯罪則理事兩緣事則順教无違唯識理則違妄外塵
本无故論云唯識義不失亦无不能取所取也若非五衆福道兩徑必欲論非是鈔意
廣如此聖行法女卷中　次明依律約事立懺　法乃多要惟六位　初懺波羅夷法觀佛
三昧云有七罪一一經八万四千劫入阿鼻獄一一劫无十方佛二斷學般若三不信因果四用
僧物極重重於三寶物五犯重食他信施六汙比丘尼七六親所行不淨並廣如彼經
中涅槃云犯四重者生報即受若被法服由未捨遠常懷慚愧恐怖自責其心改悔
生護法心建立正法爲人分別我說是人不爲破戒若犯四重心无怖畏慚愧發露於彼
正法永无護惜建立之心毀呰輕賤言多過咎若復說言无佛法僧並名趣向一闡
提道云何是業能得現報不未受來謂懺悔發露供養三寶常自呵責以是
善業今世頭目等痛橫羅死殃鞭打飢餓若不備身戒心惠及上諸法增長地獄
四分云若比丘及尼犯波羅夷已无覆藏心令如法懺悔諸師廢立並有是非今括
其樓諸理无隱結但使覆与不覆隱无時都无覆若盡形學悔不同僧殘犯多罪已餘
者覆藏得將一无不障法事初篇犯其根本非全淨用若欲改過出彼自心縱不舉
罪不尋僧法故抑令首盡求哀爲受僧殘不分罪是有餘雖无无心得强如法无
問隱顯隨无隨懺有斷諸業渠故立兩儀先分別須持後明立法僧祇云若犯罪
已啼失不欲離袈裟深樂佛法者令与學悔羯磨比丘不淨食彼亦不淨食彼不淨
食比丘亦不淨食得[illegible]

[illegible]
者覆藏得將一乞不障法事初篇犯其根本非全淨用若欲改過出彼自心終不舉
罪不尋僧法故抑令首盡求哀爲受僧殘不亦罪是有餘雖先无心得強加法无
問隱顯隨乞隨懺有斯諸異 異 故立兩儀先和別須持後明立法僧祇云若犯罪
已啼哭不欲離袈裟涤樂佛法者令與學悔羯磨比丘不淨食彼亦不淨食彼不淨
食比丘亦不淨食得與比丘受食除大淨五生種及金銀應從沙弥受食十誦云若犯
重戒如法乞羯磨佛所結戒一切受行在大比丘下坐不得與大僧過三夜自不得與白
衣沙弥過二夜得爲僧作布薩自恣二羯磨不得足數餘一切羯磨不得作得
受歲　伽論云謂无能作者得爲前二法　母云與白四悔法已名清淨持戒但此一身永
得起生離死然鄣不入地獄　治禪病經云犯四重懺者脫僧伽梨著安多會心生慚
愧供僧苦役掃廁擔糞等此行懺法須者如彼律中應教乞言大德僧聽我某
甲比丘犯婬波羅夷无覆藏今從僧乞波羅夷戒願僧與我波羅夷戒慈愍故三乞
已僧索欲問和答云與波羅夷戒羯磨應言大德聽此某甲比丘犯婬波羅夷无覆、
覆藏今從僧乞波羅夷戒若僧時到僧忍聽僧今與某比丘波羅夷戒白如是
大德僧聽此某甲比丘犯波羅夷无覆藏今從僧乞波羅夷戒僧今與某甲比丘波羅
夷戒誰諸長老忍僧與某甲比丘波羅夷戒者嘿然誰不忍者說是初羯磨 第二第三亦如是
僧已忍與某甲比丘波羅夷戒竟僧忍嘿然故是事如是持佛言與波羅夷戒已當
行隨順法奪卅五事略同僧法網中准加不得衆中誦律无能者聽誦與波羅夷戒
已僧說戒及羯磨時來與不來隨意若重犯者驅擯若僧殘已下依篇聚治　十誦云
與學沙弥 猶是懺重階 犯僧殘已與別住六夜出罪僧次第與之上且約婬戒爲方法自餘
盜煞妄法除之不同古人唯婬開懺　二明懺僧殘法略知對治有四別一覆治覆情
過謂波利婆沙此方義翻或云覆藏或云別住　母論云何名別住別在一房不得與
僧同處雖入僧中不得談論亦不得答也二治覆藏罪謂實吉羅如後正懺、法在前
後與別住覆藏法三治僧殘情過謂摩那埵者論云秦言意喜也前雖自意歡喜
亦生慚愧亦使衆僧歡喜由前喜故與其少日曰少日故始得喜名衆僧歎言此人日
此改悔更不起煩惱成清淨人是故喜可　四治僧殘罪謂阿浮呵那此中義見當爲
喚入衆羯磨或名拔除罪根　母云清淨戒生得淨解脫善持起去故也二明立懺
儀軌僧殘衆中立悔正法須立初引明文後顯時義初中依明了論曰及上起罪五種方
釋曰如人犯僧殘求得出離若人欲爲彼作提舍那羯磨此人必定應先懷持五種上
起方後作羯磨一觀僧殘罪相二謂簡擇人知藏罪不藏罪相三觀業聚學處
爲簡擇四部等衆四觀業相應學處爲行白四等羯磨五觀於十三殘罪中一日
夜等藏不藏爲顯有藏无藏等地立宿住摩埵多等斯之五方僧須觀察然可
爲人上起罪也方猶法也釋此五法即爲五門所以名上起者住前墮在犯罪處故名

儀軌僧殘衆中立悔罰法須立初引明文後顯略義初中依明了論曰及上起罪五種方
釋曰如人犯僧殘求得出離若人欲為彼作提舍那羯磨此人必應先憶持五種上
起方後作羯磨一觀僧殘罪相二謂前釋人知藏罪不藏罪相三觀業衆學處
為前釋四部等衆四觀業相應學處為行白四等羯磨五觀於十三殘罪中一日
夜等藏不藏為顯有藏无藏等地立宿住摩那埵等斯立方僧須觀察然可
為人上起罪也方猶法也釋此五法即為五門所以名上起者從前隨至犯罪處故名
為下罪相續故遮隨戒无作不生今若懺悔約遮相續還得受持清淨對治彼
故戒法續生稱之為起第二白法者前犯罪時下故名為上是以懺悔揔名上起法也
又知提舍那者此云發露謂此懺悔是發露法故欲行上起須知五方第一方者謂知
檢定是僧殘非殘即知具闕之義具緣成重闕緣便輕故論云一觀僧殘罪相者
於故意出不淨罪中根本相若人已受大比丘戒若如來已制此戒若人不至癡法若人有
欲心出不淨若不淨已出等此人即犯僧殘於餘略說相亦如是廣說如波羅提木叉注
論解律上來即是通別二緣謂不至癡法已前是通緣若人有欲心下是別緣具便犯殘
闕或犯蘭乃盡十三一一別緣以驗前犯究竟方便及以不犯恐无過加罰成非法故僧
祇云持律比丘与他出罪時有罪亦知謂廣知五衆罪无罪亦知　第二方者論曰覆藏
相者若人相僧殘罪中起僧殘罪見不欲從彼上起由无發露心覆一夜相此人罪已
被藏此謂憶識不疑不發露故若人不知不憶或疑或起非罪非罪見故藏此罪不被覆
藏准論解律須諸門分別十種不同一者形差律中犯殘覆已罷道已還受大戒前犯
須治罷道不須治二者法差犯戒作沙彌如前罷道三者病差有心亂狂癡病緣多犯
僧殘全无罪或病前犯殘隨覆隨遇病緣多犯僧殘全无罪或病前犯殘隨覆隨
遇病緣不成覆四者過差被三舉治故不足僧數五者人差十種謂共賊住人癡人
別住人種種不共住人狂心人啞人聾人邊地人比丘尼乃至沙彌尼優婆塞等与如是人
共住不名覆向發露亦不成　伽論別〻住〻摩〻那〻埵〻者若白衣所亦不名覆　五
分若於此土多人識重不欲令知不名覆於彼土覆成覆六者業待時差僧祇若全
不成覆若作念去我待某時待人待方當如法作是名非覆非發露　七教難差　五
分一切覆藏名為覆藏若於和上阿闍梨所及諸敬畏人間覆不名覆於餘成覆八无心
覆差僧祇云覆亦知謂知罪作覆藏心不覆亦知不作覆心未得發露者要並不名覆
九无慚愧差犯殘已不作覆心逢人即說心无畏難　十者心迷故差律中不憶有疑不識
等並不成覆　文云若不作僧殘意不成覆藏真与摩那埵若作僧殘意覆成覆
應先教作突吉羅懺已与覆藏羯磨第三方者論曰觀業衆學處為前釋四部
等衆者四部謂四僧僧雖位四今此懺境前二四人僧後一廿衆異此則不成若行時假境
說者前一下至有一人次一為對僧出罪一摩法　第四方者觀業相應學處為行白四等
羯磨者以其法位雖三此治殘法事並上品故齊白四就中用法位並有四謂別住竟

BD14044號　四分律刪繁補闕行事鈔卷中　（51–39）

等並不成覆　文云若不作僧殘意不成覆藏直与摩那埵若作僧殘意覆成覆
應先教作突吉羅懺已与覆藏羯磨第三方者論曰擬業采等處為簡擇四部
等衆者四部謂四僧僧雖位四今此懺境前二四人僧後一廿衆異此則不成若行時假境
說者前一下至有一人次一為對僧出罪一席法　第四方者擬業相應等處為行白四等
羯磨者以其法位雖三此治殘法事並上品故齊白四就中用法位並有四謂別住意
本日治出罪如前說之　第五方者論曰擬於十三殘罪中百夜等藏不藏為顯有
藏无藏等地立宿住摩捶多等者地者處所之名謂波利婆沙等四位於此位中若
有藏即行宿住地謂別住法要須經宿行住法故曰宿住若无藏直行摩那埵故
言有藏无藏等地立宿住摩捶多等即是有覆行三法无覆行二法明藥分齊
相對法也　第六正立懺儀分九一知其罪名相種如第一方解名謂僧殘也種謂漏
失摩觸也相謂犯之多少也律云一名多種住別異故　二知成覆以不如第二方簡
擇十門委陳三知用僧多少即第三方能治所對具列如上四知上四知用聖教即第四方白
四羯業相應等處五知懺儀置設即第五方宿住差異六覆日長短相從律中犯衆
多殘罪雖憶數不憶數但憶日數長短者惣依日數長日治之若不憶日數者從清淨
已來治謂壇場受時以來治也　十誦不憶日月數應從受大戒已來治要須言先清
淨已來五年十年覆藏不得直言先清淨已來以不知滿分齊故僧祇云不憶犯者
當問无歲時犯耶若嘿然者隨年与若言不尔者更問一歲二三四歲時犯耶隨嘿
然處与之　十誦衆中三諫犯殘已即於僧中自唱犯僧殘罪若不即說之是名覆藏故
知多人雖知犯終須發露也　七明惣別懺律法中知數不知數等覆不覆等一名多種
等同用一羯磨懺之文云有比丘犯衆多僧殘罪或有覆一日乃至十日者佛令從十日
惣懺　僧祇惣別懺各得如月一日犯一罪覆藏乃至十日犯罪一覆或有覆一夜乃至
十夜者應作十番別住乃至一番覆藏者其六夜出罪等例同十誦懺僧殘中具
明犯數及若干日覆藏等八明正加羯磨分二先明懺者威儀教授乞詞二明羯磨所被
務中先脫革屣新淨餘衣著安多會及餘麁服上著鬱多羅僧偏露右肩脫革屣合
掌曲身低頭來至僧中自慨此罪將入重處如上論云殘有咽喉未至死顇蒙如來
曲垂慈愍開立懺法又我自慶預蒙怖心得生慚愧不知此懺者則五十億六千歲
唐受地獄如是等緣以為悲喜方便深自慨責恥已罪累塵垢清衆如是觀心已
四面禮僧足訖至羯磨者前互跪合掌若自乞陳傍人受之亦得（然犯者乃多不過三五今取喜犯者以為法式也）
大德僧聽某甲比丘犯故漏失摩觸麁語三僧殘罪各不憶數（憶者言之）或覆藏一夜乃至
百夜（其間延促隨少至多任時所稱）今從僧乞百夜覆藏羯磨願僧与我百夜覆藏羯磨慈愍故
三乞已次明与法索欲問和答已作云大德僧聽某甲比丘犯故漏失摩觸麁語三僧殘罪
各不憶數或覆藏一夜乃至百夜今從僧乞百夜覆藏羯磨若僧時到僧忍聽僧今与

[illegible]
四面禮僧足訖至羯磨者前互跪合掌若自乞陳傍人受之亦得（然犯者乃多不過三五今取甚犯者以為法軌也）
大德僧聽某甲比丘犯故漏失摩觸麁語三僧殘罪各不憶數（憶者言之）或覆藏一夜乃至
百夜（其間延促從少至多任時所稱）今從僧乞百夜覆藏羯磨願僧與我百夜覆藏羯磨慈愍故
三乞已次明与法索欲問和合已作云大德僧聽某甲比丘犯故漏失摩觸麁語三僧殘罪
各不憶數或覆藏一夜乃至百夜今從僧乞百夜覆藏羯磨若僧時到僧忍聽僧今与
某甲比丘百夜覆藏羯磨白如是　大德僧聽某甲比丘犯故漏失摩觸麁語三僧殘罪
各不憶數或覆藏一夜乃至百夜今從僧乞百夜覆藏羯磨僧今与某甲比丘百夜覆藏羯
磨誰諸長老忍僧与某甲比丘百夜覆藏羯磨者嘿然誰不忍者說是初羯磨（第二第三亦尒）僧已
忍与某甲比丘百夜覆藏羯磨竟僧忍嘿然故是事如是持（行事者依此抄中羯磨作法得成若依律文依古羯磨即便改）
（張不可謹誦）九明奪行誡勅行護法羯磨者告云此白四羯磨聖教良藥遵之在心奪卅五事是
折伏法勿得有違執僧勞苦奉清淨比丘是調伏法每事順行白善八事是覆藏法宜加
愧耻深自剋責依法而白不得有失　失者失宿自場々彼亦語已即日僧集白僧令知應
教云大德僧聽某甲比丘犯故漏失僧殘罪（餘罪加之）不憶數覆藏一夜乃至百夜已從僧
乞百夜覆藏羯磨僧已与我百夜覆藏羯磨我某甲比丘從今日行白大德僧知我行
覆藏（三說）　其卅五事如衆網法中　律云彼行覆藏者應日三時見清淨比丘衆應作者一
切如法作不應違逆至布薩日應掃洒布薩處供給調度乃至自在小房中住有客
來遠去者若去不得二人共宿故若衆僧分衣物隨次弟取之身在下行坐在沙弥上若與
与清淨比丘共住行同一床一板長床長板作隔斷然後得坐乃至供給清淨比丘如和上
法文同故不出　十誦極少四清淨比丘作別住二別住人不得同一床坐不得在房處使以
客比丘來不見故　若見者行別住人有人請或与人受戒得傳行法事羯磨行々竟時應
言我今捨波利婆沙三說（文如後列）若寺中多有比丘來者雖白晝日得捨行法明相未出還須
白行々　十誦乃至六夜法白僧得廿五夜　四分若大衆難集若不欲行若厭人軟弱多
有羞恥應至清淨比丘所白言大德上座我今日捨教勅不作若欲行時還至清淨人
所白云我今日隨所教勅當作彼得自更互作使礼拜迎送亦得受沙弥淨人礼拜及
使律云八事失夜法一住餘寺不白二有客比丘來不白三有緣自出界外不白四寺內餘行
者不白五病不遣信白六二三人同一屋宿七在无比丘處住八不半々月々說戒時白隨事關
皆失一夜（已得不失未得不成）白清淨比丘法（律文不具義准白之）具脩威儀白言大德憶念我某甲比丘犯故漏
失（餘罪准知）一僧殘罪不憶數覆藏一夜乃至百夜已從僧乞百夜覆藏羯磨僧已与我百
夜覆藏羯磨我某甲比丘已行若干日餘有若干日未行白大德知我行覆藏（三說）若五
人十人悉來集一處行者總告白言諸大德餘詞同上若不盡集亦无別衆共是別人
發露法也有大德勝人來寺應安置房中白之不須門首更成輕賤其餘諸白難
戒白說戒白等一同上文改白与僧為異耳　十誦若欲行時先思惟我今到前比丘所

失(餘罪衆知)一僧殘罪不憶數覆藏一夜乃至百夜已從僧乞百夜覆藏羯磨僧已与我百
夜覆藏羯磨我某甲比丘已行若干日餘有若干日未行白大德知我行覆藏(於三說)若五
人十人怱來集一處行者怱告白言諸大德餘詞同上若不盡集亦无別衆法是別人
發露法也有大德勝人來寺應安置房中白之不須門首更成輕賤其餘諸白說
戒白說戒白等一同上文改白与僧爲異可 十誦若欲行時先思惟我今到前比丘所
若不到便去 五分若不捨行法出界見比丘應怱白云我某甲比丘行別住已若干日餘若
干日大德憶持不尒者捨行法已見比丘不須白到餘處應求彼僧更行之 四分寺內樣
行者不白失宿若作意欲行白前人行疾出界雖不白不失宿无罪 十誦客比丘來出界
言如常行法不應違逆齊自界住若行別住六夜人病遣使白僧云某甲別住人病不
得來白僧令知應具如四分白僧法 五分一如法比丘得行別住法如上第三卷中說鈔
者云佛法東流行此法者亦少縱有行悔則弃小取大依佛名等而懺者余
意所未安由心懷厭所未合大道但篇聚依教自成業道任自靜思時媿發露
可善而業由蓄故結此已藥病相治不得不行又行覆者多不滿日請師立理立
加同異今取威行之師傳授去此教懺法大小不中校量心行折彼爲先若者別住
事業則大成殺重若准十誦不行別住六夜出罪佛並制斷得罪僧出用彼撥此
理須相准雖然恐事不稱法則改張舊習羯磨者云某甲比丘已行覆藏日今
從僧乞六夜若復請白羯磨並須准改當於乞六夜前上坐集僧已白云此某甲比丘
行僧殘覆藏已經若干日並意勤苦餘有若干日未行者此既於僧陳謝僧今
已受之可放其餘日和僧已衆若嘿然者當与六夜法若行日者滿依法誦之
二明与摩那埵法 初明乞法大德僧聽我某甲比丘犯故漏失摩觸麁語三僧殘
罪各不憶數或覆藏一夜乃至百夜已從僧乞百夜覆藏羯磨僧已与我百夜覆
藏羯磨我某甲比丘已行覆藏日(若竟者應云竟)今從僧乞六夜摩那埵願僧与我六夜
摩那埵慈愍故三乞 上坐如前作法安慰之訖白言大德僧聽某甲比丘犯故漏失摩
觸麁語三僧殘罪各不憶數或覆藏一夜乃至百夜已從僧乞百夜覆藏羯磨僧已与
某甲比丘百夜覆藏羯磨此某甲比丘已行覆藏日竟今從僧乞六夜摩那埵若
僧時到僧忍聽僧今与某甲比丘六夜摩那埵白如是大德僧聽此某甲比丘犯故
漏失摩觸麁語三僧殘罪各不憶數或覆藏一夜乃至百夜已從僧乞百夜覆
藏羯磨僧已与某甲比丘百夜覆藏羯磨此某甲比丘已行覆藏日已今從僧乞六
夜摩那埵僧今与某甲比丘六夜摩那埵誰諸長老忍僧与某甲比丘六夜摩那埵
誰諸長老忍僧与某甲比丘六夜摩那埵者嘿然誰不忍者說是初羯磨(第二第三亦尒)僧
已忍与某甲比丘六夜摩那埵竟僧忍嘿然故是事如是持 彼得羯磨已即於僧
中白言大德僧聽我某甲比丘犯故漏失摩觸麁語三僧殘罪各不憶數或覆藏一

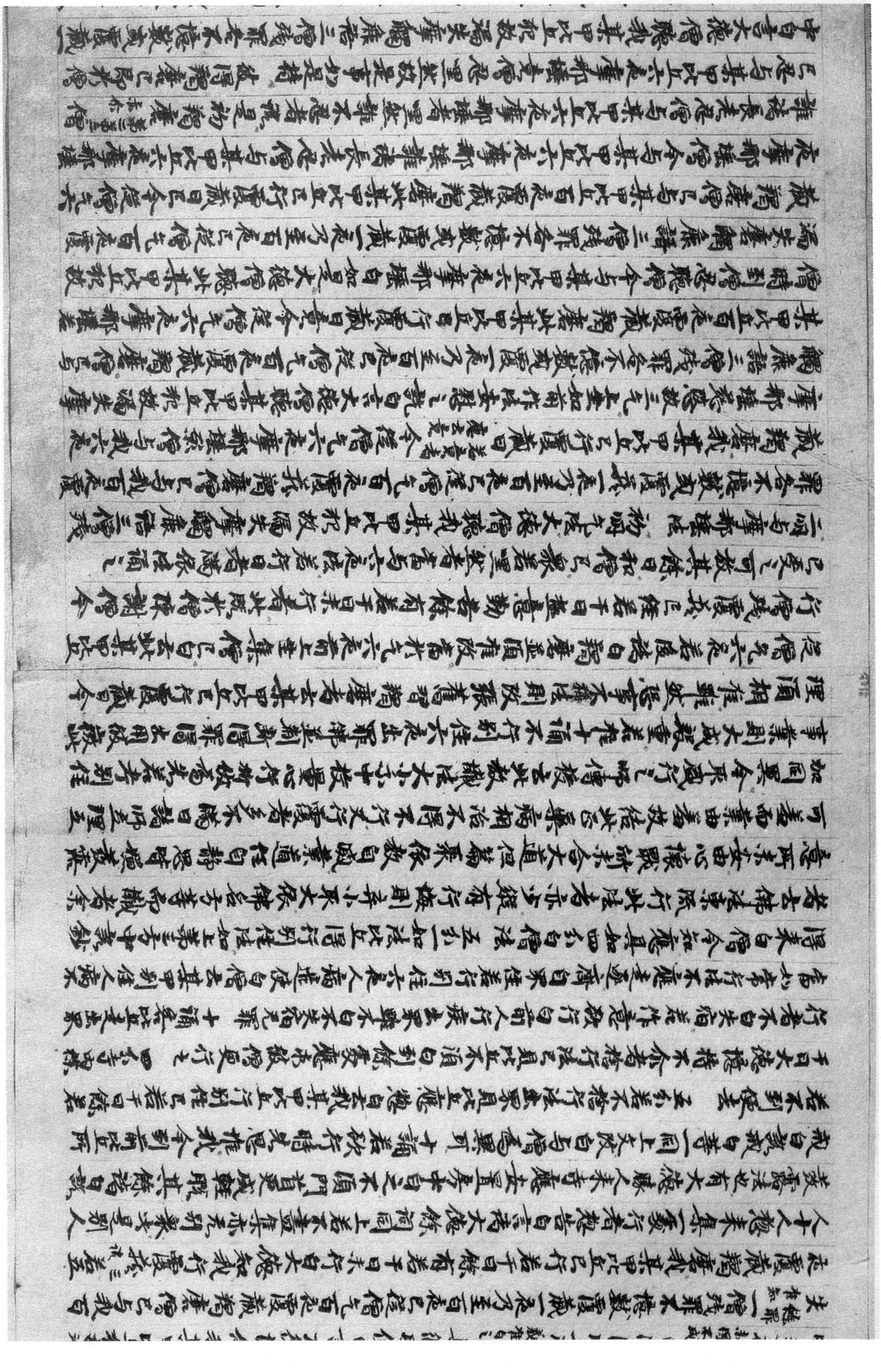

藏羯磨。僧已与某甲比丘百夜覆藏日已，今從僧乞六
夜摩那埵。僧今与某甲比丘六夜摩那埵。誰諸長老忍僧与某甲比丘六夜摩那埵
誰諸長老忍僧与某甲比丘六夜摩那埵者嘿然，誰不忍者說。是初羯磨。第二第三亦尒　僧
已忍与某甲比丘六夜摩那埵竟。僧忍嘿然故，是事如是持。　彼得羯磨已，即於僧
中白言：大德僧聽，我某甲比丘犯故漏失、摩觸、麁語三僧殘罪，各不憶數，或覆藏一
夜乃至百夜。已從僧乞百夜覆藏羯磨，僧已与我百夜覆藏羯磨。我比丘某甲已行覆
藏日已，從僧乞六夜摩那埵，僧已与我六夜摩那埵。我某甲比丘從今日行。白大德僧知我
行摩那埵。三說　若行經一夜者，餘詞同上，乃至僧已与我六夜摩那埵。我某甲比丘已行一
夜，未行五夜。白大德僧知我行摩那埵。餘夜准此增減　若客比丘來，唯改大德僧為異，餘詞並同。
律云：行六夜比丘亦同行別住覆藏法，唯常在僧中宿，日日白為異。非謂与僧同處宿　僧祇曰：數數
犯僧殘，如波逸提，乃至越毗尼悔，故便制六夜懺悔，廿人中出罪。此上二行中，若覆与
前法，不覆与後法同，俱出罪。若二法中重犯者，各壞二法，皆重与本日持之。餘如
別述。　三、与出罪法。先教乞云：大德僧聽，我某甲比丘犯故漏失、摩觸、麁語三僧
殘罪，各不憶數，或覆藏一夜乃至百夜。已從僧乞百夜覆藏羯磨，僧已与我
某甲比丘百夜覆藏羯磨。我某甲比丘已行覆藏日已，從僧乞六夜摩那埵，僧
已与我六夜摩那埵。我某甲比丘已行六夜摩那埵竟，今從僧乞出罪羯磨。願僧
与我出罪羯磨，慈愍故。三說　羯磨者如前作法，和白言：大德僧聽，此某甲比丘犯故漏失、
摩觸、麁語三僧殘，各不憶數，或覆藏一夜乃至百夜。已從僧乞百夜覆藏羯磨，僧已
与某甲比丘百夜覆藏羯磨。此某甲比丘已行覆藏日已，從僧乞六夜摩那埵，僧已与
彼六夜摩那埵。此某甲比丘已行六夜摩那埵竟，今從僧乞出罪羯磨。若僧時到，
僧忍聽，僧今与某甲比丘出罪羯磨。白如是。大德僧聽，此某甲比丘犯故漏失、摩觸、
麁語三僧殘罪，各不憶數，或覆藏一夜乃至百夜。已覆從僧乞百夜覆藏羯磨，
僧已与某甲比丘百夜覆藏羯磨。彼某甲比丘已行覆藏日已，從僧乞六夜摩那埵，
僧已与某甲比丘六夜摩那埵。此某甲比丘已行六夜摩那埵竟，今從僧乞出罪
羯磨。僧今与某甲比丘出罪羯磨。誰諸長老忍僧与某甲比丘出罪羯磨者嘿然，
誰不忍者說。是初羯磨。第二第三亦尒　僧已忍与某甲比丘出罪羯磨竟。僧忍嘿然故，是事
如是持。　与出罪已，依僧祇律，當教云言：善男子，佛在世比丘能受戒、能持戒、能得聖
果；滅後比丘能受戒、能破戒、能入惡道。行者既內无議心，外縱身口，令犯此罪，垂至死
處，猶有勝因，改心懺悔，大眾隨喜，故牽自慶。故文云：自今已去，形心清淨，如无憂花，更
勿復犯。縱更犯，捨心難生；縱捨心生，懺罪无處。故論云：若廿清淨比丘出僧殘罪，我法
不滅。令時惡世，尚不喜聞犯名，豈當聽悔。懺者如是種種因緣，為說斷斷之意，并引
涅槃：住以貪欲習故，死入地獄、畜生、餓鬼，從彼得出，還為鳩鴿雀等。三懺偷

BD14044號　四分律刪繁補闕行事鈔卷中　（51–43）

果滅後比丘能受戒能破戒能入惡道行者既内无慚心外縱身口今犯此罪妻至死
處猶有勝因改心懺悔大衆隨喜故章自慶故文云自今已去形心清淨如无憂花更
勿復犯縱更債犯怖心難生縱怖心生懺罪无處故論云若廿清淨比丘出僧殘罪我法
不滅今時惡世尚不喜聞犯名豈肯聽其懺者如是種種因緣爲説斷割之意並引
涅槃徒以貪欲習故死入地獄畜生餓鬼從彼得出還爲鳩鴿雞雀等　三懺偷
蘭遮法分二初明罪相二立懺儀初中分二一者從生偷蘭謂初二篇下方便若依十誦初
篇生重此是近方便謂身口相染得觸遮者應一切僧中悔若初篇生輕二篇生重應
界外四比丘衆中悔若僧殘生輕應一比丘前悔其懺法与波逸提同二者自性偷蘭亦名
獨頭亦分三品云何名重謂盜僧食具十方現前物偷四錢及非人重物等須大衆懺云
何名中品破羯磨僧盜三錢已下僧私二物一有衣二无衣相觸作僧殘境累如是等類
對小衆懺云何名下如律云畜用人髮剃三處毛灌下部露身行著外道衣畜石鉢食
生肉血等　僧祇瞋心裂破三衣畜破塔等並偷蘭用一人懺律中初二篇下教人犯偷蘭
者並是究竟輕重同上懺之二正如法分三謂大衆小衆一人法初明大衆者　多論中
莫問輕重悉隨僧三乞然後清懺懺主其受懺者單白已對手三悔文如波逸提法
今明立大衆要具五人以上方得行之並界中僧集已具脩威儀至僧中禮僧足已陳
過於僧然後乞云大德僧聽我某甲比丘犯媱方便重偷蘭遮罪不憶數今從衆僧乞
懺悔若僧聽我某甲比丘懺悔慈愍故三乞二明請懺主應至清淨比丘所合掌互跪
請云大德一心念我某甲比丘今請大德爲偷蘭遮懺悔主願大德爲我作偷蘭懺悔
主慈愍故三説三懺主單白欲問和合者云犯重罪偷蘭遮單白受懺悔羯磨應
白言大德僧聽此某甲比丘犯媱方便重偷蘭遮罪不憶數今從衆僧乞懺悔若
僧時到僧忍聽我某甲比丘受某甲比丘懺悔白如是四者爲説罪名罪種罪相破戒餘
習如前後懺中　五正明捨罪文云大德一心念我某甲比丘犯媱方便重偷蘭遮罪不憶數
今向大德發露懺悔不敢覆藏餘詞如後捨墮中說六可責云自責汝心生厭離
荅言尓第七上之七相律論各顯及論附事皆不勞煩叙令通引誡用想无素亂耳
懷一罪餘者准之第二小衆者　十誦四人爲小衆若受他懺用无單白心得口問邊人
四分滅諍中小衆者二三人也縱有四人心同小法以僧祇正斷五人爲捨墮教如上卷所明
立法有七須乞懺法（文同於上 餘六如下）初明請懺主一如大衆二受懺者問邊人求和如捨墮中
三爲説罪名種相四正説捨罪其詞曰大德（一心念）我某甲比丘犯摩觸女人身上衣偷蘭遮
不憶數（憶者言之）今向大德發露不敢覆藏餘詞如常法所述五可責六立誓並同
上　第三一人懺者五法一請懺主二爲説名種相等三正捨罪除前下品罪名陳露四
可責五立誓並同上來三懺事既是希非謂事希罪多懺少故也然智人犯過
思悔必多勝隱而不出即成疎略文已繁廣事資遺遍必若懺滌是爲准量下之四

不憶數憶者言之今向大德發露不敢覆藏餘詞如常法所述五可責六立誓並同
上　第三人懺者五法一請懺主二為說名種相等三正捨罪緣前下品罪名緣露四
可責五立誓並同上來三懺事既是希非謂事希罪多懺少故也然智人犯過
思悔必多脫隱而不出即成疎略文已繁廣事貴通遍必若懺滌是為准量下之四
篇人善懷犯故在初首曲更滌緒謂律中犯懺必須識知不疑善識名種依聚歷別
同篇合懺異聚別悔又除罪入法隨數稱之若妄不知乃去不憶又見有行懺者是
非未分輒為悔主端坐受懺前人既不自曉故請治之或去衆學諸罪或云預是罪者
或若有迷妄或二篇同懺或无犯而言犯或犯重而言輕如此失法之懲罪非
迷　隱反成自累何能辯他故須照達罪懺明逾水鏡使彼此无私隱情事有
相應則可為順教佛子矣何者以律宗約相違相心事俱非不類大示三部同時
一懺餘如戒本羯磨疏述　第四顯波逸提法分二初明卅捨墮後約九十初中分
三謂僧法衆多人法對首法又初分四一明捨財二明捨心三明捨罪四明還衣并雜料
簡相初捨財中分四一辯定須捨得不又二初總明捨法差別二辯財體是非初中卅戒
內且約僧犯屋非无懺清心者希僧捨墮中自他並一者自捨如乞蠶綿用為衣服
但自斬壞不須對境二者對境二者對他道俗分二兩種寶戒必捨俗人餘廿七則對道
捨道局分二乞鉢一戒要本住處又在僧中行益等法違則不成餘廿八處通彼三人含僧
別名有意致非鈔者懷之定財體諸捨乃多事現三五不過畜長離衣取貴
三事乞衣受衣義通犯不並如隨相說犯長中初明長體後相緣過長體之相不過
五種一是屬梭持故不須說淨以不說故非是長限如三衣坐具益蓋三事必是受持隨
有衣襆袋帊並不說淨若受百一供身具亦須受持不受者有說不說如下卷中
二是隨百一供身具亦不須說如靴鞋履鞅蓋過臧盆等十六枚為屋須說淨
僧直得畜三隨重物故不須說如八不淨體非隨道律開畜故非淨限乃至大旙
褥帳等性重不須入四餘捨隨即不淨財不應淨法亦不入長不同昔解如床屋衣
及取貴財入手犯受取過限又犯長今能不然財无再捨罪不重復結算犯別捨不同
他律僧祇離衣經十日又犯長罪四分多論單有一過五雖入長限是佛開緣謂須使
未入寄他亦入買得未入或雖入手攻捨与他或共物未分如是等例是開限故亦无犯
長相緣之文如上已明二離衣宿隨其二三是犯過者緣入文中並必知數非通三衣也
三販賣買物三事須分如上隨戒謂且如買物制俗人而交貿俗所取衣食具一切衣
益瓶盆欲筆墨等无問輕重多少无非爭價上下口自斷者雖非犯長乃入買易皆
犯捨墮若買田宅人畜机桒床席但作吉懺不須入捨若長財販易衣物欲多畜
隨物處数別捨其罪一處懺治治罪既竟次第還衣若離捨衣有盡不盡犯長相緣
緣依通說　[illegible]

BD14044號　四分律删繁補闕行事鈔卷中　（51–45）

三販賣買物三事俱不如上隨戒律具如買物制俗人市易貨俗所求衣食具一切衣
盋瓶盆紙筆墨等無問輕重多少無非爭價上下口自斷當雖非犯長乃入買易皆
犯捨墮若買田宅人畜机案床席但作吉攝不須入捨若長財販易衣物數多者
隨物處別捨其罪一處懺悔罪既竟次第還衣若雖捨衣有盡不盡犯長相染
餘捨通成　二忘見本物成不者謂捨衣多忘喜相染次若捨衣竟若還衣已說淨訖
忽見忘物前捨成淨二法兩成後所忘者更將捨墮若還財未說淨而見忘物並即
相斷通將入犯長捨之前財雖是乞衣販轉捨及還事同新得如法說淨但為長忘
想染故不得說淨罪還作長捨若盡忘者施他此亦不成以作屬己前生後乃忘染而捨此（非淨施佛不許之主云若捨已並隨還也其所忘物是販賣餘作應不相染言相）
染者十日一月急施過後三戒相通相染以此事勞捨財衣前預生捨心決屬三寶列
者成捨若後更取則是重盜不入此戒須知　三隨捨威儀其衣物三處求懺一是離衣
二是長衣三諸雜捨若衣財數多假使一一捨令通連束論去一捨得成又恐妄物相染
故須歷別是長有染離捨則通離衣一種染亦不得如是將來僧中故聚一處並比
丘應偏露右肩脫革屣四面向禮僧足互跪合掌曲身低頭執衣四足說捨詞未得即
說僧中上坐應告不來諸比丘說欲及清淨得和合已然後方捨以律云此捨墮衣應
捨與僧若衆多人若一人不得別衆捨若捨不成得罪文相如是臨事多妄然後
捨云大德僧聽我某甲比丘故畜衆多（若少去數）長衣財（若過）限不說淨犯捨墮故離僧伽
梨宿犯捨墮（餘二衣准著下法中更不述）買得衣物（若干衆多）犯捨墮餘有隨事言之今持此衣物捨與
僧一說　二明捨心法前明捨財乃離罪緣後明捨罪除感報法今明捨心正除罪可以
貯畜相續無心捨淨令故犯罪捨已猶畜貪心尤結罪因不除雖懺還結犯此脩長
財之捨不同餘雜罪種若取通理要斷後畜為先故文中捨彼捨與捨他彼不還畜
但得小罪正是失後法也㥁四分一律宗是大乘虛通無係故羨言識事無隨結若依他部
一捨已後無反還求任僧處斷或入常住或入四方或（息）觀所須或弃山水即同此律斬
壞入廚施僧施俗故知行者若欲捨墮先須捨心不捨兩相勞擾但人見積性非
通達口雖世表行實是庸陋今若不捨要必歸死捨身任業一毫莫隨而不思大可
任世遷終以此經生生亦虛過但知僧能除罪行違佛說何得以世浮財勞心侵處豈
唯故為靈識聖論明文須知　薩婆多云衣已捨罪已悔畜心斷當日得本衣及
意外財得受二衣已捨罪未悔畜心斷當日得本財及求得吉羅　三衣已捨与他罪
已悔畜心不斷當日餘日得本財及意外財並犯捨墮此句正是捨心之模要餘句如
疏　三明捨罪法有七一對僧乞懺者在僧中如前威儀合掌口言大德僧聽我某甲比丘故
畜衆多長衣不說淨犯捨墮（若過限者有用言之餘不過限但誦上言）離僧伽梨宿犯捨墮是衣已捨與
僧是中有波逸提罪（長衣言衆多則罪不憶數若言一二者須述數若多若少並三衣一向知數若將衣受持但懺離衣不須捨若犯多時犯者並）犯捨長財已用壞盡
各犯根本波逸提罪不憶數（若憶數者須憶言之餘買得財等用盡亦尔也）今從衆僧乞懺悔願僧聽我某甲

已悔意心不斷當日餘日得本財及意外財並犯捨墮此句正是捨心之模要餘句如
疏 三明捨罪法有七一對僧乞懺者在僧中如前威儀合掌口言大德僧聽我某甲比丘故
畜衆多長衣不說淨犯捨墮 若過限者有用言之餘 不過限但誦上言 離僧伽梨宿犯捨墮是衣已捨與
僧是中吾有波逸提罪 長衣云衆多則罪不憶數若言一二亦須道數若多若少若 三衣一兩知數若錯衣受持但懺離衣不須牒若犯多時忘者 犯捨長財已用壞盡
各犯根本波逸提罪不憶數 若憶數者須憶言之餘 罪得財等用盡亦尔也 今從衆僧乞懺悔願僧聽我某甲
比丘懺悔慈愍故 此是律出威儀法中文 不具足准取具例也 如是三說已上坐告僧云大衆受彼懺悔三請懺主
必須根本已來俗人時不破五戒八戒入佛法中不犯十戒具戒中重者下四聚罪曾經作限
律懺諸者然後受他所以須爾者佛言有犯者不得受他懺悔不得向有犯者解
罪亦不同昔人下至不同犯此妄引五分正文彼中開命難大緣不同同犯不同犯得開
今是開緣必是非法律中令覓清淨比丘若无不得說戒懺悔 正明請法律雖不
出事取義立應立清淨者前互跪合掌云大德一心念我某甲比丘請大德為
波逸提懺悔主願大德為我作波逸提懺悔主慈愍故三請已來 得者可不
三懺主單白和僧衆欲問和答又白言大德僧聽某甲比丘故畜衆多長衣不說淨犯
捨墮離僧伽梨宿犯捨墮此諸衣物已捨與僧是中犯長波逸提罪不憶數離僧伽
梨宿犯一波逸提罪犯長捨財已用壞盡亦有根本波逸提罪不憶數今從衆僧乞懺
悔若僧時到僧忍聽我某甲比丘受某甲比丘懺悔白如是作是白已前所懺者大於
已者告云尔若小者云可受彼懺悔四為說罪名種相破戒餘習先為說持犯破之相及
分別輕重悔法當量前事告之若是犯長者云比丘之法本无積聚涅槃文中不名為
僧令以凡心遠於佛教甚可恥等若離衣者告云佛言我為諸弟子結戒已寧死不犯
比丘正有三衣鉢器行必隨身猶如飛鳥無所厭惡今揚佛正教不制隨身制者當
著豈成佛子若離此衣生名破戒之人受食信施所執盂盂即洋銅器所著衣者是
契鐵 錄 出在大論豈是凡言乃至破戒餘習破戒衣食報入畜生中別受无毛之鳥
熏衆生等如是隨機約略斬斫五三句要害事以示語之但犯罪長時心智頑鈍雖
聞苦語未必動心者亦不必誡示立不勞為受又相續故次為說罪名名有三種一者根
本波逸提此衆後懺二者從生根本三突吉羅在根本前懺三者從生覆藏六品吉羅
衆在前懺去何六品一者根本覆吉羅經初夜一品第二夜一品例餘著用畢妄居有三品
通前六品並據犯者言之必无此九品亦不得謹誦大見誦者故重言之猶恐有誦
者知後來何全正初懺六品覆藏義律文在前不得令墮應請一比丘即向所請者示
得口言大德一心念我某甲比丘請大德為突吉羅懺悔主願大德為我作突吉羅懺
悔主慈愍故三請已二正悔罪言大德一心念我某甲比丘故畜衆多長衣不說淨犯捨墮故
離僧伽梨宿犯一捨墮並不覆藏犯突吉羅罪經夜覆藏義隨夜展轉覆藏義并著用
前犯捨衣突吉羅經夜覆藏義隨夜展轉覆藏經僧說戒九處三問黙妄突吉羅

者知後業何舍所餘懺六品覆藏義律文在前不得合隨應請一比丘所向所請者亦
得口言大德一心念我某甲比丘請大德為突吉羅懺悔主願大德為我作突吉羅懺
悔主慈愍故三請已　二正悔罪言大德一心念我某甲比丘故畜眾多長衣不說淨犯捨墮故
離僧伽梨宿犯一捨墮並不發露犯突吉羅罪經夜覆藏　隨夜展轉覆藏　并着用
前犯捨衣突吉羅經夜覆藏　隨夜展轉覆藏經僧說戒九眾三問黙妄語突吉羅
罪經夜覆藏　隨夜展轉覆藏如是六品各是突吉羅各不憶數今向大德懺悔
不敢覆藏懺大德憶我告云自責汝心生厭離答言爾　二次懺三小罪根本着用犯
捨墮衣律中善見俱結罪名說戒黙妄文亦同此如前說訖　更不重言但正懺本
罪云應大德一心念我某甲比丘故畜長衣眾多不說淨犯眾多波逸提罪故離僧
伽梨宿犯一波逸提罪各經宿覆藏犯突吉羅罪如上多少又經僧說戒九眾三問黙
妄語突吉羅罪不憶數又著用不如法衣犯眾多突吉羅罪今向大德懺悔
大德憶我一說可責立誓如前然懺法繁重生善致難恐僧勞僧眾當於捨
衣前別處悔九品小罪臨至僧中單疑根本者畧是機要五正懺本罪法應在受懺人
前具儀口云大德一心念我某甲比丘故畜眾多長衣不說淨犯捨墮故離僧伽梨宿犯捨
墮此諸衣物已捨與僧犯波逸提罪如上犯數又犯長捨時已用壞盡並各犯根本波逸
提罪不憶數（若无著用自上並不云）　今向大德發露懺悔不敢覆藏懺悔則安樂不懺悔不安樂
憶念犯發露知而不敢覆藏懺大德憶我清淨戒身具足清淨布薩三說六可責立
治應告云汝自責心生厭離七立誓言爾　大明四門還衣離法初對前是非卅戒中
五長者戒必須畜斷然後得還非五長者本以受來遠法不由畜過畜生還之今行事者
恐畜心不斷故令經宿還令不同之必不斷心多日並犯若捨心斷當日得還如上論文令
且依舊法若五長者謂十日衣一月衣長益七日藥急施衣過後畜等經宿還之律
云若大眾多難集故比丘有因緣事欲遠行僧即應還彼衣彼得衣已有委付之欲
作展轉羯磨其文如巨人輕物法加云僧今持是衣與某甲某甲比丘當還某甲比丘白
如是餘詞同直付法律文應問彼言此衣與誰隨彼與者與之若非五長及是五長同
日還者直作羯磨還之問和索欲答訖白言大德僧聽某甲比丘故離僧伽梨宿
犯捨墮（取衣罢縣隨稱）　是諸衣物已捨與僧若僧時到僧忍聽僧今持是衣物還某甲比丘
白如是　大德僧聽某甲比丘故離僧伽梨宿犯捨墮此衣已捨與僧僧今持是衣還某
甲比丘誰諸長老忍僧今持是衣還某甲比丘者黙然誰不忍者說僧已忍還某甲比丘
衣竟僧忍黙然故是事如是持律中若不還衣者得突吉羅若依他部如前具解文如
下卷諸部別行事中問先懺根本後懺吉羅吉罪滅不答如僧殘不異故罪不
得出問四人單白得受懺不答前已明之並須五人以上方行羯磨四人若作但得對
首如上卷中餘有諸捨如別篇自現故不廣述三明眾多人捨有三　初對四人捨法捨
財還財如前僧法不異捨心亦同乃至一人豈有須畜若論捨罪則有六種如

甲比丘誰諸長老忍僧今持是衣還某甲比丘者默然誰不忍者說僧已忍還某甲比丘
衣竟僧忍默然故是事如是持律中若不還衣者得吉羅若依他部如前具能又如
下卷諸部別行事中問先懺根本後懺吉羅吉罪滅不答如僧殘不異故罪不
得出問四人單白得受懺不答前已明之並須五人以上方行羯磨四人若作但得對
首如上卷中餘有諸捨如別篇自現故不廣述二明衆多人捨有三　初對四人捨法捨
法捨財還財如前僧法不異捨心亦同乃至一人豈有須蓄若論捨罪則有六種如
前須乞懺由對僧也以對別故則無白文餘詞同上但改單白為異問邊人言諸
長老若長老聽我受某甲比丘懺悔者我當受彼言尒餘有委細如鄉補羯磨
對三人二人法亦大同既是全別初捨衣去衆多大德一心念然後自陳後去捨与衆
多大德捨罪中間邊人与上無異餘法並同二部還衣前須羯磨自他是僧後別
人法口和還得對一人法大略可知捨財還衣直對而已若論陳罪無邊人故但具五
法如上謹依易知不述二明懺九十單墮法當隨犯多少總別通懺方法同前恐後
進亦知更重生一從且託妄語為緣自餘有犯隨名應入若有從生之罪如前根本之
初懺之或九品六品四品三品二品依知有無如過量坐具新色三衣並有著用故須先
悔並同前亦二正懺法先請一清淨知律比丘堪解罪者共在空靜處或對佛像
前具儀請詞如上不異二請已彼知法者當為分別罪名種相三種又為破持兩相
令生怖心如上具懺已然後懺方便從生根本並准上云大德一心念我某甲比丘故妄語
犯一波逸提罪今向大德發露懺悔餘詞如上善見云若生時惡罵彼人若入涅槃
罵者亦悔當於涅槃處作懺悔已天道門不閉　五明懺提舍尼法云与波逸提
同一說為異今依戒律自立懺法不取人語隨相四罪文中具顯　先請一清淨比丘
文云今請大德為波羅提提舍尼懺悔主餘上下文同前二為分別罪名種相三正說
悔罪文云大德一心念我某甲比丘無病從非親理尼自手受食食大德我犯可呵法所
不應為今向大德悔過一說便可表立誓僧祇懺法云餘詞大同四分前人問汝見
罪不答云見語云慎勿犯更作答言頂戴持　六懺突吉羅法七篇懺儀亦有
衆多先出方軌後立條例突吉羅罪依律文中二種不同一故作故犯應懺突吉羅
又犯非威儀突吉羅二若不故作犯非威儀突吉羅亦不分二懺之法若依摩得論
說故作者對人一說悔誤作者責心懺明了多論亦同如此二則兩懺灼然通衛自然比
來諸師相沿舊解依文護誦同皆責心又律文引律文小罪不從人懺此文未了須論
解之旨律明故誤二法諸明兩懺不同正理自明何待固執人言易毀聖論難違今
立律論二種懺法先出罪種後明懺儀初篇覆藏由識知故隱非疑不識則不
成覆覆心既重豈名為誤　次明諸篇方便如婬戒發身欲起而未動方便乃至
吉羅中發心欲令身不齊整著三衣等無問輕重並須對人以故發不善心欲
動其身口並入故作攝若獨頭吉羅如衆學百戒不從諸篇後生者諸類極多

解之有律明故悞二法謂明兩懺不同正理自明何待因執人言易毀聖論難違今
立律論二種懺法先出罪種後明懺儀（明諸）初篇覆藏由識知故隱非疑不識則不
成覆始心既重豈名為悞 次明諸篇方便如婬戒發身欲起而未動方便乃至
吉羅中發心欲令身不齊整著三衣等無問輕重並須對人以故發不善心欲
動其身口並入故作攝若獨頭吉羅如衆學百戒不從諸篇後生者諸疏並多
並有故悞兩犯亦如前二懺同如初篇方便重吉羅後篇方便輕去何齊責心一說
對人懺答罪名自齊業隨心起重者重悔輕者輕治同篇各治故結悔無階降如
卷初述又云罪該六聚名通優劣心居濃淡業必重輕理須別懺義指為名次明懺
法先對故作分二前懺吉羅如捨法中不得以同名吉羅故共根本合懺律文自分六聚不可
以為該罪名種相已三正捨罪文云大德一心念我某甲比丘犯婬遠方便突吉羅罪
柳之次懺根本且約婬戒方便餘則例之先請一懺主其律如捨墮法中三請
不數今向大德發露懺悔不敢覆藏大德憶我一說便止餘詞同上若文四分無有今約提
舍尼波逸提二懺已後多少不同吉羅重微不可廣備隨法不同傳被故合通罪
故次明悞作先出其相謂心不正念過緣起非外越威儀理須改懺如著三衣必迴顧
看視諸相齊整方乃進路戲笑妄語諸非法相並是不攝念故起斯過律云佛
制攝持威儀比丘若入若出屈身俯仰攝持衣鉢若飲若食若服藥大小便利
若睡若眠若覺若來若去坐臥若語若嘿常今一心若違此制具結其犯次明作法
先悔從生後明根本應具儀至佛塔前所教已互跪合掌云我某甲比丘悞犯不齊整
著衣突吉羅罪不憶數我今發露懺悔更不敢作一說餘並准此識罪發
露法至一清淨比丘所具儀云大德憶念我某甲犯某罪今向大德發露後如法懺
悔三說此謂犯已未經明相者得行斯法若已經覆後隨覆日即罪不藏若非經
說後還覆者還成覆藏更須露罪若犯僧殘未經明相即首路者是吉羅亦
不行覆藏餘之五聚同是懺吉疑罪露法餘同如上應告言大德憶念我
某甲比丘於某犯生疑今向大德發露須後無疑時如法懺悔說三大論云戒
律雖微細懺則淨清犯十善戒雖懺三惡道罪不除如比丘煞畜罪報
猶在前已具出悉揭柱戒謂言懺已無業餘如行法所述 善見云
於大者懺云大德小者懺云長老四分云於上坐懺者具五法小者懺
具四法除禮足 十誦應具五法偏袒脫革屣右膝著地兩手捉上坐
足三說如懺悔法與欲清淨受歲出罪等法威儀亦爾有四種人數數犯
罪數數悔過一無羞二輕戒三無怖畏四愚癡鈍者言此卷正宗戒體
五衆同法鈔軸極繁事意未盡幸宗上下細披

若睡若眠若覺若來若去坐卧若語若默常尔一心若違此制具結其犯次明作法
先悔從生後明根本應具儀至佛房前所致敬已互跪合掌云我某甲比丘故犯不齊整
著欝多羅僧突吉羅罪不憶數我今發露懺悔更不敢作一說餘並在此識罪發
露法至一清淨比丘所具儀云大德憶念我某甲於某罪今向大德發露後如法懺
悔三說此謂犯已未經明相者得行斯法若已經覆後隨覆日即罪不藏若雖經
設說後還覆者還成覆藏更須露罪若犯僧殘未經明相即首露者免吉羅亦
不行覆藏餘之五眾同免懺吉疑罪露法餘同如上應告言大德憶念我
某甲比丘於某犯生疑今向大德發露須後無疑時如法懺悔三說大論云戒
律雖微細懺則淨清犯十善戒雖懺三惡道罪不除如比丘煞畜罪報
猶在前已具出恐傷繁故謂言懺已無業餘如行法所述　善見云
於大者懺云大德小者懺云長老四分云於上坐懺者具五法小者懺
具四法除礼足　十誦應具五法偏袒脫革屣右膝著地兩手捉上坐
足三說如懺悔法与欲清淨受歲出罪等法威儀亦尔有四種人數〻犯
罪數〻悔過一無羞二輕戒三無怖畏四愚癡鈔者言此卷正宗戒體
五眾同涉舒軸尅繁事意未盡幸察上下細披

四分律刪繁補闕行事鈔卷中

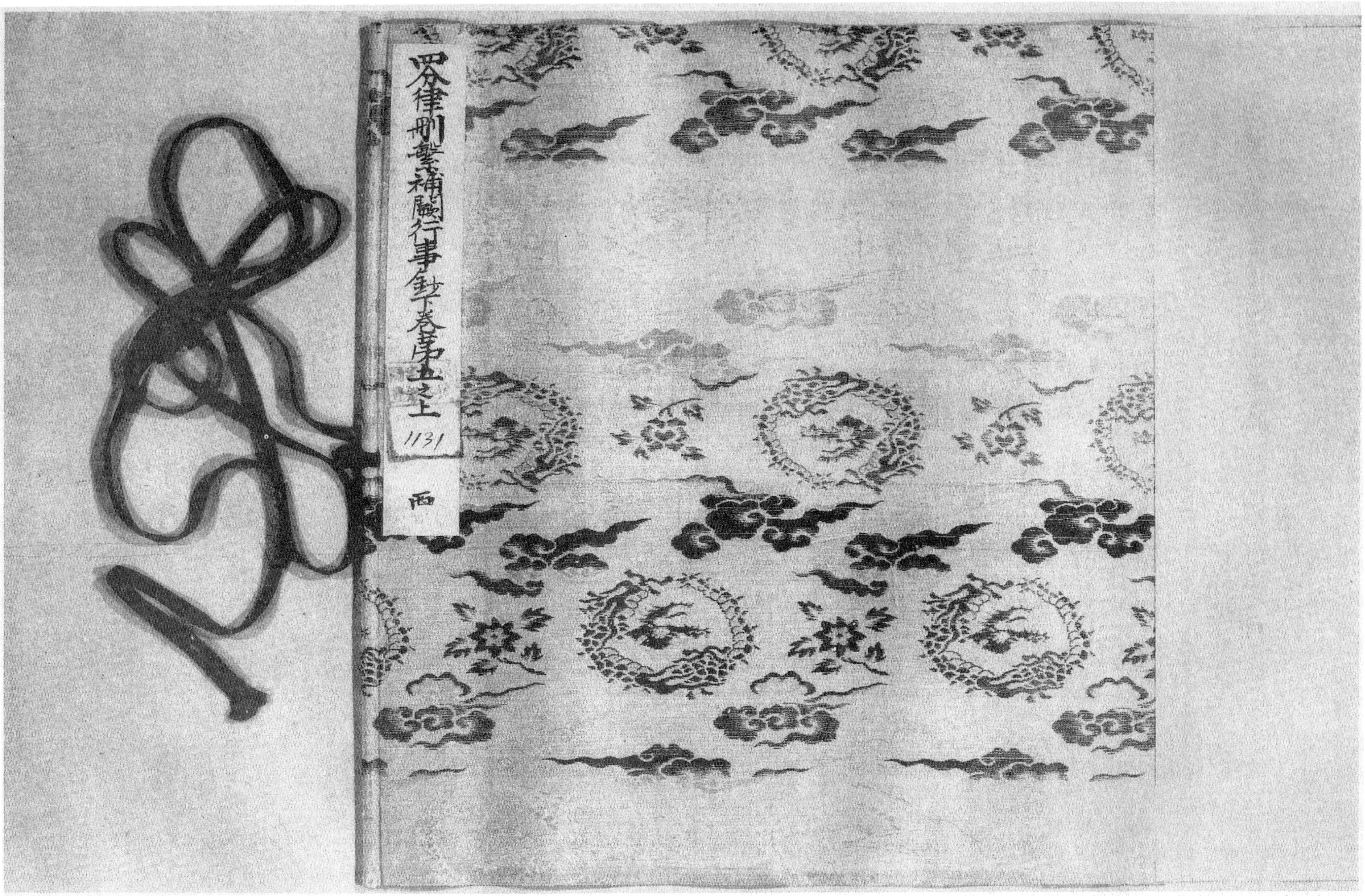

BD14045號背　現代首護　（1–1）

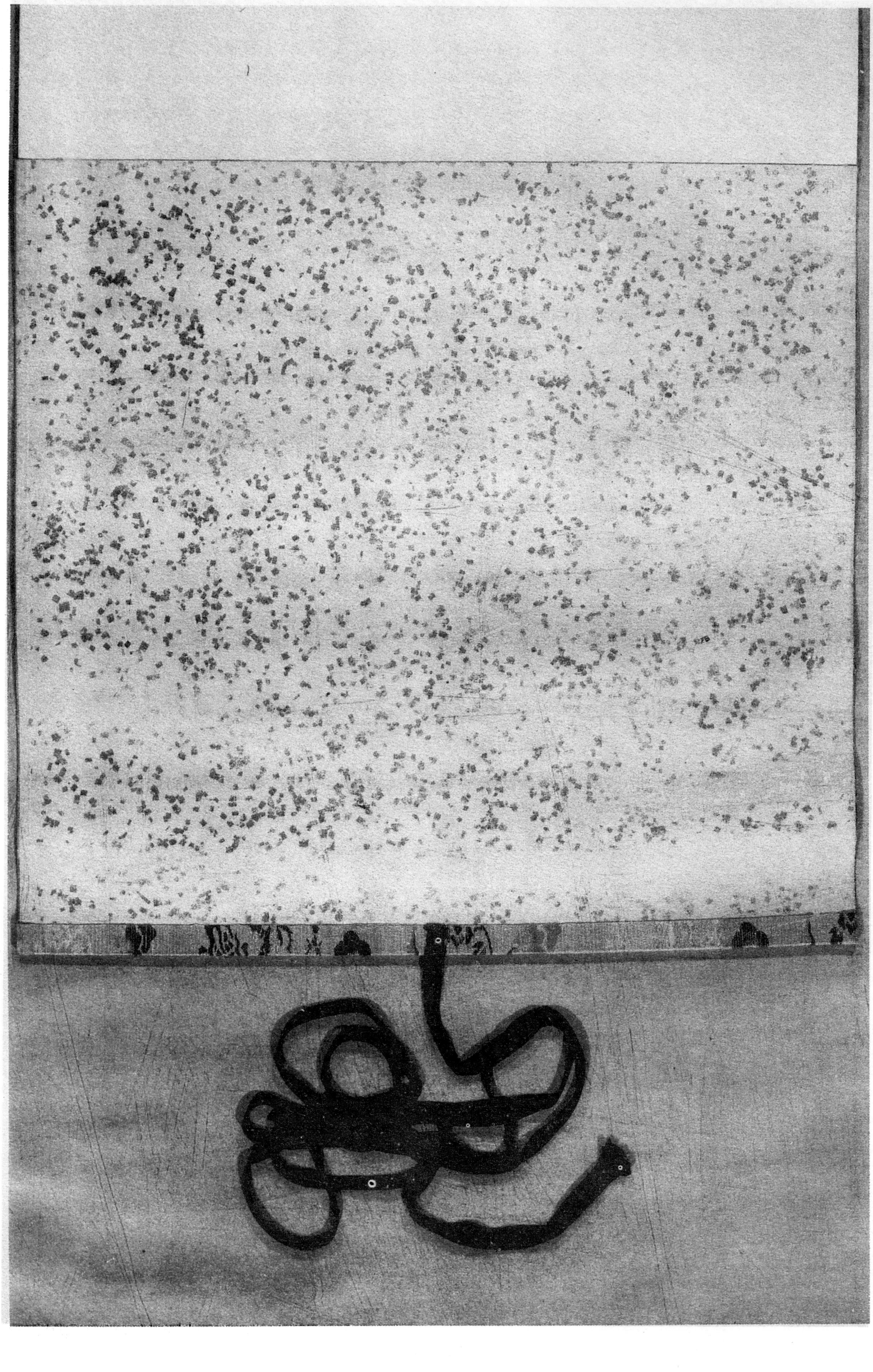

(46–1)

四分律刪繁補闕行事鈔下卷第五之上（並鈔非少 五名標顯）京兆崇義寺沙門釋道宣
撰述　二衣總別第十七　四藥受淨第十八　鉢器制聽第十九（房舍等五行調度 衆具法附）
對施興治第廿　　　二衣總別篇第十七
夫形居世累必假威儀障蔽塵染勿過衣服若受用有方則不生各（？）衆必須
錫弄式便自陷深釁故初總分別聽後依門而解何名為制謂三衣六物
佛制令畜通諸一化並制服用有違結罪何名為聽謂百一衣財道報開
許達順無過通道濟色也就初分三謂三衣坐具漉水囊也後中分四謂
百一諸長糞掃衲旋亡五衆衣輕重等例令解初制前明三衣分二初明衣
法後攝衣法初中分四一制意釋名四用二作之方法三加受持法四離出科
簡言制意者薩婆多云欲現未曾有法故一切九十六種外道無此三衣名
為異外道故分別功德論為三時故制有三衣冬則著重夏則著輕春
則著中為諸虫故智度論云佛聖弟子住於中道故著三衣外道裸
身無恥白衣多貪重著也十誦為異外道故使以刀截知是慚愧人衣離
合云德四无量者並制䩕縫服三法衣出家也准此而名則慈悲者之服
華嚴云着袈裟者捨離三毒等四分云條抱於結使不應披袈裟等
薩婆多五意制三衣也一衣不能鄣寒三衣能鄣故二不能有慚愧三不
中入聚落四乃至道行不生善五威儀不清淨故制令畜三便具上義
僧祇云三衣者賢聖沙門標識並是出家人器非俗人所為麁執持三衣
凡盈即是少欲少事等當宗外部多為寒故制三四分云又三世如來並
着如來衣故　　三次釋名者增一云如來所著衣名日袈裟所食者名
法食（此袈裟衣從色得名下文染作袈裟色味有袈裟味若據此土不翻通名為卧具即 世中卧具者三衣總名如文中）

薩婆多五意第三衣也一衣不能障寒三衣能障故二不能有慚愧三衣
中入聚落四乃至道行不生善五威儀不清淨故制令畜三便具上義
僧祇云三衣者賢聖沙門標識益是出家人器非俗人所為應執持三衣
凡益即是少欲少事等當宗外部多為寒故制三四分云又三世如來並
着如來衣故
　三次釋名者增一云如來所着衣名曰袈裟所食者名
法食（此袈裟衣從色得名下文染作袈裟色味有袈裟味若據此土所翻通名為卧具者世中卧具者三衣總名如文中）
四分云聽以刀截成沙門衣為不為怨賊所劫應作安陀會欝多
羅僧僧伽梨入聚落着而此三名諸部无正翻今以義釋慧上菩薩經
五條名中着衣七條名上衣大衣名衆集時衣義當多種大衣云雜碎
衣以條數多故若從用名入王宮聚落衣七條者諸名中價衣隨用入衆
衣
　五條者名下衣從用院内道行雜作衣若就條數便云九十七乃至
九條七條五條等律中无五七九名但云安陀會乃至僧伽梨入名七九
條也若就通相亦有湯僧伽梨則隨力辦隨用多三非无大宗辨
三明功用者大悲經云但使佳是沙門汙沙門行形是沙門披着袈裟
者於彌勒佛乃至樓至佛所得入涅槃无有遺餘　悲花經云如來於寶
藏佛所發願成佛時我袈裟有五功德一人我法中或犯重
邪見等四衆於一念中敬心尊重必於三乘受記二者天龍人鬼若能
恭敬此人袈裟少分即得三乘不退三者若有鬼神諸人得袈裟乃至
四寸飲食充足四者若衆生共相違返念袈裟力尋生悲心五者若在
兵陣持此少分恭敬尊重常得勝他若我袈裟无此五力則欺十方諸佛
僧祇云僧尼有戒德俗人索破袈裟段欲禳災者得與小者等　二條衣方
法八門不同一求財如法謂非四邪興利販易得者下成　律云不以邪命得
激發得現相得犯捨墮衣不得作等　二財體如法必須厚重熟緻者
若細薄生踈綾羅錦綺紗縠紬絹等並非法物律云文繡衣不成受持
故僧祇一切生踈毛髮樹皮衣草衣皮衣並不成五百問云生絹不得作心
不現身者得以作成如法故僧祇麁着袈裟免金翅鳥難必不順數則
所被无力故　三色如法四分云上色染衣不得畜當壞作袈裟色（此云不正色染
有正色染有正畜也）若作五納衣者得上色碎段者裁作五納名得涅槃王聽受衣
服皮草等雖聽畜種種衣要是壞色　十誦云一切青黃赤白黑種五純色
衣不得着條納衣戒本三色青泥棧也薩婆多云五大色衣不成受作
三衣得罪作餘衣着三點淨用紺黑青條三衣餘衣三點淨得皂木蘭
一切得受純青淺青碧等點淨得作衣裏用若赤白黃不純大色者名
得若以不如法色染訖更以如法色染覆成受持袈裟者秦云染也如結
受等名名染真紫色蘇方地黃奈黃花黃色並是非法僧祇云真緋

衣不得著除納衣戒本三色青泥棧也薩婆多云五大色衣不成受作
三衣得罪作餘衣著三點淨用鉗黑青除三衣餘衣三點淨得皂木蘭
一切得受純青淺青碧等點淨得作衣裏用若赤白黃不純大色者亦
得若以不如法色染訖更以如法色染覆成受持袈裟者秦云染也如結
受等名名染真紫色蘇方地黃柰黃花黃色並是非法僧祇云真緋
鬱金染紅藍染皂色青染花色不聽々用々根葉花樹皮下至巨摩汁
菽本青黑木蘭下文廣有染法青謂銅青黑謂雜泥等木蘭者謂
諸果汁等（此翻律者北方為木蘭染法 僧祇律在吳地翻以不見故）余於蜀郡親見木蘭樹皮赤黑色鮮
明可以為染微有香氣亦有用作香者如善見所說遺教法律經中五
色者此非正錄无知用之四分云若青若黑若木蘭一々色中隨意壞善
見云善來比丘凡蓋貫右肩青色袈裟赤色鮮明（准此木蘭色也赤）善見著五大
色衣比丘有智慧者當言此是遭賊失衣比丘（准此赤色不合著也）准上律論及經
並不得純色必有須壞不壞不成受持著々得罪如隨相中
四量是非四分云安陀會長四肘廣二肘鬱多羅長五肘廣三肘僧伽梨亦
然此下衣極成作小當取通文律言量腹而食度身而衣取足而已此准此
無定量任時進不難亦須楷准故十祇中各立三品之量今准薩婆多中
三衣長五肘廣三肘若極大者長六肘廣三肘半若極小者長四肘廣二肘半
者並如法若過若減成受持以可續截故鉢若過減不成受不可截續
故若過量外應說淨不者犯捨墮（肘說應在長短以法衣外者為長）五分肘量長短不定仏
令隨身分量不必依肘　五條數多少所以唯　如疏鈔中四分云從九條乃
至十九條五條十隔等　十誦云若五七九十一若十五過應割截任薩婆多云
僧伽梨三品九條十一十三是下品十五十七十九名中品廿一廿三廿五條名上品四
分至十九條云若復過是亦應畜（錯注不穿）今時有廿三條等无正教荊闕聖
道記云如來著十三條大衣　智論云是糞布僧伽梨也准此以為大准隨力
辨之　六恨數長短四分文不了五條七條具明定量長短大衣准同婆論云
大衣下者兩長一短中者三長一短上者四長一短名如法作若互增減不成
受持著用得罪所以須割截者四分云不為怨賊所剝十誦与外道異故
律中沙門衣三種賤一刀賤（謂割截故）二色賤（不正色染）三相賤（謂糞掃世之弃者）七重數多少四分
等律云不得細薄大衣二重餘二衣並一重此謂新者若用故者十誦云四
重作大衣二重作七條五條等　薩婆多若新大衣三重一重新二重故餘如
十誦故律彼云若三重作大衣坐具若以新衣重縫作時吉過限隨中間梅
樋却者吉釋中糞掃衣隨意多作薩婆多云重縫三衣設有回緣橋分
持衍到異處名不離衣宿若无者前言本界內後言應与看病人以本是

等律云不得細薄大衣二重餘二衣並一重此謂新者若用故者十誦云四
重作大衣二重作七條五條等　薩婆多若新大衣三重一重新二重故餘如
十誦故律彼云若三重作大衣坐具若以新衣重縫作時吉過限從中間擗
擿却亦吉律中糞掃衣隨意多作　薩婆多云重縫三衣設有因緣橋分
持行到異處名不離衣宿若无者前言本界內後言應与看病人以本是
一衣同受持故律師云後是定義　八作衣方法　四分大衣七條要割截五條
得攝葉僧祇若作衣餘人相助一日怨不成應廉行隱竟受持後更細刺
中含云世尊為阿那律裁三衣八百比丘同時為連合即成四分五百不成僧伽
梨得隨比丘不犯吉羅　薩婆多有緣得一端㲲指作三衣則不犯長若少
一衣長五肘外若少二衣十肘外有長者須說淨　四分得鍋衣廣長足若割
裁作衣便少合揲葉作若作五納衣淨上色碎段衣乃得裁作五納衣五
分若滌鍋衣作條又縫葉着衣（今時揲葉仙多縫著）　或攝作衣葉（四分開攝下衣）　或半向上半向下
作葉一切吉羅若以雜色線縫着衣上作條隔處此是外道法偷蘭阿難
奉教為諸比丘作衣法左條左靡右條右靡中條葉兩向靡若淨衣不足乃至
一長一短作若猶少者聽揲葉作乃至不足聽作鍋安多會　准此本是大衣少
故下例成之受法正從二品理須顏用十誦中有鍋僧伽梨等　僧祇盡作葉
對頭縫之應割截作葉極廣四指極狹如麵麦不得橫葉相當縫衣葉後
衣豈脫應作馬齒縫衣上下破應安緣要須却刺急時前如分別僧佉
人被作三衣中先作淨安紐受持　十誦仙自教比丘施鞍紐法前去緣四指施
鞍後去緣八指施紐應如是作准此以左肩上常以衣右角覆故出鼻邪律
十誦又云却刺者是仙所許如法畜用直縫不得是世人衣異俗故又防外道
故又云以一尺二尺物補衣皆應作刺若直縫者衣主命過應犢此物与僧
及以与看病人　四分但云縫僧伽梨准用十誦三千威儀云三衣帖四角十誦亦
尔　四分揵角令正安揲等　又云應安鉤紐肩上揲障垢膩處　十誦若糞掃
衣比丘以仙剃不着割截衣入聚落便補帖作鉤蘭施緣　仙言即當割
截上安揲得成受持　十誦明文開着入准此貧少衣服宜開入俗　三明受
衣法　疏中分二　對首心念也　初中四分但云三衣應受持若疑應捨已更受
有而不受吉羅而無說文　昔有人依僧祇法者彼謂衣与四分不同（僧祇一衣）
（通會四分唯對明相）　今依十誦（以受持相顏故）　若大衣中隨條數多少而有正從兩別　大衣正有十
八品從有六品　七條正有二品從有廿二　五條正有三品從有廿一　通合言之七
十二種三衣鍋通三處合為一也　餘如鈔疏中　今先受法應前安陀會為
始　此衣正有三品謂割截攝葉揲葉　加法云　大德一心念我比丘某甲此衣
安多會五條衣受一長一短割截衣持　三云　屈攝衣持（若揲葉合外相同割截刺一邊開一邊開一邊者云）
若兩邊俱縫 [illegible] 即用大衣十八 [illegible]

道含四分唯對明相今依十誦以受持相類故若大衣中隨條數多少而有正從兩別大衣正有十
八品從有六品七條正有二品從有二品五條正有三品從有廿一通合言之七
十二種三衣錫通三處合為一也餘如鈔疏中　今先受法應前安陀會為
始此衣正有三品謂割截褋葉縵葉加法云大德一心念我比丘某甲此衣
安陀會五條衣受一長一短割截衣持名云屈褋衣持　若褋葉合外相同割截剌一邊開一邊閉一邊者云
褋葉衣餘同十誦　若兩邊俱縫者但同錫衣　若論從者　即用大衣十八品七條二品等　大德一心念我比丘某甲
此安陀會廿五條衣受四長一短割截衣持　褋葉准同乃至七條其文准用改之　若錫衣者　上明從者據安
陀會為言若鬱多羅僧伽梨並准此改革錫衣改名為別令據大衣　十誦云大德一心念我比丘某甲是錫僧伽
梨受持　餘二衣准改　若中衣云大德一心念我比丘某甲此依鬱多羅僧七條衣受
兩長一短割截衣持　褋葉准改若從依中准前改法　若上衣者云此僧伽梨若千條若千長若
干短割截衣持　褋葉准用以通九品條提不同隨衣一改之故不定指不同中下二衣少相易明　上明三衣受竟律制並須三說
彼律受戒前教言我某甲此衣僧伽梨若干條受若割截若未割截是
衣持三說乃至安陀會名亦　此未割截者是錫衣也若全未割截者盡得持來入受戒　薩婆多云五大色者
不成受則孝僧白布袈裟等非法如是例之多有黑青赤黃四色無多白
者正言如上不成今以凡情若受此則一生無衣覆身一死自負聖責何處
無惡道分悲哉次明捨法　准用僧祇四分無文　大德一心念我比丘某甲僧伽梨是我三
衣數先受持今捨餘二衣同之一時受一時捨越毗尼若尼受餘二衣者
十誦云大姊一心念我比丘某甲是衣厥脩羅受長四肘廣二肘半是厥脩羅
衣持三說　准似祇文雖不同　是衣覆肩衣長四肘廣二肘半是覆肩衣持三說　令割改張衣相
不同本法但云如法住不言肘量應改　僧祇云當作衣覆肩名覆肩衣不著越罪兩衣祇支
得提罪尼祇支長佛四磔手廣二磔手卒減過名提尼五衣者覆肩衣水浴衣
及三衣也　准此部別不同四分有祇支覆肩等　二明心念法　五分獨住比丘三衣中須有所換易應具
儀手執衣心生口言我比丘某甲此僧伽梨若干條今捨三說已然後受所長之衣
名如前威儀云我比丘某甲此衣僧伽梨若干條受餘二衣同准四離斷簡分
三初明受捨是非者　十誦云借衣離宿但懺墮罪不得捨衣　五分諸比丘不捨
先受持衣更受餘衣成受三衣先說淨名得不不捨故吉羅善見欲易三衣
無人可對以手捉衣自說名字者成若不捉不說者不成諸受持雖被穿破
不失受若上二衣廣邊八指內長邊一磔手內穿不失受餘處穿如小指甲
失受有橫縷者不失安陀會廣邊四指內長邊一磔手內穿不失餘處失補
竟受持　薩婆多但使緣斷則失受　善見云若施人賊奪若失罷道作沙
彌若捨若離宿並名失　穿失如上　四分中若失想道斷難緣等失受具有四皁染
隔情界失不失犯並如隨相及鈔疏　薩婆多云三衣雖不受持過日無離衣罪有
壞威儀對衣二罪　不同善見　若本說淨今作三衣即失本淨文捨此衣已更受餘衣前

失受有横鏤者不失安陁會廣邊四指内長邊一搩手内穿不失餘處失補
竟受持　薩婆多但使緣斷則失受　善見云若施人賊奪若失羅道作沙
弥若捨若離宿並名失（穿失如上）四分中若失想道斷難緣等失受具有四畢染
隔情界失不失犯並如隨相及鈔䟽　薩婆多云三衣雖不受持過日无離衣罪有
壞威儀𠮷衣二罪（不同善見）若本説淨今作三衣即失本淨又捨此衣已更受餘衣前
衣説淨不者犯ム　二補治浣染者　十誦云以小段物補衣若却刾者不須説淨
點淨若直縫者䟦々須説不者䟦々得二罪毗尼母云若長衣未滿十日未作淨
施納已作淨縫納着衣上得畜若納未淨縫已淨衣着納此名衣和合淨通二
種淨法（文中縫之准前却刾）善見若衣欲破未穿或一條二條先以物補後割却故者不失
受袈裟背處欲破當轉着兩邊先合刾連相着後以刀破開然後却刾緣
不失受（多論緣斷便失隨情兩論）袈裟若大減却若小以物稗皆不失受若浣増色脱色上
色皆不失受　五分衣若弊壞聽着補治以複線却刾然得直縫（十誦不開縫者理須時刾一針）
四分中三衣壞聽納重線縫邊隨孔大小方圓補不得孔大以小物補令縮小及
應及孔大小廣二指大補治應須挠張治之律令早補宜同善見多論不問大
小緣不斷者不失此言通漫兩用无損四分云縫衣悪曲以諸色土逆治
十誦云衣服恒須淨潔如法不尒則人非人呵ム　第三受用襞𤙖十誦護三衣如自皮
盋如眼目着大衣者不得擔木石土草掃地敷卧具等不得脚蹋敷坐卧上㮽
身着若入聚落不得曳衣去村遠條着肩上近村有池水注洗手脚已若无者
取草木拭塵然後着衣細而入若逢奔車　馬當在上風避若有泥棘道迮
者不得揩突門小側身下者曲身治禪病經摂重罪者脱僧伽梨着安陁會
供僧苦役乃至掃塔除糞経八百日滿已着僧伽梨入塔觀像等　十誦所行
之處与衣盋俱无所顧戀猶如飛鳥若不持三衣入聚落俗人處犯罪僧祇五
云毘三衣盋尼五衣盋須常隨身遠者出界結罪除二病當教三衣如塔想
五分三衣謹護如身薄皮常須隨身如鳥毛羽死走相隨四分行則知時非時不
行所行之處与衣盋俱猶如飛鳥羽翮相隨諸部並制隨身令時但護離宿
不應教矣明了論受功德衣着一披一得入聚落留一衣四分衣法中有五緣留
僧伽梨一若有恐怖若疑怖二若雨若疑當雨三縫𦁏僧伽梨四若浣染五若
深藏舉入聚落必須割截衣十誦若如衣施鉤蘭當割截入村聚得僧祇得
借着大衣入俗五百問云不能着大衣入聚落但持着肩上行者不犯　僧祇若
着脱三衣必須取衣近身然後脱着之不得脱園中衣着一内衣求入聚落衣應
先求入聚落衣自近脱園中衣畢已然後着入聚落衣從聚落出已應取園
中衣自近𥘍抹入聚衣着常處後着園中衣（此謂僧伽梨也）着内衣法不得脱入聚落
内衣已方求覔園中内衣脱園中内衣着入聚落内衣亦尒不先得着入聚

借著大衣入俗五百問云不能著大衣入聚落但持著肩上行者不犯 借衣著
着脫三衣必須取衣近身然後脫着之不得脫園中衣着一內衣求入聚落衣應
先求入聚落衣自近脫園中衣畢已然後着入聚落衣從聚落出已應取園
中衣自近料揀入聚衣着常處後着園中衣 此謂僧伽棃也 着內衣法不得脫入聚落
內衣已方求覓園中內衣脫園中內衣着入聚落內衣亦尒不先得着入聚
落內衣於下撓出園中內衣出先着園中衣不得撓聚落內衣出應從一邊
着一邊出之不着者襵疊舉之曰風吹衣落〻剃入聚者必帶紐行若无用
針綴无針者下至手捉若衣无紐隨入家〻得越心悔有而不着越毗尼被
衣時當通肩被着紐齊兩角左手捉時不得手中出角頭如羊耳
五分亦得四條大衣枕之中含多處文云枕大衣卧七條中婆沙中亦尒 三千
威儀經不着泥洹僧不得着僧祇支如是重〻乃至家上着僧伽棃 故知三衣上下重着
五分云比丘反著衣入村人見不喜呵責與不割截衣無異世尊呵責結罪若
出村入村為草木鉤衣破裂風雨塵土汙垂入葉中日暴壞色鳥汙者聽為
護衣故聚落外反着之若衣下易破壞聽顛到着衣上下安鉤紐及帶
雨時不應倒着 四分反着衣同之 舍利弗問經初聽偏袒者謂執事恭敬故後
聽通肩被衣示福田相故 律中至佛前上座前方偏袒也經中通肩被衣五
百世入鑊甲地獄 三千威儀若无塔寺无比丘僧有盜賊處國君不樂道到彼國
不着三衣者得若三衣在下身在高處坐不得 毗尼二部律論着大衣者入村
見師僧上座別人不得禮 由敬處尊當自陳意 三千威儀云着三衣不得向佛塔上座三師久
莫背不得口銜及兩手奮 鼻柰耶云不得垂三衣前角注云不挑着肩上而垂
臂肘前 以垂臂上名為鼻也 五百問云无中衣時得着大衣上講禮拜小衣不近身淨潔者
无七條者五條者亦得入眾食禮拜 准此行路見塔着下衣者不得作礼 不着三衣受食犯隨借人三衣
着不得出界經宿界內不限日數 十誦亦云不着袈裟食者得罪不云三衣
五分得新衣令有德人暫着得福 僧祇乞得小許衣與俗人懷尖難令佛令取
阿難鬱多羅僧與婆四吒女着 賢愚經師子救着袈裟人故成佛 二明作法攝
衣界十五種不同如隨相中此但明加釋麁者大義如鈔別疏今略明之一切大界
凡有三種若界大无伽藍但有住舍此須結之謂僧院外勢分內得護衣勢
外界內不免失衣二界與伽藍等及界小於伽藍此二不須結〻竟院外勢分內
及成失衣故也 諸家立法不同有立无村結法者今解不問有无並須結之
以結除其妨難故若有村者現除懸結 以村後去隨去置衣 若无村者現結懸除 去來村有
不得置衣若村去者還得攝衣 以先結成故直由滌㝵情㝵隔㝵界身故失衣不由村來去便令
衣界增減也此是定義五分等律明文任情量取薩婆多中所以除者五義一聚落
不定衣界是定二為除誹謗三為除鬪爭為護梵行等 四分中初結衣界〻有
村住後回有事方言除之 加法大德僧聽此處同一住處同一說戒若僧時到僧

以結隨身故若在村者現隨身 隨去置衣 若在村者現隨身隨村有
不得置衣若村去者還得攝衣 以先結戒故直由涤界情界隔界身故失衣不由村來去便令
衣界增減也此是定義五分等律明文任情量取薩婆多中所以除者五義一聚落
不定衣界是定二為除誹謗三為除鬥爭為護梵行等 四分中初結衣界之有
村住後因有事方言除之 加法大德僧聽此處同一住處同一說戒若僧時到僧
忍聽結不失衣界除村村外界白如是 大德僧聽此處同一住處同一說戒今僧結
不失界除村村外界誰諸長老忍僧於此處同一住處同一說戒結不失界除村村外
界者嘿然誰不忍者說僧已忍此處同一住處同一說戒結不失衣界除村村外界竟
僧忍嘿然故是事如是持 解衣界法 律云應先解衣界後解大界 十誦先解大界衣界久失故 文云大德僧聽此
住處同一住處同一說戒若僧時到僧忍聽今解不失衣界白如是 大德僧聽
此住處同一住處同一說戒解不失衣界誰諸長老忍同一住處同一說戒解不失衣
戒者嘿然誰不忍者說僧已忍同一住處同一說戒解不失衣界竟僧忍嘿然故
是事如是持 二明坐具者四分為身為衣為卧具故制長佛二搩手 此笮叉謂展大拇指与中指相去也 此字應法搩字手邊桀也 足邊桀者此跳字也 麁笮叉謂足一笮為跳二笮為步 二義各別 廣一搩手半 廣長更增半搩手 諸部論
搩不定今依五分佛搩手長二尺准唐尺者則一尺六寸七分 經此用二尺為搩手 准
周尺也 此通陰陽諸國常准不改 即唐令云尺者用一尺二寸為尺 但隨流俗則不定量 疏此唐國用尺用有五六種不同
明了論云人長八尺佛身則倍之丈六也 故廣引正證知尺大小 十誦云新者二重故四重伽論云
同 僧祇云不得趣尒散諜持以故疊作敷具當二重作若欽跋羅一重劫貝二
重不得屈毆量縮量不濂量欲令乾已長大者成便犯隨二受用氈毗尼
鼻奈耶云新尼師壇故者緣四邊以亂其色若作者應安緣五分須襟四角
不襟則已四分云若減量作若疊作兩重並得 謂二重為本過量故襟 十誦不應單尼師壇
離宿吉羅摩得伽云離宿不須捨隨非佛制故名不應離宿僧祇云更增者
二重三重對頭却刾手減手過皆波逸提諸律增者於緣外增之四分七百結集
中淨畜不截坐具 是非法故種而行之 准蓋縷之相不截不犯過量坐具不截而畜無應
無罪 此跋闍子種行十事使集閻浮提增新了 此應久癈今往往重興則用跋闍妄法也十誦作不蓋縷
邊尼師壇淨伽論言不樓頭者隨 今時通量乘增文則長五尺等並結捏罪 如法者准初量也截斷旋緣
若坐時膝地在上者依增量一頭一邊接裨之此是定教正文 不依此法一生无如法衣坐也 薩婆多
佛在時比丘不卧者多故小後開蓋縷際從纖邊唯一頭更蓋一搩手令比丘卧僧卧
具 今時有戒本一搩者此是十誦律四分有者錯用故在論凡長小尺六尺廣三尺僧卧具八尺四尺也 四分明坐具法異不須用之但用增法必同受
持 必欲准用亦須書之不成受持具持說淨 僧祇坐具者此是隨坐衣不得淨施及乘薪草成臣磨 此畜牛屎
唯得敷坐善見云須受持不合淨施不出其文義加云大德一心念我比丘某甲此尼
師檀應量作今受持三說 其用法大同缽也准例加持之 若破壞汝穢易者當捨之文同受法
改下云今捨也 僧祇得敷坐在道得行長滌中疊著衣囊上左肩上擔 若至處
當敷而坐若置本處當中掩之後除鉢而坐凡坐法應先手案然後乃坐

仏在時比丘不……

具今時有戒本一撡者此是十誦律四分有者錯用故雅論凡長六尺廣三尺僧卧具八尺四尺也四分明坐具法異不須用之但用增法必同受此害

持必欲准用亦須畜之不威受持具持說淨僧祇坐具者此是隨坐衣不得淨施及取薪草盛臣磨牛屎

唯得敷坐善見云須受持不合淨施不出其文義加云大德一心念我比丘某甲此尼

師檀應量作今受持三說其用法大同鉢也准例加持之若破壞須揍易者當捨之文同受法

改下云今捨也　僧祇得敷坐在道得行長縧中疊著衣囊上左肩上擔若至處

當敷而坐若置本處當中掩之後徐卻而坐凡坐法應先手案然後乃坐

賢愚經舍利弗以尼師檀著左肩上入衆降邪道　鼻奈耶多文著肩上入山坐

禪今在左臂定是非法　三漉水儀法物雖輕小亦為極大出家慈濟厥

意在此今上品高行尚飲用蟲水況諸不肖焉可言哉故律中為重蟲命

偏制飲用二戒由事常現有用者數故也餘條如隨相中今故柚現重明准

仏意也　薩婆多敬作住處先看水中有蟲不有者作餘井猶有捨去凡用

水法應清淨者如法漉水置一器中足一日用取上細疊一肘作囊令持戒審

志者漉水竟著淨器中向日諦視看故有者如前說　僧祇蟲大細者三重漉

水囊猶有蟲者更造井諦視有蟲者捨去四分作漉水儀如勺形若三角若作

宏撅若作漉瓶若患細蟲出家聽安沙囊中漉訖應還著水中不得无漉儀行

半由旬无者以僧伽梨角漉准須覆儀水中以淨繖相涂故此國多用絹作者余親取已漉竟

水內異色器中微小細蟲无數同水塵量故涅槃有云塵耶蟲耶此言可信也

後取綴練作儀漉之方盡故明此者由生命處重无蓋自他性戒无儀終沒酬

報令不肯之夫見執漉水儀者言律學唯在於漉儀然不知所為處深損生

妨道者猶不畜漉儀縱畜而不用雖用而不寫蟲雖寫而損蟲命且在愆生戒

尚不能導奉餘之威儀見命没常其中　二明聽門四分四初百一諸長二糞掃衣三

檀越施亡人物初中分二謂百一供身合受持之長物及餘合說淨畜物薩婆多

云百一物各得畜一百一之外皆是長物若以實入百一物數不須說淨餘者一切

器與非器一外皆應作淨謂施俗人　僧祇我弟子著三衣足遮寒苦若性不忍寒

者聽故衣隨意重著　五分之三衣襯身衣被衣雨浴衣覆瘡衣尉蚊數繕

行安衣障壁虱衣單覆衣覆僧卧具可度四邊而下者四角若二尺上〻安坐具護膝護踝護腨護頭拭身

巾拭手巾拭面巾針綫囊鉢囊革屣囊如此諸衣若以衣皆應受持下文

聽畜針筒　十誦諸如法所用衣僧祇支泥洹僧是衣名作迦波利迦羅衣晉言

助身衣也云何受應言是色其波利迦羅衣我受用故應五衆邊而受謂當法為言　善見三衣雨

衣尼師檀等皆須受持不合說淨雖穿破不失受應道其名字手巾得

畜雜二衣隨多少餘衣唯得受持一不得多　十誦七種衣不作淨施三衣坐具

雨衣覆瘡衣六七及百一供身具　薩婆多云百一物中三衣鉢必須受持自外若

受則可不受无過沙弥畜上下二衣并畜泥洹僧竭支僧羅隨身所著名得畜

BD14045號　四分律刪繁補闕行事鈔卷下　（46–10）

得錢色草屐[illegible]
草屐若破以皮著屐不得畜四種寶屐若木屐開上大小便廁屐浣足
屐也已外一切屐不得畜　二明作淨施法六門一簡說意二三施主差別三
開說進不四說之法用五辨施主在亡六以六明失法不同初中薩婆多問曰比
淨施法真耶假耶答一切九十六種外道无淨施法佛大慈悲方便力故教
令淨施是方便施非真施也令諸弟子得施畜長而不犯戒　問佛何以不直
令畜長財而纏與結戒設此方便答佛法以少欲為本是故結戒制令不畜
而衆生根性不同悟入各異如昔一時開七寶房舍比丘入中便證聖道所以
隨其機報先制後開　何故開十日答云佛知法相不緩不急正開十日使籌
量布施人縫治作衣及說淨須毋云若放逸不說淨者以惡心故不滿十日
皆犯捨墮地持中菩薩法久有淨施法涅槃亦尒　二簡施主法就中衣藥
鉢寶穀米等並須施主　前明上三施主　僧祇云五衆得作　善見云展轉者五衆
中隨得一人作施主真實者至一比丘所不言對沙彌也　五分云五人不應作一不相
識二未相諳悉三相未狎習四非親友同師五非時類復有四人不能讚歎人二
與人好名稱三應淨施五衆四不得與白衣　義准前五真實淨至後四展轉淨
主十誦不得稱二三人作淨應與一人若將他淨施物不還應索取不得者犯
棄取語言佛有教為清淨故與汝汝今將去也化吉羅自今已去淨說者應籌
量與一好人 謂對首受淨者　薩婆多求持戒多聞有德者而作除惡邪四重得戒沙彌聾
盲瘂聾顛狂心行別住六夜五法人等為合清淨作證明不生鬥諍如上等人
則不如法非比人者用為施主後得物已於一比丘邊捨施主名而說淨
錢寶穀米等並以俗人為淨施　涅槃云雖聽受畜要須淨施篤信檀越薩
婆多云先求知法白衣等如後所說　二明請法聽不先明須請薩婆多云應
求多聞人等若死至他國者便更求清淨者作欲令作證明則名如法故知面請
也乃至錢寶久言語令知比丘令以檀越為淨主此明文開請　次明似不須請五
分云於五衆中隨意與人 似當時指示當部无文隨二部用德望高遠不可附及依五分用若可者請者必須　請法應具儀至
大德所前告事意許可已然後發言　大德一心念我比丘某甲今請大德為
衣藥鉢展轉淨施主願大德為我作衣藥鉢展轉淨施主慈愍故三請 准善
見文五衆通得　若至尼所告云我今請比丘尼五展轉淨施主幸願為之 下三衆例余請法無文義加之
真實淨者 善見對於比丘以親對說淨尼等四衆無共作法義不開也　文云大德一心念今請大德為衣藥鉢真
實淨施主願大德為我作真實淨施主慈愍故 三請　寶施主者多論云先求知
法白衣語之若不知者告令解之至彼所云比丘之法不得畜錢寶金銀穀米
等今以檀越為淨施主後得錢寶盡施檀越三明合說進不　薩婆多云錢
寶穀米並同長衣十日說淨　四明作淨法五分心念說者具儀捉衣心生口言
我比丘長衣淨施某甲從彼取用得至十日復如前威儀口言我比長衣從某甲
[illegible]

真實淨……（等四衆無共作法義不勝也）
實淨（施）主顧大德為我作真實淨施主慈愍故（請三）寶施主者多論云先求知
法白衣語之若不知者告令解之至彼所云比丘之法不得畜錢寶金銀穀米
等今以種越為淨施主後得錢寶盡施種越三明合說進不　薩婆多云錢
寶穀米並同長衣十日說淨　四明作淨法五分心念說者具儀捉衣心生口言
我此長衣淨施某甲從彼取用得至十日復如前威儀口言我此長衣從某甲
取還得至十日復如初說淨施與某甲從彼取用如是捨故受新十日一易
僧祇心念說淨名成犯吉內心說淨而口不言是名非法淨越若口說者無罪律中
捨故受新十日一易應是不說淨者（或可說淨故令展轉）　對面展轉者至一比丘所具儀手
捉衣口云大德一心念此是某甲長衣未作淨為淨故施與大德為展轉淨故（彼受請者當語言汝）若言施與某甲
言大德一心念汝有此長衣未作淨為淨故與我我今受之（施與誰）
（即淨主名字）大德一心念汝有是長衣未作淨為淨故施與我已受之汝與某甲是衣
某甲也有汝為某甲故善護持著用隨因緣（若畜藥並准此）外三律由前對面作淨
而生淨覺因制不得對面使知又施主後知恐犯長似言不應語令知別處說
之善見對面淨者并鑄相著至一比丘所胡跪言我有此長衣為淨故我今施
汝汝得貴護不得用云何得用若云此是我衣隨長老用若爾者得用若汝
作法者同前儀式大德一心念我某甲有此長衣未作淨為淨故捨與大德為
真實淨故（二淨依四分文寫）　二淨成就者善見言施與大德捨與大德與大德等並成
若言願大德受此衣等不成與真實受者言我取我受者成若云我當取
欲取等不成受一說成不須三遍　五分瀉標說者具儀至比丘所言長老一
心念我比丘某甲此長財於長老邊作淨施彼應問言長老此衣於我邊淨
施我持與誰答言於五衆中隨意與之彼即語言我今與某甲若須從彼取
用好愛護之（謂展轉淨也此淨法常須記施主及財物所屬）　又云草屣令淨人著淨　錢寶淨法者（穀米等例）
（同說）律云當持至可信優婆塞若園人所告云此是我所不應汝當知之文
中不云令淨人持應須使俗人令知是物准僧祇不信俗人使在前行之淨主
所如前作法若彼淨人得淨物來者應受持之餘有進不隨相世中廣明
五存亡進不僧祇齋三由旬知其存亡五分知其在世在道以不薩婆多施主
若死若入異國更求淨主等四分無文隨意採用然淨施主法必准論律名
行高尚者令遠遊通知若汎爾恒人同寺便成失法（以不知行業不應故）　六作法失不之義
僧祇沙彌邊作淨若受具梓無歲比丘若死者得停十日更須說淨（有人言真實）
（主亡則失展轉者不失此未正續律文明二淨俱失以並非正主也）　若不知施主存亡便失淨法不得過十日薩婆多（二寶俗施主亦須十日內更請）
施主若死更求淨主除錢寶穀米一切長財盡五衆邊作淨
十誦若淨施主是弟子被師呵責者不得作淨應更受淨施餘人施主若
死須更覓施主亡者物不入僧以財屬他別人假名施也（准此前展轉不須者謀矣又上文一人為主不得捺二三人使）
與五分瀉衆有遠成是立法令取……

僧祇沙弥邊作淨若受具稱无歲比丘若死者得停十日更須說淨 有人言真實
主亡則失展轉者不失此未正讀律文明二淨俱失以並非正主也 若不知施主存亡便失淨法不得過十日薩婆多 二寶俗施主亦須十
施主若死更求淨主除錢寶穀米一切長財盡五衆邊作淨 日內更請
十誦若淨施主是弟子被師呵責者不得作淨應更受淨施餘人施主若
死須更覓施主亡者物不入僧以財屬他別人假名施也 准此前展轉不須者謬矣又上文一人為主不得稱二三人便
与五衆邊衆有違或是五法令取五衆及至作法常指一人 善見若因淨施方便藏匿不還計直犯罪 知故
屬本主 僧祇若衣多忘不識應取一切衣集著一處當作言我此衣淨施與某
甲我今還作應更說之四分若忘者更說論開忘後十日 此謂可知別者 薩婆多若
說淨財寶及以衣財若人俗之後時寶還寶錢還錢乃至衣財相當者不
須說淨若還不相似物更須說淨 以非異未貪著過少 毗尼母若衣已說淨及點淨納未二
淨者縫衣更著納是名衣和合淨 點淨如隨相中 五正色并上色錦雖和合不成若先
以正不正色染後以餘色及正色染是名色和合得畜餘廣如隨相中二糞掃
衣 初制著意出乃世人所棄无復任用義同糞掃論云一體是賤物離自
貪著二不為王賊所貪常淨資身長道又少欲省事須濟形苦故上士著之
十住婆沙云著糞掃衣十種利一不以衣故与在家和合二不以衣故現乞衣相
三亦不方便說得衣相四不以衣故四方非法求索五若不得衣亦不憂六得
亦不喜七賤物易得无有過患八順行初受四依法九入麁衣數中十不為人
所貪奪二言衣體者四分十種謂牛嚼衣鼠齧衣火燒衣 此三鼓國衣用者諱故棄之 月水衣
産婦衣若神廟中衣為鳥銜風吹離處者得取及冢間衣求願衣往還衣 至冢上反將來
如上是也不問新淨上色不得直用須作袈裟色受持又不得取未壞死
人衣 善見下至一針許壞 若冢間得錦文臥氈褥枕氍毹獨坐床唯除皮繩鬆繩餘
者應畜又得輦蓋步挽車木瓶澡灌杖扇鑱鉤刀鑷亦得畜得錢打破
自持作銅用取糞掃物時本無共要往冢取衣不得遙占云是我許隨先
至者得 若已移離舉置屏前移主 不得取神廟中衣比多有上品行人入諸神廟剥脫形
像衣服杖桼幡蓋繒帛佛制不為理有滌致若癡而輒取犯於盜罪必知而
為之不无相惱致有避神主而藏身物棄者是重波羅夷如隨相中十誦
取壞死人衣得偷蘭善見死屍有小瘡如針頭皮未斷令俗人取十誦四種糞
掃一冢間裹死人衣二裹死人已持來施比丘者三无主衣四土衣謂巷陌若冢
間有棄弊物者四分得糞掃衣浣染四角頭點作淨畜若得貴價革屣雖
重開畜佛言以是糞掃故 三檀越施衣有二謂時非時也 言時施者謂
夏竟无迦絺那衣一月有衣五月是佛鏡蓋諸比丘五利賞勞之時故名時施
唯房前安居人言非時施者謂一年之月無蘭冬夏有緣即施不問時節
故日非時施也今次開位則有四別就時施中分二初時現前者施主將物來

BD14045號　四分律刪繁補闕行事鈔卷下　（46–15）

掃一冢間裹死人衣二裹死人已持來施比丘者三無主衣四土衣謂巷陌若冢
間有棄弊物者四分得糞掃衣浣染四角頭點作淨畜若得貴價草屣雖
重開畜佛言以是糞掃故　三種越施衣有二謂時非時也　言時施者謂
夏竟無迦絺那衣一月有衣五月是佛饒益諸比丘五利賞勞之時故名時施
唯為前安居人言非時施者謂一年之月無蘭冬夏有緣即施不問時節
故曰非時施也今次開位則有四別就時施中分二初時現前者施主持物衣
至安居處數安居人多少各分衣物是也不須羯磨直爾分之四種定故一時定
同是七月十六日若夏未滿受衣得罪二處定同此界內前安居人三人定非外界
者現前同住四法定皆直數人相參隨籌分四分不得異處安居異處受
衣乃至安居未竟亦不得與衣受衣　又云僧得安居衣破為二部合數人多
少分又云以三衣施佛諸比丘人與兩端疊為安居故若留夏食而分者佛
言食隨施主意不應分　二時僧得者謂施主布施該通一化安居之人
是僧皆得故曰僧得作法之時須僧羯磨律云得夏衣未分便行後分
夏衣忘不留行者分佛言成分又云若一比丘安居大得僧夏衣應心念言
受之若時中不分流入八月十六日非時分者即作非時僧得施法以前安居
移至他方不得衣分佛罰諸住人還使通分僧祇云若安居時衣沙彌持戒
能作淨得比丘意隨意與五分難事破安居得受安居衣施住日多處取
非時中亦二　初非時現前者施主居僧至宅就寺設供養數人多少隨物
而施律云造池造井施樓等因而施物又云諸檀越大送好衣與諸比丘佛
數人多少若十為十分乃至百人為百分好惡相參令不見者擲籌若大價
不可分者聽截破分應以刀截衣十誦若時非時僧施乃至一人衣一切布
施物沙彌若立若坐檀越次第自布施多少屬沙彌若檀越不分別分作
四分三分與比丘第四分與下三衆五分一比丘不分與沙彌亦同僧祇若沙彌
得意者等與若半等　准此諸部二種現前等与　二種僧得隨僧和合与　四分五分但是僧得施下至
淨人皆受其分　如下亡人物中分之　次非時僧得施者謂施主運心周普通該三時不局
一界或將物至寺或在俗家召僧鳴鍾以財用施便羯磨斷之如分亡人輕
物法律云有住處現前僧大德得衣物可分分物時有客比丘數數來分衣
疲極佛令差一人白二羯磨分二部年眾冬有四種法四分十誦若施比丘僧
乃至無一沙彌若施尼僧乃至無一沙彌尼如是五衆年年就寺齋僧尼
等別皆僧得現前同合受故　莫非俱是福田故二衆平受　五百問云有人施僧物後更比丘
來及在坐打揵槌不打不合若有餘殘物本道人已去後人應問若當
來不合若永不來呪願取若或來不淨取犯捨墮知死而取犯棄僧物故
四明亡五衆物既財是小人所利非大士所懷然出家濟經揚涉樂俗譽非

乃至无一沙弥若施尼僧乃至无一沙弥尼如是五衆年年就寺僧尼
等別皆僧得現前同合受故（莫非俱是福田故二衆年受）五百問云有人施僧物後更比丘
來及在坐行挺應得不打不合若有餘嚫物本道人已去後人應問若當
來不合若永不來咒願取若或來不得取犯捨墮知死而取犯棄僧物故
四明亡五衆物既財是小人所利非大士所懷然出家濟經勞涉樂俗譽非
慕唯存出道者則蕭然世表滌塵不拘而情性赤融素非清潔者唯利
是親全無道志然上二士並預法流上達立法以濟器下達受法而隨懷
俱須兩順佛法用通一道淨行然亡僧衣物處斷多途並謂指南俱呈至說
但由教有輕重機悟淺深如序所明其例有六至論決斷每有遲疑臨事詳
之在於輕重今既事務繁雜非諸門无以別之且張十門用開進不一剎入僧
餘處不得二對亡者於陰不同三同活共財不同四囑授是非五負債還不六定
物輕重七具德賞勞八分物時節九正加分法十雜明受物　初門剎意者
所以五衆亡物皆入僧者生則依三寶出家而物不入佛法出家六和同遵身行
所為莫不爲僧法所攝故人施佛法比丘无分若施僧者依位受之分不屬
俗非福田故僧祇阿若憍陳如空林中入涅槃牧牛人送衣物与王王即評直五
錢依法斷還沙門乃至佛言屬僧　十誦跋難陀死衣物直卅万兩金國王剎
種利及諸親里各欲收取佛言王賜諸臣比丘不得乃至親里集會不見嘆及
僧家財法並同俗人不合此屬僧物　二對亡者分法不同十種斷別一者妻掠
界如五分界內水漂死人衣掛樹支隨見者取之二入當時現僧如十誦學悔沙
弥死被殯比丘守戒比丘死隨更身直取　三入同見僧如四分耶正二部各執是
非其人中道死乃至彼死皆同見自分西入切能僧如四分被擯比丘死衣物入同羯
磨僧　五入二部僧如五分獨住比丘死薩婆多二界中間死四分无住處白衣
家死五衆先來者得六入西所向處僧如多論二界中間隨面向處僧應取
七入和上僧祇中沙弥死衣物入師和上等謂令和上分別財體以師物自入沙弥
物入僧（十誦判同比丘五分亦爾莫問有戒无戒並斷入僧依法分之以同利養）八入所親白衣薩婆多滅擯比丘死持衣鉢
付生緣（以生不同財法）九隨所在處得如十誦有比丘持衣寄阿難三處共爭謂寄
人所寄者寄物處佛言屬阿難處僧界內現前僧應分以寄人不寄處故
（准此寄處不寄人者物處僧得）上來九種直尒分之兼十一和請衆死方入羯磨　三同活共財
不同若師本意正与弟子衣食不共同活已与者得未与者師亡已後悉皆
入僧實非故假買取僧物者犯重若師本契所有財物決心同分者如兒想然無
分隔此若年死任情少多隨身服用一切入僧　若師徒共契財物共有各別當
分且在一處別活返道悉共半分是名共活若分其物准俗剃道已著之衣服
已用之器物各屬隨身並不須分餘有長財依式分半若不同活又非共活妄
言取分能所俱犯重則犯重輕則偷蘭善生經中亦有兩斷並據輕物

不同若師本意正[illegible]
入僧實非故假冒取僧物者犯重若師本契所有財物決心同分者如見想終無
分隔此若平死任情少多隨身服用一切入僧　若師徒共契財物共有各別當
分且在一處別活返道悉共半分是名共活若分其物准俗制道已著之衣服
已用之器物各屬隨身並不須分餘有長財依式分半若不同活又非共活妄
言取分能所俱犯重重則犯重輕則偷蘭善生經中亦有兩斷並據輕物
四囑授是非四句分之一囑授善惡二人物差別三重單囑授四成不之相　初中有四
一囑授善者自知昔來非法儲積唯造不善今若命終無一隨者不如破慳
捨貪順本初受便決檀願以財付他生福上處故是善也　二言不善者恐此
財物死後僧得慳貪諂態妄授白衣謂言勝善此囑非善　三不囑善者若病
篤之時唯存出道於此身中空無滿以此根數常知為財本非真要縱有
徵囑便在憂增但論前業福道此財仏已誡斷如此而終不囑亦善　四不囑不
善謂前心欲捨後便慳覆轉耳生不能自決遂便捨命是不善也　五百問中
比丘受銅鈲事及慳衣事如隨相說　二差別者一人物俱現是囑是授奴婢田
宅車牛莊園等重物及輕物不可轉者　如氍氀布帛之例　名囑二可付與如縚疋衣服寶
物等授是三人物平現或俱不現是囑非授以人在他郡餘物別處等　四非囑授
者任僧准式如前說也　三重囑授相　僧祇囑與衆多人寂後人得授與衆多
人在前者得准此決犯如決心與他自言先出或對人陳隨一許竟後便差損
理是他財因不付他或轉餘施財主犯重　由決心與他屬彼已定後乖本意迴他入己損他犯重後人妄施如法之徒賊得物仏聽取用故
善生云先許他一衣後便餘大德來轉以施之是主得偷罪　明了論決心捨已
不犯長　四成不相者凡言囑授必是捨財想應心要必決與生福勝處定無變
悔皆悉成就若云此物死後與我作塔寶幢幡碑碣任像寫經供僧等事並
不成就以未死是物主定不自分死後更有主來處斷不依前法　若犯王法
知明日晚間必死今日中前隨時並成由未死前決心成主　若以財物令人造像
施僧齋供使我眼見回即命終者成若言死後同前淨鑄鈸諸部明亦四分
云若臨終時囑物與仏法僧若我死後與等仏言一切囑僧　以心未決故　十誦大同唯三
衣六物不應自處分僧祇若未付財或得已不能作淨還置病人邊並不成若
作淨已置邊者得若言我死當與若差即捨並不成五分若生時已與人而
並未持去僧應白二與之　五負債還不者先以義分若仏法別人負亡人物亡
人負仏法別人物並合輕重者有則相當還無則交絡還已並收入須依本物
重則入常住輕入現前僧若先負輕物令追得重還還須賣取輕物依法分之若
本負重還輕者入常住僧中不同共僧之法若常住僧負亡者重物不須索
取　以還入常住故　若負輕物追入現前僧得重物還者依前易取輕物分之若全無
可得者便止　次引文十誦云若比丘生時負三寶物應啟三寶若債比丘物索取
故知並據[illegible]

人負仏法別人物並合輕重者有則相當還无則交絡還已並杖入須依本物
重則入常住輕入現前僧若先負輕物令追得重還須賣取輕物依法分之若
本負重還輕者入常住僧中不同共僧之法若常住僧負亡者重物不須索
取（還入常住故） 若負輕物追入現前僧得重物還者依前易取輕物分之若全无
可得者便止 次引文十誦云若比丘生時負三寶物應取三寶若比丘物索取
入現前僧（故知並索依本而斷） 乃至四方現前客舊比丘等亦同上若賒酒不還便死取衣
鉢還若无者取僧物償恐出諸比丘惡名聲故（亦不言常住現前之別至時隨緣也） 若先他衣價死
時還索取、他衣与不價若死還本衣无者賣衣鉢還又債息異處有五句
一衣寄在餘處身在餘處死隨物處僧得二負債處死負債處僧德三
死處出息處、保、任、處、僧得四死處質物處取錢處質物處僧得五死處
取錢處執券處執券書處僧得此中文猶不了若息物在俗邊索未得者
准十誦依券徵取若物在僧邊者亡後隨物處僧得不得以券書故攝
他異界僧物如初句斷以彼此俱僧故若論重物亦不得取以不聽移此僧
物而送彼僧除羯磨法若負物在俗同无任處五衆先來者得重物隨（見）者
送寺若多人所知共爭不決者如十誦五斷或同前人處二寄斷毗尼母若有
生息物在外追寺內僧衹淨人推求取之入此寺常住僧五百問云比丘借人
物前人死要須白僧得取本物不白而取得罪若僧不与強取或僧知而不還
自他俱犯 衹云若索債者當看前人持戒可信者与不信者不應与若有可
信人證明者應与不信證者不應与 六定物輕重者然取此亡物諸部未
融隨情難信理須隨本受體何律受戒即以此律而定輕重若亡人不憶看
病未知則隨別住何部行事即以此部處斷是非不得自垢心行忘與与棄
寶從四分而受當寺行之便隨貪欲多判輕物入僧便准十誦此由貪故犯非
由教是之罪命於斷割之前預須揔位兼隨律持六種不同如序中列及論附事
三皆處決一者唯用四分一律有則依文而用无則不取外宗故律中三章門判
物皆盡唯有輕重二別若決判者一切衣鉢坐具盛衣貯器針筒俱夜羅器
氍毹應量剃刀等物入輕餘者一切器物之中不列名者並判入重若有道俗
衣服者入輕准氍毹量過則入重此一家正斷然无差二不可析棄二者四分无
文准諸部類分義決有无傍出輕重初細分三一仏所制畜如六物等資道
要務一向入輕二制不聽畜如田園奴婢畜生金寶穀米船乘等妨道中寂不
許自營唯判入重（此上二判通一切律） 三仏開聽中義含輕重如長衣百一及以器物隨身衆
具以物乃妨長落淨濟形資道此則判有不同今且依鈔者一意位分三別
一者性重如一切銅鐵木石瓦瓶釜鑊車轝器物以體是重物不堪隨道唯判入重
二輕者百一衆具可隨身布絹莫問多少唯判入輕三從入輕重者或事重用

要務一向入輕二制不聽畜奴婢畜生金寶穀米船乘等妨道中寧不
許自營唯判入重 此上三判通一切律 三佛開聽中義含輕重如長衣百一及以器物隨身衆
具以物乃妨長容淨濟形資道此則判有不同今且依鈔者一意任分三別
一者住重如一切銅鐵木石瓦瓶釜鑊車轝器物以體是重物不堪隨道唯判入重
二輕者百一衆具可隨身布絹莫問多少唯判入輕三從入輕重者或事重用
輕如剃刀函石盛衣貯器及以針筒銅盋鍵鐺鏇鑪等器入輕或事輕用重
如大小帳蓋行障枕扇氈褥牀席俗人衣服並是妨導入重而斷但以教網
具周必須文顯然文聚類七種分之後必有事依門自判 准同十誦律中凡末等色隨事分物今亦附事廣明之
十誦病人死看病者取其衣物浣果卷襞條襜入衆毗尼母云並取衣物在
僧前已遣一人處分不可分物各別著一處如是云云何名重以物重故廣明別
相如彼說染一絲麻毛綿所作四分中氈褥臥褥入重 並謂表裏有錦帛等治者 氈毹長五肘
廣三肘毛長三指入輕此寒雪國中曲開氈毹相同袈裟條葉具足毛內葉外
乃至皮作亦然故開皮為臥具此即三衣世被是重物不可例之以僧祇中有氈
僧伽梨故自餘准此為量被及被單入輕過量復被入重薄軟氈堪可疊
被入輕氍毹錦繡等綺色分明入重律合壞色著之由同三衣相也綾羅入輕律
開憂王大價衣及施主種種好衣文中乃不明了不妨含於貴價絞綖等入輕
下文聽著大價疏衣僧祇覆瘡衣雨浴衣漉水囊二種要帶臥具入輕五分
坐具單敷襯身衣針線囊鉢囊革屣囊入輕准此被單雖是從被由同
襯身單敷不異可類在輕錦綺毛氈若褥數廚等入重准此四分減量衣
者入輕必依量鞠厚入重不堪被著不同氍毹法厚軟可服毹毲類同錦繡
雖是小氈而屬牀几者相隨入重五大色衣輕律中上色染衣上色錦衣聽作
袈裟畜若真緋等判入重者黃白不應入輕白色佛制不著尚制絹布入輕
例於黃青赤然應分也若爾氍毹佛制重入輕不云色者可判入重若彼離綺
錯外同三衣條葉具足同故入輕准五分文必鉢色者准律非重絲麻縷綫不問
多少義准入輕必含重含揩便入重色盛衣絨者 前至腨後至膝 准五分入輕連絨長絨
被絨等入重一切俗服裙褲褻之類已壞色㧞破入輕猶是白色俗衣服爾未㧞
者入重雜綵色線靴鞋及餘男女衣服補方巾絨等並入重繡綺鉢絨隨鉢者
入輕第二凡石鐵木竹等所作四分銅瓶銅瓮繩牀木牀衣瓶澡灌錫杖扇斧鑿
橙臺枕車轝及鑷皮竹陶木五種作器入重此五種作器並謂能造物具故律云
木作器根藉元安置處佛令作皮囊盛之非謂所造之物 則通輕重分則不剃 剃刀入輕錢
寶等入重下文冢間淨錢壞相依銅用十誦剃污捭灌鼻筒熨斗香爐熏鉢鉤
鑵上鉤禪鎮巳鉢支及鉢小鉢半鉢鍵鎡小鍵鎡鉗鑷截爪刀子截衣刀戶鉗
曲戶鉤等入輕若水精貝齒角作器如前小者入輕以外過半斗已上入重 半斗者姖同所用斗
一切染色若赤青不應分僧祇錢金銀真珠貓璃珂貝珊瑚頗梨車渠馬

橙臺枕車轝及鏚皮竹陶木五種作器入重此五種作器並謂能造物具故律云
木作器棖藉元安置處佛合作皮囊盛之非謂所造之物則通輕重弘則不剃剃刀入輕錢
寶等入重下文冢間淨錢揀相依銅用十誦剃汗捍灌鼻筒尉斗香爐熏鉢鈎
礕上鈎禪鎮巳鉢支及鉢小鉢半鉢鍵鎡小鍵鎡鉗鑷截爪刀子截衣刀戶鉳
曲戶鈎等入輕若水精貝齒角作器如前小者入輕以外過半升已上入重半升者准用不用升
一切染色若青赤黃不應分僧祇錢金銀真珠猫璫珂貝珊瑚蝳瑁車渠馬
瑙玉石入重臥牀坐林木槃木瓶木盆竹筥竹笤亦尒過量白鉢瓦鐵等入
重准此過量好鉢久重佛衛不用善見針綖瓶分入楞伽云爲割截架梁駝畜
四寸刀頭如月形若生時造送終調度並入重櫃簏屏風障子及諸鑠鑰入重一人
婦長故戶鈎准輕久有隨相入重四分俱夜羅器即應量減量盋鉳等十誦云
入輕若是鋏紵銅鉢久判入重供養香爐輕可隨身入輕准上十誦有寶裝校入重
以人捉寶貳衛故若重大者入重根本爲佛法而作不自稱者隨本處安置不淨
追養若隨緣改賣不定者如上處分經架香爐等餘函之屬輕可隨身同上入
輕各有別屬亦隨本入佛法元定者入重數珠入輕
別屬之第三四大園林房舍等四分云伽藍及屬伽藍菓樹別房屬別房物若
捨布施爲已造房若已得重物者入重死時猶是輕者聽分若捨輕重物入
佛法者不合追取爲佛法有別主故還隨亡者處分若空莊嚴房舍如障隔
衆磨等即入屬房物稱若當處三時分房元定容主者依本安置若元法
者僧家於取入常住用十誦堵赤染色入重准此雌黃自堵亦同之第四皮革
等四分皮衣樹皮衣一切不淨著則入重十誦皮物者盛油囊及半什已下繫革屣
韋靴革麻革歌韋裹脚揩革應分已外入重平靴針銚入重非道服故餘者
入輕毗尼母云經律元有付囑處即付彼若元付囑隨能受持者與之不應分書
俗書素盡入重紙筆墨等准入輕以堪附道法故盛澡豆者唯是器用十云准斷
五畜生者毗尼母云駝馬驢等與寺中常住僧運致若私有小寺園菓臺房瓶
免之屬養之生具此現前不得分屬四方僧何者名養生之具畜所須非養
生具者非人畜所須也六人民奴婢四分云僧伽藍人入重所有私物不問輕重並入
私已若僧家奴婢死者衣物與其親屬若元者常住僧用私奴婢死者義准有
二若同衣食所須資財自取入已隨住處分若不同活直尒主稱與衣食者死時
資財入親元者同僧院內元主物入常住入親者准滅擯比丘若死衣物入親若僧供給則不同也毗尼母云若有奴婢應
教放令去若不放者作僧祇淨人准此放去謂四姓人良後終依律也七四藥者元問生熟穀米飯麨
湯丸膏煎並入重雖有殘宿惡觸亦元有失明了論薩婆多云以死時心斷清
淨故則元宿觸販賣不淨也十誦伽論若僧中請食已命過同分衣法令現前分處入重
前已命過後得食者還昄本處受他施衣亦尒餘有不盡之文事不可委具

二若同衣食內[illegible]
資財入親无者同僧院內无主物入常住（入親者准滅擯比丘若死衣物入親若僧供給則不同也）毗尼母云若有奴婢應
教放令去若不放者作僧祇淨人（准此放去謂四姓人良後終依律也）七四藥者无問生熟穀米飯麨
湯丸膏煎並入重雖有殘宿惡觸亦无有失明了論薩婆多云以死時心斷清
淨故則无宿觸販賣不淨也十誦伽論若僧中請食已命過同分衣法（令現前分處入重）
前已命過後得食者還取本處受他施衣亦尒餘有不盡之文事不可委具六
如別判輕重物中也須類知而通解也　三者通用律藏廢立正文及事要者不
必系四分為定如深灌錫杖扇針錐刀子等餘律判入輕則也類用文義廣括如
別卷述且依第二足為龜鏡也　七具德賞勞四分有二五德初五德明病人難
看而能看表瞻病者滿一所不應食而欲食不肯服藥二看者有恚心而不實語
三應行不行應住不住四身有苦痛不能忍五少有堪能而不作仰他作又不能
靜坐上息內心次五德明看病者行滿一知病人可食不可食應与二不惡賤病
人大小便唾吐三有慈愍心不為衣食四能經理湯藥乃至差若死五能為病人
說法令病者歡喜已身於善法增益有此五法應与看病人衣物若小瞻視亦
制不許五分多人看病与究竟者僧祇四種一暫作二僧次差三自樂福德四耶
命而作並不合得若看犯王法死者亦不合賞若欲饒益病者欲令速差下至
然一燈過終者應得此物（餘如瞻病法中）次明所与物律中不論德有上下但与受持衣
若不知何者受者受持當極上看病与上三衣中下看病与中下衣十誦先
問後持何衣鉢一一別問若不問不知或不信者与不好者不惡六物薩婆多重縫
三衣不以針刺著者不入看病人若先以刺著有緣分持衣主死亦合賞之四分
六物者三衣盛衣器襆鉢及減坐具鉢筒也義准德具六物不具等四句可德
物俱具依法与之若德具物不具乃至俱數並隨事高度若德數物具理非
賞法而事勞有功亦須優及並入現前羯磨隨德有无取物量行已和僧
与事情通悠後闌人進不五分十誦七眾看比丘病准二眾得沙弥及比丘餘五
不合尼中三人得餘四不合雖父母兄弟（謂勞畢竟不滿）摩得伽云白衣看比丘病應与少
許尼三眾同之沙弥應盡与五分十誦与沙弥同等大僧准此若眾多比丘沙弥
看病應与究竟者若齊究竟應与一人已屏處分之十誦若看病者出行為
病人乞衣藥者當還付之亦可囑入現前和唱付与若餘處安居來看病者
合賞伽論外界看病者亦合賞之　八分物時節五眾若死僧祇不應即閉其
戶彼有共行弟子持戒可信者与戶鉤若不可信持戶鉤付僧知事人已供
養舍利料理竟弟子可信持戒者使出衣若不可信應使知事人出衣然後僧
分十誦云諸比丘在屍邊分衣屍起護衣物佛令死屍去後若僧在異處應分
毗尼母云分比丘物者先將亡者去藏已送喪僧還來至寺取亡人物著僧前然
後如上依法集僧分之　九明正加分法有二先集錢財衣物二加法分之初中

合賞伽論外界看病者又合賞之　八分持時節五衆若死僧衣不應即付其
戶彼有共行若弟子持戒可信者與戶鑰若不可信持戶鑰付僧知事人已供
養舍利料理竟弟子可信持戒者使出衣若不可信應使知事人出衣然後僧
分十誦云諸比丘在死屍邊分衣屍起護衣物佛令死屍去後若僧在異處應分
毗尼母云分比丘物者先持亡者去葬已送喪僧還來至寺取亡人物著僧前然
後如上依法集僧分之　九明正加分法有二先集錢財衣物二加法分之初中
令瞻病者持亡人輕重之物並集僧中若不勝舉牀几屋舍宅園林牛奴等並須
歷帳對僧明讀令知其多少二明立法羯磨對首心念三法初中若五人者得
作賞勞分衣二法若四人者正得用直分一法如後明之今明五人已上僧法（乃至心念之）
（前後一准此例）前集財以後鳴鍾遍告一同僧盡不得閉門限客假託昏德遮十方並
非衆法非上緣者自淨其心僧徒集已彼瞻病人在衣物所具儀格之大德僧
聽比丘某甲命過所有若衣若非衣物此住處現前僧分應（三誦律明六物准論不必須集）衆中
持律上座即處判之先問僧中誰知亡者負三寶別人物又誰三寶別人負亡
者物了檢問有者如上處分　次明囑受雜相同活共財二別並准上斷已次定輕
重訖如上分之重者一處依名抄記輕物一處依名抄之并問看病者不將亡者
輕重財物送表不有者棄贊入法已三唱和還若无者先當作賞勞法但
五德難具不具不合依賞今時行事對衆問具德以不著善具者此乃自代
其功俗人所恥若不著有具功無賞違佛正制與奪得所出自僧中故律云僧
得自在若結不結隨意也今亦未須問德律无正文若知辛苦有功者上座告
云長老看病有功佛令優賞當瞻視受羯磨看病者讓退陳訴无德有愧
不堪重賞僧當抑伏令受然後索欲問和答作賞看病人六物羯磨即白云與
之大德僧聽比丘某甲命過所有三衣盋坐具針筒盛衣貯器（隨有言之）此現前僧
應分若僧時到僧忍聽僧今與看病比丘某甲白如是大德僧聽某甲比丘命
過所有大衣七條上具（餘者如上）此現前僧應分僧今與某甲看病比丘誰諸長老忍
僧與某甲看病比丘七條五條盋及儀衣襆（餘如上）者嘿然誰不忍者說僧已忍與某甲
看病比丘衣盋坐具針筒盛衣貯器竟僧忍嘿然故是事如是持（盛衣者即衣襆也貯器者鉢盛若有）
（多猶襆巾帊鍼鉛者應取常所服用一事賞若三衣各盛者三襆得與也）次分輕物律令白二差人令時行事但取知僧事者
或臨時口差不用羯磨違法　通得持律者先知不具德者沙彌法等多論云三
衣餘處者棄來此賞若此德不具即隨彼分（知敬通持用和現物）若三肘五肘外長隨多
少應白僧令和合與者好十誦沙彌死所著內外衣與看病人餘輕物僧分羯
磨云某甲沙彌死所有內外衣及非衣餘並同大僧法今時行法者命知事人
在僧前瞻視白二與之（律中文少不同今准非時僧得施法也）文云大德僧聽比丘ム甲命過所有若
衣（謂堪著用者）若非衣（謂盋若衣財等）現前僧應分若僧時到僧忍聽今持是衣物與比丘
某甲當還與僧白如是大德僧聽比丘某甲命過所有若衣若非衣此現前僧應

衣餘處者素未此賣若此德不具即隨彼分（用和現物）若三肘五肘外長隨多
少應白僧令和合与者好十誦沙弥死所著內外衣与看病人餘輕物僧分羯
磨云某甲沙弥死所有內外衣及非衣餘並同大僧法令時行法者命知事人
在僧前胡跪白二与之（律中文少不同今准非時僧得施法也）文云大德僧聽比丘某甲命過所有若
衣（謂堪著用者）若非衣（謂盋若衣財等）現前僧應分若僧時到僧忍聽今持是衣物与比丘
某甲某甲當還与僧白如是大德僧聽比丘某甲命過所有若衣若非衣此現前僧應
分僧今持与某甲比丘某甲當還与僧誰諸長老忍此比丘某甲命過所有衣物
現前僧應分僧持此衣物与比丘某甲某甲當還与僧者嘿然誰不忍者說僧
已忍持此衣物与比丘某甲某甲當還与僧竟僧忍嘿然故是事如是持　作法已
即數僧數量其衣物相參儭籌取分五分若衣鉢少不足者和僧与一无衣
比丘善見云若一衣極好衆並有衣（准律分破行之）從上座行之須者直付若衣物極多
徒衆有法准聖教分之此是非時僧得施功德遍十方僧取不須造像設齋
更生漏過以出家人備智分白業不以福分為懷縱設違仏本制諸部但明
分用凡智不過聖心若外界不集者僧祇為病人求衣醫藥及為塔為僧
知事雖當時不在並應与分此謂差衆使者得若私營仏法不合次明与
沙弥淨人分四律並云若僧和合等与乃至四中与一淨人五中与一若不与者
並不合分若分淨罪自餘廢六如疏鈔中如是抵計大數抄名記然後品物
付之律无責物分法今時分賣非法非律至諠嘆一何頗厚仏令分付為
息貪情令各自省今反樂嗟不推終始此習俗生常乃无慚草望諸有
識深察斯過若五人共住一人死衣鉢直三人口和賞勞已餘諸輕物依毋
論四人直作分衣羯磨文中除僧令持此衣物与某甲某甲當還与僧等自餘
同前法作此法已未得分入手來有客僧入界並須更共作法分之（故律云非時僧）
（施中亦爾故全与又云分令无人故更須分之有人无想不成）二明對首法毗尼母云四人共住一人死三人應展轉
分應二人口和以衣賞看病者餘物三彼此相語云二大德憶念此物應屬
我等餘二人亦如是三說若三人中一人死取衣盋直付餘物二人展轉如上法四
分文中直明彼此三語更共分文詞如論說也三明心念法毗尼母云一相應法者
二人共住一人死在者作念此亡比丘物應屬我作此說已後來不得分（理須入四分已也）一
人受僧施中應心念口言此是我分得世間羯磨文中非衣者此何衣耶若律
不顯相文云時有將非衣作盋囊革屣囊仏言不應作之又云聽与比丘非衣
亦不知何等衣也今但通而述之无妨彼此俱攝　十明雜處分物法若在私莊
寺致死或作僧使在莊檢校而死若家人及比丘守者重物入亡者本寺輕物
隨現分之亦不得足衆也縱令近僧來攝重物亦不須与以非仏正制若亡者无
住處而隨有常住處隨近通攝（寺无僧足亦不得取）若无比丘守掌同白衣家法四

不顯相[illegible]
亦不知何等衣也今但通而述之无妨彼此俱攝 十明雜受分物法若在私莊
寺致死或作僧使在莊檢挍而死若家人及比丘守者重物入亡者本寺輕物
隨現分之亦不得尼衆也縱令近僧来攝重物亦不須与以非仏正制若亡者无
住處而隨有常住處隨近通攝 寺无僧尼亦不得取 若无比丘守掌同白衣家法四
分若比丘在无住處白衣家死彼有信心檀越應賣録此物若有五衆先来
者應与若无来者應送与近處僧伽藍僧准此文者若比丘共尼同至隨下同衆
死各自取之不得共分此物當部亦不須加法直尔攝取不同共住閑緣加法也
重物如上量之隨情遠近若至白衣家知有亡物必須捉執作屬已意方成雖
見不得縱捉入手而俗人而自攝入已此則屬俗人已宜益僧就成亦不得反棄
當勸示之与僧令无業道 僧得作俗人物受之 僧祇比丘持他衣行衣主命過便將衣別受
不與同界比丘越 准四分不成有比丘 若作羯磨已量懸寄比丘来應知在羯磨前後 謂攝
僧界大不知僧有无 律中有比丘无想別衆分衣不成問將亡人物出界分成不答四分若衣
物離分當唱令来者[illegible]時分若遣人来若自来應与分者得諸部結犯不成
得成 僧祇屋衣如法者或是同法同意可 十云比丘寄衣缽与尼者應索取比丘分之尼寄比丘物亦
尔 不同白衣家法 問將亡人物入界其内比丘不知還將出界得先見者分若得 受由
當界不知分時同法故也

四藥受淨法第十八

保命支持勿過於藥〻名乃通要分為四言時藥者從旦至中聖教聽服事順
法應不生罪累言非時藥諸雜漿等對病而設時外開服限分无違七日藥
者約能就法盡其分齊從以日限用療深益盡形壽藥者勢力既微故聽
久服能喻患形有三種一盡藥形二盡病形三盡報形 明了云有身必有病
雖少差損後必重發如其口法任終而受就此四中分五明之一明藥體二淨地處
所三藏淨不同四淨法差別五受有殊別 初中明藥有四一就四藥明者時藥有
二四分中有五種蒲闍尼 此云正食 謂麨飯乾飯魚宍也五種佉闍 此云不正 謂枝葉花菓
細末磨食 如隨相中 僧祇時食者蔓菁根葱根藕根羅菔根治毒草根即薺
苨根是也時漿者一切米汁汯汁乳酪漿是諸律並明魚宍為時食此是瘵前
教涅槃去從今日後不聽弟子食宍觀察如子宍想夫食宍者断大慈種水陸
空行有命者怨故不令食廣如彼說經云前令食宍謂非四生之宍但現化
耳為度衆生故楞伽云有无量因緣不應食宍略說十種一者一切衆生无始
已来常為六親以親想故不應食宍二狐狗人馬屠者雜賣故三不淨氣分
所生長故四衆生聞氣悉生怖故五令脩行者慈心不生故六凡愚所習臭穢
不淨无善名稱七令呪術不成就故八以食宍見形起識以深味著故九諸天所
棄多惡夢故虎狼聞香故十由食種種宍遂噉人故如斑足王經說令有良

耳為度衆生故楞伽云有無量因緣不應食肉略說十種一者一切衆生無始
已來常為六親以親想故不應食肉二狐狗人馬屠者雜賣故三不淨氣分
所生長故四衆生聞氣悉生怖故五令脩行者慈心不生故六凡愚所習臭穢
不淨無善名稱故七令呪術不成就故八以食肉見形起識以深味著故九諸天所
棄多惡夢故虎狼聞香故十由食種種肉遂噉人故如班足王經說令有良
愚多嗜諸肉羅中之大多過於此故屠者販賣但為食肉之人必無食者亦不
屠煞故知食者同屠造業涅槃云可不識乎祇云若為比丘煞者一切七衆不
應食乃至為優婆夷煞七衆不食亦尒今學戒者多不食之与中國大乘僧同例
有學大乘語者用酒肉為行解則大小二教不收自入屠兒行内天魔外道上不
自食酒肉此乃闍羅之行吏耳四分若已煞者行十惡業為我故煞乃至大祀
處肉不得食之雜具來者必無宰主故令屠者通煞則依教無肉可食亦斷
食肉也毗尼母大同律云若持十善彼終不為我故斷衆生命如此應食准此何
由得肉而噉唯自死者鳥殘猶獲罪也楞伽云酒肉葱蒜韮薤之屬悉不嘗
之俗中尚云沽酒市脯不食呪出道高僧以酒肉為意音所懷久可見也摩得
伽云若以酒煮時非時七日藥得服者謂無酒性得服今時藥酒令昏亂醉
悶氣味具足為貪服之必加苦毒勿不附口以此二途驗知情性去道全遠
非時漿者僧祇一切豆穀麥煮之頭不卓破者之汁若蘇油蜜石蜜十四種
菓漿生菓汁要以水作淨若器底殘水被雨滴等亦名淨十云若蒲桃不以火淨
汁中不以水淨互及不淨不應飲俱淨得飲准此通四藥為壞味除貪故善見
舍樓伽漿（謂蓮花根搗取汁澄清者） 一切木菓一切葉除蕖一切花一切草菓除甜瓠子冬瓜甜瓜
椰子菓已外得非時服毗尼母得種種菓多食不盡者破取汁飲若不至初夜變
成苦酒者不得飲以酒兩已成故明了云炒米合爊黑餘藥投中釀以為漿亦名非
時漿四分八種漿古昔無欲仙人所飲梨酸棗甘蔗蕤菓蒲桃舍樓伽等漿也
若醉人不應飲飲則如法治伽論要須漉水除滓澄清如水若有濁汁与時食雜
若咽咽飲隨咽犯波逸提　七日藥者四分蘇油生蘇蜜等五種世人所識當食
當藥如食飯乾飯不令飽現伽論沙糖漿亦得七日受乃至未捨自在僧祇中加
脂一種四分舍利弗風病醫教服五種脂熊羆豬驢魚等也僧祇此藥清淨無
時食氣一時受七日服有四百四病風大百一用油脂治火大熱病用蘇治之水病蜜
治雜病用上藥治之五分見作石蜜搗米著中仙言作法應尒若合藥法如此
者聽非時服十誦石蜜不得輒噉除五種人遠行病人食少不足人不得食人若
施水處和水飲之五分飢渴二時以水和飲僧祇食上多得酪食不盡者動作生
蘇七日受服若長煎作熟蘇七日受（驗知蘇油含受作法得多言不名重受） 若乞食時多得蘇者貪痛
比丘以細㲲疊淨漉取蘇得七日受若有緣事不得中前作者當對一比丘記識

者眾非時服十誦石蜜不得輒單除五種人遠行病人食少不足人不得食人
施水處和水飲之五分飢渴二時以水和飲僧祇食上多得酪食不盡者動作生
酥七日受服若長煎作熟酥七日受（驗知酥油合受作法得多者不名重受）若乞食時多得酥者病
比丘以細㲲疊淨漉取酥得七日受若有緣事不得中前作者當對一比丘記識
言此中淨物生我當作七日藥受若忘誤不作淨過時是名不淨若得多油於
酥中說得胡麻食殘不盡即煮取油七日受之若事緣不得作如酥中說若熊
賭等脂如上進不得甘蔗及蘗並如上善見受酪說酪中酥為七日至第七日攢
得即日服八日犯捨油蜜亦爾摩得伽非時受甘蔗作法不成時內並成然蜜
味美重凡聖常言長貪壞行勿先於此若得心猛力劫掠攉之自非極病難可進
口故祇云仏受獼猴无蜂熟蜜等云、　盡形藥辨者祇云胡椒畢鉢呵梨勒等
此藥无時食氣頻受病比丘終身服四云不任為食者一切鹹苦辛甘等不任為
食名盡形藥辨善見一切樹木及草根莖枝葉為食不任者盡形服之又樹木
草无閡根莖並是時藥或根是時藥莖是盡形互有俱是不可一一名示但令堪
食時藥所攝不任者盡形藥明了云若病服七日藥隨病為量若差須捨
若无病復不飢非時食者犯罪油蜜膏亦爾故論中畢酥等終身藥則不爾有
身心有病仏許服此藥防護一期果報身若无客病人不飢渴非時不得服十云
淨苦酒无酒氣无精者過中得飲上來雜者一切經律隨事雜辨曰此宗者
具列如上今有愚夫非時妄噉謂杏子湯乾棗汁果汁含潤藕根汁乾地黃
伏苓等諸藥酒煎非鹹苦格中者非時噉之並出自在心妄憑聖教不如噉飯未
必長惡引誤後生罪流長世次二云味定者明了云五種量乃至大開攝一切物皆
盡跡云藥有五種甘味物中除甘草蜜沙糖酥油餘甘味是時量醋味除阿磨
勒藥汁等餘醋味是時量辛味中除薑椒畢鉢餘辛味是時量一切苦鹹物非
食作終身藥外一切可食物名依時量食從平旦至日中為時過此不得食一切漿
甘蔗等名依時更量日夜各分五時從平旦受至二更過時不得服如是輸轉
乃至五更此間清飯為漿扁時量酥油蜜沙唐等名依七日量甘草等名依一
期量從受戒後臨一期報終名一期也於此時中无問晝夜恒得服之灰土屎尿（此穢）
此五名依大開量不須受隨意取服是世間所棄非所惜故四分須受灰土等（有人實必无人准用）
三明轉變者中論云如蒲桃漿持戒者應取飲若變作酒不應飲若變
為苦酒還復得飲十云甘蔗是時藥清汁是非時五分作石蜜是七日燒作灰是
盡形宍是時藥煎取脂是七日燒作灰是盡形胡麻同宍法酪是時藥清
汁如水是非時作酥七日燒為灰名盡形四相和者多云四藥相和從強而服
若以時藥助成七日藥作七日服由七日藥是勢力多故又助成故如以
酥煮宍此酥宍汁得作七日服若以時藥七日助成終身藥服作終身服如以

盡形宍是時藥前取晡是七日燒作灰是盡形胡麻同宍法酪是時藥清
汁如水是非時作蘇是七日燒爲灰名盡形四相和者多云四藥相和從強而服
若以時藥終身藥助成七日藥作七日服由七日藥是勢力多故又助成故如以
蘇煮宍此蘇宍汁得作七日服若以時藥七日助成終身藥服作終身服如以
麵乳和亭歷子作丸者是又如附子烏頭等諸毒藥很豆麥等名盡形藥
若以終身七日助成時藥者時中服之如麵食用蘇油薑椒等若互數俱等勢
力相似者隨以一藥者一名標目餘者藥互稱之如石英鍾乳黃耆白木丸散湯
膏煎等並例知用之　二置藥處所即結淨也略分四門一制意者良由衆生
報力不同上中下別若上達之徒身力資強制令分衛隨緣少欲淨濟形命壺存
道業不假儲畜中下之流情同上士而力劣不堪必須資具方能進策是以
大聖慈愍因困飢死方開結之同界別處釋淨名者以飲食繁穢同處生患
令既別結情无儲畜食不生罪故名爲淨若同處長貪遠教受業之是穢
曰不淨也此從緣說淨非對穢以明也二列數作法者有四種淨一者離墻不周（必三面有院開一）
淨四分云半有籬障多无籬障都无籬鄣謂露地也非儲積想故開之
（西者攝食義强亦同有罪厨舍孤立有院同之）墻垣塹柵亦如是達並同非墻得周帀相共成相已上注二
種越淨者有三一食具是他物律云自今已去當作種越淨食人（令淨）賣舉不得自
受若有所須隨意取二處所是他物故云若爲僧作伽藍未施與僧雖食在
中不名有犯三食處俱是謂處所是他有食具是他不屬僧用也此三名他物淨
要真非假令多犯罪自雖自負非法有罪十誦瓶沙王施僧粥田比丘上擣仏
言未分者應上分竟不應上犯吉羅王勞比丘見无檀越謂犯宿煮仏言開王
替處不名有犯（准此例餘皆犯）僧祇婆羅門送粥米施仏僧以於僧住處作故仏言內
宿內煮不聽食（故知屬僧即同僧法非種越淨）三處分淨者四分若檀越若經營比丘爲僧作伽
藍時處分如是言此處爲僧（僧）作淨地僧祇若作新住處營事比丘及僧未曾
住初夜前以繩量度分齊尔許僧住尔許淨屋受之必不得過初夜（四分經明相也）若檀
越言莫預處分我未施僧此即同他物淨五分作新住處未有淨屋當先指
某處作淨地以食置中然後僧住若經明相出則不成善見云何結淨屋初竪
柱時云此處爲僧作淨屋三說已乃竪之餘者亦然不尔就一柱上加法多成若已
成者喚本主語令隨指一處爲僧作淨屋若无者衆落有老宿召來遣作不
解者教之四白二結者謂僧伽藍院相周帀比丘在中有宿煮過不問住之久近
隨處結之除去比丘（毗）尼母云大界內无淨廚者一切宿食不得食乃至藥草亦
尔四分云曰飢死比丘故聽在伽藍內邊房靜室處結作（必在作法界上不同處分）五分諸比丘欲
羯磨一房一角半房半角中庭或通結房內作淨地並聽若通結者羯磨云此
住處共住共布薩僧今結淨地除某處（謂僧住行來房舍等准此則遍界中藥菜无過明相出在舍下）又云必依地起
不在屋上曾成者一處別屬通處通屬別處別屬一邊二邊三

解者救之四白二結者謂僧伽藍院相周帀比丘在中有宿煑過不問住之大近
隨處結之除去比丘比丘尼母云大界內无淨廚者一切宿食不得食乃至藥草亦
尒四分因饑死比丘故聽在伽藍內邊房靜室處結作（必在作法界上不同處也）五分諸比丘欲
羯磨一房一角半房半角中庭或通結房內作淨地並聽若通結者羯磨云此
住處共住共布薩僧今結淨地除某處（諸僧住行來房舍等准此則遍界中藥菓无過明相出在舍下）又云必依地起
不在架屋上僧祇若一處別隔通處通隔別處別隔一邊二邊三
邊隔道兩邊作淨中間不淨如是一切並得准此作法羯磨文中必須明指委曲
結竟傍示顯處令主客了之（律中客問何者淨地何者不淨地也）三加法中四淨二種不作（如上明之）處分
一法別人指示如前已明羯磨結者在僧界內先示處所懸指結取所以不得坐
中結者古師云以食逕僧是攝是障（故須遙結在中相離）以僧逕僧非攝非障（淨地有僧不免別衆）
律令唱處所應一比丘起唱云大德僧聽我比丘爲僧唱淨地處所若房若處
所若溫室若堂等隨其結處任境唱之然後坐說亦不滌唱人名入羯磨也次
秉欲問和已白二云大德僧聽若僧時到僧忍聽僧今於厶處結淨地白如是大
德僧聽僧今厶處作淨地誰諸長老忍僧結厶處作淨地者嘿然誰不忍說
僧已忍僧結厶處作淨地竟僧忍嘿然故是事如是持僧祇寺內作淨廚不
得糯汁蕩器水流出於外有緣須解者律无文義准反結即成應云大德僧
聽若僧時到僧忍聽僧今解厶處淨地白如是大德僧聽僧今解厶處淨地
誰諸長老忍僧解厶處淨地者嘿然誰不忍者說僧今已忍解厶處淨地竟
僧忍嘿然故是事如是持四雜出斷齋者種越淨不周淨此二處不問內外盡
夜同宿煑者无過但不得觸若處分羯磨二淨通比丘在內檢挍護明相若与
同處唯壞食具更須畜食器令淨有宿煑過若治故處作處分者祇云僧
住寺中過初夜而欲作處分淨者要住處破經國土亂新王未立尒時便得麦
作若緣此无但令住處及聚落俱停廢二年得名處分若復不受停可食
物內煑問結淨地竟得中看煑何爲不犯內煑若煑是隨處大界无人亦犯
宿是遮人二界无人不犯　三護淨法五門一番淨二護淨三罪通塞四五處明淨
滌五條緣開事初中若一方別住雖持仏法者必須結食界內同護淨食此則
通允聖僧路順諸仏本懷令自共宿根貪滌巨離者俗中恒人所恥何况淨
僧食之服經像難因即滌汗後若緣无理須拱手仍事觸宿心初无悔者不
信此心須爲師近欲作聖語而反譏者有四不同一者緣淨二者幹淨三者緣不
淨四者幹不淨言緣淨者謂釜器須營佐助料理仏開爲緣此不須畜言幹
淨不容穢器仏令自得安水然火乃至諸僧器亦經感食幹是淨初无譏可
畜言幹不淨者此是治生興利用造仏供僧剃不許礼受雖不經宿捉畜亦
不合由心惡鄙上三句者並是正經文遍知鈔並不須畜緣不淨者本是淨具過
緣滌于坎自畜譏令淨五分有諸木器犯截下淨入見白皆先忘坎棄皆用

信此心須為師近欲作聖語而反穢者有四不同一者緣淨二者辭淨三者緣不
淨四者辭不淨言緣淨者謂釜器須遣佐助料理仏聞為緣此不須番言辭
淨不容穢器仏合自得安水然火乃至諸僧器未経咸食辭是淨物无穢可
番言辭不淨者此是治生興利用造仏供僧剎不許礼受雖不経宿捉番亦
不合由心惡鄙上三勾者並是正経文遍知鈔並不須番緣不淨者本是淨且過
緣染汙故須番穢令淨五分有諸木器肥膩不淨以凡石揩洗恐破壞者用
沸湯洗之僧祇淨人行食淨器隨比丘鉢中尋即却者名淨停須臾者名不淨
若是銅器淨洗用木器若膩入中者剖刮之不可用者當棄十云比丘有膩
器二三度用澡豆洗故不淨當以木刮却然後澡豆二三遍洗是淨餘有不
盡者准以米麵油皆等於尼寺俗家沙弥淨人處一石、更互博之雖得本物以
入手兩相揩故善見多比丘共一沙弥行各自擔食至時自分已沙弥語比丘言
令持我食与大德易、得已復展轉乃至下坐若不解者教之亦得准此展
轉番穢者或淨若瓦瓷器等有食膩者釜上蒸之內外熱徹膩出即淨
一切銅器磨之鐵器以大燒之內取令膩盡木倉遺等剖包泥拭土倉窖等
隨有更拭石器者或以水洗或以鑊治得无殘膩便止四分淨捉衆僧戶鉤籥
若杖若環若匙若角勺銅勺若浴牀則无觸淨 謂非常服用者 問觸淨何過仏
苦剎之若一仏欲增尚弟子令行勝行內有法勝外行亦然如世貴人安坐受
食不自執劳以利勝故二為現大人相三世三聖並不自作令若宿觸失聖
人法故三諸仏立教通大小乘俱无宿煑如楞伽十云所述四長貪壞信五廢
脩出業六死入糞坑濩淨経云由有宿捉等衆僧食不淨食後墮舅屎池
中五百万世受苦惱竟後谷五百万世墮猪狗及羗狼中常食不淨後出為
人生貧窮家衣食不供仏告比丘衆僧住止之處作不淨食不足往食如法持
盋乞白衣食是名淨命回說知事比丘觸僧淨器及食、衆僧故墮餓鬼中
五百餘年不見漿水正欲趣廁護廁鬼神打不得近如是廣說回緣智論
云若沙門福田食以不淨手觸或先噉或以不淨物著中入沸屎地獄中廣如第
十七八九卷中大集日藏分齊龍品中廣明僧食難近難用僧護等経明非法
受用僧物文廣不具錄通而言之若无慚愧輕慢仏語自物尚犯何况僧物深
須自免可得出期五百問中明持戒知事指抂僧器羅漢代撤苦緣如是廣
知
二護淨法前護惡觸內宿內煑自煑等十云比丘食竟以已不淨盋及食
与沙弥、白衣洗鉢竟還著僧器中是名淨心過与則无惡觸 准此器下殘食合淨人益盡有觸矣
五分若无淨人行食比丘受訖行之无淨人御乘行船比丘亦得僧祇若淨人
持不淨手 謂先捉比丘惡觸食者 行麨飯者上坐一人得不淨餘人名淨若淨人持淨麨寫不
淨麨上得抄取上若示淨麨寫淨麨上一切示淨若著淨麨在不淨器中得捽
取中央若料揀筐器一切不淨十云若淨食中著不淨食應却者除之餘者食

与沙弥白衣沙弥貪還著僧器中是名淨心遇是則无惡觸(淨人益更有觸失)
五分若无淨人行食比丘受訖行之无淨人禦衆行淞比丘亦得僧祇若淨人
持不淨手(謂先捉比丘惡觸食者)行麨飯者上坐一人得不淨餘人名淨若淨人持淨麨寫不
淨麨上得抄取上若示淨麨寫淨麨上一切示淨若着淨麨在不淨器中得㩲
取中央若科棟筐篅一切不淨十云若淨食中著不淨食應去者除之餘者食
之餅菓等亦尒(准此諸㩲者由食相可别者必淨穢相濫即應都棄之)僧祇若蠼螋時比丘在上行者當脚處
使淨人㩲去若難事急雖蹈无罪必天雨无淨淨自遥擲淨摩物覆捉淨㩲
石鎮之忘覆食器亦尒若厨屋中有諸麵油瓶甘蔗竹筆束比丘取七日油
㲉瓶捉捉淨油瓶来餘人見不得即語待至已問是何等油答言七日油當
語置地不得名字還得七日受(以捉觸不淺故) 若令取淨油俗人不解捉持七日由来亦
如上法(准口法有失) 自餘錯捉亦尒若言香畚厨灰瓶已持来比丘内手瓶中錯把淨
麨香故名淨若還放瓶中即云不淨(餘並例之) 器中具明觸者一切菓菴是器師
者非器樏緣沒横麦為器長林坐林繩林繖繖為器船在水中車駕牛時非
器无者為器若食時敷長牀板牀坐林褥等或在甘蔗葦蔔束穀豆囊
等上令比丘坐不應動身亦不得問若動問者一切不淨(油有緣開坐若動問成觸) 若棧閣上
衣架上有淨食及衣鉢若取物動淨器食一切不淨若閣竪不動者得若在船
上載十七種穀上覆以蘆蓆廗比丘得在上坐不得名字若為風吹迴波漂
在岸者一切不淨必繩蔦不離水名淨大車上載諸穀上覆者比丘得坐上不
得名字如船中進不若小車有淨物若取衣蓋時動車者一切不淨當令淨
人取(不得以中在故為淨) 應令淨人先上比丘後上若下時比丘先下若在載物車中忽即車
番離牛者一切不淨若牛繩尾未離車者名淨十云比丘与沙弥擔食在道
中食時与沙弥沙弥還与比丘者若先不共要得食及此不得使沙弥擔食
度河恐沒溺者乃至肩擔之雖捉不犯至岸莫捉若不淨器受麨不應一切
棄之著盂者棄餘者同祇得食若以繩綴鉢受熱粥時内有脂出應真
棄脂處餘者得食飯粥羹器頭側聽佐淨人延之已不得復觸若佐女淨
釜瀉水至亦尒淨人寫麵油瓶傾側亦尒人驢車牛等負食傾側亦尒天
風雨時淨器物空在露地者當洗手擧著覆處(此是麁淨) 四分若麵由瓶不覆
无淨人自手捉蓋置其上(謂緣淨也) 若居士持食寄比丘賞擧後棄還与比丘者
得洗手受之若鉢盂孔臼食入中隨可洗者洗之餘不出无犯若入僧中食
无益者聽比坐若僧中有益者借与(亦是麁淨) 見云比丘以氣嘘淨器者觸五分
麵由瓶孕䴵應自𢌞匂得離地若惡人以僧不淨米一把投淨米中可分者
除之不可分者趣去一把四分自散種子若生為菜聽食移菜殖之以重生故
亦得(餘果例同之也) 若沙弥小捉淨食過水聽比丘扶若上坂亦得扶若擧懸淨食
須安牀几橙等令得上下十云負淨人上取大比丘自手觸食吉羅有病服過

无蟲者聽比坐若僧中有蟲者借与亦是輕淨見云比丘以氣嚧淨器者觸五分
麵由麨餅粥應自恣勿得離地若惡人以僧不淨米一把授淨米中可分者
除之不可分者趣去一把四分自散種子若生為菜聽食移菜殖之以重生故
久淨餘果例日之也若沙弥小捉淨食過水聽比丘扶若上坂久淨扶若舉懸淨食
須安杌凡橙等令淨上下十云負淨人上取大比丘自手觸食吉羅有病脹過
藥者屏處勿令人見毗柰云淨粲米以待賓謂令淨人受取二明自煑者僧祇若練
若處淨人病无淨人者得淨穀已比丘自舂作粥与淨々人々食亦盡不得自食
准此十誦先無共心心与者久淨也僧祇若淨人難得比丘欲自作食者當自洗不賦器着木自
然火令沸此是輕淨僧器有贓不令自然火也誠云使淨人着米湯中已更
不得觸使淨人煑沸已得以木橫置地比丘在上令淨人置食器木上口言受々
受已然後自煑令熟与病人莫令不受杓落中乃至煑菜令萎同上作法
薑湯尔久不自煑以變生故若乞得令食自溫煑不犯食時淨人小者得捉
其手教洮教寫杯飯等　三明內宿者五分使淨人於不淨地淨洗菜未竟
明相出者則无犯四分中有比丘持食來覔淨地未得明相出不犯
四明內煑者若在界內无為他煑不專私已与他有餘洗手受食　三明罪
通塞分二初四藥者若是時藥宐有宿煑以資用纏帝須脹故餘之三
藥不法加者一同時藥若為緣病而加聖法則有通局非時藥者過中明
相未出來脹用皆得若明相出失其口法殘宿惡觸非時生焉七日藥者
作法加已內淨厨中開无殘宿惡捉八日旦起具罪如後盡形受者必是熟
死无生種相律開內宿內煑自煑僧祇自煑薑湯結犯者謂有生分准此
唯開三罪七日不合同宿也十誦石蜜猗擧宿病人開飲應是難緣四分殘宿麵油開灌鼻等餘
不淨藥不合加法十云正文二明藥有四過先明過相謂內煑內宿自煑
惡觸初中十云有三種人共食宿比丘及僧學悔沙弥等名內宿也尼中四人
三人如上加式叉尼四分中式叉得与大尼過食不得同宿武是无沙弥尼故開內宿結淨
地已僧坊內共食宿是也都不言淨地有比丘內熟煑者結淨地已僧坊內煑是自煑
煑大比丘自作如上三種人不應食惡捉者自取果与淨人已更受噉者不署
決擇與他還受同是惡捉失受惡捉也薩婆多云共食宿有三種受食已作已有想共宿不共
宿経夜吉食則犯提是殘宿故二四分中亦同若自捉食名惡捉作已有想経宿吉羅若
食不受不捉直作已有想経宿食得吉一若他人食共宿无過二將此四過
對人約時就處謹食以明初將內宿就處者不通他物不同二淨處分白二皮
界內俱通就時要経明就人唯據比丘三人知有其犯律中問淨地未得明現
物持食來風吹菓墮律言不知不犯尼通四人前如上就食者若離地物
一切通犯未離地者未長足者犯不已長足逢霜等並是宿限對四藥論
上二明煑者對處淨地並塞對時通盡形就人通七衆為实通並熟

BD14045號　四分律刪繁補闕行事鈔卷下　（46–32）

食不受不犯直作已有犯宿食得吉一若作人食共宿不過二夜山□
對人約時就處詮食以明初將內宿就處者不通他物不同二淨處分白二反
界內俱通就時要絓明就人唯據比丘三人知有其犯律中問淨地未得明現
物持食來風吹菓墮律言不知不犯居通四人前如上就食者若離地物
一切通犯未離地者未長足者犯不已長足逢霜等並是宿限對四藥論
如上二明責者對處淨地並露對時通晝夜就人通七眾約食通生熟
四藥而言加法盡形聽界內宿責餘三不合故僧祇云阿難為佛塩餘在
祇洹門邊故知不得界內煮三自煮者對處通淨不淨地時通日夕就人局大僧
三人居中有四人就食論生佛開重煮故不犯四藥中加法盡形久開十云若生
食火淨已得自煮云何淨乃至火一觸（乃至穀米菓等例准也）若食重溫五百問中若被淨藥
比丘得自合四惡觸就處通淨不淨地就時通日夕就人主大僧有多種一者（注
不受絓觸二贜勢相連（如衣缽巾襆不淨洗相染也）三任運失受（四藥不加法中通俱失受若加法三藥各隨限失受）四緣失遲（謂捉比丘缽已
受（淨人觸林菩也）五決意捨矣（如受已不念意後須重受不受而取淨墮也）若就沙彌淨人但有贜觸（食賊在手不洗
而執僧器）大僧又有四種不成惡觸一為受而捉（如俗器中成食与比丘仰手受食雖僧俗兩執不成惡觸缽中故食亦）二過緣失
受（淨人過觸失如法菓觸洗手重從受之淨人不洗手也）持戒誤捉四破戒故觸並名淨食更以三句分別一觸
而非惡十云持戒比丘誤觸僧食四分忘不受菓持行若見淨人應置地洗
手更受二惡而非觸十云破戒比丘故觸名淨四分諸比丘相憎故觸他淨食令
不淨四言不觸者淨觸者不淨吉三亦觸亦惡十云持戒比丘懈怠故觸名不
淨五分樹上捉菓試看生熟亦名惡觸若就食言通生熟四明互處墮四分
安食具樹上並從根斷若樹根在不淨地枝葉覆淨地菓墮淨地或為風
吹雨打鳥獸墮者但使无人觸知遇緣而墮雖絓明相不成內宿謂長生菓也
若不淨地菓菜未長足來運運重生則无內宿時取淨入淨廚若菓菜已離
本處者隨絓相明比丘若知即不得食（上來義約律文多不）五分樹根在淨不淨地比丘亦
在淨不淨地菓墮其中非比丘所為絓宿者得食若見菓墮地非淨地使淨
捨取絓宿不知淨不淨處聽食若知不淨地不得食僧祇樹在淨不淨地
菓墮淨地隨何時取之若淨地不淨菓落不淨地應及時內淨廚中若不淨
地生瓜瓠者攜取及時內淨屋中有運枝穀米豆等唯前並謂比丘不覺在不
淨地者成若知不淨（四分知不知中大同此律）第五縱開八事四分為穀米勇貴人民飢餓乞
食難得雖得少食為賊持去佛憐愍故開界內共食宿內煮自煮自取食
僧俗二食水陸兩菓並不作餘食法若定罪者應開八罪內宿內煮自煮惡
觸不受足食殘宿等三波逸提四突吉羅義加懷生如水陸菓子不受而食
豈令淨耶律云若時世還賤故依開食佛言不得如法治之十云若飢儉時
食竟得持殘食去語施主知大門　第四淨生種法就中有三謂制意處人
淨法制意者四分了疏云諸俗人外道謂一切草木有命根以佛不制比丘故比丘

觸不受足食殘宿等三波逸提四突吉羅義加懷生如水陸菓子不受而食
豈令淨耶律云若時世還賤故依聽食佛言不得如法治之十誦云若飢儉時
食竟得持殘食去語施主知大門　第四淨生種法就中有三謂制意處人
淨法制意者四分了疏云諸俗人外道謂一切草木有命根以佛不制此戒故比丘
傷於草木為他輕呵令彼獲罪又與白衣不別不生恭敬心故十誦云名為疾滅
正法復曲制也餘如壞生戒中說第二明處人若使淨人作淨有四句一人果俱
在淨地成淨大善二人菓俱在不淨地成不淨子不合食（以內熟故 餘四衆食）餘二句出十誦故
文云菓在不淨地淨者在淨地以火刀作淨成淨而不得食若菓在淨地淨者
在不淨地作淨得名淨得食三明淨法僧祇每食時上座應問菓菜淨未
無宜不問若如法維那亦爾四分十種初五者謂火淨刀淨瘡淨鳥啄淨不中
種淨此五種中刀瘡鳥淨去子食不中種火淨都食次五者若皮剝若剝
皮若腐若破若瘀燒此意是淨又云水洗連根菜即名淨准五分淨根
種僧祇中採擷淨蘿菊蔾等種橘柚牙目淨十七種穀脫皮淨裹核種瓜
淨甄菓種火淨辛菓種之大辭精菓種未有子採脩淨若有子火淨四分
云大淨通五種毋云水粟靜靡多淨此應揀相僧祇多果同器一菓作淨
餘者通得若器別者一一別淨甘蔗蓄菜莖莖淨無者合束淨（准此蒿草之類子菓擬落无淨法也）
若粳米（此謂扶打皮落猶有白皮裹者種之可生或如十云比丘作食先淨米耳之也）蘿蔔根等火淨刀淨已停未用還生
者更淨四分比丘不應自作淨應置地使淨人作洗手更受（此對有人若无人者）了云自加
行所作疏解非言得自作淨然自作有益如一聚菓子若未淨者但食皮肉
一一吉若食核一一提令以火一觸上得一吉令一聚菓子俱成淨免於免罪豈非
利益十云一一何火淨乃至以火一觸若以火炎熱灰及炭等不成淨比丘自餘比丘不
應食（謂火所觸者）若刀爪淨得食五分根莖二種以火為淨僧祇樹菓野火所燒灰
園擊聚惡非人偷之名為淨若食菓核者火淨已龜食若皮淨不火淨食
核提（此是壞相未壞種）若火淨不皮淨俱得食核皮俱不淨一提一吉俱作无犯若火淨
一法種相俱通餘如隨相中了疏云此淨法不但約一法以成如一聚桃李但火觸
一餘皆成淨隨以刀破爪傷隨一被淨餘皆名淨此作淨緣本以此為法非使
物不生故名沙門淨准未中有穀如上脫皮淨餘緣准此問種相云何別耶
答相者謂一切菓菜上有白毛而依本清翠不改其色相同連地者律云草
木七種色者是也所言種者謂可種殖或離地從緣得生之類是也律云
根有五種廣如隨相中　第五受法不用手口二受日別恒用若別廣明教
相難顯略取要務以為八門一制二受意二受通四藥三對人同不四加法五別
五說淨通局六二受寬狹七重加進不八雜明罪相　初門手受五義如薩
婆多云一為斷盜竊因緣故二為餘證明故三為止誹謗故四為成少欲知足
故五為生他信敬故合外道等並效廣以隨相中五分由未制戒故合起過

根有五種，廣如隨相中。第五受法：不用手口二受，曰別墮。用若別廣明教
相難顯，略取要務，以為八門：一制二受意，二受通四藥，三對人同不，四加法久別，
五說淨通局，六二受寬狹，七重加進不，八雜明罪相。初門手受五義，如薩
婆多云：一為斷盜竊因緣故，二為餘證明故，三為必誹謗故，四為成少欲知足
故，五為生他信敬心，令外道得益故。廣如隨相中。五分由未制戒故，各起過
非，白衣呵言：我等不喜見此惡人著割截壞色衣而不受食，食名不與取。次
須口受意，為防護手受故。若無口法，過午便失；由有口法，乃至限滿。又為
防多罪故，手受但防於二所，如不明之。二受通四藥，不手受，受通四藥，為防
盜相故。口受局三，除其時藥。久有口受不(通)受手，唯局中前，餘之三藥手受
亦爾。若加口法，通時非時。十云時分藥(猶是非時別名)、七日、盡形，是三種藥必須有
病非舉宿惡捉者，手口二受得服。三對人不同：所受人手受為五義，除自同
類，餘六衆三趣皆成受；口唯對比丘，餘衆不成。多云：凡衆受食，為餘證明
故。若在有人處，非人畜生及無知故小兒悉不成受；在無人處，天神畜生
成。廣如隨相不受食戒。善見亦受食有三，謂手口眼也。四加法亦有受法
差別。凡論受法，要心境相當，如律中錯受麵由不成受等，必須仰手承之
(五分所云：從他淨人邊抄撥而取，非法)情相領當(謂僧祇云同緣一事)，除其眼闇及不喜見沙門驚怖緣者
置地而受。既知情事多違，須前運心善受。誡中亦四時藥受法既數，對法
亦多，具如不受食戒及對施興敕中廣述。此但明加口法者，三藥別論。初明
非時藥有四法：一所受藥，二能授人，三所受者，四正受法。初明藥體無八患
者得加口法：一內宿，二內煮，三自煮，四惡觸，五殘宿，六未曾手受，七受已停過
須臾(僧祇非時受不得置地得)，八手受已變動(失本味故，類甜酢等也)。二能受人四法：一漉澄水色無非
時食，二煮沸擬後重溫，生飲不須，三以水淨為壞味故，四淨人施心仰手持
來。三所受人，謂比丘作三法：一先息解前撿賴別與淨人情同，二仰手受無
盜相，三記識言(此謂含時食者，若以單清撿不須之)。四正加口法(諸部令加，不出其文，義立)：應至比丘所，具儀云：大
德一心念，我某甲比丘，今為渴病因緣，此是薑湯，為欲夜分已來服故，今於
大德邊受。三說(若直受進欲無遺，不須加法)。若蒲桃梨棗蜜漿等，隨病趣名，隨入但改藥名
字。二明七日藥四法同上。初明所受藥體自無八患，唯改第八非是餘比丘七日
藥或犯竟殘藥，餘七日同上。二能授淨人四法：一淨漉與時食別(謂脂除宍，油除滓等)，
二火煎煮，三水滴淨，四施心授與心相領當。三所受比丘有二：初自無五過：一
相續畜，若畜至七日，即日受藥不成。僧祇：比丘有弟子七日石蜜，即日更得石
蜜，是名相汙。問：此既未過，云何相染？答：非犯長相染，由前七日服訖病猶不
差，更服無畜作法不成。若得異藥，得加七日法。二相續畜，已曾畜藥至八，
犯長，即日得藥入手作法被染，更不堪服。三曾食他第七日藥，即日自得作
法不成，以藥味通故。僧祇律如此。四相續受，僧祇：比丘七日中日日受藥而不食

藥或犯貪殘藥餘七日同上二種棲淨人四法一淨瀌與時食別 準等
二火煎煮三水漉淨四施心棲與心相領當三所受比丘有二初自无五過一
相續畜若畜至七日即日受藥不成僧祇比丘有弟子七日石蜜即日更得石
蜜是名相汙問此既未過云何相染若非犯長相染由前七日服訖病猶不
差更服无蓋作法不成若得異藥得加七日法二相續畜已曾畜藥至八日
犯長即日得藥入手作法被染更不勘服三曾食他第七日藥即日自得作
法不成以藥味通故僧祇律如此四相續受僧祇比丘七日中日日受藥而不食
至八日不得更受須一日不受開之謂貪多過受又不服療（四分无文 准用亦好）五相續犯
僧祇比丘七日恒服至八日不必可得更服不防受於異藥上朗相續對一蜜
藥為言若得由者名即加法祇云生蘇熟蘇提胡展轉易味七日更受
二自作四法一仰手受二差別言作七日由想若本心作然燈塗足受者不成
如僧祇說三記識言此中淨物生我當受（若離時食 不須此語）四展轉受生蘇作熟蘇
（應與淨人責名得自責二種責已更從淨人 受之雖是无受以味轉失受不名惡觸）毗婆沙云七日藥手受口受已置一處勿
令淨人觸之四加口法應執藥口云大德一心念我比丘某甲今為風病因緣此是
烏麻由七日藥為欲七日經宿服故今於大德邊受（三說安淨地 內須者自取）餘隨對治如前
類准　盡形藥四種一藥元八患如翼中說二餘受人作三法一火淨已後无變
生過二與餘藥別（謂含時 食等藥）三施心棲與情相領當三所受比丘作三法一仰手
受心境與淨人相同二記識之如上法若單者不須三分體分謂紫莞等
丸是藥幹而有羊腎為藥分二法別來別受總來合受四加法言大德一心
我某甲比丘為氣病因緣此是（薑椒檳皮及 鱉甲紫莞等）盡形受藥為欲宿長服故今於
大德邊受（三說）若丸散之中隨其本病對病之藥有五十卅別色各依本
方題名入法如前分別若買藥未足隨得入手即加口法而幹是盡形者
依本名加法若是時藥七日藥者（如大麥麩 末麥也）破擣羊腎虎眼雞頭白蜜麵由
等已上是經過緣不得與盡形藥須一時受者應加法言大德今為風病
緣此是羊腎盡紫莞藥分為欲共宿等（餘詞上同 餘者准此應例之）若往市買藥合淨人
斷價已比丘依名自選取多少一處著之然後合秤次第受取不得置地即
負比丘加之不得過限今奉法者希有一二多並狂癡心術挫仏法得便進
歎論淨穢高談虛論世表有餘攝心順教一事不徹為知未來惡趣且決現
在貪癡有識者滌鏡大意　五說淨通局者七日一藥作口法竟編心屬己
須說淨畜一藥幹貴重貪積心多二久近多時无變動義三氣味殊越貴
身強力制令說淨皆對著也手受七日時少過希亦不須說餘之三藥反前
不具故不須說說淨淨法大同衣法唯以長藥為異　六二受寬狹通塞手受
防盜一人受已通及餘人口法亦爾若懷對病題名寬亦不通莫非以其己
法他二通之藥（味通手 受通也）故捨前人受法不失何以知之四分云第七日藥與諸比

在食藏有諸者法錢大意　五謂淨遍受者七日一藥作口法竟緣心展也
須說淨畜一藥斛貴重貪積心多二久延多時无變動義三氣味殊越資
身强力制令說淨捨封著也手受七日時少過希亦不須說餘之三藥及前
不具故不須說之淨之法大同衣法唯以長藥為異　六二受寬狹通塞手受
防盜一人受已通及餘人口法亦尒若據對病題名寔亦不通莫非以其亡
法他二通之藥（之味通手受通也）故捨前人受法不失何以知之四分云第七日藥与諸比
丘食之餘如義鈔及疏說　七重加以進不若明手受觸失本受即須更受
雖重无過口法者多云五日已還觸者更加七日法不作二日法不從藥勢
正從法論六日已去不得重加以藥將入淨故僧祇但云藥勢相接七日可知
如上淨人誤觸七日淨由中氏失誡論云如服蘓法極至七日留病得消
八難明諸相多云若病比丘須七日藥自无淨人求請難得應自從淨人
手受後比丘口捘已隨著一處七日內自取食之若作口法竟一日乃至五日淨
人未觸或更以餘不受藥來雜應加手口二受得七日服若至六日已去淨人
觸餘藥雜並不得加若藥衆多不知何者是本藥應更手受口受拔移
服之若病重不能口受亦直尒得服設看病比丘手受口受亦氏受法當
稱病比丘名而受問此手口二受防護何罪答今天四藥別論如時藥手受
防二罪不受惡觸口受同之非時揆手受防二罪一防一往不受二防不受而
捉惡觸口防二罪一防過中失受二防過時失受惡捉七日藥手防二罪同揆
中口防三罪一防過時失受二防過中惡觸三者殘宿昔云防內宿（此无律文以盡形多證例知不顯也）
盡形壽藥手受同上口防六罪一過時失受不受二惡觸三殘宿四
內宿五惡有內煑六自煑（以受生作熟故）四明生罪（由未受故无情過患今識二受時過患生）時藥手受過中生
二罪失受惡觸經宿生殘宿惡觸二罪非時揆手受生二罪同時藥中口受
生三罪明相出有非時殘宿惡觸七日藥手生二罪同上口生五罪八日明相
出為言謂殘宿非時把捨隨惡觸服屋隆者不捨藥吉具足三種二吉問
云何不生不受者答藥本是不受猶加口法失不受至八日旦起有任運
失受非謂能生不受不同殘宿本无殘宿以有口法八日有殘宿生非時亦
尒斛未有法无有時与非時（隨病即受皆得）由加口法八日旦名非時盡形壽者手
受同前口受亦有生六罪者无病服吉餘如隨相非時不受殘宿三戒具
明問四藥之中何故七日罪重餘三輕者答一即用資經妬心厚重二斛規常
存聖令說淨及違仏教過限不說故重餘藥反此故輕問比丘非時而食
具足戒罪若時一回七罪非時殘宿不受三波逸提內宿內煑自煑惡觸
四突吉羅此謂經宿已不受自煑而噉者若非時中淨人過捘亦无不受
罪餘罪例此有无
益器衛聽篇第九（房舍衆具五行調度養生物附）　養生衆具教湊繁多隨報開聽事資

存聖令說淨及遠仏教過限不説故重餘藥及此故軽問比丘非時而食
具足戒罪若時一回七罪非時殘宿不受三波逸提内宿内煑自煑惡觸
四寃吉羅犬得經宿已不受自煑而噉者若非時中淨人過授亦无不受
罪餘罪例此有无
盗器衛聽篇第十九 房舍衆具五行調度養生物附 養生衆具殺湊繁多隨報開聽事資
道立雖在緣廣被而法據有準違則斯制犯則无赦既混其幹根敘其
修格略言來意别釋如後勳中先明盗器是明教也故初明之餘有養生
衆具入聽門攝自如後列 初中文七 制意二體如三色四量五受法六失受相
七受用行護法 初制意者祇云盗是出家人器非俗人所宜十云盗是恒沙
諸佛標誌不得悪用善見云三乘聖人皆執瓦器乞食資生无有曰四海爲
家居名比丘中阿含盗者或名應器 二體者律云大要有二泥及鐵也
五分有用白銅盗者仏言此外道法若畜得罪佛自作盗坏爲後式十云
畜金銀琉璃銅鐵木石等盗非法得罪 四分亦尔 五分畜木盗偷蘭祇云是外
道標故又受垢膩今世中有僕紵盗梶瓦盗漆盗瓷盗並是非法義須斷
之 三色是非四分應熏作黑色赤色祇云熏鉢作孔雀咽色鴿色者如
法若准律文並須熏治如法律文廣具熏法而世有素瓦白鐵梶鋼 堅研之也
爲色者或先熏鐵鉢而剝落者先熏瓦盗但揩不磨色淺落受膩者有
用麻油塗者並爲非法親問翻經三藏云中國无用由鉢者若此土行用
一度訖即打破不許再用五百問中不許受畜准此瓦漆灌義同油盗見云
鐵鉢五熏已用土鉢二熏已受持諸部律並明法此方用熏法二遍入龍
猶未變色但用法不同 四量是非四分大盗受三斗小者受斗半中品可知
此斗斗不定此律姚秦時譯彼國用姫周之斗 此斗通國准用一室不改量法俗等有八書抄撮勻非斗斛謂曰增法名也
准唐斗上鉢受一斗下者五升十云斗量同四分又彼律云下鉢受一鉢他飯
半鉢他羹餘可食物半 僧祇鉢他羅者受四升 多云盗量論師種々異説然以一義爲正謂
一鉢他受十五兩飯秦秤卅兩飯是天竺粳米釜飯時人咸共計義上鉢受
三鉢他飯一鉢他羹餘可食者半三鉢他飯可秦升二升一鉢他羹可食物半
復是秦升二升上鉢受三升律師云无餘可食物直言上鉢受三鉢他飯一鉢
他羹留上空處食指不觸中下二鉢可以准知見一肆上好鉢圓正可受
盗者是彼天盗非是人遠毗尼母云不滿斗半若過三斗者不成受持然則
師律云仏初出世衆僧无鉢佛勅帝釋令天巧工造十方盗在世間肆上
諸部宗量雖无一指然多以三斗斗半爲限但此器名應器須依教立律云
量腹而食度身而衣趣足而已言通減增必准教世執小鉢者多大者全
希豈非挾爲貪著數受多蓋之相既男非法合不説淨受持 五加受法
四分无文但言應受

師律云仏初出世衆僧无鉢佛勑帝釋令天巧工造十万鉢在世間肆上
鉢者是彼天鉢非是人造 毗尼母云不滿斗半若過三斗者不成受持然則
諸部定量雖无一指然多以三斗斗半爲限但此器名應器須依教立律云
量腹而食度身而衣趣足而已言通減增必准教世執小鉢者多大者全
希豈非狹局貪著皺受多盖之相既界非法令不訖淨受持 五加受法
(四分无文但言應受持之今用他部文) 十云大德一心念我某甲此鉢多羅應量受常用故三説 見云若无人
時得獨受持鉢文准上僧祇云若十日內捨故受新一易 (觀其文意似是独住比丘法) 六明失法
諸相善見雖先受持若穿如粟失受若以鐵屑補塞已更須受若偏斜
破並不成受見云若買他鉢未還直不成受其主雖言但受持久不成若過
十日不犯長若買鉢度價竟鉢主熏鉢已報比丘知不往取過十日犯捨若餘
人知熏竟傳向比丘説聞語不往无犯四分鉢孟孔罅食入中但洗餘不出
无犯准此不漏故不失受问但畜一鉢不加受得過限犯捨不並不犯由是
制爲有同三衣但犯不受持並罪若有長衣准衣説淨 七明受用行
護法五百問云一日都不用鉢食犯墮重病者開不用若出界者經宿不
失受五分比丘鉢中歠粥苦熱不可提聽别作歠粥器 毗尼母不得用麁澀
豆洗鉢壞色當數揩细物鉢而用之乃至病亦不得用雜澡豆洗身乃
至乞食時各各自作鉢絡盛鉢自持之回与淨人鉢行乞外道投藥鉢中
比丘便剗僧祇若洗鉢無坐處者當脾身蹲坐離地一礫手不用得灰
合色脱當取樹葉汁无沙豆磨 (謂牛糞也) 不得涨岸危處應先洗師鉢後洗
已鉢无不得持已鉢中残水瀉師鉢中乃至洗訖當蹲坐鉢囊帶臂着膝
上藏之乃至浣染衣者先与師染浣勿以師衣裹己衣漬之若被綴破鉢
要須食竟解綴淨洗已曬燥還持繩綴擧着常處勿在地上下至无
物以水洒之安設 十云鉢是諸仏標誌不得惡用新熏鉢搖着心三洗是
淨又不得日中炙令津出吉 毗尼母不應鉢內洗手一切處不應用除病教三
好日五分護鉢如眼精洗鐵鉢聽去地一尺凡鉢離地五六寸許宜着好處
安置不得手不拭着日中曝若安地上殘宿食燸湯洗殘藥並得罪
四分守護此鉢不得着凡石落處若倚刀杖下若懸物下若當道中若石
上若菓樹下或不平地若户限內户扉下若繩牀木牀下除暫着若牀閒牀
角頭除暫着若邊等並不合不得一手捉兩鉢除指隔中央或一手捉兩
鉢開户除用心乃至足令鉢破等 僧祇惡心破鉢三衣塔像解界破僧房
等皆蘭 (好心壞者文中並開) 四分不得作非鉢用一切長物不得內鉢中若畫鉢中花像
万字已名一切不得破不得都錫鑪鉢四邊若百應錫雨分留一分若星
孔多應畫錫之 (用白錫鈆錫) 不得着地熏壞故應以泥揩洒地安之若葉若草

盋障户隱用心乃至呪令盋破等僧祇惡心破盋三衣塔像僧房
等皆蘭 好心壞者文中並開 四分不得作非盋用一切長物不得內盋中若畫盋中花像
万字已名一切不得破不得都鍚僧盋四邊若百應鍚兩分留一分若星
孔多應畫鍚之 用白鑞鈆錫 不得著地熏壞故應以泥摸洒地安之若茅若草
上若鉢炙故壞者以白鑞鍚底不得雜沙牛屎洗以器盛水清牛屎澄去沙
用以承用棗用花若葉汁洗令去膩若手執難持作囊盛繫口帶絡
肩上俠鉢掖下盋口外向不尔作函盛之忍相棠者以衣樹葉隔之安置杙
上五百問不得覆盋壁上應巾裹懸著壁上見云瓦盋儀串左肩青
色次聽教中既曰衆具故雜列之四分開十六枚器謂大釜之蓋大盋及杓
小釜之蓋小盋及杓洗瓶之蓋大盆及杓水瓶之蓋小盆及杓則有二釜四
盆二瓶四蓋四杓又有鑶作者出家欲作盋仙開作之須爐椎鉗排囊錯
旋器並得畜作儀盛懸杙上又開畜熏盋調度法用等若縫衣時須縄
墨赤土白墠雌黃餅線尺度縷綫鍼刀補衣等物並開之作儀盛之患針
零落作針氈及筒安置塞治鉢須鑽錐並得蘭若比丘開以火術出火
毋火手及鑽等並得若得七日藥應著鍵鎡小盋次盋大盋中不犯淨施
大盋義須 安著杙上龍牙杙上不得畜皮木盋出要律儀鍵鎡為助食器鼻柰耶
鍵鎡者淺鐵盋也四病不堪步涉聽作步挽車若輦若乘除牸牛草馬
若得輦聽畜須輦轅及皮繩若杭㯐並得應使淨人寺民優婆塞沙彌
檐輦若得車久應畜除織皮繩鞋繩十云比丘无鍼不得外行五分非行
來處若大小便及洗手腳時聽著屐四分又尔僧祇畜塼凡鞋楷腳十誦
猫牛尾拂仏塔故受祇云自今已去聽捉線拂裂氎樹皮等除猫牛尾馬
尾金銀瑠璃柄一切不聽捉若白色涂壞用不得如婬女捉作姿作相是名拂
法五百問云若僧中說法高坐上不病不得憑几捉麈尾杷陛尾毛有淨
四分得尾拂開畜不得織毛雜多數細色不得畜之十云四人以上坐蓋長梳
所攝四分木師出家一切木作器不應畜剃髮人出家不得畜剃刀衆僧得畜
剃刀木作器角器聽用盛由 别人乏事由若 若得衣須浣鬪畜浣器及板剪刀若不解
事數聽用竿子以儀盛之懸杙上為治病故畜凾刀若貢藥銚若銅釜鐵
釜土釜及三種瓶煎餅鏊銅杓銅鑄衆僧又尔若盋不正作盋支塵垂者
作盋蓋若須薪草木牛屎等無人處得持之見白衣下著地寺內得自移
甎石材木等擣藥須杵臼簸箕篩棉帚並開為治眼故得畜瑠璃捍
若灌鼻筒烟筒吹火筒若鉗若椎火杷㸓水瓶澍水筒并洗腳者供濕
腳器所須應與若得大小豆大小麦胡麻粳米應以盋器為量不得畜升
升秤若藥由等須稱量者聽刻木作銖兩斤四五兩作准為分數五分初
於四分後与他物雖多猶嗔少仏令僧秘畜升斛升合及秤四分供給和上聽

塹石杵木等擣藥須杵臼簸箕篩掃帚並開𤍁治眼故得畜瑠璃杯
若灌鼻筒烟筒吹火筒若鉗若椎火杷爐水瓶澡水筒并洗脚者供澡
䉶脚器所須應与若淨大小豆大小麦胡麻粳米應以盎器為量不得畜外
升斛若藥由等須稱量者聽刻木作銖兩首四五兩作准為竹籌五分初
如四分後与他物雖多猶嗔少仏令僧私畜升斛卜合及秤四分供給和上聽
用銅槃若案若几所食之物盡持置上一時授与淨菓多押取汁飲開畜
押具若夜集闇須燈器燈炷鑷𨭉鑷炷轉輪燈樹火爐燈籠掃帚並
淨別人麦若為灌衣故寺內聽以樹皮若竹若葉作蓋供給蓋具一切淨畜
為補草屣故開畜錐淨熟皮作屣須刀栽板刻磨石等並開若刀錐筋
毛縷皮剗逆散聽作囊盛若鐵竹作籠若樹皮籠聽以毛囊囊裹外亦淨綵
用十種衣作囊不得以皮作若刀生壞聽以㲲劫貝大皮等裹刀若髮長者
開畜剃刀及鞘應以劫貝等障勿令壞若刃卷手上磨石上磨其石內刀囊
中刀鈍者開畜刮刀髮撒畜承髮器又開鑷子剪刀爪刀刮舌刀摘齒物挑耳
捭供給住房比丘法中聽与大小繩牀大小木牀机戶扉戶鉤杖蓋扇水瓶洗瓶
盛水器浴室瓶及牀刮汗刀等一切白衣器種作耕犁樓等不應畜一切寶
物作諸器並不得若道行恐蛇蝎諸毒者當執錫杖搖若筒盛碎石破竹
作聲不得執空中杖若畜如法治若僧集患熱聽作扇若作轉關扇車合
沙弥推之若作餅作㲉麨須麨篩量麨器盛塸盝（此等字錯應作奩字香奩）苦酒瓶木𣘦
木杓勺椀等皆開飲食多不節成患者開作浴室若住房內臭以香塗
乃至四角懸香增一云告諸四衆造浴室五功德除風差病去塵垢身輕便
得肥白比丘當方便造五十誦邊屏處安浴室所須者辦之祇云浴時不病
令人揩者越五衆自揩亦越去揩亦越毗尼母云浴室中上座應為浴僧說
洗因緣不為嚴身淨潔故但令除身中風冷得安隱行道當為献患身法
調伏心法應生慈心為令得少欲知足故如是一一事並有上坐說法儀式隨
事識勑不復具之母云聽畜刀子六種一用割皮剪爪甲破瘡裁衣割衣上毛
縷六用淨菓乃至食時種種須故五分聽畜拭鼻毛鑷大論供給坐禪法
禪杖禪毱禪鎮骨人禪帶好師好照衣服等母云比丘止得畜三衣坐具針線
囊瓶瓮等是不合畜者女人金銀一切寶物一切鬪戰具盛酒器等生人諫
穀故五分盡牀不合坐凡所用瓮机若物牀不得作人畜脚諸相有器皿合
儲備一擬後破失四分若涂時須釜銅瓮器钁斧繩籠並得若水井池水
蘭楯一切供給天雨患濕上安屋霜露地有薪作屋覆之增一作房施僧名招
提僧施四分檀越為比丘作堂屋如王住殿一切所須並開受諸比丘欲作房
仏令隨作房法一切聽与律文事事具出略不明也若五分得破房脩理不肯
取仏令隨力多少應治一切所須供給十云仏自執木作具治寺門僧得畜一

儲偫一擬後破失四分若染時須釜銅瓫器鑵斧繩鑱並得若水井池水
蘭楯一切供給天雨患濕上安屋覆地有薪作屋覆之增一作房施僧名招
提僧施四分檀越為比丘作堂屋如王住殿一切所須並開與諸比丘欲作房
佛令隨作房法一切聽与律文事事具出略不明也若分得破房備理不肯
取佛令隨力多少應治一切所須供給十云佛自執木作具治寺門僧得畜一
一切作具僧房壞得將一房賣治一房亦得用敷具賣治之僧房上座私房
上座每有破壞雜事先自手作迦葉敷敷蹋泥泥僧房云云比丘得自造舍上木
僧祇比丘作房欲自泥壁五彩畫之並得唯除男女和合像餘山林人馬並
得四分久不得同不應文繡裝挍聽用餘雜色禽獸受者阿難得別房開
受若僧地中作私房有客來應起不起還僧地以无僧地入己若營屋者不得卒成
以不堅牢若作大重閣堂聽十二年經營餘者隨大小量宜若營事比丘作
房成莊嚴香熏所須具足者与房住九十日一移不得更受餘房若有俗
人能持破房者白二与之五分諸房上皆題某甲檀越房十云若以房施僧
持施足者是非法施非法受非法用若施足轉与僧久尓若房舍卧具有
檀越者但得番視不得棄一与一治壞房者六年与住作新房者十二年住
僧祇先是僧房破壞更易戶嚮二三年隨功夫多少竭磨与住若空房
不任住治事者應与一時住若林几枕褥坫氈破更染浣補治者亦一時住也

對施興治篇第廿

夫福出淨田道起少欲為福之家唯重唯多受施之者唯少唯節多供无
猒是為福之法少受限量信行者之儀律云檀越雖施无猒而受者應知
足也但出家之士形參聖服有待之形假資方立施時不取後須難得若
善應於法則能所无𤀹必於事莫准使覩戒何寄如能善省時資合有力
无事者可謂道緣義立行從此生何者貪心出於情著无涤良田自節從心
則非味起迷約志則義饍生猒所以善惡茲於中懷昇沉寄於方寸是故為
行人者無宜輕從不思時緣任事生滯都無儉約耽濡滋絅豈不悲哉然
受渴難滿如海吞流若款之以法衆患俱息既能形服異世標心遠大何得
於事容斯穢迹但九流多俗上鄙恥於衣食況三寶聖種而滯於茲足之方
墜溺塗一何可歎今略述由漸下列戒文使懷道之士詳而繳迹焉就中分
五初明受施之人二明猒治方便三明立觀有教四明作觀方法五明隨治
雜相　初中善見云比丘受用施物有四種一者盜用若比丘破戒受放名為
盜用二負債用者受施之時必須作念不作得罪負人信施三親友謂七
學人受供四主用阿羅漢毗尼母云受人信施不如法用放逸其心癡修道業
入三塗中受重苦故若不受苦報者食他信施食即破腹出衣即離身若

BD14045 號　四分律刪繁補闕行事鈔卷下　（46–42）

雜相　初中善見云比丘受用施物有四種一者盜用若比丘破戒受施名為
盜用二負債用者受施之時必須作念不作得罪負人信施三親友謂七
學人受供四主用阿羅漢毗尼母云受人信施不如法用放逸其心癈脩道業
入三塗中受重苦故若不受苦報者食他信施食即破腹出衣即離身若
知前人無業而施與者能施所施二俱為施所墮智云明能施清淨受
者不淨如是四句若出家無戒惠食人信施銅握地獄受鐵丸鐵漿二苦
四者乃至犯突吉羅已上罪無故受他利養及持戒比丘礼敬並不合受
二明厭治方便如大集中云何比丘觀所着衣作不樂想若縫衣見衣縕衣
着衣脫衣觀如是時如血塗皮爛臭可惡虫所住處如是觀時於衣貪心
即時除滅云何脩習食不樂想若有比丘執持鉢時如血塗髑髏臭爛可
惡虫所住處若得食時應觀是食如死屍虫若見麨時如未骨相得飯漿
時作戴汁想得諸餅時作人皮想所執錫杖作人骨想得乳酪時作膿血
汁想若得菜茹作毛髮想得種種漿作血想是名於食生不樂想云何於
房舍生不樂相若入房時念如地獄受諸苦惱如是房舍即是和合所有
杖木並是人骨土是人完乃至一切牀褥被褥亦復如是作是觀時即名世
間不可樂相若能觀察如是相者即得如實法也四天寧以熱鐵為衣燒
爛身盡不着信心男女衣服寧在鐵牀燒身焦爛不受信心好牀卧具
寧受鐵屋中住燒身不受房舍在中止宿寧吞熱鐵釣燒爛五藏從
下而出不受信心飲食寧以熱鐵割肺不受信心樓足作礼寧以熱斧自斬
其身不受信心手捫摸其身何以故不以此因緣墮三惡道若非沙門非
淨行自言是沙門淨行破戒行惡都無持戒威儀耶見覆處作罪內空舊
爛外現淨食人施故以不消信施墮三惡道長夜受苦是故當知持戒
受人信施一切所須能令施主得大果報所為出家作沙門名得成就若明
惡報如僧護中廣述五十六事涅槃阿含等大小乘經論並種種厭觀
三明五觀有教者知云若不觀食法嗜美心堅著墮不淨虫中洋銅灌口
噉熱鐵丸十五每食時應生厭心為存身命故摩德伽云若得食時當
觀從倉中出地中以糞屎和合種子得生還養糞身云云毗尼母云若利根比丘
得食時口口作念得衣時着着作念若入房時入入作念若鈍根者初得衣得
食房舍惣作一念佛藏云從聚落中乞得食已從聚落而出任至水邊可
脩道處置食一面結跏趺坐當觀其食種種可惡及觀自身極是惡害廣
如彼說　四明觀法然衣食房藥四事供給能施捨慳受施除貪此則能
所俱淨生福廣利若彼此隨情縱逸任性者則俱墮負處聖賢同非
涅槃云戒令施主果報減少或復无報等雖利養等同蒙希有數食為大

食房舍想作一念佛藏云從聚落中乞得食已從聚落而出住至水邊可
脩道處置食一面結跏趺坐當觀其食種種可惡及觀自身極是惡器廣
如彼說　四明觀法然衣食房藥四事供給能施捨慳受施除貪此則能
所俱淨生福廣利若彼此隨情縱逸任性者則俱墮負處聖賢同非
涅槃云或令施主果報減少或復無報等雖利養等同義希有數食為大
患時酒進口過與既數愁法久難若不策其心府改其操前者多偽迷醉
矣夫沙門之異俗由立行有堅貞同鄙世之昏悶餘行久可知矣故成論云現
見在泉屎中生不在盤石中者由貪味香故也今約食時立觀以開心道
略作五門明了云如此亦之初計功多少量他來處智云思惟此食墾殖耘
除收穫蹂治舂磨淘沙炊煑乃成用功甚多計一鉢之食作夫流汗集合
量之食少汗多須臾變惡我若貪心當墮地獄噉燒鐵丸從地獄出諸畜
生償他宿債或作猪狗常噉糞除故於食中應生厭想僧祇云告諸比
計此一粒米用百功乃成棄其妻子之分求福故施云何棄之二自忖己身德
行毋云若不坐禪誦經不營佛法僧事受人信施為施所墮若無三業知故
而施俱為施墮比丘經飽食施主食憍慢意或自食已食雖飽過分為施
所墮已其食久從施主得何以故佛長夜中常嘆畢後限食謂未淹減一口食也
施持戒者能受能消施持戒果報大破戒果報少如是可責如上律文具說足食已更
經食者不加色力但增其惡故不應無度食三防離過故明了論云律中
說出家人受食先須觀食後方得噉凡食有三種上食起貪應離四事
一離喜樂過貪著香味身心安樂縱情取適故二離食醉過食竟身心力
經不計於他故三離求好顏色過食畢樂於老悅勝常不須此心四離求莊
嚴身過食者樂得充滿肥圓故二者下食便生憂恨多墮餓鬼永不見
食三者中食不多心眼多起癡捨死墮畜生中作諸噉屎樂糞等中初食
重故並入地獄且略如此五此三毒成三善根生三善道謂無貪故生諸天
中下二可知四正事良藥觀亦二為除病故飢渴不治交廢道業不生新
痛食飲減約宿食消滅又以二事為譬初如油膏車但得轉不問由之美
惡二欲度險道有子既死飢窮餓急便食子宍必無貪味五為成道
業觀三種一為令身久住故欲界之身必假摶食若無不得久住道緣
無託故二為相續壽命假此報身假命成法身惠命故三為脩戒定惠
伏滅煩惱故持世云若不除我倒此是外道不聽受人不之水佛藏亦尒
必敬我倒於衲衣廳食不應生着　五明隨治雜相華嚴云若得食時
常願衆生為法供養志於佛道五分若不為解脫出家者不得受請
若坐禪誦經檢挍僧事並為解說出家者聽受僧次十云若到食處
黑然一心淨持威儀[illegible]

經食者不為色力但增其患皆不應无度食三依新過故非了跡之律中
說出家人受食先須觀食後方得噉凡食有三種上食起貪應離四事
一離喜樂過貪著香味身心安樂縱情取適故二離食醉過食竟身心力
强不計於他故三離求好顏色過食畢樂於光悅勝常不須也心四離求莊
嚴身過食者樂得充滿肥圓故二者下食便生瞋恨多墮餓鬼永不見
食三者中食不分心眼多起癡椿死墮畜生中作諸噉屎樂糞等中初貪
重故並入地獄且略如此及此三毒成三善根生三善道謂无貪故生諸天
中下二可知四正事良藥觀分二為除病故飢渴不治交癈道業不生新
痾食飲減約宿食消滅又以二事為譬初如由膏車但得轉不問由之美
惡二欲度險道有子既死飢窮餓急便食子宍必无貪味五為成道
業觀三種一為令身久住故欲界之身必假摶食若无不得久住道緣
无託故二為相續壽命假此報身假命成法身惠命故三為循戒定惠
伏滅煩惱故持世云若不除我倒此是外道不聽受人一不之水仏藏亦尔
必歆我倒於納衣麁食不應生著　五明隨治雜相華嚴云若得食時
常願衆生為法供養志於仏道五分若不為解脫出家者不得受請
若坐禪誦經撿挍僧事並為解說出家者聽受僧次十云若到食處應
嘿然一心淨持威儀生他善心當餘入餘坐應觀是食難得難求難成
雜當觀入口在生藏熟藏若後出時唯是不淨由此食因緣故起種煩
惱罪業受苦果報五日問云昔有比丘喜樂衣服晝夜染着因病致死
後為化生蛇還来纏衣僧燒葬死比丘訖取衣作法蛇便送頸吐毒僧共
着之有得道者入四等觀語蛇令去遂入草中毒盛火出燒身命終入地
獄毋云作念言為除寒熱蓋恥故房作念言為鄣風雨故食作念言為
除飢渴因緣故傳云凡食不得三匙為斷一切惡故進初匙為脩一切善故
進中匙為度一切衆生故進後匙乃至迴向仏道進餘菜茹等餘如下説
四分云量腹而食度身而衣取足而已又云食知止足故苦消滅新苦不生有
力无事令身安隱增一云多食五苦一大便數二小便數三多眠睡四身重不
堪脩業五多患食不消化故仏言食知節量因說偈言多食致病苦少食
氣力衰處中而食者如秤无高下雜寶藏中有王試外道比丘好惡二食
以驗知道法比丘乃至説偈云是身如車好惡无擇香油臭脂等同調
滑中含云告諸比丘於生活中下極至邊者謂行乞食世間大諱為禿頭
擎凡盋行彼族姓子為義故受以癥患生老病死諸苦惱故若愚人出
家而行惡欲犯戒腸鏤如以穢洗穢何由可脫前具列正教必須准用臨
食五觀口口緣之隨得隨失者為貪毒等所棄也

鈔第五

[illegible]
後為化生虵還來纏衣僧燒葬死比丘訖取衣作法虵便迸頸吐毒僧共
着之有得道者入四等觀語虵令去遂入草中毒盛大出燒身命終入地
獄母云作念言為除寒熱善恥故房作念言為鄣風雨故食作念言為
除飢渴因緣故傳云凡食不得三匙為斷一切惡故進初匙為脩一切善故
進中匙為度一切衆生故進後匙乃至迴向仏道進餘菜茹等餘如下説
四分云量腹而食度身而衣取足而已又云食知止足故苦消滅新苦不生有
力无事令身安隱增一云多食五苦一大便數二小便數三多眠睡四身重不
堪脩業五多患食不消化故仏言食知節量因説偈言 多食致痛苦少食
氣力衰處中而食者如秤无高下 雜寶藏中有王試外道比丘好惡二食
以驗知道法比丘乃至説偈云是身如車好惡无擇香由臭脂等同調
滑中含云告諸比丘於生活中下極至邊者謂行乞食世間大諱為秃頭
擎鉢行依㑦姓子為義故受以厭患生老病死諸苦惱故若愚人出
家而行惡欲特式慠緩如以穢洗穢何由可脫前具列正教必須准用臨
食五觀口緣之隨得隨失者為貪毒等所纂也

鈔第五

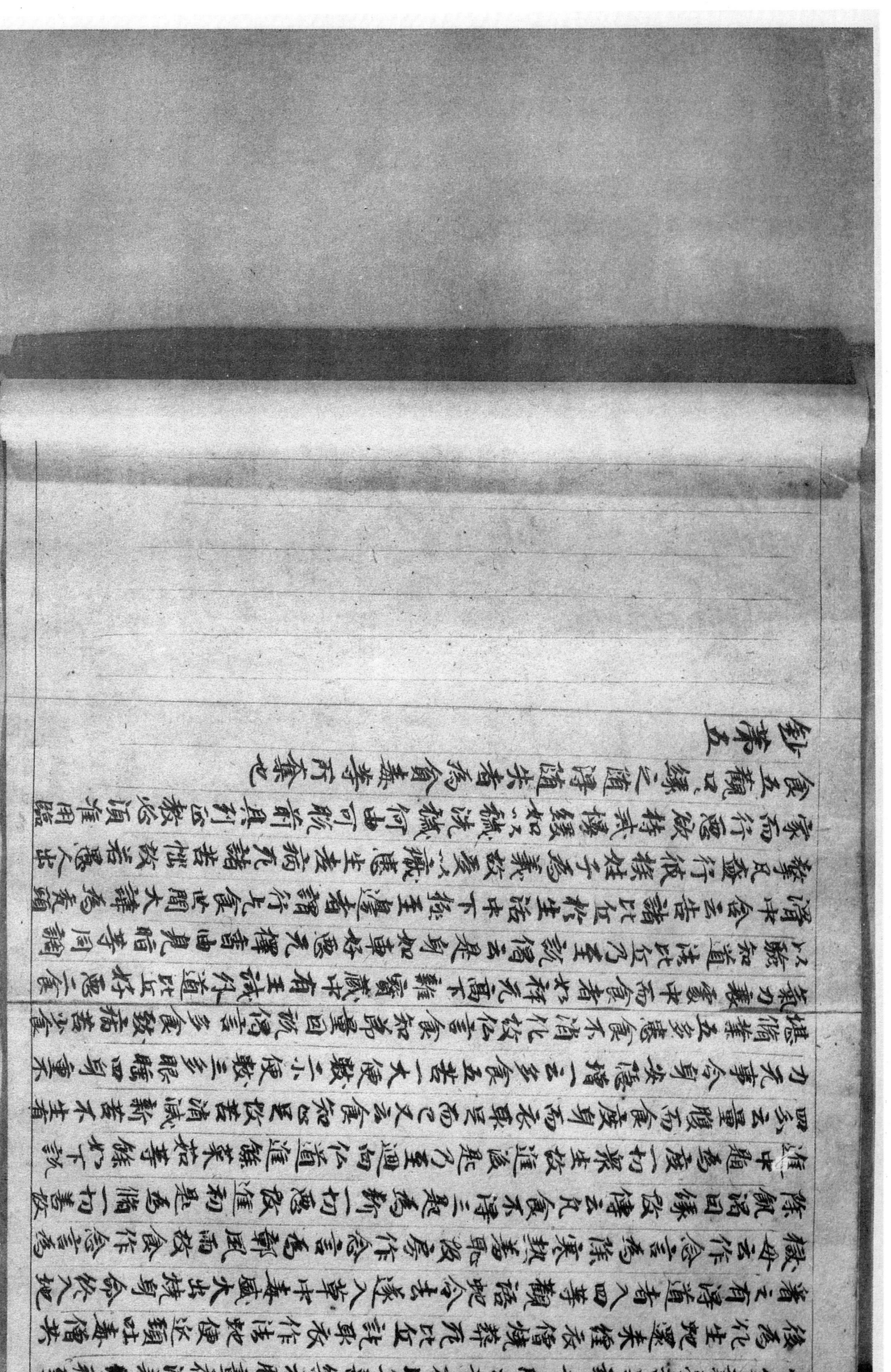

BD14046 號背　現代護首　　（1-1）

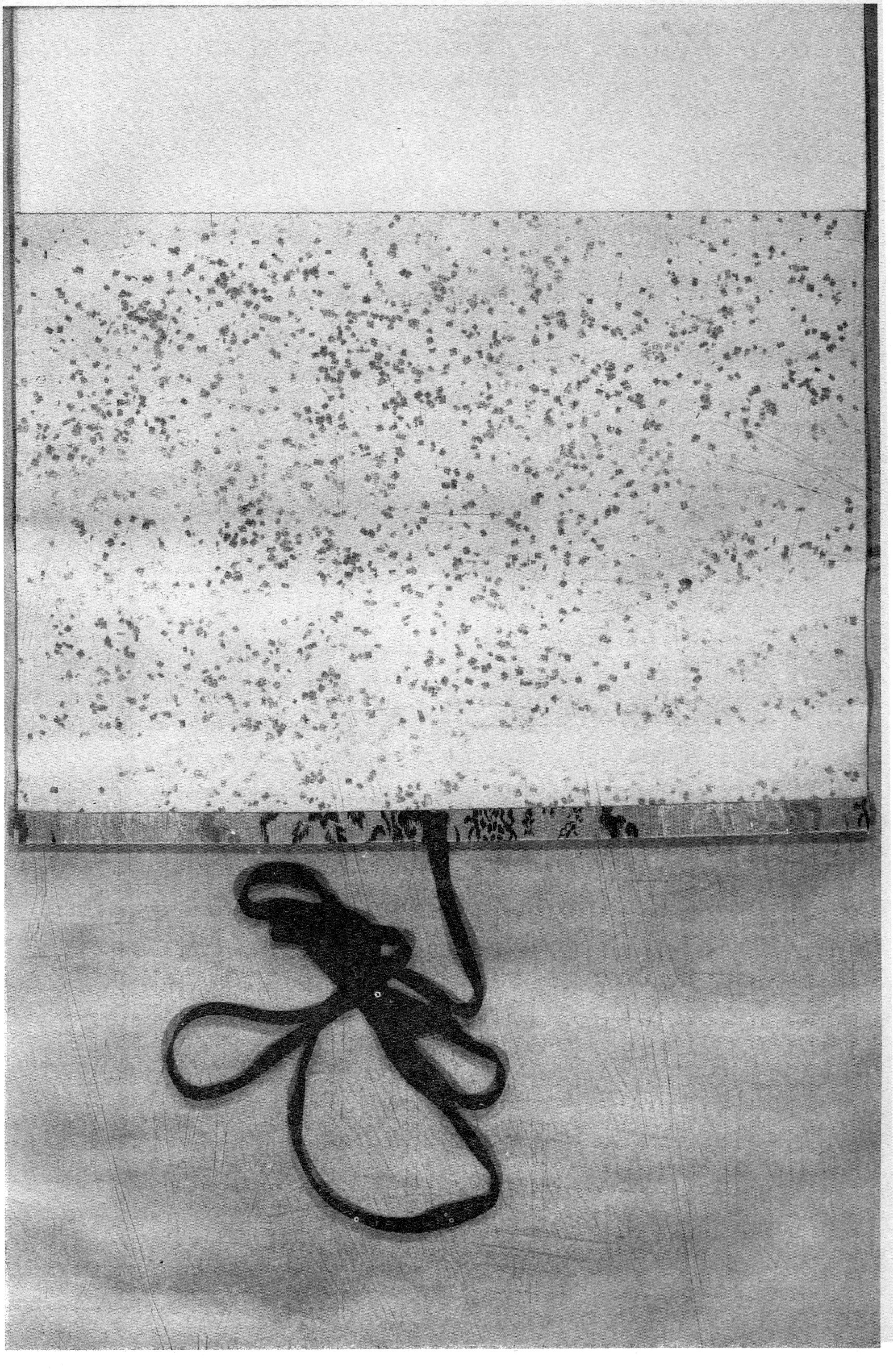

（30-1）

四分戒本疏卷第一

凡欲消教經題，先作三門分別，後乃隨文解釋。言三門者：第一舉宗稱教旨歸，
第二知教旨歸，第三正釋戒經題目。言舉宗稱教者：聖教雖衆，略有三種：一脩
多羅藏，二毗尼藏，三阿毗達磨藏。言脩多羅者，所謂諸經；言毗尼者，謂諸
戒律；言阿毗達磨者，即是諸論。今此戒本，三藏之中，乃是第二毗尼藏攝。
言知教旨歸者，此戒所言，若以義通論，兼詮定惠，故四分律云：何名增戒
學？所謂增戒、增心、增惠，是名增戒學。良以此作俱戒故，亦唯戒學。分別就此戒
學，兩播料簡：第一受戒法門，第二隨戒行相。言受戒者，創發要期，斷惡修善，
遠志成就，納法在心，目之為受。言隨戒者，受興於前，持心後起，義順受體，說
之為隨。就受隨二門，各開為兩。謂受門二：言者為彰戒法有為，不能孤起，藉因託緣，然後
方發，故明能發之緣。既凡其緣，必凡所得，故次第二明發戒體。言受緣者，寔該賢聖
凡報，殊男女託緣不同。四分律并五種受戒：一曰善來，二攝上法，三名三歸，四曰八敬，五曰
羯磨。斯之五名，倫以常釋。第二言受體者，攝要而論，不出二種：一曰作戒，二曰無作戒。言作
戒者，方便身口，造趣營為，稱之為作。無作者，一發續現，四心三性，亦來恒有，不藉緣
辯，守四無作。斯之二種，俱有懸防，同稱為戒。若更作戒，以色為體；言無作戒，非色非
心。第二次辯隨戒二門者：第一專精不犯，第二犯已能悔。言專精者，上行之流，一往
順教，惡斷善行，稱曰專精。但持有二：一明止持，二明作持。言止持者，含猶除善
護身口，不造諸惡，稱之為止，亦名違順受光潔，故曰止持。言作持者，奉
順聖教，作法作事，對事作法，稱之為作，亦順受故，号作持。第二犯已能悔者，不違
之人，故縱身口，違禁興過，不依善行，行本所受，名之為犯。慚愧遲謝，還令後本亦
名為持，昇非一往，善成壯之數，而還遂復第二白法，故名犯已能識悔持。然犯有二：一
者作犯，現違聖教，秉造諸過，稱為作犯；二者止犯，不作教奉修，止亦有違，故名
止犯對所斷二犯並亦[illegible]

謹護身口不造諸惡，稱之爲止，止而無違，順受無穢，故曰止持。言作持者，奉
順聖教作法作事，對事作法稱之爲作，作而順受，故曰作持。事二犯已能悔者，不謹
之人放縱身口，違禁興過，不修善行，汙本所受，名之爲犯，慚愧追謝，還令復本，亦
名爲持。點非一往，善成壯之毀而還復，本二白法，故名犯已能懺悔。持然犯有二
者：作犯，現違聖教，起造諸過，稱爲作犯；二者止犯，不行教奉修，止而有違，故名
止犯。對斯二犯，悔而還復，並稱爲持。上來已弁教之宗旨，其唯受隨。若無其受，
則行无所起，以有受故，衆行得生；若無隨行，使有戒羸等失，以有隨故，令受無穢。
故地持云：此二種戒攝受无量諸餘淨戒，是故須受隨二法。就受門中，先釋緣辨
先明受緣，後辨受體。言受緣者，六門解義：第一釋名，第二解義，物別，第三能兼教人
師徒位別，第四教所被者聖凡不等，第五藉緣多少，第六弁諸緣發戒時節，第七
受捨斷絕，第八校量勝劣。第一釋名者，諸部立名，多少不定，或立四受，言无上終，或立六
受，取律中比丘內自稱比丘，是自誓受戒，不然之義。今約四分宗立五受，言五受
者，謂善來、上法、三歸、八敬、羯磨等。是言善來者，此人宿植妙因，道根深厚，聞
佛說法，契證初果，深厭生死，悕求出家，佛言善來比丘，即發戒品，故曰善來。亦
可此等諸人深厭生死，悕求出家，佛命善來，即發具足，故曰善來。言上法者，爲性
空之理，超出相有，物莫能加，故稱上法。无欲迦葉修道進得，感盡解滿，會證上法
而發具戒，故曰上法。亦可盡无生智，起出家表，會而得戒，故曰上法。故母經中建立
善根上受具足。言三歸者，此等諸人未感如來玄德，見道但託小聖諸阿羅漢
等以爲良緣，亦深厭三有，悕求出家，毋云：諸阿羅漢等教令剃頭染衣，依仗三寶，歸
依心成，即發具足，故曰三歸，亦云三語。言八敬者，爲佛抑女人不聽在道，波闍聞之，精生
厭離，遂自剃頭，備立祇洹。阿難見已，爲其三請，如來遂宣敬法，阿難傳受，愛
道聞之，尊斯八法，作奉行之意，即發具足，故曰八敬。言羯磨者，斯等人輩要假僧
緣，扶彼弱因，方能發戒，緣彼僧衆，羯磨言下而發戒品，隱其能兼，就所兼彰名，
故名羯磨受戒。此五受法，得名有四：善來辨境，善謂行者求戒心來，是聖教
故，或可讚嘆受名，有心受戒，佛言善來，故亦上法，從境又可當辨受名遠立善
根上受具足，故謂盡无生智，三歸敬二受約境就心，八教之可功德，謂名辨
事故。第五總別，四受是別，羯磨是總，總以從遠緣彰名，或四或六，而羯磨統收，故說
爲總。問：羯磨受戒既有四緣，何故獨彰羯磨，餘不彰名者何？一釋云：從餘緣彰名
乃有多種，今且隱別就通，以彰名羯磨，何是爲妨。帝三兼人，多論判言見諦自得，
餘六從他，彼對七受釋故。今類彼論以判此五，遠而言之，盡從佛受，以佛出世有是
法故；若以義推，上法得戒，名爲自受，餘之四種，是從他得。云何上法名爲自受？論云：
以根本而言，由佛說法，得證无漏，發於具足，名從佛受；以義而推，自以盡智明了
現前而得具戒，又名自得，不從他受。故心論云：若法者，佛五比丘受，師等，若爾何故
[illegible]

爲總　問羯磨受戒既有四緣何故獨彰羯磨餘不彰名答若何一釋云從餘緣彰名
乃有多種今且隱別就通以彰名羯磨何足爲妨亦三乘人多論判言見諦自得
餘六從他彼對七受釋故今類彼論以判此五遠而言之盡從仏受以仏出世有是
法故若以義推上法得戒名爲自受餘之四種是從他得云何上法名爲自受論云
以根本而言由仏說法得證無漏發於具足名從仏受以義而推自以盡智明了
現前而得具戒又名自得不從他受故心論云若法者仏五比丘受所等若尒何故
論云從他教得　答此據遠因而說善來教八是仏所秉名從仏受三歸羯磨弟子
所秉是從弟子言教下得　第四所被者別四分律并善來受戒爲在聖位故律中云
見法得法得果證已去得無漏解脫心出家至順之極方應善來發具足
戒内凡已還根心所聞非至順之極故制不度又上法受者要第四果以其惑盡無漏
故尒三歸八敬内凡已上是以多論此二受法不羸不捨故知内凡已去言羯磨受者始興
爲凡一興已後三人通被以那往淨行梵志得初果已羯磨爲受四分律中蓮花色
尼之同比例　第五緣多少　善來受戒具四緣得一證初果文云見法得法
已二而有出家善心欲於如來法中修梵行故三假對仏形文云前白仏言四假仏教謂聖
命善來上法受戒具三緣發一假仏教授如見論說二有祈戒心是以餘文羅漢沙弥
无出家意故但得其果明須有心三得无漏空解謂盡智現前即得具戒三歸受
戒具其三緣一假弟子形對諸羅漢二假弟子教謂口受三歸言辭无數三歸依心成
欲前歸依故能得戒八敬受戒具四緣發一假仏教之教二假弟子形三弟子教謂呈
八敬四奉行之意故愛道自陳我等頂受羯磨受戒具足四緣如律所說一僧數
滿足之緣二教法成就緣三結戒成就緣四身无遮難緣若具此四是大比丘得戒
本犯戒之人四若中闕非大比丘故須此四方成比丘　問善來等受以心爲緣羯磨一受
何故不尒答羯磨非不有心以假外緣作法從強以斥故從目名又可羯磨
四心俱得恐濫不弁心緣又雜毋論前四心爲緣羯磨一受雖文不列要之須心
故律文云眠醉狂等不得戒故　第六得戒時節　善來受者唱善來竟即發具
是故律云乃至得盡苦原上法受戒盡智現前時得以小不分齊羅漢梵行已立
自然戒淨故更不從他受戒　問此上法得者得作无作不　答以非作法但得無作
問既非作戒何因得發无作戒者答以非等爲故无其作以道力故得无作戒三歸受
戒第三說竟即發具戒八敬受戒說弟子說即得戒品羯磨一受羯磨竟便發具戒諸
論大同　第七受捨漸頓　先明受漸頓羯磨一受之漸之頓餘之四受頓而非漸如何羯
磨漸頓先受五戒次受十戒後受具戒是名爲漸若不受五十直受具戒得三種戒說
爲頓　問若一時受得三種戒者何須漸受　答除習仏法必須次第先受五戒以自調
伏信樂漸增次受十戒善心轉深次受具戒如是次第得仏法味好樂堅固難可退
敗不失次第不破威儀如遊大海漸漸深入一時受者既失次第又破威儀故須漸受

論大同。第七受捨漸頓先明受漸頓羯磨一受名斷名頓餘之四受頓而非漸以何羯
磨漸頓先受五戒次受十戒後受具戒是之名為漸若不受五十直受具戒得三種戒說
為頓。問若一時受得三種戒者何須漸受。答除習仏法必須次第先受五戒以自調
伏信樂漸增次受十戒善心轉深次受具戒如是次第得仏法味好樂心固難可退
敗不失次第不破威儀如遊大海漸漸深入一時受者既失次第又破威儀故須漸受
問一時頓受得三戒者其无作體為一為三。答但發具戒一无作體更无餘二无作之
體若尒便是一戒以何言三。答此立受得防数名作沙弥俗人同戒者其實體一
是以多論家據其體望三人始終位別言得三戒理實无三 問所以得知但一无三。答即
此論文解次第受中俗人下品五戒次中品心受沙弥戒前五戒仍本下品五戒外發方為
中品上品心受具本前二品仍猶下中五十外發始為上品。據斯以驗次第漸受三時心
別同戒无作尚不發三起況一時受者而得有三故知漸次望位別作三非體有三
之可心論云一切因一切支得三戒者三時漸受既時別重發无作有三體故。若論頓
受既一時方可名為望位為三非體三有 次解捨之漸頓若望四受捨俱頓羯
磨捨受並含漸頓為但羯磨一受受創為漸捨兼漸頓。問羯磨頓受既得三戒捨
時云何。答義含漸頓若也要心三戒俱捨則頓失三是名頓捨若言我作沙弥但捨
具戒言作優婆塞者又捨十戒又言我作三歸人方捨五戒名為漸捨。問受之与捨俱頓
並漸或以漸受頓捨此三可尒若本頓受但得具戒一无作體云何漸捨若得
漸捨便成三體如何言一。答此立一時受防数无作通沙弥俗人並有防非是故捨時
要心捨具不捨十戒名為沙弥戒同随心則存故律文言我作沙弥以十對五義之同尒故言
我作優婆塞是以論說據體通三人有共用義故望位說三非體有三如上釋時頓
受漸捨義之无妨故多論云譬如樹花葉夏青秋黃冬時則白豈體有殊随時
異故樹葉色異而始終一葉戒之如是常是一戒随位異故是以羯磨一受捨俱頓
並漸善来等四唯頓非漸以无法(作)捨故 第八優劣以多論說若就究竟有无四受
是勝羯磨為劣若取任持仏法利益寬長羯磨一勝餘四受劣言四勝一劣者
羯磨受者內實凡夫福德淺薄感得此戒多訪(?)究竟容有毀上折下奉持
心劣令戒有羸餘四受法內凡已去理解心中受得斯(戒)持心堅固肥而不羸二者
羯磨凡夫容有不樂道法捨本所受餘四受法樂道情殷理无退捨三者羯
磨容有積為二形餘四受法後无此變四者羯磨受人或起邪見斷捨善根餘四
理解不斷善根羯磨一受或有上四故稱為劣餘四受法无前過非是以名勝
此對始興若聖人受之是其勝 言一勝四劣者羯磨一受乃具六義一是時長謂
通現未二處遍三方除鬱單越三報兼男女四位該凡聖五所被无數六多堪作法
以斯諸義紹隆仏法始終以白四羯磨為宗本能継續三寶作无邊利益有住持之功
莫大於斯故說為勝餘四受中善来一受終盡雙林自外三受中間即此又為淵(?)得
不該餘之凡聖位是報為男女對前六義寺各闕少能継功微故稱四劣發戒緣

此對始興若聖人受之是其勝　言一勝四劣者羯磨一受乃具六義一是時長許
通現亦二處遍三方除瞽聾單越三根兼男女四位該凡聖五所被無數六多出作法
以斯諸義於法始終皆白四羯磨為宗本能紹續三寶作無邊利益有住持之功
莫大羯磨故說為勝餘四受中善來一受終盡雙林自外三受中間即沒又属瀨浮
不該餘一凡聖位差報局男女對前六義乎各闕少招繼功微故稱四劣發戒緣
竟　第二次弁受體於中四門料簡第一釋名出體二戒先後第三受隨同異第四弁發戒
緣第五所發多少第一言釋名者戒揖雖衆義要二種一曰作戒二曰作戒先釋別名作為無
作此解通名所目之戒言作戒者謂方便身口起動造作稱之為作故心論云作者身
動方便言無作者身動滅已為餘識俱彼法隨生名為無作以善受戒識行無記心現
前善戒隨生惡戒亦尒次釋通名戒者此作無作俱有懸防域稱為戒依善生經
通有五名一名為制斷一切諸不善故名為戒又名進陰雖有諸惡住不容受故名
為戒又名清涼遠熱煩惱令不入故又名為上能上天堂至上無道又名辛調伏心智
故名戒此之五名咸是義用釋名是故從用立名稱之為戒然於五中進陰清涼是義
名餘三用名問何故得知有作無作答諸論疏所明二種戒體一如心論第三羯磨剎那
作及無作根本業道又云身口作前二有對身口無作俱不可見無對二多論云初
念戒有身口教及無教第二念唯有無教無有教十住毗婆沙云律儀善根有其
二種一者有作二者無作二者是色無作非色非心以斯文故明知戒有二種問何須作無
作答若無其作無作無所從生若無作不可一形防非故須兩戒此位言尒以上法得
戒以道力故得無作戒　次弁戒體若依多論作無作戒並是色法為體此義可謂六
種分別一有為無為分別二戒俱是有為法聚非三無為故第二有為中三聚分別作無
作戒並色法為體心及四相不相應法是其戒因故論云作及無作假色是分別
色陰第三色聚中三色分別一可見有對色謂色入二不可見有對色謂五根四塵
三不可見無對謂法入中無作善惡作戒前二色攝無作戒者第三色攝故伽心二論云
身作可見有對口作不可見有對身口無作俱不可見無對論其身作前二色中
唯色入攝口作戒名是聲入攝非餘八色其二無作並法入攝此作無作俱是色陰第
四就色中報方便分別色雖通報及方便然身作是方便非報故心論云作者身
動身方便口作唯方便以聲非報法故身口無作非報非方便第五三性分別身
口色聲是善非餘兩故心論云以清淨心動身口名善作即向初色有廿種前十二
唯無記後八高下長短方圓正不正通三性屬彼善邊身作戒體三聲之中謂除
第二因不受四大聲以風聲等唯無記故就初因受四大聲第三因俱聲此二通三性中之
彼善聲邊為口作體既論身口無作通於三性今論戒故是善性攝第六始終分別
此善作中通於終始不取始謂始從請師終至羯磨未竟要心未熟善而非戒者至
羯磨一剎那頃要期心滿思願成就善而是戒故屬彼終然依得宗無作之戒定用

唯无記後八高下長短方圓正不正通三性爲形善惡身作戒體三聲之中除
第二因不受四大聲以風雲等唯无記故就初因受四大聲第三曰俱聲此二通三性中之
形善聲是爲口作體然論身口无作通於三性今論戒故是善性攝第六始終分别
於善作中通於終始不取始下謂始從請師終至羯磨未竟要心未熟善而非戒第
羯磨一剎那頃要期心滿思願成就善而是戒故爲形終然依得宗无作之戒宜用
非色非心爲體作戒者取文不定或有文取色心爲體故論文言業者非直音聲要
以心力助成故知身業亦以心力助成明知二業色入爲體又引論文以心爲體是故論言
離心无思无身口業故知二業用心爲體又假色爲身口業體故論云身口業依止四大
意業依心若有口業非四大爲性體者意業依心亦不應以心爲體然意業依心故即
說意業用心爲體故知身業以四大動爲業无别體即用四大作體口業者四大相擊
於中出聲成音曲有所表彰以爲字句爲口作業无别體用聲作體是以
論云是法名聲性法入所攝故以遠從四大即聲成故用聲爲體身業近依四大
故即用以依心爲體　次明二戒先後依心論說似一時得故文言无第三一念作及无
作根本業道又多論云初念戒有教无教後次第生戒但有无教无有教故然
時然无作三時有非戒色一者因時名作但是作俱是非全戒體二身是果時无
作无作有三是作俱二是形俱形俱一種方是戒體三謂果後唯屬形俱此是
戒體以其果時有形俱故明一時得若依此宗以先後發故實云問齊何名爲
无作答第二念傾名爲无作以作戒爲初念故名无作爲第二念唯羯磨竟亦有无
作是正戒體前二時中但是能俱所攝又善生往方便心異作時心異衆緣和
合謂名爲作以作因緣發生无作色過去唯有无作其心雖在惡无記中本所作
業不名漏失擾斯以弁明先後發　第三受隨同異有解受隨義一辟如一插能擇
衆敵爲破斯義故立此受隨二法弁作无作先解无作有其七種一通此无作二定
共无作三形俱四要期如日夜及處中要期等五隨業无作如隨戒无作及處中
隨作業發者是六事在无作如塔寺橋船等事在時念念發无作等七隨用无
作即前事在有人用時復發无作方是就此七中形俱定受要期通二餘五定隨
次弁同異受隨无作同義有三謂名體義異使有六第一受中無作義均一品
隨中無作乃有優劣言受中无作一品者若本上品心受所發无作恒端上故戒亦
上品或容犯罪或終至羅漢更无增減以其酬本一品心故中下心受義亦同然
三品各定故言義均一品隨中无作多品不定故優劣對五篇弁此優劣者若就
根條初勝乃至五劣若自分勝進五勝乃至初劣即應五篇次第之義又可一
篇一戒心有增微事别不等即有九品之持故隨无作有斯階降第二總别受
中无作發心惣斷一切惡意於生非生數頓得律儀故稱爲惣隨行无作次第
漸成不可頓起故名爲别第三懸對受中无作懸有防非未即有行隨中无作對
[illegible]

三品各定故言義均一品隨中无作多品不定故優劣對五篇并此優劣者若就
根條初勝乃至五劣若自分勝進五勝乃至初劣即應五篇次第之義又可一一
篇一戒心有增微事別不等即有九品之持故隨无作有斯階降第二總別受
中无作發心總斷一切惡意心於生非生數頓得律儀故稱為總隨行无作次第
漸成不可頓起故名為別第三懸對受中无作懸有防非未即有行隨中无作對
事防非行成睽絜問懸有未非對即隨行受有何用荅若无其受隨不成隨以其
成一治故第四長短受是形俱說以為長短隨行无作從循行發非形俱故目之為
短第五有无者受中无作通三躰唯善隨无作者躰非二性亦不通兩此據尅性
分別受隨俱善餘二並狹今約有无有通不通受是形俱通在餘二性中故說為
寬隨是作俱等為善性中所以言狹此就一心自作為言若先後心及以教人餘二
性中隨亦通有以教相所詮犯不犯中亦同此狹故犯行中无不犯行若通就先後
心及教人犯行中亦有不犯行此即受隨俱寬作此解者然須約以為三若為善攝
俱狹受隨同善性故若隨人等俱寬以分通三性故若以自作隨行對受分別方有寬
狹此唯多論有四五不同若實依論不別寬狹長短然復受中无作定是長寬
隨无作者具於二種以道无作寬長亦第六受是根本隨是枝條次解二作同異
同義有五謂名躰義寬狹長短等不同有四一一品多品二總別三亦懸對四根
條此說可知既有此殊豈同菁解受隨義竟　第三弁發戒緣者若依薩婆多別解
脫戒唯約見在以過未非衆生故若准德宗發戒之時不在過未心得戒以非衆生故
現在相續心中發戒以是衆生然受戒時要須三世境上所有之惡皆作斷意方能發
戒還防三世境上非所以然者過去之境能生惡以故論云如人傍養過去所尊是
亦得福律儀亦爾未來之境亦生惡心故須普緣總作斷意方能發戒又若過
未不發戒者三世諸佛戒不齊等以其諸佛戒品齊等故緣三世以發戒也問戒防未
非現居然已起何故得言緣三世境發還防三世非也荅各境雖過去非亦過去等以斯義
故猶防未非是以須爾　第四發戒多少諸戒雖衆不過二種謂作无作已過去唯有无作
一形相續此无作戒乃有多品以所防之惡既有毛量戒寧是一故多論云於一切衆生數
非衆生數而發律儀言於衆生數者上至非想下至阿鼻可殺不可殺可誑不可
誑等一一衆生乃至如來就根本而言不過有身口七惡三因緣故一貪發起七二嗔發起
七三癡發起七三七廿一惡對防此惡受戒之時謂從无貪等三善根心各得身口七支合成廿一種
戒善乃至三千大千一一衆生皆亦如是若十戒五戒得十二種戒故心多二論於一切衆生所
時得戒不斷或廿一種故經云衆生无邊戒亦无邊若非衆生數乃至草木生種大地非
情衣食等及一一靡處本受戒時要期不作還得爾所戒善功德故善生經云大地等
无邊戒亦无邊出家僧尼仙聖弟子位尊之天實由於此又雜心論四万二千福河謂四万
二千學處一切恒流其猶河水洗除破戒煩惱言四万二千者根本戒有四百廿所以爾者如婆

時戒不斷或廿一種故往世衆生無邊戒亦無邊若非衆生數乃至草木生種大地非
法衣食等及一毫氂處本受戒時要期不作還得尒所戒具功德故若生往世大地等
無邊戒亦無邊出家僧尼仙聖弟子位尊人天實由於此又依十誦論四万二千梵網謂四万
二千等處一切恒流其猶河水洗除破戒煩惱言四万二千者根本戒有四百廿所以然者如婆
藪什律戒有二百多明輕戒優婆提舍戒有百廿一多明重戒比丘尼別戒九十九合成四百廿
是一戒有攝僧等十功德一一功德能生十種正行謂信等五根無貪等三及身口二護
一戒即有合戒有四百廿豈非四万二千又解無邊毗尼者謂第三羯磨竟時四万二千等處
一時並起無一戒不生故稱無邊據斯以驗故知戒量不可勝數問僧尼二衆戒數各
何以無邊毗尼直言四万二千耶一解此據二種通說若取實理各隨本戒二約種根義
釋但有四万二千上來受戒法門辨了自下隨戒釋文中說 第三正釋戒經題目言四分者
蓋是一百年後五部之內一部之別名言戒者是毗尼都教之宗然大聖如來始從波羅奈
終訖泥洹隨根制戒輕重差殊緩急有異佛涅槃後優波離等撰佛遺意戴傳
竹帛次第住持乃至毱多一百餘年並以秉宗無二所化衆生不相是非但爲一部大毗尼藏
倫傳於世然優波毱多有五弟子各執一見以爲指準至傳聖教不能均融齊一於
是分離遂爲五典各自相傳並流季世究其宗旨無非佛說如破金杖並爲金用擬
別之教咸可受持本一金別義興於此又依三藏傳云一百年後分爲五部三百年後爲
十二部四百年後分作十八隨相雖有多種莫不皆是一大毗尼藏故文殊請經佛說頌曰
摩訶僧祇部　分別說有七　體毗尸十一　是爲二十部　十八及本二　悉從大乘出　無是亦
無非　我說未來起　據斯以論明知四分名者於多部中一部之別名若就能秉應云
曇無德戒本此名法護今約所誦彰名故云四分四誦成部因以名焉今此戒經從彼
律出故云四分戒本　隨文釋中文雖浩博聖凡見異分釋多種不定今且約一義文分爲
三一者序分二者正宗三者流通初中三文第一從稽首禮至如是持已來名爲序分第二從
四波羅夷法至七滅已來名爲正宗第三從七佛略已下至共成佛道是流通分次釋此三名
顯宗由致發起之端名之爲序此五篇七聚及七滅法正明犯以不犯輕重等相被時之
益正當聖意當於序興又當機感故曰正宗法傳季世目之爲流亦不擁名之爲
通故曰流通次釋所以者說經由序制戒必有由藉故須序分既彰宜宣宗本故次
正宗正說之文豈唯現在亦欲開演大文流傳像季末代等聞金言同除故
須流通就前序中復分爲二初十二偈正明律主將欲流傳聖教被及遐代恐
時不信歸敬三寶嘆戒功能勸信奉修是故自作其略二教通序前開持毀之
言以成說聽之本第二從和合已下是二教大宗發起之序於斯二序亦以門解釋一明
二序意三義故尒一人有師徒謂曇無德如來之別二時有現末三經辭不同如來
經者出於金口曇無德經傳於竹素以斯三異謂有二經有二故須立二序第三
序名不同說法以弁勸信發起若也約人曇無德如來雖名有殊且約前說立三

竟以成說聽之本。第二從和合已下是二教大宗發起之序。於斯二序，六門解釋。一明
二序意。三義故爾。一人有師徒，謂曇無德如來之別。二時有現末。三經躰不同。如來
經者出於金口，曇無德經傳於竹素。以斯三異，得有二經，看二教須立二序。第三
序名不同。就法以弁，勸信發起。若也約人，曇無德如來雖名有殊，且約前說。第四
總別俱序。是別長行是總。別可知。第五明有異流演聖教，非信不傳，故立僧序
寄嘆戒功勸信奉修，以明序義。和合已下大聖欲明被時之益，輕重等相，故彰
發起五第先後次第。問：發起前興，文在後說；勸誡信偈，後迴在前。所以爾者
答：二種不便故作。以是一彰制戒之相，隔於勸信發起不便。二顯曇無德勸信不
具，若勸信前明，順前兩義，故迴發起。勸信後說，有可不勞為防理而言之。勸
信之偈乃在流通事後，何以不對正宗等以弁先後？故知不爾，但勸信雖後，法須
在前。解第六隨文科釋。偈文分三：初稽首禮，三字是云何教之儀式。二諸仏已下七字
是何所敬，顯所敬境。三今演已下是何敬，彰其敬意。所謂略嘆戒勸信。稽首禮，次
明能敬之躰。頭頂體足，身業致虔，故曰稽首。又稽者屈也，首者頭也，故曰稽首。謂肆主
等行者身口意業。身業恭礼，口業稱揚讚嘆，意業信敬尊重。此就能敬人
業具成身口意弁。若為明敬躰，其唯信敬。諸仏及法比丘僧次明所敬之境衆聖
非一，稱之曰諸。冝敬教主，而兼礼餘，仏者顯教道理，均化儀无二，諸仏平等，故須齊
教。仏者西音，此方稱覺。具一切智，通達諸法，自覺覺他，三覺圓滿，故名為仏。已上稽
貫通已下二目之為及。所言法者，其有二義。一就躰解，法名自躰。二就用釋，名法行者
軌則。所言比丘者是西音，智度論中三義解釋。一名乞士，二意故乞，一為資身長道
離四邪命，正命自活，故曰比丘。二為益施主，僧田行施，獲反報之福，是故須乞。三名破煩
惱。比名為破，丘名煩惱，能破煩惱，故名比丘。三曰怖魔。能怖於魔及魔人民，故名怖魔。
具足三義，故曰比丘。所言僧者是西音，此名和合。謂四人已上於理於事絶言違諍
名和合衆。比丘者能成之因，僧者所成之衆。物別合舉，故曰比丘僧。此三種境世所珍貴，咸
稱為寶。三寶不同，略有一躰別相住持九種之異，義如經論廣弁。今演毗尼法，令正
法久住。從此已下彰其敬意。有二。一就別敬，二約總敬。言別敬者，敬仏四意。一仏是教主
將傳聖教，寧不致虔。表師資有在，二報恩供養，三開示僧尼遵奉之儀，四請威加
護。敬法三意。一法是所傳之首，直蓋軌衆，故冝敬。二示遵奉之儀，三請威加護。次總
敬三意。雜心論云：開發衆生三寶念，是故稽首禮三寶。成實論云：三寶最吉祥，故
我經初說。今律主敬者為演毗尼，勸時生信，稟化相傳有久住之益，是其大意。先
解初文。於茲出宣，故曰今演。毗尼西音，此方稱滅。趣滅由於行教，就功能彰名，故說此
教為毗尼。法毗尼之名乃有多義，如三藏義說。一能引生，是毗尼義，謂戒習惡亮時
能引生四万二千功德。一持並起二能，教身口清淨，及正直是毗尼義，謂鄰業滅煩

BD14046號　四分戒本疏卷一　（30–10）

我往初說令律主敬者爲演毗尼勸時生信稟化相傳有久住之益是其大意光
解初文於兹宣敘曰今演毗尼西音此方稱滅謂滅由於行教就功能彰名故說此
教爲毗尼法毗尼之名乃有多義於三藏義說一能引生是毗尼義謂者三翔慶者時
能引生四万二千功德一時並起二能教身口清淨及正直是毗尼義謂鄰業濁煩
惱獨故身名曰清淨正直故向此三有滅義是毗尼義性離諸惡業非不生故名爲
滅四引勝故名毗尼謂引俗入道引小入大令凡入聖等五勝人所行是毗尼義謂一切聖
人同行此法惣攝律教一切都盡既有多義今翻滅者謂能得於滅且當本三向卅
本三滅義但経論者取滅義今且略弁多少所言正法雖有四今約行教二法而明
正法故善見云佛語阿難我滅度後有五種法令法久住一毗尼者是汝大師二下至五
人持律在世三者有中國十人邊地五人如法受戒四乃至有二十人如法出罪五以律師持
律故佛法住世五千年又論說云衆行之軌攝爲正法由人弘人能通法法依於人故更
無不[illegible]故曰令正法久住 戒如海无涯如寶求无厭欲護聖法財衆集聽我說
此偈嘆戒功勸信奉脩所防之惡既有无量能防之戒寧有涯際故経云說言
衆生无邊戒亦无涯七寶之求无厭七善律儀聖人所尊智者務
享而无疲勞求之无厭王臭珍寶蘇性不淨愚人常護勸令脩信等七法能
資聖道故名爲財智者常護勸令脩學戒律法門故曰聽我說 欲除四棄法
及滅僧殘法障卅捨墮衆集聽我說 此偈文勸捨惱悪不善之業而令脩學
卅正回故多論說戒有四義餘経所无者是戒佛法平地万善由之生長二者諸佛弟子
皆依戒住一切衆生由戒而有三是趣卅初門四是佛法瓔珞而能莊嚴諸佛正法以此
義故持戒之力能滅諸惡故勸聽說 毗婆尸式弃毗舍拘留孫俱那含牟尼迦葉釋
迦文諸世尊大德爲我說是事我今欲善說諸賢咸共聽 此偈之文引佛爲證彥
略二教七佛同說是故我今勸令奉脩聽徒非一曰諸並有和直之行稱賢異任彥
育无詳滄故云咸共聽 譬如人毀足不堪有所涉毀戒亦如是不得生天人欲得生
天上若生人間者常當護戒足勿令有毀損 此二偈文而明持犯兩法前則彰其
毀犯後乃况其護持人欲遠涉事必須其脚足若欲遠至卅應存戒品具足
人足既損難遂遠涉若戒足是淪溺三塗故令勸令護戒如足是以経說如人无足欲行
遠路如鳥无翅欲飛翔高如海无船欲渡彼岸是不可得若无淨戒欲得聖果无
有是處是故護戒勿令毀損 如御入嶮道失轄折軸憂毀戒亦如是死時懷恐
懼 此偈明毀戒之義御以喻身轄喻律儀軸喻根本若失小戒即犯根本故
卅云勿輕小罪以爲无殃水渧雖微漸盈大器毀戒之喻亦復如是不護小戒即有
犯重之憂故四分律云破戒之人有五種過一欲自害二智者所呵三悪名流布四臨
終生悔五死墮地獄以此義故勸令奉脩 如人自照鏡好醜生忻戚說戒亦如是
全毀生憂喜 此偈法喻如相合鏡喻淨戒好醜喻持犯若戒全時便生喜悅

有是處是故護戒勿令毀損　如欲入嶮道失轄折軸憂毀戒亦如是死時懷恐
懼　此偈明毀戒之義初以喻身轄喻律儀軸喻根本若失小戒即犯根本故
卌云勿輕小罪以為无殃水渧雖微漸盈大器毀戒之喻亦復如是不護小戒即有
犯重之憂故四分律云破戒之人有五種過一欲自害二智者所呵三惡名流布四臨
終生悔五死墮地獄以此義故勸令奉修　如人自照鏡好醜生欣慼說戒亦如是
全毀生憂喜　此偈法喻相合鏡喻淨戒好醜喻持犯若戒全時便生喜悅
若毀戒行乃有憂悲故毗婆沙云戒如明鏡无我像現戒如瓔珞能嚴相好
若照淨戒數犯乃見故言憂喜　如兩陣共戰勇怯有進退說戒亦如是淨穢生
安畏　此偈明進修持犯二門兩陣喻持犯勇怯喻勝劣戒行若全便進聖果
以毀戒故退墮惡道持戒不犯便有卌安樂惡戒因緣畏失勝報智度論云
破戒之人亦不敬其處如冢壁如罪剎思心可畏如大病人亦不近譬如毒蛇難可共
住常懷怖懼我為佛賊乃至臨終生悔而无安樂持淨戒者諸天常護正法不斷故
花嚴云　具足能持諸威儀　教授六法常和敬　善御大眾心無憂　又云戒是无上菩提本
應當具足持淨戒　若能以持於淨戒　則是如來所讚嘆　世間王為最眾流海為
最眾星月為最眾聖佛為最一切眾律中戒經為上最　此偈以勝況劣世王能
護故名為最大海深廣是故名最月能圓滿故名為最佛具眾德是故名最戒
含多義是故名最故經說言以因此戒得生諸禪及滅苦智如海渊廓深潤無
涯戒善理深資潤无窮超於万行喻若於海若就行論定除細亂惠斷煩惱
所以是勝根猶往別戒是根本定惠從生戒復是勝約教參者餘詮定惠故二藏
勝若詮根本賊足為勝今言最者根本故最摩訶衍論云最有四種一生善勝名
最二滅惡中勝故名為最三相引故勝依於有漏戒得无漏戒是故名勝四相益故
勝依非心戒勉於心戒一切勝實非戒不勉故戒經為上最　如來立禁戒半月半月說
此半偈結前嘆戒勸信諸文草竟雖略寄言以勸申教讚美立宗勸信若久諸
德即廢所通之法宜掩已隨息故嘆歸禮上來序略二教通序文畢自下序略二教
發起之意合有其三謂序正流通　和合僧集會　從此已下序明發起之序四
律云時有比丘同師知識别部說戒法當尊重承事恭敬布薩聽一處住和合
說戒遠者為罪佛言有三種和合一應來者來二應與欲者與欲三現前得呵者
不呵又此别眾言僧集會者謂同一戒皆應相嘆是佛所教作法之時共集一
處若多若少乃至一人心令說戒是名集會未受具戒者出　此明異眾儀戒四
律云時有比丘令餘六眾遠說戒事佛言並令至不見不聞處除受戒者非人
來者聽之又不應在足前作也若有異眾乃令遠去下座應唱未受具戒者
已出若无異眾應言此處无未受戒人沙弥出時應誦五德十數不者得責

說戒遠者爲罪佛言有三種和合一應來者來二應與欲者與欲三現前得呵者
不呵反此則非眾言僧集會者謂同一戒皆應相喚是佛所教作法之時並集一
處若多若少乃至一人心念說戒是名集會未受具戒者出　此明異眾儀式四分
律云時有比丘令餘六眾遮說戒事佛言並令至不見不聞處除人未受戒者非人
未名聽之又不應在尼前作也若有異眾乃令遠去下坐應答云無未受具戒者
已出若無異眾應言此處無未受戒人沙彌出時應誦五德十數不者得吉
羅　不來諸比丘說欲及清淨　此名和合之義時有病比丘不來聽戒佛言應
與欲及清淨隨其意略若不現身相不口說者不成與欲以要言之一切如法事業
因緣佛開與欲若無本緣妄陳欲法不成與欲障僧說戒翻成上欲　誰
遣比丘尼來請教戒　此明請儀式若有受尼求請教誡者此時應起僧中爲
請眾僧中若有具十德者即應差遣必若無者上座應作略教授法語請人言語尼
眾寺無堪教授尼人亦無善說法者尼眾應一心行道謹慎莫放逸彼答言尔
若無請者下坐應答此處無尼來請教誡　僧今和合何所作爲　此句明問僧
所作儀式若更有餘法事皆應此時先作若無餘事一人應答說戒羯磨　上來
是秉法方便自下四作二問　大德僧聽今白月十五日眾僧說戒若僧時到僧忍
聽和合說戒白如是　此明作法儀式四分律云佛語比丘當依王法黑白二月大小兩日
隨國同攝言若僧時到謂作法時至僧忍聽者勸眾祥和下白眾知故曰白如是之
以律云若有四人應作法白三人已下當三語說戒獨住比丘心念布薩若不如是皆得吉
羅　諸大德我今欲說波羅提木叉戒　此句明發起正說戒序將欲說戒故標勝之
語大德者先告眾也波羅提木叉者西音此翻爲別解脫也由受此戒別弃捨種惡
故又能剋解脫果之得名爲解脫律儀之不爲惡眾所縛故名解脫又最初隨順解
脫故名波羅提木叉是則因標果攝又律中佛語比丘新受戒者未得聞戒不知何奈聽
集一處和合說之波羅提木叉者戒也　自攝持威儀住處行根面首集眾善法
三昧成就當往當說當發起演布開現反覆分別　眾集現前默然聽善思念之
此句明聽法儀式是故律云同羯磨者集在一處乃至應呵者不呵是名如法若眾大聲
小數妙高座立上而說八難緣隨時略說若客舊來集數有多少說至此序告淨使
聽者如律佛語意專心而聽律法是名善思念之　若自知有犯者即應自懺悔不犯
者默然　默然者知諸大德清淨　此句明犯不犯義所言犯者不謹之人放縱身口遂集
興過不修善行行本所受名之爲犯慚愧追謝還令復本之名爲持戒非一往善成
然之故而還復第一白法故名犯已能悔是故律云有二種智人有罪能見已如法懺
悔所言不犯者上行之流一往順教惡離善行故名不犯所以律云若犯有二若本不
犯已能悔同名無犯若欲懺者當詣清淨比丘說犯名字如法除已方得聞戒若
無犯者即當嘿然表心淨故　若有他問者亦如是答　此句明相問義律云非但

興過不將善行行本所愛名之爲犯慚愧追謝還令復本亦名爲持犯非一往善成
然亦數而還復第二白法故名犯已能悔是故律云有二種智人有罪能見已如法懺
悔所言不犯者上行之流一往順教惡離善行故名不犯所以律云羞犯有二若本不
犯亦已能悔同名无犯若欲懺者當詣清淨比丘說犯名字如法除已方得聞戒若
无犯者即當嘿然表心淨故　若有他問者亦如是荅　此明相問義律云非但
誦戒之時須如是荅若有餘人問荅如是故四分律言如是荅者譬如一一比丘相問荅也是
名亦如是　如是比丘在於衆中乃至三問憶念有罪不懺悔者得故妄語罪　此明違
教罪四分律云嘿妄語者得吉羅罪是故衆中問時憶念有罪即應發露若妄不
憶雖嘿无罪若正說戒時彼時憶念恐亂大衆即應心念發露說戒已後如法懺悔
故妄語者佛說障道法　此明違罪果報言障道者妄語之罪能令衆僧墮三惡
道不獲聖果亦障四禪及三三昧乃至四果是故律云佛告比丘如彼大海不受死屍設
有漂出我法亦尒不受死屍謂死屍者非沙門梵行自言沙門梵行犯戒惡法
不淨穢汙邪見障善內懷腐爛外現白淨如空中樹雖在衆坐常離衆遠衆
亦遠彼故知懺罪方成聞戒　若彼比丘憶念有罪欲求清淨者應懺悔得安樂
此明懺法若憶初篇犯罪即應依大乘懺若憶僧殘如律應懺乃至吉羅類亦可
知由懺因緣三業得淨是故律中佛告比丘以戒本淨便得淨定乃至智慧亦復清
淨三學淨故能引諸禪及證聖果故曰懺悔得安樂　諸大德我已說戒經序今
問諸大德是中清淨不三說　諸大德是中清淨嘿然故是事如是持　此句結成受持
也由衆嘿然故法事皆成雖有三問共是一法故但得一罪上已明序略兩教發起列序
從此已下即明序教正宗　諸大德是四波羅夷法半月半月說戒經中來
自下正宗之內總有八門以階輕重此一初明第一夷篇一篇之內皆有三段初標
說儀次陳戒本後問清淨此前一句文是其標也下至七門皆准依此問所以
時興者教者　答僧尼勝名利者生有漏壞其略教是以如來隨有戲
犯制者補之使犯相班輕重位別教葉群機有當時之益原意在此故若
正宗之首不出身口正善受之可持犯相輕重但人多釋不可具錄今且略環
宗求分爲二種一者止持行相二者作持行相此二種持能攝戒經名又終
總盡戒本之內且從八節科義此八爲五犯卅九十合爲一犯惡說共爲一犯
不定含在七滅故但爲五將此五犯兩種解釋　第一總相解釋第二各別釋義
總相之中四門分別　第一五篇　第二七聚　第三方便　第四持犯　此四位中五篇雖是究
竟以其根本究竟業道是以先明雖然究竟前後眷屬相亦須識是
故七聚以爲第二七聚之義亦含輕重五七之果成本由因造緣善手不可有盡
暢思業故方便以爲第三既識過相階善理須護持犯爲第四　欲明五篇四解
釋第一釋位第二弁名第三立五所以第四次第二釋位者毗尼以正善爲宗故用能治戒

BD14046 號　四分戒本疏卷一　　（30–14）

總相[illegible]中四門分別 第一五篇 第二七聚 第三方便 第四持犯 此四位中五篇雖是究
竟以其根本究竟業道是以先明雖然究竟前後眷屬相亦須識是
故七聚以為第二七聚之義亦含輕重五七之果成本由因造緣差手不可有盡
暢思業故方便以為第三既識過相階差理須護持犯為第四 欲明五篇四解
釋第一釋位第二并名第三立五所以第四次第 第一釋位者比丘以正善為宗故用能治戒
行以為所明四分律中在五犯聚僧祇以為五篇科以一名說四義名初篇十三僧殘
以為第二篇卅九十共為第三篇四提舍尼為第四篇眾學及滅諍為第五篇所
言一篇者輕重相形是故名篇又云篇者類也又云均等名篇各具三均故名為
篇一者名均齊二者體均齊三者究竟均齊具此三均齊等故得篇名如前篇義
但名波羅夷義輕重義等有此相似錄為初篇餘非類者理不得同乃至第
五類亦同尔第二并得名者夷當體得名祇云極惡三義故惡一者退沒謂
退失道過果二不共住非二僧攝故三者墮墮落捨此身已墮阿鼻地獄故即極
惡名當罪人是故當體得名僧殘者境體受名犯此罪已垢纏行者非全壞用
故名為殘有殘之罪由僧除滅故名僧殘言墮墮者從體及境作名又云隨義墮
罪有此能故從功能作名言提舍尼者從對治境亦可責過受稱文言我犯可呵法
言吉羅者從語具立名故見論云吉羅名惡作第三立五之意或言業有五故立為
五篇亦可准依制道以五形之罪或可以業隨根之教略標此五第四次第先就所防罪
解推尋本制之共隨犯而禁輕重事亂無定今明次第可所依准蓋是大聖欲令斯
法倫傳遐代故命憂波離由宣一方軌亦以重輕次比於後故憂波離仏滅後一依聖
教集仏所制正死之罪宜加先勒故并在初餘次輕者依其階位乃至第五類以可知
若據能防行次第者初篇是行根本故須先明初篇行壞下四枝條焉能得生
是故初篇先立根本行既立已不修眾法不成經綱不立何能秉法故立眾行為
第二篇眾法雖成若不修律儀經綱難立故明第三身口威儀既尔若不識過若不
敬順三寶除懲殄諍及成滯尋傳在三有焉能出離是故第五篇敬順三寶威儀淨
就趣道之行此據根本所以初勝若據難防第五最勝乃至初者 第二七聚四門分
別一[illegible]二立名三偷蘭先後四入篇不入言約位者四義為第一十三為第二一切偷蘭為
第三捨墮為第四提舍為第五惡作為第六惡說為第七所言聚者眾罪
非一聚在一處名之為聚言立名者初篇當體殘約境義蘭就所防罪立名
體唯不善故見論偷蘭名大遠能障道故名為偷蘭提墮功能可呵約責立
名第六約作得名故曰惡作第七就說為名故言惡說言偷蘭先後者偷蘭
過廣故能治之行在戒門攝若約均雜往分須在第五以體含方便究竟之
異雜門所收麁重是故須在均下雜上位當第五又解作因故之為果故五為

軀唯不善故見論偷蘭名大遠能障道故名爲偷蘭提頭罰能可呵約責立
名第六約作得名故曰惡作第七就說爲名故言惡說言偷蘭先後者偷蘭
過麁故能治々行在門攝若約均雜往分須在第五以軀合方便究竟々
異雜門所攝麁重是故須在均下雜上位當第五又解作因故二爲果故五爲
辨成他義故爾　言入不入者凡入五篇皆具三義一名均二軀均三究竟均義等
四罪張並具此義蘭中但有名均雖是蘭聚濫餘二均以通因果含輕重故不
入五篇所言輕重有四種別一不可懺以三逆是二大衆蘭初二篇下是三小衆蘭
四對手蘭一人邊懺種者出界四人中懺殘邊重者同義生種殘邊種者對手懺
有此差別故不入篇第三方便於中有三一者遠方便二者進趣方便三者近緣方便
遠者有果而不成進趣者以曰成果近緣者无果而可成言遠者如自發藏罪
是非不籍此發藏生於後犯名曰方便終不攬此以成於彼故曰爲遠論其正軀
其唯究竟殺人蘭吉類々同爾彥論五犯悉可爲遠如自稱得聖遠賢犯過如
初五錢不淨行緣提中院故取衣同行宿坐覆犯初戒下二准說可知舉此五犯
爲義爲緣餘類相從容有由籍如斯等類名遠方便　二進趣方便者心悕前事
身口運動造境求成故名進趣如律所明步々偷蘭是名進趣方便　三近緣方便
於中有七一者近緣二者境強三者緣差四者境差五者想心六者疑心七者善心息
總名近緣緣缺故名近緣方便二境強方便者如欲煞人前境入定或反害我以彼緣
強差此進趣稀恩不成故曰境強三緣差方便者欲害前人更有異人實伏
是事發覺或有緣來差此心不遂致事者故曰緣差方便四境差方便者如非
人想非人疑等是如下業彥說欲煞王人張人來替者是五想心方便者起心煞
人心緣非人者是六疑心方便者起心致人而生疑心爲人爲非人而人雖死緣於兩境疑心煞者從兩境
結罪七善心息方便者可知七方便據部不定祇律桂惡但五方便謂從境判
近見想疑文言黃門想疑摩觸女人々殘故應應具七如生非生想疑等言若依
五分不問遠住一切俱六謂見疑故以疑是兩緣順有緣本心故使從境制其正
罪是以文言是女疑殘非時疑年不滿疑皆得提罪故想究徹故不問住遮心境
相應犯不相應輕或蘭吉故人非人想煞蘭女男想黃門想觸蘭若就四分
具足七方便　第四持犯此戒所明不過二種持犯就此二種各有其兩言二犯者
彥遣諸惡作而成犯名爲作犯於善不修止而有違名曰止犯對此
二過故立兩持若不作斷一切惡意離苦不究竟爲欲離苦究竟須
明止持以殊作犯若後不興務一切善心得果不滿足故須辨作持以翻爲欲得果滿之
止果故攝二種此是對文說可知若約身口辨持犯者離煞觸等身止
持以應來者來收攝臥具然燈不安坐食等類是身作持離口四過
如妄罵等可是口作犯者咸悉故止是口止持以受持衣鉢處分說淨離

二過故立兩持若不作斷一切惡意離若不究竟及須為欲離若究竟須
明止持以彌作犯若後不興修一切善心得果不滿足故須兼作持以顯
止果故俱二種止尋對之說可知若約身口弁持犯者離殺觸等身止
持以應未者未取攝卧具然燈不安坐食等類是身作持離口四過
如妄罵等可是口作犯者咸悉故止是口止持以受持衣鉢處分說淨離
衣六年作囊二年六諸作知淨語傷他懷生二入聚落及順教修習等是
是口作持身口合者准說可知身口兩犯及前而說意識身口故不須別
說意雖有持犯以律所言六犯所起中由身心及畜畜觀其意汝以何心等
皆是助成身口論云然獨意无持犯故文但意思不犯及六犯中由身口不由
心等是故成論十不善業道品問一切業意業大所以此尼不結罪者謂
罪稱異結戒法異故知此二種持犯義以律疏者明從此已下隨文八門分別
釋先就初篇兩種分別第一總相分別第二依文各各別說先就總相十門分別 故以初四配於三毒
一業不孤起要由等發等雖无量不出三毒成犯以相發難由等暢必在
具以而論之所謂身口是以第二解身口成犯身口之業不過自作教人故此第三
自作教人業不自成要由託境是以第四犯境寬狹犯境雖衆莫過自他為
是第五境有自他境緣雖異无心不成心有尅濫所顧不同對境差殊犯不犯
已故此第六并其尅濫濫之殊及已遣趣境有差乎心有謀
妄有犯不犯故此第七錯誤同異八下衆任運九立意次第十對治持犯 言起
由三毒者不淨行戒唯己利己為違故以三起貪成盜殺二戒遠須益以三事起是
以三事成妄語一戒亦以利己為遠為初不同貪癡起成婬三事起者善生云
若自樂行非梵行是名從貪若婬惡家眷屬名從嗔於所生母行非梵行名從
癡而境悅暢思故並貪心成盜三事起成者貪心起成可知若盜惡家財物及燒
埋等嗔起嗔成若盜下娃是名從癡又祇律云摩摩帝手用佛僧物亦癡
起癡成殺三起成准說可知妄語規利嗔順情故无嗔心發思成業若不妄語
理即通三身口者位三婬戒身犯非口事決形交非身不并故不盜殺二戒
盜乘離處殺斷相續故身業犯自作遣使彼此俱弁故口有犯以呪物
過淵教人盜殺等是妄語口業正犯顯已得聖法指名利非言不宣故口
正犯以作書現相亦在犯限故身亦有成此依成論身口立造三自作教人
位亦有三婬戒自重教輕教人為非樂在前人遍非我故能教不重出家之人應
亦齊故同自作教人彼我俱犯妄語自作正犯教人同不同若遣人稱已得聖
名利擁已為自作无殊故得同犯所教犯輕若直教人自稱指利擁彼於我无
潤故俱犯蘭此屬初篇說若因此說論自重輕初戒是自輕教重居教傳遍

BD14046號　四分戒本疏卷一

位之有三婬戒自重教種教人為非樂在前人逼非我故能教不重出家之人應
勸人修善反更助惡故能教蘭盜煞二戒遠通損益自作教人損境无殊暢思
之齊故可自作教人彼我俱犯妄語自作正犯教人同不同若遣人稱已得聖
名利攞己与自作无殊故得同犯所教人犯種若直教人自稱招利攞彼於我无
潤故俱犯蘭比局初篇說若曰比丘論自重教種初戒是自種教重尼教偷漏
失是自他俱重盜煞損壞及一切同犯者是自他俱種是勸是是若犯不犯說
之有四句可知若約能所以說作兩四句之可知問自他能所比義何異荅自
他者不論所教七衆之業但取能教之業對自作弁若言能所以能教罪
為所教五衆有罪者對說淺異 四犯境寬狹位二婬戒該三境是故名寬
餘三局在人境故狹良以婬欲之性暱情內逸悟心重厚不擇境之美惡誰問
人畜但使正道暢思不殊故三趣犯以道想制故又下之三戒事亦於外損在前
境趣別報殊憎微優劣暢思階降故人犯義餘趣即種 五自他位二不淨
行戒自他境犯如緣齊等是下之三戒要在他境盜以損主故所以重自盜無
別可損故聖不制 問何以盜得已衣蘭 荅他衣已衣共在一處意趣他衣錯
得已衣望他衣上境差得蘭由己衣作境差而得故言已衣蘭而已衣无罪
以自旋自惸壽妨可知煞他犯戒故成犯境誑欲規利何須自誑 六對境
分別若望初戒對境俱犯下之三戒如其大境隨三趣境重種結犯若也專對之
三戒各稱境犯義等若境差三戒境差蘭若論同趣為異境單濁並无犯雙濁
但犯種若非情无主物為異境單雙俱不犯一境既尔者說即无量若其就對弁
濁隨意在人報不闕張王者是若望同趣對濁俱犯義若非畜為異境上半單
濁境對濁俱无犯下半雙濁故對濁並犯種若非情无主物想為異境對濁俱
无犯一趣既尔餘非例然 七錯誤凡言錯誤皆并謬不當之隨若迹事曲尋事
在鄰分若隨名對定位容有別錯就境差誤據心謬凡現緣二境稍別歷然
及至造趣成事有并二境交涉名之為錯若緣比隨彼心想謬妄稱之為
誤就四戒配位分為四 弟一以二對婬戒錯誤俱犯良以遠起內情但順正道暢
適不殊不隨餘想是故誤犯文言道疑道非道想之義又不闕三趣縱有
交涉但當正道錯之成重 弟二以誤對三戒之俱重以其誤无兩並不得云无
心故誤俱犯文言男想道(?)謹女仏言義故 弟三以錯對三戒俱不犯以望餘境
本无心故如墮胎類故所以知 弟四錯誤對妄境所稱法錯誤俱不犯如欲稱聖
而言凡錯稱非境如墻上得人迷凡謂聖誤心非巧故並不犯 弟八下衆任運
如沙彌時教人煞盜及稱已聖教已受具所教之人遂本言教權財斷命欺
前令解能教沙彌三位之中任運犯三波羅夷若受戒欲竟所教事成罪

心故讓俱犯文言男根道照誑女仏言義故第三以錯對二戒俱不犯以望餘境
本无心故如墮胎類故所以知第四錯誤對妄說所稱法錯誤俱不犯如欲稱聖
而言凡錯稱非境如增上慢人迷凡謂聖誤心非巧故並不犯 第八下衆任運
如沙弥時教人盜及稱已聖教已受具所教之人遂本言教獲財斷命欺
前令解能教沙弥三住之中任運犯三波羅夷若受戒欲竟所教事成罪
戒俱得以其善因圓滿惡業成就故婬无任運可知 九並意次第者但聖
制戒欲令調伏貪瞋癡盡故爲諸比丘說增戒學 問戒能防非不斷結
何以而言對對制戒 答若舉對治而言戒能防非定除細亂惠能斷結
但惠不孤興必因禪定定由淨戒戒依推功歸本故言制戒爲斷三毒譬如有人
欲正長江先塞泉源戒亦如是爲持戒故能斷三毒乃至獲果能成就
諸戒同此 言次第者僧祇律云五年冬分第五半月十二日制此初戒即是
十月廿七餘三戒六年並冬分盜第二半月十日謂九月十日殺第三半月九日是
九月廿四妄語第四半月十三日謂十月十三日 又釋次第謂障道輕重彰其
次第 第十持犯對治此比丘四義戒以持作犯言對治者謂離染清淨對初
少欲對盜慈悲行治殺實語爲除妄等是 婬戒第一
從此已下別解初戒於中有四 一制戒意 二釋名字 三具緣成犯 四闕緣義
此四者並有通別 諸戒例然 一制戒意 一通 二別 言通意者如多論云以結
戒故滅得未起非法二滅得已起疑網能知輕重識別儀除對治放逸善
護偈中不分輕重名種三根生十利功德正當制意故四分律言如來出世見
衆過失謂十種利爲諸比丘制戒乃至正法久住此是通意 義該諸戒下不
更說 第二別意 婬欲之性躰是雜穢生死根本若不斷捨流輪三有莫
能出離障道之原勿過於此結遠之深寧容不禁是以聖制 二釋名字
亦有通別 通者戒是通名不淨行等是別 別言不淨之行是婬欲之法是
所防過戒是能防之行但治行既通戒相雜分寄緣以彰欲使觀過興厭
稱不淨觀離欲行成能所通舉故名不淨行戒 三具緣成犯亦有通別言
通者三 一是大比丘 二謂非所被文言若比丘故 二制者教後以其初人教未攝故
三无重病壞心謂癡狂等此之三義該括上下故明了論云若人已受大比丘戒
若如來已制此戒若人不至癡狂是人既犯此戒乃至吉羅皆同此說下更不釋
言別者此具四緣 一有正境 二有染心 三起方便 四与境合 若爲惡通之四緣成
正境凡二 恐通三与境合四受樂 此戒通三 別四 七緣犯成 四闕緣義 一解闕通
緣全无罪可知 亦可闕初及第二等有罪 即方便中闕緣方便等無罪可
知闕第二全无罪 次闕別緣若闕初緣非道道想疑得二偷蘭闕三 兩緣无犯
闕第四緣有二偷蘭從破威儀身手未及輕蘭 就小衆對三 說截從身手

BD14046號　四分戒本疏卷一　（30–19）

[illegible]
言別者此具四緣一有正境二有染心三起方便四與境合若為惡逼之四緣成
正境二惡逼三與境合四若受樂此戒通三別四七緣犯成　四制緣義一解制通
緣全无罪可知之可制初及第三等有罪即方便中制緣方便等無罪可
知制第二全无罪次制別緣若制初緣非道道想疑得二偷蘭制三三兩緣无犯
制第四緣有二偷蘭從破威儀身手未及種蘭就小眾對三說懺從身手
相及至未成重蘭就大眾應三乞乞應一白乞乞應三說惡逼制緣此說可
知制通但一方便制別有四但五方便從此已下正明戒本諸戒制開不同如初
戒文有其三一略制二隨制三廣制言略制者如此戒最初因須提那比丘起過
故制言隨結者後因跋闍子比丘不樂梵行即便還家仏因隨結言廣制者
後有乞食比丘林中與畜起過仏因此人廣制故名滿足戒本言開者如初篇
因目連謝增上慢第二篇漏失開夢中第三篇別食說法七五緣等皆隨開
乃至吉羅類亦可知今弁滿足戒本者　若比丘共比丘同戒若不還戒若不
還戒羸不自悔犯不淨行乃至共畜生是比丘波羅夷不共住
此滿足戒本句有其八初略弁後廣釋初句總明受法行次句雖明受法共
三同戒者雖明行法同四不還戒者明淨不捨有戒可犯故五戒羸不悔
者顯戒道猶同犯住故六不淨行等者託境非第七戒者結罪第八不共住者
是治殯也　次廣釋所言若比丘者四分律云名字比丘相似比丘自稱比丘
乞求比丘著割截衣比丘破結使比丘善來比丘受戒白四如法成就得處所
比丘次釋比丘義　言名字比丘者此是通別之義　相似比丘者犯重人內實破戒
威儀相顯似他持戒故曰相似比丘　自稱比丘者十誦律云謂賊住比丘人自稱
言我是比丘故曰自稱比丘　言乞求比丘者順於聖教以乞資身離五邪命
正命自活故曰乞求比丘　言著割截衣比丘者若著此衣有二利益一毀其細好
離自貪奪著二不為王賊之所貪奪常有資身受用之益奉於聖教恒著
此衣故曰著割截衣比丘　言破結使比丘者理解心中亦發具戒故曰也　言善
來比丘者仏命善來即發具戒故曰善來比丘　言白四如法成就得處所比丘者
若受大戒僧數滿足緣白四羯磨作法成就緣得處所結界成就界內不別眾緣
住比丘法中身充遠離緣此即四法現前謂僧法界事此人是戒本中若比丘義
約通未代故須牒此人亦言共比丘者此明受法共人殊報別所緣義一故並比丘律云
若共餘比丘受大戒白四羯磨乃至住比丘法中者是為共比丘義言同戒者雖
明行法同先弁所同故律云仏言我為弟子結戒彰教法是同寧死不犯
是持行同是中已下解其同義一戒者隨戒解同戒者禁防義同戒等者名
數同是名同戒義所言不還戒者明清淨不捨有戒可犯故律中仏言若有比
丘不樂梵行聽捨戒還家後欲出家得受大戒於中有二明不捨二弁捨義

若共餘比丘受大戒白四羯磨乃至住比丘法中者是名共比丘義言同戒者雜
明行法同先并所同故律云仏言我為弟子結戒彰教法是同寧死不犯
是持行同是中已下解其同義一戒者隨戒躰同戒者禁防義同戒等者名
數同是名同戒義所言不還戒者明清淨不捨有戒可犯故律中仏言若有比
丘不樂梵行聽捨戒還家後欲出家得受大戒於中有二明不捨二并捨義
如律者羸所言戒羸不自悔者律云若有比丘常懷愁憂不樂梵行猒比丘法
意欲在家於々中四句差別律文者明所言不淨行者是起境非故律云不淨行
是婬欲法言波羅夷者此是自行絕言不共住者是衆法絕多論云四義
故名不共住一既壞道法无所任用殯出衆故二現作法无有
增愛清淨共住犯者出衆故三為息外道誹謗故四為持戒者安樂增上善根
為破戒者生慚愧於心不犯諸惡故是以令彼不共住故律云不得同一羯磨同一
說戒是名不共住故六七兩句次下者并犯不孤起要由託境々緣不同有其三種
人非人畜生三各五婦僮女二形黃門及男子二處於童女二形及
婦女三處於黃門及男子二處此十五種境各有隔等四句不同復有此等諸境
覺睡无壞四種境上各有犯義乃至惡逼名同此例若廣說共有三千七百卌四句
皆是究竟夷罪故論云犯相有二自有婬心向前境縱有裏隔互障但入
如毛頭結成大重二若為惡逼或將至前境或就其身於三時中乃至一時受
樂皆成重業是故僧祇律云可畏々甚无過女人敗毀正德莫不由色善見
經云寧以男根內毒蛇口中不以此緣墮三惡道四分律云義如是譬如毒蛇
三種害人一者見害二者觸害三者呑噬害女人亦尒三種害人若見女人心發欲
想聞聲欲想起除能滅善法得吉罪若觸女人能燒功德犯偷殘罪
若共交合犯於重罪以此婬欲法何以類毒答有七種義寧內蛇口不應犯色
一為毒所害但害一身女害多身二毒害報无記身女害法身三毒害人形女害
人心四毒害是數女害不是五毒害還生人天女害墮於地獄六毒害猶得聖果
女害不證卌七毒害仏所憐愍女害為聖呵嘖是以寧犯毒蛇莫犯女人々言
波羅夷者此是犯罪名僧祇云此罪名極惡三意故惡一者退沒故惡由犯此
戒道果无分二者不入二種僧數三者命終已後定墮地獄故名極惡四分律云譬
如斷人頭不可復起比丘亦尒犯此法者不復成比丘故名波羅夷義又目連違
問罪報經云若比丘无慚愧心輕慢仏語犯波羅夷罪如他化自在
天壽六十千歲墮泥犁中於人間數九百廿一億六十千歲就犯々中輕重有
三一自作二教人三无犯自作々內復有其二道非道差別故教他有二道俗有
異无犯者有二自睡眠无所覺知二惡逼所惱三時无樂不者是條義以律廣說
盜戒第二　前就內色起貪制其婬戒此就外財起貪猶繫生死故須後解有

BD14046號　四分戒本疏卷一

（30–21）

天壽六千千歲墮泥犁中於人間數九百廿一億六千千歲就犯之中輕重有
三自住作二教人三无犯自作之內復有其三道非道差別故教他有二道俗有
異无犯者有二自睡眠无所覺知二惡逼所惱三時无樂者是餘義如律者說
盜戒第二　前就內色起貪制其婬戒此就外財起貪猶繫生死故須後解有
其四一制戒意通意如前別意者凡盜財寶形命之本非此不傷人情寶重穢
著處深出家所為恥擬已濟物今乃非理侵奪損惱不輕過中之重是故
聖禁二釋名者非理損財故名為盜盜者非戒戒是能治盜是所防舉彼所
防以別能治故曰盜戒第三具緣通緣如上別緣具五一是有主物盜以
損主為宗故須有主（物雖有主）摶想及疑亦不成重故須第二有主想雖當
境所盜非五但得輕罪是以第三次明重物雖滿五无心不犯為是第四須
明盜心雖念盜物亦離處損主亦成故須第五物離本處第四闕緣若闕
初緣得三偷蘭初句非人物人主物想二畜生物人主物想三无主物人主物想
闕第二緣容有九蘭轉想有三疑心有三雙闕有三三三合九轉想三者初句他
人主物取若色境所轉作非人物想取隱其後心心罪但結別心盜人方便
故第二人主物非人物想取蘭此句既亦條句同此第三句人主物畜生想取第三人
物无主物想取疑心三者實是人主物生疑為人物為非人物第二為人主物為
畜生物第三為人主物為无主物此三並蘭次雙闕二緣三者第一意欲盜人主物
而非人物替人主物處是闕初緣就非人物上復生疑心即闕第二緣為人物
非人物此第一句畜生物替人物處後生疑心為人物畜生物第二句无主物替
人物處後生疑心為人物此第三句並是得蘭闕第三重物作輕物之蘭闕第
四緣无盜心全无罪闕第五緣輕蘭重蘭是第等闕緣具足方便自下
正明戒本此戒因檀尼迦比丘詐宣王教取彼要材故制斯戒今并滿足
戒本者　若比丘若在村落若閑靜處不與取盜心取隨不與取法
罪數不共住　此滿足戒本句有其八初略并後廣釋略中初一犯人第二
若為王王大臣所捉若殺若縛若驅出國汝是賊汝癡汝无所知是比丘波
物之所在盜之處所三不與者主不捨四盜心取者盜業盜心也五隨不
與取者所盜重物六治罰七結罪八治擯已下廣并言若比丘者義如前釋
言村落者俗人所居曰村有四種一者四周垣墻二者柵籬三者籬墻不周
四者四周有屋言閑靜處者盜之處所四分律中若地中若地上若乘若擔
若空若上若田若船若水若移度關塞不輸稅若取他寄信物若取水
若楊枝若園菓草木若无足若二足若四足若多足若同財業若要若伺候若
守護若邏要道是物所在盜之處所也總是廿六句前十三就處以明盜物二
寄信下八就所取物以明盜三同財下五遠要以明盜此等之義如律疏廣明所

言村落者代人所居曰村落々四種一者四周垣墻二者栅籬三者籬墻不周
四者四周有屋言閑靜處者盜々處所四分律中若地中若地上若示若擔
若空若上若田若船若水若於度關塞不輸稅若取他寄信物若取水
若楊枝若園菓草木若无足若二足若四足若多足若同財業若要若伺候若
守護若邏要道是物所在盜々處所也總是廿六句前十三就處以明盜物二
寄信下八就所取物以明盜三同財下五遠要以明盜此等々義如律疏廣明所
言不与者主不捨若他物想他所護想有主想非己物非暫用非同意故
言盜心取者賊業賊心取也取有五種黑々闇心邪心曲戾心恐怯心常有盜他
物心又五種取決定取恐怯取寄物見便取倚託取或依親友強力若以言
詞辯說誑惑而取者是也隨不与取法者所盜重物以王立法若取五錢若
直五錢物罪應至死仏隨王法盜滿制重所言王者得自在不屬人也所言
大臣輔佐王者是所言若捉若縛若殺若駈乃至无所知者此是俗治罰法
言捉者是王祖治法若縛是父王治法若駈是頻婆羅治法若殺是世王
罰法汝是賊无所知是呵嘖賊法所言彼罪義者此是犯罪々名義如初
戒弁所言不共住者不得於說戒受戒羯磨二種僧中共住故然怯戒合輕
重怯重々中盜是難護故須者釋但今略標盜々相義如諸部律論明述
盜業略有三位一於三寶物作盜二盜人物三盜非畜物三寶物中有其二種
一者自護二者他護盜非畜物中後有兩種一者非人二者畜生若偷三寶物物
二境得罪一就守護人滿五結重罪若无守護約本境得蘭罪若不滿五
四錢重蘭已下乃至一錢輕蘭盜人物亦尒若盜非人物得蘭盜畜生物吉
羅若作与想取已有想糞掃想暫取想親厚想意取者皆无犯
煞戒第三　一制戒意者趣勝報善因所招形心俱是道器但出家之人
應壞四等今反嗔急斷壞陰境遠慈悲他損害道器過中之甚爲此聖
禁　二釋名者五陰法中假立衆生斷於五陰名爲煞生此是所防戒是能
治能所通舉名煞生戒　三具緣通緣如上別緣有五一者是人簡餘趣輕故
二是人想疑輕故三者煞心无心不犯故四起方便以无方境不可壞故雖方便
加害若命未斷所規未畢思心不暢亦不成重故須第五斷命　四闕緣若
闕初緣三句蘭罪一非人々想二畜生人想三就作人想初緣闕境還立若闕
第二人想容有六蘭迷法想闕當法想三句文雖是一義含三句一人非人想
煞若根本迷人作非人想煞人无罪非人有吉今律文結蘭者據本作人想往
煞已得偷蘭臨至人所轉作非人想煞若結後心應得吉羅隱其後々
罪結其前心故得偷蘭　問若後心无蘭者何故律文人非人想一蘭　答轉
想當非想人時實无偷蘭由想當人非故今前心偷蘭不得攬因成果亦舉
由轉想結前心蘭故言人非人想蘭以三諫捨者三蘭豈可捨善心有蘭由

第二人想容有六蘭迷法想㓕當法想三句文雖是一義含三句一人非人想
煞若根本迷人作非人想煞人无罪非人有吉今律文結蘭者據本作人想往
煞已得偷蘭號爲人而轉作非人想煞若結後心應得吉羅隱其後心
罪結其前心故得偷蘭　問若後心无蘭者何故律文人非人想一蘭　答轉
想當非想人時實无偷蘭由想當人非故全前心偷蘭不得攬因成果舉
由轉想結前心蘭故言人非人想蘭如三諫捨者三蘭豈可捨善心有蘭由
其捨故前心偷蘭住在因位舉後捨心結前之蘭故言捨者偷蘭法亦
如是三人作畜生想三人作杌想　問人非人想結前心蘭者向㓕境緣非人想
亦應舉後結前心非吉　又解云爲成人家方便故㓕心結前㓕境結後以之俱偷
蘭故作此解時人想有前心吉法定不來亦令釋非人之想亦結前心而以示
者若本煞非人後心當人可言爲成人方便結後心蘭非人前結隱而不彰今
文亦并本意煞人非人境差人想煞恒在本境只以非人境差㓕者煞人之業
便不成重即是煞人方便前生非人之境後起猶是舉其後境結前心者
便此非轉想本異兩殊俱結前心如本煞張後對異境張人方便前已得
竟即此文是非人境上迷非轉想本无吉罪即趣上五是此法既亦一切數然
次疑心㓕決定心義亦含三謂對人境向餘三疑是此重㓕兩緣義之合三一非
人顯人處復生疑爲人非人二畜疑三杌木疑　問境心已㓕何故復須重㓕
二緣　答雖可同㓕境心異故須來　問異想云何　答異境上生疑不同㓕初
緣疑當於異境別前㓕束有斯別想故須更㓕　問義雖少異莫不㓕二
何須重㓕　解若不出者人情意謂疑對本境可成人方便疑當異境不
成人方便故須重㓕　問此得何罪　答非人疑蘭若亦對本境疑結前心蘭虛
㓕對異疑亦應結前心吉解言此之二疑並結亦疑蘭前疑緣異吉非實
故不論如上說　問想疑二心疑心并重想不亦者解言想一向故不成重如人
非想不㓕境非人想不亦心故何得成重疑心緣兩境對非人故即㓕境猶
預故便㓕心故得并重㓕寄在㓕心中并若單重俱㓕境一之想疑並㓕心一
義此亦无妨說戒數亦又此言㓕境等各只者之可單重三㓕本義十九如境差
說餘戒亦然此等二㓕下不復論㓕三全无罪容犯提吉蘭四无罪㓕五種㓕
重三蘭此等通別具七方便人趣既亦餘二類然輕重爲別已下四明戒本此
戒因不淨觀如來制戒斷殺業次因誤故隨結　若比丘故自手斷人命
持刀譽人嘆譽死快勸死咄男子用此惡活爲寧死不生作如是心思
惟種種方便歎譽死快勸死是比丘波羅夷不共住　此明滿足戒本句有其
六初略弁六句文後乃悉釋文義言略者第一句是犯人第二句自煞業
第三句正害境第四句從持刀下至寧死不活快勸死已來文是教煞業

戒因不淨觀如來制戒斷煞業次因誤故隨結若比丘故自手斷人命
持刀與人歎譽死快勸死咄男子用此惡活為寧死不生作如是心思
惟種種方便歎譽死快勸死是比丘波羅夷不共住此明滿足戒本句有其
六初略并六句文後乃先釋文義言略者第一句是犯人第二句自煞業
第三句所害境第四句從持刀下至寧死不活快勸死已來文是教煞業
於中文二持刀與人者安煞具煞歎譽死快口歎煞者勸死下是勸煞作
如是心下惣結心前三句第五句結罪第六句治擯次廣并六句文義所言比
丘者義如上言故自手斷者是煞業若自煞若教煞若遣使煞若往來使
煞若展轉使煞若求男子煞若教人求男子煞若求持刀人煞若教求持刀
人煞若教人求持刀人煞若身現相若口說若身口俱現相若教使嘆若遣
書若教遣書若坑埳若倚撥若與藥若安煞具及餘方便煞者皆是煞
業所言人命者從初識至後識一念識支託父母胎人報之始名初識垂終之運
是後識中間連持是命壞此報名煞祇云人者有報命所攝五分若人若似人
者入胎卌九日過是已後盡名為人所言持刀與人乃至勸死已來是第四教
煞業若魁心教害張受教者煞張三柱之中俱犯重罪受教煞王使者
犯重能無咎但得張邊境差蘭罪若魁教煞坐立則莫煞受教者立時
乃煞能令無罪於立人邊無煞心故得坐人邊方便諸蘭心同犯重使者本未
犯重中間俱輕一非能教二非所教業自不作故展轉使者一切得重並是
能教所教業成故條條可類知言波羅夷義如上言不共住者類上可知
今因此先就三趣以顯煞義且約人趣明煞父母豈非人化生業寄胎報託
父母之遺體以成己躰復兼鞠育其恩深重理應敬養報恩殖福今反
內懷嗔忿興加逆害遠恩養背為逆情深故制義逆煞義如前說
問煞父母為知得逆不知得逆答本瀁心無簡若對父母雖可不知彌本名以期煞
亦逆罪故善見曰實是父作非父想煞不得出家若本心慰不欲煞父作賊想而
煞父境雖壞恒作異想不知是父但得義罪而不犯逆故伽論云父非父想煞得
出家不犯逆故須知便方成逆問若父出家成羅漢煞父羅漢為得一逆二逆耶
經論不同十誦律憂波問佛煞父羅漢得幾罪佛答得義并二逆又并經看
煞父王二煞須陁洹罪兼二重又雜寶藏憂陁羡王出家立子為王成後羅漢
子王欲煞父父比丘言汝得二罪以此等文斷父命終時即損恩養之損福田二
境既別心緣兩害故得兩逆一義對人境制故父人之想以其緣異心兩害故得二逆
又可一逆雖可二緣莫不同一行者既無二命何得二罪但可業思是重無別
二逆問若父出家竟轉根為尼若煞比尼得煞父逆不答伽曰若煞女非母非羅
漢而得逆罪謂父變女人者是以斯文證故知逆罪所以爾者根雖為異人者

子王欲殺〻父〻比丘言汝得二罪〻〻此等文斷父命終時即損恩養〻〻損福田二
境既別心緣兩害故得兩逆一義對人境斷故文〻〻想〻〻其緣異心兩害故得二逆
又可一逆難可二緣莫不同一行者既无二命何得二罪但可業思是重无別
二逆　問若父出家竟轉根爲尼若殺〻比丘尼得殺〻父逆不　荅伽曰若殺〻女非毋非羅
漢而得逆罪謂父變女人者是〻〻斷文證故知逆罪〻〻〻〻者根雖爲異人者
不殊若殺比丘尼有皆恩義故　問若打比丘尼得打〻罪不　荅但得打尼〻罪若尓
殺〻比丘尼時不得殺父〻〻逆解打本就位既罪不望違見打時是女故既打尼〻罪
殺就遠恩此父者損壞故得逆罪如似一父若當打時道俗位別況轉爲女故知
就位但得打尼〻罪　問父毋變爲畜生殺得何罪　荅但得殺畜提罪若尓
伽殺女人不應得父〻〻逆解父實變者已命終竟比謂剎那中陰即受畜報
故得提罪轉根爲女猶是人報明有遠見是〻非數若父報得同通提變爲畜
作父想殺者亦得逆罪〻父境死故若不知无罪若殺畜生父毋但亦犯提〻勞
不潛故父報另故〻十日頗有殺父毋諸比丘受戒是人得受戒耶　荅有殺畜
生父毋者是非人及畜蘭提二罪若就想疑類上可知　不犯者律云若擲刀仗瓦石
材木誤著彼身而死及扶病人而死或〻藥食及〻來往出入而死者一切无害心
不犯故俗律云過失殺人者〻贖論 謂目所不見心所不意共舉重物柔高履危〻〻類也
妄語得過人法戒第四　二制戒意〻無漏真道聖〻證法非是梵凡夫淨獄
〻〻能契〻〻得故冒假虛誑自言已證惑亂群心欺誑於世謗招名利〻
自擁已幢法因時過中〻重故須〻聖擇二釋名者言不稱實〻〻〻言
妄〻說聖德事超梵境故曰過人法此是〻防戒是能治〻行能〻〻通舉
故曰妄語得過人法戒　第三具緣通三〻上别緣有八一境界是人二人想三境
虛四知境虛五說過人法六自言已得七言辭辯了八前人知解或有更
加誑他心者義或可尓前八〻是　四〻義者若〻初緣容有三蘭或有六蘭
〻第二緣六〻蘭疑想各三故〻第三緣境虛作境實〻或有提吉或全无犯
〻第四緣增上慢人全是无犯〻第五緣作非過人法容無罪究得偷蘭
〻第六緣作不自言已證或无犯或得蘭罪〻第七輕蘭〻第八重蘭是中具七
方便已下四明戒本比戒初因婆求河邊安居比丘共稱得上人法故仏略制比
戒後因目連制隨制比弁滿足戒本者　若比丘實无所知自稱言我得
上人法我已入聖智勝法我知是我見是彼於異時若問若不問欲自清淨
故作是說我實不知不見言知言見虛誑妄語除增上慢是比丘波羅夷不
共住　比滿足戒本文有句七一犯人二境虛三自稱言已得聖四自言彼於異時
非妄語時望首前罪五除制六結罪七治殯自下廣釋句言若比丘者比丘義
如上言實无所知者比解第二句境虛實是梵凡夫无知見法者三句自稱言我得

上人法我已入聖智勝法我知是我見是彼於異時若問若不問欲自清淨
故作是說我實不知不見言知言見虛誑妄語除增上慢是比丘波羅夷不
共住　此滿足戒本文有句七一犯人二境虛三自稱言已得聖四自言彼於異時
非妄語時望首前罪五除開六結罪七治擯自下廣釋句言若比丘者比丘義
以上言實无所知者此解第二句境虛實是梵凡夫无知見法未三句自稱言我得
上人法至我見是已來惣是一句就中分二一自言者惣稱聖法第二我已入
聖下別句言入聖者謂得生空知勝法者得法空我知是見下得初果已去
就惣句中文復有二初解自稱言文云自稱說有信等五根及辯才有信
者謂稱得理解〻信有戒者謂得定道无作非謂五篇不犯若云
持戒頭陀等多云犯蘭若施者謂依正兩報不生少據或是无貪善根聞
者謂聞惠智惠者思修兩惠辯才者任放說法次解我得上人法此是
惣句聖法故曰上人〻法〻二空是上人法〻出要也謂陰界入等第二我已入聖下
別句雜明聖法初引十四章門自言念在身若正憶念若持戒若有
欲若不放逸若精進若得定若正受若有道若有備若有惠若有見
若得若果次解十四章言念在身者是身念處言正憶念者餘三念處
是自言持戒者八正中正語等是有欲者四如意足不放逸者不放逸數精
進四正勤也自言得定者有覺有觀欲三昧初禪无覺有觀中間禪无
覺无觀二禪已去言空三昧者謂苦下空无我二行相應定數若滅
四行相應定是无相三昧若苦下行二集道各四此十行相應定是无願三
昧自言正受者八中前二想正受者一切有心定對除色中亂故无想者謂无心
定對除心亂次四正受是八背捨〻者謂一內有色想外觀色二內无色想外觀色
三淨背捨四空處五識處六不用處七非想處八滅盡定前三背舍次四背捨
下地謂空處背第四禪識處背空乃至非想背不用處第八背一切心〻數法故
名背捨〻亦名八解脫今此四中隨法者是第八滅定謂隨滅廿一心〻數法還得
廿一非色非心法以補心處故曰隨法正受二心想者謂四空定即四五六
七四背捨也除色者前二背捨謂以不淨觀除色貪故四不除色者謂第三淨
背捨次一除入正受者謂八除入猶捨入者解亦即前三背捨以為此八初二各二謂
內有色想外觀色若多若少次內无色想外觀色若多若少第三為四謂青
黃赤白亦名八勝處八制入次一切入正受者是十切入即以第三背捨為四勝處乃觀
色本四大故八并空處識處故十〻所言道者即十一枝道亦云依成論十〻定具〻
清淨持戒二得善知識三守護根本四飲食知量五初夜後夜精於勝眠六具
善覺七具善行者分八具善信解九具解脫處十无障〻十一无著依舍利弗阿毗
曇解十一枝道云何一枝道身念處是名一枝道云何二枝道定惠是云何三枝道

黄赤白亦名八勝處八制入次一切入正受者是十一切入即以第三背捨爲四勝處乃觀
色本四大故八并空處識處故十所言道者即十一枝道亦云依成論十二定具二
清淨持戒二得善知識三守護根本四飲食知量五初夜後夜精於睡眠六具
善覺七具善行者分八具善信解九具解脫處十無障十一無著依舍利弗阿毗
曇解十一枝道云何一枝道身念處是名一枝道云何二枝道定惠是云何三枝道
有覺有觀定無覺無觀定空無相無願等是云何四枝道四念處四正勤四神足
四禪四無色定四向道四修定四斷等是云何五枝道五根五力五解脫入五出界
五觀定五生解脫法等是云何六枝道六念云向出六界六離分法六恢因法六無
喜正覺等是云何七枝道七覺七相七定道定因緣法等是云何八枝道八聖道八
解脫八勝入等是云何九枝道九滅九次第定九相等是云何十枝十相十直法等是十直
者正覺正語正業正命正精進正念正定正解脫正智也十一道枝者十一解脫入是名
十一枝道所言修者修五分法身謂戒定惠解脫解脫知見所言有惠者惣舉無漏惠又言
四聖諦智亦云得者謂得天眼清淨所言果者從不淨觀乃至四禪四空定等
第四句從彼於異時至言知言見已未明非妄語時望首前罪謂妄語已後
或曰人問不曰人問欲自清雪首露前愆故曰也所言除增上慢者無漏聖法出過
相有名爲增上慢比比丘未得謂得名之爲慢十誦云比人久在山林不見妙色暫伏
煩之自謂永斷故生比慢後近城傍見淨妙色貪染還生知已是凡即須悔
道及成罪漢以疑白佛之便開言增上慢人不在犯限所言波羅夷者是鐃罪
句四分十誦多論云從得不淨觀以上至四果未若云我得皆犯重若現身相
前人不疑亦犯重疑則偷蘭若於非人說之蘭疑即犯若向畜生說亦吉
十誦問此不淨說等是近小法何以犯重答是甘露初門一切聖人由之
而入又四分云天龍鬼神來供養我皆犯重罪所言不共住者義如初戒
唐弃已下明不犯律云自知有得不淨觀及夢中說皆不犯重而犯吉羅 若坐犯之波羅夷注
以非言說之儀軌故也　諸大德我已說四波羅夷法不得之諸
比丘共住如前後亦如是之比丘波羅夷義不共住　此句惣結
前初篇四戒律攝云如前在俗不是比丘後犯戒時亦復
如是故曰如前後亦如是若依曇無德宗云如前犯得義後
犯亦義故㊂如前後亦如是以戒之辨形俱故亦　今問諸
大德是中清淨不 如是三問謂問於前義罪之中得清淨不 諸大德是中清淨嘿然故
是事如是持　此句穰前三問所言是中清淨者於初篇
戒法不闕故名清淨由衆嘿然知清淨故法事成就
故

相有名爲增上慢比丘未得謂得名々爲增上慢十誦云比人久在山林不見妙色暫伏
煩々自謂永斷故生此慢後近城傍見淨妙色貪染還生知已是麁凡即須悕
道及成羅漢以疑白佛々便開言增上慢人不在犯限而言波羅夷者是錯罪
句四分十誦多論云從得不淨觀以上至四果來若云我得皆犯重若現身相
前人不疑亦犯重疑則偸蘭若於非人說亦蘭疑即犯若向畜生說亦吉
十誦問此不淨觀等是近小法何以犯重答是甘露初門一切聖人由々
而入又四分云天龍鬼神來供養我皆犯重罪而言不共住者義如初戒
唐弁已下明不犯律云自知有得不淨觀及夢中說皆不犯重而犯吉罪（若出家犯々波羅夷法）
以非言說々儀軌故也　諸大德我已說四波羅夷法不得還與諸
比丘共住如前後亦如是々比丘波羅夷不共住　此句總結
前初篇四戒律攝云如前在俗不是比丘後犯戒時亦復
如是故曰如前後亦如是若依曇無德宗云如前犯得義後
犯亦義故　如前後亦如是以戒々體形俱故亦　今問諸
大德是中清淨不（如是三問謂問於前義罪々中得清淨不）　諸大德是中清淨默然故
是事如是持　此句牒前三問而言是中清淨者於初篇
戒法不闕故名清淨由衆默然知清淨故法事成就
故

四分戒本疏卷第一

丁卯年十月十一日僧常證於講堂廬下書寫記

四分戒本疏卷第一

丁卯年十一月十一日僧常證於講堂簷下書寫記

著 錄 凡 例

本目錄採用條目式著錄法。諸條目意義如下：

1.1　著錄編號。用漢語拼音首字“BD”表示，意為“北京圖書館藏敦煌遺書”，簡稱“北敦號”。文獻寫在背面者，標註為“背”。一件遺書上抄有多個文獻者，用數字1、2、3等標示小號。一號中包括幾件遺書，且遺書形態各自獨立者，用字母A、B、C等區別。

1.2　著錄分類號。本條記目錄暫不分類，該項空缺。

1.3　著錄文獻的名稱、卷本、卷次。

1.4　著錄千字文編號。

1.5　著錄縮微膠卷號。

2.1　著錄遺書的總體數據。包括長度、寬度、紙數、正面抄寫總行數與每行字數、背面抄寫總行數與每行字數。如該遺書首尾有殘破，則對殘破部分單獨度量，用加號加在總長度上。凡屬這種情況，長度用括弧標註。

2.2　著錄每紙數據。包括每紙長度及抄寫行數或界欄數。

2.3　著錄遺書的外觀。包括：（1）裝幀形式。（2）首尾存況。（3）護首、軸、軸頭、天竿、縹帶，經名是書寫還是貼簽，有無經名號，扉頁、扉畫。（4）卷面殘破情況及其位置。（5）尾部情況。（6）有無附加物（蟲繭、油污、線繩及其他）。（7）有無裱補及其年代。（8）界欄。（9）修整。（10）其他需要交待的問題。

2.4　著錄一件遺書抄寫多個文獻的情況。

3.1　著錄文獻首部文字與對照本核對的結果。

3.2　著錄文獻尾部文字與對照本核對的結果。

3.3　著錄錄文。

3.4　著錄對文獻的說明。

4.1　著錄文獻首題。

4.2　著錄文獻尾題。

5　著錄本文獻與對照本的不同之處。

6.1　著錄本遺書首部可與另一遺書綴接的編號。

6.2　著錄本遺書尾部可與另一遺書綴接的編號。

7.1　著錄題記、題名、勘記等。

7.2　著錄印章。

7.3　著錄雜寫。

7.4　著錄護首及扉頁的內容。

8　著錄年代。

9.1　著錄字體。如有武周新字、合體字、避諱字等，予以說明。

9.2　著錄卷面二次加工的情況。包括句讀、點標、科分、間隔號、行間加行、行間加字、硃筆、墨塗、倒乙、刪除、兌廢等。

10　著錄敦煌遺書發現後，近現代人所加內容，裝裱、題記、印章等。

11　備註。著錄揭裱互見、圖版本出處及其他需要說明的問題。

上述諸條，有則著錄，無則空缺。

為避文繁，上述著錄中出現的各種參考、對照文獻，暫且不列版本說明。全目結束時，將統一編制本條記目錄出現的各種參考書目。

本條記目錄為農曆年份標註其公曆紀年時，未進行歲頭年末之換算，請讀者使用時注意自行換算。

條　記　目　錄

BD14024—BD14046

1.1　BD14024 號
1.3　大智度論卷五五
1.4　新 0224
2.1　1168×25.2 厘米；24 紙；656 行，行 17 字。
2.2　01：16.5，護首；　02：48.4，28；　03：51.0，29；
04：51.0，29；　05：50.8，28；　06：51.0，29；
07：51.1，30；　08：50.9，29；　09：51.1，29；
10：50.8，29；　11：50.9，29；　12：51.1，29；
13：50.9，29；　14：51.0，29；　15：51.1，30；
16：51.1，29；　17：51.1，29；　18：51.2，30；
19：50.9，30；　20：51.0，30；　21：51.2，30；
22：51.1，30；　23：50.5，29；　24：32.3，13。
2.3　卷軸裝。首尾均全。原卷有護首。有烏絲欄。近代已托裱。
3.1　首全→大正 1509，25/0448C07。
3.2　尾全→大正 1509，25/0456C23。
4.1　大智度第廿七品釋論，卷第五十五（首）。
4.2　摩訶衍經卷第五十五（尾）。
5　與《大正藏》本對照，首題不同。《大正藏》題為“大智度論釋幻人聽法品第二十八，卷五十五”。
8　6 世紀。南北朝寫本。
9.1　楷書。
10　此件原為日本大谷探險隊所得並通卷托裱。護首為黃底雲龍織錦。卷端有題簽“摩訶衍經卷第五十五”。並鈐有藍色長方形印章，2.4×3.4 厘米；印文為“圖書臺帳∖登錄番號 812”，數字係手寫。有千字文編號“退”。尾有軸，人工水晶軸頭。下軸頭粘有紙簽，上書“類別 8，番號 225”。

1.1　BD14025 號
1.3　瑜伽師地論卷一
1.4　新 0225
2.1　616.3×27.1 厘米；15 紙；367 行，行 17 字。
2.2　01：46.7，27；　02：46.2，28；　03：46.3，28；
04：46.1，28；　05：45.9，28；　06：46.4，28；
07：46.5，28；　08：46.3，28；　09：32.6，20；
10：13.1，08；　11：46.6，28；　12：46.2，28；
13：46.0，28；　14：46.4，28；　15：15.0，04。
2.3　卷軸裝。首尾均全。卷下有等距離污斑。有烏絲欄。近代已托裱。
3.1　首全→大正 1579，30/0279A03。
3.2　尾全→大正 1579，30/0284A20。
4.1　瑜伽師地論卷第一，彌勒菩薩說，無著菩薩造，/本地分中五識相應地第一之一/（首）。
4.2　瑜伽師地論卷第一（尾）。
5　與《大正藏》本對照，文意或同，字句有異。與伯 2236 號相同。
7.1　卷尾有硃筆題記“聽學比丘智◇本”。
8　9 世紀。歸義軍時期寫本。
9.1　楷書。
9.2　有硃筆科分、斷句、校改、行間校加字及塗抹。有墨筆校改、行間校加字及行間加行。有倒乙。
10　此件原為日本大谷探險隊所得並通卷托裱。護首為黃底雲龍織錦。卷端有題簽“瑜伽師地論卷第一”。並鈐有藍色長方形印章，2.4×3.4 厘米；印文為“圖書臺帳∖登錄番號 1054”，數字係手寫。有千字文編號“虧”。尾有軸，人工水晶軸頭。下軸頭粘有紙簽，上書“類別 8，番號 226”。

1.1　BD14026 號
1.3　瑜伽師地論卷四
1.4　新 0226
2.1　672.3×25.7 厘米；15 紙；383 行，行 17 字。
2.2　01：13.9，護首；　02：44.8，26；　03：47.5，28；
04：47.9，28；　05：47.5，28；　06：48.0，28；
07：47.6，28；　08：47.3，28；　09：47.5，28；
10：47.5，28；　11：47.2，28；　12：47.4，28；
13：47.8，28；　14：46.9，28；　15：43.5，21。
2.3　卷軸裝。首尾均全。原卷有護首。有燕尾。有烏絲欄。近

代已托裱。
3.1 首全→大正 1579，30/0294B08。
3.2 尾全→大正 1579，30/0298C25。
4.1 瑜伽師地論卷第四，彌勒菩薩說，沙門玄奘奉詔譯，/本地分中有尋有伺等三地之一/（首）。
4.2 瑜伽師地論卷第四（尾）。
7.1 卷尾有 1 行硃筆題記“學問沙彌一真本”。
8 9 世紀。歸義軍時期寫本。
9.1 楷書。
9.2 有硃筆科分、斷句。有墨筆行間校加字。有刮改。
10 此件原為日本大谷探險隊所得並通卷托裱。護首為黄底雲龍織錦。卷端有題簽“瑜伽師地論卷第四”。並鈐有藍色長方形印章，2.4×3.4 厘米；印文為“圖書臺帳\登錄番號 957”，數字係手寫。有千字文編號“性”。尾有軸，人工水晶軸頭。下軸頭粘有紙簽，上書“類別 8，番號 227”。

1.1 BD14027 號
1.3 瑜伽師地論卷九
1.4 新 0227
2.1 743.3×25.7 厘米；17 紙；443 行，行 17 字。
2.2 01：17.9，護首； 02：44.3，27； 03：45.4，28；
04：45.4，28； 05：45.3，28； 06：45.3，28；
07：45.5，28； 08：45.4，28； 09：45.4，28；
10：45.5，28； 11：45.3，28； 12：45.5，28；
13：45.6，28； 14：45.3，28； 15：45.4，28；
16：45.4，28； 17：45.4，24。
2.3 卷軸裝。首尾均全。原卷有護首。有燕尾。有烏絲欄。近代已托裱。
3.1 首全→大正 1579，30/0318A03。
3.2 尾全→大正 1579，30/0323B07。
4.1 瑜伽師地論卷第九，彌勒菩薩說，沙門玄奘奉詔譯，/本地分中有尋伺等三地之六/（首）。
4.2 瑜伽師地論卷第九（尾）。
8 9 世紀。歸義軍時期寫本。
9.1 楷書。
9.2 有硃筆點標、斷句。有硃筆、墨筆行間校加字。
10 此件原為日本大谷探險隊所得並通卷托裱。護首為黄底雲龍織錦。卷端有題簽“瑜伽師地論卷第九”。並鈐有藍色長方形印章，2.4×3.4 厘米；印文為“圖書臺帳\登錄番號 1051”，數字係手寫。有千字文編號“逸”。尾有軸，人工水晶軸頭。下軸頭粘有紙簽，上書“類別 8，番號 228”。

1.1 BD14028 號
1.3 瑜伽師地論卷一〇
1.4 新 0228
2.1 670.5×26.6 厘米；15 紙；405 行，行 17 字。
2.2 01：45.4，26； 02：45.5，28； 03：45.4，28；
04：45.5，28； 05：45.1，28； 06：45.6，28；
07：45.4，28； 08：45.6，28； 09：45.3，28；
10：45.6，28； 11：45.3，28； 12：45.6，28；
13：45.5，28； 14：45.4，28； 15：34.4，15。
2.3 卷軸裝。首尾均全。卷面有等距離油污。有烏絲欄。近代已托裱。
3.1 首全→大正 1579，30/0323B10。
3.2 尾全→大正 1579，30/0328B24。
4.1 瑜伽師地論卷第十，彌勒菩薩說，/本地分中有尋有伺等三地之七/（首）。
4.2 瑜伽師地論卷第十（尾）。
5 與《大正藏》本對照，文意或同，字句有異。
8 9 世紀。歸義軍時期寫本。
9.1 楷書。
9.2 有硃筆科分、斷句。有硃、墨筆行間校加字。上邊有校改字。有刮改。
10 此件原為日本大谷探險隊所得並通卷托裱。護首為黄底雲龍織錦。卷端有題簽“瑜伽師地論卷第十”。並鈐有藍色長方形印章，2.4×3.4 厘米；印文為“圖書臺帳\登錄番號 956”，數字係手寫。有千字文編號“心”。尾有軸，人工水晶軸頭。護首下端粘有紙簽，上書“類別 8，番號 229”。

1.1 BD14029 號
1.3 瑜伽師地論卷一三
1.4 新 0229
2.1 980.2×26.6 厘米；21 紙；586 行，行 17 字。
2.2 01：45.7，27； 02：46.8，28； 03：46.7，28；
04：46.1，28； 05：46.8，28； 06：47.0，28；
07：46.6，28； 08：46.7，28； 09：46.8，28；
10：46.5，28； 11：46.8，28； 12：47.0，28；
13：46.6，28； 14：46.8，28； 15：46.9，28；
16：46.7，28； 17：46.7，28； 18：46.7，28；
19：46.4，28； 20：47.0，28； 21：46.9，27。
2.3 卷軸裝。首尾均全。首紙有殘洞。第 17、18 紙接縫處有開裂。有烏絲欄。近代已托裱。
3.1 首全→大正 1579，30/0341A22。
3.2 尾全→大正 1579，30/0348A25。
4.1 瑜伽師地論卷第十三，彌勒菩薩說，沙門玄奘奉詔譯，/本地分中三摩呬多地第六之三/（首）。
4.2 瑜伽師地論卷第十三（尾）。
7.1 上邊有勘記 2 個“兊”字（袛“兑”下邊 1 個字）。
8 9 世紀。歸義軍時期寫本。
9.1 楷書。
9.2 有刪除號、刮改、倒乙及行間校加字。上下邊有校改字。
10 此件原為日本大谷探險隊所得並通卷托裱。護首為黄底雲龍織錦。卷端有題簽“瑜伽師地論卷第十三”。並鈐有藍色長方形印章，2.4×3.4 厘米；印文為“圖書臺帳\登錄番號 1065”，

數字係手寫。有千字文編號“動”。尾有軸，人工水晶軸頭。

1.1　BD14030 號
1.3　瑜伽師地論卷一四
1.4　新 0230
2.1　475×30.5 厘米；13 紙；329 行，行 28～29 字。
2.2　01：15.8，11；　02：45.8，32；　03：45.5，32；
04：08.4，06；　05：37.1，27；　06：45.1，31；
07：45.2，31；　08：45.0，31；　09：45.2，31；
10：45.3，31；　11：45.0，31；　12：45.0，31；
13：06.6，04。
2.3　卷軸裝。首尾均全。有烏絲欄。近代已托裱。
3.1　首全→大正 1579，30/0348B02。
3.2　尾全→大正 1579，30/0355A10。
4.1　瑜伽師地論卷第十四，彌勒菩薩說，三藏法師玄奘奉詔譯，/本地分中聞所成地第十之二/（首）。
4.2　瑜伽師地論卷第十四（尾）。
8　9 世紀。歸義軍時期寫本。
9.1　楷書。
9.2　有硃筆科分、斷句、塗抹、校改及行間加行。有墨筆行間校加字。有刮改。
10　此件原為日本大谷探險隊所得並通卷托裱。護首為黃底雲龍織錦。卷端有題簽“瑜伽師地論卷第十四”。並鈐有藍色長方形印章，2.4×3.4 厘米；印文為“圖書臺帳\登錄番號 1056”，數字係手寫。有千字文編號“神”。尾有軸，人工水晶軸頭。上軸頭已丟失，下軸頭粘有紙簽，上書“8，231”。

1.1　BD14031 號
1.3　瑜伽師地論卷二八
1.4　新 0231
2.1　347.8×25.3 厘米；9 紙；200 行，行 17 字。
2.2　01：34.8，20；　02：44.8，26；　03：44.8，26；
04：44.5，26；　05：44.8，26；　06：39.2，23；
07：44.7，26；　08：44.8，25；　09：05.4，02。
2.3　卷軸裝。首斷尾全。有烏絲欄。近代已托裱。
3.1　首殘→大正 1579，30/0439C18。
3.2　尾全→大正 1579，30/0442A18。
4.2　瑜伽師地論卷第廿八（尾）。
7.1　卷尾有題記“一真本”3 字。
7.2　尾紙經題後鈐有 1 長方形陽文墨印，1.8×6.4 厘米；印文為“淨土寺藏經”。
8　9 世紀。歸義軍時期寫本。
9.1　楷書。
9.2　有硃筆科分、斷句及校改。
10　此件原為日本大谷探險隊所得並通卷托裱。護首為黃底雲龍織錦。卷端有題簽“瑜伽師地論卷第二十八”。並鈐有藍色長方形印章，2.4×3.4 厘米；印文為“圖書臺帳\登錄番號 952”，數字係手寫。有千字文編號“守”。尾有軸，人工水晶軸頭。護首下部粘有紙簽，上書“類別 8，番號 232”。

1.1　BD14032 號
1.3　瑜伽師地論卷三一
1.4　新 0232
2.1　772.6×25.7 厘米；17 紙；444 行，行 17 字。
2.2　01：48.2，25；　02：48.1，28；　03：48.0，28；
04：48.1，28；　05：47.9，28；　06：48.0，28；
07：48.0，28；　08：48.0，28；　09：47.9，28；
10：47.9，28；　11：48.1，28；　12：48.0，28；
13：47.9，28；　14：48.1，28；　15：47.3，28；
16：47.8，26；　17：05.3，01。
2.3　卷軸裝。首尾均全。有烏絲欄。尾題上有硃筆畫佛像。近代已托裱。
3.1　首全→大正 1579，30/0454A11。
3.2　尾全→大正 1579，30/0459B17。
4.1　瑜伽師地論卷第卅一，彌勒菩薩說，沙門玄奘奉詔譯，/本地分中聲聞地萬十三萬三瑜伽處之二/（首）。
4.2　瑜伽師地論卷第卅一（尾）。
7.1　第 5、6 紙接縫處下有硃筆“一真”2 字。卷尾有 1 行硃筆題記：“丁丑年七月十日說畢，沙彌一真隨聽本。”
7.3　第 10、11、12 紙上下邊有硃筆雜畫。第 16 紙右下有 2 個藏文字母。尾題上有一硃筆龕中禪定像。
8　857 年。歸義軍時期寫本。
9.1　楷書。
9.2　有硃筆科分、斷句、校改字及行間校加字。有墨筆科分、斷句。上邊有硃筆雲狀花紋作科分。第 12 紙下部有 3、4 個硃筆字，漫漶難辨。下邊有硃筆書寫藏文。
10　此件原為日本大谷探險隊所得並通卷托裱。護首為黃底雲龍織錦。卷端有題簽“瑜伽師地論卷第三十一”。並鈐有藍色長方形印章，2.4×3.4 厘米；印文為“圖書臺帳\登錄番號 872”，數字係手寫。有千字文編號“真”。尾有軸，人工水晶軸頭。下軸頭粘有紙簽，上書“8，233”。

1.1　BD14033 號
1.3　瑜伽師地論卷四三
1.4　新 0233
2.1　491.1×30.5 厘米；12 紙；317 行，行 24 字。
2.2　01：12.2，07；　02：43.4，29；　03：43.5，29；
04：43.5，29；　05：43.7，29；　06：43.2，29；
07：43.4，29；　08：43.5，29；　09：43.6，29；
10：43.6，29；　11：43.8，29；　12：43.7，20。
2.3　卷軸裝。首尾均全。有烏絲欄。近代已托裱。
3.1　首全→大正 1579，30/0527B08。
3.2　尾全→大正 1579，30/0533A23。
4.1　瑜伽師地論卷第卅三，彌勒菩薩說，沙門玄奘奉詔譯，/本

地分中菩薩地第十五初持瑜伽處靜慮品第十三／（首）。
4.2 瑜伽師地論卷第卌三（尾）。
8 9世紀。歸義軍時期寫本。
9.1 楷書。
9.2 有硃筆科分、斷句、校改及行間校加字。有墨筆行間校加字。
10 此件原為日本大谷探險隊所得並通卷托裱。護首為黃底雲龍織錦。卷端有題簽“瑜伽師地論卷第四十三”。並鈐有藍色長方形印章，2.4×3.4厘米；印文為“圖書臺帳＼登錄番號954”，有千字文編號“滿”。尾有軸，人工水晶軸頭。上軸頭已脫落，下軸頭粘有紙簽，上書“類別8，番號235”。

1.1 BD14034號
1.3 瑜伽師地論卷五六
1.4 新0234
2.1 445.8×31厘米；11紙；326行，行23字。
2.2 01：30.8，22； 02：44.1，33； 03：44.0，31；
04：44.0，33； 05：44.0，33； 06：43.9，33；
07：44.2，33； 08：44.0，33； 09：43.9，33；
10：44.5，33； 11：18.4，09。
2.3 卷軸裝。首尾均全。有烏絲欄。近代已托裱。
3.1 首全→大正1579，30/0607A18。
3.2 尾全→大正1579，30/0613A02。
4.1 瑜伽師地論卷第五十六，彌勒菩薩說，沙門玄奘奉詔譯，／攝決擇分中五識身相應地意地之六／（首）。
4.2 瑜伽師地論卷第五十六（尾）。
7.1 卷尾經題下有題名“苾蒭智慧山”。
8 9世紀。歸義軍時期寫本。
9.1 楷書。
9.2 有硃筆科分、斷句。有行間校加字。
10 此件原為日本大谷探險隊所得並通卷托裱。護首為黃底雲龍織錦。卷端有題簽“瑜伽師地論卷第五十六”。並鈐有藍色長方形印章，2.4×3.4厘米；印文為“圖書臺帳＼登錄番號1055”，數字係手寫。有千字文編號“意”。尾有軸，人工水晶軸頭。下軸頭粘有紙簽，上書“類別8，番號237”。

1.1 BD14035號
1.3 瑜伽師地論卷五九
1.4 新0235
2.1 394.7×31.1厘米；9紙；288行，行26字。
2.2 01：44.1，32； 02：43.6，33； 03：43.8，33；
04：43.8，33； 05：43.8，33； 06：43.9，33；
07：43.9，33； 08：43.9，33； 09：43.9，25。
2.3 卷軸裝。首尾均全。有烏絲欄。近代已托裱。
3.1 首全→大正1579，30/0627A02。
3.2 尾全→大正1579，30/0632B10。
4.1 瑜伽師地論卷第五十九，彌勒菩薩說，三藏法師玄奘奉詔譯，／攝決擇分中有尋有伺等三地之二／（首）。
4.2 瑜伽師地論卷第五十九（尾）。
7.1 卷尾有1行題名“苾蒭僧智慧山”。
8 9世紀。歸義軍時期寫本。
9.1 楷書。
9.2 有校改。
10 此件原為日本大谷探險隊所得並通卷托裱。護首為黃底雲龍織錦。卷端有題簽“瑜伽師地論卷第五十九”。並鈐有藍色長方形印章，2.4×3.4厘米；印文為“圖書臺帳＼登錄番號873”，數字係手寫。有千字文編號“移”。尾有軸，人工水晶軸頭。下軸頭粘有紙簽，上書“8，298”。

1.1 BD14036號1
1.3 瑜伽師地論卷五一分門記
1.4 新0236
2.1 542.4×29.4厘米；16紙；404行，行26字。
2.2 01：02.3，01； 02：40.1，30； 03：40.2，30；
04：40.3，30； 05：40.1，30； 06：40.5，30；
07：40.2，30； 08：29.6，22； 09：10.3，08；
10：40.3，30； 11：40.1，30； 12：40.2，30；
13：40.3，30； 14：40.2，30； 15：40.3，30；
16：17.4，13。
2.3 卷軸裝。首殘尾全。有烏絲欄。近代已托裱。
2.4 本遺書包括2個文獻：（一）《瑜伽師地論》卷五一分門記，204行，今編為BD14036號1。（二）《瑜伽師地論》卷五二分門記，200行，今編為BD14036號2。
3.4 說明：

本文獻首尾均全，未為歷代大藏經所收，乃公元9世紀敦煌沙門法成講授《瑜伽師地論》時，弟子智慧山的聽課筆記。同類筆記敦煌遺書中存有甚多。

本號原與《瑜伽師地論》卷五十分門記按照順序同卷抄寫，但現《瑜伽師地論卷五十分門記》本文已佚，僅在卷端殘留尾題“瑜伽師地論卷第五十”。

4.1 瑜伽師地論卷第五十，瑜伽師地論決擇分分門記卷第一（首）。
4.2 瑜伽論第五十一卷分門竟（尾）。
7.1 卷端有題記“沙門智慧山手記”。
8 9世紀。歸義軍時期寫本。
9.1 行楷。
9.2 有硃筆科分、斷句、校改、塗抹及行間加行。有墨筆校改、行間校加字及行間加行。
10 此件原為日本大谷探險隊所得並通卷托裱。護首為黃底雲龍織錦。卷端有題簽“瑜伽師地論卷第五十”。並鈐有藍色長方形印章，2.4×3.4厘米；印文為“圖書臺帳＼登錄番號881”，數字係手寫。有千字文編號“據”。尾有軸，人工水晶軸頭。下軸頭粘有紙簽，上書“類別8，番號240”。

1.1　BD14036 號 2
1.3　瑜伽師地論卷五二分門記
1.4　新 0236
2.4　本遺書由 2 個文獻組成，本文獻為第 2 個，200 行。餘參見 BD14036 號 1 之第 2 項。
3.4　說明：
本文獻首尾均全，未為歷代大藏經所收，乃公元 9 世紀敦煌沙門法成講授《瑜伽師地論》時，弟子智慧山的聽課筆記。同類筆記敦煌遺書中存有甚多。
4.1　瑜伽第五十二卷分門記，初，智慧山（首）。
4.2　瑜伽論第五十二卷分門竟（尾）。
8　9 世紀。歸義軍時期寫本。
9.1　行楷。
9.2　有硃筆科分、斷句、校改、塗抹及行間加行。有墨筆校改、行間校加字及行間加行。

1.1　BD14037 號 1
1.3　瑜伽師地論卷五三分門記
1.4　新 0237
2.1　382.5×29.4 厘米；10 紙；277 行，行 29 字。
2.2　01：22.9，16；　02：40.0，30；　03：39.9，30；
04：39.9，30；　05：40.1，30；　06：40.0，30；
07：39.3，30；　08：40.0，30；　09：40.4，30；
10：40.0，21。
2.3　卷軸裝。首尾均全。卷尾有殘缺。尾有餘空。有烏絲欄。近代已托裱。
2.4　本遺書包括 2 個文獻：（一）《瑜伽師地論》第五十三卷分門記，196 行，今編為 BD14037 號 1。（二）《瑜伽師地論》卷第五十四分門，81 行，今編為 BD14037 號 2。
3.4　說明：
本文獻首尾均全，未為歷代大藏經所收，乃公元 9 世紀敦煌沙門法成講授《瑜伽師地論》時，弟子智慧山的聽課筆記。同類筆記敦煌遺書中存有甚多。
4.1　瑜伽論第五十三卷分門初記，沙門智慧山隨聽學記（首）。
4.2　瑜伽師地論卷第五十三分門記（尾）。
7.1　卷尾有硃筆題記“隨聽”。
8　9 世紀。歸義軍時期寫本。
9.1　行楷。
9.2　有硃筆科分、斷句、校改、塗抹及行間加行。有墨筆校改、行間校加字及行間加行。
10　此件原為日本大谷探險隊所得並通卷托裱。護首為黄底雲龍織錦。卷端有題簽“瑜伽論第五十三卷分門初記”。並鈐有藍色長方形印章，2.4×3.4 厘米；印文為“圖書臺帳 \ 登錄番號 868”，數字係手寫。有千字文編號“涇”。尾有軸，人工水晶軸頭。下軸頭粘有紙簽，上書“類別 8，番號 241”。

1.1　BD14037 號 2
1.3　瑜伽師地論卷五四分門記
1.4　新 0237
2.4　本遺書由 2 個文獻組成，本文獻為第 2 個，81 行。餘參見 BD14037 號 1 之第 2 項。
3.4　說明：
本文獻首尾均全，未為歷代大藏經所收，乃公元 9 世紀敦煌沙門法成講授《瑜伽師地論》時，弟子智慧山的聽課筆記。同類筆記敦煌遺書中存有甚多。
4.1　瑜伽師地論卷第五十四分門，國大德三藏法師法成述，智慧山隨聽學（首）。
8　9 世紀。歸義軍時期寫本。
9.1　行楷。
9.2　有硃筆科分、斷句、校改、塗抹及行間加行。有墨筆校改、行間校加字及行間加行。

1.1　BD14038 號
1.3　四分律（異卷）卷四二
1.4　新 0238
2.1　1074.8×25 厘米；24 紙；625 行，行 17 字。
2.2　01：12.4，00；　02：46.8，26；　03：47.3，28；
04：47.4，28；　05：47.5，28；　06：47.5，28；
07：47.2，28；　08：47.1，28；　09：47.3，28；
10：47.2，28；　11：47.0，28；　12：46.9，28；
13：46.7，28；　14：46.6，28；　15：46.5，28；
16：47.0，28；　17：46.9，28；　18：46.9，28；
19：46.9，28；　20：46.9，28；　21：46.8，28；
22：46.6，28；　23：46.6，28；　24：28.8，11。
2.3　卷軸裝。首尾均全。原卷有護首，卷首有等距離殘洞，上邊有等距離殘缺。有燕尾。有烏絲欄。近代已托裱。
3.1　首全→大正 1428，22/0869C19。
3.2　尾全→大正 1428，22/0877C04。
4.1　四分律藏卷第卌二，第三分卷第六，藥□…□之二（首）。
4.2　四分律藏卷第卌二，第三分卷第六（尾）。
5　與《大正藏》本對照，分卷不同，相當於《四分律》卷第四十二，三分之六《藥揵度》之一中部開始至《四分律》卷第四十三，三分之七《藥揵度》之二前部分止。
7.1　尾題之後有題名“王和和”。
8　8～9 世紀。吐蕃統治時期寫本。
9.1　楷書。
9.2　有行間校加字。
10　此件原為日本大谷探險隊所得並通卷托裱。護首為黄底雲龍織錦。卷端有題簽“四分律藏卷第四十二”。並鈐有藍色長方形印章，2.4×3.4 厘米；印文為“圖書臺帳 \ 登錄番號 1130”，數字係手寫。有千字文編號“箴”。尾有軸，人工水晶軸頭。下軸頭粘有紙簽，上書“8，242”。

1.1　BD14039 號

1.3　四分僧戒本
1.4　新 0239
2.1　1158.9×25.2 厘米；27 紙；709 行，行 17～19 字。
2.2　01：19.1，01；　02：45.9，27；　03：48.0，28；
04：48.3，28；　05：48.3，28；　06：48.1，28；
07：48.3，28；　08：48.3，28；　09：48.3，28；
10：48.3，28；　11：48.0，28；　12：47.9，28；
13：48.5，28；　14：48.0，28；　15：48.1，28；
16：48.3，28；　17：48.0，28；　18：48.1，27；
19：48.2，28；　20：48.1，28；　21：47.8，28；
22：47.8，28；　23：48.1，28；　24：48.4，28；
25：48.3，28；　26：48.0，28；　27：38.4，10。
2.3　卷軸裝。首尾均全。原卷有護首，正面有經名。卷面油污，有水漬及黴斑。第 18 紙有重行，被勾去。有烏絲欄。近代已托裱。
3.1　首全→大正 1430，22/1023A12。
3.2　尾全→大正 1430，22/1030C10。
4.1　四分戒本，土（首）。
4.2　四分戒本（尾）。
7.4　護首正面有經名“四分戒本，土”，上有經名號。
“土”為本經收藏寺院淨土寺的簡稱。首題下“土”字意義相同。
8　8～9 世紀。吐蕃統治時期寫本。
9.1　楷書。
9.2　有校改。
10　此件原為日本大谷探險隊所得並通卷托裱。護首為黄底雲龍織錦。卷端有題簽“四分戒本”，並鈐有藍色長方形印章，2.4×3.4 厘米；印文為“圖書臺帳\登錄番號 892”，數字係手寫。有千字文編號“仁”。尾有軸，人工水晶軸頭。下軸頭粘有紙簽，上書“8，243”。現代裝裱後有蟲蛀。

1.1　BD14040 號
1.3　四分律比丘戒本
1.4　新 0240
2.1　621.1×29.4 厘米；14 紙；379 行，行字不等。
2.2　01：41.4，25；　02：44.8，28；　03：44.7，28；
04：44.7，28；　05：44.6，28；　06：45.4，28；
07：45.1，28；　08：45.3，28；　09：45.1，28；
10：43.9，26；　11：44.0，26；　12：44.0，26；
13：44.1，26；　14：44.0，26。
2.3　卷軸裝。首殘尾全。卷首右下殘缺，卷面有等距離油污。有燕尾。有烏絲欄。近代已托裱。
3.1　首全→大正 1429，22/1015A18。
3.2　尾全→大正 1429，22/1023A11。
4.1　四分戒本（首）。
4.2　四分戒本（尾）。
8　9～10 世紀。歸義軍時期寫本。
9.1　楷書。
9.2　有行間校加字、行間加行，加行寫至下邊。有塗抹及刮改。
10　此件原為日本大谷探險隊所得並通卷托裱。護首為黄底雲龍織錦。卷端有題簽“四分戒本”。並鈐有藍色長方形印章，2.4×3.4 厘米；印文為“圖書臺帳\登錄番號 1127”，數字係手寫。有千字文編號“慈”。尾有軸，人工水晶軸頭，下軸頭已脱落。

1.1　BD14041 號
1.3　四分律略頌
1.4　新 0241
2.1　360.5×28.6 厘米；10 紙；249 行，行字不等。
2.2　01：01.1，護首；　02：39.1，26；　03：40.0，28；
04：40.0，28；　05：40.0，28；　06：40.0，28；
07：40.1，28；　08：40.2，28；　09：40.0，28；
10：40.0，27。
2.3　卷軸裝。首殘尾全。有護首，已殘缺。卷面有等距離油污。有烏絲欄。近代已托裱。
3.4　説明：
本遺書所抄文獻未為歷代大藏經所收。
4.1　四分律略頌（首）。
4.2　四分律頌一卷（尾）。
7.1　首題之下有題記“常省□□學者（?）授持”。
8　8～9 世紀。吐蕃統治時期寫本。
9.1　楷書。
9.2　有硃筆科分、行間校加字、行間加行，加行寫至下邊。有刮改、圈刪及重文號。
10　此件原為日本大谷探險隊所得並通卷托裱。護首為黄底雲龍織錦。卷端有題簽“四分律略頌”。並鈐有藍色長方形印章，2.4×3.4 厘米；印文為“圖書臺帳\登錄番號 968”，數字係手寫。有千字文編號“側”。尾有軸，人工水晶軸頭。下軸頭粘有紙簽，上書“8，245”。

1.1　BD14042 號
1.3　四分律刪繁補闕行事鈔卷上
1.4　新 0242
2.1　1175×28 厘米；29 紙；861 行，行 39～40 字。
2.2　01：42.2，32；　02：42.9，32；　03：43.1，32；
04：43.4，32；　05：43.6，32；　06：43.4，32；
07：43.5，32；　08：43.2，32；　09：43.4，32；
10：43.5，32；　11：43.3，32；　12：17.7，13；
13：24.3，18；　14：43.2，32；　15：43.5，32；
16：43.7，32；　17：43.4，32；　18：43.2，32；
19：43.4，32；　20：43.0，32；　21：43.5，32；
22：43.0，32；　23：35.1，26；　24：43.5，32；
25：43.4，32；　26：43.4，32；　27：43.6，32；
28：43.6，32；　29：15.0，04。
2.3　卷軸裝。首脱尾全。背有古代裱補。烏絲欄模糊不清。卷

首背有“四分律刪繁補闕□…□”，已被托裱遮蓋。近代已托裱。
3.1　首5行下殘→大正1804，40/0025A18～28。
3.2　尾全→大正1804，40/0046A15。
4.2　四分律刪繁補闕行事鈔卷上之餘（尾）。
5　與《大正藏》本對照，分卷不同，相當於《四分律刪繁補闕行事鈔卷上之三》受戒緣集篇第八前部開始至《四分律刪繁補闕行事鈔卷上四》自恣宗要篇第十二大部分。
7.1　尾題後有硃書題記“巳年秋於胡丘園勘較（校）定”1行，“苾蒭□□”1行。
7.3　首紙背有一行字，為托裱所蓋，可辨者有“四分”，餘字難辨。
8　8～9世紀。吐蕃統治時期寫本。
9.1　行楷。
9.2　有硃筆點標、校改。有硃、墨筆行間校加字。有行間加行。
10　此件原為日本大谷探險隊所得並通卷托裱。護首為黄底雲龍織錦。卷端有題簽“四分律刪繁補闕行事鈔卷上之餘”。並鈐有藍色長方形印章，2.4×3.4厘米；印文為“圖書臺帳\登錄番號1139”，數字係手寫。有千字文編號“華”。尾有軸，人工水晶軸頭。下軸頭粘有紙簽，上書“類別8，番號246”。

1.1　BD14043號
1.3　四分律刪繁補闕行事鈔卷中
1.4　新0243
2.1　2396.4×28厘米；57紙；1537行，行字不等。
2.2　01：43.0，27；　02：42.6，27；　03：42.6，27；
04：42.5，27；　05：42.6，27；　06：42.8，27；
07：42.6，27；　08：42.6，27；　09：42.2，27；
10：42.5，27；　11：42.6，27；　12：42.4，27；
13：42.2，27；　14：42.4，27；　15：42.7，27；
16：42.1，27；　17：42.6，27；　18：42.5，27；
19：42.6，27；　20：42.4，27；　21：42.8，27；
22：42.8，27；　23：42.8，27；　24：42.8，27；
25：42.5，27；　26：42.6，27；　27：42.6，27；
28：42.8，27；　29：42.9，27；　30：43.0，28；
31：43.1，27；　32：43.0，27；　33：42.8，27；
34：43.1，27；　35：43.0，27；　36：42.7，27；
37：42.9，27；　38：42.8，27；　39：42.7，27；
40：43.0，27；　41：43.3，27；　42：36.0，23；
43：26.7，18；　44：43.6，28；　45：42.9，29；
46：43.6，29；　47：43.4，29；　48：43.0，29；
49：42.9，29；　50：43.2，29；　51：43.0，29；
52：43.5，29；　53：43.0，29；　54：43.2，29；
55：43.4，29；　56：43.0，29；　57：21.5，12。
2.3　卷軸裝。首尾均全。卷面油污。烏絲欄模糊不清。近代已托裱。
3.1　首全→大正1804，40/0046A22。
3.2　尾全→大正1804，40/0074A25。
4.1　四分律刪繁補闕行事要鈔中卷之上，著之者多立名標異，京崇義寺沙門道宣撰述（首）。
4.2　四分律刪繁補闕行事鈔中卷之上（尾）。
5　與《大正藏》本對照，分卷不同，相當於《四分律刪繁補闕行事鈔中一》及《四分律刪繁補闕行事鈔卷中二》全文。
7.1　尾題下有硃筆題記“比丘神辯勘了”1行。
8　8～9世紀。吐蕃統治時期寫本。
9.1　楷書。
9.2　有硃筆科分、塗抹、校改、斷句及刪除號。有硃、墨筆行間校加字、行間加行。有倒乙及重文號。上邊有校改字。“薩婆多”記為“艸婆多”
10　此件原為日本大谷探險隊所得並通卷托裱。護首為黄底雲龍織錦。卷端有題簽“四分律刪繁補闕行事要鈔中卷之上”。並鈐有藍色長方形印章，2.4×3.4厘米；印文為“圖書臺帳\登錄番號1140”，數字係手寫。有千字文編號“夏”。尾有軸，人工水晶軸頭。下軸頭粘有紙簽，上書“類別8，番號247”。

1.1　BD14044號
1.3　四分律刪繁補闕行事鈔卷中
1.4　新0244
2.1　1830.6×30.2厘米；44紙；1312行，行34～41字。
2.2　01：14.0，09；　02：28.3，21；　03：41.9，31；
04：42.2，31；　05：42.1，31；　06：42.4，31；
07：42.6，31；　08：42.5，31；　09：42.6，31；
10：34.2，25；　11：42.3，31；　12：42.6，31；
13：42.4，31；　14：42.9，31；　15：43.0，31；
16：43.0，31；　17：42.7，31；　18：43.3，31；
19：43.1，31；　20：43.3，31；　21：43.0，31；
22：43.5，30；　23：43.2，31；　24：43.3，31；
25：43.2，31；　26：43.3，31；　27：43.3，31；
28：43.3，31；　29：43.2，31；　30：43.6，31；
31：42.8，31；　32：43.4，31；　33：43.3，31；
34：43.3，31；　35：43.4，31；　36：43.3，31；
37：43.2，31；　38：43.5，31；　39：43.4，31；
40：43.2，31；　41：43.3，31；　42：43.2，31；
43：43.0，31；　44：35.0，18。
2.3　卷軸裝。首尾均全。卷面油污。有燕尾。有烏絲欄。第6紙簾紋清晰。近代已托裱。
3.1　首全→大正1804，40/0074B02。
3.2　尾全→大正1804，40/0104B27。
4.1　四分律刪繁補闕行事鈔中卷之下，著述者多立名標異，京崇義寺沙門釋道宣撰述（首）。
4.2　四分律刪繁補闕行事鈔卷中（尾）。
5　與《大正藏》本對照，分卷不同，相當於《四分律刪繁補闕行事鈔卷中之三》及《四分律刪繁補闕行事鈔卷中四》全文。
7.1　尾題後有硃筆題記“勘了”。
8　8～9世紀。吐蕃統治時期寫本。

9.1　楷書。

9.2　有硃筆科分、斷句及點標。有硃、墨筆行間校加字。有行間加行、重文號及刮改。

10　此件原為日本大谷探險隊所得並通卷托裱。護首為黄底雲龍織錦。卷端有題簽“四分律删繁補闕行事鈔中卷之下”。並鈐有藍色長方形印章，2.4×3.4 厘米；印文為“圖書臺帳\登錄番號 1118”，數字係手寫。有千字文編號“東”。尾有軸，人工水晶軸頭。下軸頭粘有紙簽，上書“8，248”。

1.1　BD14045 號

1.3　四分律删繁補闕行事鈔卷下

1.4　新 0245

2.1　1686.3×29.4 厘米；40 紙；1227 行，行 28～29 字。

2.2　01：44.2，32；　02：44.7，33；　03：44.6，33；
04：44.5，33；　05：44.3，33；　06：44.9，33；
07：44.5，33；　08：44.5，33；　09：44.7，33；
10：44.7，33；　11：44.7，33；　12：45.0，33；
13：44.5，33；　14：44.3，33；　15：44.9，33；
16：44.6，33；　17：44.8，33；　18：44.8，33；
19：44.9，33；　20：45.0，33；　21：44.7，33；
22：44.7，33；　23：44.9，33；　24：45.0，33；
25：44.3，33；　26：44.5，33；　27：44.7，33；
28：44.3，33；　29：44.7，33；　30：44.8，33；
31：24.3，18；　32：20.0，15；　33：44.5，33；
34：44.7，33；　35：44.3，33；　36：44.2，33；
37：44.4，33；　38：14.5，11；　39：29.5，22；
40：19.2，07。

2.3　卷軸裝。首尾均全。卷面略有油污。有烏絲欄。近代已托裱。

3.1　首全→大正 1804，40/0104C02。

3.2　尾全→大正 1804，40/0129A13。

4.1　四分律删繁補闕行事鈔下卷第五之上，注鈔非少，立名標顯，京兆崇義寺沙門釋道宣/撰述（首）。

4.2　鈔第五（尾）。

5　與《大正藏》本對照，分卷不同，相當於《四分律删繁補闕行事鈔卷下一》及《四分律删繁補闕行事鈔卷下二》全文。本件頭陀行儀篇第二十一至諸部別行篇第三十等篇名沒有抄在卷首。

8　8～9 世紀。吐蕃統治時期寫本。

9.1　行楷。

9.2　有硃筆點標、校改及重文號。有刮改。

10　此件原為日本大谷探險隊所得並通卷托裱。護首為黄底雲龍織錦。卷端有題簽“四分律删繁補闕行事鈔下卷第五之上”。並鈐有藍色長方形印章，2.4×3.4 厘米；印文為“圖書臺帳\登錄番號 1131”，數字係手寫。有千字文編號“西”。尾有軸，人工水晶軸頭。下軸頭粘有紙簽，上書“8，249”。

1.1　BD14046 號

1.3　四分戒本疏卷一

1.4　新 0246

2.1　1042.7×29.1 厘米；25 紙；750 行，行 30～33 字。

2.2　01：42.1，30；　02：42.1，31；　03：42.2，31；
04：42.1，31；　05：42.3，31；　06：42.4，31；
07：42.6，31；　08：42.5，31；　09：42.3，31；
10：42.6，31；　11：42.4，31；　12：42.5，31；
13：42.4，31；　14：42.5，31；　15：42.4，31；
16：42.4，31；　17：42.5，31；　18：42.4，31；
19：42.4，31；　20：42.5，31；　21：42.4，31；
22：42.3，31；　23：42.4，31；　24：42.5，31；
25：25.5，07。

2.3　卷軸裝。首尾均全。有烏絲欄。背面有補抄疏文，被托裱在裱補紙內，字迹難辨。近代已托裱。

3.4　説明：

本遺書所抄文獻未為歷代大藏經所收。敦煌出土以後，日本《大正藏》依據伯 2064 號收入第 85 卷，名為《四分戒本疏卷第一》。但伯 2064 號首全尾殘，存文相當於本遺書第 1 紙至第 7 紙第 3 行，參見大正 2787，85/0567A03～0571A11。而本遺書所抄首尾完整，甚爲可貴。

4.1　四分戒本疏卷第一（首）。

4.2　四分戒本疏卷第一（尾）。

7.1　尾題之後有題記：“丁卯年（847）十一月十八日，僧常證於講堂簷下書寫記。”

8　847 年。歸義軍時期寫本。

9.1　行楷。

9.2　有硃筆點標、校改及塗抹。有墨筆校改、倒乙、刪除號及行間校加字。上邊有校改字。

10　此件原為日本大谷探險隊所得並通卷托裱。護首為黄底雲龍織錦。卷端有題簽“四分戒本疏卷第一”。並鈐有藍色長方形印章，2.4×3.4 厘米；印文為“圖書臺帳\登錄番號 1085”，數字係手寫。有千字文編號“二”。尾有軸，人工水晶軸頭。下軸頭粘有紙簽，上書“8，250”。

新舊編號對照表

新字頭號與北敦號對照表

新字頭號	北敦號	新字頭號	北敦號	新字頭號	北敦號
新 0224	BD14024 號	新 0233	BD14033 號	新 0240	BD14040 號
新 0225	BD14025 號	新 0234	BD14034 號	新 0241	BD14041 號
新 0226	BD14026 號	新 0235	BD14035 號	新 0242	BD14042 號
新 0227	BD14027 號	新 0236	BD14036 號 1	新 0243	BD14043 號
新 0228	BD14028 號	新 0236	BD14036 號 2	新 0244	BD14044 號
新 0229	BD14029 號	新 0237	BD14037 號 1	新 0245	BD14045 號
新 0230	BD14030 號	新 0237	BD14037 號 2	新 0246	BD14046 號
新 0231	BD14031 號	新 0238	BD14038 號		
新 0232	BD14032 號	新 0239	BD14039 號		